攸县年鉴

2023

攸县档案馆（党史和县志研究室） 编

方志出版社
Publishing House of Local Records

图书在版编目（CIP）数据

攸县年鉴．2023 / 攸县档案馆（党史和县志研究室）编．—北京：方志出版社，2023.11

ISBN 978-7-5144-5920-3

Ⅰ．①攸…　Ⅱ．①攸…　Ⅲ．①攸县—2023—年鉴　Ⅳ．①Z526.44

中国版本图书馆CIP数据核字（2023）第234688号

责任编辑：王娜
责任校对：张玉霞
责任印制：梅中英
出 版 者：方志出版社
地　　址：北京市朝阳区潘家园东里9号（国家方志馆4层）
邮　　编：100021
网　　址：http://www.zgfzcb.cn
发　　行：方志出版社图书营销中心（010-67110500）
印　　刷：湖南省新创印务有限公司
开　　本：889毫米×1194毫米　1/16
印　　张：22
字　　数：699千字
版　　次：2023年11月第1版
印　　次：2023年11月第1次印刷
定　　价：198.00元

攸县年鉴2023编纂委员会

主　　任　李鹏程
副 主 任　武挪强　唐　勇
委　　员　（以姓氏笔画为序）

王正良　文泽宇　尹建冬　过石基　向宋祥　刘友良
刘分粮　刘文勇　刘正刚　苏丽琼　杨建龙　何　勇
何纲华　何湘成　张叶喜　陈　健　陈义勇　陈水根
陈红飞　欧阳斌　欧国华　易介兵　罗延福　周卫国
周世伟　赵爱云　胡建雄　侯曼文　洪虎龙　贺　彪
贺香清　聂双利　夏华光　谭勇华　谭伟荣

攸县年鉴编辑室

主　　编　欧阳斌
副 主 编　周新平
责任编辑　焦润泉
编　　辑　李小勇　易思昱
编务人员　刘吉明　曾建荣　刘爱林　刘爱珍　刘文橘
陈　蓉　刘虹杏　刘玉立　彭　园　陈帅安

编辑说明

一、《攸县年鉴》是由中共攸县县委办公室主办、攸县档案馆（党史和县志研究室）承编的年度资料性文献。《攸县年鉴（2023）》是1990年出版以来的第34卷，主要记载2022年度攸县自然、政治、经济、文化、社会、生态文明等各方面的基本情况、发展变化和重大事件，为社会各界了解和研究攸县提供基本地情资料。

二、本年鉴坚持以马克思列宁主义、毛泽东思想、邓小平理论、“三个代表”重要思想、科学发展观和习近平新时代中国特色社会主义思想为指导，坚持辩证唯物主义和历史唯物主义的立场、观点和方法，全面、客观、系统地记载攸县经济社会发展的新情况和新成果。记述时限为2022年1月1日至2022年12月31日。

三、本年鉴采用分类编辑法，文字资料部分设类目、分目、条目三个层次，框架结构与2022年卷基本一致。卷首彩图部分根据年度热点和地方特色分类设置。

四、本年鉴采用规范的现代语体文，语言文字的使用，严格遵照执行国家标准规范。数字用法、标点符号用法分别采用国家标准《出版物上数字用法》（GB/T 15835—2011）、《标点符号用法》（GB/T 15834—2011），计量单位采用国家技术监督局1993年12月发布的《量和单位》系列国家标准。农业耕地、林地面积仍保留“亩”为单位。

五、本年鉴所采用的稿件均由署名各单位提供，并经各单位审核。所反映经济和社会发展方面情况的统计数据，主要以县统计局《2022年度攸县国民经济和社会发展统计公报》中公布的数据为准，非专业统计部门统计的数据以撰稿单位提供的数据为准。所有数据比较，若无特殊情况均指与2021年相比。

数字攸县（2022）

全县户籍总人口78.93万人

地区生产总值477.78亿元

规模以上工业企业总产值391.9亿元

农、林、牧、渔总产值126.68亿元，粮食总产量42.5万吨

社会消费品零售总额175.79亿元

外贸进出口总额3.17亿元

旅游综合收入68.6亿元

固定资产投资267.14亿元

地方一般公共预算收入20.27亿元

城乡居民人均可支配收入42868元

城镇居民人均可支配收入49352元

农村居民人均可支配收入35434元

城镇居民人均消费支出26811元

农村居民人均消费支出26306元

各类公办教育机构180所

中小学校在校学生86618人

2022年10月16日，攸县社会各界收看中国共产党第二十次全国代表大会开幕盛况（攸县融媒体中心供图）

2022 年 10 月 28 日，攸县传达学习贯彻党的二十大精神大会在会议中心召开（攸县融媒体中心供图）

2022 年 11 月 30 日，攸县学习宣传党的二十大精神暨“党声‘攸’扬”理论宣讲品牌启动仪式在会议中心举行（攸县融媒体中心供图）

2022 年 12 月 2 日，县委书记李鹏程到网岭镇北坪村宣讲党的二十大精神（攸县网岭镇政府供图）

2022 年 12 月 13 日，县委副书记、县长武挪强（左六）到皇图岭镇丹塘村市级幸福屋场示范点宣讲党的二十大精神（攸县皇图岭镇政府供图）

2022 年 12 月 6 日，县人大常委会党组书记、主任冯杰（主席台左一）到酒埠江镇宣讲党的二十大精神（攸县融媒体中心供图）

2022 年 12 月 12 日，县政协主席文毅到企业宣讲党的二十大精神（攸县融媒体中心供图）

2022 年 12 月 9 日，全国道德模范夏昭炎在向石羊塘镇乡亲们传达学习党的二十大精神（攸县石羊塘镇政府供图）

2022 年 10 月 16 日晚，攸县菜花坪镇的干部群众在菜塘村弄塘广场的大樟树下，一起热议党的二十大报告（攸县菜花坪镇政府供图）

2022年9月19日，省委书记、省人大常委会主任张庆伟（左二）到攸县酒埠江灌区了解抗旱保灌、灌溉管理、信息化建设等情况（湖南省人民政府门户网站供图）

2022年9月19日，省委书记、省人大常委会主任张庆伟（前排右四）到攸县春联街道山背社区沙坪组“门前三小”服务点与村民聊家常、话发展（春联街道办事处供图）

2022 年 3 月 18 日，株洲市委书记曹慧泉（前排左二）到攸县宣讲全国两会精神调研县域经济发展。图为考察北伐首战首胜渌田陈列馆建设情况（攸县渌田镇政府供图）

2022 年 12 月 13 日，株洲市委副书记、市长陈恢清到攸县主持召开座谈会，就《政府工作报告（征求意见稿）》征求攸县、炎陵县、茶陵县、醴陵市和驻县（市）市人大代表、市政协委员的意见建议（攸县融媒体中心供图）

2022 年 6 月 16 日，株洲市政协主席聂方红（前排右三）率队到攸县调研乡村振兴工作（攸县融媒体中心供图）

2022年1月13日，中共攸县县委十三届二次全体（扩大）会议暨县委经济工作会议在东城新区会议中心召开（攸县融媒体中心供图）

2022年2月10日，攸县三级干部暨文明建设表彰大会在东城新区会议中心召开（攸县融媒体中心供图）

2022年2月24日，攸县第十八届人民代表大会第二次会议在东城新区会议中心开幕（攸县融媒体中心供图）

2022年2月23日，中国人民政治协商会议攸县第十届委员会第二次会议在东城新区会议中心开幕（攸县融媒体中心供图）

2022年2月21日，中国共产党攸县第十三届纪律检查委员会第二次全体会议在会议中心召开（攸县纪委监委供图）

2022年1月18日，攸县党史学习教育总结大会在会议中心召开（攸县融媒体中心供图）

2022年2月22日，攸县打造“三个高地”推进“三大会战”动员大会在会议中心召开（攸县融媒体中心供图）

2022年5月12日，攸县召开领导干部警示教育大会（攸县融媒体中心供图）

2022年7月8日，攸县中青年干部培训班在中共攸县县委党校开班（攸县县委党校供图）

2022年7月25日，攸县举行“八一”双拥座谈会，表彰“双带双促”先进个人（攸县融媒体中心供图）

2022年9月7日，攸县召开庆祝第38个教师节大会（攸县融媒体中心供图）

2022年12月20日，攸县工商业联合会（总商会）第十四次代表大会第一次全体会议召开（攸县工商联供图）

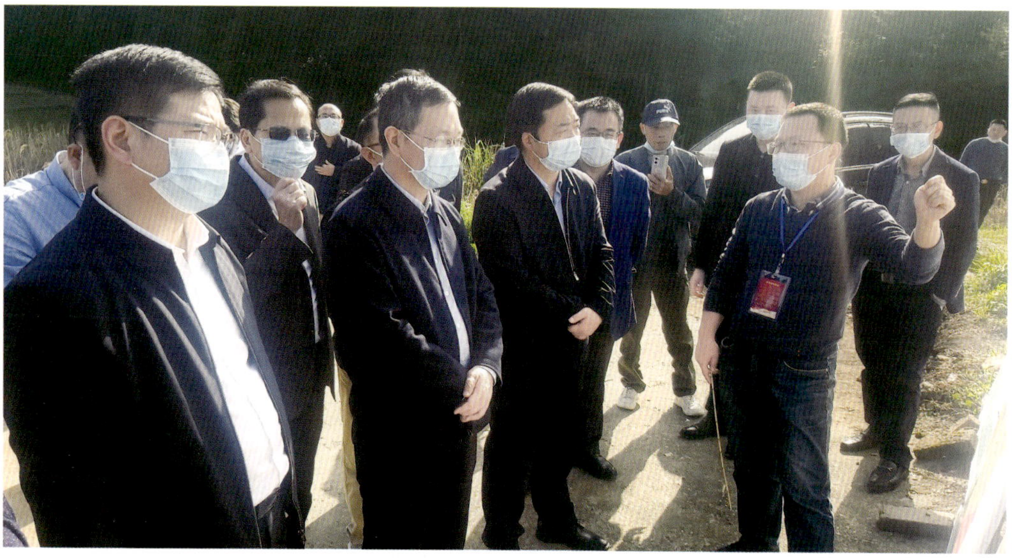

2022年3月28日，株洲市委副书记、市长陈恢清（前排左三）到攸县调度广寒坪抽水蓄能电站项目，现场协调解决有关问题（攸县融媒体中心供图）

2022年9月6日，中南勘测设计研究院、中国长江三峡集团有限公司及水电水利设计总院专家组一行，就攸县广寒坪抽水蓄能电站可研阶段施工总布置规划专题报告审查进行现场查勘（攸县融媒体中心供图）

2022年11月17日，总投资和装机规模均列全省第二的湖南攸县广寒坪抽水蓄能电站项目开工仪式在皇图岭镇山关村举行（攸县融媒体中心供图）

2022年2月14日，株洲市打造“三个高地”促进高质量发展2022年第一次重大项目集中开工日活动在攸县高新区举行，攸县艾硅特活性稀释剂和UV(紫外线)树脂项目正式开工，总投资10亿元(攸县高新区供图)

2022年10月10日，攸县300MW地面分布式光伏项目开工仪式举行，总投资13.5亿元(攸县融媒体中心供图)

2022年3月22日，攸县永佳小学建设项目开工仪式举行（攸县融媒体中心供图）

2022年3月30日，总用地面积158亩、计划投资4.67亿元的攸县皇图岭香干产业园开工仪式举行（攸县乡村振兴局供图）

2022年7月27日，攸州中心医院二期建设项目举行开工仪式（攸县融媒体中心供图）

2022年7月29日，全市打造“三个高地”观摩活动走进攸县，图为湖南旭日陶瓷有限公司二期项目观摩现场（攸县融媒体中心供图）

2022年3月11日，株洲市生物工程中等专业学校与湖南汽车工程职业学院在株洲签订联合办学协议（攸县融媒体中心供图）

2022年9月29日，攸县农业农村局组织召开2022年度高标准农田建设项目开工动员会，项目涉及8个乡镇43个村，项目面积7万亩，总投资11586万元（攸县融媒体中心供图）

2022 年 3 月 24 日，攸县人民政府与农发行株洲市分行签订《“十四五”时期实施乡村振兴全面合作协议》（攸县农发行供图）

2022 年 7 月 1 日，攸县农商银行高新支行举行开业揭牌暨政银企战略合作签约仪式（攸县农商行供图）

2022 年 10 月 28 日，攸县举行“献礼二十大　奋进新攸县”招商引资项目集中签约仪式（攸县融媒体中心供图）

2022年12月15日，攸县农村客货邮融合发展示范县创建省级验收汇报会在发展中心召开（攸县融媒体中心供图）

2022年12月27日，株洲海关攸县人民政府开放型经济发展服务中心挂牌成立（攸县融媒体中心供图）

2022 年 4 月 26 日—27 日，株洲市乡村振兴工作现场推进会在攸县召开（攸县乡村振兴局供图）

2022 年 4 月 26 日—27 日，株洲市乡村振兴现场推进会在攸县召开。图为与会代表参观现场（攸县融媒体中心供图）

2022年6月7日，攸县举行第一次政企早餐会（攸县工商联供图）

2022年7月18日，县委书记李鹏程（左二）到桃水镇调研油茶特色一条街开发项目（攸县桃水镇政府供图）

2022年8月，株洲宏信科技发展有限公司成功通过国家第四批专精特新“小巨人”企业认定（攸县融媒体中心供图）

2022年12月26日，攸发集团与中石化株洲石油分公司合作的湖南省攸发康鹏石化有限公司东城加油站正式开业（攸县融媒体中心供图）

2022年1月11日，攸县首批建成的62个充电桩正式开放使用（攸县融媒体中心供图）

2022年10月1—3日，湘东汽车博览会在攸州公园文化广场举行（攸县融媒体中心供图）

2022年3月30日，攸县高新技术产业开发区税务智慧微厅（系全省第一家）揭牌仪式在攸县高新区一楼举行（攸县高新区供图）

2022年4月14日，株洲市首个法院驻金融机构诉源治理工作站——攸县人民法院诉源治理工作站在攸县农商银行正式挂牌成立（攸县农商行供图）

2022 年 5 月 12 日，攸县居民自建房安全专项整治“百日攻坚”誓师大会在攸县发展中心召开（攸县融媒体中心供图）

2022 年 7 月 2 日，省委督查室到攸县督查巩固拓展脱贫攻坚成果同乡村振兴有效衔接工作（攸县乡村振兴局供图）

2022年7月7日，攸县桃水镇政府和湖南亚美茶油股份有限公司签订战略合作协议（攸县桃水镇政府供图）

2022年7月12日，攸县召开耕地抛荒治理工作推进会（攸县融媒体中心供图）

2022年7月21日，攸县酒仙湖景区农家乐（民宿）规范提质培训暨安全经营工作会议在攸县酒仙湖游客中心召开（攸县森管局供图）

2022年7月25日，攸县召开涉农资金专项检查和惠民惠农补贴“一卡通”专项治理监督检查工作见面会（攸县财政局供图）

2022 年 7 月 29 日，株洲市2022年县市区财源建设工作经验交流会在攸县召开（攸县财政局供图）

2022 年 8 月 20 日，攸县石羊塘镇耕地抛荒治理工作在《新闻联播》报道（攸县融媒体中心供图）

2022年9月8日，杂交水稻全程机械化制种关键技术2022年攸县示范基地专家现场考察评议会在攸县召开。图为湖南农业科学研究院、江西农业大学、湖南农业大学等单位的专家和攸县部分制种大户现场合影（攸县融媒体中心供图）

2022 年 4 月 24 日，纪念谭震林同志诞辰 120 周年活动在攸县谭震林陵园举行（攸县融媒体中心供图）

2022年6月8日，攸县散葬烈士遗骸入园仪式在攸县网岭六十分烈士陵园举行（攸县退役军人事务局供图）

2022 年 9 月 30 日，我国第九个烈士纪念日，全县各界干部群众在攸县烈士陵园举行公祭活动（攸县融媒体中心供图）

2022年5月21日，2022年攸县酒仙湖第五届油桐花节“寻找桐花女神”决赛活动在攸县酒仙湖景区举行（攸县森管局供图）

2022年5月19日，“荟聚幸福里　携手振兴路”株洲攸县、茶陵、炎陵三县青年人才联谊活动启动仪式在攸县酒仙湖举行（攸县妇联供图）

2022年6月22日，2022年“乡村振兴杯”攸县第十届职工羽毛球团体赛在县全民健身中心开幕（攸县融媒体中心供图）

2022年7月1日，攸县宁家坪镇自力村开展庆“七一”活动（攸县宁家坪镇政府供图）

2022年7月14日，株洲市首家乡村“复兴少年宫”在攸县石羊塘镇谭家垅揭牌（攸县石羊塘镇政府供图）

2022年8月25日，“喜迎二十大·攸州向未来”攸县幸福合唱团组团夜在会议中心举行（攸县融媒体中心供图）

2022年9月2日，《习近平谈治国理政》第四卷发行仪式在攸县新华书店举行（攸县融媒体中心供图）

2022年9月23日，攸县黄丰桥镇举办喜迎“国庆·党的二十大”攸县黄丰桥地区男子篮球赛，图为开幕式现场（攸县黄丰桥镇政府供图）

2022年9月30日，东莞市湖南攸县商会在攸县特殊教育学校开展“爱聚特校　善耀攸州”公益捐赠活动（攸县工商联供图）

2022年10月28日，第二十三届中国中部（湖南）农业博览会开幕式在长沙国际会展中心举行，攸县获评2022年度湖南十大湘菜名县（攸县融媒体中心供图）

2022年12月8日，攸县学习宣传贯彻党的二十大精神刘德胜美术作品展在攸县新时代文明实践中心举行（攸县融媒体中心供图）

2022年12月15日，攸县纪委监委在石山书院举办第23期“青年讲堂”（攸县纪委监委供图）

2022年12月26日，湘赣边第二届直播电商人才创新创业大赛在攸县圆满收官（攸县融媒体中心供图）

2022年10月1日至11月13日，攸县70多家部门单位，17个乡镇街道，2万余名党员干部进村入户值班值守，筑牢全县森林“防火墙”，图为党员在山林入口值守（攸县融媒体中心供图）

2022年9月21日至10月21日，各地火情频发，攸县人武部先后组织民兵携带灭火器材2500余套（台、件），支援森林灭火（攸县人武部供图）

2022年9月21日至10月21日，各地火情频发，攸县人武部先后组织民兵支援茶陵云阳山、舲舫乡，醴陵明月镇，炎陵船形乡和攸县辖区内的森林灭火任务（攸县人武部供图）

2022年5月1日，县委书记李鹏程（左二）到鸭塘铺卫生院看望隔离点工作人员（攸县江桥街道办事处供图）

2022年11月8日，攸县市场监督管理局工作人员在新冠肺炎疫情期间进行市场价格巡查（攸县市监局供图）

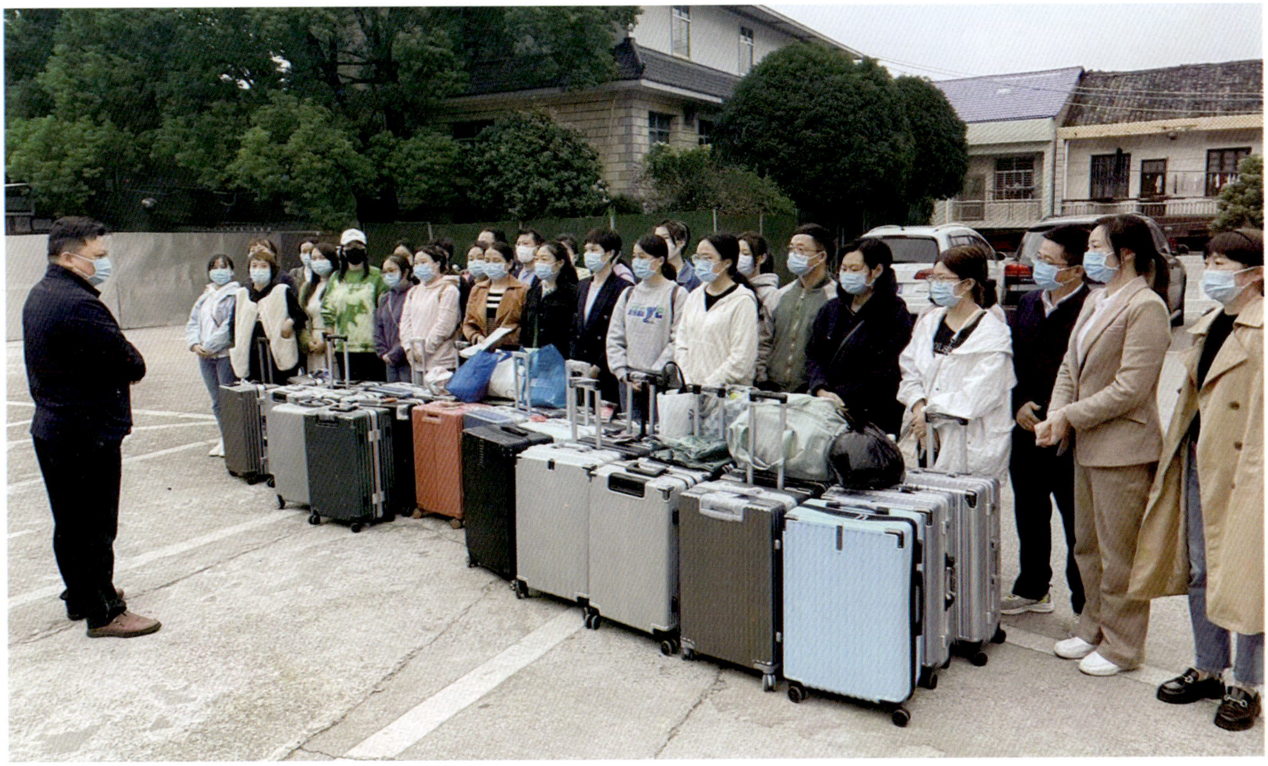

2022年11月14日，攸县医务人员整装待发支援株洲市区新冠肺炎疫情防控工作（攸县人民医院供图）

2022年11月25日，参加株洲市区疫情防控志愿服务的20名攸县城管队员返回攸县（攸县融媒体中心供图）

2022年8月1日，攸县退役军人及其他优抚对象优待证首发仪式在攸县退役军人事务局举行（攸县退役军人事务局供图）

2022年6月29日，县委书记李鹏程（右一）看望慰问老党员、老干部代表（攸县融媒体中心供图）

2022年7月18日，湖南省科协党组成员、副主席张辉学（前排右二）带领省评估组到攸县，对创建全国科普示范县工作进行评估检查（攸县融媒体中心供图）

2022年9月16日，攸县高新区举行赋权改革事项交接活动，38个事项赋权园区（攸县融媒体中心供图）

2022年5月17日，攸县启动2022年农村法治宣传教育月活动，图为参与新市镇协塘村活动人员合影（攸县司法局供图）

2022年12月16日，攸县人民检察院召开公益诉讼守护"舌尖上的安全"新闻发布会（攸县检察院供图）

2022年9月，攸县酒埠江镇东塘新农贸市场开业（攸县酒埠江镇政府供图）

2022年8月，攸县酒埠江镇东塘旧农贸市场整体拆除（攸县酒埠江镇政府供图）

2022年9月28日，中心嘉园二期业主喜迎“交房即交证”，十多户业主代表在新家门口领到了不动产权证（攸县融媒体中心供图）

2022年，城区老旧小区改造（世纪花园）（攸县融媒体中心供图）

2022年，城区污水管网改造（攸县融媒体中心供图）

2022年6月，S204道路“刚改柔”项目施工现场（攸县莲塘坳镇政府供图）

2022年11月，攸县江桥街道阴山港村接通自来水，彻底告别缺水历史（攸县江桥街道办事处供图）

2022年11月2日，攸县宁家坪镇坪台村狮形组“攸美·幸福屋场”建设示范点竣工（攸县宁家坪镇政府供图）

2022年10月23日晚，渌田镇新江村召开农村交通安全屋场会并向村民赠送摩托车头盔（攸县渌田镇政府供图）

2022年10月23日，攸县桃水镇老君潭村森林防火屋场会现场（攸县桃水镇政府供图）

2022年10月14日，株洲市委副书记、市长陈恢清（前排左五）督查森林防火工作（攸县林业局供图）

2022年10月12日，全国政协常委、民进湖南省委会主委、省生态环境厅副厅长潘碧灵（前排左三）一行到攸县督察生态环境领域安全防范工作（攸县融媒体中心供图）

2022 年 3 月 12 日，县委书记李鹏程（左二）和县委副书记、县长武挪强（右二）参加植树节，同栽一棵树（攸县林业局供图）

2022 年 9 月 25 日，攸县县委书记李鹏程在网岭督导森林防火工作（攸县融媒体中心供图）

2022 年 10 月 10 日，县长武挪强在洣水河城区段开展巡河工作（攸县融媒体中心供图）

2022年10月27日，攸县古树名木保护科普宣传周暨主题公园揭牌仪式在莲塘坳镇枧头村树山坪闽楠群古树公园举行（攸县林业局供图）

2022年7月20日，林长制工作市级督查现场（攸县林业局供图）

2022年7月，酒埠江灌区攸县中心所南干渠职工清理过水山塘内水草，确保水流畅通（攸县水利局供图）

2022年3月，老虎岩水库工作人员灌溉渠道抢修（攸县水利局供图）

2022年8月，县林业部门开展竹林灭蝗工作（攸县融媒体中心供图）

2022年3月10日，攸县黄丰桥镇塔前村农民正在采摘黑木耳（攸县黄丰桥镇政府供图）

2022年3月14日，菜花坪镇千亩油菜花竞相绽放（攸县融媒体中心供图）

2022年5月，攸县丫江桥镇仙石村蓝莓园（攸县丫江桥镇政府供图）

2022年7月，莲塘坳镇南水村丝瓜基地喜获丰收（攸县融媒体中心供图）

2022年10月13日，皇图岭镇皇图村百亩甜玉米即将上市（攸县融媒体中心供图）

2022 年 11 月 10 日，攸县宁家坪镇双田村的香芋喜获丰收（攸县融媒体中心供图）

2022 年 11 月 10 日，谭桥社区谭桥蔬菜基地采集蔬菜支援株洲抗击（攸县融媒体中心供图）

2022 年 12 月 6 日，神舟八号飞船搭载的攸县红豆杉种子培育出来的红豆杉结出了第一批果实（攸县融媒体中心供图）

2022年12月6日，渌田镇高标准农田建设（攸县融媒体中心供图）

2022年12月19日，攸县新增三家“湘赣红”品牌授权企业（株洲市振源生态农业发展有限公司“橙满三湘”品牌脐橙、湖南皓特强生态农业股份有限公司“攸爱”品牌山茶油、攸县尚鲜食品有限责任公司“豆尚鲜”品牌攸县香干）（攸县融媒体中心供图）

攸县柘巨公路春联街道段鸟瞰图（攸县春联街道办事处供图）

攸县丫江桥镇河湖改造后的凉江河（攸县丫江桥镇政府供图）

目 录

特 载

概 览

大事记

中共攸县委员会

攸县人民代表大会

攸县人民政府

政协攸县委员会

中共攸县纪律检查委员会·攸县监察委员会

群众团体

法 治

军 事

综合经济与管理

工　业

农　业

商　贸

交通・通信

财政・税务

金融・保险

城建·环保

人民生活·社会保障

教 育

文化·旅游

卫生健康

乡镇(街道)

人　物

荣　誉

附 录

特　载

脚踏实地　埋头苦干
奋力谱写中国式现代化攸县新篇章

——在县委十三届四次全体（扩大）会议暨县委经济工作会议上的讲话

中共攸县委员会书记　李鹏程

（2023年1月9日）

这次会议的主要任务是，深入贯彻落实党的二十大精神，中央、省委、市委经济工作会议精神，省委三次全会、市委五次全会精神，总结2022年工作，部署2023年任务，动员全县上下脚踏实地、埋头苦干，奋力谱写中国式现代化攸县新篇章。下面，我代表县委常委会，讲四个方面的意见。

一、全面总结回顾，充分肯定携手共创的新业绩

刚刚过去的2022年，是极不寻常、极具挑战的一年，是携手攻坚、克难奋进的一年。一年来，在中央、省市的坚强领导下，我们坚持“一二三四”发展思路，按照打造“三个高地”、推进“三大会战”部署，埋头苦干、勇毅前行，重振攸县雄风迈出了坚实的步伐。这一年，我们始终把党的二十大贯穿全过程。积极组织开展“奋进新征程、建功新时代”“非凡十年”“喜迎二十大、忠诚保平安”等系列主题活动，为党的二十大胜利召开营造了良好环境。党的二十大胜利闭幕后，第一时间召开县委常委会、全县领导干部会议进行传达学习，精心打造“党声‘攸’扬”理论宣讲品牌，切实掀起了学习宣传贯彻热潮。结合攸县实际，制定《关于深入学习宣传贯彻党的二十大精神为奋力谱写现代化新攸县壮美篇章而团结奋斗的实施意见》，推动党的二十大精神在攸县落地生根、开花结果。这一年，我们始终将高质量发展摆在最前沿。面对疫情影响、经济下行等多重因素冲击，全力以赴办好发展经济这个最大实事，预计全年GDP同比（下同）增长5%；固定资产投资增长7.8%；社会消费品零售总额增长3.5%；规模工业增加值增长7%；地方一般公共预算收入增长9.35%；城乡居民人均可支配收入增长5.5%，推动了县域经济实现质的有效提升和量的合理增长。这一年，我们始终以人民至上作为根本点。全面落实“疫情要防住、经济要稳住、发展要安全”要求，毫不动摇抓好常态化疫情防控，最大程度保护了人民群众的生命健康安全；主动应对历史罕见高温天气，做足“防长旱、抗大旱、救大灾”准备，分兵把好关口，严格火源管控，实现了大旱之年无大灾；积极稳妥推进自建房排查整治工作，实现了“两个率先、一个百分之百”的目标。特别是全县广大镇村干部、驻村干部和医务工作者，闻令而动、迎难而上，冲锋在前、日夜奋战，成功取得了疫情防控、防汛抗旱、森林防灭火、自建房排查整治战战皆胜的优异成绩，真正在大战大考中彰显了责任担当，在共克时艰中凝聚了攸县力量。这一年，我们始终用创先争优凸显新形象。面对你追我赶的区域竞争态势，我们全力创优、奋勇争先，森林防灭火工作经验获省政府通报表扬，城乡建设、食品安全、优化营商环境、高标准农田建设、落实粮食安全责任制等5项工作进入省政府真抓实干激励公示名单，农村居民人均可支配收入入围全国百强、居46位，中部百强县排名居54位、再进6位，获评全国乡村振兴百强县、中央财政支持农作物秸秆综合利用重点县、第二批全国科普示范县和全省首批农村客货邮融合发展示范县、省级智慧排水示范县、湖南十大湘菜名县，连续七年荣获全市普通高中教育质量综合评价“优秀县市”，一系列成绩和荣誉持续刷新了攸县对外形象。工作中，主要抓了以下几个方面：

1. 坚持党建引领，持续夯实事业根基。始终把习近平新时代中国特色社会主义思想作为“第一议题”来学习、“第一遵循”来贯彻、“第一政治要件”来落实，县委常委会及时传达学习贯彻习近平总书记重要讲话重要指示批示精神28次，开展理论中心组学习和“第一议题”研讨33次、各类宣讲2500余场次，切实筑牢了捍卫“两个确立”的基层基础，增强了践行“两个维护”的行动自觉。严格落实意识形态工作责任制，将意识形态工作纳入新一届县委常规巡察范畴，舆情信息报送工作获中宣部通报表扬。巩固深化党史学习教育成果，成功举办纪念谭震林同志诞辰120周年座谈会，谭震林生平业绩陈列馆获评省党史教育基地。扎实开展“干部能力提升年”活动，选派180余名优秀干部参与挂职和实践锻炼，相关经验做法获人民网推介，党校获评市党员教育培训示范基地；大力开展实训攸州、电商人才创新创业大赛等活动，成功引进硕士及以上学历人才17人、培养电商人才300余人。严格选人用人，坚持从疫情防控、安全生产、信访维稳、森林防灭火等工作一线提拔重用表现突出干部35人，用人导向更加鲜明。扎实开展违规收送红包礼金和违规参与煤矿经营活动专项整治，全面推进县委巡察和村（社区）巡察全覆盖工作，片区协作工作机制获中国纪检监察报推介，“一县一清单”专项监督工作经验在全市推介。召开全县领导干部警示教育大会，党员干部廉洁意识更加强烈。驰而不息纠治“四风”，查处各类问题34个，处理处分146人。保持反腐高压态势，累计处置问题线索608件，立案256件，组织处理295人，全面从严态势更加彰显。

2. 坚持主攻产业，持续提升经济实力。深入开展园区创业大会战，“一主一特”产业产值分别增长11.23%、15.68%，化工园区成功通过省级复核，建成全省首家园区税务“智慧微厅”和环保服务中心。扎实开展项目建设“百日攻坚”行动和返乡创业活动，引进亿元以上项目24个、金额35.5亿元，争取各级预算内资金项目23个、金额2.06亿元，返乡创业工作在全市作典型发言；53个市重点项目完成开竣工37个，实现投资121.68亿元，占全年任务的120.7%；完成集体土地征拆3792亩、国有土地上房屋征收3.3万平米；全县有史以来单体投资最大的广寒坪抽水蓄能电站项目正式动工，风光资源开发利用、智慧电网等新能源产业项目加速推进，首宗矿权“净矿出让”前期工作基本完成，通航机场直升机起降点实现全覆盖。扎实开展“市场主体培育年”活动，净增市场主体10245户，新增“四上”企业69家，国家级专精特新“小巨人”企业实现零的突破，新增省级专精特新“小巨人”企业5家、总数达到11家。大力推进全域旅游，酒埠江风景名胜区和酒埠江湿地公园获评省自然保护地质量管理评估优秀等次，酒仙湖研学旅游基地被评为省级研学旅游基地。持续繁荣商贸物流，全年电商销售农产品零售额达 3.88 亿元，县域商业体系建设项目数量居全市第一，攸州农贸市场获评省文明集市。深入开展“送政策、解难题、优服务”行动和政企早餐会活动，落实减税降费 2.5 亿元，解决企业实际问题 564 个，推动银行为企业授信 30 余亿元。

3. 坚持城乡统筹，持续推进乡村振兴。持续巩固拓展脱贫攻坚成果与乡村振兴有效衔接，派出 102 个驻村帮扶工作队，脱贫劳动力就业帮扶实现全覆盖，全市乡村振兴现场推进会在攸县召开并作典型发言，网岭镇获评省级乡村振兴示范镇；持续开展“消薄增强”行动，43 个集体经济薄弱村全部清零，网岭镇罗家坪村典型经验入选全省集体经济百村案例。坚决扛牢粮食安全政治责任，完成粮食播种面积 92 万亩、高标准农田建设 7 万亩、耕地抛荒治理 1.67 万亩，有序恢复耕地 9913 亩，石羊塘镇耕地抛荒治理工作经验获中央新闻联播推介；香干产业园顺利开工，湘天华茶油荣获第二十三届中国中部农博会金奖，单杨院士创新团队工作室成功落户。深入实施城市更新行动，洣水四桥水下作业全面完成，西阁提升泵站、长输管道燃气分输站投产运营，完成老旧小区改造 24 个，老漕至莲花、莲塘坳至路岭坳公路全线通车，G106 绕城线、茶常高速、长株攸高速等项目取得重大进展。持续推进农村人居环境整治，建成乡镇垃圾中转站 4 座，提质改造农村道路 137 公里，农村危房改造 100 户，山塘水库除险加固 500 座，农村户厕改造完成率 100%，酒埠江镇酒仙湖村获评省级“美丽乡村”示范村，网岭镇大瑞村获评省级“同心美丽乡村”示范点。

4. 坚持改革创新，持续释放发展潜能。顺利完成第一批园区赋权改革，切实提升为企办事效率。大力推进“一件事一次办”改革，在全市率先设立企业开办变更注销“一窗通办”专窗，县乡村服务事项网办率达到 100%，承诺办理时限平均提速 65% 以上，工改相关经验做法获评全省深化“放管服”改革“揭榜竞优”工作“十大经验做法”之一。深入推进农村改革，村级集体资产清查实现全覆盖，农村综合水价改革工作在全省作典型发言，成功入选省“村社分账”管理改革工作试点县、供销综合改革推进“两个到户”示范创建试点县。全力开展财源建设大会战，稳步推进县属国有企业改革和降本增效，企业可控成本下降 30%；严格落实“六个一批”化债举措，累计争取专项债 5.87 亿元，综合债务率持续下降；全面实施加油站智能税控设备升级，相关工作经验在全市推广。扎实推动创新发展，新增国家高新技术企业 25 家、科技型中小企业 74 家。全力推动开放发展，开放型经济发展服务中心成功挂牌。

5. 坚持改善民生，持续增进百姓福祉。城镇新增就业 4811 人，农村劳动力转移就业 5473 人。提质改造中小学校 32 所，乡镇公办中心幼儿园实现全覆盖，生物中专与湖南汽车职院实现联合办学并成功入选省“双优”中职建设单位，“家校社”共育工作入选株洲市 2022 年度“十大改革创新案例”，教育“两项评价”获评省级优秀。提质改造乡镇卫生院 2 家，人民医院入选国家县级医院综合能力提升“千县工程”，骨伤医院挂牌二甲中医骨伤专科医院。创新党建引领“五化”养老新业态，相关工作经验获民政部推介。建成“门前三小”工程和攸美·幸福屋场 100 个，相关经验获得省委庆伟书记肯定，春联街道盘龙村幸福屋场被评为省级幸福屋场，新市镇获评市级乡村治理示范镇。持续推进精神文明建设和新时代文明实践中心建设，民政局、审计局、乡村振兴局、联星街道获评省文明单位，税务局获评省文明标兵单位，联星街道上云桥村、丫江桥镇仙石村获评省文明村，石羊塘镇谭家垅社区获评全国最美志愿服务社区，1 人获评“中国好人”。持续打好“蓝天、碧水、净土”保卫战，水质综合改善指数全市第一，成功创建省级县域节水型社会，市生态环境局攸县分局获评省农村“千人以上”饮用水水源地生态环境整治突出单位。深入推进安全生产专项整治三年行动和煤矿“开小灶”专项整治，扎实开展城镇燃气安全整治

“百日行动”，重拳打击违法建设行为，完成拆违13万平米、控违16万平米，新增违建实现“零增长”，市场监管局获评全省药品安全专项整治工作先进单位，菜花坪镇获评全省安全发展工作示范乡镇。常态化开展扫黑除恶斗争，高压推进“利剑护蕾”专项行动，法院审结案件入选最高院2022年十大毒品（涉毒）犯罪典型案例，获评“全省法院诉讼服务示范窗口”称号；检察院获评全省检察机关常态化开展扫黑除恶斗争先进集体。大力开展“平安攸县”创建，深入推进信访积案“百日攻坚”和信访“三无”创建活动，公众安全感满意度测评全市排名第二、全省排名大幅提升，二十大特护期信访维稳工作排名全市第一。

6.坚持团结奋斗，持续凝聚人心力量。全力支持县人大及其常委会依法履职，务实开展监督评议、执法检查、视察调研，积极推进民生实事票决制，为经济社会发展作出了重要贡献。全力支持县政协履行政治协商、民主监督、参政议政职能，积极推进“株事好商量”、委员工作室、政协云等工作，切实以政协之能服务了攸县发展之为。持续加强“大统战”格局构建，圆满完成县工商联换届，深入实施“万企兴万村”行动，县工商联获评全国民营企业调查点工作先进基层单位，皇图岭镇商会获评全国“四好”商会。坚持党管武装不动摇，统筹推进战备训练、民兵调整、国防动员等工作，为地方持续稳定发展提供了坚强保障。高度重视公检法司、群团组织、老龄老干、档案史志等各方面作用，县党史和县志研究室获评首批全省党史学习教育创新案例评选先进单位。

一年拼搏，成绩来之不易。这是习近平新时代中国特色社会主义思想和党的二十大精神科学指引的结果，是中央和省市坚强领导的结果，是全县广大党员干部群众埋头苦干、勇毅前行的结果。在此，我代表县委向大家并通过你们，向全县各级党组织、广大党员干部群众，向所有关心支持攸县发展的各级领导和社会各界人士，向为攸县发展作出突出贡献的老领导、老同志，表示最衷心的感谢和最崇高的敬意！

一年拼搏，经验弥足珍贵。我们深刻体会到：一是必须做到一心向党。历经党史学习教育，我们更加深刻认识到：实现高质量发展，最终要靠党来领导，要靠红色血脉来赓续，要靠党员干部来落实。任何时候、任何地方，我们都应牢记党员身份，在党言党、在党忧党、在党为党。二是必须做到担当实干。实践反复证明，没有担当，就难有落实。一代人有一代人的使命，一班人有一班人的责任，当前的攸县困难还很多、短板还不少，容不得我们有丝毫迟疑懈怠。唯有拿出“功成不必在我”的担当，拿出“建功必须有我”的执着，才能激励我们奋勇争先，催使我们昂扬向上，引领我们阔步前行。三是必须做到为民造福。我们推动工作的根基在人民、血脉在人民、力量在人民。要尽力而为、量力而行，深入群众、深入基层，采取更多惠民生、暖民心举措，不断实现人民对美好生活的向往。四是必须做到廉洁自律。为官从政，立身不能忘做人之本，为政不能移公仆之心，用权不能谋一己之利，任何情况下都要稳得住心神、抵得住诱惑、耐得住清贫。想要干成事，首先就要不出事。

一年拼搏，问题不容忽视。主要表现在：一是县域产业有而不优，主导产业对县域经济的支撑还不够强，缺少龙头企业、重大项目的带动，“新不足以补旧、小不足以补大”的矛盾依旧突出；二是市场主体多而不活，市场活力与县域发展要求不匹配，市场主体质量有待提升、活力有待激发；三是重点风险化而未解，安全隐患防不胜防，还本付息正值高峰，风险防控任重道远；四是作风问题禁而未绝，“为官不为”“中梗阻”等问题仍然存在，个别干部律己不严，干私事胆子大，干公事胆子小。对此，我们必须采取果断措施，全力加以解决。

二、科学精准研判，准确把握当前面临的新形势

2023年是贯彻落实党的二十大精神开局之年，做好今年工作意义尤为重要。当前，尽管国内需求收缩、供给冲击、预期转弱三重压力仍然较大，但我国经济韧性强、潜力大、活力足，长期向好的基本面没有变，我们更多的是机遇和希望，尤其要看到：一是逐渐回暖的发展态势。中央经济工作会议明确指出，保持经济平稳运行至关重要，要着力“稳增长、稳就业、稳物价”，保持经济运行在合理区间。“稳增长”被置于更加突出的位置，特别是“五大政策”协同发力，扩大内需战略全面实施，疫情防控措施不断优化，投资、消费、出口三驾马车将在今年得到加速奔跑，市场信心将同步回升，全年经济有望整体好转，形成蓬勃向上的运行轨迹。二是逐步发力的利好政策。中央提出，要加大对地方的转移支付力度，推动财力下沉，做好基层“三保”工作；省市提出要推进新型城镇化，加快城镇老旧小区、老旧燃气管道等更新改造，提高县域经济发展质量等，这些扶持政策必将对缓解我们当前的资金压力、加快我们的建设步伐起到巨大推动作用。三是逐项积累的自身底蕴。随着抽水蓄能电站项目的开工建设，高分子新材料等“一主一特”产业的逐步壮大，全县发展动能更强、空间更广、后劲更足，必将推动攸县进入高质量发展的快车道。同时，过去一年一系列成绩的取得充分证明，我们的政治生态、发展环境、产业态势、项目建设、干部作风和发展前景都是越来越好，重振攸县雄风来势很旺，各项工作齐头并进，正是干事创业的最好时期。综上所述，做好来年工作，我们一定要勇于识变、应变、求变，善于发现、抓住、用好机遇，努力在危机中育新机、于变局中开新局。

做好2023年工作的总体要求是：以习近平新时代中国特色社会主义思想为指导，全面贯彻党的二十大精神，深入落实习近平总书记对湖南重要讲话重要指示批示精神，认真落实中央、省委、市委经济工作会议精神，坚持稳中求进工作总基调，完整、准确、全面贯彻新发展理念，服务和融入新发展格局，着力推动高质量发展，全面落实“三高四新”战略定位和使命任务，坚持“聚焦、裂变、创新、升级、品牌”工作思路，坚持“一二三四”发展思路，以“项目攻坚年”和“作风建设年”活动为抓手，更好统筹疫情防控和经济社会发展，更好统筹发展和安全，有效防范化解重大风险，集中力量推进“三大会战”，大力培育市场主体，奋力重振攸县雄风，为全面建设社会主义现代化新攸县开好局起好步。

2023年全县经济社会发展的主要预期目标是：GDP增长7.8%左右，规模工业增加值增长9%左右，固定资产投资增长8%左右，社会消费品零售总额增长7.5%左右，地方一般公共预算收入增长8.5%以上，城乡居民收入增长速度高于经济增长速度，各项事业都有新的进步，重振雄风取得更为明显的进展。实现这些目标，必须深刻把握几点：一是要坚定不移学习宣传贯彻好党的二十大精神。新的一年，我们的一切工作都要紧紧围绕学习宣传贯彻党的二十大精神展开，优先抓好党的建设，持续在学深悟透、入脑入心、见行见效上下功夫，自觉用党的二十大精神统一思想、统一意志、统一行动。二是要坚定不移办好发展经济这个最大实事。就是要始终把发展经济的着力点放在实体经济上，大力培育市场主体，全面激发市场活力，主动自我加压，积极争先进位，以奋发有为的精神状态和“时时放心不下”的责任意识抓实抓牢经济发展工作，着力推动高质量发展。三是要坚定不移打好“三大会战”。要始终坚持“一二三四”发展思路不动摇，不提新口号，只吹进军号，奋进新征程，全面抓落实。特别是要持续深入打好“三大会战”，紧扣关键部位、关键指标、关键任务重点发力，倒排工期、挂图作战，一项一项去攻坚、一件一件抓落实，确保办成一批打基础、利长远、惠民生的大事好事。四是要坚定不移抓好“两个年”活动。以开展“项目攻坚年”活动为硬支撑，把项目作为转方式、调结构的重要依托，以项目的大引进、大推进，推动发展的大投入、大升级；以开展“作风建设年”活动为硬举措，推动思想大解放、能力大提升、作风大转变，以干部作风的新变化、新作为，推动各项工作的高标准、高质效。

三、主动担当实干，奋力谱写中国式现代化攸县的新篇章

欲建非常之功，必打非常之战。新的一年，我们就是要始终紧扣事关转型、影响发展的重点领域，紧扣要点集中攻坚，把握关键逐个攻破。

1. 要全力抓好实体经济，推动转型发展更高质量。要推动园区工业升级。紧扣“五好”园区目标，深入推进园区创业大会战，用好用活化工园区金字招牌，集中精力抓好“一主一特”产业，确保新增高分子新材料与精细化工企业10家以上、绿色建材企业5家以上。持续深化亩均效益评价，大力开展“三类地”清理专项行动，确保园区亩均效益大幅提升。加快推进园区改革落地和调区扩区，建成特勤消防站、危化品专用停车场等安全环保基础设施，持续抓好供水供电、污水处理厂等重点项目建设，不断提升园区发展活力。要推动商贸消费升级。深入实施扩大内需战略，扎实开展消费专项行动，持续推动湘东大市场、家居城等专业市场服务升级，积极组织开展系列促销活动，提振餐饮、住宿、家政等传统消费，促进汽车、家电、家具等实物消费，着力让市场更有活力、商户更有效益。促进房地产市场良性循环和健康发展，支持刚性和改善性住房需求，鼓励县内建筑企业资质升级和技术创新。用好农村客货邮融合发展示范县政策，加快完善县乡村三级物流体系，畅通城品下乡、山货进城、电商进村通道，实现供应链、物流配送、商品服务和农产品下沉上行。深入实施“外贸倍增”行动，依托开放型经济发展服务中心等平台，推动更多外贸市场主体走出国门、做大做强。要推动全域旅游升级。以创建“AAAAA”景区、国家休闲旅游度假区、省级全域旅游示范区为牵引，持续抓好酒埠江生态新镇综合开发，积极融入湘赣边红色旅游共同体。坚持文旅“红色、古色、绿色”融合发展，抓好文化旅游、红色旅游、康养旅游、研学旅行等旅游新业态发展，推进北伐首战纪念场馆、攸州小型体育公园等建设，促进旅游产业全面繁荣、整体提升。要推动主体培育升级。深入实施市场主体倍增工程，确保新增规模工业企业20家以上、“四上”企业70家以上。深入实施企业上市“金芙蓉”跃升行动，大力支持昊华、地博、澳维等企业上市，加快培育更多税收过亿企业。要推动营商环境升级。坚持“两个毫不动摇”，严格落实省促进民营经济发展“六个一”工作和市“民营经济十条”，深入推进优化营商环境“三年行动计划”，以实际行动支持和保障民营经济发展壮大。持续开展“纾困增效”专项行动，坚持问需于企、问计于企，推动各项惠企政策落地见效。

2. 要全力抓好项目攻坚，激发经济增长更强动力。以“项目攻坚年”活动为抓手，扎实推进“招大引强”三年行动。要全区域抓招引。认真研究政策、引入专业“外脑”，找准上级政策与攸县实际的结合点，重点在交通、能源、水利、农业等领域争取一批预算内项目和专项债份额。深入开展“迎老乡、回故乡、建家乡”活动，综合运用产业链招商、驻点招商、资本招商等方式，确保招引产业项目30个以上。严格落实“一把手”带头招商和“管行业必须管招商”机制，出台争资引项激励办法，持续扩大招引效果。要全天候抓推进。重点抓好十大产业项目、十大基础设施项目，严格执行项目落地联席会议制度、“五个一”项目联系制度和项目推进奖惩问责制度，落实“周调度、月推进、季讲评”机制，确保全年实现项目开竣工40个以上、完成年度投资120亿元以上，加快推进绿色建材产业园、地博二期、艾硅特等重大项目建设，纵深推进抽水蓄能、分布式光伏发电、集中式风光发电、双碳电网等新能源项目建设，努力打造绿色能源强县。要全要素抓保障。以财源建设大会战为抓手，做好煤矿安全高质量发展、土地资源开发、砂石资源利用、闲置资源盘活等工作，创新总部经济发展，深化政银企对接合作，多渠道缓解资金难题。用好占补平衡和增减挂钩等政策，大力推进“三清单三行动”攻坚，持续抓好征地拆迁、土地报批等工作，确保完成集体土地征拆3381亩以上、国有土地上房屋征收2.1万平米以上，新开竣工标厂10万平米以上，动态储备土地300亩以上。持续加强校企合作力度，培养更多应用型、技能型人才，全力破解人才难题。

3. 要全力抓好乡村振兴，绘就“三农”事业更美画卷。要聚焦农业提质增效，扛牢耕地保护和粮食安全政治责任，确保粮食生产面积稳定在90万亩以上。以国家级制种大县为依托，做大做强制种产业。深入实施“六大强农行动”，全力推进以香干产业园为主的特色产业园建设，健全油茶等特色产业体系，持续推进“一村一品”建设，不断增强农业市场竞争力和可持续发展能力。要聚焦农村现代和美，紧扣“五好”乡村目标，大力开展乡村建设行动，深入推进农村人居环境整治，加强村庄规划编制，全力推进酒埠江灌区续建配套与现代化改造，确保实施高标准农田建设6万亩以上，建设农村道路100公里以上，完成水库除险加固13座以上，解决农村供水保障人口5万人以上。要聚焦农民增收致富，严格落实“四摘四不摘”要求，持续健全监测预警机制，确保不发生规模性返贫和新的致贫。持续深化农村集体产权制度改革、农村宅基地改革、供销综合改革、农业领域综合行政执法改革，着力激发农村活力。大力发展村级集体经济，新增集体经济过10万元村30个以上。深入推进大众创业、万众创新，持续增加群众收入。扎实推进高素质农民培育，积极引导能人回乡、市民下乡、乡贤助乡、企业兴乡。

4. 要全力抓好区域发展，拓展协作联动更大格局。要加快推进城市更新。健全现代化城市基础设施体系，加快推进东城新区建设，扎实做好老城区提质改造，积极做好城南片区保护性开发，加快推进中心医院、G106绕城线、洣水四桥等项目建设，着力抓好城市断头路、老旧小区改造、污水管网截流改造、雨污分流改造等工作，全面巩固国家园林城市成果，争创国家生态园林城市。要加快推进城镇建设。全面启动乡镇（街道）国土总体规划编制，抓好各乡镇的特色培育，加快形成“一镇一特”的特色产业发展格局，着力打造一批经济强镇、特色小镇。坚持城乡融合发展模式，加快城乡供气用水和生活垃圾处置一体化进程，推进镇区黑臭水体治理工程，确保已建成污水处理设施全部达标运营。要加快推进城际合作。持续开通更多“跨域通办”事项，积极做好衡吉高铁、衡莲高速、长株攸高速等项目前期，推动崇仁—莲花—攸县—天柱高速项目纳入国省高速公路规划，继续培育壮大一批“湘赣红”区域品牌，努力推动与周边地区形成交通互联、信息互通、优势互补、发展互助的良好局面。

5. 要全力抓好改革创新，提升县域发展更优质效。要以改革增动能。深化跨领域跨部门综合执法类改革，持续抓好涉改单位职责落实、人员调配、流程优化等工作，不断完善基层机构职能体系。加快国有企业市场化转型，健全现代企业管理制度，优化融资结构与期限，推动降本增效。统筹做好投融资体制、财税体制、司法体制、医药卫生、教育综合等各项改革，全面提升管理水平。要以服务提效能。持续深化“放管服”改革，打造“一件事一次办”升级版，严格落实“三集中三到位”要求，健全一窗受理、集成审批办事模式，持续完善帮代办、交督办、全程代办机制，扎实做好智慧城市、智慧政务大厅等工作。要以创新赋势能。鼓励支持企业加大研发投入，推动企业“上云用数赋智”，力争新增国家高新技术企业25家以上、省级专精特新“小巨人”企业5家以上、国家级专精特新“小巨人”企业1家以上。完善“产学研用”合作机制，推动企业加强与高等院校、科研院所合作。

6. 要全力抓好民生实事，迈出共同富裕更实步伐。要围绕保障有力有效，坚持就业优先战略，抓好高校毕业生、农民工、退役军人等重点群体就业，保持“零就业家庭”动态清零。继续实施全民参保计划，健全基本养老、基本医疗保险筹资和待遇调整机制。持续抓好养老服务、优抚安置、社保医保基金监管等工作，努力让群众生活无忧。要围绕资源共建共享，巩固和拓展“双减”成果，抓好“家校社”共育工作，优化教育资源配置，加快建设春联小学、永佳小学、城区第二公立幼儿园等项目。深入推进健康攸县建设，加快乡镇卫生院提质改造，抓好县内外紧密医联体和重点学科建设，促进中医药传承创新，推动妇幼保健院创建二级甲等医院，完成网岭精神病医院整体搬迁，确保顺利通过国家卫生县城周期复审。要围绕文化自信自强，深化新时代文明实践中心建设，持续擦亮“门前三小”公共文化服务品牌，积极打造幸福屋场，推进融媒体中心高清化改造、图书馆分馆、文化宫、里旺古城考古遗址公园等项目建设，不断丰富群众精神文化生活。统筹抓好文明创建、扫黄打非、殡葬改革等工作，持续塑造文明乡风、淳朴民风、良好家风。

7.要全力抓好基层治理，确保社会大局更加安稳。要突出和谐稳定。不断坚持和完善新时代“枫桥经验”，深化网格化服务管理和县域社会治理风险防控“N 合一”机制，常态化开展扫黑除恶斗争和禁毒人民战争，坚决防范和打击各类违法犯罪活动。高度重视涉军、涉房、涉企等信访问题，严格落实领导干部带头接访、主动下访制度，持续开展信访“三无”创建，全力维护和谐稳定。要突出安全有序。更加科学、精准、高效做好疫情防控，加强防疫能力建设，着力保健康、防重症，坚决防范次生灾害和极端事件，确保平稳转段。严格落实安全生产责任制，全面抓好城镇燃气、房屋安全、交通运输、校园、危化、矿山等领域的隐患排查整治，切实守住“三坚决两确保”工作目标。全面落实“六个一批”化债举措，加大存量债务处置力度，坚决确保隐性债务不新增、“三保”支出不断链、全口径债务额度稳步下降、利息支出负担有效减轻。深入开展诚信体系建设，大力处置和打击恶意“逃废债”行为，持续维护全县金融生态环境。要突出绿色环保。持续打好“蓝天、碧水、净土”保卫战，全力推进环保督察反馈问题整改，深入开展“回头看”“后督察”专项行动，统筹抓好河湖林田长制、封山育林、长江流域“十年禁渔”、采煤沉陷区治理、绿色矿山建设和历史遗留矿山生态修复、“千人以上”集中式饮用水水源地规范化建设等工作，确保生态环境持续好转。有序推进碳达峰碳中和工作，推动形成绿色低碳的生产生活方式。

四、坚持从严治党，全面激发干事创业的新活力

事业成败，关键在党，核心在党，根本在党。我们要以“作风建设年”活动和清廉攸县建设为抓手，大力弘扬伟大建党精神，持续压实管党治党政治责任，切实为全县经济社会高质量发展提供根本保障。

1.要紧跟核心中心，形成同心同向的浓厚氛围。要坚守政治忠诚。进一步完善贯彻落实习近平总书记重要讲话重要指示批示精神和党中央重大决策部署的工作机制，不断严明政治纪律和政治规矩，引导全县上下深刻领悟“两个确立”的决定性意义，增强“四个意识”、坚定“四个自信”、做到“两个维护”，不断提高政治判断力、政治领悟力、政治执行力。要坚定理论武装。把深入学习宣传贯彻党的二十大精神作为最大的政治任务贯穿全年始终，持续打响“党声‘攸’扬”理论宣讲品牌，切实推动党的二十大精神落地见效。不断深化党委（党组）理论学习中心组学习制度、党委（党组）会议“第一议题”制度，推动党的创新理论学习走深走实。推进党史学习教育常态化长效化，更好引导全县上下知史爱党、知史爱国。要坚持舆论引导。严格落实意识形态工作责任制，加强新闻、网络、宗教等阵地管理，健全完善重大舆情和突发事件舆论引导机制，牢牢把握意识形态工作领导权、管理权和话语权。要坚决巩固团结。坚持党管一切原则，持续巩固“四大家”精诚团结的浓厚氛围，坚持人民代表大会制度，充分保障县人大及其常委会依法行使职权；全力支持政府履职尽责，确保更好推动经济社会高质量发展；高度重视人民政协事业，全力支持政协开展政治协商、民主监督、参政议政；充分发挥工商联、侨联等统一战线桥梁和纽带作用，加强党管武装和双拥工作，充分发挥公检法司、群团组织、老龄老干、档案史志等各方面作用，持续凝聚发展合力。

2.要夯实基层基础，打造坚强有力的战斗堡垒。要着力抓好基层阵地。严格落实省委关于基层建设“1+5”文件精神，推动村（居）民代表常态化联系服务群众，进一步规范村级组织工作事务、机制牌子和证明事项。健全党建引领平急融合机制，统筹机关、小区、“两新”组织等各领域党建工作，持续整顿软弱涣散基层党组织，切实把基层党组织建成坚强战斗堡垒。要着力优化基层队伍。加强和改进党员教育管理，规范发展党员、管好流动党员、清理“三不党员”，充分发挥党员先锋模范作用。抓紧抓实村干部能力培训，加大村干部考录力度，坚持选拔优秀村干部进入乡镇和事业单位任职，让基层干部有更多盼头和劲头。要着力落实基层保障。健全完善村级党组织运行规则、村务监督、议事决策等机制，持续抓好村级转移支付工作，着力加强对村级财务的监督管理，保障基层党组织专项经费。大力开展村级集体经济发展示范基地创建，打造一批有优势、有特色、能致富的示范村，不断增强村级集体资金的运转保障和使用效益。

3. 要严格选人用人，锤炼扎实过硬的干部队伍。要倾心招引人才。牢固树立“人才是第一资源”理念，深入实施“人才强县”战略，支持各行业领域制定相适宜的人才政策，进一步开辟人才“绿色通道”。大力实施“人才强企”“攸子回乡”工程，努力建立一批产学研合作基地和专家工作站。全面落实津贴补贴、分配激励、职称评审、创业支持等政策措施，确保人才引得来、留得住、干得好。要悉心培育提升。继续有针对性地提升干部产业、项目、金融、群众工作能力，培养更多“懂经济、会赚钱，懂产业、会抓项目”的行家里手、内行领导。加强干部斗争精神和斗争本领养成，着力增强防风险、迎挑战、抗打压能力，做到平常时候看得出来、关键时刻站得出来、危急关头豁得出来。要精心选优配强。坚持新时代好干部标准，突出把好政治关、廉洁关，强化党组织领导把关作用，推动形成能者上、优者奖、庸者下、劣者汰的良好局面。健全培养选拔优秀年轻干部常态化工作机制，坚持老中青相结合的梯次配备，重视女干部培养选拔工作，统筹做好党外干部工作。要真心关爱激励。坚持“三个区分开来”，不断健全容错纠错机制，持续推动容错纠错精细化、规范化。充分发挥职级职员晋升激励作用，健全平时考核与绩效考核相结合的考评机制，进一步在干部队伍中树立重实干实绩的用人导向。坚持从身边人、身边事出发，充分挖掘一批勤于落实、善于落实的典型事迹，以能抓落实、敢抓落实、快抓落实的鲜明导向，点燃全县上下争先创优、争做一流的激情。

4. 要坚持从严从紧，营造风清气正的政治环境。要以严的基调强化正风肃纪。锲而不舍落实中央八项规定，持续深化纠治“四风”，重点纠治形式主义、官僚主义，坚决破除一切特权思想和特权行为。全面敦促领导干部严于律己、严负其责、严管所辖，持续高压打击恶意造谣、混淆视听、诬告陷害等行为，发现一起、查处一起、通报一起。要以零容忍态度反腐惩恶。坚持不敢腐、不能腐、不想腐一体推进，严肃查处政治问题和经济问题交织的腐败，坚决治理政商勾连破坏政治生态和经济发展环境问题，决不姑息。深化整治权力集中、资金密集、资源富集领域的腐败，坚决惩治群众身边的“蝇贪蚁腐”。高质量推进巡察全覆盖工作，探索实施常规巡察与专项巡察、专项巡察与专项整治相结合的巡察方式，不断强化巡察整改，持续提升巡察实效。要以常态长效加强清廉建设。按照“党委主导、系统主抓、单位主责、纪委主推”的原则，分级分类推进清廉单元建设，教育引导全县广大党员干部清清白白做人、干干净净做事。将清廉制度、清廉文化融入清廉建设全过程，实现公权力规范运行，努力打造干部清正、政府清廉、政治清明、社会清朗的清廉攸县。

同志们，路虽远，行则将至；事虽难，做则必成。让我们更加紧密团结在以习近平同志为核心的党中央周围，在省市的坚强领导下，拿出愚公移山的志气、滴水穿石的毅力，踔厉奋发、勇毅前行，脚踏实地、埋头苦干，奋力谱写中国式现代化攸县新篇章！

相关解析

1.“两个率先、一个百分之百”：居民自建房排查任务、经营性自建房安全鉴定任务在全市率先完成，经营性自建房隐患整治措施达到百分之百。

2.“一县一清单”：按照系统思维，将所有的专项监督，以一个县一张清单的形式开展监督，明确监督重点和要求，采取照单履职、对单销号的模式，实行监督闭环，推动监督任务具体化、项目化、可视化。

3.“两个到户”：联结到户和服务到户。

4.“两项评价”：县级党政主要领导干部履行教育职责和县人民政府履行教育职责两项评价。

5.“三类地”：批而未供土地、闲置土地、低效用地。

6.“三清单三行动”：建立政府主体闲置土地清单，实行“摘帽”行动；建立市场主体非“净地”闲置土地清单，实行“净地攻坚”行动；建立市场主体“净地”闲置土地清单，纳入月清“三地”范畴，消化存量批而未供和闲置土地。

7.“三集中三到位”：“三集中”即行政审批职能向一个科室集中、承担审批职能的科室向行政服务中心集中、行政审批事项向电子政务平台集中。“三到位”即事项进驻大厅到位、审批授权窗口到位、电子监察到位。

8.“三坚决两确保”：坚决杜绝较大及以上安全事故（含生产经营性和非生产经营性事故），坚决遏制一般安全事故，坚决防范自然灾害导致重大人员伤亡，确保事故起数和死亡人数继续下降。

9.省委关于基层建设“1+5”文件：“1”是指《中共湖南省委关于全面加强基层建设的若干意见》文件，“5”是指省委、省人民政府研究制定的《规范乡镇（街道）职责权限实施方案》《拓展基层干部晋升通道实施方案》《提高基层干部待遇实施方案》《促进人才向基层流动实施方案》《切实减轻基层负担实施方案》等5个方案。

攸县人大常委会工作报告

——在攸县第十八届人民代表大会第三次会议上

攸县人大常委会主任 冯 杰

（2023年2月10日）

2022年工作回顾

2022年是党的二十大胜利召开之年，也是本届人大常委会依法履职的开局之年。一年来，在县委的坚强领导下，县人大常委会坚持以习近平新时代中国特色社会主义思想为指导，以迎接党的二十大胜利召开、学习宣传贯彻党的二十大精神为主线，深入贯彻落实中央、省委、市委、县委人大工作会议精神，认真履行宪法法律赋予的各项职责，扎实推进全过程人民民主的攸县实践，全年共召开常委会会议7次，主任会议15次，听取和审议专项工作报告36个，开展调研视察、执法检查等19次，满意度测评3次，交办审议、视察意见12个，作出决议决定14个，圆满完成了县十八届人大二次会议确定的各项任务，为打造“三个高地”，推进“三大会战”，重振攸县雄风作出了积极贡献，实现了新一届人大常委会工作的良好开局。

一年来，常委会积极践行新思想、应对新形势、抢抓新机遇、解决新问题，统筹抓好了以下五个方面工作：

一、强担当，铸忠诚，在坚持党的全面领导中把握正确方向

旗帜鲜明讲政治是人大工作的根本保证。一年来，常委会始终把坚持党的全面领导、主动依靠党的领导、自觉服从党的领导、坚决维护党的领导贯穿人大工作各方面全过程，确保人大工作始终沿着正确的方向前进，让做好人大工作有了更强的信心、更足的底气。

理论上更加清醒。把学懂弄通做实习近平新时代中国特色社会主义思想作为首要政治任务，深学笃行习近平总书记关于坚持和完善人民代表大会制度的重要思想，坚持把党的十九届六中全会和党的二十大精神、《习近平谈治国理政》第四卷、中央人大工作会议精神等，作为党组会议、中心组学习、机关党组织学习的“第一议题”，组织开展专题研讨班、座谈会、宣讲活动15场次，撰写心得体会50余篇，全面增强做好新时代人大工作的政治自觉、思想自觉和行动自觉。

政治上更加坚定。坚决贯彻中央和省市县委决策部署，做到一切从政治上考量、在大局下行动。协助县委高规格召开人大工作会议，出台《关于加强和改进新时代人大工作的实施意见》，明确39项重点任务分工并逐项推进落实。全年向县委请示报告年度工作要点、重点监督议题等事项19次。坚持党管干部和人大依法任免相统一，修正人事任免办法，全年依法任免国家机关工作人员97人次，圆满实现了组织意图。坚持县委决策与人大依法作出决定相统一，修正完善讨论决定重大事项的规定，作出《关于依法保障打造“三个高地”，推进“三大会战”，促进高质量发展重振攸县雄风的决定》，将县委的决策主张通过人大法定程序及时转化为全县人民的共同意志。

行动上更加自觉。紧跟县委中心工作，紧扣全县发展大局，统筹谋划、部署和推进人大工作，制定年度监督工作、代表工作、调研工作等计划43项。坚决服从县委统一安排部署，制定人大常委会党组贯彻落实“三联三包”实施意见。积极开展督查协调，推动酒埠江生态新镇、华润绿色建材产业园、智慧绿色能源互联网、天华油茶农业产业园等17个重点项目和重点工作取得进展。面对疫情防控、防汛抗旱、森林防火等重点任务，常委会领导深入乡镇（街道）、村（社区）、企业，开展督促指导，发动各级人大代表积极参与志愿服务4872人次，踊跃捐款捐物50余万元，在全面落实“疫情要防住，经济要稳住，发展要安全”中彰显人大担当、体现了人大作为。

二、强监督，顾大局，在助力重振攸县雄风中注入人大力量

服务大局、助推发展是人大工作的永恒主题。一年来，常委会正确认识和把握人大监督的性质和定位，紧紧围绕“如何确保正确监督、如何做到有效监督、如何实现依法监督”三个问题，科学确定监督议题，改进监督方式，积极构建审议、交办、反馈相衔接的监督链条，寓支持于监督之中，监督视角越来越广、力度越来越大。

助推县域经济稳健运行。聚焦打造“三个高地”，推进“三大会战”，组织各级人大代表集中视察全县重点民生实事、重点配套项目、重点产业项目，调研市场主体培育情况，梳理汇总意见建议15条，督促进一步抓进度、促发展、稳增长、强保障，为经济社会高质量发展添砖加瓦。听取和审议计划、财政预算执行和其他财政收支情况审计等报告，审查批准县级决算、预算调整方案，支持政府全力以赴破难题、补短板、挖潜力、抓落实。强化审计发现问题整改跟踪监督，推动县政府及工作部门建立健全相关制度，不断提升资金使用绩效。开展国有资产调研，听取和审议国有资产管理综合报告和行政事业性国有资产管理专项报告，促进国有资产管理提质增效。专题调研攸县总体规划执行情况，提出“树牢规划意识、重视规划管控、加强规划执行评估考核”等意见建议，推动规划纲要更好地顺应时代要求、符合攸县实际、反映人民意愿。

助推民生福祉不断改善。围绕人民群众普遍关心的医疗、教育、卫生、文化等领域突出问题，对医保基金管理、社会保险基金管理、医疗卫生体系改革、14所乡村学校教育、职业教育发展、教育“双减”、“门前三小”、“幸福屋场”等开展专项视察和调研，推动民生事业高质量发展。持续关注老旧小区改造、城市防洪排涝等项目建设，提出了12条切实可行的对策建议，促进城市建设管理水平提升。专项视察农村供销社“三位一体”综合改革、农村“三路”建设、高标准农田建设、小型水库除险加固等工作，重点关注农村饮水安全建设决定贯彻执行情况，着力提升人民群众满意度、获得感。深化民生实事项目票决制工作，推行“1+2+N”全流程督办工作机制，推动民生实事票决制项目加快实施，全力保障人民群众共享改革发展成果。

助推生态环境持续美化。践行“绿水青山就是金山银山”的发展理念，听取和审议年度环境状况和环境保护目标完成情况报告、封山育林决定贯彻执行情况报告，跟踪督办《株洲市环保“一法一条例”执法检查问题清单》中列出的14个问题，督促相关部门压紧压实环保工作责任，推动全县生态环境明显改善。高度关注乡镇污水处理厂运转情况，促进乡镇垃圾中转站完成建设，助力美丽乡村建设。推动株洲市第一部实体法《株洲市农村村庄规划建设管理条例》在攸县贯彻实施，协同配合市人大开展执法检查，推介攸县经验做法，督促整改问题和不足。专题调研受污染耕地修复和安全状况，视察采煤沉陷区治理项目实施情况，监督耕地保护与利用“一法一办法一条例”贯彻执行，努力呵护攸县的蓝天白云、绿水青山。

三、强治理，重效能，在推进法治攸县建设中维护公平正义

加强法治建设，推进基层治理是人大工作的重要内容。一年来，常委会深入践行习近平法治思想，自觉站在民主法治第一线，不断探索法治建设的新路径、新方法，一体推进法治攸县、法治政府、法治社会建设，全面促进依法行政、严格执法、公正司法、全民守法，持续推动县域治理能力现代化。

发挥“法律巡视”利剑作用。用足用好执法检查这一刚性监督方式，健全执法检查实施办法，细化规范执法检查计划、实施、审议、督促和落实等流程，执法检查的针对性、实效性得到进一步增强。先后组织、配合省市人大对职业教育法、退役军人保障法、母婴保健法等法律和《湖南省实施〈中华人民共和国土地管理法〉办法》等地方性法规实施情况开展执法检查和调研，保障法律法规在本行政区域内有效落地、有效执行。认真落实《监督法》，选取“清廉医保专项工作监督”作为切入点，首次听取和审议县监察委专项工作报告，推动依法有效监察。

发挥公正司法监督作用。创新人大司法监督方式，以“述+询+评”模式，开展“两官”履职评议，听取县人民法院法官、县人民检察院检察官履职情况总体报告，对12名“两官”进行满意度测评，提出评议意见，实现对“事”和对“人”的全方位监督。扎实开展“百案评查”，对“两院”69件案件卷宗进行评查，组织代表开展听审评议法院庭审案件活动10场次，促进阳光司法、公正司法。依法履行备案审查职责，听取和审议规范性文件管理工作情况报告，对9件规范性文件进行合法性审查，提出修改意见27条，切实维护法制统一，促进依法行政。

发挥服务民主立法作用。积极争取市人大基层立法联系点在联星街道文化社区挂牌设立，指导完成阵地建设和硬件建设，搭建11个网格55名信息采集员的信息渠道，基层立法联系点“十步工作法”模式得到省、市人大充分肯定，支持文化社区成功创建“国字号”全国民主法治示范社区。注重发挥基层立法联系点作用，围绕“三法”修正、《株洲市公共安全视频图像信息系统管理条例》立法、《酒埠江灌区管理条例》立法可行性论证等，配合省市人大开展立法征询调研活动，组织代表、群众、法制领域专家进“点”建言，梳理“群言群语”意见转换“法言法语”建议80余条，为上级人大开展地方立法提供攸县智慧和攸县方案。

四、强保障，优服务，在践行全过程人民民主中发挥代表作用

人大代表是人大工作的活力源泉。一年来，常委会始终坚持尊重代表、依靠代表、服务代表，注重发挥代表来自人民、扎根人民的特点和优势，加强代表工作能力建设，完善工作制度机制，拓展履职平台载体，推动代表工作更接地气、代表履职更具活力、代表建议更合民意。

代表履职能力不断提升。统筹开展代表履职学习和专题辅导，实行“走出去+请进来”“集中轮训+选学培训”相结合，组织部分代表到省人大干部培训基地进行培训，先后举办代表履职专题学习班5期，累计参训达900余人次，代表履职能力得到全面提升。严格执行代表履职管理办法，完善代表履职档案，探索建立人大代表履职负面清单和退出机制，代表履职意识不断增强。制定出台县人大代表活动小组、县人大代表经费管理等办法，规范和保障代表依法履职行权。

代表履职渠道不断拓展。认真执行“双联”工作制度，组织开展代表走访活动，常委会组成人员联系人大代表163人次、人民群众320余人次，不断发挥人大代表“连心桥”“粘合剂”作用。邀请代表参加常委会会议、监督评议、执法检查、专项视察、法院庭审等活动近千人次，不断扩大代表对常委会、专委会工作的参与。以“3+N”［代表之家、乡镇“两室”、村（社区）代表联络站+特色工作站］规划建设思路，推进代表履职平台建设，指导建设代表联系群众工作室、代表联络工作站17个，推动建成全市首批金融专业、农业专业、高分子新材料与精细化工产业链等特色工作站，并将同行业同领域代表编组进站，为代表履职提供了“硬”支撑。

代表履职活力不断激发。充分利用“家室站”

平台载体，精心组织各级人大代表开展“到家入室进站-联系群众办实事”实践活动，广泛征集议案建议素材，加强对建议议案撰写指导，汇总整理形成32件省市人大代表建议，帮助人民群众解决实际问题107个，有效拓宽了代表为民代言的渠道。推行“常委会领导领衔督办+专委会专项督办+代表协助督办”的代表议案建议督办工作机制，增加建议办理专项资金100万元，听取承办单位代表建议办理情况报告，推动县十八届人大二次会议以来代表提出的143件建议全部办结、有效落实。扩大人大代表向12345热线反映社情民意工作的知晓度、参与度，各级人大代表反映的一批真实民生问题得到有效解决。

五、强管理，锻队伍，在打造“四个机关”中提升工作质效

加强自身建设是做好人大工作的内在要求。一年来，常委会主动适应新形势新任务，立足“四个机关”定位要求，持续推进以政治建设为统领的人大及其常委会各方面建设，持之以恒抓队伍转作风，建机制提效能，人大机关活力得到全面激发，人大干部队伍履职能力得到有效提升。

坚定不移强化政治建设。落实新时代党的建设总要求，深入推进全面从严治党，持续开展党史学习教育，严格遵守党的政治纪律和政治规矩，努力营造良好政治生态。认真履行全面从严治党主体责任，严格落实中央八项规定精神，推进机关党建工作常态化、制度化。强化阵地意识，坚持党管意识形态工作不动摇，专题研究意识形态工作。严格执行民主集中制，完善党组决策机制，制定党组会议议事规则，实现决策的民主化、科学化、程序化。组织引导常委会组成人员、人大代表、人大工作者深入学习宣传贯彻党的二十大精神，努力提高全县人大干部的政治定力、政治素养。

立足长效强化制度建设。规范人大及其常委会运行机制，按照“于法周延、于事有效”的原则，推进工作制度的起草、修改、废止等工作。首次制定攸县人民代表大会议事规则、专门委员会工作规则、“两官”履职评议暂行办法等工作制度18项，修正废止9项，不断推进人大及其常委会履职更加规范、更加高效。认真总结历届人大工作实践经验，全面梳理、制定完善人大各项规章制度68项，整理编印《攸县人大常委会工作制度汇编》并强化制度执行落实，形成了用制度管人、按制度行权、照制度办事的良好局面。

持之以恒强化队伍建设。加强人大代表事务中心建设，推动机构升格为副科级二级事业单位，增加编制至9人，初步解决“一人委”问题。探索研究履职行权新思路新途径，出台攸县人大常委会专家库管理暂行办法，组建常委会专家库，聘用27名各行业各领域专业人才为专家库成员，不断提升人大及其常委会审议、决议大事科学化和专业化水平。强化人大制度理论、相关法律法规、业务基本知识的学习，举办“人大讲堂”暨“岗位大练兵”活动7期，召开乡镇（街道）人大主席座谈会、片区交流会10场次。加强对乡镇(街道)人大工作指导，健全常委会领导联系乡镇(街道)人大工作机制。完善乡镇(街道)人大工作评价办法，开展人大工作评先表彰，不断提升县乡人大工作整体效能。

各位代表，2022年，县人大常委会顺利完成各项目标任务，取得了良好的工作成绩。一年来的工作实践让我们更加深切地感受到，全县上下抓好人大工作的意识越来越浓，人大制度的作用发挥越来越好，人大代表的履职能力越来越强，人大干部的关注度越来越高，全县人大工作迎来了一个新的发展局面！这些成绩的取得，是习近平新时代中国特色社会主义思想科学指引的结果，是县委坚强领导的结果，是常委会全体组成人员和全体人大代表共同努力的结果，是全县人民大力支持、“一府一委两院”和乡镇（街道）人大密切配合的结果。在此，我谨代表县人大常委会，向全体县人大代表、向所有关心支持人大工作的同志们表示衷心的感谢！

各位代表，一年来，常委会的工作虽然取得了一些成绩，但还存在一些差距和不足。主要是：在助推发展的实效性上还需持续发力；在监督跟踪问效、推动重点难点问题解决上还需下更大功夫；在代表履职能力建设上还需进一步加强；在加强自身建设上还需久久为功，等等。这些都需要在今后工作中认真研究，切实解决。

2023年主要工作

2023年，是全面贯彻落实党的二十大精神的开局之年，是加快打造“三个高地”，推进“三大会战”，实施“六大行动”的关键之年。常委会工作的总体要求是：坚持以习近平新时代中国特色社会主义思想为指导，全面贯彻落实党的二十大精神，深入贯彻落实中央、省委、市委、县委人大工作会议及省第十二次党代会、市第十三次党代会、县第十三次党代会精神，坚持党的领导、人民当家作主、依法治国有机统一，紧扣打造“三个高地”，推进“三大会战”战略定位和宏伟蓝图，坚持人民主体地位，放大制度优势，依法履职尽责，不断丰富全过程人民民主的攸县实践，将坚定捍卫“两个确立”、坚决做到“两个维护”贯彻到人大工作全过程各方面，脚踏实地、真抓实干，守正创新、踔厉奋发，为奋力谱写中国式现代化攸县新篇章作出新贡献。

今年，县人大常委会将着重做好以下五个方面的工作：

一、以更高站位谋划人大工作，全面贯彻落实党的二十大精神

坚持以习近平新时代中国特色社会主义思想统揽和指导人大工作，把学习宣传贯彻党的二十大精神作为当前和今后一个时期的首要政治任务，深入学习领会习近平总书记“五个牢牢把握”“三个全面”的重要指示要求，紧紧围绕党的中心任务开展人大工作，一体抓好党的二十大报告、习近平总书记系列重要讲话、党章修正案精神的学习领会和贯彻落实，努力把学习成效转化为创造性做好新时代地方人大工作的强大动力和务实举措，以更高站位、更严标准、更实举措坚定当好“两个确立”忠诚拥护者、“两个维护”坚定实践者。坚持在县委领导下履职行权，严格执行请示报告制度，重要会议、重要工作、重大事项及时向县委请示报告。全面贯彻党委意图，认真抓好人事任免和决定决议工作。坚决贯彻落实县委决策部署，紧紧围绕打造“三个高地”，推进“三大会战”，开展“六大行动”等战略部署和目标任务依法履职尽责，切实做到县委决策部署到哪里，人大工作就跟进到哪里，职能作用就发挥到哪里。

二、以更实举措增强监督实效，全力助推经济社会高质量发展

紧扣人大法定职责，锚定县委提出的“三大会战”“六大行动”中的重点目标任务，综合运用听取报告、调研视察、执法检查、专题询问等刚性监督手段，推动全县中心工作加快落实。听取和审议计划、预算执行、审计查出问题整改情况等报告，审查批准2022年县级决算，加强国有资产管理监督和政府债务审查监督，听取政府债务管理情况报告、国有资产管理综合情况报告和自然资源国有资产管理情况专项报告，积极推进预算联网监督建设和运用。围绕构建国土空间开发保护新格局，审议《攸县国土空间总体规划（2021——2035年）》。巩固深化法官、检察官履职评议，探索对由人大及其常委会选举、任命的国家机关工作人员履职情况开展监督。多形式、宽领域推进专项工作评议。高质量做好规范性文件备案审查，督促实施好“八五”普法规划，积极推动《水污染防治法》《信访工作条例》《株洲市农村村庄规划建设管理条例》等法律法规的实施，促进依法行政、公正司法，提升依法治县水平。听取和审议环境状况和环境保护目标完成情况报告，持续关注采煤沉陷区项目治理情况，开展封山育林决定贯彻执行情况中期评议，推动创建“省级生态示范县”，努力让绿水青山“底色”更亮。听取和审议打击电信网络诈骗犯罪工作情况的报告，专题调研湘赣边特色农业产业、社会养老服务、公共卫生服务、科技创新服务平台建设等，不断增进民生福祉。

三、以更深情怀坚定人民立场，全程支持和保障人民当家作主

坚持把“人民”二字贯穿人大工作始终，更好发挥人民代表大会制度作为实现全过程人民民主的重要制度载体作用。健全吸纳民意、汇聚民智的工作机制，发挥基层立法联系点作用，推进代表履职平台“建管用”提质增效，将人民的知情权、参与权、表达权、监督权落实到人大工作各方面各环节全过程。积极回应社会关切，继续做好人大代表向12345政务服务便民热线反映社情民意工作，常态化组织各级人大代表“联系群众办实事”活动，推动解决人民群众“急难愁盼”问题。推深做实民生实事项目人大代表票决制，优化监督和评估机制，让人民群众积极参与项目初选、票决、实施和评价全过程，着力打造具有攸县“辨识度”的票决制工作品牌。

四、以更优服务支持代表履职，全域提升新时代代表工作水平

深入推进“1+4”文件和人大代表履职管理办法的贯彻落实，增强代表闭会期间活动的质效。完善代表履职评价体系和激励机制，开展代表履职先进典型评选表彰，进一步激发代表履职热情。丰富代表履职学习形式，优化代表履职内容，提高代表依法履职能力和水平。拓宽代表知情知政渠道，开展“我为攸县发展献一计”活动，着力激发代表履职活力。坚持“内容高质量、办理高质量”，协助指导代表提出优质议案建议，健全完善建议办理督办和评价机制，选取一批群众反映强烈、代表关注度高的议案建议开展集中督办，力求做到减少不满意、防止被满意、实现真满意。完善常委会组成人员联系代表、代表联系选民工作机制，激发广大代表的示范引领作用，努力展示代表风采、展现代表担当。

五、以更严要求加强自身建设，全心打造一流的人大工作队伍

锚定“四个机关”建设的新定位新目标新抓手，全面加强常委会及机关党的建设，落实管党治党主体责任，一体推进政治、思想、组织、作风、纪律、制度建设，全力支持派驻纪检监察组履行好对人大机关的监督职责，促进自身建设全面进步、全面过硬。加强对人大系统干部的思想淬炼、政治历练、实践锻炼、专业训练，强化对常委会专家库成员的管理和培训，推进“人大讲堂”、“岗位大练兵”活动常态化、制度化，着力打造“政治坚定、服务人民、尊崇法治、发扬民主、勤勉尽责”的人大工作队伍。加强人大制度和人大工作宣传，讲好人大故事，唱响人大工作主旋律，让根本政治制度意识和民主法治观念更加深入人心。加快“智慧人大”建设，密切上下联动和横向协同，配合市人大做好相关工作，加大对乡镇人大工作的联系指导力度，不断提升全县人大工作水平。

各位代表，踏上新起点，我们壮志满怀；奋斗新征程，我们豪情万丈！让我们更加紧密地团结在以习近平同志为核心的党中央周围，在中共攸县县委的坚强领导下，把履职的动力体现在想干事上，把履职的活力体现在会干事上，把履职的能力体现在干成事上，为奋力开创新时代攸县人大工作高质量发展新局面，全面建设社会主义现代化新攸县作出新的更大贡献！

政府工作报告

——在攸县第十八届人民代表大会第三次会议上

攸县人民政府县长 武挪强

（2023年2月9日）

一、2022年经历极不寻常，工作极不平凡

2022年是极不寻常、极不平凡、极其难忘的一年。一年来，我们坚持以习近平新时代中国特色社会主义思想为指导，在县委的坚强领导下，在县人大、县政协的监督支持下，按照“疫情要防住、经济要稳住、发展要安全”的总体要求，贯彻落实“三高四新”战略定位和使命任务，全力推进“三大会战”，深入开展“市场主体培育年”和“干部能力提升年”活动，以“闯”的精神、“创”的劲头、“干”的作风，发愤图强、重振雄风，为建设社会主义现代化新攸县打下坚实基础。

一年来，我们共克时艰，砥砺前行，两个统筹有力有效。高效统筹疫情防控和经济社会发展，科学统筹发展和安全，在“两难”甚至“多难”的挑战中寻找最优解，在多重目标中寻求动态平衡，实现了“取其上、得其上”的好结果。优化营商环境、城乡建设、落实粮食安全责任制、高标准农田建设、食品安全5项工作获省政府真抓实干督查激励，森林防灭火典型经验做法获省政府综合大督查通报表扬。全力稳住经济大盘。全面落实稳经济一揽子政策和接续措施，全年地区生产总值增长4.6%，规模工业增加值增长7.7%，固定资产投资增长7.8%，社会消费品零售总额增长2.7%，地方一般公共预算收入增长9.4%，城乡居民人均可支配收入增长5.4%，农村居民人均可支配收入稳居全国百强、居第46位；中部百强县排名再进6位、位列第54位。科学精准防控疫情。坚持“三个坚定不移”，及时优化调整防疫措施，科学决策，以快制快，落实“四早”要求，压实“四方”责任，以最小代价实现最好防控成果。三年抗疫，党员干部冲锋陷阵、医务人员逆行出征、全体市民团结一心，过程无比艰辛、经历确实难忘、事迹令人感动。担当尽责保障安全。深入开展自建房安全专项整治、安全生产专项整治三年行动，未发生较大及以上生产安全事故。全力应对历史罕见高温干旱天气，坚持科学抗旱和森林防火两线作战，实现大旱之年无大灾。莲花坪镇获评全省安全发展工作示范乡镇，市场监管局获评全省药品安全专项整治工作先进单位。有效防范和化解政府债务、信访维稳等领域风险隐患，严格落实“六个一批”化债举措，综合债务率持续下降；常态化开展扫黑除恶斗争和禁毒人民战争，持续推进打击治理电信网络新型犯罪，公众安全感满意度测评排名全市第二、全省排名大幅提升，二十大特护期信访维稳工作排名全市第一，荣获全省平安建设先进县。

一年来，我们稳中求进，接续奋斗，产业转型步伐加快。园区创业成效明显。围绕“五好”园区创建，下放赋权事项38项，建成全省首家园区税务“智慧微厅”和环保服务中心，实现“园区事不出园”。“一企一管”、环保安全监管平台等项目有

序推进，化工园区成功通过省级复核。加快“一主一特”产业培育，产值分别增长11.23%、15.68%。园区完成技工贸总收入264亿元、贡献税收8.2亿元。现代农业特色彰显。新建高标准农田7万亩，治理耕地抛荒1.67万亩，完成粮食播种面积92.08万亩，粮食生产在中央新闻联播头条报道。落实杂交水稻制种面积5.24万亩，获评国家级水稻制种大县。香干产业园启动建设，单杨院士创新团队工作室成功落户。认证“两品一标”农产品5个，新增“湘赣红”品牌授权企业3家、省市龙头企业8家、省市农民合作社示范社20家，获评全省首批“十大湘菜名县”。众森生态农业获评国家级生态农场，湘天华茶油入选“央视网强农品牌”，贾岭药博园被评为第一批全国休闲农业与乡村旅游四星级企业。商贸旅游企稳回升。全年电商销售农产品零售额达3.88亿元，完成县域商业体系建设项目5个，项目数量居全市第一，攸州农贸市场获评湖南省文明集市。开展“市场主体培育年”活动，净增市场主体10245户，新增“四上”企业70家。举办纪念谭震林同志诞辰120周年系列活动和湘赣边第二届直播电商人才创新创业大赛，推进北伐首战首捷纪念场馆建设，谭震林生平业绩陈列馆获评省党史教育基地，新市徐公店入选省级文旅重点项目。

一年来，我们加速奔跑，精准发力，项目支撑更加强劲。招商引资质效齐升。瞄准产业链精准招商，签约引进亿元以上项目24个、总投资35.5亿元。建立“在外人员名录库”“返乡创业项目库”，成功落地返乡创业项目233个。争取各级预算内项目23个、到位资金2.06亿元，争取专项债5.87亿元。项目建设高效推进。53个市重点项目完成开竣工37个，实现投资121.68亿元。全县有史以来单体投资最大的广寒坪抽水蓄能电站项目核准开工，昊华化工二期、华纯新材等项目建成投产，通航机场、茶常高速、G106绕城线等项目有序推进。完成集体土地征拆3792亩、国有土地上房屋征收3.3万平方米、拆违控违29万平方米，新增违建“零增长”。营商环境持续优化。扎实开展“送政策、解难题、优服务”和政企早餐会等活动，解决企业问题564个，新增减税降费2.5亿元，在全市率先上线加油站智能税控系统。整合建立“攸惠贷”风险补偿资金，支持中小微企业融资。

一年来，我们全域协同，积厚成势，城乡建设更新提质。乡村振兴持续推进。巩固拓展脱贫攻坚成果同乡村振兴有效衔接，脱贫劳动力就业帮扶实现全覆盖。43个集体经济薄弱村全部清零，网岭镇罗家坪村典型经验入选全省集体经济百村案例。建成“门前三小”和“攸美·幸福屋场”100个，创建市级示范点22个，攸县获评全省农村人居环境整治提升先进县，网岭镇、皇图岭镇入选省级乡村振兴示范镇创建名单，酒埠江镇酒仙湖村创建成省级美丽乡村示范村，网岭镇大瑞村获评省级“同心美丽乡村”示范点，春联街道盘龙村幸福屋场评为省级幸福屋场，丫江桥镇仙石村、联星街道上云桥村获评省文明村，石羊塘镇谭家垅社区获评全国最美志愿服务社区。完成农村水利项目19个，除险加固山塘水库500座，治理中小河流11公里，建设城南保护圈及闭合圈2.6公里。完成国省道大中修工程24公里和老漕至莲花、莲塘坳至路岭坳路面改善工程，提质改造农村公路137公里，建成农村“三路”67公里，成功创建全省首批农村客货邮融合发展示范县。在全市率先整县推行“村电共治·便民服务”，110kV新市输变电工程和格子塘变电站增容改造项目竣工运营。新建5G基站112个，建成充电桩60个。城镇功能持续提升。长输燃气管道全线贯通实现通气。完成城区防洪排涝项目7个，交通南路供水管网提质改造和兴工路以东片区污水截流改造项目竣工，西阁污水提升泵站全面投入使用。路灯节能改造全部完成，每年节约电费120余万元。生态环境持续向好。持续打好“蓝天碧水净土”保卫战，空气优良率达到90%，“夏季攻势”水质改善率排名全市第一，畜禽粪污资源化利用率达到95.5%，获评全省县域节水型社会达标建设县、防范化解重大生态环境风险隐患“利剑”行动表现优秀县。恢复耕地9913亩，完成人工造林1.17万亩，获评全省林长制工作先进单位，酒埠江风景名胜区和酒埠江湿地公园获评省自然保护地质量管理评估“优秀”等次，黄丰桥国有林场获评全省国有林场质量管理十佳单位。改造农村户厕 15400 户，建成公厕 13 座、乡镇垃圾中转站 4 座。推进绿色种养循环农业试点工作，入选中央财政支持秸秆综合利用项目县。

一年来，我们心系群众，尽力而为，民生事业稳步发展。保障民生投入。民生支出占一般公共预算支出的 76.6%，全面完成十件重点民生实事，办理县人大代表票决民生实事项目 8 件。优化民生供给。改造中小学校 32 所，新增公办义务教育学位 1500 个。教育“两项评价”获评省级优秀，生物中专成功入选省“双优”中职建设单位。家校社共育工作入选株洲市 2022 年“十大改革创新案例”，连续 7 年获评全市“普通高中教育质量综合评价优秀县”。攸州中心医院建设有序推进，提质改造乡镇卫生院 2 家，完成乡镇中医馆能力提升建设 15 家，建成省临床重点专科 17 个，人民医院入选国家“千县工程”，疾控中心荣获全国居民营养与健康状况监测项目县级先进集体。扎实开展拥军优属工作，完成零散烈士墓集中迁葬。增强民生保障。城镇新增就业 4811 人、农村劳动力转移就业 5473 人，城镇登记失业率控制在 2% 以内。城乡居民享受医保待遇 70.54 万人次。新增解决农村供水保障人口 3.5 万人。完成农村危房改造 100 户，发放城镇住房困难家庭住房租赁补贴 514 户。农村养老服务工作经验获民政部推介。

一年来，我们深化改革，开拓创新，发展活力不断激发。重点改革纵深推进。在全市率先设立企业开办变更注销“一窗通办”专窗，工程建设项目审批“五个一”改革入选省深化“放管服”改革“揭榜竞优”工作“十大经验做法”。全面完成“村社分账”管理改革，成功入选全省供销综合改革推进“两个到户”示范创建试点县，农村综合水价改革工作在全省作典型发言。稳步推进县属国有企业改革，企业可控成本下降 30%。创新生态加速打造。持续加大全社会研发经费投入，完成科技成果落地转化 4 项，新增省级企业技术中心 3 家，入选第二批全国科普示范县。新增高新技术企业 25 家、省级专精特新“小巨人”企业 5 家，国家级专精特新“小巨人”企业实现零的突破。引进科技创新人才 15 人。对外开放多元拓展。开放型经济发展服务中心挂牌成立，一批“攸字农产品”依托跨境电商平台走出国门。完成外贸进出口总额 2.38 亿元，增幅 36%。外商直接投资实现零的突破。

一年来，我们改进作风，真抓实干，政府效能切实提升。坚持党建引领。始终把学习习近平新时代中国特色社会主义思想作为“第一议题”，全面深入学习宣传贯彻党的二十大精神，筑牢坚定捍卫“两个确立”的思想基础，增强忠诚践行“两个维护”的行动自觉。坚持依法行政。修订完善《攸县人民政府工作规则》，加快打造法治政府。坚决执行人大及其常委会决议、决定，办理人大代表建议 141 件、政协委员提案 175 件，办结率 100%。坚持廉洁从政。严格落实中央八项规定及其实施细则精神，牢固树立过紧日子思想，深入开展政府投资项目审计和预算管理，精打细算用好每一分财政资金。

各位代表！沧海横流方显砥柱，万山磅礴必看主峰。回顾一年的历程，战疫情、稳经济、促发展、惠民生、防风险、保稳定，我们走过的每一步都极不容易，经历了涉滩之险、爬坡之艰、闯关之难；我们取得的每一项成绩都极其难得，重大项目顺利开工、经济大盘健康稳定、各项事业蓬勃发展，攸县前进的动力更加强大、奋斗的精神更加昂扬、发展的氛围更加浓厚，向党和人民交出了一份满意答卷！这些成绩的取得，根本在于有习近平新时代中国特色社会主义思想的科学指引，得益于县委的坚强领导，离不开县人大、县政协的监督与支持，饱含着各位代表、各位委员的智慧和力量，展现着全县人民的创造伟力。

与此同时，我们也清醒看到发展中还面临不少问题和挑战。部分主要经济指标不及预期，产业集聚程度不高，缺乏重大项目支撑，市场主体经营仍然困难，发展的质量和效益还需进一步提升；财政收支压力增大，刚性支出增长较快，地方可用财力不足，财源建设还需继续发力；民生领域还有不少短板，就业、教育、医疗、养老等方面的建设与人民群众日益增长的美好生活需要还有一定差距；防范化解重点领域风险隐患任务艰巨，疫情防控、安全生产、债务化解、环境保护等领域还存在薄弱环节；少数干部担当精神不够、统筹能力不强、工作本领不高，形式主义、官僚主义仍然不同程度存在。对于这些问题，我们定将一步一个脚印，切实加以解决。

二、2023 年坚持稳中求进，继续争先进位

2023 年是全面贯彻落实党的二十大精神开局之年，也是实施“十四五”规划承上启下的关键一年。当前攸县已经进入发愤图强、重振雄风的关键时期，迈上了加快建设社会主义现代化新攸县的新征程，无论形势如何变化，我们不惧任何风险挑战，全力以赴办好攸县自己的事。我们将始终坚持党的全面领导，以准确识变的智慧、科学应变的能力、主动求变的担当，推进县域经济社会高质量发展。做好今年政府工作，我们要把握“稳”的要求，坚持稳字当头、稳中求进，全力以赴稳增长、稳就业、稳物价，稳住经济大盘，稳定社会大局；加快“进”的步伐，坚持加压奋进、争先进位，项目建设加快推进，经济指标科学增进，促进质的有效提升和量的合理增长；提升“高”的站位，坚持提高站位、抬高坐标，敢于向高处攀登、与强者比拼，在贯彻落实“三高四新”战略中站在高处，走在前列；开创“新”的格局，坚持自信自强、守正创新，焕发新的风貌、汇聚新的动能、创造新的业绩，不断夺取建设社会主义现代化新攸县的更大胜利。

2023 年政府工作的总体要求是：以习近平新时代中国特色社会主义思想为指导，全面贯彻党的二十大精神，深入落实习近平总书记对湖南重要讲话重要指示批示精神，认真落实中央、省委、市委、县委经济工作会议精神，坚持稳中求进工作总基调，完整、准确、全面贯彻新发展理念，服务和融入新发展格局，着力推动高质量发展，全面落实“三高四新”战略定位和使命任务，坚持“聚焦、裂变、创新、升级、品牌”工作思路，坚持“一二三四”发展思路，以“项目攻坚年”和“作风建设年”活动为抓手，更好统筹疫情防控和经济社会发展，更好统筹发展和安全，有效防范化解重大风险，集中力量推进“三大会战”，大力开展“六大行动”，奋力重振攸县雄风，为全面建设社会主义现代化新攸县开好局起好步。

2023 年发展的主要预期目标是：地区生产总值增长 7.8% 左右，规模工业增加值增长 9% 左右，固定资产投资增长 8% 左右，社会消费品零售总额增长 7.5% 左右，地方一般公共预算收入增长 8.5% 以上，居民消费价格涨幅 3.5% 以内，城乡居民收入增长高于经济增长，完成国家和省市下达的节能减排任务，各项事业都有新的进步。

围绕上述目标任务，重点抓好七个方面的工作。

（一）坚定不移加快打造“三个高地”。以打造“三个高地”为统揽，向制造要效力、向创新要动力、向改革要活力，努力闯出一条资源型城市转型发展新路子。

推进制造强县建设。主动链入“制造强省”“制造名城”，着力推进新型工业化。持续壮大实体经济，支持企业增资扩产，确保制造业增加值占地区生产总值比重提升到 20% 以上。突出抓好十大重点产业项目建设：1. 广寒坪抽水蓄能电站项目，推进进场道路建设，启动主体工程施工；2. 绿色建材产业园项目，完成 2 个区块采矿权挂牌出让；3. 香干产业园项目，建成一期办公楼展示中心、综合楼等主体工程；4.300 兆瓦地面分布式光伏项目，实现 100 兆瓦并网发电；5. 风光资源开发项目，推动核准开工建设；6. 煤矿技改项目，确保 2 家煤矿通过技改验收；7. 艾硅特新材料项目，完成设备调试并运营投产；8. 地博光电二期项目，完成主体建筑及配套附属设施建设；9. 固辉新材料项目，实现竣工投产；10. 九派高分子项目。

增强科技创新能力。开展创新型县建设，确保高新技术产业产值增长 23%，全社会研发经费投入增长 20%。大力培育创新主体，建立“创新型企业—专精特新‘小巨人’企业—单项冠军—领航企业”培育梯队，新增国省专精特新“小巨人”企业8家以上、高新技术企业25家以上。支持园区探索“科创飞地”建设，鼓励优势企业牵头组建产业技术创新联合体，确保创建省级企业技术中心2家。引进研究生学历及以上人才30名以上，推动10家企业“上云上平台”。

提升改革开放水平。持续深化“放管服”改革，按照“三减一提升”要求，纵深推进“一件事一次办”、综窗服务、智慧政务、项目审批服务四项改革。全面落实“三集中三到位”，实现“大厅之外无审批”。有序推进财税金融、文化旅游、教育医疗、社会保障等改革。试点环境权益抵质押融资，抓好知识价值信用贷、普惠金融等工作。拓展开放型经济发展服务中心功能，加快打造精细化工产业集群出口基地。实施“企业外贸业绩破零倍增”行动，实现外商投资增长10%以上，进出口总额增长25%以上。

（二）坚定不移建设现代化产业体系。聚焦高质量发展主题，做强园区支撑，做大产业规模，做活融合文章，以现代化产业体系提升县域实力、增强发展魅力。

聚力园区创业大会战。坚持“三生融合”“三态协同”，加快创建“五好”园区，力争园区技工贸总收入突破300亿元，园区税收达到10亿元以上。完成高新区调区扩区，打造全省一流的化工园区。实行“一企一档”管理，加大“腾笼换鸟”力度，新开竣工标厂10万平方米以上。持续提升园区亩均效益，力争园区亩均税收达到15万元以上。完善“赋权+代办”机制，推进园区企业反馈问题清零攻坚。落实园区绩效薪酬、投融资体制等各项改革，加快向“泛投资机构”转型。

做优做强主特产业链。充分发挥化工园区招商优势，完善“两图两库两池两报告”，精准开展产业链招商。培优育强主特产业集群，引进高分子新材料与精细化工链上企业10家以上，绿色建材链上企业5家以上。按照“2+N”产业体系，实施“强链、补链、延链”工程，新增规模工业企业20家以上，推动主特产业上下游贯通，确保工业税收突破4亿元。

推动产业融合新发展。大力发展数字经济，培育数商主体。推进物联网建设，启动农产品冷链物流项目建设，巩固提升客货邮融合发展示范创建成果，畅通城乡流通体系。大力开展旅游升温三年行动，整合红色景点、文化遗产、康养民宿、研学旅行等文旅资源，推进“智慧攸县旅游”，完成北伐首战首捷纪念场馆建设，加快创建省级全域旅游示范区，继续争创AAAAA景区和国家休闲旅游度假区。借力全市旅游发展大会，抓好官田邑商贸城招商、酒埠江旅游开发和宣传策划，建设酒仙湖国家级垂钓赛事基地，打响“生态酒仙湖”品牌，打造长株潭微度假旅游目的地，确保全年实现旅游接待总人数达到530万人次以上。

（三）坚定不移促进经济高质量增长。紧紧围绕全市“三突破三新增”目标，把项目建设作为高质量发展的“生命线”，在投资、消费、财源建设上持续发力，力争经济增速走在全市前列。

积极扩大有效投资。做实项目前期，确保全年新增储备项目100个以上，争取中央预算内资金2亿元以上。建立招商项目全生命周期履约服务机制，实施招大引强和项目攻坚三年行动，招引产业项目30个以上。开展湘商回归和返乡创业活动，深化“迎老乡、回故乡、建家乡”，落地返乡创业项目100个以上。加快项目建设，实现开竣工46个以上，完成国有土地上房屋征收2.1万平方米、集体土地征拆3381亩。突出抓好十大重点基础项目建设：①G106上云桥至流和绕城线项目，完成路基路面主体工程和洣水四桥建设；②攸州中心医院项目，启动一期装饰装修，完成二期住院大楼主体验收；③220kV攸县南和110kV春联变电站项目，全面建成投用；④酒埠江灌区“十四五”续建配套与现代化改造项目，加固改造渠道5.3公里，改造泄洪闸、分水闸、隧洞等20处；⑤采煤沉陷区治理居民避险搬迁项目，完成黄丰桥、鸾山、宁家坪3处项目竣工验收；⑥高新区基础设施和安全环保整治提升项目，建成特勤消防站，完成园区污水管网清淤及修复等工程建设；⑦高标准农田建设项目，确保实施7万亩以上；⑧城市防洪城南保护圈建设项目，启动洣水苏洲至湖下岸坡整治以及竹丰至大和保护圈二期工程建设；⑨城区供水管道和生活污水管网截流改造工程，启动滨江大道和高排渠生活污水管网截流改造，完成第一水厂出厂管道提质改造，实施泰青塘、泥脚巷等城市供水延村工程；⑩国省干线提质改造项目，启动“S204”杉仙殿—横山路口新改建工程。

促进消费恢复升级。加强县域商业体系建设，引导湘东大市场、湘东家居城优化调整商业结构，升级改造乡镇商贸中心6个。支持攸州农贸市场建设智慧型农贸市场。出台刺激消费政策，加快线上线下消费融合发展，推动吃穿用住行等实物消费向智能、绿色、健康、安全方向转型升级，培育共享消费、旅游消费、体验消费、“智能+消费”等新模式新业态新场景。开展放心消费创建工作，举办系列营销活动，打造一批夜间经济和热门打卡地。

激发市场主体活力。大力开展市场主体培育和优化营商环境三年行动，落实“十个坚决”措施，推动“六即”改革走深走实。常态长效开展“纾困增效”和“送解优”行动，推行“免申即享”“直给直兑”，落实减税降费政策。实施跨部门联合“双随机、一公开”监管，推行“首违不罚”等柔性执法，对企业承诺“无事不扰”。实施“裂变、新苗、尖峰、立柱”计划，新增“四上”企业70家以上；抓好企业上市“金芙蓉”跃升行动，大力支持昊华、地博、澳维、宏信等企业上市，实现上市企业零的突破。

打好财源建设大会战。深入开展国有“三资”清查处置，有效盘活存量，提升运营质量。强化零星税源征管，抓好房屋租赁市场清查、土地增值税清收、城区居民建房清理。大力培育税源主体，支持骨干企业发展壮大，力争全县税收过千万制造业企业达到10家以上。优化土地供应方式，创新出让小块土地。做好矿产砂石资源出让，挂牌出让采矿权（经营权）2宗以上。

（四）坚定不移实施好乡村振兴战略。坚持农业农村优先发展，扎实推动乡村产业、人才、文化、生态、组织五大振兴，早日实现农业强起来、农村美起来、农民富起来，让美丽乡村既有“颜值”更有“内涵”。

加快乡村发展。严格落实粮食安全党政同责，全面推行田长制，强化耕地保护。积极开展双季稻绿色高质高效示范创建，确保粮食播种面积稳定在90万亩以上。加强杂交水稻制种基地建设，确保制种面积5万亩以上。持续提升大豆和油料产能，种植大豆2万亩以上、稳定油菜27万亩以上、扩改种油茶5万亩以上。稳定“菜篮子”生产，确保畜禽水产和蔬菜有效供给。深化“六大强农”行动，新增市级以上农业产业化龙头企业4家以上、“两品一标”农产品3个以上。成立地标产品授权管理专业机构，促进特色产业发展，做强攸县香干、攸县油茶品牌，培育引进香干精深加工企业2家以上。发挥单杨院士创新团队工作室人才和技术优势，为农业装上科技引擎，赋能乡村振兴。巩固拓展脱贫攻坚成果，完善监测帮扶机制，扎实推进易地扶贫搬迁后续扶持，支持自主发展产业，增强脱贫人口内生发展动力。

统筹乡村建设。接续改善农村人居环境，加强村庄规划编制，统筹推进农村改厕、生活垃圾处理、生活污水治理和农业面源污染防治。完成农村改厕2000户，实施农村危房改造100户，新增省市美丽乡村3个以上，创建“水美乡村”1个。完善乡镇污水处理厂入户管网，确保正常运营达标排放。开展重点领域农村基础设施建设，除险加固病险水库13座，治理中小河流26公里以上，巩固提升农村供水保障人口5万人，建设农村公路100公里以上。深化“村电共治·便民服务”工程，完成8条线路、116个配变能效提升项目，提升农村电力保障水平。加快5G网络规模化布局，新建5G基站130个。

深化乡村治理。抓好农村集体产权制度改革，推进集体资产、农村产权流转交易数字化管理。深化“三社合一”改革，推进“三位一体”综合合作，加快“两个到户”示范创建。加强集体经济

“消薄增强”工作，新增集体经济过10万元的村30个。健全党组织领导的基层治理体系，弘扬社会主义核心价值观，强化村规民约，推进移风易俗，创建一批民主法治示范村（社区）。加大新型农民培育力度，支持城市人才和新乡贤回乡创业，参与乡村治理，推进乡村振兴。

（五）坚定不移推进新型城镇化建设。推进以人为核心、以县城为重要载体的新型城镇化建设，围绕打造湘赣边南部中心城市和市域副中心城市定位，补短板、锻长板、促提升。

对接融入区域战略。聚焦湘赣边区域合作示范区建设，积极做好衡吉高铁、衡莲高速、长株攸高速、通航机场等项目前期工作，推动崇仁—莲花—攸县—天柱高速项目纳入高速国省路网规划。围绕醴炎县域经济走廊，大力争取醴茶铁路电气化改造项目尽早实施，抓好“双十”乡镇（街道）评比，培育皇图岭、网岭、酒埠江、莲花坪、渌田等一批产业强镇，共同打响“湘赣红”区域公用品牌。积极对接长江经济带、粤港澳大湾区等区域，创新主特产业承接合作模式，促进县域经济发展壮大。

优化国土空间布局。完成《攸县国土空间总体规划（2021—2035年）》和乡镇（街道）国土空间总体规划编制，推进国土空间规划“一张图”实施监督信息系统建设。开展县城开发边界内控制性详细规划，完成东城新区控制性详细规划和城市设计方案，进一步优化城市交通，做好教育、医疗、商业等布局建设。推动房地产向新发展模式平稳过渡，鼓励县内建筑企业资质升级和技术创新，力争新增壹级资质建筑业企业2家以上。支持刚性和改善性住房需求，结合片区开发完善楼盘周边配套。加强自建房安全鉴定和整治，确保违法建筑“零新增”，安全隐患有效根除。

完善城市功能配套。以老旧小区改造为抓手，完善基础设施，推动城市面貌的整体改观和升级。加快推进中心城区雨污分流系统改造，完善地下管线信息系统平台，实现管网设计、建设和运维“一张图”。完成吉兴路、攸水大道南段路灯安装。加强停车秩序治理，修复更新人行道5000平方米、车行道1万平方米，继续打通一批断头路。开展攸州小型体育公园建设，新建社区公园2个，新增绿化面积10万平方米，继续抓好全国文明城市创建工作，争创国家生态园林城市。

（六）坚定不移持续保障和改善民生。坚持以人民为中心的发展思想，在发展中保障和改善民生，擦亮民生底色，提升幸福成色，不断实现人民群众对美好生活的向往。

扎实推进生态文明建设。着力打好蓝天保卫战，强化$PM_{2.5}$和臭氧协同治理，加强非道路移动源污染防治，开展餐饮油烟整治，推进秸秆综合利用，确保空气质量优良率达到91%以上。着力打好碧水保卫战，推进沙河流域水质整治，尽早实现每一条河流水清岸绿景美。着力打好净土保卫战，加强全县污染土壤的调查、监测、评估和风险管控，持续开展污染耕地土壤安全利用。深入推进河湖林长制，继续抓好长江流域“十年禁捕”、“千人以上”集中式饮用水水源地规范化建设、封山育林等工作，完成人工造林1万亩、义务植树170万株，历史遗留矿山生态修复1629亩。扎实开展“回头看”“后督查”专项行动，推动环保督察问题整改见底清零。积极创建省级生态文明建设示范区。

用心办好重点民生实事。全力以赴办好十大重点民生实事：1.城镇新增就业4300人、农村劳动力转移就业2730人，完成职业技能培训1000人以上；2.永佳小学、城区第二公立幼儿园建成开学，全面启动春联小学建设，新增公办义务教育学位2025个；3.改造城镇老旧小区24个；4.完成农村互助养老示范点建设2个、困难老年人居家适龄化改造62户；5.提质改造农村“三路”30公里、建设安防设施40公里，危桥改造2座；6.新建“门前三小”（幸福屋场）100个；7.创建农村生活垃圾分类示范村80个；8.完成3个商品房项目“交房即交证”，本年度新增预售商品房全部纳入“交房即交证”范围；9.提升中医药服务能力，建制卫生院中医馆建设实现全覆盖；10.实现城乡居民“两病”门诊用药保障4.5万人次以上，开展农村及城镇适龄妇女"两癌"免费检查1.7万人、孕产妇免费产前筛查2600人、新生儿先天性心脏病免费筛查2600人。

大力发展各项民生事业。坚持教育优先发展，实行"五育"并举，落实"双减"任务。多渠道增加学前教育普惠性资源，推进义务教育均衡优质和城乡一体化发展，加强县域普通高中和生物中专"双优"建设，全面提升教育教学质量。加强健康攸县建设，支持妇幼保健院创建二级甲等医院，完成网岭精神病专科医院整体搬迁。提质改造乡镇卫生院，有效解决运行保障问题。抓好县人民医院和南华附一医院紧密型医联体建设，试点推进紧密型县域医共体建设，加强临床重点专科建设，促进中医药事业创新发展，提升医疗服务水平。开展爱国卫生运动，确保顺利通过国家卫生县城复审。坚持文化惠民，巩固拓展"门前三小"公共文化服务品牌，争取承办省级文体相关赛事。推进融媒体中心高清化改造、图书馆文化馆分馆、里旺古城考古遗址公园等项目建设，让人民群众的精神生活丰富多彩。

健全完善社会保障体系。坚持就业优先战略，抓好高校毕业生、农民工、退役军人等重点群体就业，实现"零就业家庭"动态清零。继续实施全民参保计划，健全基本养老、基本医疗保险筹资和待遇调整机制。突出抓好医保征缴，完善大病报销和医疗救助制度。强化社保基金监管，坚决防范社保领域风险隐患。加强人口监测和形势研判，落实生育支持政策和配套措施，促进人口长期均衡发展。深入开展精准救助，完善分层分类社会救助体系，保障妇女儿童合法权益，促进残疾人事业全面发展。

（七）坚定不移维护社会安全和稳定。坚持问题导向，加强前瞻性思考和系统性谋划，以时时放心不下的责任感，事事落实到位的执行力，建设更高水平的平安攸县。

坚守安全发展底线。完整、准确、全面贯彻落实中央、省市决策部署，更好统筹疫情防控和经济社会发展，加强医疗资源和药品储备，全力以赴保健康、防重症。深化安全生产潜在风险专项整治，高压开展"打非治违"，坚决遏制较大及以上事故发生。加强应急能力建设，推动自然灾害综合风险普查成果应用，提高防灾减灾救灾处置保障能力。强化食品药品安全监管，落实"四个最严"，切实守护人民群众饮食用药安全。

防范化解重大风险。稳妥化解政府债务风险，规范举债融资行为，合规缓释到期债务，强化政府债券"借、用、管、还"全过程闭环管理，推动综合债务率持续下降。深化国资国企改革，整合经营性资产注入平台公司，继续推动平台公司降本增效和市场化转型，提高融资和抗风险能力。开展金融环境集中整治活动，严厉打击非法集资、金融欺诈等各类金融违法行为，推动不良贷款余额和比例实现"双下降"。

保障社会平安稳定。坚持和发展新时代"枫桥经验"，加强和改进人民信访工作，提高初信初访办理质量，及时把矛盾纠纷化解在萌芽状态。加强"N合一"机制建设，提升网格化管理服务水平。强化社会治安整体防控，推进扫黑除恶常态化和新时代禁毒人民战争，进一步深化打击整治电信网络诈骗和涉众型经济犯罪等工作。深化全民国防教育，加强人民武装建设，扎实做好退役军人服务保障工作，推动军民融合发展。

三、建设人民满意政府，始终担当实干

贯彻落实党的二十大精神，奋斗新征程，扛起新使命，对政府自身建设提出了新的更高要求，必须弘扬伟大建党精神，大力开展干部作风建设三年行动，全面提升政府治理能力和水平，努力建设人民满意政府。

（一）坚持党的领导。始终把政治建设摆在首位，深刻领悟"两个确立"的决定性意义，增强"四个意识"，坚定"四个自信"，做到"两个维护"，不断提高政治判断力、政治领悟力、政治执行力。始终把坚持党的领导贯穿政府工作各领域、全过程，坚决在思想上认同核心、政治上维护核心、行动上紧跟核心。坚定不移贯彻落实中央、省市和县委各项决策部署，加快推动党的二十大精神在攸县落地生根，以实际行动诠释对党的绝对忠诚。

（二）坚决埋头苦干。深入开展“作风建设年”活动，突出抓执行落实，以只争朝夕的干劲、滴水穿石的韧劲、铁板钉钉的狠劲，一起闯、一起拼、一起干。增强高效统筹能力，敢于“啃硬骨头”，善于“弹钢琴”，切实增强工作的确定性、战略性和创造性。紧扣目标任务，紧盯风险挑战，紧抓难题短板，实行清单管理、挂图作战，着力把小事办实、大事办好、急事办妥、难事办成。规范督查检查考核，给基层减负、为实干撑腰、向发展聚力，用实干成就梦想，用奋斗创造未来。

（三）坚定依法行政。强化法治政府建设，坚持运用法治思维和法治方式推动工作。主动接受人大依法监督、政协民主监督，自觉接受纪检监察、司法、社会和舆论监督，推动统计监督与审计监督贯通协同，持续抓好审计整改工作。依法履职尽责，认真办理人大代表建议和政协委员提案，突出抓好“12345”政务服务便民热线和县人大代表票决民生实事项目办理。

（四）坚守清廉本色。始终牢记“两个长期存在”“两个永远在路上”，坚定不移全面从严治党。严格落实党风廉政建设“一岗双责”，深化整治权力集中、资金密集、资源富集等领域的腐败，让铁规铁纪成为政府工作人员的自觉遵循。贯彻落实中央八项规定及其实施细则精神，驰而不息纠“四风”，精打细算过紧日子，大力压减一般性支出，让清正廉洁成为本届政府的鲜明底色，让敢闯敢创敢干成为基层的精神气质。

各位代表！千帆竞发，奋楫者先；中流击水，勇进者胜。让我们更加紧密地团结在以习近平同志为核心的党中央周围，高举中国特色社会主义伟大旗帜，在县委的坚强领导下，踔厉奋发、勇毅前行，为全面建设社会主义现代化新攸县而团结奋斗！

名词解析：

1.“三个坚定不移”：坚定不移坚持人民至上、生命至上，坚定不移落实“外防输入、内防反弹”总策略，坚定不移贯彻“动态清零”总方针。

2.“六个一批”：自接自盘延展一批、替接他盘置换一批、延期回售续持一批、发新换旧平滑一批、债务重组盘活一批、债转股转化一批。

3.“两个到户”：联结到户、服务到户。

4.“科创飞地”：通过协同创新、人才引育、离岸孵化、成果转化等方式，推进人才、科创项目的双向流通，在区域产业协同中巩固自主能力。

5.“上云上平台”：应用互联网、云计算、大数据、人工智能等现代技术手段，将业务系统向云端迁移。

6.“三减一提升”：减时间、减材料、减跑动，提升审批效率。

7.“三生融合”“三态协同”：生产、生活、生态融合；规划形态、园区业态、产业生态协同。

8.“两图两库两池两报告”：产业链全景图、招商路线图；产业链客商资源库、招商项目库；人才池、资金池；产业链分析报告、招商报告。

9.“三突破三新增”：2023年株洲地区生产总值突破4000亿元，人均地区生产总值突破10万元，园区技工贸收入突破6000亿元；新增1个千亿产业、1个千亿园区、1家百亿企业。

10.“十个坚决”：坚决抬高营商环境坐标、坚决擦亮“一件事一次办”品牌、坚决推动降本减负增效、坚决做到惠企政策应享尽享快享、坚决破除市场隐形壁垒、坚决推进涉企遗留问题清零、坚决做到涉企执法规范公正、坚决实现涉企服务普惠优质、坚决维护企业合法权益、坚决扛牢优化营商环境工作责任。

11.“六即”改革：洽谈即服务、签约即供地、拿地即开工、开工即配套、竣工即交证、投产即培育。

12.“三社合一”：供销社、信用联社（农商行）和农民专业合作社高度融合、重新组建的新型农村合作经济联合社。

13.“三位一体”：开展生产、供销、信用“三位一体”综合合作。

14.“双十”乡镇（街道）：综合实力“十强乡镇（街道）”、经济发展“十快乡镇（街道）”。

15.“四个最严”：最严谨的标准、最严格的监管、最严厉的处罚、最严肃的问责。

中国人民政治协商会议
攸县委员会常务委员会工作报告

——在政协攸县第十届委员会第三次会议上

政协攸县委员会主席　文　毅

（2023年2月8日）

2022年工作回顾

2022年，县政协以习近平总书记关于加强和改进新时代人民政协工作的重要思想为指引，深入贯彻落实中央、省委、市委政协工作会议精神，在中共攸县县委的坚强领导下，牢牢把握团结民主两大主题，始终秉承“创新提质、融合赋能”工作理念，围绕打造“三个高地”、推进“三大会战”等中心任务，团结带领全体政协委员，发挥专门协商机构作用，创新履职平台，提升履职质效，为攸县高质量发展贡献了政协力量。

一、提高站位，固思想之基，政治前行航向更加坚定

旗帜鲜明讲政治，坚定不移跟党走，把坚持党的领导贯穿政协履职全过程，着力构建人民政协政治共同体。

深化理论武装。以党组理论中心组学习为引领，开展集中学习11次、常委会专题学习8次、机关主题党日学习12次、委员讲堂8期，邀请省市专家授课6堂，理论学习和业务学习形成常态，更具实效。组织全县政协系统深入学习宣传党的二十大精神，主席会议成员带头研学研讨、宣传宣讲20余次，全体政协委员开展各类学习交流活动30多场次，党员带委员，委员带群众，全面掀起学习二十大精神的热潮。

强化党建统领。积极构建“1+1+N”（政协党组+机关党总支+功能型党支部）组织体系。依托界别活动组，将83名中共党员委员组建为14个功能型党支部，全面接受县政协党组的统一领导，与政协机关党建工作做到同研究、同部署、同落实。同时，建立党员委员联系党外委员制度，每名党员委员联系1-3名党外委员，推动政协党建工作走深走实，经验论文《以“党建之效”赋能“政协之为”》在省市政协理论征文中获奖。

优化作风建设。县政协党组坚决扛起全面从严治党主体责任，不断推进政协党的建设，大力倡导“简化生活圈、净化朋友圈”，以生活简洁促作风廉洁；深入开展“干部能力提升年”活动，推行“岗位练兵·比学赶超”大竞赛和“发愤图强·重振雄风”大讨论，以能力提升促服务提质；修订完善《政协攸县委员会工作规则》，严格规范调查研究、公务接待和请示报告等程序，以制度规矩促工作规范。

二、助推发展，献务实之策，协商议政作用更加有效

坚持“有事好商量，众人的事情由众人商量”，把协商民主融入服务发展大局，找准履职新定位，开拓协商新局面。

构建协商“立体式”格局。完善“1+3+X”协商体系，“1”即全体会议协商机制；“3”即主席会议、常委会议、专委会议协商机制；“X”即调研座谈、视察监督、提案督办等多种协商形式。全年围绕文旅融合、抽水蓄能、乡村振兴等议题，开展协商议政活动30多次，完成重点协商课题6个，重点监督议题3个，有力助推了全域旅游发展和抽水蓄能项目建设。

搭建协商“大视角”平台。聚焦大事要事、实事难事，精心开展“株事好商量”协商活动，依托“门前三小”、村级（社区）服务中心、委员工作室等阵地，搭建协商议事平台，着重围绕推进青少年心理健康工作、打造攸美幸福屋场、优化城乡公交系统等进行集中协商，有效促成了心理健康教育纳入“家校社”共育范畴，幸福屋场创建实现预期目标，城乡公交一体化管理提质增效。

创新协商“多维度”方式。借助省政协云平台，建立“云”上履职考评机制，将界别活动与委员协商议政紧密衔接，开展“云议政”和“云协商”17次，提出意见建议451条，帮助人民群众解决就学、就医、就业等民生实事40多件；灵活运用“会场+现场”“集中+分散”等模式，对接村民议事会、屋场恳谈会等基层协商平台，开展界别协商13期，参与群众达到2万余人次，协助党委政府化解信访案件、消除企地矛盾、调和邻里纠纷等基层治理事务60余件。

三、倾心服务，怀为民之情，民主监督成效更加显著

牢记为民之责、常怀为民之心、常办利民之事，努力把政协工作做到人民群众的心坎上。

坚持为民发声。广大委员热心关注群众操心事、烦心事，主动聚焦老百姓微困难、微需求，全年共递交提案202件，审查立案179件，反映社情民意46条、微建议326条。县政协高度重视提案办理督促落实，抓实主席会议成员领衔督办制度，提案和微建议的办复率均达到100%，采纳率分别达到88%和89%，一批群众的“急难愁盼”问题得到解决。《人民政协报》以《最大程度贴近基层贴近群众需求》为题进行宣传报道。

敢于为民监督。组织委员实施“稳定粮食播种面积”“加强水利设施建设”“民主法制示范村创建”等专项监督，走近基层，深入镇村，及时传递群众呼声，推动惠农政策落地见效；开展“重振攸县雄风·政协委员在行动”重点提案民主监督活动，以点带面，带动推进城市更新行动、培育壮大市场主体、发展研学旅行产业等系列民生提案迅速办理，提升群众生活品质；委派民主监督员，走进县纪委监委、县法院、县检察院等单位，参与开放日活动，丰富监督形式，促进为民执法公平、公正。

竭力为民参政。遴选擦亮化工园区金字招牌、打造湘赣边医疗事业样板区、加快康养产业发展、提升水稻制种产业、壮大产业工人队伍等课题，由主席会议成员牵头，开展专题调研，并将调研成果在政协全会上进行参政议政建言，为服务民生改善注入政协智慧。践行“我为群众办实事”履职活动，引导委员走进企业、走进社区、走进乡村，开展学习宣讲、协商议政、防疫义诊、公益帮扶等活动68场次，收集群众诉求58件，协助党委政府解决相关问题35个，让人民群众感到委员就在身边、政协离自己很近。

四、凝聚共识，汇多方之力，团结奋进氛围更加浓厚

把握“加强思想政治引领、广泛凝聚共识”履职中心环节，增进大团结大联合，提振干事精气神，汇聚发展正能量。

资政视察筑同心。围绕食品药品安全监管，深入视察食品质量检测中心、大豪药业、亚美油茶等部门、企业，提出促进安全监管规范化、信息化、制度化建设等对策，助力食药安全保障；围绕重点项目建设，走进洣水四桥、G106绕城线等施工现场，提出注重宣传、强化监管、抢抓进度等建议，助攻交通路网畅通；围绕优化城乡公交系统，组织委员开展“候车、乘车”等体验式调研视察，提出着力解决车辆运力不足、服务态度不优、运行机制不畅等意见，助推群众乘坐公交出行便捷。

团结联谊增信心。加强与社会各界人士联络交流，支持工商联、人民团体、民族宗教等代表人士参加政协活动，让其参政有舞台、建言有讲台、协商有平台。密切与县外企业家委员的联谊交流，充分发挥异地商会的招商引资作用，鼓励委员投身家乡建设，引进产业项目14个，投入资金1.85亿元，为县域经济高质量发展添助力、聚合力。加强与各级政协联动交流，配合省市政协来攸调研9次，接待兄弟市县政协来攸考察13次，推介了攸县工作，展示了攸县形象。

倾情宣传聚人心。深入挖掘红色资源，系统梳理红色遗迹，生动塑造红色人物，编撰出版文史书籍—《攸县红色印迹》，赓续红色血脉，传承革命精神。推动政协履职与互联网有机融合，把政协云建成委员履职新平台、联系群众新渠道、新闻宣传新阵地，做到周周有动态信息、月月有实践报道，更好地凝聚奋进共识。坚持全局工作系统宣传、重点工作集中宣传、特色工作深度宣传，发挥政协“报刊网端微屏”的矩阵作用，《立足破解“两个薄弱”难题，激发乡镇政协工作活力》等40余篇稿件被省市媒体刊发，用心用情传播政协声音，讲好攸县故事。

五、守正创新，强履职之能，开拓进取气象更加鲜明

突出自身建设，广泛凝聚政协合力，不断夯实履职基础，提高履职能力现代化水平，干出新时代人民政协新样子。

解决“两个薄弱”难题。为解决基础工作、人员力量薄弱问题，压实工作职责，明确镇（街道）党（工）委副书记联系负责政协工作，使政协力量在基层得到增强；搭建履职平台，规范委员工作室建设，注重结合界别特点、发挥委员特长、形成专业特色，高新区和社科界委员工作室成功创建为第二批省示范性委员工作室；优化组织机构，在县委的关心支持下，委员事务中心增加事业编制，充实人员力量，优化机关队伍，为委员履职提供有力保障。

加强“两支队伍”建设。不断加强委员队伍管理，制定委员管理办法，完善日常考评体系，建立委员履职档案，充分调动委员尽职尽责的积极性和主动性。不断加强机关干部队伍建设，建立政协机关工作例会制度，月初预安统筹，月末销号讲评，切实提升了工作效率，激发了工作活力；开设“政协云书院”读书活动，举办“委员大讲堂”，形成线上学习交流、线下集中辅导，推进“书香政协”建设。

提升“两项服务”水平。全力服务中心大局，积极投身打造“三个高地”、推进“三大会战”工作，主动对接抽水蓄能、洣水四桥、地博光电、振源农业、华升化工、安特新材等13个重点项目和19个重点企业，协调解决实际问题40余件，促进各项重点工作取得积极进展。与此同时，全体委员在疫情防控、森林防灭火关键时期，深入一线、奋战一线、支援一线，捐赠各类物资90余万元。全面服务政协委员，精心组织3期集中学习培训，全员下载政协云App软件，统一征订《湘声报》《文史博览》等政协报刊，便于委员完善自我、提升自我；充分转化政协委员专题调研、专项视察和专门监督成果，为委员履职搭设平台、创造条件。

各位委员、同志们，十届县政协的良好开局，离不开中共攸县县委的坚强领导和高度重视，离不开县人大、县政府、县人武部的鼎力支持，离不开各部门单位的密切配合，离不开各位老领导、老同志和社会各界人士的关心厚爱，也凝聚了全县政协各参加单位、广大政协委员的智慧、汗水和心血。在此，我代表县政协常委会致以衷心的感谢和崇高的敬意！

回顾一年的工作，我们也清醒地认识到，对照新时代新要求，我们还存在一些不足。主要是：协商议政的深度还需进一步拓展，民主监督的实效还需进一步增强，凝聚共识的形式还需进一步丰富，委员作用的发挥还需进一步提质，等等。今后，我们将认真研究、加以改进。

2023年工作安排

2023年，是贯彻落实党的二十大精神的开局之年，也是攸县推动县域经济高质量发展的攻坚之年。新的一年，政协工作总体要求是：以习近平新时代中国特色社会主义思想为指导，深入学习贯彻落实党的二十大精神，全面贯彻新发展理念，服务和融入新发展格局，着力推动高质量发展，在中共攸县县委的坚强领导下，紧扣省市“三高四新”“培育制造名城、建设幸福株洲”战略定位，围绕“一二三四”发展思路，聚焦“三大会战”和“六大行动”，充分发挥专门协商机构作用，坚持发扬民主和增进团结相互贯通、建言资政和凝聚共识双向发力，践行创新提质、融合赋能工作理念，为谱写中国式现代化攸县新篇章贡献政协智慧和力量。

一、深刻把握二十大会议精神，在锚定履职方向上讲政治、强引领

以党的二十大精神统一思想、明确方向、凝聚力量，不断夯实团结民主的政治根基。

筑牢团结一心的政治基础。突出把学习宣传贯彻党的二十大精神作为首要政治任务，坚持用习近平新时代中国特色社会主义思想武装头脑，依托政协云、委员大讲堂、委员工作室等载体，广泛开展二十大精神宣讲活动，深刻学习领会新时代党的创新理论，努力掌握蕴含其中的立场观点方法，让坚定拥护“两个确立”和坚决做到“两个维护”成为政治自觉、思想自觉和行动自觉。

保持高度一致的政治站位。准确把握人民政协的性质定位，严格落实中共中央《关于加强和改进新时代市县政协工作的意见》和《中国共产党政治协商工作条例》，扛起政协责任，强化委员担当。坚持党的全面领导，主动向县委请示报告召开相关会议、制定年度计划、谋划专题调研、开展重点监督等工作，切实把县委的指导思想和政策主张，转化为政协的行动指引和工作举措。

落实党管一切的政治责任。认真执行党风廉政建设责任制，严守“一岗双责”，充分发挥党组“把方向、管大局、保落实”的重要作用，将县委部署的打好“三大会战”、开展“六大行动”不折不扣融入到政协工作之中；持续建好功能型党支部，充分发挥党支部的引领作用，把党组织建立在每个界别上；严格落实党员委员联系党外委员制度，增强党员委员的带动效应，更好地实现党的组织对党员委员全覆盖、党的工作对政协委员全覆盖。

二、深刻把握高质量转型发展规律，在服务中心大局上讲责任、强担当

立足新形势、贯彻新理念、锚定新目标，多献转型之策、多建升级之言、多聚发展之力。

紧扣党政部署献计献策。聚焦县域经济高质量发展，围绕推进化工园区提质增效、做旺新区人气、发展现代农业等议题，开展全体会议协商，谋转型发展之策；聚焦“三大会战”，围绕“五好园区”创建、“一主一特”培育、农业品牌推广等议题，开展常委会议协商，献创新发展之计；聚焦“项目攻坚年”和“作风建设年”活动，围绕项目引进落地、建设管理和干部作风改进、工作效能提升等议题，开展专委会议协商，聚协同发展之智；聚焦社会关注、民生关切，围绕就业、就医、就学、住房、社保等议题，开展对口协商，助社会发展之力。

紧贴群众期盼建议建言。探索民主监督同政治协商、参政议政的融合新途径，持续深化民主监督，着重就健康攸县建设、城市更新行动、乡村振兴提质等重点工作，开展专题调研，问计于民、问需于民，助推民生工程提质提效。继续推进视察监督，着重就“六大强农”行动、新时代文明实践中心建设、基层社会治理、生态环境保护等群众期盼，实施专项视察，现场监督、现场协商，助推民生实事落实落地。

紧盯发展大局聚智聚力。切实加强与工商联界委员的联系，引导委员积极投身“三大会战”、“六大行动”主战场，当好主力军，唱响主旋律，为发展汇聚力量；切实加强与无党派人士的团结协作，开展联合调研，组织专题议政，为发展集聚智慧；切实加强与社会各界的联络交往，健全同党外知识分子、非公有制经济人士、新的社会阶层人士、民族宗教界人士的沟通机制，结合“迎老乡、回故乡、建家乡”活动，当好“招大引强”行动的“牵线人”“引路人”，为发展凝聚共识。

**三、深刻把握全过程人民民主要求，在助力民

生改善上讲奉献、强作为

发挥政协协商民主制度优势，更好地联系和服务界别群众，做到人民政协为人民。

做实议政调研，真切关注民情。紧贴“党政所需、群众所盼、政协所能”深入开展调查研究，着重突出社会就业、医疗保障、教育均衡、财源建设、产业振兴等关乎长远发展、持续发展的民生领域，走下去听真声、走进去察真情、走出去取真经，形成一批有质量、有价值、有影响的调研成果，为县委、县政府科学民主决策出一份智、尽一份力。

做精提案工作，真实反映民意。强化“提案在精不在多”的理念，精心选题、精准建言、精细审查，全面提升提案工作精品化意识；打通政协云“智慧提案”系统“最后一公里”，实现提案提交、审查、办理、回复、评价全过程线上操作，全面提升提案工作信息化水平；将重点提案办理协商纳入年度协商计划，探索课题调研、提案办理、专项协商、工作视察、民主监督一体推进模式，全面提升提案工作实效化水平。

做优界别活动，真心维护民利。鼓励工商联界、经济界委员做大做强自身企业，提升税收贡献率，致力破解就业难题；引导科技界、社科界委员组建援助团，开展送实用技术、送法律服务下乡村、到农户，致力提升技能水平；激励教育界、医卫界委员就“双减”落地、防疫保健等开展送教送医上门服务，致力减缓社会压力；支持农业界、特邀界等委员带头创新创业，带动农民致富，致力助推乡村振兴。

四、深刻把握新时代政协性质定位，在赋能提质增效上讲规矩、强本领

紧跟时代要求，找准性质定位，坚持守正创新，以一流标准、一流作风、一流服务，开创政协事业发展新局面。

创树履职品牌。继续擦亮“株事好商量”协商品牌，围绕改革发展要事、民生改善实事、社会治理难事等议题，注重前期调研、中期协商、后期跟踪，破除难点堵点，回应关注关切。继续培育重点提案办理品牌，在“重振攸县雄风·委员在行动”专项活动中，通过电视镜头，全程公开办理计划、办理过程、办理效果，将重点提案办出成效、办出影响。继续打造委员履职评议品牌，坚持严管与厚爱结合、激励与约束并重，探索委员年度述职、常务委员集中履职等新方式，做好“履职作业”，写好“时代答卷”。

打造工作亮点。发挥省级示范性委员工作室引领作用，以点带面推动工作重心下移、委员力量下沉、协商触角下延，整体提升委员工作室的“含金量”和“活跃度”。突出委员主体，支持召集人当“头雁”，鼓励委员唱“主角”，让委员真正体会到价值感、成就感和获得感。突出界别优势，注重理论创新、活动创新和实践创新，打造“一界一特、一室一品”，使界别工作更有活力、更具特色。

提升队伍素质。以“作风建设年”活动为契机，以“书香政协”建设为抓手，发挥专委会基础性作用及独特优势，推动全体政协委员和机关干部的品行与素质“双提升”。加强委员队伍建设，丰富学习形式，转变培训方式，完善考评机制，练就“懂政协、会协商、善议政”的本领。加强机关干部的实践历练，用好用活“政协云书院”“委员大讲堂”等平台，努力建设一支“守纪律、讲规矩、重品行”的政协干部队伍。

概 览

区划人口和自然条件

【区划人口】

2022年，攸县辖13个镇，即鸾山镇、皇图岭镇、丫江桥镇、酒埠江镇、渌田镇、石羊塘镇、桃水镇、黄丰桥镇、网岭镇、新市镇、莲塘坳镇、菜花坪镇、宁家坪镇。4个街道，即江桥街道、联星街道、谭桥街道和春联街道。县人民政府驻东城新区（春联街道）攸县发展中心。2022年末，全县户籍总人口78.93万人。总人口中，男性39.85万人，占50.49%；女性39.08万人，占49.51%。人口出生率5.25‰，死亡率10.42‰，自然增长率为-5.17‰。城镇人口37.81万人，乡村人口41.12人；常住人口62.44万人，城镇化率为60.55%。

【自然条件】

全县辖区面积为2648平方千米，耕地总面积为77.3万亩，基本农田面积为69.64万亩。境内有大小河流102条；2022年总降水量为1539.1毫米，1月、2月、5月、7月、11月偏多，其余各月均偏少。全年降水量偏少，8月、9月、10月异常偏少，日照偏多（总日照时数为1722.7小时，比历年均值偏多98.2小时）；全年气温偏高，年平均气温18.9℃，较历年均值偏高1.1℃；极端最高气温39.6℃，极端最低气温-4.1℃。林地面积253.78万亩，森林蓄积量519万立方米，森林覆盖率58.19%。境内煤炭资源丰富，主要集中分布在黄丰桥、鸾山2个乡镇。

国民经济

【概况】

2022年，全县地区生产总值477.78亿元，比上年增长4.6%，人均地区生产总值76506元。其中，第一产业77.03亿元，比上年增长3.0%；第二产业165.71亿元，比上年增长6.4%；第三产业235.04亿元，比上年增长3.9%。三次产业结构由上年的15.0∶36.7∶48.3调整为16.1∶34.7∶49.2；第一产业比重比上年上升1.1个百分点，第二产业比重下降2.0个百分点，第三产业比重上升0.9个百分点；第一产业、第二产业、第三产业对经济增长的贡献率分别为11.7%、47.2%和41.1%。固定资产投资267.14亿元，比上年增长7.8%；社会消费品零售总额175.79亿元，比上年增长2.7%；地方一般公共预算收入20.27亿元，比上年增长0.92%；城乡居民人均可支配收入42868元，比上年增长5.5%；农村居民人均可支配收入入围全国百强，排名46位；中部百强县排名第54位。

【农业和农村经济】

全县农林牧渔业总产值126.68亿元，比上年增长3.4%。其中，农业总产值66.54亿元，比上年增长3.5%；林业总产值9.07亿元，比上年增长3.4%；

牧业总产值39.73亿元，比上年增长3.2%；渔业总产值4.87亿元，比上年增长3.2%；农林牧渔服务业总产值6.47亿元，比上年增长9.6%。全年实现第一产业增加值77.03亿元，比上年增长3.0%。

全县农作物总播种面积175.27万亩，粮食播种面积92.08万亩；落实杂交水稻制种面积5.24万亩，获评国家级水稻制种大县。全年粮食产量42.5万吨，下降2.6%；油料产量3.29万吨，增产12.1%（其中油菜籽产量2.83万吨，增产14.2%）；茶叶产量339吨，减产5.0%；水果产量10.62万吨，增产0.9%；蔬菜总面积54.06万亩，比上年增长5.57%，总产量149.28万吨，增产8.3%。

全年出栏生猪86.59万头，比上年增长2.0%，猪肉产量6.34万吨，比上年增长1.15%；出栏牛1.62万头，比上年增长9.46%；出栏羊8.2万只，比上年增长3.67%，出笼家禽536.31万羽。猪、牛、羊肉总产量6.65万吨，增产5.2%；水产品产量2.75万吨，增产4.16%；禽蛋产量1.73万吨，与上年持平。全县有授牌的国家级生猪产能调控基地17个、省级生猪产能调控基地21个。

全年农产品加工业总产值216亿元，比上年增长6.9%，实现利润11.82亿元。全县实施“市场主体培育年”行动，共发展规模以上农业产业化龙头企业54家，其中国家级及省级龙头企业13家、市级龙头企业41家。湖南长得快饲料有限公司被认定为省“百企培育”龙头企业，湖南创润农业科技有限责任公司被认定为“小升规”企业，湖南天华油茶科技股份有限公司、攸县健坤农业科技有限公司、湖南省大豪药业有限责任公司3家企业被认定为省级农业产业化龙头企业，湖南一田农业机械有限公司、攸县德兴园生态农业有限公司、攸县农泰农业机械有限公司、攸县惠联生态农业有限公司、湖南省佳成农牧股份有限公司5家企业被认定为市级农业产业化龙头企业。

全县共有农业特色产业园16个，其中省级农业特色产业园8个，市级农业特色产业园8个。攸县尚鲜食品有限公司被认定为省级农业特色产业园，攸县盛玉坊食品有限公司被认定为市级现代农业产业园。皇图岭香干产业园一、二期建设正式开工建设。

年内新增攸县尚鲜食品有限责任公司、株洲市振源生态农业发展有限公司和湖南皓特强生态农业股份有限公司等“湘赣红”品牌授权企业3家，全县共有“湘赣红”区域公用品牌授权企业12家，授权产品17个。“湘天华”茶油获中部（湖南）农博会金奖，入选“央视网强农品牌”，“湘东情”香干获“最受欢迎农产品”奖，“鸿华”麻鸭获郑州农博会金奖。实施攸县豆腐（香干）品牌提升行动，全县大豆原料供应基地达6.8万亩，全年新（扩）建豆腐（香干）加工企业1家，豆腐（香干）3吨以上的企业达14家，豆腐（香干）全产业链总产值20.13亿元。2022年，攸县获评全省首批“十大湘菜名县”。

全县休闲农业经济收入1.56亿元，比上年增长3.6%。共有省三星级以上休闲农庄11家，株洲贾岭药博园有限公司（贾岭药博园）被评为第一批全国休闲农业与乡村旅游四星级企业，株洲众森生态农业股份有限公司获评国家级生态农场，攸县健坤农业科技有限公司成功申报2022年株洲市休闲农业与乡村旅游示范农庄。

全县水利工程总蓄引提水能力6.45亿立方米，有效灌溉总面积为74.6万亩。2022年各类蓄水工程完成供水3.74亿立方米，实现有效灌溉农田68万亩，缓解旱情8900余亩，累计解决饮水困难4659余人，抗旱保供率达到95%以上，确保大旱之年无大灾。继续推进水利基础设施升级改造，完成水利基础建设总投资12512万元。实施酒埠江灌区“十四五”续建配套与现代化改造项目，完成铁水河网岭段综合治理11千米，修建洣水河城南防洪保护圈堤防2.6千米，治理水土流失15.63平方千米，完成病险水库加固13座。

年末全县农业机械总动力118.98万千瓦，比上年增长

2.7%，农业综合机械化水平75.74%。农用排灌电动机和柴油机分别为9204、7876台。全年化肥、农药实际施用量分别为2.63万吨、554.06吨，较上年减少0.9%、1.5%。全县推广测土配方施肥技术面积157.72万亩次，覆盖率102.42%。落实13.02万亩受污染耕地安全利用措施，528.4亩严格管控类耕地按照退出水稻生产要求，实行种植结构调整。推广秸秆还田面积35万亩次，秸秆还田量超过11.71万吨，综合利用率90%。

全县流转耕地面积46.8万亩，占耕地总面积的70%，涉及农户10.4万户，占总农户数的66%。全县有农民专业合作社1583个，家庭农场3828个。村级集体资产总额22亿元、负债总额2.2亿元；村级集体经营收入10万元以上的村113个，年内实现集体经济“薄弱村”全面清零。2022年，攸县被列入全省村社分账管理改革试点县、株洲市先行试点县。全县17个乡镇285个村完成三资分账改革任务，为株洲市乃至全省提供可借鉴的经验。

【工业、科技】

2022年，实现全部工业增加值131.5亿元，比上年增长5.3%。分门类看，制造业增加值101.41亿元，比上年增长8.8%；采矿业增加值6.61亿元，下降22.9%；电力、热力生产和供应业增加值18.72亿元，比上年增长8.1%。分行业看，农副食品加工业增加值11.23亿元，比上年增长1.1%；化学原料和化学制品制造业增加值22.20亿元，比上年增长3.9%；医药制造业增加值13.18亿元，比上年增长5.5%；非金属矿物制品业增加值22.77亿元，比上年增长33.6%；黑色金属冶炼和压延加工业增加值0.80亿元，比上年增长34.5%；专用设备制造业增加值4.17亿元，下降21.7%；计算机、通信和其他电子设备制造业增加值4.50亿元，比上年增长24.8%。实现工业税收29540万元，比上年增长17.33%；工业税收贡献较大的工业企业有：湖南旭日陶瓷有限公司、湖南远大水泥有限责任公司、湖南昊华化工股份有限公司、湖南明珠选矿药剂有限公司、湘东化工机械有限公司、株洲宏信科技股份有限公司、湖南澳维膜科技有限公司、大唐华银攸县能源有限公司、株洲安特新材料科技有限公司、湖南恒盛新材料有限公司、湖南冠群电子科技有限公司、攸县龙昊重工有限责任公司、株洲地博光电材料有限公司、湖南优多新材料科技有限公司等企业。

全县有规模以上工业企业337家，规模以上工业企业营业收入391.9亿元，比上年增长8.7%；实现利润总额15.86亿元，比上年增长90.6%；研发（R&D）经费投入4.86亿元，比上年增长38.9%。规模以上工业增加值126.74亿元，比上年增长7.7%，其中国有及国有控股经济增加值增长16.1%，非公有制经济增加值增长5.6%。规模以上工业主要产品产量为：原煤2.62万吨，下降77%；水泥144.6万吨，比上年增长17.2%；饲料62.1万吨，比上年增长6.7%；中成药882.6吨，比上年增长18.4%；火电42.89亿千瓦时，下降8.8%。高新技术产业增加值83.29亿元，比上年增长24.9%，占地区生产总值比重为17.4%，比上年提高1.8个百分点。

工业园区入驻企业148家，其中规模以上工业企业112家；共有高分子新材料和精细化工企业35家；绿色建材企业13家。全年园区完成技工贸总收入291.64亿元，同比增长23.86%；完成高新技术产值216.56亿元，同比增长26.04%；完成规模工业增加值81.86亿元，同比增长10.5%；完成固定资产投资78.09亿元，同比增长5.92%。园区全年完成税收8.49亿元，同比增长49.96%；完成利润总额12.65亿元，同比增长30.23%；完成研发经费4.17亿元。

全县电力消费量13.08亿千瓦时，比上年增长7.6%；工业用电量5.02亿千瓦时，下降0.6%，规上工业综合能源消耗量下降6.6%，万元规模工业增加值能耗降低13.3%。

全县共有科技机构2家，地

方财政科学技术支出63889万元。专利授权241件，其中发明授权数20件。

【建筑、房地产业】

全县共有资质等级总承包和专业承包建筑业企业40家，全年实现总产值47.49亿元，比上年增长13%，增加值34.21亿元，比上年增长11.1%。共有在建房屋建筑和市政基础设施项目29个,建筑总规模51.78万平方米,施工总面积25.82万平方米。

全县共有房地产开发企业29家，完成房地产投资14.51亿元，比上年下降7.03%；新增上市商品房3190平方米，比上年下降97.68%；商品房销售1411套，销售面积18.55万平方米，比上年下降54.7%；商品房销售均价为4186元/平方米，比上年下降7.03%。

【固定资产投资和城乡基础建设】

全年完成固定资产投资267.14亿元，比上年增长7.8%，其中国有投资56.33亿元，下降9.0%；非国有投资210.81亿元，比上年增长19.0%。从产业看，第一产业投资17.91亿元，下降13.4%；第二产业投资140.89亿元，比上年增长33.5%；第三产业投资108.34亿元，下降4.0%。从投资方向看，工业投资140.89亿元，比上年增长33.5%（其中制造业投资100.51亿元，比上年增长25.2%，高新技术产业投资12.37亿元，下降45.5%）；民生工程投资35.59亿元，比上年增长25.4%；生态环境投资18.54亿元，比上年增长29.6%；基础设施投资38.64亿元，下降2.9%。全县5000万元以上投资项目131个，投资额增长13.8%；亿元以上项目完成投资额增长11.2%。

全县有史以来单体投资最大的广寒坪抽水蓄能电站项目核准开工，昊华化工股份有限公司二期工程、华纯材料科技有限公司新材等项目建成投产，通航机场、茶常高速公路、G106绕城线等项目有序推进。完成城区防洪排涝项目7个，交通南路供水管网提质改造和兴工路以东片区污水截流改造项目竣工，西阁污水提升泵站投入使用。改造农村户厕15400户，建成公厕13座、乡镇垃圾中转站4座。110千伏新市输变电工程和格子塘变电站增容改造项目竣工运营，完成路灯节能改造。新建5G基站112个，建成充电桩60个。衡炎长输燃气攸县分输站、接收站建成并投入运行。

【交通运输、通信业】

全县公路总里程7990千米，公路桥梁511座。按技术等级划分，有一级公路18.767千米、二级公路248.04千米、三级公路22.65千米、四级公路2890.5千米；按在路网中的地位划分，有国道63.34千米、省道333.73千米、县道613.4千米、乡道592.57千米、村道1595.98千米。泉南（G72）高速公路境内长13.2千米，武深（G0422）高速公路境内长54.3千米。吉衡铁路攸县段长12.25千米，醴茶铁路攸县段57.5千米，日均有10列客车停靠。有道路客运企业3家，开通道路客运班线111条（省际14条、市际7条、县际7条、农村客运83条）、公交线路8条，有危货运输企业1家，有公交企业1家（华昌），有驾校13所、已经备案的一类和二类机动车维修企业8家、网约车公司3家（斑马快跑、玖玖华安、光彩神洲），通航河道3条（洣水、永乐江、酒埠江水库）47千米，有义渡渡口11处。2022年，道路货运量1149.23万吨，水路货运量0.97万吨，道路货运周转量10.93亿吨千米，水路货运周转量373万吨；道路客运量1040.71万人，水路客运量71.21万人，道路客运周转量103.43亿人千米，水路客运周转量1.82万人千米；铁路客运量92.96万人，铁路货运吞吐量205万吨。

年内完成国省道大中修工程24千米和老漕至莲花、莲塘坳至路岭坳路面改善工程，提质改造农村公路137千米，建成农村“三路”（资源路、产业路、旅游路)67千米，全部完成洣水四桥水下作业工程。成功创建全省首批农村客货邮融合发展示范县。

全县开设自办汽车运输邮路3条，全长515千米；开设报刊信函、快包投递段道90条（其中县城投递段道28条，农村乡邮投递段道62条），总投递路线长1956千米。全县移动电话用户58.1万户，其中移动公司用户26万户（4G用户18万户、5G用户15.5万户），电信公司移动电话用户23.1万户，联通公司移动电话9万户。全县宽带互联网用户20.4万户，其中电信公司宽带用户9.8万户，移动公司宽带用户数7.8万户，联通公司宽带用户2.8万户。全年电信公司业务环比增长11.8%；邮政公司业务总量1.06亿元，比上年增长18.75%；移动通信公司业务收入1.66亿元。

【商贸、招商引资】

全年社会消费品零售总额175.79亿元，比上年增长2.7%。其中，批发业23.51亿元，比上年增长2.6%；零售业127.61亿元，比上年增长2.9%；住宿业7.01亿元，比上年增长1.3%；餐饮业17.66亿元，比上年增长1.8%。分经营地看，城镇消费品零售额152.05亿元，比上年增长2.11%；乡村消费品零售额23.74亿元，比上年增长6.17%。分消费形态看，商品零售额160.59亿元，比上年增长2.71%；餐饮消费额15.21亿元，比上年增长2.01%。分限额类别看，限额以上60.73亿元，比上年增长8.6%；限额以下115.07亿元，下降1.73%。

全县批发业企业全年实现商品销售额186.67亿元，比上年增长13.4%，其中限额以上法人企业实现商品销售额74.29亿元，比上年增长18.6%；全县零售业企业实现商品销售额117.02亿元，比上年增长7.0%，其中限额以上法人企业实现商品销售额43.01亿元，比上年增长6.3%；全县住宿业企业实现营业额4.12亿元，比上年增长9.0%，其中限额以上法人企业实现营业额1.34亿元，比上年增长13.9%；餐饮业企业实现营业额12.86亿元，比上年增长8.8%，其中限额以上法人企业实现营业额1.01亿元，比上年增长34.3%。

全县有实际业绩的外贸企业15家，出口产品涉及欧美国家及多个共建“一带一路”国家。全年实现外贸进出口总额3.17亿元，同比增长81.14%，增幅和完成进度均排名株洲市第二。株洲海关攸县人民政府开放型经济发展服务中心挂牌成立。

2022年，湘商来攸县新注册企业19家，湘商投资到位资金42.96亿元。实际利用内资122.85亿元，比上年增长14.3%；利用外资7.7万美元，实现破零。共签约引进亿元以上项目24个、总投资35.5亿元，其中有10亿元以上项目1个、“三类”500强企业项目2个、上市公司项目1个、湘商回归项目9个、外向型项目2个。

【财税、金融保险】

2022年，全县一般公共预算收入20.27亿元，比上年增长0.9%。按性质分，税收收入16.16亿元，比上年增长6.6%，占比79.7%；非税收入4.11亿元，下降16.5%。按级次分，上划中央收入5.95亿元，下降2.4%；上划省级收入0.74亿元，下降52.7%；地方收入（县级收入）13.58亿元，比上年增长9.4%，其中地方税收收入9.47亿元，比上年增长26.4%，占比69.7%；非税收入4.11亿元，下降16.5%，占比30.3%。

全县一般公共预算支出52.83亿元，比上年增长3.84%。完成民生支出34.45亿元，下降7.4%，占一般公共预算支出的比重为65.19%，其中教育支出7.9亿元、文化旅游体育与传媒支出0.45亿元、社会保障和就业支出7.81亿元、卫生健康支出6.47亿元、节能环保支出0.96亿元、城乡社区支出1.12亿元、农林水支出7.64亿元、交通运输支出1.54亿元、住房保障支出0.43亿元、粮油物资储备支出0.13亿元。通过“一卡通”发放补贴项目98项，金额4.19亿元；调拨疫情防控经费4553万元；安排涉农资金1.86亿元，支持乡村振兴扶持产业发展和改善农业基础设施。

全年完成税收18.42亿元（省政府口径），同比增收23937万元，比上年增长14.94%；其中县本级税收95455万元，同比增收19266万元，比上年增长25.29%。完成社保收入95292

万元、非税收入12.63亿元，其他收入5449万元。

全县有银行业金融机构11家，年末存款余额400.74亿元，比上年增长13.9%，其中住户存款余额350.46亿元，比上年增长15.3%；非金融企业存款21.73亿元，下降12.3%。年末贷款余额234.96亿元，比上年增长18.2%，其中住户贷款126.71亿元，比上年增长8.3%；非金融企业及机关团体贷款108.24亿元，比上年增长32.3%。年末金融机构余额存贷比为58.63%。

全县共有保险业机构20家，各项保险保费收入7.23亿元，比上年增长13.0%。其中财产险保费3.3亿元，比上年增长15.0%；寿险保费3.93亿元，比上年增长11.4%。各项赔款和给付支出3亿元，比上年增长18.7%；其中财产险赔款1.91亿元，比上年增长4.1%；寿险给付1.09亿元，比上年增长57.7%。

【居民生活水平】

全县居民人均可支配收入42868元，比上年增长5.5%。城镇居民人均可支配收入49352元，比上年增长5.1%，其中工资性收入16163元、经营净收入12883元、财产净收入5219元、转移净收入15087元。农村居民人均可支配收入35434元，比上年增长6.2%，其中工资性收入12190元、家庭经营净收入14608元、财产净收入594元、转移净收入8042元。全县居民人均消费支出26576元。城镇居民人均消费支出26811元，比上年增长4.9%；农村居民人均消费支出26306元，比上年增长6.7%。全县人均住房面积98.3平方米，城乡居民恩格尔系数为24.4%。

【债务风险防控】

多措并举防范债务风险，牢牢守住不发生系统性风险的底线。实行融资决策报备制度，有效控制新增融资成本，降低利息支出；定期召开债务工作调度会，及时统筹调度资金，确保资金不断链，隐性债务不新增；全面落实“六个一批”化债举措。至12月末，隐性债务比上年同期减少3.23亿元；通过偿还、谈判降息、系统内调整等措施清理高息债务13.05笔，高息债务较上年同期减少23.2%。

开展“防范和处置非法集资”宣传及风险排查活动13次，发放各类宣传资料1万余份，移交风险线索2起，确保地方金融安全稳定。出台《攸县县属国有企业改革转型方案》，提高平台公司的“造血”能力和抗风险能力。

社会发展

【教育】

全县共有各类公办教育机构180所，其中公办中小学校（含教学点）119所（小学90所、初中25所、高中4所），职业中等专业学校1所，特殊教育学校1所，幼儿园59所。共有民办教育机构172所，其中中小学校6所，中等职业学校1所，幼儿园67所，各类培训机构98家（学科类培训机构13家，非学科类其他培训机构85家）。公办学校（幼儿园）在编在岗教职工4887人；民办学校（幼儿园）从业人员874人。

全县中小学校在校学生86618人，其中公办学校74091人（高中生8735人、初中生21657人、小学生43699人），民办学校12527人（高中生5185人、初中生4246人、小学生3096人）。职业中专学校在校学生3733人（生物工程中等专业学校3099人，求实学校634人）。幼儿园在园幼儿13174人。

2022年，全县共有参加全国高等教育招生统一考试考生4849人，600分以上132人，一本上线人数和上线率均为历年最高，北京大学、清华大学录取3人。攸县荣获“2022年株洲市普通高中教育质量综合评价优秀县市”称号，县人民政府履行教育职责评价考核获“优秀”等次，攸县被认定为株洲市首批中小学劳动教育实验县，“家校社共育”工作入选株洲市2022年度“十大改革创新案例”，获湖南省第十五届中小学体育与健康课教学竞赛活动“优秀组织奖”。

【文化体育、旅游业】

全县有公共文化场、馆10

个［文化馆、图书馆、博物馆、青少年活动中心、影剧院、石山书院、文昌阁24小时城市书房、谭震林纪念馆、体育场和社会足球场2片（石山书院和健坤生态园］；有乡镇文化站17个，村级综合文化服务中心297个，农家书屋304个；建成“门前三小”800个，其中104个示范点，4个样板点；公共文化设施面积138.4万平方米，公共体育设施面积106.8万平方米。

全县共有广播、电视、网站、手机报、手机台、微信公众号6类媒体、共13个平台；有县级广播电台1座，提供节目（国内）1套，广播综合人口覆盖率100%；有县级电视台1座，电视发射台1座，有线广播“村村响”遍布全县各个乡镇（街道），电视综合人口覆盖率100%；手机报、手机台、微信公众号注册用户30万户。

全年组织各种类型的群众文艺体育活动30余场。7—8月，开展系列篮球赛事活动，全县共有100余支队伍，1300多名18—60岁篮球爱好者参与比赛。7—9月，全县97个单位278个分队3000多人参加时历时60天的“日行万步线上健走活动”。攸县第三中学水上学校运动员参加湖南省运动会，参赛青少年皮划艇、赛艇、激流回旋水上等项目，共获得金牌15枚、银牌14枚、铜牌16枚，总分860分；总分、金牌数均排名第一。花鼓戏保护传承中心全年“送戏下乡”演出152场次；博物馆、石山书院、文昌阁共接待观众15万人次。青少年活动中心组织开展科普、美术、声乐公益课堂等活动12次。

全县有AAAA级景区1个，AAA级旅游景区1个；国家级森林公园1处，国家地质公园1处，地质遗迹保护区11个，国家湿地公园1处；拥有星级宾馆1家，旅行社3家。2022年，全县累计接待游客452.8万人次，同比增长226.4%；实现旅游收入68.6亿元。

【医疗卫生与健康】

2022年，全县共有卫生健康机构497家。其中，县直医疗（防疫）机构4家、乡镇卫生院25家、街道社区卫生服务中心2家、村卫生室304家、民营（职工）医院16家、个体诊所70家、学校医务室8家、卫生所（室）68个。实际开放床位4362张，其中公立医疗机构3617张，民营医院745张，每1000人常住人口的医疗机构床位数为7.79张。全县共有卫生技术人员4693人，其中公立医疗机构3880人、民营医院390人，村医423人。全县各医院门急诊130万余人次，较上年增长18%，住院14.25万人次，较上年减少8%。

全年开展疫苗冷链运转12次，共下发一类疫苗56834支。全县共接种卡介苗2248剂次、乙肝疫苗8195剂次、脊灰疫苗10387剂次、百白破疫苗11785剂次、麻腮风疫苗6943剂次，“五苗”全程接种率99.8%。全年登记报告法定传染病5709例，发病数比上年同期（6023例）下降5.21%，未发生重大传染病流行。

全县城乡居民健康建档65.6万人，建档率为104.11%；老年人体检69680人，规范管理率96.3%；家庭医生签约新签续签51.51万人。县疾控中心被国家疾控中心评为县级项目先进集体，肿瘤登记工作获得国家癌症中心获“肿瘤登记工作进步奖”。持续开展城乡环境卫生整治，巩固国家卫生县城创建成果。

2022年度，全县期内上报出生3531人，人口自然增长率为−4.27‰，出生人口性别比104.34（以女性为100）。推进三孩政策实施，办理三孩生育服务证134本。全县孕产妇死亡率、五岁以下儿童死亡率、婴儿死亡率分别为33.2/10万、4.65‰和2.66‰，免费孕前优生健康检查4840人。扶助独生子女伤残对象379人，发放资金363.84万元；扶助独生子女死亡对象541人，发放资金519.36万元。

【就业社保、社会救助和慈善事业】

2022年，全县新增城镇就业4811人，失业再就业3555人，失业率控制在2%以内，动态消除城镇“零就业家庭”，新增农村劳动力转移5473人。实施阶段性降低工伤保险费率政策，为371家企业减负305万元；为127家参保单位发放失业保险稳岗返还198.78万元，惠及职工5515人。企业职工基本养老保险、机关事业养老保险、城乡居民养老保险、失业保险、工伤保险等五大保险参保人数分别为8.34万人、1.85万人、46.95万人、2.51万人、2.67万人；社会基金总收入16.32亿元，总支出16.67亿元。

全县城镇职工医疗保险和城乡居民医疗保险参保总人数为62.47万人，其中城镇职工医疗保险参保53745人，城乡居民医疗保险参保57.1万人；全年医疗保险基金总收入69377.24万元，其中城镇职工医疗保险收入16273.24万元，城乡居民医疗保险收入53104万元。全年医保基金支出75332万元，其中职工医保基金支出16735万元，城乡居民医保基金支出58597万元。全年完成“两病”用药保障89834人次，支付金额197.71万元。全年职工门诊共济补偿13159人次，基金支出103.74万元。

2022年，全县救助城镇低保对象1409户、2481人，共发放城镇低保资金1416.7万元；救助农村低保对象7348户、16480人，共发放农村低保资金5054.8万元；农村低保发放标准为385元/月，城镇低保发放标准为600元/月。实施特困供养3370人，发放基本生活费2281.2万余元；其中集中供养对象561人，发放基本生活费392.4万元，分散供养对象2809人，发放基本生活费1889万元。共发放城乡低保、特困人员临时物价补贴34073户、136万元。全年发放残疾人两项补贴1374.47万元，发放重度残疾人护理补贴1015.43万元。

全年共计募集慈善基金463万元，发放救助资金525万元；福利彩票总销量1518.7万元，比2021年同期增长6.3%。

【生态环境建设】

2022年，攸县全年空气优良达329天，优良率为90.1%；空气综合指数为2.81，综合指数全省排名第二十七位，较上年（第三十三位）前进6位。境内2个国控、4个省控断面水环境质量稳定达到或优于地表水Ⅱ类水质标准，集中式饮用水水源水质达标率100%（单因子评价），国控、省控地表水考核断面水环境质量全市排名第二，全县水质改善率全市排名第二。完成17个乡镇级“千吨万人”饮用水水源保护区环境问题整治预验收工作，完成13个村级“千人以上”集中式饮用水水源保护区内环境问题排查及专项整治工作，攸县获评2022年湖南省农村千人以上饮用水水源地生态环境整治表现突出县级单位。污染耕地安全利用率91%以上，完成全县农用地涉镉企业的排查，污染地块安全利用率93%。完成1家重点土壤监管企业的土壤污染隐患排查，完成6个重点村农村生活污水治理和槚山社区黑臭水体整治，完成9家二级医疗机构环境整治。农村生活污水处理率84.8%，农村集中式饮用水源地水质达标率100%。

强化农业面源污染治理，实施化肥、农药减量增效行动，全年化肥、农药实际施用量分别为2.63万吨、554.06吨，较上年减少0.9%、1.5%。开展绿色种养循环试点工作，全年推广粪肥还田面积10万亩次，创建粪肥还田示范区（片）11个，全县畜禽粪污综合利用率95.56%以上。

全县城镇建成区绿化覆盖面积887.42公顷，覆盖率41.55%；完成植树造林1.17万亩，义务植树171万株，农村道路绿化57千米，省级“生态廊道”建设4800亩；完成封山育林2万亩、退化林修复20895亩。

【社会治安、安全生产】

2022年，共计接报警10.9万起，立刑事案件1615起，破刑事案件640起，抓获违法犯罪嫌疑人1651人，刑事拘留439人，移送起诉868人；受理行政案件2123起，处以行政拘留574人。全年抓获逃犯68人，现行命案破案率100%，八类暴力案件破案率100%。全县交通事故接处警9182起，办理刑事案件150起、行政案件49起，打击处理违法犯罪嫌疑人186人。全年共受理一般程序交通事故325起，事故死亡60人、受伤414人，直接经济损失87.49万元；交通事故起数、死亡人数、受伤人数、直接经济损失比上年同期分别下降19%、10%、16%、25%。查处各类交通违法行为23.17万起，现场查处酒驾569起、醉驾130起。全方位推进“戴帽工程”，共查处摩托车、电动车不戴安全头盔43734起，查处摩托车拼改装、无牌无证2968起。

全年共批捕各类犯罪嫌疑人173人，起诉528人；纠正侦查活动违法37件，纠正监外执行违法119件、监管场所违法97件，监督财产刑执行案件600余件；受理各类民事检察案件244件，提出检察建议213件，采纳率为100%；立案公益诉讼案件90件，诉前整改率、法院支持率均为100%。加大反腐倡廉工作力度，起诉监委移送职务犯罪6件6人。

全年受理各类案件（含旧存）15537件，审（执）结14867件，结案率95.69%。其中刑事案件（含旧存）467件，审结409件；民商事案件（含旧存）8783件，审结8371件。全年共受理执行案件（含旧存）6264件，结案6053件，执行到位1.34亿元。执结涉民生案件26件，到位金额367.34万元，为农民工追讨工资182.39万元。

司法机关排查矛盾纠纷1408件，成功调解1399件，调解成功率为99.36%；全年办理法律援助案件451件，为困难群众减免诉讼费用60余万元；办理各类公证业务1647件。

全年共发生一般生产安全事故10起，下降37.5%，死亡9人，下降35.7%。全年未发生较大及以上生产安全事故和较大及以上森林火灾，全县安全生产形势总体平稳。

【民生实事】

保障民生投入，全面完成10件重点民生实事，办理县人大代表票决民生实事项目8件。优化民生供给，改造中小学校32所，新增公办义务教育学位1500个；有序推进攸州中心医院建设，提质改造乡镇卫生院2家，完成乡镇中医馆能力提升建设15家，建成省临床重点专科17个；扎实开展拥军优属工作，完成零散烈士墓集中迁葬；增强民生保障，城镇新增就业4811人、农村劳动力转移就业5473人，城镇登记失业率控制在2%以内；保障城乡居民享受医保待遇70.54万人次；新增解决农村供水保障人口3.5万人；完成农村危房改造100户，发放城镇住房困难家庭住房租赁补贴514户。

巩固拓展脱贫攻坚成果同乡村振兴有效衔接

【概况】

2022年，全县共有脱贫人口10471户31071人，有监测户1286户3039人，其中未消除风险监测户共667户1557人，已消除风险监测户共619户1482人。攸县2022年荣获“国家乡村振兴百强县”“全省农村人居环境整治提升先进县”“全市农村人居环境整治提升先进县”称号。攸县防返贫监测、乡村产业发展、农村人居环境整治、驻村帮扶等多项工作得到省委专项督查考核组的充分肯定，省乡村振兴局官网以“以‘小’见‘大’持续推动农村人居环境全面提升”为题刊发攸县农村人居环境整治提升行动工作经验文章。

【防返贫致贫】

强化集中排查和动态管理。严格监测范围和监测程序，逐级建立防止返贫动态监测和帮扶工作台账，逐户监测收入支出状况和“两不愁三保障”及饮水安全状况，督促镇村依托网格员每月开展入户调查，定期采集基础信息，实时跟踪帮扶、动态监测管理。稳步提高保障标准，通过农村低保提标将农村低保边缘家庭人均收入基准线和防止返贫监测对象人均纯收入基准线两线合一。加强低收入人口帮扶，全县每人每年最低生活保障标准4620元，比2021年提高6.94%；强化政策倾斜支持，对脱贫户和监测帮扶对象构建完善的防止返贫致贫综合保障体系。

加大脱贫人口就业帮扶力度。脱贫人口、监测对象实现外出务工就业12873人，全县26个就业帮扶车间和3个产业基地稳定解决就业4460人，累计开发公益性岗位实现就业268人次，拨付岗位补贴281.74万元。1855名易地搬迁人员实现稳定就业918人。

全面落实教育、医疗、住房、饮水安全等基本保障帮扶措施。全年资助困难学生15778人次1239.63万元；全面改善农村中小学办学条件，建设改造校舍面积1.7万平方米，新增学位2000个。所有脱贫户监测户参保率100%，全年资助参保3229人次，资金753.3万元，大病保险补助2239人次，资金511.51万元；住院及门诊救助13464人次，救助1067.97万元。完成“六类”对象房屋安全性鉴定挂牌2900户，实施危房改造100户。解决脱贫户监测户季节性饮水困难115户，新打井、加深井130座；投入430万元完成9处农村供水工程管网维护，全年农村供水厂水质合格率为89%。

注重产业扶持，发放产业帮扶资金奖励1797.2万元，带动“三类人员”1783户5945人，产业覆盖率98.67%，发放小额信贷贷款金额4064.2万元。

【乡村基础建设】

推进乡村振兴基础建设。坚持群众自愿，引导广大群众、乡贤、农户自发筹集资金共商共建“幸福屋场”，动员群众自主筹资570万元，筹劳8000余人次。建成“门前三小(小广场、小书屋、小讲堂)”“攸美·幸福屋场”示范点100个。推动农村厕所革命，改善农村人居环境，建设户厕1.54万座。投入1000余万元开展“五乱”（乱堆放、乱张贴、乱倾倒、乱排放、乱搭建）治理，拆除村庄乱搭乱建、危旧房屋和残垣断壁等共300余处。

【乡村文明建设】

持续推进新时代文明实践活动，加强乡村文明建设。建成17个乡镇（街道）新时代文明实践所、297个村（社区）新时代文明实践志愿服务站，深化群众精神文明创建活动，评选文明单位、文明村镇90个，文明校园3个，文明先进个人206人，文明家庭10户，全县获得（保持）国家、省、市文明建设先进集体共计48个。

重大事件纪要

【攸县广寒坪抽水蓄能电站项目核准开工】

2021年3月30日，攸县与中国长江三峡集团有限公司签订抽水蓄能电站建设前期合作协议；2022年4月29日，项目预可行性研究获水电总院正式批复；2022年11月14日，项目获湖南省发展和改革委员会正式核准；2022年11月17日，项目在皇图岭镇山关村举行开工仪式。该项目总投资和装机规模均列全省第二，是国家能源局“十四五”规划项目，湖南省抽水蓄能“十四五”重点实施项目，总投资119.75亿元，也是攸县有史以来单体投资最大的项目。工程由上水库、下水库、输水系统及发电厂房系统四部分组成，上水库位于黄丰桥镇广和村，下水库位于皇图岭镇山关村。竣工投产后，总装机容量180万千瓦，年发电量25亿千瓦时，预计总工期81个月。

（周　清）

【攸县建成全省首家园区税务“智慧微厅”】

2022年3月30日，国家税务总局攸县税务局联合攸县高新区建设的税务“智慧微厅”在高新区正式挂牌成立，实现涉税事项“园区事、园区办”，标志着湖南省首个税务“智慧微厅”正式启用。税务“智慧微厅”专门面向企业，借助5G、人脸识别、远程视讯等高科技手段，24小时为纳税人缴费人提供一站式、个性化、智能化的办税服务，实现日常申报、发票领用等318项业务的自助办理，并且连通远程帮办，满足企业日常办税需求，让高新区企业享受“就近办”“马上办”办税服务。

（周　清）

【攸县香干产业园正式开工建设】

2022年3月30日，总用地面积158亩、计划投资4.67亿元的攸县皇图岭香干产业园开工，主要包括香干豆腐加工区、生产生活配套区、商务配套功能区等项目建设。该项目将填补攸县特色农业产业的空白，并对延伸香干产业链条起到积极的助推作用。

（周 清）

【攸县工程建设项目审批“五个一”改革入选省深化“放管服”改革“揭榜竞优”工作“十大经验做法”】

2022年，攸县把“打造工程建设项目审批全生命周期‘一件事一次办’升级版”作为领办“放管服”改革“揭榜竞优”工作任务，出台《攸县深化工程建设领域“一件事一次办”改革，推进项目集中审批实施方案》，全力推进工程建设项目审批“五个一”改革。通过成立“一套班子”、设立“一个专区”、对标“一次办好”、推行“一费统揽”、健全“一套机制”，提高审批效率、压减审批时限、降低审批费用、完善代办制度，成功入选省深化“放管服”改革“揭榜竞优”工作“十大经验做法”。

（周 清）

【攸县获评国家级水稻制种大县】

2022年3月24日，农业农村部印发《关于公布国家级制种大县和区域性良种繁育基地认定结果的通知》，攸县获评国家级水稻制种大县。自2016年以来，攸县杂交水稻制种面积常年保持在3万亩以上，接连多年被认定为国家级制种大县。通过制种大县奖励资金引导和支持，全县建设新增晒坪总面积5万平方米、简易仓库总面积2.8万平方米，各类烘干机组80台、无人机58台、制种专用高速插秧机48台，新改建简易烤房100余间。

（周 清）

【攸县打赢森林防灭火攻坚战】

2022年10月6日，攸县制定下发《坚决防范遏制森林火灾十五条措施》，明确各级各部门责任分工，层层压实森林防灭火工作责任。全面落实林长制，健全完善“一长四员”管护体系，突出人防、物防、技防24小时不间断联防。建立片区森林火情应急处置区域联动机制，做到“打早、打小、打了”，科学阻断周边森林火灾蔓延过境。持续强化防火宣传、隐患摸排、火源管控3项措施，签订防火承诺书23.8万余份、排查整改风险隐患76处、设立防火临时检查站（卡）451处，做到宣传“零遗漏”、摸排“零盲区”、管控“零缺位”，从源头上有效防范森林火灾风险。建立实行县级领导“三联三包”机制，明确县级领导包乡镇（街道）、乡镇（街道）包村（社区）、村（社区）包组、组包户、护林员包山头。同时，县级成立森林火情打击工作专班，镇级组建30人以上巡逻队，村级派驻3人以上工作队，严明职责、严格督责、严肃问责，全年未发生1起较大及以上森林火情，攸县防灭火经验做法获省政府综合大督查通报表扬。

（蔺 鑫）

【攸县举行谭震林诞辰120周年纪念活动】

2022年4月24日，谭震林同志诞辰120周年纪念活动在攸县举行，谭震林家属、专家学者、亲友代表，以及社会各界人士汇聚一堂，共同缅怀其辉煌人生和对建立建设新中国作出的杰出贡献。

（蔺 鑫）

【攸县成功创建全省首批农村客货邮融合发展示范县】

2022年12月14—15日，由省交通运输厅、省发展和改革委员会和省邮政管理局派出的省验收组对攸县农村客货邮融合发展示范县创建工作进行验收。自2021年12月以来，攸县深入开展农村客货邮融合发展示范创建，投资3700万元新建284个村级物流服务点、6000平方米分拣中心厂房、4000立方米冷链仓库，添置智能分拣设备、17辆客车，搭建信息服务平台，韵达、丹鸟等快递管理系统实现互联互通、共享共用。农村客货邮融合发展覆盖全县297个村（社区），打通农产品进城“最初一公里”和工业品下乡“最后一公里”，农村快递物流每单成本平均下降35%。经过县级自查、市级初验和省级复核及综合整改等程序，攸县达到农村客货邮融合发展的预期目标，验收合格，被命名为全省农村客货邮融合发展示范县。

（蔺　鑫）

【攸县人民医院入选国家“千县工程”】

2022年4月20日，国家卫健委印发《“千县工程”县医院综合能力提升工作县医院名单》，攸县人民医院成功入选，标志着“千县工程”县医院综合能力提升工作全面启动。2016—2022年，攸县人民医院以学科建设和技术提高为导向，以医疗安全与质量管理为基础，以绩效管理和优质服务为抓手，推进全院各项工作取得新进展，先后建成3个省重点建设学科、12个县重点学科，6个学科被纳入省临床重点专科项目建设。

（蔺　鑫）

【攸县家校社共育工作入选株洲市2022年度十大改革创新案例】

2022年10月21日，株洲市召开全市改革创新案例大讨论暨改革成果发布会议，发布2022年度全市优秀改革案例，攸县“创新家校社共育机制，共绘教育同心圆”项目入选十大改革创新案例。2022年，攸县以补齐家庭教育短板为核心，全面推进“家校社”共育工作，通过创新共育机制、建强共育阵地、培养专业队伍、建构课程体系，初步形成党委政府主导、教育系统统筹、家长全员参与、城乡全面覆盖的共育新格局。“家长好好学习，孩子天天向上”等家教理念逐步被广大家长赞同、接受、践行。县域群众对该项工作的整体满意度达96.1%，自觉成为孩子成长的护航者、教育工作的参与者、学校形象的维护者、共育品牌的宣传者。

（蔺　鑫）

【攸县国家专精特新“小巨人”企业实现零的突破】

2022年8月，工信部公示第四批专精特新“小巨人”企业名单，位于攸县高新区内的株洲宏信科技发展有限公司上榜，这标志着攸县专精特新企业培育工作取得新进展，国家级专精特新“小巨人”企业实现零的突破。作为攸县首家国家级专精特新“小巨人”企业，株洲宏信科技发展有限公司已取得水泥助磨剂、节煤剂、混凝土增强剂等国家发明专利5项，实用新型专利15项。

（吴　帅）

【长输燃气管道攸县段全线贯通实现通气】

2022年12月24日，位于攸县春联街道双丰社区的衡阳—炎陵天然气管道攸县分输站阀门徐徐开启，天然气进入攸县千家万户。这是攸县首通管道天然气，也是中石油“气化湖南工程”衡阳—炎陵支线投产以来供气的第三个县城。通气首日计划用气量4万立方米，之后年用气需求超2000万立方米。攸县首通管道天然气，将进一步带动周边天然气利用，促进绿色发展，优化能源结构，推进经济繁荣，保护生态环境，提高人民生活质量。

（吴　帅）

【攸县开放型经济发展服务中心挂牌成立】

2022年12月27日，株洲海关攸县人民政府开放型经济发展服务中心挂牌成立。开放型经济发展服务中心成立后将进一步优化攸县口岸营商环境，落实国家优惠政策，支持攸县外贸企业发展壮大，特别是对攸县重点园区、重点产业、重点企业和重点项目，建立“一对一”联系服务制度，提供个性化服务，努力培育新的外贸增长点，助推县域经济发展。

（吴　帅）

大事记

1 月

7 日，华润水泥投资有限公司与攸县人民政府在深圳华润水泥（控股）有限公司总部签订投资协议。华润水泥（控股）有限公司于 2021 年 1 月与攸县人民政府签订《华润水泥攸县绿色建材产业园合作意向书》，拟投资 100 亿元在攸县设立全资子公司，建设华润攸县绿色建材产业园。

13 日，中共攸县县委十三届二次全体(扩大)会议暨县委经济工作会议在东城新区会议中心召开,会议的主要任务是深入贯彻落实党的十九大和十九届历次全会精神，中央、省委、市委经济工作会议精神，市委十三届二次全会和省、市、县党代会精神，总结 2021 年工作，部署 2022 年任务，动员全县上下埋头苦干、勇毅前行，为重振攸县雄风而不懈奋斗。会上，县委书记李鹏程代表县委常委会作了题为“埋头苦干勇毅前行为重振攸县雄风而不懈奋斗”的工作报告。

17 日，G106 攸县绕城线公路上云桥至流和公路工程建设指挥部揭牌，这标志着该项目进入实施推进阶段。G106 攸县上云桥至流和公路起于联星街道上云桥村现 G106 与北二环路相交处，往南经攸水大道、洣水四桥、城南大道，止于谭桥街道流和村，全长 11.33 千米，设计速度 60 千米/小时，双向六车道，一级公路技术标准。

2 月

22 日，县委、县政府在会议中心召开攸县打造“三个高地”推进“三大会战”动员大会。会议从五个方面对打造“三个高地”推进“三大会战”进行具体安排部署，要求着力打造产业高地，增强发展实力；着力推进科技创新，集聚发展动力；着力深化改革开放，释放发展潜力；着力培育市场主体，激发发展活力；着力抓好队伍建设、提升发展能力。

22—24 日，政协攸县第十届委员会第二次会议在东城新区会议中心召开。会议应到委员 215 名，实到 208 名。会议听取县政协主席文毅代表政协攸县第十届委员会常务委员会向大会作的工作报告，政协攸县委员会提案和委员学习联络委员会关于十届二次会议提案审查情况的报告，并通过各项决议。全体委员列席攸县第十八届人民代表大会第二次会议，听取并协商县人民政府工作报告，协商县人民法院、县人民检察院工作报告及其他报告，7 名政协委员进行参政议政发言。会议补选政协攸县第十届委员会常务委员 1 名。

23—26 日，攸县第十八届人民代表大会第二次会议在东城新区会议中心召开。会议应出席代表 297 名，实到代表 290 名。会议听取和审议县人民政府工作报告、县人大常委会工作报告、攸县人民法院工作报告、攸县人民检察院工作报告；审查《攸县 2021 年国民经济和社会发展计划执行情况与 2022 年计划草案的报告》《攸县2021年财政预算执行情况和2022年预算草案的报告》；书面听取《攸县2021年环境状况和环境保护目标完成情况及2022年环境保护目标的报告》；表决通过《攸县人民代表大会议事规则》。会议以无记名投票的方式票决出8个2022年度民生实事项目，分别为：高标准农田建设项目、农村“三路”建设项目、城镇老旧小区改造项目、零散烈士墓集中安葬项目、城区永佳小学建设项目、“门前三小”建设项目、城区防洪排涝项目、小型水库除险加固项目。会议补选十八届人民代表大会常务委员会委员2名。

27日，中共湖南省委常委、省军区司令员南小冈到攸县调研党管武装及基层全面建设工作。南小冈一行察看了攸县人武部营区和民兵训练基地并听取攸县经济社会发展及攸县人武部全面建设、各级党委党管武装工作等情况汇报，观看视频详细了解攸县国防动员和民兵建设、人员配备、基础设施建设等工作。南小刚指出，要突出抓好民兵建设，高质量落实上级民兵调整部署，着眼打造能打胜仗的后备铁拳；要深入推进“一年两征”，高质量抓好兵役征集，争取“五率”考评有新突破，精准输送高质量兵员有新作为；要深化巩固“四个秩序”抓建和“星级达标”建设成果，持续推动基层建设基础不断稳固，打造面向社会的示范窗口、国防教育的宣传阵地。

3月

14日，攸县召开乡村振兴大会战工作推进会。会议明确2022年乡村振兴大会战工作组重点指标，列出2022年乡村振兴大会战重点工作清单，将乡村振兴“六大行动”细化为32项工作任务。至年末，全县43个集体经济薄弱村实现全部清零，网岭镇罗家坪村典型经验入选全省集体经济百村案例；建成“门前三小”和“攸美·幸福屋场”100个，创建市级示范点22个，攸县获评全省农村人居环境整治提升先进县；完成农村水利项目19个，除险加固山塘水库500座，治理中小河流11千米；提质改造农村公路137千米，建成农村“三路”67千米，成功创建全省首批农村客货邮融合发展示范县；在全市率先整县推行“村电共治·便民服务”；新建5G基站112个，建成充电桩60个；改造农村户厕15400户，建成公厕13座、乡镇垃圾中转站4座。

24日，攸县人民政府举行签约仪式，与中国农业发展银行株洲市分行签订“十四五”时期实施乡村振兴全面合作协议。协议签订后，中国农业发展银行株洲市分行与攸县人民政府密切合作，围绕攸县“一二三四”发展思路，积极融入新发展格局，以产业为依托，以项目为抓手，充分运用各类信贷服务产品，启动绿色通道，提高办贷效率，落实信贷优惠政策，提供全方位的金融服务；对攸县巩固拓展脱贫攻坚成果同乡村振兴有效衔接、建设“一中心四样板”，实现经济社会高质量发展起着重要的推动作用。

30日，落户皇图岭镇港口村的攸县皇图岭香干产业园建设正式开工。该项目总用地面积10.53万平方米，投资4.67亿元，主要包括香干豆腐加工区、生产生活配套区、商务配套功能区等建设项目。香干产业园建设是全县2022年十大重点产业项目之一，该项目填补攸县特色农业产业的空白。

4月

19日，县委、县政府召开2022年全县生态环境保护工作暨“春雷行动”“利剑行动”动员部署会。

24日，县委、县政府举行谭震林诞辰120周年纪念活动，召开纪念谭震林诞辰120周年座谈会，并举行向谭震林铜像敬献花篮仪式，参观升级改造后的谭震林生平业绩陈列馆。省委党史研究室原巡视员、研究员夏远生，《新湘评论》副社长、执行主编、高级编审胡德池等省、市党史专家及谭震林家属、亲友代表和嘉宾参加纪念活动。县委书记李鹏程发表讲话。

26—27日，株洲市乡村振兴现场推进会在攸县召开。会上，攸县人民政府副县长杨正武就攸县乡村振兴工作进行典型发言；会议期间，与会人员到网岭镇罗家坪村、丫江桥镇仙石村、新市镇徐公店、石羊塘镇谭家垅社区等示范点现场参观、考察农村人居环境整治、村电共治、村庄规划、乡村治理、“一二三”产业融合和幸福屋场建设。

5 月

12 日，县委、县政府召开全县居民自建房安全专项整治“百日攻坚”誓师大会。会议的主要任务是深入贯彻落实习近平总书记重要指示、李克强总理等中央领导重要批示和国家、省关于自建房安全专项整治电视电话会议以及市“百日攻坚”誓师大会精神，动员全县上下深刻汲取长沙市望城区“4·29”居民自建房倒塌事故教训，扎实开展全县居民自建房安全专项整治“百日攻坚”行动，打好打赢这场维护人民群众生命安全的攻坚战。会后，根据《关于开展城乡居民自建房安全隐患专项排查整治工作方案》，全县开展为期近 4 个月的居民自建房摸底排查、隐患整治、拆违保安三大行动，全面完成居民自建房村级普查、乡镇排查、县级复查等工作，建立自建房安全整治数据库，对快速鉴定为 C、D 级以及专家初判存在严重安全隐患的经营性自建房，依法落实“改、停、封、拆”等处置措施，同时完成了湘东大市场的安全专项整治工作。

12 日，中共攸县县委召开领导干部警示教育大会，会议通过剖析违纪违法典型案例，教育引导全县党员干部时刻保持如履薄冰、如临深渊的危机意识，增强拒腐防变的免疫力，永葆清正廉洁的浩然正气，为打造“三个高地”、推进“三大会战”、重振攸县雄风提供坚强有力的纪律保障，以优异成绩迎接党的二十大胜利召开。会上，与会人员观看警示教育片《反腐倡廉永远在路上》，会议通报违纪违法典型案例，并就领导干部、国家公职人员违规参与煤矿经营性活动专项整治工作进行安排部署。

6 月

17 日，县委、县政府召开干部联企业“送政策、解难题、优服务”行动动员会议。会议贯彻习近平总书记关于“疫情要防住、经济要稳住、发展要安全”重要指示和全国稳住经济大盘电视电话会议精神，并就 2022 年全县干部联企“送政策、解难题、优服务”工作进行安排部署。会议明确：联企工作重点突出“三个全覆盖”，即“四上”企业全覆盖、中小企业全覆盖、园区企业全覆盖；实现“三个做到”目标，即做到惠企政策尽知尽享、做到助企纾困有难必应，做到援企服务精益求精。会后，按照“龙头企业要稳、专精特新企业要增、中小企业要活、困难企业要纾”的总体思路，县级领导带头挂帅，各级各单位共派驻企联络员、特派员 600 余名，深入企业、园区和项目部，开展面对面、心贴心、零距离的联企服务行动。

28 日，县委、县政府召开创建文明城市工作调度会，安排部署全县创建文明城市提升攻坚工作，并就创建工作进行培训。会议要求重点抓好文明实践所站建设、市容市貌建设、交通秩序整治、市场整治、社区环境整治、窗口行业文明服务、问卷调查内容知晓率等 7 项工作。会后，在职在岗县级领导任 25 个工作组组长，负责各类测评点的创建工作，多部门联合举行“志愿关爱行幸福进万家”“重振雄风有你有我”“我们的节日 · 端午”等集中示范志愿服务活动 12 场，参与各类志愿者活动 30 余万人次，开展各类志愿服务活动 9867 场次。

7 月

12 日，县委、县政府召开耕地抛荒治理工作推进会。会议强调，要坚持以习近平总书记关于保障粮食安全重要指示精神为指引，贯彻落实《关于狠抓耕地抛荒治理促粮生产的通知》，全面落实粮食安全党政同责，坚决治理耕地抛荒问题，确保 2022 年底前全面实现存量抛荒耕地清零目标。近年来，攸县劳务经济繁荣的同时，农村因农业生产缺乏劳动力而渐渐出现农田抛荒的现象。2020 年以来，攸县大力推行耕地抛荒治理，对全县 45186 亩抛荒土地进行编号销号，涉农部门全面联动，推进高标准农田和水利基础建设，按照“宜粮则粮、宜经则经”原则，部分耕地实行集约化、产业化发展。2021 年完成耕地抛荒治理 2.82 万亩，2022 年初，完成复耕复种荒地 1.01 万亩，全县抛荒土地恢复耕种率达 100%，如期实现抛荒耕地存量清零目标。

14 日，株洲市首个乡村“复兴少年宫”落户石羊塘乡贤馆并举行揭牌仪式。乡村“复兴少年宫”是利用当地现有场地设施，依靠志愿服务力量，面向广大农村中小学生和学龄前儿童开展道德培育、文体娱乐、劳动实践等活动的公共教育和文化服务场所。按照试点先行、全面推进、常态抓建的思路，天元区、攸县作为株洲市乡村“复兴少年宫”试点县（市）区；石羊塘乡贤馆揭牌，标志着全市“乡村复兴少年宫”建设正式启动。中共株洲市委常委、宣传部部长江小忠，中共攸县县委书记李鹏程共同为石羊塘镇乡村“复兴少年宫”揭牌。市委宣传部，县教育、文旅广体、新华书店、团县委等单位向石羊塘镇乡村“复兴少年宫”进行物资捐赠。

19 日至 10 月底，攸县出现近 60 年一遇的气象干旱。全县出现持续晴热高温天气，8—11 月全县累计平均降雨量较历史同期少 80%，上游来水量减少 70%，导致河道水位持续降低，各支流水位接近历史最低。11 月底，全县水利工程蓄水量仅 1.16 亿立方米，实际可供水量 0.61 亿立方米，其中大中型水库可供水量 2693 万立方米，全县共有 3 座小（1）型水库、30 座小（2）型水库、2183 口山平塘干涸，15 条溪流断流，1 条流域面积 50 平方千米的小河流接近断流。因水源和供水能力不足，全县 17 个乡镇（街道）出现不同程度的旱情，总经济损失达 2800 余万元。农作物受灾面积 8000 公顷，其中成灾面积 5120 公顷，绝收面积 1520 公顷；全县 12 个乡镇 50 个行政村 3.5 万人饮水受影响。受旱较为严重的为菜花坪镇、江桥街道，其次为皇图岭镇、宁家坪镇、谭桥街道等乡镇（街道）。

27 日，攸州中心医院二期建设项目举行开工仪式。攸州中心医院是县委、县政府“十大民生工程”之一，项目位于攸县东城新区，总规划占地面积 10 万平方米，总建筑面积 19 万平方米，按照三甲医院标准，设计建设 26 个病区、总床位 1200 张，年门诊量可达 100 万人次、年住院量近 10 万人次、年手术量近 3 万台次，总投资 12 亿元。

29 日，株洲市打造“三个高地”观摩活动在攸县开展。活动中，中共株洲市委副书记、市长陈恢清率队到攸县现场观摩湖南旭日陶瓷有限公司二期项目。湖南旭日陶瓷有限公司二期高端岩板生产线项目位于攸县高新区网岭循环经济园内，总投资 10 亿元，2021 年 1 月 2 日启动建设，已完成 1 栋 5 万平方米的主生产车间建设，其中 2 条生产线相继点火生产，另外 2 条生产线正在抓紧筹划建设中。陈恢清一行深入企业展厅、生产车间，实地查看企业生产运行情况，详细了解企业生产规模、产品种类、生产效益、研发创新等情况，并对企业表示肯定，鼓励企业通过技术创新，不断探索传统产业转型发展新路子。

8 月

25 日，县委、县政府召开 2022 年恢复耕地工作会议。会议强调，要坚决遏制“非农化”，防止“非粮化”，严守耕地保护红线，让耕地的基本功能“归位”。会议印发《攸县 2022 年度恢复耕地工作实施方案》，将耕地恢复任务分解到各乡镇（街道），并按恢复难易程度、恢复方向等属性制成恢复耕地图斑进行工作指导，明确恢复标准和完成期限。会后，各相关单位和乡镇（街道）整体联动，按照“先易后难、优先连片”原则，对标对图恢复耕地。至年末，全面完成 9800 亩恢复耕地任务。

9 月

7 日，县委、县政府召开庆

祝第38个教师节大会，总结全县教育改革发展成效，表彰一批教育工作先进典型。县委书记李鹏程出席大会并讲话，县委副书记、县长武挪强主持大会。会议上举行表彰仪式，为全县“十佳优秀教师”“十佳乡村教师”“十佳优秀校长”“教育高质量发展贡献个人”“教育高质量发展突出贡献个人”“教育高质量发展贡献单位”“教育高质量发展突出贡献单位”“中国好人奖（敬业奉献的乡村教师）”获奖者张高雄等教育工作先进单位和个人进行颁奖。2009—2022年，攸县深入贯彻中央、省、市关于教育工作的各项决策部署，坚持教育优先发展，深化教育综合改革，加快建设教育强县，持续改善办学条件、深化教育改革、加强队伍建设、落实普惠政策、提升教学质量，全县教育事业取得长足进步，发生深刻变化。

19—20日，中共湖南省委书记、省人大常委会主任张庆伟在株洲市攸县、茶陵县、炎陵县调研抗旱减灾、森林火灾救援、基层治理、产业发展、文化传承等工作。在攸县调研时，张庆伟先后到攸县酒埠江灌区和春联街道山背社区实地调研。张庆伟详细了解攸县酒埠江灌区抗旱保灌、灌溉管理、信息化建设等情况，要求攸县充分发挥灌区农业灌溉、生态补水等功能，处理好上下游关系，提升水资源利用信息化水平，科学合理调度灌区用水，保障基本用水需求，确保大旱之年不形成大灾。在春联社区，张庆伟对攸县建设“门前三小（小广场、小书屋、小讲堂）”的有效探索给予充分肯定，他指出，大家要继续努力、共同奋斗，发挥好基层党组织作用，坚持物质文明和精神文明两手抓，补齐乡村建设短板，推进农业农村现代化。

10月

10月1日至11月13日，全县开展森林防火特护行动，由县级领导带队，全县70多家部门单位和17个乡镇（街道）党员干部下沉到各部门联点帮扶单位，进村入户进行防火值勤，构建成县、镇、村三级森林防灭火联防联控体系。先后在进山入口设立防火临时检查站（卡）355处，组织上山巡查值勤2.2万余人次，签订森林防火承诺书13万多份，发放“林长令”“禁火令”“封山令”等宣传资料32万余份，规劝制止野外用火97人次。至年底，全县未发生重大森林火灾。

10日，攸县300兆瓦地面分布式光伏项目举行开工仪式，中共株洲市委常委、统战部部长罗琼出席仪式并宣布项目开工。300兆瓦地面分布式光伏项目是2022年株洲市第一个地面分布式光伏项目，由株洲中车时代电气股份有限公司开发建设，拟占地2400平方米，规划装机容量300兆瓦，总投资13.5亿元。

16日，中国共产党第二十次全国代表大会在北京开幕。同日下午，县委理论学习中心组开展第九次集中学习习近平总书记的主题报告，第一时间传达学习精神，并开展集中讨论，研究部署学习宣传贯彻措施。10月28日，县委召开专题工作大会，传达学习贯彻党的二十大和省委、市委专题会议精神，对学习宣传贯彻党的二十大精神作出安排部署。11月30日，县委宣传部举行攸县学习宣传党的二十大精神暨“党声‘攸’扬”理论宣讲启动仪式，启动“党声‘攸’扬”基层理论宣讲系列活动。活动以学习宣传贯彻党的二十大精神为契机，以新时代文明实践志愿服务为抓手，通过“固定宣讲+移动宣讲”“理论宣讲+文艺宣讲”“线上宣讲+线下宣讲”“传统宣讲+创新宣讲”等方式，推动党的新思想、新政策、重要会议精神深入基层、深入群众、深入人心。

28日，第二十三届中国中部（湖南）农业博览会开幕式在长沙国际会展中心举行，大会发布2022年度湖南十大湘菜名县名单，攸县榜上有名。十大湘菜名县：汉寿县、嘉禾县、韶山市、衡东县、攸县、东安县、平江县、武冈市、浏阳市、新化县。

28日，县委、县政府举行“献礼二十大奋进新攸县”招商引资项目集中签约仪式。本次集中签约仪式共签约10个项目，项目总投资逾28亿元。现场签约的10个项目分别为：竹木制品综合产业化开发项目、聚天冬氨酸新材料产业化项目、年加工1000万件针织衫生产线建设项目、钾长石综合开发利用项目、光伏设备及元件制造项目、攸县100兆瓦200兆瓦时储能电站项目、锂离子电池负极材料产能扩建项目、文化博览产业园建设项目、年产6000吨UV单体项目和中农储攸县国际农贸城项目。10个项目涵盖高分子新材料等制造业、新能源、文化旅游、商贸综合体、农林产业化等多个领域。

11月

1日，株洲市市区报告1例新冠肺炎病毒感染者，即日，株洲市新冠肺炎防控指挥部统一部署全市展开疫情防控阻击战。攸县疫情防控领导小组于凌晨召开扩大会议，明确严格按照株疫防指告〔2022〕7号文件要求，全县城区于2—4日实行3天静默管理，城区各类学校停课3天，在校学生及教职工均按要求落实管控措施。11日，国务院联防联控机制下发《关于进一步优化新冠疫情防控措施科学精准做好防控工作的通知》（简称“二十条”），全县上下按照“二十条”措施要求，进一步加强“外防输入”措施，扎实开展疫情预警监测和应急保障工作。

2日，湖南省工业和信息化厅公布2022年度湖南省省级企业技术中心（第27批）新认定省级企业技术中心名单，攸县高新区3家企业入选。3家入选企业为株洲安特新材料科技有限公司、湖南省龙昊重工科技有限公司、株洲地博光电材料有限公司。

17日，县委、县政府在皇图岭镇山关村举行攸县广寒坪抽水蓄能电站开工仪式。攸县广寒坪抽水蓄能电站项目静态投资93.4亿元、动态投资118.3亿元，建成后年发电量约25亿千瓦时，年税收约1.5亿元；工程由上水库、下水库、输水系统及发电厂房系统四部分组成，上水库位于黄丰桥镇广和村，下水库位于皇图岭镇山关村，电站平均水头402米，距高比5.82，规划装机容量180万千瓦。该项目总投资和装机规模均列全省第二，是国家能源局“十四五”规划项目，湖南省抽水蓄能“十四五”重点实施项目，项目定位为长株潭负荷中心调峰填谷蓄能电站。6月30日，中国三峡建工（集团）党委书记、董事长王世平一行到攸县考察广寒坪抽水蓄能电站项目工程建设。9月6日，中南勘测设计研究院、中国长江三峡集团有限公司及水电水利设计总院专家组一行就攸县广寒坪抽水蓄能电站可研阶段施工总布置规划专题报告审查会议现场查勘。9月8—9日，在长沙召开工程的可行性研究阶段枢纽布置格局、正常蓄水位选择、施工总布置规划“三大专题”报告审查会，水电水利规划设计总院以及来自全国各地的50余位专家参加各专题审查（咨询）。会议认为，报告的设计内容和工作深度基本满足《水电工程可行性研究阶段施工总布置规划专题报告编制暂行规定》的要求，基本同意报告推荐的施工总布置规划方案和枢纽工程建设区施工用地范围，经补充和修改完善后，该范围可作为湖南省人民政府发布禁止在工程占地区新增建设项目和迁入人口通告。14日，攸县广寒坪抽水蓄能项目获得省发展改革委核准批复。

12月

7日，国务院应对新型冠状病毒肺炎疫情联防联控机制综合组，国家卫生健康委联合发布《关于进一步优化落实新冠疫情防控措施的通知》（联防联控机制综发〔2022〕113号），简称疫情防控“新十条”。

13日，中共株洲市委副书记、市长陈恢清来攸主持召开座谈会，就《政府工作报告（征求意见稿）》征求攸县、炎陵县、茶陵县、醴陵市和驻县（市）市人大代表、市政协委员的意见建议。陈恢清指出，要深入学习贯彻党的二十大精神，咬定“培育制造名城、建设幸福株洲”奋斗目标不动摇，苦干实干、久久为功，奋力谱写中国式现代化的株洲篇章。

14—15 日，省交通运输厅、省发展和改革委员会和省邮政管理局联合派出的省验收组对攸县农村客货邮融合发展示范县创建工作进行验收，并初步通过验收。自 2021 年 12 月以来，攸县深入开展农村客货邮融合发展示范创建，投资 3700 万元新建了 284 个村级物流服务点、6000 平方米分拣中心厂房、4000 立方米冷链仓库，添置了智能分拣设备、17 辆客车，搭建了信息服务平台，韵达、丹鸟等快递管理系统实现了互联互通、共享共用。农村客货邮融合发展覆盖了全县 297 个村（社区），打通了农产品进城“最初一千米”和工业品下乡“最后一千米”，农村快递物流每单成本平均下降 35%。

27 日，株洲海关攸县人民政府开放型经济发展服务中心挂牌成立，这将进一步优化攸县口岸营商环境，落实国家优惠政策，支持攸县外贸企业发展壮大，特别是对攸县重点园区、重点产业、重点企业和重点项目，建立“一对一”联系服务制度，提供个性化服务，努力培育新的外贸增长点，助推县域经济发展。

中共攸县委员会

重要会议

【中共攸县县委十三届二次全体(扩大)会议暨县委经济工作会议】

中共攸县县委十三届二次全体(扩大)会议暨县委经济工作会议于1月13日在东城新区会议中心召开，会议深入贯彻落实党的十九大和十九届历次全会精神，中央、省委、市委经济工作会议精神，市委十三届二次全会和省、市、县党代会精神，总结2021年工作，部署2022年任务，动员全县上下埋头苦干、勇毅前行，为重振攸县雄风而不懈奋斗。

会议指出，2022年全县经济社会发展的主要预期目标是地区生产总值增长7.8%以上，规模工业增加值增长8.5%以上，固定资产投资增长8%以上，地方一般公共预算收入增长8%以上，社会消费品零售总额增长8%以上，城乡居民收入增长速度高于经济增长速度，各项事业都有新的进步。

会议强调，全县上下要全力担当实干，干出重振雄风的实绩和实效。新的一年，要围绕重振攸县雄风目标的关键领域、关键环节、关键任务重点发力，永葆“闯”的精神、“创”的劲头、“干”的作风，干出新成绩、闯出新路子。一要全力以赴兴产业，实现转型发展新突破。二要全力以赴攻项目，培育经济增长新引擎。三要全力以赴促振兴，塑造乡村繁荣新风貌。四要全力以赴抢机遇，拉开城镇建设新格局。五要全力以赴增动能，厚植持续发展新优势。六要全力以赴惠民生，交上共同富裕新答卷。七要全力以赴抓治理，开创共治共享新局面。

会议强调，要坚持全面从严治党，夯实重振雄风的根基和保障。全面贯彻新时代党的建设总要求，大力弘扬伟大建党精神，持续压实管党治党政治责任，切实为重振攸县雄风提供坚强保障。紧跟核心中心，营造浓厚的发展氛围。夯实基层基础，铸造坚强的战斗堡垒。严格选人用人，锻造过硬的干部队伍。坚持从严从紧，打造优良的政治生态。围绕高质高效，塑造科学的工作思维。

县委副书记、县长武挪强主持会议并作总结讲话。县委副书记、政法委书记林涛就攸县党的二十大代表候选人推荐提名情况向全会作说明。会议审议通过了攸县党的二十大代表候选人推荐提名人选名单。

县领导冯杰、文毅、彭爱斌、唐军全、易晓红、陈银河、阙昶、王志伟出席会议并在主席台就座，县委委员、县委候补委员，其他在职县级领导，县纪委委员，基层县党代表，驻攸机构，离退休老干部代表，乡镇(街道)、县直有关单位、部分企业负责人等参加会议。

【中共攸县县委十三届三次暨十八届县人民政府二次全体（扩大）会议】

中共攸县县委十三届三次暨十八届县人民政府二次全体（扩大）会议于7月28日在东城新区会议中心召开，会议深入贯彻落实党的十九大和十九届历次全会精神，省委十二届二次全会和省政府十次全会精神，市委十三届四次全会和市政府一次全会精神，总结上半年工作，部署下半年任务，动员全县上下进一步咬定目标，攻坚克难，坚决确保全年各项任务高质高效完成，以优异成绩迎接党的二十大胜利召开。县委书记李鹏程代表县委常委会报告2022年上半年工作。县委副书记、县长武挪强主持。

会上，县委书记李鹏程代表县委常委会作了题为《咬定目标、攻坚克难，坚决确保全年各项任务高质高效完成》的工作报告。

报告指出，今年以来，在中央、省、市的坚强领导下，全县落实“疫情要防住、经济要稳住、发展要安全”的要求，紧扣“一二三四”发展思路，按照打造“三个高地”、推进“三大会战”部署，埋头苦干，勇毅前行，为重振攸县雄风奠定了坚实基础。

全县地区生产总值同比（下同）增长4.3%；规模工业增加值增长8.6%；社会消费品零售总额增长1.3%；固定资产投资增长19.9%；完成地方税收4.5亿元，增长20.97%；城乡居民人均可支配收入分别达到25723元和18866元，增长5.3%和6.1%，其中农村居民人均可支配收入入围全国百强、居46位。

2022年以来，攸县全民铸忠诚，坚定捍卫了“两个确立”；全域兴产业，加快推动了转型升级；全面促振兴，持续改善了城乡面貌；全线推改革，切实增强了发展后劲；全心惠民生，有效办好了民生实事；全力强党建，不断夯实了事业根基。

报告强调，要决胜前进，坚决完成全年目标任务。下半年，攸县将全面迎接党的二十大胜利召开，做好各项工作意义重大、极为重要。要抓住各级政策的集中兑现、重大机遇的叠加交汇、经济发展的加速恢复三个利好时期，具体做好以下事项。

一要鼓足发展劲头，加快转型步伐。持续强化工业集聚力。全力推进园区创业大会战，对标“五好”园区目标，做好基础设施完善和绿色园区建设，紧盯“一主一特”产业，创新产业招商方式，强化企业落地保障和亩均效益导向。持续恢复市场繁荣度。加快酒埠江商贸城、小集农贸市场等项目建设，深化酒埠江生态新镇综合开发，抓好北伐首战纪念场馆建设，支持各乡镇（街道）充分挖掘本地红色、绿色、古色资源，因地制宜打造一批小景点、小民宿、小果园、小广场。持续推进农业品牌化。扛牢耕地保护和粮食安全政治责任，确保完成全年粮食生产目标任务；大力推进香干产业园建设，重点围绕香干、油茶等特色农林产品，抓好产业链条建设、龙头企业培育、品牌宣传推广、即食产品研发等工作。持续提升企业获得感。深化干部联企业“送政策、解难题、优服务”行动，坚持政企早餐会模式，实施企业问题清单动态清零行动，全力为企业纾困解难。

二要勇立时代潮头，深耕动能培育。用项目育潜力。紧跟政策扶持方向、市场投资动向，深入开展“迎老乡、回故乡、建家乡”等活动；紧盯项目进度，严格落实“周调度、月推进、季讲评”机制，抽水蓄能、绿色建材项目力争年内正式开工，旭日二期、昊华二期、地博光电、双碳电网、华纯新材、艾硅特新材等项目加快推进。向改革要活力。深入推进“放管服”“一件事一次办”改革，深化农村宅基地、集体产权制度、“三社合一”等改革，统筹推进综合执法、财税体制、医药卫生、教育综合等各项改革，持续激发发展活力。以创新增动力，继续加大研发投入力度，积极支持企业“上云用数赋智”，持续推进科技创业平台建设，积极抓好院士工作室、技能实训基地等工作。

三要乘借振兴势头，加速城乡融合。推动城市提质。抢抓湘赣边区域合作和长株潭一体化发展机遇，持续推进城市更新行动，加快中心医院、东城学校、三桥四桥、老旧小区改造等项目进度。加快城镇发展。坚持“以产兴镇”发展思路，全力支持皇图岭、网岭、酒埠江等乡镇产业升级，统筹抓好各乡镇的特色培育，着力打造一批经济强镇、特色小镇。优化城乡环境。全力打好乡村振兴大会战，严格落实“四摘四不摘”要求，确保巩固拓展脱贫攻坚成果同乡村振兴衔接更加有力有效；扎实推进农村人居环境整治提升五年行动，统筹抓好“门前三小”和“攸美·幸福屋场”创建；持续打好污染防治攻坚战，全力推进生态文明示范县创建工作。

四要紧盯群众盼头，促进共同富裕。办好民生实事。积极促进高校毕业生、退役军人、农村转移劳动力、城镇就业困难人员等重点群体就业；紧盯群众关注的学位、床位等问题，抓好“双减”、家校社共育、中小学校新建改造、养老服务体系建设等工作，持续提升群众获得感。抓好社会治理。严格落实常态化疫情防控举措，坚决守住疫情防控底线；完善县域社会治理风险防控“N合一”机制建设；建好基础设施。积极对接“一场两铁两高速”等项目，抓紧莲衡高速前期工作；统筹推进“村屯共治”、高标准农田建设、农村道路提质等工作；加快长输燃气分输站、接收站建设，力争年内实现通气。

五要高扬党建龙头，筑牢发展保障。持续加强政治建设。始终把坚定捍卫“两个确立”、坚决做到“两个维护”作为最高政治原则，持续深化政治建设考察，营造正气充盈、和衷共济的干事氛围。持续加强思想建设。严格落实“第一议题”制度，推进党史学习教育常态化长效化，不断用习近平新时代中国特色社会主义思想培根铸魂。持续加强作风建设。持续加固“中央八项规定”堤坝，以更加强硬的态度、更加有力的措施，落实“一把手”监督“十必严”要求。持续加强纪律建设。紧盯重要岗位和重点环节，持续巩固违规收送红包礼金和违规参与煤矿经营活动两个专项整治成果。

报告强调，思路已明，关键在干，全县上下要一刻不松，保持“时时放心不下”的责任感；要一抓到底，干出“事事落实到位”的真效果；要一马当先，营造“人人争当先进”的好氛围；坚定不移按照既定安排部署，挑起担子、甩开膀子、干出样子，不达目标决不罢休，不获全胜决不收兵，真正用实际行动闯出新路子、创出新形象、干出新成绩。

就贯彻落实好会议精神，县委副书记、县长武挪强强调，各级各部门要咬定目标、真抓实干，务必实现全面进位。做到精准施策促发展、集中精力抓会战、加快速度推项目、用心用情联企业、提升服务优环境、全力以赴惠民生、慎终如始防疫情、坚定不移守底线、担当务实转作风，以最坚决的措施和最强硬的手段，坚决高质高效完成全年各项目标任务。

县领导林涛、冯杰、文毅、夏春良、彭爱斌、唐军全、刘行国、易晓红、阙昶出席会议并在主席台就座；县委委员、县委候补委员；其他在职在家县级领导；县纪委委员；基层县党代表；驻攸机构；离退休老干部代表；乡镇（街道）、县直有关单位、部分企业负责同志等参加会议。

【2022年攸县三级干部暨文明建设表彰大会】

2022年攸县三级干部暨文明建设表彰大会于2月10日在东城新区会议中心召开。县委书记李鹏程作主题工作报告，县委副书记、县长武挪强主持会议。

会议坚持以习近平新时代中国特色社会主义思想为指导，深入贯彻党的十九大和十九届历次全会精神，习近平总书记考察湖南重要讲话精神，中央、省委、市委、县委经济工作会议精神，省市县党代会和全会精神，按照市委打造“三个高地”和“两个年”活动的部署，动员全县各个层面的力量，打好三大会战，重振攸县雄风，奋力闯出经济社会高质量发展新路子，以优异成绩迎接党的二十大胜利召开。

会议指出，2021年以来，面对新冠疫情冲击、宏观环境持续趋紧、风险隐患挑战叠加的复杂局面，全县各级各部门特别是广大基层党员干部，始终坚持“一二三四”（紧扣“一个定位”，即“一中心四样板”；锁定“两大目标”；推进“三大会战”，即推进园区创业、乡村振兴、财源建设三大会战；壮大“四大产业”，即壮大高分子新材料、绿色建材、全域旅游、特色农业四大产业）发展思路，凝心聚力、担当实干，奋力开创攸县高质量发展新局面。全力以赴强党建，持续夯实事业根基；全力以赴稳增长，持续提升综合实力；全力以赴抓攻坚，持续提振人心士气；全力以赴兴产业，持续增强发展后劲；全力以赴惠民生，持续推进共同富裕；全力以赴创一流，持续扩大对外影响。

会议强调，要紧紧围绕“三高四新”“培育制造名城、建设幸福株洲”等省市战略，坚定不移贯彻“一二三四”发展思路，全面开展“市场主体培育年”和“干部能力提升年”活动，加快建设社会主义现代化新攸县，奋力重振攸县雄风，确保全年生产总值增长7.8%以上，规模工业增加值增长8.5%以上，固定资产投资增长8%以上，地方一般公共预算收入增长8%以上，社会消费品零售总额增长8%以上，城乡居民收入增长速度高于经济增长速度，各项事业都有新的进步。

会议强调，实现这些目标，重中之重就是要全力打好园区创业、乡村振兴、财源建设“三大会战”。一是全力打好园区创业大会战，重振产业强县雄风；二是全力打好乡村振兴大会战，重振富美强县雄风；三全力打好财源建设大会战，重振财税强县雄风。

会议强调，基层始终是党员干部干事创业的最大依托，对基层怎么重视、怎么支持、怎么关心都不为过，要全面加强基层党建，全力造福基层群众，持续深化基层治理，切实关心基层干部，主动深入基层落实。

县委副书记、县人民政府县长武挪强强调，打好三大会战，要坚定信心、下定决心、团结一心，坚决确保首战之年、首战告捷、首战全胜；打好三大会战，要紧扣关键点，找准着力点，尽锐出战、全线出击，奋力拼搏、永不懈怠；打好三大会战，要争先进位、勇攀高峰，打出声势、打出激情、打出成效，让攸县大地精彩绽放。

（丁双城）

【县委常委会会议】

2022年度，中国共产党攸县委员会常务委员会共召开28次会议。

第1次常委会（扩大）会议（县委经济工作务虚会）于1月5日召开。传达学习市委十三届二次全体会议暨市委经济工作会议精神、株洲市第十六届人民代表大会第一次会议精神和政协株洲市第十届委员会第一次会议精神；听取县直各单位、各镇（街道）2021年工作情况汇报；研究部署2022年工作。

第2次常委会会议于1月6日召开。传达学习习近平总书记近期重要讲话精神；研究干部人事工作。

第3次常委会会议于1月11日召开。传达学习习近平总书记近期重要讲话精神；传达市委常委会2022年第2次（扩大）会议精神；审议县委十三届二次全会暨县委经济工作会议方案、县委常委会工作报告；审议攸县党的二十大代表候选人推荐提名人选名单；审议《中共攸县县委巡察工作规划（2022—2026年）》；审议2022年度市县重点项目建设计划、年度十大项目。

第4次常委会会议于1月21日召开。传达学习习近平总书记近期重要讲话精神；传达学习中共中央办公厅印发《关于加强和改进新时代市县政协工作的意见》文件精神；听取县人大常委会党组2021年工作情况汇报、县人民政府党组2021年工作情况汇报、县政协党组2021年工作情况汇报、县人民法院党组2021年工作情况汇报、县人民检察院党组2021年工作情况汇报，听取有关专项工作情况汇报；审议《攸县排查整顿农村发展党员违规违纪问题处理意见》；审议国投集团投资昊华化工股权事项；研究全县安全生产和消防工作。

第5次常委会会议于1月29日召开。传达学习习近平总书记近期重要讲话精神；传达学习株洲市2022年打造“三个高地”暨“市场主体培育年”“干部能力提升年”推进大会精神；审议2022年攸县三级干部会暨文明建设表彰大会表彰方案；审议《关于打造“三个高地”推进“三大会战”促进高质量发展重振攸县雄风的实施意见》（攸发〔2022〕1号）和《关于深入开展县级领导“三联三包”工作的通知》（攸发〔2022〕2号）文件。

第6次常委会议于2月9日召开。研究干部人事工作。

第7次常委会会议于2月14日召开。传达学习习近平总书记近期重要讲话精神；听取县第十八届人民代表大会第二次会议筹备工作情况汇报，审议《2022年政府工作报告》《攸县人民代表大会常务委员会工作报告》《攸县2021年国民经济和社会发展计划执行情况与2022年计划的报告》《关于2021年财政预算执行情况和2022年财政预算草案的报告》《攸县2021年环境状况和环境保护目标完成情况及2022年环境保护目标的报告》；听取政协攸县第十届委员会第二次会议筹备工作情况汇报，审议《政协攸县委员会常务委员会工作报告》；审议《攸县2022年打造“三个高地”推进“三大会战”动员会方案》。

第8次常委会会议于2月21日召开。传达学习习近平总书记近期重要讲话精神；传达学习中央、省、市纪委全会精神；听取县纪委全会筹备情况汇报，审议《关于全面落实容错机制进一步激励干部担当作为的实施意见（试行）》；审议《攸县“门前三小”工程五年提升计划实施意见》；审议《攸县促进工业高质量发展实施办法》；审议《关于实现巩固拓展脱贫攻坚成果同乡村振兴有效衔接的实施意见》；听取谭震林诞辰120周年纪念活动有关情况汇报；听取信访有关问题情况汇报。

第9次常委会会议于3月18日召开。传达学习《中共中央　国务院关于做好2022年全面推进乡村振兴重点工作的意见》（中发〔2022〕1号）文件精神；传达学习市委书记曹慧泉一行到攸县调研讲话精神；研究全县煤矿安全生产工作。

第10次常委会会议暨县委新冠疫情防控工作领导小组会议于3月21日召开。传达学习中央政治局常委会、省委常委会、国务院联防联控机制、省（市）疫情防控工作会议精神；通报全县近期疫情防控工作情况，安排部署下阶段工作。

第11次常委会会议于3月24日召开。传达学习习近平总书记近期重要讲话精神；研究鸾山镇2起煤矿安全事故相关责任人员组织处理事项；研究干部人事工作。

第12次常委会会议于4月8日召开。传达学习习近平总书记近期重要讲话精神；传达学习《中共株洲市委办公室印发〈关于严明领导干部及公职人员有关纪律的七条禁令〉的通知》文件精神；传达学习全国、全省、全市宣传部长会议精神，听取2021年度宣传思想暨意识形态工作情况汇报，审议《2022年宣传思想工作要点》《关于调整中共攸县县委宣传思想工作暨意识形态工作领导小组成员的通知》、2022年全县宣传思想暨新时代文明实践中心工作推进会方案；传达学习全国、全省、全市统战部长会议精神，听取2021年度统战工作情况汇报，审议《2022年全县统一战线工作要点》及2022年全县统战工作会议方案；传达学习中央、省委、市委政法工作会议精神，听取2021年度政法工作情况汇报，审议《2022年全县政法工作要点》《攸县政法机关全力营造“四大环境”服务“三个高地”“三大会战”法治护航十三条》及2022年县委政法工作会议方案，研究攸县县域社会治理风险防控“N合一”工作；传达学习省委常委、省军区司令员南小冈到攸县检查调研时讲话精神；传达习近平总书记关于安全生产重要指示精神、李克强总理批示精神以及全国安全生产电视电话会议、省市安全生产暨防汛抗旱工作电视电话会议精神，研究当前全县安全生产工作；听取《监察建议书》（株监建〔2022〕7号）有关建议办理情况汇报；审议严重违纪违法案件。

第13次常委会会议于4月28日召开。学习贯彻习近平新时代中国特色社会主义思想；传达学习全市一季度经济形势分析会暨“三个高地”建设工作讲评会精神；传达学习全省深化整治领导干部违规收送红包礼金问题视频会议精神；审议《攸县村（社区）党组织巡察工作专项规划（2022—2026年）》；传达学习上级党办工作会议有关精神，听取2021年全县党办工作情况汇报，审议《中共攸县县委办公室2022年工作要点》以及2022年全县办公室工作会议暨办公室系统“干部能力提升年”培训班相关事宜；研究部署当前全县疫情防控工作；研究干部人事工作。

第14次常委（扩大）会议于5月5日召开。传达学习贯彻习近平总书记、李克强总理重要指示批示精神和省委常委会（扩大）会议、市委常委会（扩大）会议精神；听取全县安全生产工作情况汇报；听取全县建设领域安全专项整治工作情况汇报。

第15次常委会会议于5月11日召开。传达学习贯彻习近平总书记近期重要讲话精神；传达学习《中共湖南省委印发〈关于加强对“一把手”和领导班子监督的若干措施〉的通知》文件精神；审议《攸县开展违规参与煤矿经营性活动专项整治的工作方案》《全县领导干部警示教育大会会议方案》；研究城乡居民自建房安全隐患专项排查整治工作；研究全县防汛工作；研究干部人事工作。

第16次常委会会议于5月19日召开。研究干部人事工作。

第17次常委会议于6月16日召开。学习习近平新时代中国特色社会主义思想；传达学习全国稳住经济大盘电视电话会议精神；传达学习全国、全省、全市组织部长会议精神，听取2021年度组织工作情况汇报，审议《2022年全县组织工作要点》、2022年全县组织工作会议方案和《关于深入开展基层党组织整建提质专项行动的通知》；传达学习《中共中央、国务院、中央军委关于加强和改进新时代全民国防教育工作的意见》精神；审议《关于创建“五好”园区的实施方案》《园区赋权改革实施方案》；传达学习《信访工作条例》《关于加强新时代网上信访工作的意见》，听取集中治理重复信访件和化解信访积案专项工作汇报；研究中央和省市考核评估反馈问题整改工作；审议《县属国有企业整合转型方案》。

第18次常委会会议于6月30日召开。学习习近平新时代中国特色社会主义思想；传达学习省党代会精神；研究未成年人保护综合治理及督导评估整改工作；审议3家矿山企业整体关闭补偿退出处置方案；审议《贯彻〈关于进一步强化安全生产责任落实坚决防范遏制重特大事故若干措施〉任务分工和任务清单》；研究干部人事工作。

第19次常委会会议于7月26日召开。学习习近平新时代中国特色社会主义思想；传达市委十三届四次全体会议暨经济形势分析会精神；审议中共攸县县委十三届三次暨十八届人民政府二次全体（扩大）会议方案及县委常委会工作报告；审议《关于加强和改进新时代人大工作的实施意见》及县委人大会议方案；听取党建重点工作有关情况汇报；听取攸县县委意识形态工作责任制半年情况汇报；传达学习上级生态环境工作有关文件及会议精神，通报“洞庭清波”专项检查情况，研究当前生态环境重点工作；研究高新区安全环保工作；研究统计工作；审议《攸县集体土地征收及房屋拆迁补偿安置办法》。

第20次常委会会议于8月22日召开。研究干部人事工作。

第21次常委会会议于9月1日召开。学习习近平新时代中国特色社会主义思想；传达学习省委、市委组织部重点工作视频会议精神；传达学习《中共中央关于加强新时代检察机关法律监督工作的意见》《中共湖南省委关于加强新时代检察机关法律监督工作的实施意见》文件精神，听取法律监督工作情况汇报；审议攸县2021年重点工作绩效评估结果，研究《2022年度攸县绩效考核办法》；研究攸县庆祝第38个教师节大会相关事宜；审议《攸县耕地保护“田长制”实施方案》；听取投资管理和项目立项有关工作情况汇报；研究攸县消防救援大队记集体三等功事项；研究干部人事工作。

第22次常委会会议于9月7日召开。学习习近平新时代中国特色社会主义思想；传达学习护航党的二十大安保信访维稳工作誓师大会暨建设更高水平平安株洲推进会议精神，安排部署护航党的二十大安保维稳工作；研究反恐工作；审议县委常委班子专题民主生活会对照检查材料、讨论本次专题民主生活会征求意见情况。

第23次常委会会议于9月19日召开。研究干部人事工作。

第24次常委会会议于9月22日召开。传达学习近期习近平、李克强同志以及中央关于安全生产工作有关会议精神和批示精神；传达学习省委书记张庆伟到株洲调研时重要讲话，研究贯彻落实意见；传达学习全省、全市安全防范动员电视电话会议精神，听取全县安全防范工作情况汇报，审议《攸县深入排查重点行业领域潜在风险隐患坚决防范遏制重特大事故行动方案》。

第25次常委会会议于10月9日召开。传达学习习近平总书记近期重要讲话精神；审议《攸县广寒坪抽水蓄能电站项目投资协议》；审议《攸县深化工程建设领域"一件事一次办"改革推进项目集中审批实施方案》；研究县域经济高质量发展有关工作。

第26次常委会会议于11月14日召开。传达学习党的二十大精神及习近平总书记近期重要讲话精神；研究学习宣传贯彻党的二十大精神相关工作；传达学习市州、县市区政府和园区主要负责人视频会议精神，研究贯彻落实意见；传达学习11月10日中共中央政治局常务委员会会议精神、国务院联防联控机制综合组发布的《关于进一步优化新冠疫情防控措施科学精准做好防控工作的通知》及近期上级新冠疫情防控工作有关会议精神，研究部署当前疫情防控工作；审议攸县工商业联合会（总商会）换届有关事宜；研究招商引资工作，审议《攸县"招大引强"三年行动方案（2023—2025年）》；研究县以下事业单位建立管理岗位职员等级晋升制度有关工作；审议2021年度乡镇（街道）和县直单位（含正科级二级机构）主要领导及其他科级干部年度考核等次评定结果。

第27次常委会会议于11月28日召开。研究干部人事工作。

第28次常委会会议于12月26日召开。传达学习习近平总书记近期重要讲话精神；传达学习中央、省委、市委经济工作会议精神及省委十二届三次全会、市委十三届五次全会精神，研究贯彻落实意见；听取全县新冠疫情防控工作情况汇报，研究部署当前疫情防控工作；审议《中共攸县县委关于落实党委意识形态工作责任制情况的报告》；研究新时代文明实践中心建设工作有关事项；听取落实粮食安全责任制工作情况汇报，审议《攸县粮食安全责任清单》；听取全县安全生产工作情况汇报，研究部署岁末年初安全生产工作；研究食品安全工作；研究攸县县域共青团基层组织改革工作，审议《攸县深化县域共青团改革工作实施方案》；研究G106绕城线项目建设有关工作；研究干部人事工作。

（资料来源于县委办公室）

县委办公室

【概况】

中共攸县县委办公室（以下简称县委办）是县委工作机关，正科级，为协助县委领导处理日常工作的部门。加挂县档案局牌子，对外使用县政府外事办公室、县政府港澳事务办公室、县委保密委员会办公室（县国家保密局）、县委机要局（县国家密码管理局）、县委台湾工作办公室（县政府台湾事务办公室）名称。县委全面深化改革委员会办公室、县委外事工作委员会办公室、县委财经委员会办公室设在县委办。内设机构有政策研究室、督查室（对外称县委督查室）、秘书室、信息室、行政事务室、机要保密室、港澳台事务办公室、外事事务工作室等8个；所属事业单位有县档案馆（党史和县志研究室）、县发展研究中心共2个。2022年，中共攸县县委办公室在县委的坚强领导和上级党办的正确指导下，始终坚持以习近平新时代中国特色社会主义思想为指导，牢记"三服务"职责使命，自觉践行"五个坚持"，紧紧围绕中心、服务大局、忠诚履职、扎实工作，较好发挥"坚强前哨"和"巩固后院"作用。

【参政辅政】

一是以文辅政务实高效。坚持谋文与谋事相统一，突出文稿的思想性、时代感和鲜活度，全年撰写各类综合文稿600余篇，主办编制《攸县工作》专刊，深入挖掘成功做法，积极推介经验典型，有效提升攸县对外影响。二是调查研究有质有量。紧扣产业项目建设、乡村振兴等事关全局的中心工作，深入基层一线开展专题调研30余次，形成一批有分量、有价值的调研成果进入县委决策视野，充分发挥“智囊团”的作用。三是信息参谋优质准确。紧扣县委中心工作和群众关心关注的热点、难点问题，全力提升信息工作质量和水平，顺利入选省委办信息处调研“尖刀队”，全年累计开展信息微调研180余次，报送各类信息600余条，采用361条，信息综合排名在省、市均位列第一。其中，《“最难毕业季”需警惕“求职私教”陷阱》等6篇被中办采用，《基层反映：义务教育“民转公”“踩急刹”基层压力重重盼缓冲》等88篇被省办采用，《创新家校社“五三”共育机制，共绘教育“同心圆”》等267篇被市办采用。四是改革活力持续激发。全面铺排6大类29个方面145项改革，着力突出改革品牌打造，“门前三小”工作经验获得省委书记张庆伟肯定，家校社共育工作入选株洲市2022年十大改革创新案例并在全国推介，工改相关经验做法获评全省深化“放管服”改革“揭榜竞优”工作“十大经验做法”之一，成功入选省村社分账管理改革工作试点县，供销综合改革推进“两个到户”示范创建试点县、生态环境损害赔偿制度改革工作先进县，农村综合水价改革工作在全省做典型发言。五是加强档案史志工作。启动“2022—2024三年档案接收进馆行动”，全力推进“一年一整档”实体档案和数字化档案同步移交；完成国家档案局2022年档案工作监督检查自查自纠工作；成功申报谭震林生平业绩陈列馆成为湖南省党史学习教育基地；完成《中国共产党攸县历史百年大事记》《中国共产党攸县历史百年图志》《叶挺独立团北伐首战攸县学术研讨论文集》等编印出版，全年共接待到馆查询利用者1100余人次，提供利用档案资料12448卷。

【统筹协调】

一是活动统筹严谨周到。严格执行中央八项规定及其实施细则，持续整治形式主义、官僚主义，全县性重要会议活动数量同比减少6.5%，完成县委主要领导会议活动统筹协调服务工作378次，累计下达会议活动通知560次，会议活动承接有条不紊、安排准确无误。二是公文办理减量提质。对办文质量和规范性进行严格把关，办理各级来文1000余份，做到及时、准确、高效，以县委、县政府或“两办”名义发文总量同比减少1.9%，严格对照规范性文件要求，向市委完成报备文件5份，做到不迟报、不漏报、不错报。三是值班调度精准高效。严格执行24小时专人值班制度和法定节假日领导带班制度以及领导干部外出请示报告制度，值班值守工作实现“零差错”。同时，统筹推进外事、港澳台、驻村帮扶等工作，确保各项工作优质高效开展。

【督查督办】

一是围绕中心统。充分发挥“总揽”功能和“枢纽”作用，围绕“三大会战”等重点工作，全年累计开展各类督查活动57次，确保全县上下政令畅通、令行禁止。二是紧盯重点督。紧盯十件标志性大事，聚焦打好“三大会战”重振攸县雄风目标，持续开展自建房安全隐患排查整治、安全生产、信访维稳、疫情防控、森林防灭火、耕地恢复治理等重点工作专项督查23次，形成督查报告、通报12篇，推动县委决策部署落地生根；办理市委领导指示批示任务25件，办结率为100%，办理县委领导指示批示任务14件，办结率100%，督查督办做到“批必查、查必严、查必果”。三是突出效率办。全年共办理市委“马上就办”督查督办平台任务60件，年度规定期限时间内办结率为100%，切实推动省市县各项重点工作任务落细落实。

【运行保障】

一是机要保密。全年确保电报、传真、电子公文高效办理，实现零差错、零延误、零积压目标。统筹抓好全县多个部门单位的电子政务内网建设，规范信创工作管理，进一步提高工作效率，保障密码通信的安全性和畅通性。继续深化保密工作分层次管理，加强保密技术监管、保密法规宣传、保密行政执法、保密队伍建设，严格开展全县保密检查及“回头看”工作，实现全县保密工作“零事故”，为全县经济社会发展提供安全保障。

二是后勤保障。全力打造节约型机关，进一步完善财务管理制度，带头落实用房、用车、差旅、接待、津补贴发放等各项规定，全年无违反财务制度、财经纪律等现象，后勤保障工作严谨规范、优质高效。

三是来访接待。来访接待工作做到了热心招待、耐心倾听、真心解忧、细致分流，全年共接待上访群众822批次，1269人次，其中个访787批，964人次，群访35批305人次，上访群众批次和人次分别同比下降20.6%和43.7%，有效化解信访矛盾。

（王劲松）

组织工作

【概况】

2022年，中共攸县县委设派出党工委7个，下设基层党组织1764个，其中基层党委166个，总支部212个，支部1386个。全县党员总数36235名，较上年末增加49名，其中女党员6642名，占18.3%。从业结构：在岗职工党员7745名，农牧渔民党员17655名，离退休党员4901名，其他党员5934名。学历结构：大学本科及以上5984名，大专5817名，中专及高中、中技8765名，初中及以下15669名。年龄结构：35岁及以下6292名，36—45岁5081名，46—55岁7466名，56—60岁3577名，61岁及以上13819名。

2022年全县在职科级领导干部662名，其中县直单位485名，乡镇（街道）177名；正科职190名，副科职472名；女干部105名，占比15.86%；党外干部26名，占比3.93%；35岁以下干部61名，占比9.21%；90后干部32名，占比4.83%。

【领导班子和干部队伍建设】

完成对66个县直单位17个乡镇（街道）领导班子和领导成员的政治建设考察，形成政治建设考察综合分析报告。落实中共中央办公厅《2019—2023年全国党政领导班子建设规划纲要》和省委办公厅《关于贯彻落实〈2019—2023年全国党政领导班子建设规划纲要〉的实施意见》文件要求，坚持老中青结合梯次配备。党政工作部门中，配备35岁左右干部的班子12个，35岁左右干部13名，35岁左右正职1名，配备女干部的班子20个，正职3名。乡镇（街道）中，配备35岁以下干部35名，35岁以下正职5名，配备女干部的班子16个。全部完成省、市各项关于班子配备的阶段性指标。

全年共提拔重用5批次94名表现突出干部，其中80后44名，90后22名；在疫情防控、乡村振兴、信访维稳、项目攻坚等工作中表现突出干部35名，“老黄牛式”干部18名。开展“六个一批”（从基层选拔一批，公开选拔一批，大胆提拔一批，挂职锻炼一批，交流一批，重点培训一批）活动，选派优秀干部参与经济建设、信访、援藏、巡察等重点工作，发现储备297名优秀年轻干部。开展“干部能力提升年”活动，开设园区创业、乡村振兴、财源建设等专题研讨班47期，举办主题讲座、专题培训、案例讨论等86场次，各级各部门完成学习培训643期4.3万人次。

加强干部日常管理，实现全县2313名县管干部因私出国（境）登记备案全覆盖，做好“三龄两历”存疑县管干部的信息认定工作，已对55名“三龄两历”存疑的县管干部进行认定，对80多名干部信息进行核查取证，进行工龄认定1人次。

【公务员和选调生队伍建设】

完成12名调任人员、55名转正公务员、选调生的公务员登记工作，办理工资异动业务2850人次，退休业务110人。职级晋升公务员172人次，其中三级调研员12人次，四级调研员21人次；一级主任科员68人次，二级主任科员19人次，三级主任科员43人次，四级主任科员9人次；四级法官助理4人次；三级书记员1人次；三级检察官助理2人次；四级高级警长25人次。认真落实湖南省公务员平时考核实施办法，公务员平时考核工作逐步规范化、制度化，组织平时考核督察工作4次，覆盖全县100%的单位。继续实施好选调生培养工程和三级导师制度，开展“选调生国情调研报告评选”活动，27名选调生完成高质量调研报告6篇，在全市首创“选调生国情调研成果汇报模式”，并在市委组织部作典型推介发言。

【基层组织和党员队伍建设】

在全县基层党组织开展反诈、禁毒宣传600余场次，劝返滞留境外涉诈高危人员11人，完成软弱涣散党组织整顿摘帽4个。优化党小组设置662个，在屋场、“门前三小”、田间地头累计召开党小组（扩大）会议3000余场，推动解决各类民生问题1700余个。组织动员2000余名县、镇机关干部下沉一线，带动全县党员群众开展疫情防控、信访维稳、森林防灭火等中心工作。开展镇、村两级班子运行情况调研，补齐配强67名村（社区）“两委”干部。开展“百村百企大调研”活动，精准选派63名科技特派员，成功申报中央扶持村级集体经济项目9个，全县43个集体经济“薄弱村”全部“清零”，罗家坪村典型经验入选全省集体经济百村案例，网岭镇获评“省级乡村振兴示范镇”。“两新”（新经济组织、新社会组织）党组织组建攻坚行动在株洲市全市率先实现全覆盖。

【人才队伍建设】

举办第五季“实训攸州”活动，吸引北京大学等高校的260名（攸县籍215名）学生参训，其中硕士研究生44名、博士研究生3名，参训学生形成调研报告6篇。实施“攸子回乡”工程，挖掘各类人才1477名，返乡创业工作在全市作典型发言。选派省、市、县科技特派员41名。做好高校定向委培工作，安置公费师范毕业生45名，招录农技特岗生17名。承办“第二届湘赣边直播电商人才创新创业大赛”，吸引200名选手参赛，促成地方特产——攸县米粉成功出口美国。按照有关规定，发放各类人才补贴370余万元；进一步加强人才公寓服务保障，打造攸县青年人才驿站，提供房间11间，床位16个。

【老干部服务和离退休党支部建设】

开展“寻找最美老干部”主题活动，编印《攸县最美老干部》画册；组织老年大学学员参加“喜迎二十大、奋进新征程”文艺活动，合唱作品《春风十万里》获省级优胜奖、精神风貌奖。持续开展“六好”（组织设置好、班子建设好、党员队伍好、学习活动好、作用发挥好、制度坚持好）离退休干部党支部建设和示范创建工作，农业农村局和攸州水务公司退休干部党支部成功通过全市“六好”离退休干部党支部创建验收。开展“情暖夕阳”关爱老干部活动，走访慰问老干部150人次，发放关怀资金15万余元，为老干部办实事40余件。推进“美在金秋老党员之家”建设，新建老党员之家6个，建成示范单位20个，组建70个志愿服务团队，志愿者注册人数达1800人，共组织各类规劝走访800余次，解决群众难题300多件，化解纠纷矛盾200多起，经验做法被“三湘老干部e家”转载推广。2022年攸县传统文化促进会服务项目被评为“全省五十佳老党员干部志愿服务项目”。

（龙向恒）

宣传思想工作

【概况】

2022年，在县委的坚强领导下，全县宣传思想工作坚持以习近平新时代中国特色社会主义思想为指导，紧扣学习宣传贯彻党的二十大精神工作主线，坚持围绕中心、服务大局，唱响主旋律、传递正能量，为重振攸县雄风提供精神文化力量。“党声‘攸’扬”基层理论宣讲系列活动，受到省市宣传部的高度肯定；106 条新闻报道被中共中央宣传部采用，舆情信息工作受中宣部全国通报表扬；“门前三小”（小广场、小书屋、小讲堂）建设被评为 2022 年中宣部、文旅部和国家发改委基层公共文化服务高质量发展典型案例；中央电视台 4 次推介攸县，央视《新闻联播》头条《在习近平新时代中国特色社会主义思想指引下——夯实大国粮食根基》推介报道攸县农田复耕复垦工作；石羊塘镇谭家垅社区获评“全国最美志愿服务社区”，联星街道上云桥村、丫江桥镇仙石村获评“省文明村”；攸县“家校社共育”工作在全国“家校社共育”实践区与高质量教育生态建设会议上推介，并入选株洲市 2022 年度“十大改革创新案例”。

【理论武装】

全年开展县委理论学习中心组学习 12 次，参学率达 98% 以上，带动各级中心组学习 1200 余次，县委常委会“第一议题”学习 20 次，领导发言 24 次，发行政治理论读本 4 万余本。成立县级领导宣讲组和县委理论宣讲团，集中备课宣讲，形成领导干部带头、宣讲成员分片、党员干部参与、乡贤模范深入的宣讲格局；开展“党的二十大精神宣讲”等主题宣讲 2600 余场，推动党的二十大精神进企业、进农村、进机关、进校园、进社区、进小区。举办 2022 年攸县宣传系统干部能力提升暨宣传思想干部培训班，通过专家授课和参观学习，提升宣传思想干部队伍工作能力。

攸县县委常委会成员带头集中收看党的二十大开幕盛况，党政机关、园区企业、武警部队、社区农村等社会各界组织收听收看大会 810 场，举办“屋场夜话”“干部夜校”等学习讨论活动 1367 场。下发《关于认真学习宣传贯彻党的二十大精神的通知》《“党声‘攸’扬”——攸县党的二十大精神宣讲方案》等一系列文件，将党的二十大精神纳入领导干部教育培训和党组织“三会一课”、主题党日活动，引导党员干部读原著、学原文、悟原理、知原义。

【意识形态工作】

牢牢把握意识形态工作领导权、管理权、话语权。县委理论学习中心组专题学习意识形态工作，县委常委会专题研究意识形态工作，召开舆情分析研判会议。县委将意识形态工作纳入常规巡察，对 12 个单位党组织开展意识形态工作专项检查，下发整改交办函，进一步提升全县意识形态工作整体水平。下发《意识形态工作包片联点工作制度》，进一步梳理工作任务、明确工作责任，实现乡镇（街道）和县直部门单位意识形态工作指导督查全覆盖。全年共开展意识形态工作专项督查 2 次，约谈 11 个工作较差的单位主要负责人。严格按照“谁组织谁负责、谁审批谁监督”和属地管理的原则，完善报告报备制度，加强各类报告会、研究会、讲座、论坛的管理。深化文娱领域综合治理，开展“清朗”“清风”“护苗”等专项行动,保持“扫黄打非”高压态势。

【新闻宣传】

成立“奋进中的攸州”重点新闻宣传报道组，开辟“奋进新征程建功新时代”“三大会战振雄风”“乡村振兴·村光无限好”“新攸县新征程”“时代楷模”等 20 多个新闻专栏专题，策划《攸州“耕”新》《党声“攸”扬》《实干宣言》等系列报道，原创新闻 3500 余条，制作各类宣传片 100 余条，各类短视频 1700 余条，电视外宣上稿 600 余条。持续加大“攸州融媒”抖音号、视频号的创作和发布力度，2022 年综合点击量超 2 亿人次。累计向上级媒体推送刊发攸县报道 2340 篇，其中中央级 41 篇、省级 1181 篇、市级 1119 篇、“学习强国”学习平台 139 篇。加强自媒体监管，及时回应群众诉求。

【精神文明建设】

以深化拓展新时代文明实践中心建设为契机，围绕“喜迎二十大·建功新时代”，整合“幸福屋场”和“门前三小”，制订《攸县“门前三小”工程五年提升行动实施方案》和《攸县统筹推进“门前三小”工程和“攸美·幸福屋场”创建工作实施方案》，整合新建“门前三小”和幸福屋场100个，其中示范点22个。加大文明城市创建力度，召开工作调度会，出台工作方案，由在职在岗县级领导任25个工作组组长，负责各类测评点的创建工作。联合多部门举办“志愿关爱行幸福进万家”“重振雄风有你有我”“我们的节日·端午”等集中示范志愿服务活动12场，发动志愿者30余万人次，开展各类志愿服务活动9867场。

【文化服务和文旅事业】

坚持文化为民、文化惠民、文化富民宗旨，开展“温情暖山水·艺体乐乡边”“攸州文化进万家”“你读书，我买单”等文化活动150余场。持续深化红色文化挖掘和宣传，成功举办“纪念谭震林同志诞辰120周年座谈会”，创作编排《谭震林的清廉人生》《两块钱》《悠悠赤子心》等节目，开展“读谭老来信”活动，编辑出版《〈叶挺独立团北伐首战攸县学术研讨论文集〉》，发行谭震林纪念邮资封，印制谭震林纪念书籍，完成谭震林生平业绩陈列馆提质改造和陈列布展工作。提质改版《攸州印象》刊物，共编发11期，其中增设“攸县工作”专刊3期。持续推进文化和旅游融合发展，举办“2022年酒仙湖油桐花节”，组织开展“攸县文旅推荐官”活动，广泛推介攸县文化和旅游资源。加大攸县“四大地理标志”地方特产推介力度，新增证明商标授权使用企业11家。

【“党声‘攸’扬”】

11月，举办攸县学习宣传党的二十大精神暨“党声‘攸’扬”理论宣讲品牌启动仪式，启动“党声‘攸’扬”基层理论宣讲系列活动。活动以学习宣传贯彻党的二十大精神为契机，以新时代文明实践志愿服务为抓手，通过“固定宣讲+移动宣讲”“理论宣讲+文艺宣讲”“线上宣讲+线下宣讲”“传统宣讲+创新宣讲”等方式，推动党的新思想、新政策、重要会议精神深入基层、深入群众、深入人心。主要包括“声入万家”“实干宣言”“每日一讲”“攸言攸语”“以文铸魂”“学理践行”6项具体宣讲活动。精心设计“党声‘攸’扬”文创产品10类26种，精心创排情景剧党课《二十人讲二十大》和创新党课《攸州“耕”新·追梦前行》。

（周　浩）

统一战线工作

【概况】

2022年，中共攸县县委统战部以习近平总书记关于统一战线工作的重要思想为指导，认真学习贯彻党的二十大精神，落实新时代中共中央统战工作的方针政策，围绕全县经济社会发展大局，加强政治引领，广泛凝聚各界共识，扎实做好党外人士、新的社会阶层人士、民族宗教界和港澳台胞及海外人士等各界的统战工作，助推全县经济社会发展。

县工商联获评全国民营企业调查点工作先进基层单位、市年度目标管理优秀单位，皇图岭镇商会获评全国“四好”商会，网岭镇商会获评省“四好”商会，网岭镇大瑞村成功创建为省级“同心美丽乡村”示范点，鸾山镇新槽社区、新市镇新中社区成功创建为市级“同心社区”。

【党外干部、知识分子队伍建设】

进一步完善党外干部后备资源库，新增党外正科级干部2人、副科级干部4人，全县党外领导干部增至34人，县人大常委会、县人民政府、县政协委员会等部门单位党外干部全部按要求配置到位。在县党外知识分子联谊会中成立“律师服务团”，积极发挥律师团体专业特长，深入园区企业、学校、社区开展“百名律师助产业”和“百名律师助治理”活动。县知识分子联谊会积极助力新冠疫情防控，走访鸭塘铺卫生院、县委党校隔离点，为抗疫一线人员捐赠价值1万元的慰问物资。

【民族宗教工作】

重点加强宗教领域安全防范工作，实地督导场所安全1000余次，排查整改安全隐患209个。编制《攸县宗教领域消防安全管理操作手册》，推进宗教场所消防安全标准化管理。在宗教领域广泛开展政策法规宣传、国家安全教育、铸牢中华民族共同体意识宣传等活动，张贴横幅标语400余条，发放资料3万余份，联合县消防部门组织宗教人士开展消防安全演练4次。推进宗教活动场所财务规范化管理，90%以上宗教活动场所开设银行对公账户。年内变更少数民族成分1人，完成5名少数民族考生优惠加分政策资格审查工作。

【非公有制经济领域统战工作】

持续推进党政领导联系商（协）会制度，建立“领导联企、部门帮企、联络员进企、特派员驻企”机制，落实40名县级领导、80个部门单位、90名联络员、10名特派员定点联系企业。筹备工商联换届工作，结合“百会千企”大走访活动，走访企业88家、基层商会17家，收集意见建议50余条，解决实际问题45个，新推荐会员企业29家。组织开展“政企早餐会”，跟踪解决企业反映的15个问题；开展“迎老乡、回故乡、建家乡”活动，成功引进工业园区项目11个，总投资达21.5亿元。联星街道商会成立攸县首家基层商会人民调解组织，为当地党委、政府调解纠纷20余起。三八妇女节组织女企业家赴“同心美丽乡村”示范点开展调研，为助力乡村振兴出谋划策。

【新的社会阶层人士统战工作】

探索建立“每月一约”理事服务站，联合攸县农商行为新阶理事授信5000万元，为14名新阶层人士办理“新阶贷”830万元；“攸州在线人才网”为新的社会阶层人士发布岗位招聘信息60余条，收到应聘简历500余份，64人签订聘用合同。深入农村开展关爱留守儿童、孤寡老人等公益活动20余场，筹集和捐赠善款、物资300多万元，受益1400多人。引领新的社会阶层人士为县域经济发展贡献力量，成立新的社会阶层人士联合会——“网络人士分会”，为吸纳攸县知名“网红”（网络生活中被网民广泛关注人士）、优秀电商等23人，组织开展网络直播带货活动20余场，累计帮助农户销售价值2000余万元的农产品。

【涉侨人员服务】

更新完善全县涉侨人员信息库数据，共有在册涉侨人员453人。开展“春风拂侨”行动，走访慰问归侨侨眷54户117人，收集侨界反馈问题和信息28条，协调解决问题15个。帮助3名涉侨人员实现就业。帮助大豪药业、仙竹米业两家侨企申报为省侨联新侨创新创业企业。

【海外统战工作】

组织2位海外留学人员开展为期一个月的基层社区实践活动，探索开辟海外留学人员统战工作新渠道。协助1名乌克兰留学生安全回国。

【畅通参政议政渠道】

发挥统一战线在建言资政、建言献策方面的智力优势，引导统战成员围绕经济社会发展热点难点，深入调查研究，建言献策。组织无党派人士认领调研课题14项，推动统战成员深入基层开展调研活动10余次，共撰写建议36条、提案21件，其中《培育壮大市场主体，助力攸县高质量发展》等被列为县重点提案。

【统战思想宣传教育】

开展“喜迎二十大、奋进新征程”“国好法大”“与党同心、知识报国”“筑同心、跟党走”等系列活动30余场次；将中央统战工作会议、中央民族工作会议、全国宗教工作会议精神纳入全县9月份主题党日学习内容，将《习近平总书记关于做好新时代党的统一战线工作的重要思想》纳入县委党校中青班的教学内容，推动全县干部深入学习统战精神；创新宣传方式，指导“新阶联”网络人士分会制作“喜迎二十大”专题视频，引导网络人士传递好党的声音、讲好党的故事。

【新乡贤助力乡村振兴】

探索新乡贤助力乡村振兴新途径，充分发挥以“建产业、种文化、做公益”为特色的乡贤代表示范作用，通过各类乡贤的牵线搭桥，共引进签约产业项目66个，引资100亿余元。建立“在外人员名录库”和“返乡创业项目库”，收录在外人员名录1776条、返乡创业项目556个，总投资约3亿元。

（陈俊羽）

机构编制

【概况】

2022年，全县设党政群、人大、政协机关等机构共61个，其中党委17个（纪检监察机关1个、党的工作机关7个、设在党政部门的机关9个），人大3个，政协1个，群众团体10个，政府组成部门30个（含高新区派出机构）；街道乡镇共17个，其中街道4个、镇13个。全县设事业机构521个，比2021年减少5个。财政预算机构499个（含全额拨款459个和差额补贴40个），经费自理机构22个。

全县共有行政人员编制2041名，实有1884人，较上年度减少71人。后勤服务事业编制共计125名，实有44人，较上年度减少1人。全县事业人员编制10689名，实有9594人，较上年度增加104人。

【机构编制管理】

一是“控”与“补”并重。按照“总量控制、空编运行、有序补充、保障重点”的原则，科学拟订2022年度机关事业单位用编计划222名，其中200名用于教育、卫生系统招聘，及时补充教育、卫生系统的人员力量。落实抓党建促乡村振兴有关要求，与组织、人社等部门充分沟通协调，明确通过政策性安置、公务员考录、吸纳选调生、原计生站人员下放乡镇管理、干部交流等途径推动乡镇补员，进一步调优乡镇干部队伍，强化干部深入基层实践锻炼的能力。

二是“统”与“保”并进。在全面掌握各部门各单位机构编制的基础上，站在“问需于民、问计基层”的角度，统筹制定《林业局机构设立，株洲市生物工程中等专业学校、县疾病预防控制中心、县中小企业服务中心等机构编制核增方案》；为优化职校教师结构、保障人民群众身体健康，推进“三大会战”战略部署的实施加大机构编制服务保障力度。

三是“严”与“稳”并行。对标对表上级文件精神，开展机构编制监督检查，制定印发《机构编制违规违纪违法问题清理整治工作实施方案的通知》，对所有部门的机构设置、领导职数核定和实际配备情况、人员借调和在编不在岗情况、条条干预等问题进行全面清查，将所有问题建立整改台账，严格按照问题台账对各单位实行对账销号，严肃机构编制工作纪律。严格控制编外人员总量，提高编制资源使用效率，制定印发《攸县机关事业单位编外人员清理规范实施方案》，要求各部门（单位）严格按照编外人员清理范围进行摸底报送，确保真正摸清底数、掌握实情，并按照“分步到位、稳妥处置”的原则，规范管理编外人员。

【机构改革】

应急管理综合执法改革。制定《应急管理综合行政执法改革机构组建和人员划转方案》，严格对标对表改革要求，设立应急管理综合行政执法大队，撤销3个涉改股级机构，核定综合执法机构编制58名,有序划转人员49人。

基层自然资源行政执法改革。为构建协同高效的自然资源执法体制，按照一个领域最多设置一支执法队伍的原则，整合自然资源局土地、矿产、测绘等行政执法职责，组建自然资源行政执法队伍，统筹配置自然资源行政执法职能和执法资源。按照“编随事走、人随编走”的原则，确定执法队伍编制19名、人员13人。

疾病预防控制体系改革。按照“系统重塑、预防为主、科学防控”的原则，严格对照中央、省市改革精神，制定《疾病预防控制体系改革方案》，整合相关职能，组建新的预防控制机构，进一步理顺体制机制，强化上级疾控机构对下级疾控机构的业务领导和工作协同。

粮食和物资储备体制机制改革。结合实际需要并参照周边做法，将粮食和物资储备职责调整至县发改局，粮食和物资储备体制机制调整所涉及的1个内设机构、3名行政编制、8名全额拨款事业编制、1个所属事业单位同步划入，及时划转相关专业人员19名，构建安全稳固的粮食储备保障体系。

部分机构职能调整。根据省委、市委关于绩效评估考核职能划转的要求，将县委办承担的绩效评估考核职能划入县委组织部，增设1个内设机构，明确机构职责，确保绩效评估工作高效运转。紧跟国家安全领域体制机制改革步伐，调整县委国家安全委员会办公室隶属关系，进一步加强国家安全体系和能力建设；为加强农村建房管理，进一步压实乡镇街道农村建房管理责任，制定印发《关于明确乡镇街道农村住房建设管理等职责和相关机构事项的通知》，调整乡镇（街道）内设机构，明晰各乡镇（街道）综合行政执法大队关于农村住房建设管理等职责。

【事业单位登记管理】

深入贯彻落实《事业单位登记管理暂行条例》和《实施细则》，认真做好事业单位的设立、变更、注销登记等工作，扎实有序地开展事业单位年度报告公示工作。2022年为全县事业单位共计办理年审257项，变更登记37项，设立登记4家，注销8家。

（谢　盈）

党校工作

【概况】

中共攸县县委党校（行政学院）系公益一类全额拨款参公事业单位，位于攸县联星街道文化路杨家园巷1号，在职干部和教职工28人；内设办公室、干训室、教研室和财务室4个部室。2022年，县委党校以“干部能力提升年”为契机，以提升干部队伍五种能力为重点，先后举办农村党建研讨班、金融知识培训班、信访维稳培训班、妇联干部综合素质提升班、中青班、科干班等各类培训班次13期，承办全市党建引领示范班1期，共培训党员干部1500余人次。

【理论宣讲】

11—12月，选派7名骨干教师加入县委二十大精神宣讲团，以学习贯彻习近平新时代中国特色社会主义思想和党的二十大精神为主线，扎实推动党的创新理论成果到基层。深入乡镇、机关、社区、企业等基层单位开展理论宣讲44场，受众3000人次，通过“固定宣讲+移动宣讲”，用“乡音”传递“党音”。在电视台“党声‘攸’扬”每日一讲栏目开设“专题微党课”，借助主流媒体，解疑释惑、激浊扬清。

【干部调研能力培训】

以分组研讨、案例分析、课题调研等开放式教学为重点，引导学员积极参与课题研讨和调查研究，组织学员共开展15次专题研讨，并以PPT（演示文稿软件）和论文形式进行成果汇报；党校教研室精心打造“如何打通农村公共服务‘最后一公里’”案例式教学课堂，在科干班引起强烈反响。把调查研究作为培养学员的基本功和必修课，全年共开展12期学员调研活动，围绕攸县经济社会发展重点难点热点问题，党校教师分组指导并带领学员深入基层一线反复调研，形成28份调研报告。

2022年共立结项科研课题6个。“以县级党校定点送教引领党员集中培训”在省委党校立项；“健全土地流转服务，助力家庭农场建设”“党校教育培训助力基层干部能力提升研究”在株洲市社科联立项；“县级党校集中培训党员途径研究”“苏南地区发展家庭农场的经验启示——以苏州市开弦弓村为例”在市委党校立项并结题；完成2021年省委党校的立项课题“攸县有机油茶产业链研究”结题工作。2022年教师公开发表论文5篇，在全省党校系统理论研讨会征文活动中有5篇论文获奖，其中《县域经济高质量发展的实践研究》一文获得省三等奖。

【党校教育延伸】

深化“一校四点”建设。“一校”是指县委党校；“四点”是指镇（街道）红色讲堂、部门单位红色讲堂、村级活动中心、“门前三小”及县内外流动教学点和各类讲习所等场所建设，延伸党校教育。在株洲市率先建立网岭镇党委党校、江桥街道党工委党校和黄双桥村村级教学点，共举办镇村、街道社区干部能力提升培训班7期、农村党员培训3期，进一步扩大干部培训的覆盖面。

（邹巍伟）

档案史志

【概况】

攸县档案馆是攸县县委办公室所属正科级参公事业单位，加挂县党史和县志研究室牌子，在编18人，内设办公室、档案室、党史室、志鉴室4个股室和1个二级机构，共有馆藏档案22.4万余卷（册、件）。2022年，档案馆紧扣“双服务”方针，聚焦主责主业，着力基层基础，强化作风和能力建设，全面推行预安销号工作制度抓落实。县党史和县志研究室获评湖南省首批党史学习教育创新案例评选先进工作单位和株洲市党史工作先进单位。

【档案信息中心】

成立档案信息中心为档案馆下属事业单位，设置岗位6个，主要负责县档案馆档案数字化建设工作、馆藏档案数字化及目录制作的组织、管理和验收、电子档案接收进馆、保管及数字档案备份工作。

【开展“三年进馆行动”】

计划2022—2024年对10年以上未进馆的档案进行集中移交进馆，确保档案应归尽归、应收尽收。全年接收20个单位档案进馆，共计52441件。

【档案数字化建设】

坚持“减存量，控增量”的原则，加快推进馆藏档案数字化，对进馆档案严格实行实体档案和数字档案同步移交，全年共完成档案数字化72万余页。

【“国际档案日”宣传】

围绕“喜迎二十大·档案颂辉煌”活动主题开展系列活动：将习近平总书记对档案工作的重要批示纳入各基层党组织6月份主题党日学习内容；开展“攸悠记忆档案传承”微视频比赛，展示家庭档案的老物件，提高全民档案意识；开展“档案人话档案”微视频展示活动，向社会展示馆藏的珍贵档案；开展红色档案征集活动，征集实物13件、照片37张、资料37份；各中小学召开主题班会，推动红色档案故事进校园。

【档案抢救性保护】

对撤并的槚山乡、大同桥乡、坪阳庙乡、柏市镇、湖南坳乡、食安办6个单位遗留档案，积压的4个部门单位若干年度文书资料进行了清理，共整理文书档案5907件。清理馆藏图书资料，重新进行理顺排架，建立目录台账并实行电子化。补全档案全宗目录，对156个全宗目录缺少部分进行补录，共计274册。

【党史资料编纂】

完成《中国共产党攸县历史百年大事记》《中国共产党攸县历史百年图志》《攸县历史名人录》《攸县土地改革专辑》《叶挺独立团北伐首战攸县学术研讨论文集》的编印出版。完成《攸州文旅精华》《脱贫攻坚口述史》的采编，启动《贺冬生将军传》《颜德明将军传》的编写工作；开展《莲花一支枪的攸县血泪史》《陈毅与谭余保带队整编新四军的事件始末》《湘赣边三年游击战争彰显的斗争精神及现实意义》等课题研究。

【党史教育基地建设和革命遗址树标立识】

成功申报谭震林生平业绩陈列馆为湖南省党史教育基地，蔡会文兄弟馆、烈士公园、高楼湘赣苏区馆、酒埠江革命历史陈列馆为株洲市党史学习教育基地，莲花一支枪保护地、谭余保误绑陈毅遗址、攸县中华苏维埃政府旧址（凤塔）为株洲市红色革命遗址并树标立识。

【志鉴编纂】

完成《攸县年鉴（2022）》编纂审稿付印，《攸县年鉴（2022）》是1990年以来连续出版的第33卷，由方志出版社出版。全书总篇幅70万字，共设26个类目、159个分目、908个条目、25个表格和14篇文献资料（特载、附录）。

（刘虹杏）

攸县人民代表大会

重要会议

【攸县第十八届人民代表大会第二次会议】

攸县第十八届人民代表大会第二次会议于2022年2月23日至26日在县城召开。会议听取和审查攸县人民政府工作报告、攸县人民代表大会常务委员会工作报告、攸县人民法院工作报告、攸县人民检察院工作报告，审查攸县2021年国民经济和社会发展计划执行和2022年计划草案的报告，审查攸县2021年财政预算执行情况和2022年财政预算草案的报告，审查攸县2021年环境状况和环境保护目标完成情况和2022年环境保护目标的报告。

会议依法补选蔡爱国、贺勋、朱晶娟、管志刚、刘龙亮、周志琴、周天球、尹朝规、王小锋、谭建10人为攸县第十八届人民代表大会代表，周志琴、谭建2人为攸县第十八届人民代表大会常务委员会委员，依法通过谭建为攸县第十八届人民代表大会环境与资源保护委员会主任委员，杨向红为攸县第十八届人民代表大会社会建设委员会主任委员。会议表决确定高标准农田建设项目、农村“三路”建设项目、城镇老旧小区改造项目、零散烈士墓集中安葬项目、城区永佳小学建设项目、“门前三小”建设项目、城区防洪排涝项目、小型水库除险加固项目等7项目为攸县2022年度政府民生实事票决项目。

会议通过《关于攸县人民政府工作报告的决议》《关于攸县2021年国民经济和社会发展计划执行情况与2022年计划的决议》《关于攸县2021年财政预算执行情况和2022年财政预算的决议》《关于攸县人民代表大会常务委员会工作报告的决议》《关于攸县人民法院工作报告的决议》《关于攸县人民检察院工作报告的决议》等。

（陈　慧）

【攸县第十八届人大常委会第二次至第八次会议】

攸县第十八届人大常委会第二次会议于2022年1月21日召开。会议听取县财政局关于2021年第二次县级财政预算调整情况的报告，表决通过《2021年第二次县级财政预算调整方案的决议（草案）》和《关于召开攸县十八届人民代表大会第二次会议的决定（草案）》。会议同意接受王宜斌、文玉芳、邓新奇、刘友良、刘分粮、杨玉文、何再权、张叶喜、罗静、贺彪、黄华畅等11人辞去县十八届人民代表大会代表职务；同意接受胡正罡辞去县十八届人民代表大会环境与资源保护委员会主任委员职务，同意接受杨向红辞去县十八届人民代表大会财政经济委员会副主任委员职务；同意接受唐青锋辞去县十八届人民代表大会常务委员会委员职务。会议决定任命贺彪为县人民政府办公室主任；决定任命刘友良为县发展和改革局局长；决定任命胡建雄为县教育局局长；决定任命过石基为县科技和工业信息化局局长；决定任命赵聚忠为县公安局局长；决定任命尹建冬为县民政局局长；决定任命刘彦为县司法局局长；决定任命张叶喜为县财政局局长；决定任命周世伟为县人力资源和社会保障局局长；决定任命周卫国为县自然资源局局长；决定任命赵爱云为县住房和城乡建设局（县人民防空办公室）局长（主任）；决定任命谭伟荣为县交通运输局局长；决定任命陈水根为县水利局局长；决定任命刘分粮为县农业农村局局长；决定任命聂双利为县商务和粮食局局长；决定任命文泽宇为县文化旅游广电体育局局长；决定任命洪虎龙为县卫生健康局局长；决定任命何勇为县审计局局长；决定任命刘正刚为县退役军人事务局局长；决定任命何纲华为县应急管理局局长；决定任命陈义勇为县城市管理和综合执法局局长；决定任命王正良为县林业局局长；决定任命刘文勇为县市场监督管理局局长；决定任命贺香清为县统计局局长；决定任命苏丽琼为县政府金融工作办公室主任；决定任命陈红飞为县信访局局长；决定任命吴爱中为县乡村振兴局局长；决定任命文龙彪为县医疗保障局局长；决定任命何湘成为县行政审批局局长。

攸县第十八届人大常委会第三次会议于2022年2月18日召开。会议听取和审议县人大常委会、县人民政府、县人民法院、县人民检察院、县发改局、县财政局、市生态环境局攸县分局所作的相关工作报告，听取县人民政府关于2021年度民生实事项目完成情况的报告，表决通过县人大常委会《关于民生实事项目完成情况满意度测评办法》，原则通过《2022年度民生实事项目票决办法（草案）》。会议对2021年度民生实事项目完成情况进行满意度测评，门前“三小”民生实事项目为满意档次；高标准农田建设项目、城区老旧小区改造项目、保障城区主要路段交通畅通项目、中小河流治理项目、农村公路提质改造项目、加快油茶产业发展项目等6个民生实事项目为基本满意档次；农村生活垃圾分类处理民生实事项目为不满意档次。会议表决通过《县人大常委会关于表彰2021年度人大工作先进单位、先进个人的决定》。会议同意县人大常委会代表资格审查委员会提出的关于个别县人大代表的代表资格审查报告，确认补选的蔡爱国等10名县第十八届人大代表资格有效，任命周志琴为攸县人民代表大会财政经济委员会副主任委员、县人大常委会预算工作委员会副主任。

攸县第十八届人大常委会第四次会议于2022年5月9日召开。会议听取县人民政府规范性文件管理工作情况报告和县人大常委会专项调查组调查工作情况报告，通过《2022年度攸县人大常委会工作要点（草案）》，表决通过《人事任免办法修正案（草案）》《攸县人大常委会关于讨论、决定重大事项的规定（草案）》《攸县人大常委会工作评议实施办法（草案）》《攸县人大常委会视察办法（草案）》《攸县人大常委会关于对提请任命人员任前法律知识考试办法（草案）》《攸县人大常委会关于对县人民法院法官和县人民检察院检察官开展履职评议的暂行办法（草案）》《攸县人民代表大会专门委员会工作规则（草案）》等。会议同意何文龙、陈代陆辞去攸县人民政府副县长职务，同意接受陈百忠辞去攸县十八届人大常委会副主任职务；决定撤销刘彦县司法局局长职务；同意免去康莎攸县人民法院刑事庭副庭长职务，免去刘新文攸县人民法院副院长、审判委员会委员职务，免去蔡武攸县人民法院联星法庭庭长职务，免去何卫华攸县人民法院刑事庭庭长职务，免去王正良攸县人民检察院副检察长、检察委员会委员、检察员职务；会议决定任命夏春良为县人民政府副县长，任命康莎为攸县人民法院刑事庭庭长；任命申永波为攸县人民法院刑事庭副庭长；任命袁武军为攸县人民检察院副检察长。

攸县第十八届人大常委会第五次会议于2022年7月27日召开。会议听取和审议县财政局所作的关于2021年财政决算草案的报告并表决通过该报告；听取和审议县审计局所作的关于

2021年度县级财政预算执行和决算（草案）编制情况的审计工作报告，表决通过《攸县人民代表大会议事规则修正案（草案）》。会议决定免去赵聚忠的攸县人民政府副县长、攸县公安局局长职务；决定免去吴爱中的攸县乡村振兴局局长职务；免去王亮的江桥街道人大工作委员会主任职务；免去文志敏的春联街道人大工作委员会主任职务；免去徐夫文的攸县人大常委会选举任免联络工作委员会副主任职务；免去易川皓的攸县监察委员会副主任职务；决定任命杨波为攸县人民政府副县长、攸县公安局局长；决定任命向宋祥为攸县乡村振兴局局长；任命文志敏为江桥街道人大工作委员会主任；任命李衔为春联街道人大工作委员会主任；任命袁武军为攸县人民检察院检察员、检察委员会委员。会议同意王志华、王亮、向宋祥、刘朝阳、杨向红、何重明、罗学锋、周江和、胡正罡、刘眉利等10人辞去攸县第十八届人民代表大会代表职务。根据有关法律规定，何重明、罗学锋、向宋祥、刘朝阳、杨向红、胡正罡6名担任的县人大常委会委员职务相应终止；杨向红担任的攸县人大社会建设委员会主任委员职务相应终止；向宋祥担任的攸县第十八届人民代表大会常务委员会代表资格审查委员会委员职务相应终止；刘朝阳担任的攸县人大监察和司法委员会（县人大法制委员会）副主任委员职务相应终止。会议审议通过《县人大常委会代表资格审查委员会关于部分县人大代表的代表资格审查报告》，确认池彭余、刘行国、徐夫文、陈三普、宁宇新、方华容、刘美兰、易川皓、王志伟、陈运新、李衔等11人的代表资格有效。

攸县第十八届人大常委会第六次会议于2022年9月29日召开。会议听取2021年度行政事业性国有资产管理情况专项报告、2021年度国有资产管理情况综合报告和县监察委员会的“清廉医保”专项监督工作情况报告。会议宣读攸县人大常委会专家库成员名单，对彭志敏、王延、蔡飞、尹艳琴、陈志洪、阳曼仔、王晓禹、刘凌虹、黄荣、苏建成、夏彩丹、高方、陈亚时、谭晖、刘忠良、龙政军、周大为、刘志忠、罗国武、何归、谢海鸿、谢志刚、戴东方、路宏伟、刘夏非、王建立、李咏晏等专家现场颁发聘任证书。会议同意接受王天来辞去攸县人民政府副县长职务；同意免去蔡水文的攸县监察委员会委员职务，免去胡曦的攸县人民法院民事审判一庭副庭长职务，免去皮跃军的攸县人民法院网岭人民法庭副庭长职务；会议决定任命曾利民、邱铁勇、王霞等人为攸县人民政府副县长；任命蔡水文为攸县监察委员会副主任，任命胡曦为攸县人民法院联星人民法庭庭长，任命皮跃军为攸县人民法院网岭人民法庭庭长，任命刘北斗、李玉桥、龙成成、柴创4人为攸县人民检察院检察员。会议同意刘北斗、李玉桥、龙成成、柴创4人攸县人民检察院员额检察官备案议案。

攸县第十八届人大常委会第七次会议于2022年11月18日召开。会议听取县人民政府所作的2022年代表建议办理及大会决定执行情况报告和县审计局所作的2021年度县本级预算执行和决算（草案）编制审计查出问题整改情况的报告，县财政局、县人社局、县水利局、黄丰桥镇人民政府分别就整改工作情况作说明。会议同意县人大常委会代表资格审查委员会提出的个别县人大代表的代表资格审查报告。确认林涛、刘亮、陈新妮等的攸县十八届人民代表大会代表资格自行终止；陈新妮的县十八届人大常委会委员职务和县十八届人民代表大会常务委员会代表资格审查委员会委员职务相应终止。会议对12名“两官”（检察官、法官）重点评议对象进行满意度测评，文亚苗、皮跃军、刘抚男、苏湘慧、李铁建、郭团平、康莎、谢媚、尹奇平、胡志明、凌洁等测评结果为满意，付斌测评结果为基本满意。

攸县第十八届人大常委会第八次会议于2022年12月13日召开。会议同意攸县人大常委会主任会议提出的《关于提请补选龙迪为株洲市第十六届人民代表大会代表的议案》，补选龙迪为株洲市第十六届人民代表大会代表。会议决定任命李敏为攸县人民政府科技副县长（挂职2年）。会议同意接受彭永跃辞去攸县第十八届人大常委会委员职务。

（刘勇珅）

县人大常务委员会

【机构】

攸县人大常委会机关内设8个委办（6个专门委员会、2个工作机构）、1个代表事务中心。专门委员会6个，即监察和司法委员会（法制委员会）、财政经济委员会（预算工作委员会）、教育科学文化卫生委员会（民族华侨外事委员会）、环境与资源保护委员会、农业与农村委员会、社会建设委员会。县人大常委会工作机构2个，为办公室、选举任免联络工作委员会。2022年，“人大代表事务中心”机构升格为副科级二级事业单位，增加编制至9人，解决“一人委”问题。

（陈　慧）

【审议决定重大事项】

全年共召开县人大常委会会议7次、主任会议15次，听取和审议专项工作报告36项，作出《关于依法保障打造“三个高地”,推进“三大会战”,促进高质量发展重振攸县雄风的决定》等决定、决议14个，较好地发挥地方国家权力机关的职能作用。

（陈　慧）

【监督工作】

县人大常委会依法履行监督职权，助推全县经济建设和社会发展。一是助推县域经济运行。聚焦打造“三个高地”，推进“三大会战”，组织各级人大代表集中视察全县重点民生实事、重点配套项目、重点产业项目，调研市场主体培育情况，梳理汇总意见建议15条，督促进一步抓进度、促发展、稳增长、强保障，推进经济社会高质量发展。听取和审议计划、财政预算执行和其他财政收支情况审计等报告，审查批准县级决算、预算调整方案，支持政府全力以赴破难题、补短板、挖潜力、抓落实。强化审计发现问题整改跟踪监督，推动县政府及工作部门建立健全相关制度，不断提升资金使用绩效。开展国有资产调研，听取和审议国有资产管理综合报告和行政事业性国有资产管理专项报告，促进国有资产管理提质增效。专题调研攸县总体规划执行情况，提出“树牢规划意识、重视规划管控、加强规划执行评估考核”等意见建议，推动规划纲要更好地顺应时代要求、符合攸县实际、反映人民意愿。

二是助推民生福祉改善。围绕人民群众普遍关心的医疗、教育、卫生、文化等领域突出问题，对医保基金管理、社会保险基金管理、医疗卫生体系改革、14所乡村学校教育、职业教育发展、“教育‘双减’”“门前三小”“幸福屋场”等开展专项视察和调研，推动民生事业高质量发展。持续关注老旧小区改造、城市防洪排涝等项目建设，提出12条切实可行的对策建议，促进城市建设管理水平提升。专项视察农村供销社“三位一体”综合改革、农村“三路”建设、高标准农田建设、小型水库除险加固等工作，重点关注农村饮水安全建设决定贯彻执行情况，着力提升人民群众满意度、获得感。深化民生实事项目票决制工作，推行全流程督办工作机制，推动民生实事票决制项目加快实施，有力保障人民群众共享改革发展成果。

三是助推生态环境建设。践行“绿水青山就是金山银山”的发展理念，听取和审议年度环境状况和环境保护目标完成情况报告、封山育林决定贯彻执行情况报告，跟踪督办《株洲市环保“一法一条例”执法检查问题清单》中列出的14个问题，督促相关部门压紧压实环保工作责任，推动全县生态环境明显改善。高度关注乡镇污水处理厂运转情况，促进乡镇垃圾中转站建设，助力美丽乡村建设。推动株洲市第一部实体法《株洲市农村村庄规划建设管理条例》在攸县贯彻实施，协同配合市人大开展执法检查，推介攸县经验做法，督促整改问题和不足。专题调研受污染耕地修复和安全状况，视察采煤沉陷区治理项目实施情况，监督耕地保护与利用“一法一办法一条例”贯彻执行。

（陈　慧）

【自身建设】

进一步加强政治建设。认真履行全面从严治党主体责任，严格落实中共中央八项规定精神，推进机关党建工作常态化、制度化。强化阵地意识，坚持党管意识形态工作不动摇，专题研究意识形态工作。严格执行民主集中制，完善党组决策机制，制定党组会议议事规则，实现决策的民主化、科学化、程序化。组织引导人大常委会组成人员、人大代表、人大工作者深入学习宣传贯彻党的二十大精神，努力提高全县人大干部的政治定力、政治素养。

进一步加强制度建设。规范人大及其常委会运行机制，按照“于法周延、于事有效”的原则，推进工作制度的起草、修改、废止等工作。首次制定《攸县人民代表大会议事规则》《专门委员会工作规则》《“两官”履职评议暂行办法》等工作制度、规范，确保人大及其常委会履职更加规范、更加高效。认真总结历届人大工作实践经验，全面梳理、制定完善人大各项规章制度68条，整理编印《攸县人大常委会工作制度汇编》并强化制度执行落实，形成用制度管人、按制度行权、照制度办事的良好局面。

进一步加强队伍建设。探索研究履职行权新思路新途径，出台《攸县人大常委会专家库管理暂行办法》，组建常委会专家库，聘用27名各行业各领域专业人才为专家库成员，不断提升人大及其常委会审议、决议大事工作科学化和专业化水平。加强人大制度理论、相关法律法规、业务基本知识的学习，举办“人大讲堂”暨“岗位大练兵”活动7期，召开乡镇（街道）人大主席座谈会、片区交流会10场次。加强对乡镇（街道）人大工作指导，健全常委会领导联系乡镇（街道）人大工作机制。完善乡镇（街道）人大工作评价办法，开展人大工作评先表彰，不断提升县乡人大工作整体效能。

（陈　慧）

【乡镇(街道)人大工作指导】

推进代表履职平台建设。2022年，共指导建设代表联系群众工作室9所，村（社区）工作站8处。金融专业和农业专业代表联系群众工作站、高分子新材料与精细化工产业链人大代表联系群众工作室、电力新能源和装备制造产业链代表联系群众工作室等一批特色工作站（室），为代表履职、联系群众提供基础平台。同时，将290余名各行业领域的人大代表编组进站。通过基层人大工作站（室），收集基层人大代表建议46条，15名市、县人大代表通过“12345”热线，反映有关民生问题，均得到有效解决。推进乡镇人大规范化建设。严格落实《湖南省乡镇人民代表大会工作条例》，加强对乡镇（街道）人大工作的指导，对乡镇人民代表大会的日程、议程等会议程序进行严格把关审核，制定《攸县人大常委会关于乡镇（街道）人大工作年度评价办法》，对乡镇人大中心工作、代表工作、县乡联系及自身建设等方面进行年度考评，推动形成县乡人大良性互动、相互配合的良好局面。

（刘　平）

人事任免和人大代表工作

【人事任免】

坚持党管干部与人大依法任免相统一，健全完善工作机制，及时修正《攸县人大常委会人事任免办法》，严把关键环节，规范任免程序，推进国家机关工作人员的任免制度化、规范化。全年任免国家机关工作人员64人次，接受职务辞呈16人次，撤销行政职务1人，确保市委、县委的人事任免意图得以实现。

（刘　平）

【人大代表履职能力建设】

注重提升代表的政治素质和业务能力，组织代表专题学习党的十九届六中全会、二十大精神和中央、省委、市委人大工作会议精神。学习《中华人民共和国全国人民代表大会和地方各级人民代表大会代表法》《地方各级人民代表大会和地方各级人民政府组织法》，学习“代表议案建议撰写知识”课程，有效提高代表的政治能力和履职业务能力。全县各乡镇均组织完成本辖区县、乡镇两级人大代表的多轮业务培训，参训900余人次，先后组织市代表小组活动4次，市县人大代表参加履职能力县内培训和集中学习3次，并对贯彻落实中央、省委、市委人大工作会议精神进行研讨交流。

以“干部能力提升年”为契机，深入开展“代表履职能力提升年活动”，增强代表提升履职能力的意识。4月，制定《攸县第十八届人大代表履职能力提升年活动方案》，组织人大代表以“四课”（政治课、法治课、监督课、专题课）为重点开展集中学习、交流活动。创新代表履职学习方式，理论学习和考察实践相结合、请进来和走出去相结合、专题讲座和履职交流相结合，激发代表学习热情，拓宽代表履职思路。组织20余名代表到长沙、浏阳、宁乡、茶陵等地学习乡镇（街道）人大建设先进经验做法；组织60余名代表到省人大干部培训基地，开展履职能力提升学习；邀请省、市人大专家，对200余名县代表进行省委、市委人大工作会议精神和履职能力提升专题辅导。

（刘　平）

依法监督

【计划预算审查监督】

1—2月，到相关部门单位广泛听取关于计划预算编制工作的意见和建议，结合日常调研掌握的情况，及时向县人民政府及发改、财政等部门提出计划、预算编制工作建议。县十八届人大二次会议期间，组织计划预算审查工作人员到各代表团听取代表的审议意见，根据审议意见向大会主席团提出计划预算审查报告，确保计划预算报告及草案在代表大会顺利通过。

围绕全县财政预算收支、预算管理等重点，听取乡镇（街道）、部门单位的执行情况汇报。实地走访重点项目办，了解上半年计划预算执行情况，并提出相关意见和建议，交县人民政府和相关部门处理。开展2022年预算调整审查，围绕县级预算调整的理由和依据、项目和数额、收支结构、收支平衡等重点，对2022年县级预算调整方案（草案）进行审查并提出初审意见，针对预算调整中反映出来的问题，提出“多举措加强收入管理、继续严控支出规模、牢牢守住财政安全底线”等意见建议，形成预算调整审查结果报告，经县十八届人大常委会第九次会议审议通过，并批准2022年县级预算调整方案。

（王爱武）

【提升审计监督实效】

年初与县审计局协调确定2022年度重点审计内容。7月，县人大常委会听取2021年财政决算和“同级审”情况汇报，提出《关于2022年财政决算的审查报告》，向县人民政府及有关部门提出《要切实做好审计查出问题的整改工作》等建议。11月，相关单位负责人向人大常委会报告审计查出问题的整改情况，年内审计查出的11个重点交办问题全部整改到位，相关责任单位共清理收回结转结余资金291.7万元，收回往来款1500万元，退还投标保证金46.3万元。通过整改，进一步严肃财经纪律，规范财政资金使用。

（王爱武）

【国有资产管理监督】

5月，出台《关于开展我县行政事业单位国有资产管理情况专题调研的实施方案》，通过召开座谈会、现场走访等方式，对全县行政事业单位国有资产管理情况作深入分析，明确指出存在的问题，并提出工作建议，形成《关于攸县行政事业单位国有资产管理情况的调研报告》。9月，十八届人大常委会第六次会议听取和审议《攸县2021年度国有资产管理情况综合报告》《攸县2021年度行政事业性国有资产管理情况专项报告》，并向县政府提出审议意见。县人民政府积极落实审议意见的办理，进一步国有资产管理的组织领导，成立资产清查处置工作机构，完善相关管理制度。全年共实现行政事业资产处置收入3.8亿元，实现土地出让收入7.5亿元，公开拍卖河道砂石开采权成交价款1.5亿元。

（王爱武）

【政府债务管理审查监督】

5—6月，牵头组织财政局、审计局、金融办等单位相关人员，到5个县属国有平台公司调研，全面了解掌握全县政府性债务管理现状，并形成调研报告报县人大常委会。7月，县人大常委会主任会议首次听取县人民政府关于政府债务管理情况的汇报；针对全县债务规模大、偿债能力弱、政策执行难等问题，提出“慎立项明来源，遏制债务增势；培财源促转型，提升偿债能力；强监管严落实，提高政策执行力”的建议。同时明确县财政局向人大财经委报送政府债务相关报表、报告的具体要求。

（王爱武）

【规范性文件备案审查】

3月，对29个县政府工作部门的规范性文件管理工作进行专题调查。5月，县人大常委会专门听取县人民政府规范性文件备案审查工作情况汇报。县人大常委会专门听取汇报后提出有关审议意见，对规范性文件管理和规范性文件备案审查工作提出整改要求，有效推进县人民政府及其工作部门加强规范性文件的管理。全年共备案审查县人民政府及其工作部门规范性文件6件，提出18条修改建议。联合环境与资源保护委员会、社会建设委员会对县人民政府关于自建房整治和殡葬改革等方面的规范性文件进行备案审查，提出有关修改完善的建议，得到县人民政府及其相关工作部门的积极回应，也收到明显的工作效果。

（彭智力）

【同级监委工作监督】

听取和审议县监察委的全县“清廉医保”专项监督工作情况，县人大监察和司法委开展调查时，全面客观反馈县监察委一年来“清廉医保”专项监督工作取得的成效，聚焦增强人民群众实实在在的获得感和切实做好整改“后半篇文章”，在调查报告中有针对性地提出工作建议。

（彭智力）

【司法监督】

加强县人大常委会对其任命的法官、检察官（简称“两官”）履职情况的监督，根据省、市人大统一工作部署和2022年工作要点安排，8月，首次开展“两官”履职评议工作。通过监督“两院”（县人民法院、县人民检察院）服务大局、优化司法环境，提供、司法保障等工作，督促做好释法明理和定分止争工作，维护司法诚信和司法权威。县人大常委会向“两院”转办涉法涉诉的信访件6件，“两院”及时落实处理答复。

（彭智力）

【城乡建设执法检查】

成立联合执法检查组，对全县农村建房落实《农村村庄规划建设管理条例》落实情况进行检查，现场抽检渌田镇、新市镇部分村组的村庄规划建设管理、建房行政审批、建筑风貌管控等情况。

（张素珍）

建议督办

【概况】

2022年度完成141件建议办结，办结率100%，所提建议已解决或基本解决的88件，占总数的62.4%。从建议办理的“培训源头关”“督办施工关”“制度保障关”“测评成效关”全周期入手，提高代表建议的解决率、落实率。一是跟踪协调督办。在建议办理过程中，主动加强与政府办公室、各承办单位以及提出建议代表的联系，及时了解建议办理进度，反馈代表对办理工作的意见和建议，共同分析承办单位在办理代表建议中存在的主要问题和不足，提出对策建议。二是分线开展督办。在收到代表建议后，根据办理的部门单位将建议分类，分别由对口联系的委办进行全程跟踪督办。三是创新方式督办。推进《攸县人大常委会代表建议、批评、意见办理工作办法》的贯彻落实，搭建人大代表与部门单位的沟通平台，进一步加强与代表的良性互动。

（刘 平）

【农村“三路”提质改造项目督办】

农村“三路”（产业路、旅游路、资源路）提质改造项目是县人大票决制民生项目。为确保工程项目如期如质完成，多次与交通运输局沟通协调，督促制定实施计划，细化推进措施，明确职责分工，着力推进项目实施。2022年末该项目超计划完成，在年终的民生实事满意度测评中获得“满意”评价。

（王爱武）

【环保、城建项目督办】

对城区防洪排涝项目、垃圾中转站项目建设现场进行视察，针对项目建设过程中出现的问题，及时组织项目办及相关单位座谈会商处理办法。组织“文化路小学铁路道口安全便道修缮”建议办理单位攸县城市建设开发有限公司负责人和刘士嘉等12名人大代表，召开座谈会，详细了解“文化路小学铁路道口安全便道修缮”建议办理情况，督促城建公司按期前完成项目建设，为学生安全上下学提供基础保障。

（张素珍）

【涉农建议和农业基础建设项目督办】

全年督办涉农代表建议47件、民生实事1件，重点督办“关于渌田自来水厂库扩容及管网延伸项目建设的建议”“关于促进丁家垅村、新联村徐公店农旅融合发展的建议”等2件建议。牵头组织人大代表、基层群众、建议承办单位负责人、项目实施单位负责人，召开建议督办座谈会、民生实事项目推进会、屋场恳谈会25场次。实地走访17个乡镇（街道）的32个村，面对面交流座谈，收集基层人大代表和群众建议50余条，开展“背靠背”满意度测评，实施全过程督办。

（汪厚斌）

【文化、卫生基础建设项目督办】

专项视察网岭中心卫生院建设和网岭中心卫生院建设，听取项目实施情况汇报，督促网岭镇人民政府加快项目建设进度。到菜花坪镇、谭桥社区等乡镇（街道）就高标准农田建设项目进行“回头看”，督促加快项目的推进，确保项目及时如质如量完成。对2022年民生实事票决制项目“门前三小”项目进行现场督查，听取县文旅广体局的汇报，并提出相关建议和意见。2022年民生实事票决制项目测评中，“门前三小”建设项目满意率最高。

（欧阳乐）

调研视察

【立法调研】

组织相关单位和部分人大代表举行座谈会，征集部分法规条例修订的意见、建议。收集《湖南省工会劳动法律监督条例》有关意见建议4条，收集《湖南省安全生产条例（修订草案）》有关意见建议3条；收集《湖南省社区居家养老助餐服务规定（征求意见）》有关意见1条。配合参与市人大常委会《中华人民共和国退役军人保障法》等法律法规贯彻实施情况调研活动，收集问题反馈信息和建议4条，并向市人大常委会递交书面报告。

成功争取株洲市第十六届人大常委会在联星街道文化社区建立全市首个基层立法联系点。搭建11个网格化联络平台，组织开展业务培训和法治教育活动，举办法制教育讲座8场。

配合支持市人大常委会年度修法和立法工作，组织开展“三法”修正征集意见活动和《株洲市公共安全视频图像信息系统管理条例》《酒埠江灌区管理条例》等立法调研活动。共收集“民言民语”100条，转化并报送市人大常委会立法建议共32条，让基层立法联系点真正为株洲市科学立法、民主立法提供参考。

（谢 敏 彭智力）

【农业产业发展专题调研】

围绕乡村振兴和湘赣边区域特色产业发展，全年开展专题调研7次，与省、市人大常委会农业与农村委员会联合调研4次。组织省、市、县部分专业代表、行业带头人召开座谈会20次，听取部门工作汇报9场次。深入宁家坪香芋产业基地、网岭镇健坤农业科技有限公司蔬菜生产基地、菜花坪镇生态农场等现场进行调研；走访农户、合作社、企业100余人次，收集各类意见、建议共49条，形成专题工作调研材料。

（汪厚斌）

【生态环境建设调研】

聚焦生态环境保护攻坚行动，县十八届人民代表大会二次会议期间，专门听取和审议攸县2021年环境状况和环境保护目标完成情况及2022年环境保护目标的报告；聚焦全县环境状况，组织对全县2021年环境保护目标完成情况进行专题调研。关注全县老旧小区改造，组织开展全县老旧小区改造情况现场调研，探索了解攸县在“城市更新行动”中的突出亮点和工作瓶颈，并形成书面材料。围绕受污染耕地修复利用，组织专委委员和部分人大代表对全县受污染耕地的修复和安全利用情况进行专题调研，深入了解菜花坪镇、桃水镇、新市镇等乡镇的受污染耕地治理情况，并组织县政府办、县农业局、财政局等相关部门单位进行座谈。

（张素珍）

【教育、卫生、宗教工作专题调研】

一是教育、卫生专题调研。2022年，教育、卫生健康领域主要开展3项专题调研，即新修订的《中华人民共和国职业教育法》的贯彻落实情况进行调研、教育“双减”工作调研和医疗卫生体制改革调研。二是攸县宗教工作发展情况调研。组织专委成员认真学习习近平在全国宗教工作会议上的重要讲话精神，对县内的宗教场所进行走访调研。三是配合市人大常委会教科文卫委员会主任委员刘朝晖一行在攸县开展《中华人民共和国母婴保健法》《湖南省实施〈中华人民共和国母婴保健法〉办法》实施情况调研工作。

（欧阳乐）

【社会保障调研视察】

对全县医保基金管理工作情况开展调研，并在县人大常委会第十三次主任会议上听取《关于全县医保基金管理工作情况报告》。开展社会保险基金监管工作调研，并在县人大常委会第十九次主任会议上听取攸县社会保险基金监管工作情况汇报、攸县社会保险基金监管工作情况的视察报告，向县人民政府下发《关于攸县社会保险基金监管工作的视察意见》。

（谢　敏）

【农业、农村改革工作视察】

组织部分市、县人大代表、专委委员和农业领域专家，开展农业、农村改革工作视察，先后到县供销合作社联合社、农业农村局、联星街道办事处等单位听取改革工作专项汇报5场次，并形成专题视察报告。在农村产权交易信息平台建设方面，提出“广泛宣传相关政策”“提高农村群众的产权意识”“动员社会各界力量参与平台建设”等建议；在供销社“三位一体”综合改革方面，提出“涉农部门建立信息共享机制”“整合供销信息资源”“加强与农民合作社、种粮大户、家庭农场、农业龙头企业等市场经营主体的联合合作，打造为农服务综合体”等建议；在农业行政执法综合改革方面，提出“优化和增强农业执法队伍建设，引进、培养一批既懂农业又懂法律的人才”的建议。

（汪厚斌）

攸县人民政府

重要会议

【攸县第十八届人民政府第一次全体（扩大）会议】

攸县第十八届人民政府第一次全体（扩大）会议于2022年1月17日在攸县发展中心会议中心召开。会议的主要任务是深入贯彻落实中央、省、市经济工作会议和县委全会暨经济工作会议精神，讨论修改2022年《政府工作报告（征求意见稿）》，安排部署当前工作。会议指出，2021年来，在县委的坚强领导下，坚持“一二三四”（紧扣“一个定位”，锁定“两大目标”，推进“三大会战”，壮大“四大产业”）发展思路，凝心聚力、担当实干，县域经济社会发展呈现稳中有进、进中向好的崭新局面，全面体现发展有我的担当、全面彰显了奋斗忘我的姿态、全面诠释追求无我的情怀。各部门单位、各乡镇（街道）要本着对攸县负责、对攸县人民负责的态度，聚焦发展主题，坚持对标对表，科学确定目标任务、注重见行见效，认真谋划重点工作、突出民生民计，积极开展建言献策，高度重视《政府工作报告》修改工作。会议强调，县委十三届二次全体扩大会议暨县委经济工作会议，发出“埋头苦干、勇毅前行，为重振攸县雄风而不懈奋斗”的动员号召，抓好2022年政府工作，必须对标对表、聚焦聚力，找准着力点、把握关键点，以重点突破带动全面发展，努力实现全年全程出彩。要坚持埋头苦干，扛起发展使命，做到主要指标必须稳中有进，项目建设必须高效推进，三大会战必须乘势而进，民生福祉必须持续增进。要狠抓能力建设，强化发展保障，凝心聚力抓发展、提升能力抓落实、以案为鉴抓作风。要注重统筹兼顾，加快发展步伐，认真抓好年终考核工作，切实抓好经济运行调度，坚决抓好常态化疫情防控，着力抓好春运保障，全面抓好安全生产工作，积极主动开展招商引资，全力维护社会和谐稳定，严格加强廉洁自律，精心抓好会议筹备工作，始终保持昂扬向上的精神状态，埋头苦干、勇毅前行，加快建设社会主义现代化新攸县，以优异成绩迎接中共二十大召开。

【攸县第十八届人民政府第二次全体（扩大）会议】

攸县第十八届人民政府第二次全体（扩大）会议于2022年7月28日在攸县发展中心会议中心召开。会议的主要任务是深入贯彻落实党的十九大和十九届历次全会精神，省委十二届二次全会和省政府十次全会精神，市委十三届四次全会和市政府一次全会精神，总结上半年工作，部署下半年任务，动员全县上下进一步咬定目标，攻坚克难，坚决确保全年各项任务高质高效完成，以优异成绩迎接党的二十大胜利召开。会议强调，各级各部门要咬定目标、真抓实干，务必实现全面进位。做到精准施策促发展、集中精力抓会战、加快速度推项目、用心用情联企业、提升服务优环境、全力以赴惠民生、慎终如始防疫情、坚定不移守底线、担当务实转作风，以最坚决的措施和最强硬的手段，坚决高质高效完成全年各项目标任务。

【县人民政府常务会议】

2022年，攸县人民政府共召开15次政府常务会议，即攸县第十八届人民政府第四次至第十八次常务会议。

攸县第十八届人民政府第4次常务会议于1月4日召开。会议传达学习中央全面深化改革委员会第二十三次会议、发展壮大市场主体工作座谈会精神，审议《园区创业大会战实施方案》《高新区赋权改革实施方案》《乡村振兴大会战实施方案》《财源建设大会战实施方案》及2022年度市、县重点建设项目计划和年度十大项目（十大产业项目、十大基础设施项目、十大民生实事项目），听取统计工作有关情况汇报，就国投集团投资昊华化工股权有关工作进行专题研究。

攸县第十八届人民政府第五次常务会议于1月25日召开。会议首先传达学习习近平在省部级主要领导干部学习贯彻党的十九届六中全会精神专题研讨班开班式和十九届中央纪委六次全会上的讲话精神，会议审议《攸县人民政府工作规则》《2022年政府工作报告》《关于攸县2021年国民经济和社会发展计划执行情况与2022年计划草案的报告》《关于2021年财政预算执行情况和2022年财政预算草案的报告》《攸县2021年环境状况和环境保护目标完成情况及2022年环境保护目标的报告》《攸县促进工业高质量发展实施办法（审议稿）》以及2022年全县三级干部会议奖励名单（政府序列）和县级领导联点、联产业项目、联重点企业等工作安排，听取攸县县域社会治理风险防控“N合一”机制建设工作和攸县皇宫双赢家私制造厂信访问题有关情况汇报，对人事任免事项进行研究。

攸县第十八届人民政府第六次常务会议于3月2日召开。会议首先传达学习习近平在十九届中共中央政治局第三十六次集体学习时的讲话、湘防办明电〔2022〕1号文件、市委农村工作会议精神，审议《2022年全县农业农村工作要点》，就2022年攸县《政府工作报告》重点工作任务分解、2022年争取省政府真抓实干督查激励、2022年民生实事人大代表票决项目办理工作任务分解、农村客货邮融合发展示范县创建等工作进行研究。

攸县第十八届人民政府第七次常务会议于3月17日召开。会议首先传达学习习近平在中央全面深化改革委员会第二十四次会议上的讲话及《中共中央 国务院关于做好2022年全面推进乡村振兴重点工作的意见》（中央1号文件）、中办发〔2022〕9号文件精神，审议《2022年攸县安全生产工作要点》《攸县2022年乡村振兴工作要点》《攸县乡村振兴产业发展奖励办法》，就高新区攸州工业园“一企一管”项目事宜和产油大县项目资金使用方案进行研究。

攸县第十八届人民政府第八次常务会议于4月20日召开。会议传达学习习近平论教育工作及《中共株洲市委办公室印发〈关于严明领导干部及公职人员有关纪律的七条禁令〉的通知》文件精神，审议《攸县皇图岭香干产业园招商引资政策(试行)》《攸县统筹推进“门前三小”工程和“攸美·幸福屋场”创建工作实施方案》，听取攸县2021年第四季度重大政策措施落实情况跟踪审计反馈问题整改情况汇报，就教育、自然资源、调整最低生活保障标准和最低生活保障边缘家庭人均收入基准线有关事宜、人事任免等工作进行研究和审议。

攸县第十八届人民政府第九次常务会议于4月21日召开。会议就攸县小乌仙矿业有限公司小乌仙煤矿关闭退出事项进行专题研究。

攸县第十八届人民政府第十次常务会议于5月11日召开。会议传达学习中央财经委员会第十一次会议和5月5日中共中央政治局常务委员会会议精神，审议《关于开展城乡居民自建房安全隐患专项排查整治工作方案》《攸县皇图岭香干产业园入驻奖励办法（试行）》《攸县小型水库标准化管理办法（试行）》《攸县全民科学素质行动规划纲要实施方案（2021—2025年）》，听取全县自建房重大火灾风险综合治理工作、大湖石料矿等3家矿山企业整体关闭补偿退出及2022年攸县城区街道清扫保洁市场化服务项目相关情况汇报，专题研究园区工作。

攸县第十八届人民政府第十一次常务会议于5月27日召开。会议传达学习习近平总书记关于生态环境保护的重要论述、全国稳住经济大盘电视电话会议及生态环境工作会议精神，审议《攸县创建生态文明建设示范县工作方案》《贯彻〈关于进一步强化安全生产责任落实坚决防范遏制重特大事故若干措施〉任务分工和任务清单》《县属国有企业整合转型方案》《攸县城区市政设施维护实施方案》，对经济运行、当前环保重点、国家卫生县城复审、农业农村、人事任免等工作进行研究和审议。

攸县第十八届人民政府第十二次常务会议于6月23日召开。会议传达学习习近平总书记关于严格依法行政、加快建设法治政府的重要论述及《信访工作条例》、《关于加强新时代网上信访工作的意见》文件精神，通报近年行政应诉典型案件和政务督查情况，审议《攸县耕地保护“田长制”实施方案》《攸县医疗救助实施方案》《攸县加油站税控系统管理办法》，听取统计工作和攸县自来水厂水资源费收缴情况汇报，就未成年人保护综合治理及督导评估整改工作进行专题研究。

攸县第十八届人民政府第十三次常务会议于7月19日召开。会议传达学习习近平总书记关于加强历史文化遗产保护重要论述，审议《攸县集体土地征收及房屋拆迁补偿安置办法》，听取全县食品安全、投资管理和项目立项及人大代表票决民生实事办理、省市重点民生实事办理半年进度等情况汇报，并就全县统计、安全生产、近期新冠疫情防控、2022年粮食收购工作进行研究和审议。

攸县第十八届人民政府第十四次常务会议于8月19日召开。会议传达学习习近平在省部级主要领导干部“学习习近平总书记重要讲话精神，迎接党的二十大”专题研讨班上的重要讲话精神及全市禁毒工作电视电话会议精神，就全县防汛抗旱、督查、禁毒、秋季征兵、攸县消防救援大队记集体三等功事项和人事任免等工作进行研究和审议。

攸县第十八届人民政府第十五次常务会议于9月20日召开。会议传达学习《新发展阶段贯彻新发展理念必然要求构建新发展格局》和全省抗旱减灾暨森林防灭火工作视频会议、化债工作相关文件精神，审议《攸县深化工程建设领域“一件事一次办”改革、推进项目集中审批实施方案》，听取城市基础设施建设领域非经营性固定资产投资项目建设有关事宜的情况汇报，就林长巡林、发展改革、农业农村、抽水蓄能项目有关工作进行研究和审议。

攸县第十八届人民政府第十六次常务会议于10月18日召开。会议传达学习习近平在中央全面深化改革委员会第二十七次会议上的讲话精神，审议《攸县“招大引强”三年（2023—2025年）行动方案》，听取全县反恐怖和禁毒工作、G106绕城线洣水四桥连接线下穿醴茶铁路框架桥委托代建、项目立项、全县医疗保障工作有关情况汇报，研究有关人事任免事项。

攸县第十八届人民政府第十七次常务会议于11月14日召开。会议传达学习二十届中共中央政治局10月25日会议、11月10日中共中央政治局常务委员会会议、国务院联防联控机制综合组发布的《关于进一步优化新冠疫情防控措施科学精准做好防控工作的通知》（联防联控机制综发〔2022〕101号）及近期上级新冠疫情防控工作有关会议精神，审议《攸县“攸惠贷”风险补偿资金管理办法》，听取全县社会保险基金监管工作情况汇报，就疫情防控、食品安全、人事任免进行研究和审议。

攸县第十八届人民政府第十八次常务会议于12月12日召开。会议传达学习12月6日中共中央政治局会议精神，审议《攸县投融资平台公司负责人薪酬管理和经营业绩考核暂行办法

（送审稿）》，听取落实粮食安全责任制工作情况汇报，就发展改革、消防、森林防灭火、安全生产工作进行研究和审议。

（武　明）

县政府办公室

【概况】

县人民政府办公室内设秘书室、综合调研室、督查室、政工室、信息室、机关事务管理室，所属事业单位2个：优化营商环境协调事务中心、县长热线办公室。根据机构优化工作需要，2022年10月县优化营商环境协调事务中心由县委办所属副科级事业单位调整为县政府办所属副科级事为单位。2022年，县政府办紧紧围绕县委、县政府的中心工作，充分发挥参谋辅助中心、协调运转中枢、服务保障管家和政府服务窗口的作用，贯彻落实国家、省、市相关法律法规、规章和政策，有效履行辅助政务、管理事务、保障服务的职责，促进县政府各项工作高效运转。

（刘思雨）

【参谋辅政】

认真做好会议报告、领导讲话、工作汇报等各项材料的起草工作，全年共起草会议报告、领导讲话、工作汇报等各类综合材料450余篇。围绕服务县域经济社会高质量发展，紧扣中心工作开展专题调研，完成《坚持以园聚链，加快强链兴业》《荒情难清，良耕稳根》等调研文章30余篇。同时，提炼总结乡村振兴、社会救助、高标准农田、家校社共育等典型经验材料12篇，并在省市刊物上发表文章3篇。

（周　清）

【综合协调】

按照收文运转流程，做好来文的整理、登记、送批和转办、承办、催办工作，做到即收即送，并跟踪落实，全年处理上级文件2040件，部门单位文件1125件。严格公文审核把关，提高办文效率，公文质量持续提升。以县政府或县政府办名义发文总量同比减少12.5%。推行“套会”“并会”等方式，减少会议数量、缩短会议时间。2022年，组织召开县人民政府全体（扩大）会议2次，政府常务会议15次，县政府专题会议17次。

（武　明）

【政务督查】

以习近平新时代中国特色社会主义思想为指导，围绕县委、县政府中心工作和重点工作，突出重点，创新方式，加强督促检查，狠抓工作落实。全年共开展各类督查检查98次，其中专项（联合）督查30次、重要会议会风督查68次，下发督（交）办函28件，编发《政务督查》7期、《督查通报》13期，处理上级和领导交办事项101件，全县5项工作获省政府真抓实干督查激励通报表扬。

（黄云贞）

【优化营商环境】

制定《2022年攸县营商环境优化提升行动实施方案》，把优化环境作为“一把手工程”，全面落实“十个坚决”措施。建立健全“一单四制”机制，对企业反映突出问题全程跟踪督办，推动解决问题564个。联合相关部门，深入开展“送政策、解难题、优服务”活动，深化政务改革、强化数字赋能、落实惠企政策、培育市场主体，全力助推企业高质量发展。2022年，攸县优化营商环境工作获省政府和市政府真抓实干表彰激励。

（皮　麟）

【电子政务】

紧紧围绕党中央、国务院以及省市关于深化政务公开各项决策部署，大力践行以人民为中心的发展思想，积极探索扩大政务公开范围，推动基层政务公开向下延伸。2022年，接听“12345”政务服务便民热线25340个，办结率100%；通过政府门户网站主动公开政府信息9841条，向市政府办报送政务信息248条。

（吴刘利君）

【作风建设】

结合全县“干部能力提升年”活动，建立周三学习、周五例会、季度调研三项制度，推进青年干部学习常态化，实行每周工作预安销号制度，紧扣重点难点开展调查研究，有效提升办公室工作人员理论素养、业务水平和工作效率。健全完善政府常务会议议题申报、战线重要事项会审、印鉴管理、文书档案管理、财务管理、收发文、值班考勤、保密工作等各项规章制度，进一步加强作风建设、优化工作流程、规范办事程序、促进依法行政。

（夏　微）

【建议提案办理】

2022年，全县共承办县级建议、提案316件，其中人大代表建议141件，涉及办理单位31个；政协委员提案175件，涉及办理单位50个。县人民政府对建议、提案办理工作高度重视，在县人大和县政协的监督支持下，各承办单位认真履职，扎实办理，实现答复率、见面率为100%的目标。人大代表、政协委员对建议、提案承办单位的综合评价满意率100%。所提建议、提案，解决或基本解决的194件，占61.4%；部分解决或被列入规划逐步解决的82件，占25.9%；因条件限制只作说明解释、书面答复的40件，占12.7%。

（黄云贞）

金融工作办公室

【概况】

攸县人民政府金融工作办公室有工作人员11人，内设综合股、金融发展股、金融监管股三个股室，下设2个二级机构（攸县攸州互联网金融创新中心、攸县投融资平台公司服务中心）。2022年，政府金融工作办公室进一步深化金融改革，服务实体经济，有效防控金融风险，促进了县域经济健康发展。

【融资服务】

促成县人民政府与建设银行株洲市分行、农业发展银行株洲分行签订乡村振兴全面合作协议。组织召开“科技企业”“助小微”等政府、银行、企业专场对接会6场次，为科技类企业、小微企业对接融资超过1亿元，其中知识价值信用贷款4540万元。召开重点企业融资协调会6场，协助大唐华银、中燃公司等企业落实银行贷款1.1亿元。积极开展“银企面对面”活动，共组织金融机构走访企业60余家，帮助35家企业融资7840万元。

【资本市场培育工作】

实施企业上市“金芙蓉”跃升计划，完成湖南股交所挂牌企业3家；推动昊华化工股份有限公司完成“新三板”挂牌，组织财信产业基金、省股交所走访安特新材料公司和亚美科技公司等企业，协助企业对接政府产业发展基金工作。

【化解金融风险】

全年组织开展“防范和处置非法集资”宣传及风险排查活动13次，发放各类宣传资料1万余份，移交风险线索2起，维护地方金融安全稳定。定期召开县属国有企业债务工作调度会，积极协助企业防范化解债务风险，确保不发生区域性金融风险。出台《攸县县属国有企业改革转型方案》，提高平台公司的“造血”能力和抗风险能力。定期组织开展小贷公司季度检查，国泰小贷公司在全省小贷公司监管评级中获评“B级”。

【金融改革创新】

整合全县风险补偿资金，完成《“攸惠贷”风险补偿资金方案》，充分发挥财政资金杠杆作用，增强金融服务实体经济发展的能力；积极推动建立政府产业引导基金，完成《攸县产业发展引导基金设立方案》（征求意见稿），引导社会资本和金融资本投资攸县重点产业、重点企业，推动县域产业转型升级。成功申报株洲市金融服务乡村振兴创新示范区，积极探索金融要素支持乡村振兴的有效途径，破解农村金融服务难点、堵点，助力农村经济社会全面发展。2022年，二级机构互联网创新金融中心的3家灵活用工平台，全年合计纳税8238.47万元，扣除奖补后实现地方财政留存743.70万元。

【金融纠纷调解】

加大金融机构不良贷款清收工作力度，设立攸州互联网创新创业产业园多元调解中心，全年成功调解纠纷案件 27268 件，调成金额 5529.33 万元，纳税 114.27 万元。继续发挥金融消费纠纷速裁庭“快立、快审、快判、快执”的优势，全年诉讼立案 3853 件，执行立案 3365 件。

（文　婷）

信访工作

【概况】

攸县信访局有在职干部职工 23 人，机关内设办公室、网信股、督查督办股、政策法规股、综合协调股等 5 个机构，下设正股级事业机构人民群众来访接待中心。2022 年，全县信访秩序进一步好转，信访形势总体平稳。国家信访局登记攸县上访人员 36 批 43 人次，批次、人次分别下降 61.7%、59.4%；赴省上访 74 批 104 人次，批次、人次分别下降 47.9% 和 54%；到市上访 16 批 61 人次，同比批次、人次分别下降 12.86% 和 11.1%；到县上访 343 批 1852 人次，同期 357 批 2375 人次。从 3 月开始，每个工作日安排一名县级领导在信访局坐班接访。同时，县信访局根据县领导的分工及联点情况，做好约访工作。全年，县级领导在信访局接待来访群众近 2000 人次。攸县信访局获 2022 年度株洲市“文明单位”“信访工作先进单位”“攸县文明建设红旗单位”“平安建设先进单位”称号。

【信访积案化解】

县级领导联点包干，着力治理重复信访、化解信访积案，通过落实“一个案件、一名领导、一个专班、一套方案、一包到底”等制度，推进信访积案的化解。完成中央联席办交办攸县的 122 件信访积案化解，化解率为 100%，成功化解 10 年以上上访人员 6 人积案。

【规范信访秩序】

一是认真学习贯彻《信访工作条例》。县委常委会会议、政府常务会议专题学习中共中央、国务院新颁布的《信访工作条例》。二是广泛开展《信访工作条例》宣传教育。5 月下旬，8 个县直单位、4 个街道在望云国际广场集中开展《信访工作条例》宣传活动，设立咨询台、摆放宣传展板、悬挂宣传横幅，发放宣传资料 5000 多份，现场答疑解惑 200 余人次；教育引导人民群众依法依规、逐级有序、文明理性表达诉求。三是进一步规范信访和接访行为。按照“合理诉求推动解决、缠访闹访依法处理”的原则，主动加强对信访对象的宣传引导，依法制止非访行为。

【队伍建设】

2022 年，组织开展涉访单位干部和信访专干学习培训 2 次，发放 500 本《信访工作条例学习问答》。每月定期开展工作交流、案例研讨、法规解读等活动，提升信访干部队伍业务水平。2022 年，信访事项重复信访占比率为 25.3%，同比下降 21.7%，责任单位群众满意率为 92.8%，群众参评率为 95.6%，参评满意率为 97.1%，信访业务数据在全市排名靠前。年内县委组织部选拔 3 名乡镇、县直部门年轻干部到信访局挂职锻炼 3 个，充实信访工作队伍。

（胡　鑫）

行政审批

【概况】

攸县行政审批服务局共有在职干部职工 25 人，内设办公室、行政审批制度改革和电子政务股、窗口管理股 3 个机构；二级机构政务服务中心入驻 25 个部门单位、10 个公共服务和中介机构，委托代理 10 个部门业务，有工作人员 241 名，可办理事项 834 项，年均办理各类业务约 50 万件，日均接待现场办事群众 1500 人。

2022 年，全局坚持以“一件事一次办”改革为总抓手，对标“一流政务”创建目标，聚焦企业、群众服务需求，不断深化“放管服”改革，持续优化营商政务环境，构建县镇村一体、线上线下融合办事的政务服务体系，提高行政审批服务质量。年内和深圳市罗湖区、江西省湘东区和江西省芦溪县达成“跨省通办”战略合作意向，梳理罗湖区

“跨省通办”政务服务事项88项，湘东区“跨省通办”政务服务事项38项，芦溪县“跨省通办”政务服务事项60项。政务服务大厅开展新时代政务文明实践咨询“你来办，我来帮”服务，全年政务大厅共有600余名志愿者参与“导、帮、办”服务，提供咨询和导帮办15万余人次。年末，获评“湖南省文明窗口单位”。

【行政审批改革】

一是深化工程建设项目审批全生命周期“一件事一次办”改革。出台《攸县深化工程建设领域“一件事一次办”改革，推进项目集中审批实施方案》，相对集中项目审批权限，推行“一套班子”高位统筹、“一个专区”集中审批、“一次办好”精简流程、“一费统揽”规划费用、“一套机制”优化服务，推动工程建设项目审批减事项、减环节、减材料、减时间、减费用，优化审批机制，提升审批效能。“深入推进‘五个一’，‘工改’实现再升级”的经验做法在省政务管理服务局《政务管理服务工作》（2022年第15期）推介，被评为省深化“放管服”改革“揭榜竞优”工作“十大经验做法”之一。

二是推动“园区事园区办”改革。印发《2022年攸县高新区赋权改革实施方案》，制定第一批赋权事项清单，对高新区下放38项审批权限，其中委托行使12项，直接赋权2项，服务前移24项。9月16日召开园区赋权相关部门签约仪式，推动园区赋权改革落地。指导协助高新区成立企业服务中心，供电公司、水务公司进驻中心为企业提供上门指导服务，在企业服务中心设立智慧税务微厅，企业和个人办税可通过办税微厅办理相关事宜，赋予企业服务中心、湖南省政务服务一体化平台、智慧株洲等平台系统端口和权限，实现政务服务“一窗受理”和办结。同时，在政务中心设立园区审批服务绿色通道，为企业提供行政审批代办服务，实现项目行政审批服务事项“一窗口”综合受理，“一条龙”跟踪服务。

三是推进网上中介超市改革。牵头组织20个行业主管部门和注册地在攸县的中介服务机构召开工作推进会、座谈会，印发《攸县行政审批制度改革工作领导小组办公室关于做好网上中介服务超市应用的通知》（〔2022〕1号），力促网上中介超市在攸县顺利运行。网上中介服务超市入驻中介机构23家，部门单位以委托人身份入驻52家，发布项目需求45个。

【审批服务规范化】

梳理权力清单，规范权力运行。依托省“互联网+政务服务”一体化平台，梳理出行政审批服务事项共计3463项；其中34个县直部门行政权力依申请6类事项2308项［含“三化”（规范化、便利化、标准化）业务办理项1468项］，公共服务依申请类事项720项（含“三化”业务办理项390项），镇（街道）政务服务事项215项，村级服务事项93项，社区服务事项127项。所有事项实施清单的填报、发布率均达到100%。按照“三减一提升”（即减时间、减材料、减跑动、提升全程网办率）要求，实现县本级事项承诺时限平均提速50%，推动各类权力规范运行。

规范镇村“一站式”便民服务。通过统一场所布置、统一窗口人员设置、统一进驻事项、统一办事流程、统一服务要求“五个统一”提升镇、街道（村、社区）便民服务中心（站）工作水平。通过皇图岭镇便民服务中心试点示范引领，制定《“一站式”便民服务工作手册》明确规范标准，运用微信二维码形成统一的《“一事一码”办事指南》，推动全县镇村便民服务规范提质，共有42项镇级高频事项、46项村级服务事项应用“一网通办”平台办理，镇村办件量大幅提升，网办覆盖率达100%。

【行政效能电子监察】

全年跟踪处理“互联网+政务服务”“智慧株洲”平台办件、咨询件预警共987件。核实处理省行政效能电子监察系统对烟草专卖局、发改局等单位的红、黄牌事件，督促烟草专卖局、司法局、应急管理局等单位落实“差评”问题的整改。对2016—2022年攸县近10万条问题数据进行质量核查，删除问题数据2295条。推进电子证照收集工作，完成40个部门单位的电子印章印模采集和14个部门单位49类电子证照模板收集，并将证照模板上传到株洲市数字化专班，统一制作电子证照和电子印章，全年共制作电子印章38个，制发电子证照528个。

【项目全程代办服务】

新引进的高分子新材料项目、湖南艾硅特新材料有限公司年产5万吨UV（紫外线）丙烯酸酯单体和树脂项目签约落户后，主动与项目企业签订《项目报建全程代办协议》，实行全程代办服务，协助完成项目备案、土地摘牌、环评、安评、地勘、规划设计等前期工作；土地成功竞拍后，联合相关部门到项目部现场办公，了解项目办证资料准备情况，针对问题制定目标清单、责任清单，进行统一调度、逐一解决。35个工作日内，相继完成一期工程的项目核准、用地预审与选址意见书核发、建设用地规划证、建设工程许可证，第一时间发放施工许可证。

【走流程、解难题、优服务活动】

在全县启动“走流程、解难题、优服务”活动，参与活动的相关负责人共125人次，走流程事项125项，其中高频民生事项97项，留抵退税事项1项，项目审批事项21项，稳岗就业事项1项，急难愁盼事项1项，其他助企纾困事项1项，其他重点难点事项3项；发现办事流程中存在的缺陷或不足等问题26个，并对照问题清单全部落实整改。

（刘文武）

机关事务管理

【概况】

攸县机关事务服务中心有在职工作人员16人，内设办公室（加挂县公务用车管理办公室牌子）、资产管理股、物业内保股、后勤服务中心、公务用车服务股5个股室。主要职责是贯彻落实国家机关事务管理的法律、法规和政策；建立健全发展中心资产使用和管理、办公用房调配和管理等制度，统筹配置资源；负责全县公车涉改单位正常公务用车安排；负责发展中心公共机构节能的推进和管理及后勤事务的管理、保障、服务工作；承担在发展中心召开的全县有关大型会议服务工作；指导、监督、管理发展中心的物业管理工作；承办县委、县政府交办的其他事项。

【设施设备维修保护和项目采购监管】

完成发展中心建筑群墙壁、地面、玻璃卫生间及楼顶日常维修和保护，完成部分单位办公室墙壁粉刷、地面维修和公寓楼部分住房墙壁粉刷，完成政务服务中心三楼税务局服务窗口改造工程。完成县人大常委会机关“无纸化会议表决系统”设备的采购安装；完成发展中心篮球场、健身房建设。

完善《攸县机关事务服务中心采购管理内部控制制度》《攸县机关事务服务中心后勤中心大宗物资采购管理办法》，就项目采购原则、采购程序、责任股室和采购职责进行统一规范。完成《发展中心中央空调维保及水处理合同》《发展中心电梯维保合同》《发展中心消防设施维保合同》《规划展示馆大楼中央空调维保合同》《发展中心花卉租赁合同》等多个合同续签，落实发展中心设备设施的维修保养工作，保障设备设施的正常运行。对发展中心餐厅、会议室吊顶等各项维修改造、维保服务项目采购工作进行监督管理。

【安全保障和应急处置】

扎实做好人员出入管理、值班值守、隐患排查、应急处突工作，确保发展中心区域办公环境的安全。制定《攸县机关事务服务中心综治维稳及安全保卫应急预案》《攸县发展中心安全保卫制度》《攸县机关事务服务中心安全工作责任书》，组织安保人员培训学习20余次，军事化训练20余次，处理突发事件秩序维护100余次。开展安全隐患大排查7次、电梯应急救援和消防演练各5次。落实发展中心主体楼出入人员亮证和登记备案制度。“两节”和特护期间，重点区域确保专人值班值守，并成立5人应急小队，协助公安、信访等部门处理相关信访件和突发事件。2022年全年未发生安全责任事故。

【公务用车管理】

进一步强化公车管理，所有公务用车由公车平台实行统一管理。每个用车单位确定专人负责联系申请派车，有效避免单位多头申请和重复申请现象。单位用车需求汇总后，一律通过“湖南省公务用车信息化管理平台”软件向公车平台申请派车，公车平台根据申请先后顺序随机调派平台车辆，保障单位公务用车。严格执行公务用车使用时间、事由、地点、里程、油耗、费用等各项规定和信息登记制度、指定地点停放制度、节假日期间（除工作需要外）封存停驶制度。

完成全县事业单位公车改革工作任务。完成全县77个事业单位（含17个乡镇、街道）车改方案的审核批复，对135台涉改车辆进行收置。与县财政局联合，实施对五执法单位行政执法车辆的权限处置。所有涉改事业单位车改方案已全部审批到位。

【新冠疫情防控】

进一步明确新冠疫情防控工作职责和责任追究制度，物业内保股统筹网格员、协管员分段包干，责任到人。严格落实常态化疫情防控措施，完成常规清扫、清洗，确保卫生无死角；每天定时对发展中心公共区域进行2次卫生消毒，适时用苍术或艾条烟熏杀毒；在各楼层指定位置设置废弃口罩投放收集处置桶、厨余垃圾收集桶180个，130个卫生间均放置洗手肥皂和洗手液，18处电梯间均放置抽式卫生纸等物品。用餐场所每天消毒2次，加强食材采购把关，对食材进行严格检查，并作好留样备查和建立管理台账工作，确保整个后勤服务渠道无疫情隐患。

（周向前）

接待服务中心

【概况】

2022年1月24日，根据中共湖南省委组织部《关于重新认定株洲市总工会等160个单位继续实行参照管理的批复》精神，攸县接待服务中心由县政府直属正科级公益一类事业单位调整为参照公务员管理事业单位，核定全额拨款事业编制10名。2022年10月27日，根据中共攸县县委机构编制委员会办公室《关于设立县接待中心的通知》精神，设立攸县接待中心为县接待服务中心所属股级公益一类事业单位，核定全额拨款事业编制3名，所需编制从县接待服务中心调剂，核定县接待服务中心全额拨款事业编制7名。县接待服务中心内设综合股和接待股2个股室，主要职责为：贯彻执行有关公务接待管理的规定，拟订全县公务接待工作管理制度并组织实施；负责范围内来宾的接待服务工作；负责县委、县政府重大活动的后勤保障服务；负责全县接待单位的业务联络、业务指导和业务培训；完成县委、县政府交办的其他任务。

【公务接待】

2022年共完成公务接待190余批、10000余人次。完成重要活动和领导到攸县调研视察工作接待任务：

4月23日，中共攸县县委、攸县人民政府举行谭震林同志诞辰120周年纪念活动；7月6日，中共湖南省委常委、副省长张迎春在攸县调研农业、水利工作；7月28日，株洲市二季度“三个高地”建设工作讲评会城区项目观摩组到攸县观摩网岭循环经济园、湖南旭日陶瓷有限公司二期高端岩板生产线项目；9月19日，省委书记、省人大常委会主任张庆伟到攸县实地走访调研酒埠江灌区、湖南昊华化工股份有限公司和春联街道山背社区沙坪“门前三小”建设。

（邱　野）

政协攸县委员会

重要会议

【政协攸县第十届委员会第二次会议】

中国人民政治协商会议攸县第十届委员会第二次会议，于2022年2月22—24日在东城新区会议中心召开。会议审议通过县政协主席文毅代表政协攸县第十届委员会常务委员会所作的工作报告。列席攸县第十八届人民代表大会第二次会议，听取并协商县人民政府工作报告，协商县人民法院、县人民检察院工作报告及其他报告。会议补选政协攸县第十届委员会常务委员1名。

【政协第十届攸县委员会第二至七次常务委员会议】

政协攸县第十届委员会常务委员会第二次会议于2022年2月18日召开。集中学习习近平在省部级主要领导干部学习贯彻党的十九届六中全会精神专题研讨班开班仪式上的重要讲话精神；传达学习《中共中央办公厅印发〈关于加强和改进新时代市县政协工作的意见〉的通知》精神；审议通过关于召开政协攸县第十届委员会第二次会议的决定，政协攸县第十届委员会第二次会议议程、日程及秘书长、副秘书长名单等；审议通过政协攸县第十届委员会常务委员会工作报告；审议通过《2022年度“政协云”应用考核办法（试行）》，协商通过有关人事事项。

政协攸县第十届委员会常务委员会第三次会议于2022年2月23日召开。协商讨论政协攸县第十届委员会第二次会议选举办法（草案）；协商常务委员提名人选；协商总监票人、监票人建议名单。

政协攸县第十届委员会常务委员会第四次会议于2022年2月23日召开。听取各讨论组的情况汇报；协商通过政协攸县第十届委员会第二次会议选举办法（草案）；确定正式候选人名单和总监票人、监票人名单，指定大会总计票人、计票人；协商大会各项决议（草案）；审议通过十届二次会议提案审查情况的报告（草案）。

政协攸县第十届委员会常务委员会第五次会议于2022年2月24日召开。听取各讨论组讨论情况的汇报；协商通过大会各项决议（草案）。

政协攸县第十届委员会常务委员会第六次会议于2022年4月22日召开。通报2022年提案征集审核和立案情况，并进行提案转交；审议《“重振攸县雄风，政协委员在行动”重点提案民主监督专项活动实施方案》；表彰2022年度一季度“政协云”应用先进个人；进行“政协云书院”读书活动赠书仪式。

政协攸县第十届委员会常务委员会第七次会议于2022年7月27日召开。听取县人民政府2022年上半年全县经济社会发展情况通报；协商县政协机关有关人事任免等事项；集中学习《习近平在全球发展高层对话会上的讲话》和《中国共产党政治协商工作条例》；研究“株事好商量”之“如何推进青少年心理健康教育工作”攸县第一场集中协商活动方案及相关事宜；对政协云二季度履职应用情况进行通报。

（刘亚云）

政协攸县委员会常务委员会

【概况】

2022年，政协攸县委员会常务委员会坚持以习近平关于加强和改进新时代人民政协工作的重要思想为指引，深入贯彻落实中共中央、省委、市委政协工作会议精神，在中共攸县县委的领导下，把握团结民主主题，秉承“创新提质、融合赋能”工作理念，团结带领全体政协委员，创新履职平台，提升履职质效，充分发挥政治协商、民主监督和参政议政职能作用，服务攸县经济社会发展。

【政治协商】

紧跟县委制定的年度目标任务，运用协商制度优势，以高质量履职服务高质量发展。

一是完善协商体系。着力健全“1+3+X”协商体系，“1”即县政协协商平台，其中包括县政协全体会议、常委会会议、主席会议协商；“3”即专委会议协商、界别会议协商、委员工作室平台协商；“X”即调研座谈协商、视察监督协商、提案督办协商、微建议办理协商等多种协商形式。全年开展协商议政活动30多次，完成重点协商课题6个。

二是搭建协商平台。在1个专委会、4个界别活动组、17个镇（街道），线上线下同步建成22个委员工作室，制定《委员工作室建设指导意见》，推动政协协商与基层协商相衔接，着重围绕道路提质、教育改革、医疗卫生、养老服务等民生实事，开展界别协商20余次，协商意见得到党政部门的有效采纳。

三是丰富协商形式。依托政协云“智慧提案”系统，探索建立“政协云”应用履职考核机制，对提案提交、办理、反馈环节进行优化，推行“云”上评议，增强提案办理实效。2022年度共收到委员提案202件，立案179件，反映社情民意46条、微建议326条，提案和微建议的办复率均达到100%，采纳率分别达到88%和89%，解决了一批助力发展、服务民生的难题。

【民主监督】

组织委员实施“稳定粮食播种面积”“加强水利设施建设”“民主法制示范村创建”等专项监督，走近基层，深入镇村，及时传递群众呼声，推动惠农政策落地见效；开展“重振攸县雄风·政协委员在行动”重点提案民主监督活动，以点带面，带动“推进城市更新行动、培育壮大市场主体、发展研学旅行产业”等系列民生提案迅速办理，提升群众生活品质；委派民主监督员，走进县纪委监委、县法院、县检察院等单位，参与“开放日”活动，丰富监督形式，促进为民执法公平、公正。

【参政议政】

在政协攸县十届二次委员会议上，7名委员分别围绕“引乡贤回故乡建家乡、高分子新材料产业发展、推进城市更新行动、加强中小学生心理健康教育、优化营商环境、发展研学旅行、振兴中药产业”等课题进行“建言”发言，为县委、县政府提供重要决策参考。在联组讨论中，政协委员就乡村振兴、经济发展、医疗保障、养老就业等，与县级领导进行面对面协商讨论，提出建议意见200多条，为县委、县政府科学决策提供依据。

遴选“擦亮化工园区金字招牌、打造湘赣边医疗事业样板区、加快康养产业发展、提升水稻制种产业、壮大产业工人队伍”等课题，由主席会议成员牵头，开展专题调研，并将调研成果在政协全会上进行参政议政发言。各专委会团结和引导所联系界别活动组委员，访民情、听民声、解民忧，及时反映社情民意，着力转化调研成果，积极议政建言，“擦亮化工园区金字招牌，助推攸县高质量发展”“发展康养产业，建设幸福攸县”“做强水稻制种，助力乡村振兴”等建言形成调研报告，得到县委、县政府及相关部门的采纳，并列为重点提案予以办理落实。

【凝聚共识】

把握“加强思想政治引领、广泛凝聚共识”履职中心环节，增进大团结大联合，提振干事精气神、汇聚发展正能量。

一是开展资政视察。围绕食品药品安全监管，深入视察食品质量检测中心、大豪药业、亚美油茶等部门、企业，提出促进安全监管规范化、信息化、制度化建设等对策，助力食药安全保障；围绕重点项目建设，走进洣水四桥、G106绕城线等施工现场，提出“注重宣传、强化监管、抢抓进度”等建议，助力交通路网畅通；围绕优化城乡公交系统，组织委员开展“候车、乘车”等体验式调研视察，提出“着力解决车辆运力不足、服务态度不优、运行机制不畅”等意见。

二是加强各界联络联谊。加强与社会各界人士联络交流，支持工商联、人民团体、民族宗教等代表人士参加政协活动，让各界人士代表参政有舞台、建言有讲台、协商有平台。密切与县外企业家委员的联谊交流，充分发挥异地商会的招商引资作用，鼓励委员投身家乡建设，为县域经济发展贡献力量，引进产业项目14个，投入资金1.85亿元。加强与各级政协联动交流，推介攸县工作，展示攸县形象，配合省市政协到攸县调研9次，接待兄弟县（市区）政协到攸县考察13次。

三是开展文史宣传。深入挖掘红色资源，系统梳理红色遗迹、红色人物，编纂出版文史书籍——《攸县红色印迹》，赓续红色血脉，传承革命精神。推动政协履职与互联网有机融合，把“政协云”建成委员履职新平台、联系群众新渠道、新闻宣传新阵地，做到周周有动态信息、月月有实践报道，更好地凝聚奋进共识。发挥政协“报刊网端微屏”的矩阵作用，传播政协声音，讲好攸县故事，《立足破解“两个薄弱”难题，激发乡镇政协工作活力》等40余篇稿件被省、市媒体刊发。

【队伍建设】

一是加强基层政协工作队伍建设。明确镇（街道）党（工）委副书记联系负责政协工作，使政协力量在基层得到增强。搭建委员履职平台，规范委员工作室建设，注重结合界别特点、发挥委员特长、形成专业特色，高新区和社科界委员工作室成功创建为第二批省示范性委员工作室。二是加强机关干部队伍建设。建立政协机关工作例会制度，月初预安统筹，月末销号讲评，切实提升工作效率，激发工作活力。开设“政协云书院”读书活动，举办“委员大讲堂”，形成线上学习交流、线下集中辅导，推进“书香政协”建设。三是加强委员队伍管理，制定委员管理办法，完善日常考评体系，建立委员履职档案，充分调动委员尽职尽责的积极性和主动性。

【服务中心工作】

主动对接抽水蓄能电站建设、洣水四桥建设等13个重点项目和株洲地博光电材料有限公司、株洲振源生态农业发展有限公司、攸县华升化工有限责任公司、株洲安特新材料科技有限公司等19个重点企业，协调解决实际问题40余件。2022年，全体政协委员在疫情防控、森林防灭火关键时期，深入一线开展新冠疫情防控、森林防火值勤，捐赠价值90余万元的各类物资。

（刘亚云）

提案工作

【提案征集】

县政协十届二次会议以后，政协委员、各界别小组共提交提案202件，是近6年提案最多的一年。经审查，立案179件，转作来信来访、社情民意处理23件，立案率88.2%。其中经济建设类提案30件，政治建设类提案8件，文化建设类提案17件，社会建设类提案109件，生态文明类提案15件。

【提案办理】

立案的179件提案全部转交由县委、县人民政府各组成部门承办，涉及承办单位54个。至2022年12月，所有提案全部办结，办结率100%，政协委员见面率100%，政协委员对提案办理综合评价满意率100%。立案提案实现解决或基本解决的121件，占67.6%；部分解决或列入规划逐步解决的43件，占24%；因条件限制只作说明解释、书面答复的15件，占8.4%。

【提案督办】

2022年是政协攸县十届委员会政协委员提案办理的第一年，县委、县政府高度重视，召开专题会议对政协委员提案办理工作进行研究部署，要求各工作战线和承办部门要进一步强化政协意识，牢固树立“施政为民”理念，将政协委员提案办理工作与推动县委、县政府中心工作紧密结合，形成主要领导部署、分管领导领衔推进、承办部门具体落实的办理工作格局。

县政协常委会将提案办理流程细分为8个环节，以重要节点为抓手，加大对承办部门的督促指导，重点跟踪方案制定、资金到位、建设进度、对接反馈等各个关键环节，及时通报进度，强化督查问效，坚持全过程监督。6个重点提案，由县政协正、副主席领衔督办。要求各重点提案承办单位一个重点件有一个办理方案，确保重点提案办理实效。同时，会同县委办督查室、县政府办督查室开展联合督查，确保问题解决到位。至12月，6件重点提案，全部办结，满意率100%。年终，县政协常委会全体成员集中观看重点提案办理视频，并进行现场评议，评选出年度提案办理优胜单位。

（彭华阳）

调研视察

【农业农村工作调研视察】

聚焦乡村振兴、粮食安全、产业发展、生态环境等重点工作，联合县农业农村局深入皇图岭、新市、网岭等乡镇开展农民种粮积极性情况调研，并形成调研报告供县委、县政府决策参考。组织农业界全体委员开展“稳定粮食播种面积”专题调研，深入百分农业有限公司、联星街道田富村春耕现场一线，了解粮食播种面积落实情况并将基层实情和群众呼声及时向市政协农业农村委专题报告。协助市政协完成“加强水利建设，助推农业产业高质量发展”的调研课题，推进农田水利基础设施建设；配合省政协开展“送科技下乡村，为群众办实事”主题活动，为种粮农户送农用物资、农业技术服务和惠农政策。调查报告《实施品牌战略打响地方名片——关于加快攸县豆腐（香干）品牌化建设的调查与思考》刊载于《株洲工作》，被评选为攸县优秀调研文章；调研报告《打造研学品牌助推乡村振兴》获市政协优秀调研文章三等奖。

（谢泽胜）

【经济发展工作调研视察】

组织委员就培育康养产业、推进财源建设、破解招工难题、无患子种植与加工等课题开展专题调研，共形成调研报告4篇。其中《关于当前攸县财源建设的若干思考》调研报告获市政协年度调研征文一等奖；《发展康养产业建设健康株洲》在市政协十届二次会议上作联组讨论发言，提出的“立足资源优势、推动文旅康养、促进产业融合”等建议得到市委主要领导的重视和关注。

关注全县食品药品安全监管工作，组织共产党、工商、经济、科技等界别委员，深入食品质量检测中心、大豪药业、南国红豆、亚美油茶等部门及企业，开展民主监督专项视察活动，查看食药安全政策法规的落实情况，了解食药监管的现状和困惑，提出“促进安全监管科学化、规范化、信息化、制度化发展”的对策性建议。

（宾　奇）

【医卫工作调研视察】

紧扣县委打造“一中心四样板”战略目标，围绕“优化医疗资源布局，提升医疗服务水平，奋力打造湘赣边医疗卫生事业样板区”课题，精心制定调研方案，认真组织专门调研班子，深入县人民医院、县中医院等县城公立医疗机构和部分乡镇卫生院进行实地走访调研，探索研究推动医疗卫生事业健康发展的对策措施，形成高质量的调研材料，并被确定为县政协十届三次全会参政议政发言材料。对 2021 年度大会建言“打造拳头产品，振兴中药产业”和重点提案“关于解决文化路一中路段与富粮路段拥堵的建议”办理工作，开展视察、督查，督促有序推进相关工作。

（朱石恩）

【社法工作调研视察】

组织委员参加 2022 年全省法院诉讼服务窗口评建、民主法治示范村视察、市场主体培育年法治宣传进企业、优化城乡公交运行系统视察，开展“重温百年党史，淬炼精神力量”“产业工人保险系列问题解读”“什么是家校社共育”公益讲座，走访调研规范化宗教场所，撰写提案《加强心理健康教育促进中小学人格健全发展》，形成《打造诉源治理新模式，助推县域社会治理现代化》《发挥侨界作用服务发展大局》《壮大产业工人队伍，助力攸县“三大会战”》等 3 篇调研视察报告。完成“株事好商量”（协商议事活动）第一场——“加强心理健康教育，促进中小学生人格健全发展”，参与协商民生实事 10 余件。

（肖　纯）

界别活动

【文教卫界别活动】

组织教育界、医卫界、文体新闻界 3 个界别委员活动小组和网岭、桃水、宁家坪等 3 个镇的委员工作室，扎实开展红色资源调查、旅游产业发展调研、“家校社”共育工作调研和金秋助学、“第一目击者”志愿者培训等丰富多彩的活动。

（朱石恩）

【经济科技和外事界别活动】

组织工商联、经济、科技界别委员参与“市场主体培育年”和“干部能力提升年”活动，坚持政协党组成员联系党员委员、党员委员带动党外委员工作机制，引领界别委员参加新冠疫情防控、森林防火、信访维稳、企业联络、乡村振兴结对帮扶、捐资助学等活动。加强“政协云”应用管理，推行“政协云”线上履职考核制度，在工商联活动组探索学习应用与月度奖惩模式，提升“政协云”线上履职实效。注重特色委员工作室创建，联系指导高新区成功争创省示范性委员工作室。开展界别履职指导、服务活动 12 场次。

（宾　奇）

中共攸县纪律检查委员会·攸县监察委员会

纪检·监察

【概况】

中共攸县纪委、攸县监委共有编制99个（含行政编95个，事业编4个），其中委机关59个，派驻纪检监察组40个。全县17个乡镇(街道)纪(工)委共有纪检监察干部99人，其中专职专岗51人。全县县直部门单位专职从事纪检监察工作24人。机关内设机构13个,下设二级事业单位1个,派出纪检监察组10个。

2022年，全县共处置问题线索608件，立案256件，党纪政务处分225人、组织处理305人，涉嫌犯罪移送检察机关4人。围绕疫情防控、森林防灭火、安全生产、信访4项重点工作开展督查督办，共发现问题439个，督促落实立行立改356个；印发专报62期，处分92人。开展巩固拓展脱贫攻坚成果同乡村振兴有效衔接“一领域一专题”治理，查处问题17个，处理处分60人。从严从重查办粮食购销领域腐败问题，处分18人。扎实开展“洞庭清波”专项行动，督促中央、省挂牌督办的4个生态环境突出问题整改到位。

【案件查办和警示教育】

圆满办结株洲高科集团原董事长巢某严重违纪违法系列案件，共采取留置措施9人，收缴违纪违法资金3000余万元。查处县退役军人事务局干部单某留置案件，查办湖南松本林业科技股份有限公司董事长田某某侵占骗取国有资产案件，采取留置措施2人。针对陈某某等严重违纪违法案件暴露的突出问题，细化制定15条整改措施，对全县114个单位的7000余名党员干部进行警示教育。共有6人主动投案或主动交代问题。

【纪律监督】

对“一把手”（党政主要负责人）问题线索实行专账管理、优先办理，处置乡科级“一把手”问题线索42件，立案9人，处理处分29人。将40项专项监督划分为五大类，构建“一县一清单”专项监督工作体系，相关经验做法在全市推介。建立健全7项具体落实机制，推动纪检监察、巡察与审计“三类监督”协同开展。推行片区协作，贯通“室组地”监督力量，“攥指成拳提升监督质效”的经验做法被《中国纪检监察报》报道推介。

【信访件办理】

聚焦群众反映强烈的信访问题，用心用情开展“信访积案动态清零”行动，有效削减信访积案487件，高质量办结省纪委监委督办的9件疑难复杂信访件。惩治惠民惠农惠企政策执行中不兑现、慢兑现、乱兑现行为，共查处问题28个，处分122人。围绕群众幸福所盼、企业发展所需，运用微信群监督服务平台听民情、纳民意，共解决群众反映突出问题和企业发展难题712件。

【巡察】

综合运用专项巡察与常规巡察，共巡察县直单位党组织21个，村（社区）党组织62个，发现问题214个，移送问题线索71件。融合纪委监委专项监督与巡察监督，探索同步巡察、事先巡察、事后巡察3种工作模式，相互借势、同题共答。第一轮巡察共整改销号问题125个，建立健全制度机制92项。督促指导相关部门上门为残疾人办证、清退公租房等巡察做法得到省市媒体宣传推介。

【清廉文化建设】

把清廉乡村创建和“门前三小”“幸福屋场”建设相结合，打造8个清廉乡村示范点。原创攸州自律操《清风行》，开展万人同跳推广行动，打造廉洁文化主题公园。组织创作的《非遗里的清廉》《我的爸爸》等短视频先后在“学习强国”学习平台、省纪委监委微信公众号等平台展播。

【队伍建设】

围绕习近平新时代中国特色社会主义思想，开展理论学习中心组学习14次、各类宣讲40余场次。举办“青年讲堂”学习活动19期，选派32名干部到省、市协同办案，乡镇纪检监察干部全员跟班练兵，20名新进人员全面轮岗锻炼。坚持常态化开展内部监督检查，处置纪检监察干部问题线索8件，党纪立案2人，组织处理2人。

（姚艳祥）

巡察工作

【概况】

2022年是十三届县委巡察工作的开局之年，在市委巡察办和县委的正确领导下，县委巡察办深入学习贯彻党的二十大精神和习近平总书记关于巡视巡察工作重要指示精神，坚守政治巡察定位，不断推动县委巡察工作高质量发展。全年开展三轮常规巡察，组建13个巡察组，对21个单位党组织和62个村（社区）党组织开展巡察。共谈话2482人次、查阅会议记录和财务凭证等相关文件13000余份、开展现场走访和电话回访855次、受理来信来访来电187人次，发现问题331个，向县纪委监委移交问题线索71件。

2022年，注重巡察工作提质增效，注重中期调度，完善改进中期汇报制度，由领导小组组长带队到每个巡察组听取巡察情况汇报，指出问题短板、明确方向重点、加强问题线索快移快办，增强巡察组剑指问题的底气和能力。加强宣传推广，在提升巡察质量的同时，注重巡察成果的宣传，提高巡察工作的知晓度。全年在“湖南巡视”“三湘风纪”“新湖南”等省市媒体发表文章7篇。“上门为残疾人办证”“清退公租房”等巡察微故事得到广泛好评。

【村级党组织巡察】

探索开展村级巡察。组建调研组深入乡镇、村（社区）开展调研，起草《攸县村（社区）党组织巡察工作专项规划（2022—2026年）》，并通过县委常委会审定后以县委巡察工作领导小组的名义下发。建立村级巡察人才库，充实巡察力量；探索村级巡察方式，采取常规巡察与专项巡察相结合的方式推进村级巡察全覆盖，第二轮巡察对40个村（社区）党组织开展常规巡察加耕地保护专项巡察，并形成耕地保护专项巡察情况报告和村级巡察“三资”管理情况报告。

【督促问题整改】

召开巡察整改调度会，强调整改要求、明确整改时限，指导推进整改工作。对于群众反映强烈、明显违反规定且能马上整改的问题巡察组下发《立行立改通知书》，督促被巡察党组织限期整改到位，全年共下发《立行立改通知书》186份，解决群众急难愁盼问题70个，得到群众的广泛好评，收到群众的锦旗。组成9个督查组对第一轮巡察的9个被巡单位的整改情况进行督查。9个被巡单位，共召开32

次巡察整改专题会议、9次专题民主生活会。反馈的132个问题中整改到位125个，整改到位率94.7%，收回违规资金95万余元，完成整章建制92项。

【贯通协同监督机制】

县纪委、监委牵头，巡察办与审计部门共同制定《攸县落实纪检监察监督、巡察监督与审计监督贯通协同高效工作机制》，明确“三类监督”沟通会商、信息互通、反馈移送等机制制度，同时把对统计工作的督查纳入巡察范围，与县统计局共同制定《攸县县委巡察统计工作专项检查方案》，组建专项检查组对相关单位同步开展统计工作巡察。

巡察成果的共同运用。与人大常委会共用医保基金专项巡察成果，推动医保局以融合监督成果为抓手，全面深化“清廉医保”创建。第二轮村（社区）巡察就农村“三资”管理工作问题向农业农村局进行交办，要求农业农村局对照问题加强队伍建设、完善管理制度、规范农村“三资”管理。与组织部门共享党建问题清单，由县委组织部召开专门会议，对巡察发现的党建问题进行交办并跟踪督办，提升整改实效。

（洪　婧）

群众团体

攸县总工会

【概况】

2022年，全县实有基层工会530个，其中县直机关工会94个、乡镇（街道办事处）工会联合会17个、行业联合工会8个、村（社区）工会76个、企事业工会335个，有工会会员40115人，专兼职工会干部112人。攸县总工会有在职干部职工16人。机关内设办公室、基层部、维权部、经济部、财务部，下设股级自收自支事业单位攸县工人俱乐部。

【职工维权和困难帮扶】

2022年，与县内75家（17家国有控股企业、54家私营企业）企业签订工资集体协商协议，覆盖职工人数7226人。进一步加强“一户一产业工人”工程培训，开展育婴师、电工、家政服务员、中式面点、烹饪师等技能培训，共182课时，培训人数576人，获得证书人数20人，实现就业人数498人。

元旦、春节期间，开展“送温暖”活动。为确保生活困难职工能过上平安祥和的节日，总工会组织全县各级工会干部，走访贫困职工家庭，发放慰问资金2.53万元，为职工解困423人次；县（市）级领导走访困难职工和困难劳模11人次，发放慰问资金2.2万元，走访龙昊重工有限责任公司困难职工10人，发慰问资金1万元。县总工会领导班子成员共走访困难职工31人，发慰问金5.2万元；关爱大病职工共发放慰问金9万元。全年累计实施帮扶521人次，发放帮扶资金56.88万元。列入中央财政专项帮扶建档困难职工15户，发放帮扶资金5.6万元；列入省财政专项帮扶建档困难职工23人，发放帮扶资金8.5万元；列入地方财政帮扶423人，发放帮扶资金25.38万元。推进职工医疗互助项目。组织18032名职工参加住院医疗互助项目，参保金额144.26万元，组织8111名女职工参加特殊疾病保障项目，参保金额81110元，上缴金额152.37万元，较指标任务1.4万人，完成年度目标128.8%。发放医疗互助资金1313人次，共计105.4万元；发放特殊疾病女职工2人，共建设者补助资金2万元。完成并上报127名女职工的多胎生育补助工作，发放补助金12.8万元。按照《湖南省工会专项帮扶资金管理办法细则》要求，通过对困难职工家庭状况排查，为困难职工建档15户。通过踩点、摸查、考核等方式新增3家户外劳动者站点，为更多的长期从事户外工作的快递员、环卫工人、出租车司机等户外劳动者群体提供方便服务。配合县教育局完成《关于开展2022年度“大爱株洲·金秋助学”活动》工作，全县共计资助困难学生118人。

【基层工会组织建设】

认真落实“百人以上企业建会”“八大群体入会”“小三级工会”等工作要求，组织举行“新就业形态劳动者集中建会入会仪式”，邀请星都物流、珈通快递、美团外卖等企业共计90余人参加，发出《攸县新就业形态劳动者集中入会行动倡议》。建立3家户外劳动者站点，成功申报攸县检察院工会和远大水泥工会为“株洲市模范职工之家”，大唐华银公司工会和攸县税务局工会为“株洲市模范职工小家”。至2022年末，全县新成立基层工会组织83家、新增会员总数6291人，其中新增“四大群体”会员数2699人。

【职工活动】

促进全县干部职工的沟通和交流，丰富职工文化体育生活，组织举行“第十届全县职工羽毛球团体赛”，全县67支队伍，670余人参赛。联合县文旅广体局，组织全县职工开展以全民健身为主题的“健康攸州行”百日健走活动、青年职工趣味运动会等活动，引领全民健身运动的开展。关爱单身职工，举办“荟聚幸福里，携手振兴路”青年职工联谊会，为120余名青年职工搭建缔结友情、爱情的平台。

【劳动主题宣传教育活动】

深化“中国梦·劳动美”主题宣传教育活动，深入贯彻习近平总书记在全国劳动模范和先进工作者表彰大会上的重要讲话精神，弘扬劳动精神、劳模精神、工匠精神。“五一”国际劳动节期间，广泛开展劳模宣讲、劳模工匠讲堂等活动，强化“劳动光荣、创造伟大”观念，营造尊重劳动的良好氛围。5—9月，联合县委组织部、县委宣传部等部门单位共同举办“千载梅城·豆腐流香”大型厨艺竞赛活动。从2022年5月面向全县征求宣传标语开始，到9月完成第一轮筛选。开展“夏送清凉”活动，走访慰问巡特警、环卫工、快递员等一线职工，送出“清凉降暑大礼包”和《安全生产宣传册》各1380份。

（杨　棋）

共青团攸县委员会

【概况】

2022年，全县共有共青团员17167名，其中学生团员5069名，占29.53%。团县委直属团组织90个，其中直属乡镇（街道）团组织17个，学校团组织34家，县直单位团组织37个，驻外团工委1个，非公有制经济团工委1个。村级团组织297个，“两新”团组织60个。团县委班子配备1正3副，其中书记1名，兼职副书记3名。

【团员青年政治思想建设】

一是加强学习教育，引领团员青年听党话、跟党走。以庆祝中国共青团建团百年为契机，组织全县团员青年集中学习习近平总书记在庆祝建团100周年大会上的重要讲话，开展微宣讲、热议活动20余场次。开展“学习二十大永远跟党走奋进新征程”主题教育，组织青年讲师团开展党的二十大精神宣讲18场次，并开展“党声‘攸’扬·每日一讲”线上宣讲、“青年热议党的二十大”等活动。持续开展“青年大学习”竞赛活动和“红领巾爱学习”队课学习，累计参学20余万人次。组织全团、团队开展“喜迎二十大永远跟党走奋进新征程”“喜迎二十大，争做好队员”活动，开展离队入团、主题队日等活动，引导广大共青团员、少先队员传承红色基因。

二是选树青年先进典型，引领青少年树立社会主义核心价值观。开展“双红双优”、第一届“攸县青年五四奖章”、新时代向上向善好青年、青年岗位能手、青年文明号、青年安全生产示范岗、乡村振兴青年先锋等评选创建活动，激发青年争先创优的热情。发布《青春攸州·团在一起》攸县青年形象宣传片，宣传推介攸县先进青年集体和个人。持续开展“红领巾奖章”评定工作，评定出二星章集体20个、个人200名。

三是开展青年主题实践活动，引领团员青年为建设中国特色社会主义贡献力量。动员组织全县团员青年投身新时代文明实践，组织开展“雷锋家乡学雷锋”“情暖旅途·暖冬行动”“青春攸你·战疫同行”“幸福攸州·暑你最美”“河我一起·保护母亲河”等各类青年志愿服务活动 856 场次。开展“青耘中国”直播助农活动；承办湘赣边第二届直播电商人才创新创业大赛，吸引湘赣 2 省 9 个市 24 个县市区的 200 余名选手参加，线上线下累计销售 105 家湘赣边企业 575 种农特产品 2000 余万元。推进“乡村振兴・青年建功”行动，派驻驻村工作队，开展脱贫巩固和乡村振兴帮扶，为驻点村筹措帮扶资金 8 万元。

【青少年关爱保护】

深化共青团关爱留守儿童行动，开办“青春攸你・七彩假期”夏（冬）令营 4 期。推进公益助学行动，募集“一元捐”“99 公益日”等项目资金 11 万余元，资助困难学子 335 人。实施“团团希望小屋”建设项目，筹集资金 20 余万元，援建“希望小屋”10 家。完成攸县青年人才驿站建设，为青年人才提供免费住宿、就业指导等支持。联合攸县农商银行推出“新阶贷”“青创贷”，为 100 余名青年创业者提供优惠贷款支持。组织开展“干部能力提升年”选调生国情调研成果展示活动，为青年干部搭建实践舞台；开展青少年模拟政协提案活动，收集提案 50 余件，其中《关于加强农作物秸秆综合利用的建议》入围全国评审。

扎实开展预防青少年违法犯罪工作，广泛开展“6·26”青少年禁毒宣传、防溺水、青少年法治宣传等宣教活动。邀请市三医院心理咨询师来攸举办“轻松备考・12355 与你同行”中高考减压讲座，关爱学生心理健康。

【组织建设】

加强党建带团建工作，2022 年，党建带团建工作纳入县委巡察“三个聚焦”重点清单、纳入教育部门党建考核并占 10% 分值，改革初显成效。推进县域共青团基层组织改革，完成《攸县深化县域共青团改革工作的实施方案》，并部署落实。启动县级青年联合会组建工作，已吸纳全县 100 余名各行业、战线优秀青年申请加入联合会组织。

强化以团带队工作，举办少先队辅导员专业能力素养考试，在万古桥社区、县消防大队建立校外少先队活动基地，加强少先队社会化工作体系建设。新建县级青年之家 2 家，全县青年之家开展各类服务活动 363 场。

（王梦玲）

攸县妇女联合会

【概况】

全县有 17 个镇(街道)妇联、102 个县直机关、企事业单位女职工委员会、297 个村(社区)妇联、5355 名村(社区)妇联执委。县妇联机关在职工作人员 5 人。

2022 年，县妇联以党的二十大精神及习近平新时代中国特色社会主义思想为指导，引领全县广大妇女群众锐意进取、守正创新，积极投身经济发展和家乡建设，奋力谱写攸县妇女儿童事业新篇章，各项工作取得可喜的成绩，获得市妇女工作一类单位、全县平安建设先进单位等奖项。

【妇女思想引领】

加强思想引领。筑牢妇女群众听党话、跟党走的思想根基，广泛开展“巾帼心向党喜迎二十大”群众性系列主题宣教活动。深入春联街道春风社区“门前三小”开展“我奋斗・家国美”巾帼大宣讲活动，近百名妇女群众参加活动，领悟红色精神，传承信仰之光。下沉江桥街道阴山港村召开屋场会，并向群众宣讲党的二十大精神。扩宽宣传渠道。充分发挥妇联舆论阵地作用，走好网上群众路线，利用新媒体平台发布宣传报道 300 余篇，其中“潇湘女性网”85 篇、“株洲女性网”102 篇、“攸州妇联”微信公众号 134 篇，累计浏览量达 32 万余人次，并通过微信工作群、“她代表”工作室等妇联平台传播巾帼正能量。

【家庭教育指导】

县妇联积极引导家长重视家庭教育，注重亲子陪伴，涵养优良家风。开展家庭教育“五进”活动。以示范性村（社区）家长学校为标杆，以点带面，动员全县各级妇联组织攸美巾帼家庭教育专业志愿者进机关、进村（社区）、进“门前三小”、进学校、进企业开展家庭教育专题讲座

20余场次。举办家庭亲子阅读活动。发动全县17个镇（街道）妇联组织充分利用小讲堂、小书屋、妇女儿童之家开展“喜迎二十大——亲子共沐书香强国复兴有我”家庭亲子悦读主题示范活动15场，引导家长充分认识亲子阅读的重要性，陪伴孩子健康成长。开展“走进大国粮仓，守护粮食安全”亲子主题活动。走进攸县城关国家粮食储备库，让孩子亲身体验智慧储粮高科技，深刻感悟粮食安全的重要性，引导广大家庭主动爱粮节粮、增强节约意识。

【关爱妇女儿童】

持续关爱留守儿童。开展“把爱带回家”寒假儿童冬令营和关爱留守儿童夏令营活动，让留守儿童在互动交流中学习知识，收获友谊。以“喜迎二十大巾帼护童向未来”为主题，开展六一关爱活动，主动对接爱心企业，为江桥街道谢家垅社区、渌田镇大洲村小学捐赠了一批文具、食品等爱心物资，价值共计6万余元。深入校园开展学生心理团辅和个辅，免费为有需要的儿童提供心理辅导，帮助他们树立积极健康、阳光向上的心理状态。健康护航显温情。重点关爱困难妇女。开展农村适龄及城镇低保适龄妇女“两癌”免费检查，不断加大“两癌”防治知识宣传力度，在园区发动女职工关注“两癌”、主动筛查，全县全年顺利完成17538人的筛查，完成率100.2%。积极摸底上报“两癌”救助对象313人，争取全国“两癌”救助金69万元，救助“两癌”患病妇女69人。通过“出手吧姐姐温暖2022”公益项目，募集资金14.2万元，救助困境妇女、儿童130余人。“三八”国际妇女节期间，进行“两癌”妇女走访慰问，让她们感受到党和国家的温暖。

【权益维护】

用心做好来电来访工作，全年接待来电来信来访124起，其中来访76起，来电48起，共调处家庭矛盾纠纷78起，涉及未成年人1起。开展普法宣传活动，线上通过“攸州妇联”微信公众号发布“利剑护蕾”行动、防性侵、防拐卖、《中华人民共和国家庭教育促进法》等相关宣传推文20余篇，线下发动各级妇联组织在集贸市场、小区等人流量较大的地点集中开展法律宣传活动60余场次。联合教育局开展“守护花季”青春期性教育宣传216场，做好预防儿童性侵工作。

【促进妇女就业创业】

举办妇女职业技能培训多期，培养面点师、育婴员近100名，促进家庭妇女劳动就业。联合县金融办开展政银企对接会，为创业女性现场授信200万元，有效助推解决融资难题。深入挖掘巾帼创业典型，积极推荐湘天华、亚美等企业参与“巾帼现代农业科技示范基地”“巾帼创业大赛”等评选活动。积极宣传返乡创业女性周芦芊带领乡亲们发展蜜梨种植产业增收致富的故事，并推送到智慧攸州、《株洲日报》《湖南日报》等主流媒体。

【妇女专项服务活动】

助力乡村振兴。持续推进人居环境整治创“最美庭院”工作，发动巾帼志愿者开展垃圾分类、乡村清洁、庭院打扫等志愿服务活动800多场次，并创新开展“幸福菜园”创建活动，带动妇女群众热爱家庭、保护环境，建设美丽家园。助力基层治理。发动各级妇联执委、攸美巾帼志愿者积极参与乡村治理，大力开展疫情防控、森林防火、环境保护、垃圾分类、普法宣传等巾帼志愿服务活动。开展教育宣讲。联合邮政集团力量，擦亮“湘妹子能量家园”志愿服务品牌，坚持“有行动就有积分、有积分就有奖励”的原则，指导联星永佳社区、菜花坪高和社区开展家风文明、家庭教育、关心关爱、政策宣讲、社会治理等志愿服务活动130多场次，累计积分4.2万分。组织干部能力培训。

【基层妇女干部培训】

举办2022年村（社区）妇联主席综合素质提升培训示范班，发动全县各级妇联举办“领头雁培训”，全面提升全县基层妇联执委、妇女干部的业务能力、理论水平、服务本领。创新活动形式，举办“回娘家”文化沙龙12场，围绕情绪管理、亲密关系、花艺茶艺、仪容仪表等内容展开学习和探讨，提升妇女综合素养、促进女性内外兼修。

（李丽萍）

攸县科学技术协会

【概况】

2022年，攸县科学技术协会机关有在职工作人员8人，内设机构有科普部（学会部）、办公室；下辖全县各类学会19个、农村专业技术协会17个、行业协会4个，年内新增企业科协214家。全县建有农村科普示范基地86个，其中国家、省级4个，科普示范村75个，农村社区科协1个，农技协联合会1个，科普文明社区5个；青少年科创基地3个。全县有省、市级科技示范户200户，省级青少年科普教育基地2个。2022年，围绕全县公民科学素质建设目标，积极开展基层科普工作，弘扬科技创新精神，推动公民科学素质提升，助力实施乡村振兴战略。完善《攸县全民科学素质行动规划纲要实施方案（2021—2025年）》《攸县创建2021—2025年度第二批全国科普示范县工作实施方案》，7月，通过省科协的初步验收。攸县被中国科协列为“2021—2025年度第二批全国科普示范县”。

【科普宣传】

认真贯彻落实《中华人民共和国科普法》，组织开展“全国科普日”“科普宣传周”“科普大篷车下乡”等活动，在全县开展内容丰富、形式多样、效果明显的各类科普宣传活动，组织全县各中、小学校开展“科技节”系列活动。“全国科技者日”之际，县科协开展“红领巾小创客”走进农村科普示范基地实践活动，联合县科技和工业信息化局组织联星街道圳江小学学生到株洲市“农村科普示范基地”湘天华公司天鹭湖油茶文化科技产业园参观学习，并参与科普实践活动，实地了解攸县国家地理标志产品“攸县油茶”的历史发展及油茶种植加工技术；通过参与互动、现场体验等方式，让青少年感受科技魅力，培养广大青少年的科技兴趣，不断提高科学文化素质。

【青少年科普】

一是建立青少年科技创新基地。县科协与教育局共同考察确定3所学校为基地校，带动全县中小学科技创新工作。二是加强师资培训。组织全县中小学科技教师培训，并聘请退休科技辅导员到各校进行科技创新讲座。三是开展学生社团活动。联合县教育局指导全县各中小学建立学生社团，每月开展2次以科技创新为主题的社团活动，全县各校共组建科技、书画、刺绣、剪纸、烹调、舞蹈、球类、机器人、航模等有20多个学生社团，共有8000余名中小学生参加社团活动。四是举行校园科技节活动。2022年，举办第三届科技节活动，共设立优秀科技创新、科幻画、科学影像，实践论文等奖项。2022年攸县荣获株洲市第42届青少年科技创新大赛奖项共41项。其中10个项目获一等奖，7个项目入围省赛，工业路小学“抗疫自助免接触洗手消毒液”获省一等奖，其他6项获二、三等奖。

【农技联合协会】

县农技联合协会为各农技协会群众做好科技咨询、技术授课、产品营销、项目联系申请等服务，成为连接各级政府及职能部门的桥梁纽带，为攸县农业产业做大做强，县域经济发展贡献科普力量。全年举办各类科技培训班30余次，参训者达5000余人。科协对联合协会给予政策项目和经费等方面的支持，实施年终考核评比与奖补挂钩的形式推动工作，做到平时有工作安排、有督促检查、有交流互动，每年安排科技骨干人员外出学习提高业务能力，有力助推产业振兴、乡村振兴。

（贺　柯）

攸县归国华侨联合会

【概况】

2022年，县归国华侨联合

会认真学习贯彻习近平新时代中国特色社会主义思想，坚持“三性”（政治性、先进性、群众性）原则，认真履行“群众工作、参政议政、侨界维权、联络联谊”职能，落实统战工作“发愤图强、重振雄风”工作要求，加强侨界政治引领，发挥侨界作用。

【侨界政治思想工作】

2022年，共召开3次侨联常委会会议研究侨联工作，向侨商企业代表、侨眷侨属传达各级政策精神，并听取侨界群众意见，共商侨联事业发展和为攸县经济社会发展工作。7月，组织侨界代表赴莲塘坳爱国主义教育基地——红军洞参观学习，组织2名海外留学人员在联星街道文化社区开展1个月的实践活动，帮助他们零距离感知中国共产党为人民服务的初心与使命。邀请侨胞侨属参与读书会，学习红色经典，接受爱国主义教育和革命传统教育，坚定共产主义信念，增强“四个自信”，为攸县经济社会发展作贡献。帮助县人民政府引进外国高级专家人才1人，助推电商外贸发展。协调帮助文旅广体局特邀著名海外侨领欧阳飞鹏担任“株洲文旅推荐官”，助力攸县旅游业发展。

【为侨服务和联络联谊】

7月，组织机关工作人员、3名海外归国留学生和80多名青少年学生在攸县步行商业街举行为期1周的“同心夏令营”艺术培训活动。8月，组织机关工作人员、部分海外留学归国人员、文艺工作人员，在县城文化馆新时代文明实践中心开展专场文化志愿服务活动；组织侨青、北美、欧亚各组组长，以小组为单位，分片区对42户侨眷进行中秋节走访，了解侨眷生活情况及亲属在海外生活情况，征集侨眷对侨联工作的意见建议。2—4月，开展“春风拂侨”行动，集中走访慰问归侨侨眷54户117人，向他们赠送慰问金和慰问品。结合“四明白、四清楚”大调研活动，收集侨界反映侨声侨情信息28条，帮助协调、解决实际问题15个。8—9月，组织工作人员对全部453名在册侨界人员进行电话征询，核对采集家庭住址、现任职单位及职务、联系电话及亲属电话等个信息，完成信息库数据更新任务。

（刘易浩）

攸县工商业联合会

【概况】

2022年，攸县工商业联合会共有基层商会17家，异地商（协）会7家，联系行业协会11家。2022年，圆满完成换届工作，并适当提高企业会员和团体会员比重，在扩大工商联会员覆盖面和优化会员结构的基础上，吸纳一批思想品质优、社会贡献大、参政议政能力强、有较大社会影响的民营经济人士加入工商联。12月，召开第十四次代表大会、第十四届执委会第一次会议，选举产生新一届工商联领导班子，其中主席（会长）1人，专职副主席（副会长）1人，副主席（副会长）9人，副会长18人，常委29人，秘书长1人，执委47人。2022年度获“全国民营企业调查点工作先进基层单位”、市“目标管理工作优秀单位”等荣誉。

【参政议政】

积极配合县人大、县政协、县委统战部做好民营经济人士参政议政工作安排，55名工商联会员被安排到省、市、县各级政治协商平台。借助界别集聚力强、整合资源的优势，组织民营经济代表人士通过联名提案、征求意见、小组讨论等形式共撰写40余条微建议，提案22件，其中《关于城市道路安全问题的微建议》《关于攸衡路与内环路交叉口路面积水急需解决的微建议》被评为年度优秀微建议；《培育壮大市场主体，助力攸县高质量发展》《扶持新农人，助力乡村振兴》被评为年度优秀提案；工商联界委员活动组被评为年度先进界别活动组；《关于破解招工难题，推进产业体系建设与人力资源协同发展》调研材料，为全县经济社会发展提供有益参考，得到县委、县政府的充分肯定。

【服务全县经济发展大局】

围绕“迎老乡、回故乡、建

家乡”主题，充分发挥商（协）会在招商引资活动中的作用。先后组织各异地商（协）会开展返乡交流活动2次，依托各级商（协）会联系广、资源多的优势，为攸县提供招商引资有效项目信息5条，陪同意向企业到攸县考察9次，成功引进项目14个，项目投资金额2.25亿元。深入乡镇（街道）、村（社区）和民营企业开展市场主体培育的指导和服务工作，通过召开工作推进会、走访调研的形式，进一步激发民营经济市场主体活力，促进民营经济市场主体倍增，培育壮大民营经济。2022年，净增市场主体8356户，完成全年目标任务的132.19%。

3月，联合长沙市攸县商会开展“万企兴万村,助力建家乡”集中签约活动，11家企业、商会与7个乡村签订《乡村振兴战略合作协议》，投资村企共建项目11个，总投资累计达1.85亿元，进一步引导商会和民营企业发挥平台和人才优势，为全面推进乡村振兴战略提供有力支撑。

【服务企业】

始终坚持“两个健康”（非公有制经济健康发展二、非公有制经济人士健康成长）主题，创新服务民营经济工作机制。精心筹备政企“早餐会”，安排民营企业负责人与县委书记、县长等县领导共进早餐，畅聊发展，切实帮助民营企业解决实际问题，进一步提振企业发展信心。组织开展“百会千企”大走访、“送政策、解难题、优服务”等行动。2022年，共走访民营企业（商协会）150余家次，收集反映的问题和建议59个，帮助民营企业成功解决问题55个，真正做到想企业之所想、急企业之所急、解企业之所困。组织召开营商环境主观评价工作部署会、营商环境主观评价工作推进会，针对全县6000余家市场主体关注的难点、痛点、堵点问题进行走访调查，精准了解县域营商环境存在的问题，进一步激发市场活力创造更优的发展环境。

【慈善公益活动】

开展捐资助教活动，引导民营企业发扬奉献精神积极担当社会责任。2022年，各会员单位共资助贫困学生150余名，累计捐款捐物50余万元。落实县委、县政府关于疫情防控工作决策部署，动员各级商会、民营企业主动承担社会责任，积极参与疫情防控，捐赠口罩、饮用水、方便面等价值20万余元的疫情防控物资。

【民营经济党建工作】

始终坚持贯彻“信任、团结、服务、引导、教育”方针，扎实开展民营经济人士党的建设工作。建立和完善工商联党组织领导和管理所属商（协）会、民营经济党建工作机制，加强对所属商（协）会及民营经济党建工作的领导和指导，进一步丰富主题党日活动内涵，提升活动质量，推动党建引领商会工作，促进党建工作与民营经济工作有机融合。2022年，共组织民营经济人士开展专题学习教育等活动3次，团结引领广大民营经济人士听党话、跟党走，充分发挥党组织阵地堡垒作用。

（邹　宾）

攸县文学艺术界联合会

【概况】

攸县文学艺术界联合会下辖作家、书法、摄影、音乐、戏剧、诗词楹联、美术、汉服文化等八个专业艺术协会和黄丰桥镇文联。其中作家协会拥有市级会员31人，省级会员21人，国家级会员1人；书法协会拥有市级会员46人，省级会员22人，国家级会员3人；摄影协会拥有市级会员25人，省级会员9人，国家级会员3人；音乐协会拥有市级会员21人，省级会员4人；诗词楹联协会拥有市级会员92人，省级会员84人，国家级会员38人；美术家协会拥有市级会员22人，省级会员8人；黄丰桥镇文联拥有市级会员19人，省级会员14人，国家级会员8人。

【期刊和微信公众号】

全年出版《攸州印象》11期，调整栏目结构，增设《攸县工作》专刊，丰富栏目内容，提高可读性。作协《文艺窗》坚持每年出刊两期；《攸河》按时出刊。黄丰桥镇文联下属的兰溪文学社有自己的微刊——“兰溪文学社”，定期编辑出版《兰溪文学》。

“攸河文韵”微信公众号每个星期更新一次。诗协创办自己的微刊——“冯子振散曲社”，结集出版散曲集——《新曲颂攸州》。同时，文联加强对外宣传推介工作，在新湖南等媒介上推送信息10余条，提升、扩大攸县的形象和影响。

【文艺协会活动】

2022年春节期间，组织书法协会、摄影协会到桃水镇竹泉村、春联街道春风社区、丫江桥镇新沙岭村、石羊塘镇洲上田村、江桥街道办事处同坝村等地方开展“志愿关爱行，幸福进万家”写春联拍全家福等文艺惠民活动；组织部分文艺家们赴菜花坪镇桃花岛鹰嘴桃基地、香港佳宝集团振源脐橙基地、菜塘村弄塘组开展采风活动；组织纪念谭震林诞辰120周年诗歌创作和朗读以及家书诵读活动；组织书法协会的文艺家们参加2022年株洲市文化科技卫生“三下乡”集中示范活动；组织县作家协会部分会员前往鸾山镇黄桃基地采风活动；举办“千载梅城·清廉攸州”美术书法摄影展、开展“奋进新征程、‘艺’起向未来”文艺活动等一系列活动，深受群众欢迎和喜爱。

（张芸菲）

攸县残疾人联合会

【概况】

2022年，全县有残疾人3.65万人，占总人口的4.6%。已办理残疾人证22940人，其中按等级：一级残3585人，二级残10472人，三级残5301人，四级残3582人；按残疾类别：肢体残疾11161人，视力残疾3032人，听力残疾3069人，言语残疾282人，智力残疾2461人，精神残疾2476人，多重残疾459人。残疾人的分布特点：一是地域性，山区残疾率高于平地，贫困地区高于富裕地区，边远地区高于发达地区；二是年龄性，肢体残趋于年轻化，听力语言残趋于老龄化；三是差异性，肢体残多于其他残，重、中度残多于轻度残，男性多于女性。通过对24679名持证残疾人调查，完成残疾人基本服务状况和需求信息数据动态更新，实现残疾人信息动态管理，为精准化开展残疾人服务提供基础数据支撑。

2022年，全县297个村（社区）都选聘残疾人专职委员，规范基层残疾人工作队伍，明确责任，规范制度，提高镇（街道）、村（社区）残联专干和专职委员干事的服务能力，形成机构健全规范、队伍扎实肯干、服务功能完善的全县残疾人服务体系。年末，全县17个镇（街道）均建立了残联组织，配备了残联专职干部。

县残疾人联合会有在职干部职工8人，内设办公室、康复部、教育就业部3个股室，下设事业单位残疾人劳动就业服务所。县残联坚持把改善残疾人民生，促进残疾人全面发展作为工作的出发点和落脚点，提升县、镇（街道）、村（社区）残疾人组织服务能力，着力解决残疾人最关心、最直接、最现实的问题，进一步推进残疾人事业发展。

【残疾人康复】

一是精神病患者医疗救助。为确保贫困精神病患者得到康复服务和医疗救助，县残联为150人精神病患者提供人均1000元的服药补贴。

二是开展0—6岁贫困残疾儿童抢救性康复。为确保残疾儿童获得精准的基本康复服务，减轻残疾儿童家庭负担，县残联对全县残疾儿童进行摸底筛查，对55名涉及脑瘫、智障、孤独症和听力障碍等方面的贫困残疾儿童提供免费康复服务。

三是发放残疾人辅助器具218件，为35名贫困肢体残疾人安装假肢，为5名贫困听力残疾人适配助听器。

【残疾人就业】

进一步完善残疾人就业保障金制度，继续推进按比例安排残疾人就业工作。严格按照省市残联按比例安排残疾人就业年审工作相关文件的要求，完成64个单位、125名就业残疾人的按比例安排残疾人就业年审。进一步加强残疾人职业技能培训。切实提高残疾人职业技能水平和综合素质。依托攸县超群CAD（计算辅助设计）工程学校培训机构，开展残疾人职业技能60人，实现就业20人；完成农村残疾人实用技术培训150人。加大残疾人创业扶持力度。根据省残联下达的创业扶持任务（12人）要求，县残联入户下乡，精准摸排，实地考察，确定2022年度残疾人创业扶持名单，并下拨创业扶持资金。继续开展残疾学生以及残疾人家庭学生教育资助项目，对138名残疾学生及残疾人家庭学生进行教育资助。完成9家盲人按摩机构54名视力残疾人员工就业基本情况摸底工作。开展湖南省适龄残疾儿童少年义务教育入学情况核查，523名残儿的教育安置已全部排查到位。继续实施残疾人托养服务项目，其中日间照料20人，居家服务150人。

【残疾人维权】

成立残疾人法律救助工作站，为残疾人提供法律援助2件。完善残疾人信访机制，共接待残疾人来信来访来电200余人次，资金救助经费近1万元。残疾人来信来访件办结率100%，回复率100%，切实维护残疾人的合法权益。

【全国助残日活动】

以“全国助残日”为契机，开展丰富多样的助残活动。到县特殊教育学校开展慰问活动，赠送慰问金3万元；在攸县超群助残社会工作服务中心，组织80余名残疾人朋友和志愿者开展“全国助残日”节庆活动；在攸县颐宁园老年公寓，联合社会爱心人士，现场为老年残疾人赠送轮椅、洗澡器、棉被等生活物资。

【实施民生实事项目】

2022年，县残联承担2个政府为民办实事项目。一是贫困残疾人家庭无障碍设施改造95户。通过个人申请、镇（街道）初审、县残联实地考察，确定贫困残疾人家庭无障碍改造对象120户，实际完成120户残疾人家庭改造任务，完成任务目标的126.3%。二是残疾儿童康复救助40人（320个月）。通过实施0—6岁贫困残疾儿童抢救性康复，为61名贫困残疾儿童提供免费康复服务。

（王能静）

攸县红十字会

【概况】

2022年，攸县红十字会在省市红十字会的指导和县委、县政府的领导下，攸县红十字会，立足“三救三献”工作职责，强化宣传教育、救护培训、人道救助和志愿服务，弘扬“人道、博爱、奉献”精神，全年取得显著工作成效。

【救助特困患者，关爱困难群体】

一是争取“小天使”公益基金救助特困患者，全年共为5名0—18岁的攸县籍白血病患者申请红十字小天使基金救助，帮助1名幼儿申请“小天使”先心病救助基金。二是为大病患者争取人道救助，全年共为14名攸县籍大病患者申请湖南省红十字人道救助资金7万元。三是白内障患者救助，与爱尔眼科医院合作，在攸县范围内为100名白内障患者提供免费治疗。四是开展“红十字”关爱活动，关爱攸县困难群体儿童。筹集价值100万元的奶粉3480罐，开展“博爱送万家”活动，惠及全县3000余户困难家庭。

【“博爱家园”项目】

2022年，为助推全县脱贫巩固和乡村振兴，攸县红十字会为酒仙湖村争取到博爱家园项目资金15万元，实施“博爱家园”项目，修建村级道路1123米；组建乡村红十字志愿者队伍，开展志愿者宣传培训活动，宣传红十字“人道、博爱、奉献”精神，进行应急救护知识培训。

【“三献”“三救”宣传】

5月，以“5·8”世界红十

字日为契机，开展主题为“聚人心·共善举”“生命教育·人道伴行”等人道公益宣传活动；在湘东大市场、高新区、谭桥街道等地开展疫情防控知识、无偿献血知识宣传和急救培训、健康检查、义诊等活动；发放“三献”知识手册300余份，免费健康检查、免费义诊120余人。6月14日“世界献血者日”之际，县红十字会在高新区开展“献血是一种团结行为，加入我们，拯救生命”主题宣传与志愿献血活动。9月9日世界急救日来临之际，联合县教育局在攸县震林中学开展“终身学急救，救护伴我行”主题活动，为学生普及急救知识，增强学生应急救护意识和能力。

2022年，攸县共有捐献造血干细胞4例。5月27日，攸县居民在县红十字会工作人员的陪同下前往湖南省人民医院完成造血干细胞捐献，成功挽救一位血液疾病患者的生命；7月20日，黄丰桥镇柏市社区居民在长沙湘雅三医院成功捐献180毫升造血干细胞混悬液；10月12日，石羊塘镇佳台村村医张志在长沙完成295毫升造血干细胞混悬液捐献；11月3日，高新区干部李佩玲在湘雅三医院为一名2岁的血液病患者成功捐献造血干细胞。5月7日，82岁的网岭镇罗家坪村村民刘龙芝在弥留之际与县红十字会签署眼角膜捐献登记表，并在5月9日将眼角膜捐出，使至少一位患者可以重获光明。

【救护培训】

一是帮助群众掌握应急救护知识，学会互救自救。以3月5日“学雷锋日”活动和新时代文明实践志愿服务活动为契机，组建红十字应急救护培训志愿服务团队，在攸州公园与县内各部门单位开展应急救护培训，通过理论讲解、示范操作、学员互动、现场演练等多种形式，向群众传授救护基本理论、心肺复苏技能、现场急救原则和方法。二是开展防灾减灾宣传。5月12日，攸县红十字会在湘东大市场和各部门单位开展防灾减灾宣传活动，向群众宣传普及“红十字运动”知识和应急救护常识。三是开展志愿者培训。全年共开展3批次培训，参加培训共150人次。专项开展救护员培训，邀请株洲市蓝天救援的专家，在谭桥街道完成第一批培训，受训人员50人，取得救护员证书43人，通过率达到85%以上。

【新冠疫情防控物资募集】

2022年新冠疫情阻击战期间，县红十字会积极募集物资，联合爱心企业扎实做好捐赠物资接收，第一时间作出分配方案并落实发放。4月19日，接收到北京泰思诺医药科技有限公司捐赠的口罩、消毒凝胶等价值10万元的防疫物资，缓解防疫物资紧张状况。9月19日，深圳市北极鲸环保科技有限公司向攸县红十字会无偿捐赠空气净化器共计20台。11月15日，中国人寿财险公司攸县支公司为攸县捐赠口罩1.25万只。

（蔡丽君）

法 治

政法委及综治

【概况】

2022年，全县政法机关贯彻落实中共中央、湖南省委、株洲市委政法工作会议精神，坚持党对政法工作的绝对领导，持续推进平安攸县、法治攸县建设。依法严厉打击违法犯罪活动，有效防范化解各类风险，加强中共二十大期间安全保卫和社会维稳工作，确保全县社会大局稳定，为全县经济社会发展保驾护航。公安机关立刑案1399起，破刑案561起；检察机关批捕犯罪嫌疑人173人，起诉528人；审判机关受理案件15537件，审（执）结14867件。

2002年度，攸县获“全省平安建设先进县”称号，县人民法院获评“全国为群众办实事示范法院”，县人民检察院获评“全省检察机关常态化开展扫黑除恶斗争先进集体”，县公安局获评“全市公安机关维护政治安全工作成绩突出集体”，县司法局助推攸县成功创建全国民主法治示范社区1个、全省民主法治示范村1个，县委政法委获评全市政法工作先进单位。

【综合治理】

持续深入开展治安联勤值守、巡逻巡查，常态化开展扫黑除恶，打击电信网络诈骗和养老诈骗等犯罪。2022年，刑事案件同比下降6.5%，八类严重刑事案件下降12.1%，涉黑恶线索办结率100%，八类暴力案件破案率100%。推进综治中心规范化建设，完成县、乡两级综治中心和23个村级示范点建设，“雪亮工程”已集成并纳入综治系统。加强矛盾纠纷排查化解，发挥“乡贤”文化对基层治理的教育教化作用，全县社会风气持续向好，株洲市公众安全感满意度测评，攸县排名第二。

【优化营商环境，护航经济发展】

制定《攸县政法机关全力营造“四大环境”服务“三个高地”“三大会战”法治护航十三条》等，依法打击破坏经济秩序违法犯罪，全面落实“少捕慎诉慎押”刑事司法政策，妥善审结强制清算与破产案件，保护各类市场主体的合法权益。政法机关在50个重点企业开展对口服务，切实为企业纾困解难，全年出动警力300余人次，消除安全隐患50余处，化解矛盾纠纷120余次。

【政法队伍建设】

加强政法队伍理论武装和思想政治教育，借助全县“党声‘攸’扬”宣传载体，在政治系统组织开展党的二十大精神宣讲活动。全面从严治警，落实新时代政法干警“十个严禁”，组织开展“执法办案能手”评选活动，持续巩固政法队伍教育整顿成果。关心、关爱政法干部，走访慰问因公致伤致残和困难家庭政法干警，2022年，政法系统共有207名干部得到职级晋升、重用、提拔。

（蔡　鹏）

法治政府建设

【宣传贯彻落实习近平法治思想】

将习近平法治思想纳入县委、县政府理论学习中心组集中学习重点内容，列为全县各级党委（党组）中心组学习经常性内容，组织讲师团深入镇（街道）开展“习近平法治思想进机关、进党校、进社区”巡回宣讲活。及时传达习近平总书记在中央全面依法治国工作会议上的重要讲话精神，精心组织《法治中国建设规划（2020—2025）》《法治政府建设实施纲要（2021—2025年）》《法治社会建设实施纲要（2020—2025）》“一规划两纲要”学习，让法治观念扎根干群心中。在开展法治政府实地督察过程中，将习近平法治思想核心要义、“一规划两纲要”以及党政主要负责人履职具体内容纳入各级各单位负责人个人谈话必谈内容，督促各级各单位党政领导切实履行推进法治建设第一责任人职责，自觉运用法治思维和法治方式深化改革、推动发展、维护稳定、应对风险。

【问题整改】

高度重视中央、省、市各级督察反馈问题（意见）的整改落实工作，坚持系统观念和问题导向，逐项对照，认真自查，研究出台《攸县贯彻落实中央依法治国办、省委依法治省办、市委依法治市办关于法治政府建设督察反馈（通报）意见整改方案》《攸县关于落实市委依法治市办来攸实地督察法治政府建设反馈问题的整改方案》，2022年共计落实共性问题整改56项、个性问题整改48项，完成各类整章建制20余项。

【依法履职】

县人民政府对标中央、省、市要求，全面贯彻行政审批服务便民化和“一网一门一次”改革要求，及时完成县级权力清单、公共服务清单和责任清单的编制及发布工作。实施行政事业性收费事项的清单管理和动态管理，全面发布县本级行政事业收费目录清单和县本级涉企行政事业性收费目录清单，真正做到清单之外无收费。出台《攸县人民政府重大行政决策程序规定》和《攸县人民政府重大行政决策目录管理暂行办法》，对县政府重大行政决策程序和要求进行具体明确。

【规范行政执法】

完善依法行政制度体系，出台《全面推行行政执法公示制度执法全过程记录制度重大执法决定法制审核制度的实施方案》，由县委依法治县办牵头，对11个县直执法单位和2个乡镇政府（街道办）进行行政执法三项制度落实情况开展实地督察。统筹推进城管、市监、文化、交运、农业、应急等六大领域“局队合一”体制改革，加大食品药品、公共卫生、自然资源、生态环境、安全生产等重点领域执法力度，严厉查处危害食品药品安全、自然资源和环境保护、社会治安等方面的违法行为；整治行政执法过程存在的突出问题，规范行政执法行为。完成12份政府规范性文件合法性审查和9份政府规范性文件“三统一”和备案工作。完成50件政府一般涉法文件和政府合同合法性审查。受理行政复议案件38件，办结38件，办理行政诉讼案件20件。完成全县“两证”换（核）发工作，行政执法证换证862人、监督证发证21人。

（刘永康）

公　安

【概况】

2022年，全年共计接报警10.9万起，立刑事案件1615起，破刑事案件640起，抓获违法犯罪嫌疑人1651人，刑事拘留439人，移送起诉868人；受理行政案件2123起，行政拘留574人。全年抓获逃犯68人，现行命案破案率100%，八类暴力案件破案率100%。

推进基层基础硬件设施建设，新增26辆警车全部分配到一线所队，改善一线警务工作环境。推进“雪亮工程”安防建设，在全县中小学、幼儿园、“三区五圈”及周边等重点部位新增智能监控摄像头，并全部纳入“智慧攸县”电子监控系统，提升校园安全防范能力。推进基础信息采集和电子物证检验鉴定实验室建设，充实刑侦大数据库，为案件侦办提供有效保障。

【维护社会稳定】

做好冬季奥运会、全国两会、“中国共产党第二十次全国代表大会”和“三考”（高考、中考、学业考试）等20余项重大节点期及新冠疫情防控期间的安保维稳工作。完善“四联”工作机制和重点人员包保管控机制，犯罪前科、涉毒、涉暴恐重点人全部落实“一人一台账”，开展森林防灭火、疫情防控和安全生产工作，护航县域的安全稳定和经济社会的持续发展。

【人口户籍业务】

2022年，全县年末总户数24.53万户，年末总人数78.93万人，其中城镇人口37.81万人，乡村人口41.12万人。从性别构成看，男性39.85人，女性39.08万人；从年龄构成看，0—17岁15.43万人，18—34岁14.05万人，35—59岁32.86万人，60岁以上16.59万人。

全年办理身份证44215张，办理户籍业务28792人次。办理临时身份证453张，居住证173张、边境通行证84张。共计出生登记4150人、死亡注销8226人，补录户口153人，户口迁入785人、迁出4203人，主项变更520人。推进“放管服”工作，首创“出生一件一次办”便民服务措施在全市推广，公安平台用户电子证照登记和网上办件满意率99.99%。

开展打击妨害国（边）境犯罪专项行动，共破获偷越国（边）境案件34起，打击处理24人。开展出境未归人员和“三非”外国人摸排管控专项行动，共查处“三非”案件11起，行政处罚11人。

【警务服务】

推进“交通问题顽瘴痼疾整治”行动，全年事故起数、死亡人数、受伤人数、直接经济损失“四项指数”明显下降，连续四年未发生较大以上交通事故，连续两年实现春节亡人事故零发生，交通出行环境安全、有序。全年累计开展禁毒、反诈、反恐、法治教育、道路交通安全、防溺水、禁火灭火等各类安全知识讲座100余场次，为全县10万余名师生和群众提供普法服务。

【队伍建设】

推进“干部能力提升年”活动，开展政治建警，严格落实“六条禁令、十项铁规”。全面从优待警，全年依法依规职级晋升220人，其中晋升二级高级警长1人，晋升三级高级警长7人，晋升四级高级警长24人，晋升警务技术四级主任3人，晋升一级警长及以下职级的185人。

【打击违法犯罪“百日行动”】

7月7日至9月30日，攸县公安机关按照上级公安机关统一部署，开展夏季治安打击整治“百日行动”，集中排查一批风险隐患，管控一批危害社会稳定的重点人员，整治一批治安混乱地区，震慑、抓获一批违法犯罪人员，确保全县社会治安大局平稳可控。按照“横向到边、纵向到底、全面覆盖、不留死角”的要求，围绕“重点人员、重点部位、重点场所、重点行业、重点物品、重点时段”，开展公共安全隐患大排查大整治工作，修订完善各类应急预案，对公共安全隐患“全面排查、集中整治、彻底消除、不留后患”。全面开展大清查行动，检查旅馆是否落实旅客“四实”（实际证件登记、实际名称登记、实际人数登记、实际时间登记）登记制度、接待未成年人入住“五必须”（必须查验入住未成年人身份，并如实登记报送相关信息；必须询问未成年人父母或者其他监护人的联系方式，并记录备查；必须询问同住人员身份关系等情况，并记录备查；必须加强安全巡查和访客管理，预防针对未成年人的不法侵害；必须立即向公安机关报告可疑情况，并及时联系未成年人的父母或其他监护人，同时采取相应安全保护措施）要求，清查网吧、KTV（营业性娱乐场所）、足浴保健等复杂场所各类违法犯罪行为，流动巡查、设卡盘查，检查可疑车辆和人员，严查酒驾醉驾、涉牌涉证等交通违法行为。“百日行动”期间，共刑事拘留28人，行政拘留49人，抓获逃犯4人，破案10起，结案49起。

（肖国亮）

检　察

【概况】

攸县人民检察院共有在职在编干警48人，领导班子成员7人，其中正、副检察长4人，政治部主任1人，检委会专职委员2人。内设8个机构：办公室、政治部（司法警察）、第一检察部至第六检察部。

2022年，攸县人民检察院紧紧围绕全县经济社会发展大局，依法能动履行宪法和法律赋予的职责，维护国家安全和社会安定。全年共批捕各类犯罪嫌疑人173人，起诉528人；加强侦查、审判执行活动监督，纠正侦查活动违法37件，纠正监外执行违法119件、监管场所违法97件，监督财产刑执行案件600余件；受理各类民事检察案件244件，提出检察建议213件，采纳率为100%；立案公益诉讼案件90件，诉前整改率、法院支持率均为100%。加大反腐倡廉工作力度，起诉监委移送职务犯罪6件6人。获“全省检察机关常态化开展扫黑除恶斗争先进集体”“全省检察机关第三届读书风气最盛检察院”等称号。

【维护社会稳定】

深入贯彻落实“少捕慎诉慎押”刑事司法政策，促成刑事和解19件，依法不捕53人，不起诉162人。适用认罪认罚从宽制度，制度适用率93.6%，有效节约司法资源、减少社会对抗、修复社会关系。落实检察长接待群众来访制度，受理群众来信来访73件，均及时办理。加大司法过程中对残疾人、未成年人、妇女等生活困难群体的救助帮扶力度，为27名生活困难的刑事被害人申请司法救助金10余万元。牵头组织建成未成年人“一站式”取证中心，在高效办结案件的同时，帮助被害人身心健康。最大限度挽救涉罪未成年人，对涉嫌轻微犯罪并有悔罪表现的未成年人，依法不捕9人，不起诉1人，附条件不起诉18人。加强“检校共建”，10名检察官“加盟”法治副校长团队，开展“保护少年的你·新时代检察宣传周”等主题校园宣讲活动7次，中小学生受众5600余人次。

【刑事检察监督】

积极推动检警一体化侦审指导机制落实，参加侦查阶段刑事案件讨论30余次，有效引导40余个案件及时进行侦查取证，保证案件质效。加强侦查活动监督，监督立案9件、撤案7件，纠正漏捕1人，纠正漏诉6人、纠正侦查活动违法37件。加强对刑事审判活动的监督，对刑事审判活动提出纠正意见17件。加强刑事执行活动监督，监督纠正监外执行违法119件、监管场所违法97件，共发出检察建议5件。通过大数据比对，排查出脱管22人次，均被监管单位作出处罚。对600余件案件开展财产刑执行监督，发出检察建议1份、纠正违法通知书50份。办理的肖某某社区矫正检察监督案件获评为全省刑事执行检察优秀案件。

【民事行政检察监督】

针对民事执行活动中，违法终结执行程序、逾期删除被执行人失信信息等问题，开展专项监督行动，办理相关案件101件，通过提出类案检察建议，督促改进工作、规范司法行为。对3件虚假诉讼案件，提请株洲市检察院抗诉，让打“假官司”者无处遁形。办理支持农民工讨薪案件23件，成功追回约100万元“辛苦钱”，让农民工暖心不“忧薪”。办理各类行政检察监督案件63件，同比增长2.7倍，办结行政争议化解案件2件，实现“案结事了政和”。

【公益诉讼检察监督】

聚焦“脚底下”的安全发力，督促行政机关为30多所学校解决校门前道路标线、标志牌缺失的安全隐患；就窨井盖安全管理问题发出检察建议2份，让群众出行更安全。聚焦食品药品安全问题办理公益诉讼案件13

件，对个别医院违法发布医疗广告、使用过期医疗器械、药房医生无证开展诊疗的违法行为进行监督，通过发送检察建议，促进诊疗行为依法规范。强化与县市场监管局的监督协作，针对农贸市场销售病死猪肉、米粉厂使用过期大米制作干米粉的违法行为，共督促没收过期大米18.7吨，罚款64万余元。充分发挥行刑衔接联络室作用，将用亚硝酸盐做“毒烤鸭”的民事公益诉讼案件线索移送公安机关立案侦查，并对该案民事公益诉讼情况进行公开听证。

【生态环境检察】

推行“专业化法律监督+恢复性司法实践+社会化综合治理”生态检察模式，扎实推进“禁捕禁捞”“耕地资源保护”等工作，助力法治乡村、美丽乡村建设。全年共办理非法捕捞水产品、非法占用农用地等破坏环境资源类捕诉案件33件48人。共督促恢复被毁损的耕地、林地约228亩，增殖放流鱼苗22万尾，追偿修复生态、治理环境费用38万余元。

【优化营商环境】

着力优化法治化营商环境，出台《攸县检察院服务打造“三个高地”推进“三大会战”法治护航十二条》，依法严厉打击破坏生产经营、串通招投标、合同诈骗等危害市场经济秩序的违法犯罪，办理相关捕诉案件15件40人。对办理的企业涉经营类刑事案件，依法不捕7人、不起诉14人。

【接受监督】

始终秉持“监督者更要自觉接受监督”理念，积极配合县人民代表大会及其常委会开展检察官履职评议工作，3名接受履职评议的检察官均高票通过县人大常委会的现场满意度测评。建立人大代表建议、政协委员提案与公益诉讼检察建议衔接转化工作机制，进一步发挥人大代表依法监督、政协委员民主监督作用。召开“公益诉讼守护‘舌尖上的安全’”专题新闻发布会，向社会各界通报相关工作情况，自觉推进检务公开。共接待律师阅卷81件次，网上公开案件程序性信息758条、重要案件信息32条，邀请人大代表、政协委员和人民监督员视察工作、参与案件公开听证等检察活动157人次，检务公开不断深化。

【队伍建设】

一是加强党对检察工作的领导，严格执行重大事项请示报告制度和《政法工作条例》，认真贯彻落实中共中央、省、市、县委关于加强新时代检察机关法律监督工作的相关精神，在忠诚履职中践行“两个维护”。

二是加强纪律作风建设。坚决落实全面“从严管党治检”主体责任，常态化开展警示教育，开展谈心谈话82人次，持续巩固深化教育整顿工作成果。严格落实中央八项规定及其实施细则，坚决落实新时代政法干警“十个严禁”。严格落实防止干预司法“三个规定”，坚持“逢问必录”66件。坚持“管人”与“管案”相结合，深刻把握司法权运行规律，加强自身监督制约，组织评查案件390件，发出流程监控通知书117份。

三是加强检察干警能力建设。以“干部能力提升年”活动为抓手，以专业化队伍建设为主线，通过听专家授课、案例研讨、庭审观摩等多种培训模式，提升干警专业工作能力，全院全员培训练兵141次，参加培训2389人次。依托“导师带新人”，充分发挥资深检察官“传帮带”作用，促进青年干警成长。加强绩效考核及考核结果运用，完成检察人员职级晋升19人次。

（文爱喜）

法 院

【概况】

2022年，攸县人民法院有在岗在编人员102人，其中员额法官45人。内设立案庭、刑事审判庭、民事审判一庭、民事审判二庭、综合审判庭、执行局、政治部、综合办公室、审判管理办公室、司法警察大队等10个机构，下辖联星、网岭2个人民法庭。2022年受理各类案件

（含旧存）15537件，审（执）结14867件，结案率95.69%，法官人均结案346件。各项工作在全省基层法院考核中均位于先进行列，获评全国“为群众办实事示范法院”“全省法院诉讼服务示范窗口”和市“三八红旗集体”等多项荣誉。

【刑事审判】

受理刑事案件（含旧存）467件，审结409件。从严惩处危害食品药品安全犯罪2件11人，全力保障人民群众“舌尖上的安全”。开展打击毒品犯罪专项审判活动，审结涉毒品犯罪案件12件，判处3年以上有期徒刑8人，何某某贩卖毒品罪一案入选最高人民法院2022年十大毒品（涉毒）犯罪典型案例。开展“利剑护蕾”专项审判活动，审结性侵未成年人案件6件。开展打击治理电信网络新型违法犯罪活动，审结帮助信息网络犯罪活动罪案件63件，掩饰、隐瞒犯罪所得罪27件，侵犯公民个人信息罪4件。

【民事审判】

受理民商事案件（含旧存）8783件，审结8371件。聚焦民生热点，妥善审结教育、就业、医疗、住房等涉民生案件411件。妥善审结借贷、买卖等合同纠纷案件7206件，引导公平交易的社会秩序。着力打造“高效便民”司法，完善繁简分流机制，升级速裁团队，速裁案件1012件，平均审理周期不超过20天。扎实开展“为群众办实事示范法院”创建活动，为行动不便的当事人提供上门立案服务10次，缓、减、免诉讼费109件70万元，引导符合条件的13名困难当事人申请司法救助金，真正将“救急救困”落到实处。

【执行工作】

全年共受理执行案件（含旧存）6264件，结案6053件，执行到位1.34亿元，实际执行到位率同比增长1.8%，案件平均办理周期同比缩短7天。开展“湘执利剑”专项行动，执结涉民生案件126件，到位金额367.34万元，为农民工追讨工资182.39万元。完善“网格+执行”工作模式，发布42则悬赏公告，发动520个网点协助查人找物，促进形成工作合力。提高财产处置效率，冻结扣划保险权益796笔，拍卖执行标的物97起，变现财产1800万余元，真正将“纸上权益”变成“真金白银”。加大反规避执行力度，司法拘留35人，纳入失信公示系统351人次，限制高消费3933人次，公布失信名单160人次，营造严打失信行为的强大声势。

【维护社会稳定】

依法高效审结涉黑涉恶及“保护伞”案件6件23人，判处5年以上有期徒刑10人。成立“7·30”宁某某等14人涉黑财产刑案件工作专班，执行到位案款117.92万元、实物财产3462.88万元。聚焦10大重点行业领域存在的突出问题，发出司法建议9条。审理涉案金额达数亿元、工程数达20项的6人串通投标刑事案件。

切实开展“护航党的二十大”、涉法涉诉信访“百日会战”等专项行动，有效化解信访积案11件。坚持院领导接待制度，增设执行立案窗口，建立“固定+轮值”执行接待模式，总计接待来访群众3200余人次，收到锦旗12面。派出法官团队固定每月2次参与乡镇司法所诉调对接中心的调解工作，成功化解矛盾纠纷67件。与县交警大队开展联调联治，就地化解事故纠纷131件。开展巡回审判18场次，审查村规民约2次。选派9名干警担任中小学法治副校长，开展普法宣传活动36场次，使超6000名青少年学生、行政人员和群众接受法治教育。发布工作动态和普法资讯120余期，原创普法宣传视频25期，弘扬司法正能量。

【司法服务】

妥善审结强制清算与破产案件2件，涉及债权5000余万元，为破产企业申请发放救助金10万元，助力工业园区2家企业清算重整，腾退厂房3000余平方米。实地走访企业25家，出台实施惠企政策4条。走访慰问村民32户，拨付帮扶资金15万元。派出干警1000余人次，参与到疫情防控、森林防火等工作中，彰显法院干警的情怀与担当。

【司法质效】

严格落实司法责任制，多措并举促进案件审理精细化，对37件二审发改、再审案件实施双向评查，一审民事、刑事案件发改率分别为0.45%和1.05%，服判息诉率分别为98.11%和95.06%，案件办理质量稳居全省前列。

推进智能化信息建设，诉讼服务线上平台实际应用率达100%，网上立案2594件、跨域立案199件、在线调解5703件、在线开庭909件，一站式建设工作质效评分在全省名列前茅。坚持和发展新时代“枫桥经验”，新成立1个物业类和1个金融类诉源治理工作站，16个工作站共受理诉前调解案件5884件，调解成功5201件，调解成功率达88.39%。

报送反家暴等案例33篇，《银行贷款“宣布借款提前到期”法律性质分析》入选《中国法院2022年度案例（16）》。

【队伍建设】

开展党组理论学习中心组学习12场次、全员政治轮训19场次。组织集中观看红色电影、警示教育片6场次，组织干警开展红色教育活动154人次。学习贯彻“三个规定”和新时代政法干警“十个严禁”，登记核查过问案件信息80条，确认均无违规情况。开展审务督察42次，抽查庭审直播67场次，抽检上网文书200余份，查处干警8人次。分层次分类别组织业务轮训12场次，选派干警参加省、市、县委及上级法院组织的脱产培训37人次。1人获“全省审判业务专家”称号，3人分别获全市首届“刑事审判技能竞赛”一等奖和三等奖。评选并推介业务水平高、能力强、成绩好的“法院之星”6人。

（康 帅）

司法行政

【概况】

2022年，攸县司法局有在编在岗59人，下辖县公证处、县法律援助中心和县矿山职业病纠纷联合调解事务中心等3个二级事业单位，17个乡镇（街道）司法所。2022年，在县委、县政府的坚强领导和市司法局的精心指导下，攸县司法局坚持以习近平新时代中国特色社会主义思想为指导，以喜迎党的二十大胜利召开为主题主线，深入贯彻习近平法治思想，牢树大局意识和服务意识，立足职责，主动作为，为我县大力实施“三高四新”战略，奋力打造“三个高地”，全力推进“三大会战”，贡献司法行政智慧和力量，各项工作取得一定成效。

深入推进“乡村振兴法治同行”暨民主法治示范村（社区）创建活动，联星街道文化社区获评全国民主法治示范社区，丫江桥镇仙石村获评全省民主法治示范村。

【普法和法治宣传教育】

开展习近平法治思想、《中华人民共和国宪法》等进机关、进学校、进社区、进企业活动，组织开展习近平法治思想和《中华人民共和国民法典》知识专题法律讲座。组织部分中小学校开展宪法晨读，选聘法治副校长90余名，举办涉未成年人保护法律法规宣讲会，在株洲市生物工程中等专业学校启动攸县“法治夜校”律师公益普法宣讲。

全县10293名国家工作人员在线学法完成率、参考率、合格率均达到100%。创建全国民主法治示范社区1个、全省民主法治示范村1个、市级民主法治示范村（社区）4个。开展“三百三助”百名律师助治理和“法治夜校”律师公益普法宣讲活动，打通法治宣传服务群众“最后一公里”。

【平安攸县建设】

建立健全未成年人犯罪强制报告制度，建立涉未成年人法律援助绿色通道。开展“调解促稳定·喜迎二十大”、自建房安全专项整治矛盾纠纷排查化解、婚恋家庭纠纷排查化解等专项行动。排查矛盾纠纷1408件，调解成功1399件，调解成功率为99%。规范社区矫正监督管理，接收新入矫对象227人，解除矫正245人，共有在册管理对象346人。开展“六涉一高”、有暴力倾向的重点社区矫正对象排查行动，共排查社矫“六涉一高”对象160人、有突发暴力倾向65人。

【法律服务】

开展“走流程、解难题、优服务”行动和特殊群体服务“一件事一次办”活动。全年办理法律援助案件451件，为困难群众减免诉讼费用达60余万元。办理各类公证业务1647件。积极开展“送政策、解难题、优服务”活动，积极上门为9家企业解决员工社保、搭建电话网络基站等实际问题提供法律和政策帮助。派出律师入驻88家县内企业开展法律服务，完善服务企业工作机制，6月，在湖南湘东开关厂、湖南一田农业机械有限公司等2家企业设立“法治护航工作站”

【依法治县工作】

精心组织召开县委全面依法治县委员会第四次会议，印发《2022年全面依法治县工作要点》，进一步明确各级党政主要负责人法治建设主体责任。制定《攸县法治建设绩效考核细则》《攸县党政主要负责人履行推进法治建设第一责任人职责情况列入年终述职内容的工作方案》，组织7家县直单位党政主要负责人就履行第一责任人职责情况进行现场述职。宣传贯彻习近平新时代法治思想，出台《关于切实强化习近平法治思想学习宣传研讨工作的实施方案》，将其纳入全县各级各单位党委（党组）理论学习中心组学法重点；县委、县政府理论学习中心组带头学习，明确纳入县委党校干部学习培训轮训的重点课程，每年开课2次以上。开展“习近平法治思想进机关、进社区、进课堂”系列活动，真正让法治成为全社会的共同信仰和行动自觉。

（谭捷鸣）

攸县交通警察大队

【概况】

攸县公安局交通警察大队在职民警、职工78人。内设办公室、政工股（工会）、事故调处股、车辆管理所、法制宣传股、交通科技股、巡逻中队等7个二级机构；下设一中队（城区）、二中队（皇图岭）、三中队（酒埠江）、四中队（菜花坪）、五中队（新市）、六中队（黄丰桥）、七中队（网岭）等7个执勤中队。2022年度获评全省“清廉交警”示范单位、全市公安机关春运交通安保工作成绩突出集体、全市公安交警系统深化优秀警队建设优秀单位。

2022年，紧盯“坚决遏制较大以上道路交通事故，全力预防和减少亡人道路交通事故”的工作目标，深入推进事故预防“减量控大”、交通顽瘴痼疾集中整治等重点工作，确保道路交通安全形势稳中向好，全县连续4年未发生较大及以上道路交通事故。全年共受理一般程序交通事故325起，死亡60人，受伤414人，直接经济损失87.49万元。与上年同期相比交通事故起数、死亡人数、受伤人数、直接经济损失分别下降19%、10%、16%、25%，春节期间实现亡人道路交通事故“零发生”。

【交通事故预防和安全隐患治理】

改革“122”接处警模式，直接受理处置事故、秩序、挪车、交通设施、投诉五大类警情，出警时间平均缩短90秒，进一步提高接处警效率。全年交通事故接处警9182起，交通事故救助48人共73.56万元。共办理刑事案件150起、行政案件49起，打击处理违法犯罪嫌疑人186人。集中整治重点车辆和驾驶人隐患，全县重点车辆年检率99.99%、报废率99.66%；重点驾驶人审验率95.72%、换证率98.27%。加强重点运输企业安全监管，督促企业严格落实主体责任，全年约谈运输企业19家，下达整改通知书28份。

加强道路隐患治理，会同相关部门排查治理道路隐患177处；累计完成省、市、县交办道路隐患整改159处，完成公路修补3700平方米。加强安全设施建设，新建信号灯控路口4个、监控球机1个、增设、更换交通标牌 23 块，施划交通标线 3500 平方米（其中路内停车位 23 个)、设置减速带 57 条；在上年新增 622 个停车位的基础上，新设停车严管路段 11 条，缓解停车难问题。

【交通秩序整治】

开展“百日行动”“冬春攻势”等一系列酒驾、醉驾整治行动，加大对超员、超载、超限、涉牌涉证、酒驾、醉驾等交通违法行为的查处力度，着力净化路面交通安全环境。全年累计查处各类交通违法行为 23.17 万起。其中现场查处 12.95 万起，查处酒驾 569 起，醉驾 130 起，涉牌涉证 19649 起，机动车“野蛮驾驶”25442 起，货车超载 3388 起，不系安全带 38576 起。全方位推进“戴帽工程”，共查处摩托车、电动车不戴安全头盔 43734 起，摩托车拼改装、无牌无证 2968 起。全县“摩电车”综合“戴帽率”由整治前的不足 10%，上升至 12 月份的 85% 以上，交通事故中因未正确佩戴头盔造成的人员伤亡明显减少。抽调警力组建“鹰眼”铁骑队伍，开启勤务新模式，查处交通违法 4776 起。部署“早晚执勤岗”“护学岗”，疏导和维护交通秩序，为市民群众、学生安全出行保驾护航。

【车辆管理和交管服务】

2022 年，新办驾驶证 601 本，增驾（驾驶证增加准驾车辆）420 本，补换证 13820 本，审验 4538 本，驾驶证记满 12 分学习考试 494 本；机动车注册登记 5325 本，补换牌证 1095 本，转移登记 4031 本，车辆转入 2062 台，车辆注销 2247 台，科目一考试 5591 人。积极宣传和推行“网上办”“掌上办”“就近办”，制作发放业务流程小卡片 1 万张；为省内、外群众邮寄牌、证或资料 600 余份；利用休息时间到华盛汽车运输有限责任公司开展上门服务，帮助办理机动车查验业务 17 台。深入偏远山区开展“送考下乡”4 次。

完成 11 个公路出入口疫情防控检查点执勤工作，完成宁家坪镇 3 个行政村防火任务；完成春节、清明、“五一”国际劳动节、端午、中秋、国庆、党的二十大等重要节点疏堵保畅工作，确保重要节点平稳度过。完成全县高考、学考和中考期间各考点的交通管制工作任务。办理人大建议及政协提案 17 件，答复群众通过市长热线、县长热线、网络发帖提出的投诉 253 件，认真梳理汇总群众建议意见，并及时落实整改。

【交通安全宣传教育】

充分发挥媒体监督作用，利用交警“两微一抖”和交管“12123”平台，曝光交通违法车辆 8 万余台，违法驾驶人 6 万余人。常态化开展“一盔一带”“美丽乡村行”等交通安全主题宣传，进社区、进企业、进学校、进农村组织主题宣传活动 60 场次，发放宣传资料 30 万份。积极推进交通安全宣传教育实践基地建设，让广大群众时时处处都能看到、听到、学到交通安全知识。2022 年，在省、市媒体发稿 10 篇，制作交管类电视节目 9 期，警示教育短视频 10 条，广播“交警直播室”47 期，发布交警“微博微信”516 篇。通过“122”交管服务平台推送安全提示信息 33.85 万条。

（阳 洁）

军 事

人民武装

【政治建设】

认真学习贯彻党的二十大精神，紧紧围绕“忠诚维护核心，矢志奋斗强军”和拥护“两个确立”深化学习教育，坚持主官带头学、带头讲、带头干，到国防教育基地、基层武装部、联点村（社区）“门前三小”等地扎实开展学习宣讲29次，受众1700余人。围绕“四严四整”教育整训活动，开展基层风气整肃治理、净化涉军网络环境、接受“加强政治建设、严守政治纪律”专项巡视等专项行动，查找纠治突出问题，筑牢政治安全防线。整理县人武部和攸县民兵史资料，组织开展“学习雷锋日”“世界读书日”等活动，将理论宣讲不断向专武干部和民兵拓展延伸。围绕“四讲”推进民兵学习宣讲活动，讲述谭震林35封书信背后的红色传承故事，在军地引起强烈反响。

【练兵备战】

深入贯彻习近平强军思想和新时代军事战略方针，研究探索“精准分层”组训模式，稳步推进首长机关军事训练任务的落实。紧紧围绕重要目标防卫、国防动员准备等任务开展俄乌冲突研究活动，严密组织国防动员演习和各类集训比武活动，军地联合开展消防灭火和抗洪抢险演练，全力做好应急应战准备。成功承办株洲市2022年度应急民兵消防灭火专业集训和军分区南四县半年军事训练考核，完成上级赋予的基干民兵训练任务，先后选派基层专武干部参加省市集训，组织基干民兵参加市群众性比武竞赛，卫生与救护集团作业全市第一，单兵战术与手榴弹投准连贯作业全市第二。

【国防动员】

2022年，中共攸县县委、县人民政府3次把民兵整组工作列入县委常委会、县政府常务会议程，在县委、县政府的高度重视和支持下，紧紧围绕编为战、编为用的要求，圆满完成基干民兵分队编组任务，完成预征预储各类型装备任务，与100余家企业或个人签署预征预储协议，推进落实基干民兵团试点工作。县委、县政府高度重视征兵工作，2次将征兵工作纳入政府常务会议，严格乡镇（街道）党（工）委书记履行一把手责任，不断运用“互联网+征兵”提高动员发动精准度，高标准、高质量完成男兵征集任务，全年无一例退兵。以2个“五星级”武装部和3个开国将帅故里武装部建设为契机，组织到“五星级”江桥街道武装部参观见学，全面规范基层武装部星级达标建设标准，成功创建4个“五星”级基层武装部。

【正规化建设】

结合作风纪律教育整顿、党内法规培训等活动，强化部党委法治思维、法治素养，层层传导从严治军压力，养成用法守法的行为习惯和行动自觉。严格落实请示报告、请假销假、值班值勤、安全保密等规章制度，严格“八小时”以外的管控，净化所属人员“三圈”，不断营造风清气正的良好政治环境。开展安全大检查、安全保密专项清理、“百日安全”等活动，紧盯人车、枪弹、酒、安全、保密、廉洁征兵等重要工作以及各个环节，加强手机管理、整治网络赌博等隐患，确保机关安全。

【双拥共建】

积极推动兴武强军和富民强县互促共进。联合退役军人事务局常态化开展挂光荣军属牌匾活动，军地联合为立功受奖官兵送喜报，走访慰问师级以上现役干部及困难军人军属，就地就近解决军人子女入学。积极参建参治，为助推攸县经济社会发展做出部队贡献，共投入40余万元帮扶联点的苏江村、江冲村、广和村巩固脱贫成果，帮助销售黄桃5万余公斤，助力乡村振兴。积极发挥民兵的先锋模范作用，全年共动用民兵参与6起森林防灭火、1起疫情防控执勤、1起突发事件处置，并圆满完成任务。

（李　江）

退役军人事务

【概况】

攸县退役军人事务局组建于2019年4月，为正科级政府工作部门。2022年全局有干部职工30人，内设办公室、思想政治和权益维护股、拥军优抚股3个机构，下设退役军人服务中心、军队离退休干部休养所、烈士陵园管理所、县光荣院4个事业单位。主要职责是：贯彻执行党和国家关于退役军人思想政治、管理保障和安置优抚等政策法规，落实国家关于退役军人的保障政策，负责全县军队转业干部、复员干部、离休退休干部、退役士兵和无军籍退休退职职工的移交安置工作和自主就业退役军人的服务管理工作，负责全县伤病残退役军人服务管理和抚恤工作及全县烈士及退役军人荣誉奖励、军人公墓管理维护、纪念活动工作，指导全县拥军优属工作等。

【优抚安置】

2022年，发放退役军人各类优抚优待资金，保障优抚对象的基本生活。春节期间走访慰问师级以上干部发放慰问金共2万元，八一建军节、春节期间走访慰问驻攸部队，发放慰问金17万元，举行2022年度入伍新兵欢送大会，并赠送纪念品。八一建军节之际，举行退役军人及其他优抚对象优待证首发仪式，首批7张优待证。帮扶困难退役军人，对辖区内所有退役军人和其他优抚对象进行入户走访，按照退役军人“五必访”原则，全年共走访慰问活动。

坚持公平、公正、公开原则，做好退役军人安置工作。将2022年度退伍的转业士官“阳光安置”到乡镇（街道）及央企，发放转业士官待安置生活费并接续待安置期的养老保险、医疗保险。进一步做好退役军人推荐就业工作，拓宽退役军人的就业渠道，安排公益性岗位安置退役军人。4—9月，通过报名、资格审查、笔试、面试、体检和政审等环节，从参加考试的退役军人中择优聘用若干人在公益性岗位实现安置就业。

【权益维护】

开展志愿服务活动，宣传贯彻《中华人民共和国退役军人保障法》《信访工作条例》等法律法规，教育全县退役军人知法守法遵法用法。充分发挥退役军人事务系统对接退役军人的“第一平台”作用，常态化走访退役军人，全方位了解其真实生活情况，在符合政策的前提下为退役军人排忧解难。

召开信访联席会议或者部门协作会议，按照“三到位一处理”原则解决退役人员历史遗留问题。2022年，通过矛盾化解、初信初访流程管理及部门联动会商等措施，除少数问题因政策等客观因素未能解决外，中央、省及市“N合一”指挥长一号令交办的重点问题均有效化解。

【烈士褒扬】

一是整修县内零散烈士墓。启动县级以下英雄烈士纪念设施修整项目，将县内零散烈士墓分片迁移至县城烈士陵园、网岭镇六十分烈士陵园等5处集中烈士墓园，全年完成整修、迁移零散烈士墓873座。二是建立健全烈士纪念设施保护机制。制定《建立健全烈士纪念设施管理保护长效机制》，统筹发挥烈士纪念设施保护单位和基层退役军人服务站工作力量，实现规范整修与后续管护相统一，对集中管护的烈士纪念设施设立保护标志，与网岭等相关乡镇签订管护协议，落实保护管理责任。三是举行专项活动，纪念革命烈士。全县各单位、团体组织及学校，充分利用县内烈士纪念设施和红色教育基地，定期开展“主题党日”、党史学习教育、现场教学等主题活动，营造褒扬英雄烈士的浓厚氛围。6月8日，举行散葬烈士遗骸集中迁葬入园仪式，将206名烈士遗骸集中迁葬至网岭六十分烈士陵园。9月30日，组织全县各级各部门单位、驻攸部队，举行烈士公祭活动。12月13日，在第九个“国家公祭日”之际，攸县各界在县烈士陵园、雷公仙抗日志士纪念碑等县内烈士纪念场所开展“国家公祭日”纪念活动。

【退役军人服务体系建设】

推进示范型退役军人服务站创建，17个乡镇（街道）退役军人服务站已全部经市局验收合格。建立工作考核机制，制定《退役军人事务工作考核细则》，对乡镇（街道）退役军人服务站在年度中心工作、保障服务体系建设、日常工作表现等方面工作进行考评，不断提升全县退役军人工作精准化管理、精细化服务水平。注重队伍业务水平提高，组织乡镇（街道）分管领导和服务站长及退役军人事务局干部职工参加综合型业务培训或专题业务培训10余次，提高干部队伍服务退役军人的水平。

（杨　军）

人民防空

保质保量完成日常训练，定期进行短波、超短波及4G通信训练、政务外网视频会议。顺利完成发展中心人防政务外网的视频会议室建设，实现与省、市两级互联互通；每季度对全县的2个已建人防工程进行特定巡查。11月1日在县城交通路小学开展了防空疏散隐蔽演练活动。

根据机构改革要求，12月，攸县人民防空办公室职能划入县发展和改革局，攸县住房和城乡建设局（县人民防空办公室）更名为攸县住房和城乡建设局。

（刘诗梦）

综合经济与管理

发展计划和改革

【概况】

2022年，全县经济运行保持稳中有进。全年地区生产总值比上年增长4.6%，固定资产投资增长7.8%，规模工业增加值增长7.7%，社会消费品零售总额增长2.7%，地方一般公共预算收入增长9.4%，城乡居民人均可支配收入增长5.4%，农村居民人均可支配收入入围全国百强，排名46位，中部百强县排名第54位。

完成重点项目年度计划编制，科学制定《2021年国民经济和社会发展计划执行情况与2022年计划草案》，并通过县人民代表大会第二次会议审议。为进一步补齐补强县城短板弱项，提升县域城镇化发展质量和综合承载能力，完成《攸县新型城镇化实施方案》的编制。

推进信用体系建设，组织动员各部门单位开展信用信息归集录入工作，报送“双公示”数据25907余条、信用承诺10609条。推进返乡创业工作。建立“在外人员名录库”和“返乡创业项目库”,收录攸县籍在外人员名录信息1776条，会集返乡创业项目556个，成功落地项目233个，总投资3亿元；5个乡镇获评返乡创业工作全市“二十强”，返乡创业工作排名全市第一,在全市作推介发言。积极参与湘赣边区域合作示范区建设工作，与萍乡市安源区签订《攸县—安源产业协同发展框架协议》。推进星都物流分拣中心和客货邮融合项目建设，成功创建全省首批农村客货邮融合发展示范县。

【经济政策研究和争资引项】

深入研究国家、湖南省新出台的稳经济大盘政策和“一县一策”等，梳理出攸县可以利用的政策，抢抓政策窗口期，谋划一批水利、交通、能源、新基建、新型城镇化等领域重大基础设施项目。加强月度固定资产投资分析、季度经济形势分析，为县委、县政府决策提供参考。

全年共争取预算内项目25个，到位资金2.06亿元；争取地方政府专项债项目5个，争取债券资金5.87亿元。中、长期贷款项目省、市审核通过13个，意向贷款金额4.3亿元。设备更新改造贷款项目省、市审核通过6个，意向贷款金额2.3亿元。申报全省粮食“千亿产业工程”项目26个；争取全省粮食“千亿产业工程”项目1个，项目资金100万元;争取全市“好粮油工程”项目2个,项目资金15万元。

【项目建设】

开展项目建设“百日攻坚”行动，53个市重点项目完成实施37个，实现投资121.68亿元，投资完成进度株洲市排名第一，获全市2022年重大项目建设工作二季度冠军、三季度季军和四季度亚军称号。组建专门班子开展攸县抽水蓄能电站项目前期服务，确保“百亿项目”广寒坪抽水蓄能电站完成核准开工。攸县丫江桥风电场、太和仙风电场一期扩建工程、攸县太和仙风电场二期工程、鸾山金子岭风电场工程、集中分布式光伏工程等5个风力发电场“光伏”项目建设指标获省发展和改革委员会批准，总装机容量24.06万千瓦，其中300兆瓦地面分布式光伏项目已开工建设。

【投资管理和项目管理改革】

加强投资机制改革。贯彻落实湖南省发展和改革委员会“投资管理五举措”，出台《攸县政府投资项目可行性研究报告和概算评审暂行管理办法》，组织开展全县政府投资项目建设管理工作专题业务培训，进一步规范政府投资行为，有效控制投资风险。

优化项目管理。编制《项目审批办事指南》，全年审批各类项目453个，总投资187.32亿元，其中政府性投资项目审批293个，企业投资项目备案160个。企业投资项目核准4个，核准招投标34个。完成项目变更36个，变更总金额0.41亿元；进入施工现场监管及隐蔽签证701人次，完成合同监签90个，监签金额7.74亿元，实行政府性投资项目建设的全过程监管。

【价费管理】

一是价格监测。新增4个价格监测点，共有价格监测点24个，监测商品数量720余种，上报各类监测报表729份、价格监测分析材料144篇，全省价格监测质量季度考核，1—3季度攸县排名各县（市区）第一。二是价格认定。共受理刑事案件涉案物价认定85件，金额2782.13万元，实现零复核、零差错目标。完成2010—2020年共计1447件案件资料整理归档，数据上传入库100%，价格认定案卷归档和业务上网、数据入库工作获评全省“先进单位”。三是核定价格。科学核定农业水价、民办中小学校学费和课后服务费、殡葬服务费、物业服务费、停车场收费等收费价格。四是稳价保供服务。组建专门班子，对燃气采购情况进行成本调查，组织有关部门到周边县（市）进行专题调研，合理调整居民生活燃气用气终端销售价格和燃气配气价格。及时启动价格临时补贴联动机制，向8.6万人优抚对象、城乡低保对象、特困人员、领取失业保险金人员发放临时补贴175.3万元。

【粮食收购、储粮管理和粮食安全】

2022年，全县收购粮食14.68万吨，率先完成省下达的2.3万吨储备粮轮换任务和2.1万吨储备粮收购任务；完成军粮供应任务。

加强粮食购销、储备监管。开展全省政策性粮食出库检查1次、粮食收购执法检查8次、粮食储存月巡查12次、收回财政资金22万元，获评“全省政策性粮油库存检查工作先进单位”“省级储备粮管理先进单位”。

扎实做好粮食安全工作。落实粮食安全党政同责，出台《攸县2022年度落实粮食安全责任制工作要点及责任分工方案》《攸县粮食安全责任清单》，召开粮安考核工作调度会议3次，落实粮食安全责任制工作获“湖南省2022年度真抓实干激励奖”。

【能源工作】

一是优化用电保障。通过上门服务、用电体检，实施迎峰度夏和迎峰度冬电力保供专项行动，有效保障基本民生用电和重点企业用电。在株洲市全市率先开展“村电共治”工作，建立乡镇主导、村组主责、供电支撑的“村电共治”模式。二是推进电力重点项目建设。完成110千伏新市（樟树）变电站工程建设并投产送电，启动220千伏攸县南（菜花坪）变电站和110千伏莲塘坳变电站工程建设，完成职业中专、一中、震林3个高考考点的双电源升级改造。三是强化能源安全监管。组织开展高危电力用户安全用电检查，查处非法用电行为，现场核查关闭退出11家非法青砖青瓦厂，打击黏土砖厂13家、中断电力供应13家，完成酒埠江非法渔排清理整治，对煤矿、小水电、物流仓储、公共充电桩、粮食等73家企事业单位进行安全生产检查，共排查安全隐患295项，并全部落实整改措施。

【机构队伍】

攸县发展和改革局（县国防

动员委员会国民经济动员办公室）在编人员70人；内设办公室、经济发展股、行政审批股、投资管理股、价格管理股、法规股、能源和电力运行股、规划股、项目攻坚组、粮食调控股、财务股、政工股、人防综合管理股、粮食监督检查执法股（粮食固定资产管理股）、财经委办等15个内设机构；下设重点项目事务管理中心、价格调节基金中心、价格监测中心、电力执法大队、人防工程质量监督和通信站、粮食质量监测站6个事业机构。根据县委、县政府安排，管理打造“三个高地”推进“三大会战”指挥部办公室、抽水蓄能项目协调办公室、重大交通项目前期工作领导小组办公室、攸县“双碳”电网建设工作领导小组办公室、新能源项目工作办公室等5个临时机构。

2022年，完成国动办、粮食局划归本局后的职能调整和人员转隶工作。国动办划转行政编4个，事业编3个，到位10人；粮食局划转行政编3个，事业编8个，到位18人。完成9名事业编制人员完成职级晋升。

（谭正午）

自然资源管理

【概况】

全县土地总面积为2648平方千米，2022年末耕地总面积为77.3万亩，基本农田面积为69.64万亩。境内煤炭资源丰富，含煤面积约173.6平方千米，探明可采储量4.7亿吨，主要集中分布在黄丰桥、鸾山2个产煤乡镇。攸县自然资源局内设办公室、计财股、政工股等股室16个；下辖二级机构22个，其中副科级14个、股级8个。干部职工222人，其中在职在编人员169人，临聘人员53人。党支部6个，在职党员119人。

【用地要素保障】

2022年，攸县批回土地26宗、40.72公顷，为县域经济社会发展提供了用地要素保障。挂牌出让土地41宗面积90.4公顷，成交金额12.8亿元；拍卖资产处置地块20宗面积6.13公顷，成交金额4.4亿元。办理支柱产业、重大项目、重点工程规划许可9.5万平方米；受理完成采矿权延续初审8个，实现县级各类矿业权收益2207.29万元。推进重点项目广寒坪抽水蓄能电站工程建设，如期取得项目用地预审和选址意见书，确保项目正式开工。如期完成绿色电建等重点项目土地报批、规划审批、土地供应等工作。

【耕地保护】

制定《攸县耕地保护“田长制”实施方案》，划定网格854个，安装“田长制”公示牌294块，构建“县乡村田长+网格长”管理体系。恢复耕地上报省级审查9986.35亩，扣除田坎系数后省厅认定完成8834.48亩；完成30个补充耕地“回头看”项目整改任务，有19个项目备案入库。全年投入50万元，利用电视台、网络、平面广告等传媒载体，持续开展耕地保护专项宣传及普法教育。

【国土空间规划】

“三区三线”（根据城镇空间、农业空间、生态空间三种类型的空间，分别对应划定的城镇开发边界、永久基本农田保护红线、生态保护红线三条控制线）划定成果获批并正式启用，在落实耕地、生态红线约束性指标基础上，为交通、能源、水利、产业等重大项目预留发展空间；完成耕地与基本农田保护、国土空间生态修复、国土空间用途管制、城乡建设用地集约节约利用4个专题研究报告，完成“一张图”实施监督信息系统软硬件环境搭建和部分数据的收集整理。完成22个单独编制类村庄规划初步方案；完成17个项目的土地利用规划调整，做好过渡期间土地利用规划和城乡规划调整，确保项目顺利推进。

【矿产资源管理】

继续组织编制《攸县普通建筑用砂石土矿开采专项规划（2019—2025年）》，设置22个矿业权区块并取得省厅批复；配合开展《株洲市矿产资源总体规划（2021—2025年）》编制工作，涉及攸县水泥、陶瓷、保温材料、地热水四大产业，规划设置9个矿业权区块。15家企业已完成绿色矿山建设方案编制，其中11家通过专家评审；何家里、柳基冲、长坪3家铁矿和湘东公司1家煤矿纳入2022年度绿色矿山建设范围，基本完成绿色矿山建设。完成2022年度历史遗留矿山生态修复任务，涉及9个乡镇（街道）、22个图斑，修复面积35.74公顷。

开展砂石土矿非法开采日夜巡查，立案查处非法开采砂石土矿行为47宗，收缴罚没款44.20万元，扣押非法采矿的铲车、挖机及运载车辆117台，有效遏制非法开采山砂行为。

【政务服务】

集中化解居民不动产登记、确权办证难题，组织会审东华商业广场、西阁商贸城C栋等4个小区1852户、27.45万平方米的房屋发证方案，办理涉及房地产问题信访件项目不动产权证708本。推进清理规范林权确权登记历史遗留问题试点工作，完成内业数据收集与分析，完成电子登记数据11.56万个，完成登记数据清理9.14万条。推动“一件事一次办”改革，开展“走流程、解难题、优服务”行动，启动不动产登记网上办事大厅建设，召集县内信贷机构召开工作推进会，各银行已认购CA证书，信贷机构启动线上业务的办理。推行网上申报、征询、审批服务机制，实行一次性告知制度，主动靠前辅导企业办理相关手续，办理支柱产业项目、重大项目、重点工程和全民创业等项目选址意见书131件，建设工程规划许可证13件、9.5万平方米。

【地质灾害防治、自建房安全整治】

完成丽水山庄住宅小区A10区域住宅楼东部不稳定斜坡等地质灾害隐患治理。完善全县地质灾害隐患点（325个）监测责任人信息、切坡建房户信息、气象预警预报对象信息等台账，进一步落实地质灾害监测、预警责任，开展山洪地质灾害防御应急演练，筑牢地质灾害综防体系。积极配合全县自建房安全专项整治“百日攻坚”行动，参与自建房排查整治，完成合法性经营性自建房4901栋、非经营性自建房72933栋安全认定工作任务。

【接受县委第四巡察组巡察】

4—5月，中共攸县县委第四巡察组对县自然资源局党委进行常规巡察，并反馈巡察意见，提出15个具体问题。收到反馈意见后，县自然资源局党委对标巡察反馈意见，认真落实各个问题的整改，完成整改13个、基本完成整改2个。接受巡察期间，完成“立行立改问题”整改2个，办结巡察移交的信访件2件。

（谭震伟）

审　计

【概况】

2022年，攸县审计局累计完成审计项目23个，查出各类违规金额26473万元，管理不规范金额27.7亿元，审计促进整改落实有关资金6570万元，移送问题线索5条。撰写《审计要情》3篇、《审计专报》3篇。依法开展县财政政府债券管理、国有资产管理、财政存量资金及库款保障、预算决算（草案）编制、收入支出预算执行等方面审计工作，查出违规金额7079万元、管理不规范金额14.16亿元，审计促进整改落实有关金额6282万元。实施领导干部自然资源资产审计项目1个，审计领导干部2人，出具审计意见1个、结果报告2份，提出审计建议4条。督促指导全县有关部门单位的内部审计机构进一步加强财务收支、经济责任和基本建设审计工作，提升内审单位的管理水平，落实规章制度，确保及时兑现审计成果，有效化解风险。积极开展内审单位内审工作经验交流，推动部门单位内审工作逐步规范化、制度化、有序化。

2022年度，攸县审计局获“2022届湖南省文明单位”、株洲市“目标管理考核优胜单位”、攸县“乡村振兴驻村扶贫工作先进单位”“组织工作先进单位”等称号，“攸县教育局局长和原任党委书记任职期间经济责任审计”项目获全省审计机关优秀审计项目三等奖和“全市优秀审计项目”称号。

【领导干部任期经济责任审计】

聚焦领导干部履职清单，围绕权力运行和责任落实两大重点，全年共实施领导干部经济责任审计项目8个，审计领导干部12人（任中审计7人，离任审计5人），查出违纪违规金额1754.25万元，界定领导干部应负领导责任金额1754.25万元。提出审计建议28条，出具审计结果报告12份。

【政府投资审计】

紧扣重要节点，紧盯焦点问题，强化对中小学校基建、医疗卫生基建和景区道路等重大建设项目的审计监督。全年开展重点建设项目跟踪审计4个、决算审计3个，完成项目评审254个，核减造价10811.22万元。

【国有企业审计】

对县属国有企业——平台公司及其子公司实施全面审计调查，揭示其在股权投资、合同会签、投资款项支付、工程验收、原始凭证取得、会计核算、指定供应商、项目融资、项目招标、项目竣工、债权回收、标厂出租、资产处置等方面存在的问题，全面反映全县国有企业经营状况，助力防范化解融资债务风险。

（旷　鹏）

市场监督管理

【概况】

2022年，全县共有市场主体52974户（同比增长23.5%），其中内资企业12126户、农专1561户、个体工商户39287户。食品生产经营单位5653家，其中食品生产企业（含小作坊）178家，食品流通单位3545家（特殊食品流通单位521家、一般食品流通单位3024家），大型商场超市7家，农贸市场56家，餐饮服务单位1867家。药品生产企业4家，药品批发和连锁总部3家，药品零售企业286家，药品使用单位535家。全县在用特种设备共1984台（件），工业生产企业共145家，检测机构共11家。

攸县市场监督管理局主要承担全县食品药品安全监管、质量技术监督、经济秩序管理、市场环境服务、行政综合执法、消费者权益保护等职责。2022年，全局有在编在岗干部职工215人。局内设机构19个，下设二级事业单位5个，派出机构12个。2022年度，获湖南省人民政府“食品安全工作真抓实干奖励”，获评湖南省“药品安全专项整治工作先进单位”“特种设备安全监察工作优秀单位”，株洲市“食品安全工作先进单位”“药品安全专项整治先进集体”“药械化安全监测管理工作先进单位”，攸县“打造‘三个高地’推进‘三大会战’工作先进单位”“市场主体培育工作先进单位”“财源建设大会战工作先进单位”“平安建设先进单位”“安全生产工作先进单位”“重点提案办理优胜单位”等荣誉。

【优化营商环境】

深化商事制度改革。以实施《市场主体登记管理条例》为契机，推进市场主体准入准营退出制度改革，实施市场准入“负面清单”制度，推动“非禁即入”真正落实，不断完善企业开办各项便利化举措，为新办企业免费刻制首套印章1000余套，免费邮寄营业执照380余份，实现“零门槛”“零见面”“零收费”。

贯彻落实惠企政策。认真落实稳住经济一揽子政策措施，组织开展涉企违规收费专项整治行动，依法加强对政府部门、事业单位、行业协会商会及中介机构涉企收费的监督检查力度，大力推动减税降费优惠政策落实落地。同时积极实施包容审慎监管，免予或减轻行政处罚案件326件，为市场主体营造宽松环境。

大力培育市场主体。牵头开展“市场主体培育年”活动，按照“盘活存量、引入增量、做大总量、提高质量”的原则，坚持增量与提质并重，完成市对县考核任务，推进市场主体量质齐升。2022年全县新增内资企业5428户、个体工商户9480户，完成个转企 600 户。

【规范市场秩序】

一是强化市场监管执法。开展食品药品安全整治、民生领域案件查办“铁拳”行动和“蓝天”知识产权执法专项行动，联合开展托管机构、在建项目农民工工资支付等专项抽查，查办各类违法案件 578 起（其中食药案件 435 起），有效维护市场竞争秩序。

二是确保市场稳定。春节、端午、中秋、国庆等节假日期间，加强粮油、禽肉、蔬菜、燃气、医疗、交通等与人民生活密切相关的民生商品和服务质量及价格监管，严厉打击销售假冒伪劣商品、恶意囤积物资、哄抬价格、串通涨价等违法行为。新冠疫情防控期间，重点突出零售药店“四类药物”和冷链食品的监管，发放宣传资料，保障各类生活必需品及防疫物资供应充足，市场平稳有序。

三是扎实推进消费维权。充分发挥全国“12315”互联网平台作用，推进消费纠纷 ODR（在线纠纷解决）机制建设，进一步加强维护消费者权益能力建设，拓宽消费投诉处理渠道，共受理投诉举报 2210 件，调解成功率 97% 以上，为消费者挽回经济损失 160 万余元。

【食品药品安全监管】

严把食品药品安全检查关。全年抽检农副产品 692 批次、食品监督抽检 1389 批次、食品快检 1400 批次、一次性餐饮具抽检 45 批次、药品抽检 100 批次。做好两会、“三考”等期间食品安全保障工作。开展特殊药品和专管药品流通监督检查、化妆品“线上净网线下清源”等专项行动，切实维护公众用药用械用妆安全。

【产品质量和特种设备安全监管】

聚焦群众关切，开展农资产品质量安全整治、交通顽瘴痼疾整治等专项行动，抽查各类产品 280 余批次，抽取样品检测 142 批次。确保全县未发生源发性产品质量安全事件，未发生群体性产品质量安全事件，未发生因监管不到位引发的上访事件。

强化特种设备安全监管，推进市场监管领域安全生产专项整治三年攻坚行动，扎实开展电梯、锅炉、压力容器等特种设备安全隐患排查、整治行动，实现特种设备安全生产连续 10 年零事故。开展经营性自建房专项整治，全面细致排查隐患、分类施策整改，共排查经营性自建房 13835 户，整治销号 322 户（销号率 100%）。

【服务企业发展】

开展企业融资服务，指导企业办理知识产权质押融资 1450 万元，拓宽小微企业融资渠道。指导 3 家龙头农产品企业申报省级农业农村标准化示范区，帮助攸县豆腐等相关企业开展地理标志专用标志换标和团体标准制定工作。指导 2860 余户市场主体完成信用修复，市场主体年报率达 92%。

（罗萍萍）

应急管理

【概况】

2022 年，全县共计发生一般生产安全事故 10 起，死亡 9 人（道路交通类事故 6 起，死亡 5 人，矿山类事故 3 起，死亡 3 人；农业机械类事故 1 起，死亡 1 人）。事故起数和死亡人数同比分别减少 6 起、5 人，下降 37.5%、35.7%。未发生较大及以上生产安全事故和较大及以上森林火灾，全县安全生产形势总体平稳。

攸县应急管理局有在职工作人员 112 人（行政编制 29 人，事业编制 83 人），临聘工作人员 219 人（局机关 8 人、二级机构 211 人）。全局设 17 个内设机构，下属 4 个二级机构，即煤炭产业事务中心（正科级，独立核算）、应急管理综合行政执法大队（副科级，承担矿山救护、安全生产监察、森林消防职责）、矿产资源税费服务中心（独立核算）、煤矿安全工作站。主要负责全县安全生产综合监督管理、日常监管（煤矿、非煤矿山、危险化学品、烟花爆竹、工贸）、综合防灾减灾救灾和应急救援；

承担县安全生产委员会办公室、县防汛抗旱指挥部办公室、县森林防灭火指挥部办公室和县减灾委员会办公室4个议事协调机构的日常办公事务。全县有煤矿22家（县属煤矿20家、市管煤矿2家）、非煤矿山29家（地下矿山13家、露天矿山14家、尾矿库2家）、烟花企业352家（其中生产企业29家）、危化企业109家(其中生产企业15家)、日常监管的工贸企业66家。

2022年，攸县森林防灭火工作经验获得省政府通报表扬，莱花坪镇获评全省安全发展工作示范镇，自然灾害防灾减灾工作获得湖南省应急系统真抓实干通报表扬，奖励资金10万元，防震减灾工作获评全省综合考核先进单位；肖包斌获“全省应急管理工作先进个人”，李湘华获湖南省“最美应急人”。

【安全隐患排查整治】

县委、县政府全年共召开应急管理专题会议15次（7次县委常委会、7次县政府常务会议、1次县政府党组会议，召开5次县安委全会会议、12次安全生产专题会议，专题研究解决应急管理和安全生产重大问题。全年县领导带队下沉到一线督导安全工作373批次，检查问题隐患829条，督导整改率100%。以“安全生产专项整治三年行动”为总抓手，推进安全生产大检查“百日攻坚”、潜在风险隐患排查整治等专项行动，开展居民自建房、城镇燃气、消防、矿山、森林防灭火等14个专项整治行动。全年共排查问题隐患9342条,其中排查一般隐患8843条,整改率100%,排查重大隐患499条,销号到位497条，销号率99.6%。

【监管执法和打非治违】

充分发挥应急部门的综合协调优势和有关部门专业优势，推进“强执法防事故”行动，严格规范执法，化解风险隐患，守住安全底线。全年共组织执法10864人次，检查单位23044家次，立案调查1064起；责令停产停业224家次，媒体公开曝光32起，行政罚款980余万元，行政拘留58人；问责领导干部(含森林防火)86人,行政拘留49人，抓捕涉嫌犯罪人员20人。

全年立案处理违法生产经营行为338起（含群众举报核实11起），处以行政罚款总金额285.5万元，责令违法生产经营企业关停整顿164家次，移送公安案件2起，媒体公开曝光26起，取缔非法生产经营点35处，没收非法产品价值650余万元。

【综合防灾减灾救灾】

全年共治理地质灾害隐患点12处、汛期安全隐患23处，整治森林火灾风险隐患点89处。在全市率先完成全国第一次自然灾害综合风险普查工作，完成应急系统普查数据核实、上报工作，并代表株洲市2次接受省级抽查。确定紧急转移需救助人员1254人、倒房重建对象24户，发放冬春救助资金238万元、救灾物资26万元。县、镇（街道）、村（社区）三级均组建应急队伍；县级应急队伍4支，共有队员100余人；乡镇（街道）组建乡镇级应急队伍17支，队员578人；村级队伍297支，队员2970人。建立区域联动机制，有效提升消防队伍火灾处置能力。全年出动救援1169人次（含民兵），共处置森林火警30起，支援茶陵、醴陵等兄弟县市扑灭较大森林火灾3起，成功搜救出鸾山镇太和仙被困人员3名。

【风险防范体系和应急能力建设】

2022年，全县危险化学品生产企业统一要求完善安全生产风险监测预警和泄漏遥感探测系统并实行隐患排查治理系统联网，复工煤矿全部安装“电子封条”监测系统，烟花爆竹生产企业在全省率先完成安全风险监测预警系统普及。23家消防安全重点单位消防控制室安装视频监控系统并联网运行。全县66辆公交车、178辆班线车和412辆校车已安装智能视频监控装置。完成液化气瓶二维码监管系统推广，录入气瓶信息10.9万余条。调配50多台风力灭火机、20多台油锯充实基层队伍装备，投入100万余元购置水泵、森林防灭火运兵车、二号工具、柴刀等防灭火器械，并与大型商场签订应急物资采购协议，确保有备无患。

组建攸县应急管理综合行政执法大队（副科级），核定全额拨款事业编制58名，核定大队长职数1名。推进基层应急能力建设，全县17个乡镇（街道）全部通过省、市应急能力达标验收。年内成功创建省级综合减灾示范社区2个，申报省级综合减灾示范社区1个。整合乡镇（街道）护林员、灾情信息员等人力资源，依托行政村（社区）建立应急网络，一体化推进综合性应急管理网格。

提升全县应急队伍处置风险能力，开展安全知识宣传教育、安全监管执法比武、季度工作评比活动，组织应急处突、森林扑火集训、实战演练、防火业务培训等活动13次，选派应急工作人员参加省市专业培训100余人次。

【安全宣传教育】

扎实开展“5·12”全国防灾减灾日、“6·16”全国安全生产月、森林防火宣传周宣传月、国际减灾日，消防宣传“敲门行动”“五进”等安全宣传活动。出动宣传车508台次，张贴横幅标语1900余条，发送预警短信6万余条，发放宣传手册、防火禁令等各类安全宣传资料30余万份。深入乡村、屋场召开“防火屋场会”1356场次，参与宣讲人数9000余人次，不断增强全民安全生产意识和提升应急自救能力。

（谭　江）

消　防

【概况】

2022年，攸县消防救援大队在总队、支队和县委、县政府的坚强领导下，始终坚持“人民至上、生命至上”的工作理念，牢记“对党忠诚、服务人民、赴汤蹈火、竭诚为民”的训词精神，加强全员岗位大练兵、提高执法质量，坚决维护人民生命财产安全、维护辖区稳定。全年共接警出动325次，出动消防车593辆次，出动警力3564人，抢救被困人员48人，疏散人员23人，抢救财产价值647.52万元。

【应急救援】

2022年，成功处置“3·3”攸县渌田镇新江村百家事组车祸困人，营救2名被困群众、“10·17”增援炎陵县船形乡山火，“10·19”增援茶陵县舲舫乡山火，“12·31”攸县望云西路梅城花园12栋3楼住宅火灾，营救1名被困群众等急、难、险、重任务。

【监督检查】

全年共检查单位700家，发现隐患1432处，整改1429处，办理一般程序案件29起，当场处罚案件15起，责令“三停”11家，查封15家，罚款46.728万元。年内共立案重大火灾隐患单位8起，提请政府挂牌督办8起，销案8起，整改销案比例100%。受理查办举报投诉23起，受理投入使用前消防安全检查25起，开展火灾调查一般程序5起，为辖区经济社会发展营造良好的消防安全环境。

【消防宣传】

组建宣传服务队，深入辖区重点单位、福利院和党政机关开展消防宣传大培训大宣传活动。利用“3·15”国际消费者权益日、“5·12”全国防灾减灾日、“119”消防宣传日等重要时间节点，制作宣传展板，印发消防宣传小册子、手提袋以及消防知识扇子等宣传品；年内积极协调电影院、网吧、KTV在开机界面、娱乐间隙插播消防公益广告、安全提示，制作宣传画册2000余份；在公园、人员密集场所、公交车站广泛张贴。督促各乡镇（街道）落实“多合一”场所张贴安全整治公告、宣传挂图、消防宣传标语等；在辖区消防安全重点单位培育消防安全明白人298人，深入街道、人员密集场所广泛招募志愿者244人。建立消防知识推送短信平台和火灾风险分类预警平台，广泛传播消防知识，做好警示提醒，利用春节、“五一”国际劳动节、国庆等重要节点发送消防宣传短信10万余条。

【火灾隐患治理】

扎实开展冬春火灾防控，开展“沉浸式场所”和“高层”专项整治、居民自建房和“多合一”消防安全整治三年行动、

“防风险迎二十大集中攻坚”“电动车安全整治”“强执法防事故”“打非治违”等17项专项行动，有效防范化解各类安全风险，确保辖区消防安全形势平稳。县委、县政府领导带队检查消防工作10余次，部门联合执法30余次，召开消安委联席会议4次，形成重大节日、重要时段由县委县政府主要领导牵头开展消防检查工作机制，县消安委成员单位主动开展行业自查、各乡镇街道每月开展巡查常态响应机制，推动消防安全责任制落地，坚决杜绝重特大火灾事故。

【应急能力建设】

主动对标“国家队、主力军”，立足“全灾种、大应急”的职业需求，加强应急能力建设。一是加强指战员技战术实战化训练。严格落实每周两天的“熟悉演练日”制度，围绕辖区内人员密集场所、易燃易爆、高层建筑等重点场所开展熟悉演练。共熟悉单位105家，实地演练53家，完成湘东大市场大型综合体演练，建坤学校、新海燃气公司等大型演练，完善修订灭火应急预案36份。二是加强专、兼职消防队伍建设。组织皇图岭镇、网岭镇、渌田镇、新市镇、丫江桥镇分管消防的乡镇领导召开消防工作会议，并配置一批消防摩托车、灭火器、水枪水带等消防器材。三是提高应急救援速度及效率。大队按照一战一评、每战必评的模式，对每次出警情况进行总结讲评，总结作战过程中的问题与不足，互相交流，不断积累经验提高效率。

（胡正强）

统　计

【统计监测和调研】

统计并监测全县经济发展情况。2022年，全县实现地区生产总值477.78亿元，同比增长4.6%。第一产业增加值77.03亿元，增长3.0%，拉动地区生产总值增长0.5个百分点；第二产业增加值165.71亿元，增长6.4%，拉动地区生产总值增长2.2个百分点；第三产业增加值235.04亿元，增长3.9%，拉动地区生产总值增长1.9个百分点。一、二、三产业对经济增长的贡献率分别为11.7%、47.2%、41.1%，产业结构为16.1：34.7：49.2。全年新增“四上企业”（规模以上工业企业、资质等级建筑业企业、限额以上批零住餐企业、国家重点服务业企业等这四类规模以上企业）70家。

联系县级办点领导定期到联点企业株洲市振源生态农业发展有限公司进行走访调研，详细了解企业经营现状，帮助企业破解发展难题。联合税务、电力等部门对全县一般纳税人和小规模纳税人开展调研，建立重点企业培育库。联合各行业主管部门和各乡镇（街道）对辖区内企业开展走访摸底，储备拟申规企业。联合发改、住建等部门对在库项目、新增项目开展现场核查，及时掌握投资存量及重点项目进度情况。

【统计工作监督和执法】

县委常委会、政府常务会议全年各两次专题研究统计工作，听取统计工作情况汇报，研究制定《攸县贯彻落实国家统计督察反馈意见整改方案》。首次将统计专项检查纳入县委巡察重点内容，对谭桥街道和石羊塘镇开展统计巡查专项检查。与审计局联合印发《关于加强统计监督和审计监督工作协作的办法》，推进统计监督与巡察监督、审计监督贯通融合。在全县范围内开展统计造假不收手不收敛问题专项纠治工作，将统计法律法规知识纳入县委党校科级干部培训班的培训课程。

制定《2022年攸县统计执法检查工作方案》，在全县开展投资项目入退库专项检查和服务业领域数据质量核查。落实《关于加强省委巡视机构与省统计局工作协作的办法》文件精神，按要求推荐建立巡查人员库。加大统计执法力度，全年通过“双随机”执法检查单位28家，专项执法检查10家。通过采用调取相关资料和现场核查的方式，对规模工业、规上服务业、限上贸易业等单位主要指标进行核查，检查75家“四上企业”入库单位、42家退库单位和304个固定资产投资项目。共发现问题企业 13 家，清退企业 3 家，整改问题 7 个。

【统计工作体系建设】

在全县推广联星统计站省级统计示范点建设经验，继续扩大基层统计示范点建设，圆满完成高新区、黄丰桥、网岭、莲塘坳 4 个省级基层统计站规范化建设验收工作。完成网络等级保护和联网直报中心信息化改造项目验收工作，开通办公网络防火墙，提升全县统计工作信息化和安全化水平。

（谭志国）

社会经济统计调查

【概况】

国家统计局攸县调查队是国家统计局派出的直属正科级单位，是政府统计调查机构、统计执法机构，依法独立行使统计调查、统计监督职权，独立向国家统计局和湖南调查总队上报调查结果，对上报调查资料的真实性负责。主要组织实施城乡一体化住户调查、县级粮食产量抽样调查、畜禽监测调查、劳动力调查、农民工监测调查、农产品价格调查、农业中间消耗调查、工业生产者价格调查、企业采购经理指数调查和新设立小微企业调查等常规调查。同时，充分利用调查队机动灵活的优势，承担中共攸县县委、县政府委托的文明城市测评、党风廉政建设调查和营商环境调查等多项专项调查任务。

【调研服务】

在认真完成各项国家调查任务的同时，国家统计局攸县调查队经常深入基层开展调研，坚持围绕党中央、国务院和地方党委政府新的政策、部署落实情况进行跟踪分析；围绕社会经济发展新的亮点、热点问题开展深度分析；围绕常规统计调查数据中新变化、新趋势做好分析研判并提出对策建议，充分发挥出统计部门“参谋部、晴雨表、信息窗”的职能作用。

2022 年共撰写工作信息 106 篇，分析类信息 62 篇，大部分信息和分析材料被国家统计局、湖南调查总队和县委、县政府采用。

【城乡居民收支抽样调查】

2022 年，实施城乡居民住户收支情况抽样调查，在全县 13 个村（社区）抽样 130 户，对抽样居民家庭进行逐日记账调查，得出全县城乡居民人均可支配收入等各项经济社会发展指标。（主要调查数据详见表 1、表 2）。

2022 年攸县城乡居民人均可支配收入调查数据一览表

表 1

全体居民人均可支配收入（元）	增速（%）	城镇居民人均可支配收入（元）	增速（%）	农村居民人均可支配收入（元）	增速（%）
42868	5.5	49352	5.1	35434	6.2

2022 年攸县城乡人均收支结构调查数据一览表

表 2

指标名称	单位	城镇居民	农村居民
一、可支配收入	元	49352.0	35434.0
（一）工资性收入	元	16162.6	12190.1
（二）经营净收入	元	12883.4	14607.5
（三）财产净收入	元	5219.2	594.0
（四）转移净收入	元	15086.7	8042.4
二、消费支出	元	26811.0	26306
（一）食品烟酒	元	6925.5	5967.3
（二）衣着	元	1506.2	954.3
（三）居住	元	7234.5	7921.4
（四）生活用品及服务	元	1657.4	1108.6
（五）交通通信	元	2550.0	3416.5
（六）教育文化娱乐	元	3047.4	3361.8
（七）医疗保健	元	3623.8	3328.5
（八）其他用品和服务	元	266.3	247.5

【粮食产量抽样调查】

2022 年，采取主要品种抽样调查、小品种全面统计相结合的方法，按早稻、夏粮和秋粮3个收获季节，对抽中的15个行政村的45个面积约为60亩的样方地块开展现场调查，推算全县粮食播种面积和总产量。（主要调查数据见表3）。

2022年攸县粮食播种面积和总产量调查数据

表3

粮食种类		播种面积（万公顷）	总产量（吨）
稻谷	早稻	1.867	119022.00
	中稻	2.051	162032.70
	晚稻	1.966	133700.00
其他粮食		0.255	10245.30
合　计		6.139	425000

【生猪生产情况调查】

2022年，通过对全县生猪存栏达1000头的养殖大户及15个抽样散养小区进行调查，推算全县年末生猪存栏数和年内总出栏数（主要调查数据见表4）。

攸县2022年生猪调查数据

表4

项　　目	2022年核定
一、年末生猪存栏（万头）	51.76
其中：能繁母猪	4.46
二、全年生猪出栏（万头）	86.59
三、猪肉产量（万吨）	6.34

（占慧玲）

行业办公室

【概况】

攸县行业办公室有干部职工116人，其中在岗16人，离退休人员100人（离休干部1人，退休99人）。2022年，行业办继续立足服务全县发展大局，扎实做好原74家县属国有企业的3万余名改制下岗人员的民生保障服务工作，协助、配合有关部门开展改制企业下岗人员纾困解困工作。协助配合有关部门做好涉企（已完成改制的原县属国有企业）信访维稳工作，实现全系统内无缠访闹访和越级上访零发生目标，获评2022年度攸县“平安建设先进单位”。

【下岗职工和离退休干部民生服务】

2022年，行业办共为改制企业下岗职工开具证明材料256份，协助办理退休医保审核358人次，查阅利用人事、财务等档案资料1109人次，协助改制企业湘东化工机械厂和网岭水泥厂的下岗职工办理不动产登记证换证代办工作，其中湘东化工机械厂共办理129户，网岭水泥厂共办理20户。

为部分行动不便或操作存在困难的离退休干部进行上门服务，协助其完成生存认定，确保他们正常领取退休养老金。经常性开展节庆走访慰问、离退休干部住院慰问和丧葬人员家属慰问工作，全年共落实节庆走访65人次、住院慰问7人、丧葬人员吊唁及家属慰问13人次。重阳节（老年节）期间，组织离退休干部前往网岭旭日陶瓷厂、新市徐公店等企业参观学习。

【档案整理移交】

2022年，聘请档案专业人，将2009—2021年10多年间所有文书档案和攸县企业改制办公室2007—2016年间的文书档案资料进行归档整理，并移交县档案馆，同时对所有文书档案进行扫描，建立电子档案。

（阳锦芝）

工 业

综 述

【概况】

2022 年，全县共有规模工业企业 342 家（年内新增培育规上工业企业 21 家），全县规模以上工业企业营业收入 391.9 亿元，增长 8.7%；利润总额 15.86 亿元，增长 90.6%；研发（R&D）经费投入 4.86 亿元，增长 38.9%。规模工业增加值 126.74 亿元，增长 7.7%（全市排名第七），其中国有及国有控股工业增加值增长 16.1%，非公有制经济增加值增长 5.6%。规模以上工业主要产品产量中，原煤 2.62 万吨，下降 77%；水泥 144.6 万吨，增长 17.2%；饲料 62.1 万吨，增长 6.7%；中成药 882.6 吨，增长 18.4%；火电 42.89 亿千瓦时，下降 8.8%。高新技术产业增加值 83.29 亿元，增长 24.9%，占地区生产总值比重为 17.4%，比上年提高 1.8 个百分点。

工业税收 29540 万元，增长 17.33%；工业税收贡献较大的工业企业有湖南旭日陶瓷有限公司、湖南远大水泥有限责任公司、湖南昊华化工股份有限公司、湖南明珠选矿药剂有限公司、湘东化工机械有限公司、株洲宏信科技股份有限公司、澳维膜科技有限公司、大唐华银攸县能源有限公司、株洲安特新材料科技有限人马、湖南恒盛新材料有限、湖南冠群电子科技有限公司、攸县龙昊重工有限责任公司、株洲地博光电材料有限公司、湖南优多新材料科技有限公司等企业。工业用电量 50244.9 万千瓦时，下降 0.58%；工业固定资产投资增长 33.5%（全市排名第二）；制造业投资增长 25.2%；工业技改投资增长 11.2%（全市排名第三）。

【园区工业】

园区入驻企业 148 家，规上工业企业 112 家。高分子新材料和精细化工企业 35 家；绿色建材企业 13 家。2022 年，园区完成技工贸总收入 291.64 亿元，同比增长 23.86%；完成高新技术产值 216.56 亿元，同比增长 26.04%；完成规模工业增加值 81.86 亿元，同比增长 10.5%；完成固定资产投资 78.09 亿元，同比增长 5.92%。完成税收 8.49 亿元，同比增长 49.96%；完成利润总额 12.65 亿元，同比增长 30.23%；完成研发经费 4.17 亿元。

工业、科技管理和服务

【概况】

2022 年全县工业经济工作以打造“科技创新高地”和“先进制造业高地”为重点目标，推动科技创新和工业高质量发展。科技创新工作五县第一全市第三；“企业办事不求人”工作全市第二；国家级专精特新“小巨人”培育成功破零；省市级专精特新“小巨人”、高新技术企业、科技中小企业和省级工业设计中心培育均超额完成任务并创历史新高。

全县共有科技机构 2 家，地方财政的科学技术支出 63889 万元。专利授权数 241 件，其中发明授权数 20 个。

【项目建设】

2022 年全县完成工业项目建设 131 个，其中制造业投资项目建设 96 个，涉矿项目和水利水电项目 35 个。96 个制造业投资项目中，新建新投产项目 32 个，设备更新换代改造和扩能提质改造项目 64 个（化学原料和化学制品制造业 26 个，农副食品加工业 11 个，非金属矿物制品业 6 个，专用设备制造业 5 个，电气机械和器材制造业 3 个，橡胶和塑料制品业 2 个，金属制品业 2 个，石油、煤炭及其他燃料加工业 2 个，皮革、毛皮、羽毛及其制品和制鞋业 1 个，家具制造业 1 个，文教、工美、体育和娱乐用品制造业 1 个，医药制造业 1 个，汽车制造业 1 个，其他制造业 1 个，废弃资源综合利用业 1 个）。

有序推进湖南昊华化工股份有限公司生产基地（二期）、澳维膜科技有限公司组件项目（二期）、株洲地博光电材料有限公司产业园、香干产业园、亚美茶油产业园、湖南省硕泰高分子新材料有限公司、株洲市丰凯新能源有限公司、三亿化学建材科技发展有限公司、艾硅特新材料有限公司等重大制造业项目建设。其中，投资 2 亿元的九派科技间叔丁基苯酚项目顺利正式开工，总投资 5 亿元的湖南华纯新材料科技有限公司超高纯金属化学材料项目一期试产，总投资 13.5 亿元的 300 千瓦地面分布式光伏项目开工。攸县高分子新材料产业链上企业总数达到 35 家，高分子新材料产业链基本成型。总投资 5 亿元的绿色建材工业——湖南固辉新材料有限公司 30 万吨微珠石膏粉生产项目，主要设备安装完毕；推进旭日陶瓷产业园建设，在谈储备干混砂浆项目、陶瓷减水剂项目；加快华润绿色建材产业项目落地，华润项目综合协调专办挂牌成立，各项工作有序推进。

【电力通信】

逐步完善 5G 通信网络，为高质量发展提供信息化服务。2022 年数字经济增长 21.6%；5G 基站建设完成 112 个，完成率 112%，5G 网络基本实现城区全覆盖，城乡各地区信息基建工作不断进步，“两上”“三化”转型初具成效。指导企业上云网平台，有 20 家企业实现上云上平台，5 家企业完成深度上云网平台。湖南远大水泥有限责任公司、湖南亚美生物科技有限公司、株洲宏信科技有限公司、湖南星都物流有限责任公司等一批企业在数字化建设方面取得明显成效。如湖南远大水泥有限责任公司将智能化运用于仓储、检测、能耗数据监测等各方面。湖南星都物流有限责任公司实现“统一仓储、统一分拣、统一中转、统一配送、统一服务”，达到共同揽收、分拣、运输、派送、信息收集发布等功能。

【服务企业发展】

2022 年，通过开展“送政策、解难题、优服务”，推动落实为企业减税降费 2.5 亿元，连同相关部门解决企业实际问题 564 个。

一是联企帮扶。在全县各部门单位选派业务骨干 91 人，对口服务 676 家企业，各镇（街道）按在编干部 10% 的比例选派懂政策、懂业务、能力强的干部联系服务区域内的企业。会同县纪委监委等部门，建立“制造名城”监督与服务企业微信群工作机制，积极为企业解决困难和问题提供“零距离”“零时差”“零障碍”便捷通道。设立的 2 个大群共有 531 人入群，294 个“一企一群”共有 3691 人，解决问题百余个，积极开展银企面对面活动，共组织金融机构走访企业 76 家，召开重点企业融资对接会 2 场。

二是科技指导。下发《攸县 2022—2023 科技特派员工作方案》，共派驻省科技特派员 5 名、市科技特派员 18 名、县科技特派员 40 名，对口指导县内 70 余家企业，覆盖全县 17 个镇（街道），推动湖南农业大学、省农业科学院、省中医药研究所、省林业科学院、省园艺研究所、市农业科学研究所等高校和科研院所来攸开展产学研合作和技术指导，以科技的力量助力乡村产业振兴。

三是政策服务。在“送政策、解难题、优服务”行动中，将企业“上门找政策”变为“上门送政策”，干部深入企业推送《惠企政策口袋书》并当面解读，相关部门还录制了微视频进行惠企政策具体化宣传解读，并在政府门户网站上公示，发布惠企政策约600条，让每个企业都能轻松找到“量身定做”的政策支持，确保惠企政策落地落实。

【科技创新】

按照科技型中小企业—高新技术企业—科技型瞪羚企业“递进式”方式，培育科技型企业。全县有通过科技型中小企业评价74家，高新技术企业认定25家，科技型瞪羚企业3家，株洲地博光电材料有限公司产业园、安特新材料有限公司、攸县龙昊重工有限责任公司3家企业技术中心通过省级企业技术中心认定。科技成果落地转化4项，高新技术产业增加值增速24.9%，全社会研发投入1.31亿元，地方财政科技支出占地方财政支出比值12.56%，地方财政科技支出占地方财政支出比值12.56%。技术合同交易额11.57亿元。

（唐柳志成）

攸县高新技术产业开发区

【概况】

攸县高新技术产业开发区（以下简称攸县高新区）始建于2003年，2012年经湖南省人民政府批准为省级工业集中区，2016年扩区形成“一区两园”格局，即攸州工业园和网岭循环经济园，2019年正式获批为省级高新技术产业开发区，2021年攸州化工片区被认定为湖南省第一批化工园区。攸县高新区攸州工业园核准面积510公顷，重点发展高分子新材料及精细化工产业；网岭循环经济园核准面积330公顷，重点发展绿色建材产业。2021—2022年，连续两年被评为市文明建设标兵单位、县文明红旗单位，2022年市对园区考核中，荣获二类园区二季度第二名、三季度第一名；全省五好园区排名从第79名上升至第62名，前进17位；全省高新区排名从第37名上升至第33名，前进4位。

2022年，园区完成技工贸总收入291.64亿元，同比增长23.86%；完成高新技术产值216.56亿元，同比增长26.04%；完成规模工业增加值81.86亿元，同比增长10.5%；完成固定资产投资78.09亿元，同比增长5.92%。完成税收8.49亿元，同比增长49.96%；完成利润总额12.65亿元，同比增长30.23%；完成研发经费4.17亿元，同比增长44.55%；进出口额3.66亿元，同比增长136.02%。

【“一主一特”主导产业】

利用化工区优势和依托本地资源，逐步形成了高分子新材料、绿色建材“一主一特”的主导产业发展格局。2022年园区入驻企业148家，规上工业企业112家。高分子新材料和精细化工企业35家（包括25家高分子新材料企业），2022年总产值66.57亿元，实现税收19251万元。绿色建材企业13家，2022年总产值91.81亿元，实现税收34015万元。高分子胶黏剂和膜材料2个细分行业基本成型，产业链集聚效应初步显现，在省、市及珠三角地区具备了一定的影响力。

【园区基础建设】

出台《攸县高新区批而未供土地、闲置土地和低效（空闲）用地“一园一策”整改方案》，处置低效用地31.69万平方米，批而未供土地认定处置75233平方米，动态储备土地54.67万平方米，土地等要素得到有效保障。园区重点产业项目加速推进，湖南昊华化工股份有限公司二期工程和湖南华纯材料科技有限公司竣工投产；湖南旭日陶瓷有限公司二期工程已建成4条生产线；湖南艾硅特新材料有限公司项目和株洲地博光电材料有限公司二期项目进入主体施工阶段。完成一企一管项目管廊主体工程；兴工路以东污水管网项目和兴工路以西污水管网项目完成总工程量50%；排水防涝项目（尹家垅排水箱涵工程、兴旺路侧排水箱涵新建工程）竣工并通过验收。2022 年，园区新开工项目工程建设 14 个，新竣工项目工程 11 个。

【安全环保】

全面开展园区生态环境突出问题整治攻坚和化工园区“一园一策”安全整治，对园区所有的安全环保隐患问题进行摸排并整改，共完成 29 项问题整改，成功实现安全生产评价 C 级园区目标。组建化工区应急救援队伍，开展安全生产大排查大整治；完成攸州工业园污水处理厂提质改造，并通过工程竣工和环保“三同时”验收；完成园区消防站、危化品运输车辆停车场前期设计工作；结合园区实际，融合安全环保监管功能，建成全省一流的安全环保智慧监管平台，成立全省第一家工业园区环保服务中心——“株洲市园区环保服务中心”。

【体制机制改革】

结合园区实际，高起点规划，起草《园区体制机制改革实施方案》《“五好”园区创建实施方案》《园区大会战实施方案》《攸县高新区绩效薪酬制度改革实施方案》，积极推动体制机制改革、薪酬绩效改革、平台公司改革、园区赋权改革工作进程。围绕“减环节、减材料、减时限、减费用”，制定第一批赋权事项清单，下放高新区 38 项行政审批权限，其中直接赋权 2 项，委托行使 12 项，服务前移 24 项，确保“园区事园区办”，提升办事效率。组建税务精细服务工作室，建成全省第一家入驻园区的税务“智慧微厅”，主动推送涉税风险提醒信息 34 条，发放“政策礼包”达 290 多份。

（吴　斌）

企业选介

【株洲地博光电材料有限公司】

高分子新材料企业——株洲地博光电材料有限公司，2017 年在湖南省攸县高新区成立，注册资金 7000 万元，项目规划总投资 10 亿元，是一家专门研发、生产、销售聚碳酸酯薄膜基材的高新技术企业。经营导光基材板、光学基材板、LED 灯扩散板等光电材料的生产及销售，产品广泛应用于通信器材、建材行业、汽车制造、轨道交通、动力电池吸塑产品、医疗器械、航空、航天、电子电器、光学透镜、光盘等领域。主要客户有韩国三星、宁德时代、冠杰电子、富士康等知名企业。公司从意大利、日本引进世界领先的聚碳酸酯塑料光学基材板（膜）及阻燃基材板（膜）生产线，并与湖南大学建立了长期合作关系，使公司产品及技术达到国际领先水平。至 2022 年，共申请国家专利 11 项，参与《聚碳酸酯薄膜及片材》（GB/T 35450—2017）国标编写，荣获国家高新技术企业、湖南省“小巨人”企业、第九届创新创业大赛湖南赛区优秀奖等荣誉。

【湖南澳维膜科技有限公司】

高分子新材料企业——湖南澳维膜科技有限公司成立于 2018 年 11 月，注册资本 6000 万元，主要经营反渗透膜、纳滤膜、超滤膜等膜材料的研发、生产、销售和服务，公司具有膜片制造的核心技术规模化生产能力。公司拥有一支由多名博士、硕士等人才组成的技术团队，有发明专利 1 项、实用新型专利 1 项，已经受理的发明专利 3 项。

公司的高分子膜材料产业化基地建设项目一期占地面积 1.2 万平方米，建筑总面积 9300 平方米，后期项目占地 1.53 万平方米，总投资约 2.10 亿元，三条生产线 2022 年投产，年生产能力 960 万平方米反渗透膜产品。公司自主研发的 40 余种反渗透膜产品，广泛应用于饮用纯水、食品饮料、医疗制药、市政供水处理、工业用高纯水、锅炉补给水、海水淡化、电子行业超纯水、废水处理与回用及物料浓缩提纯等行业。产品质量和技术水平位居行业先进行列，远销欧洲、俄罗斯、印度、越南、印度尼西亚等国家和地区。

【湖南旭日陶瓷有限公司】

绿色建材企业——湖南旭日陶瓷有限公司成立于 2013 年 4 月，是专业生产节能环保、新型绿色建筑陶瓷企业。企业占地面积约 63.27 万平方米，自 2013 年成立至 2022 年，累计投资 10 亿元，年产量达 2000 余万平方米，产值 3.5 亿元。2018—2022 年，连年上缴税收 2000 余万元，解决劳动就业 1000 余人。

公司拥有专业研发团队和“白兔”品牌，依托中山大学、陕西科技大学和华南理工大学的优势学科，开发研制薄型、超薄型、功能型等新型建筑陶瓷，生产资源节约型和环境友好型的绿色建筑板材系列产品，获实用新型技术专利 9 项。公司被授予湖南省质量信用 AAA 企业称号，“白兔”品牌荣登第九届中国建筑卫生陶瓷十大品牌榜，被中国建筑装饰协会授予“陶瓷十大品牌”称号，被国家建筑材料测试中心授予“绿色建筑选用产品证明商标”，公司产品销往国内 20 多个省（市、区）。

【湖南昊华化工股份有限公司】

精细化工企业——湖南昊华化工股份有限公司（简称湖南昊华公司）始建于 1970 年，从事杀虫剂、除草剂系列产品研究和制造 50 年，是农业部定点农化产品生产基地。2019 年，湖南昊华公司从株洲市清水塘老工业区整体搬迁至攸县高新技术产业开发区，是株洲市清水塘老工业区整体搬迁异地重建示范企业，是湖南省重点高新技术企业。

公司主营以杀螟丹、杀虫单原药产品为主导的沙蚕毒系列仿生物农药产品，此类产品不易产生耐药性，生命周期长，是替代高毒农药的优良品种，国外市场需求量巨大。主导产品国内市场占有率为 60%，产品供应日本、巴基斯坦、印度等国家。公司绿色搬迁项目一期占地面积 8.8 万平方米，二期项目用地 9.4 万平方米，扩建项目及配套公用工程设施已建设完成进入验收阶段。

【湖南亚美茶油股份有限公司】

湖南亚美茶油股份有限公司是集油茶科研、种植、生产、加工及销售于一体的湖南省农业产业化龙头企业、湖南省林业产业化龙头企业、国家高新技术企业及全国放心粮油示范加工企业。公司占地 2.4 万平方米，建筑面积约 4 万平方米，年产值达 1.2 亿元，是湖南省首家工业 4.0 油茶科技智能化工厂。

公司建成的全自动冷榨、精炼、灌装生产（包装）线和油茶鲜果智能烘干剥壳线，集工业机器人、5G 技术、视觉智能、物联网、云计算、大数据于一体；5G 智能立体云仓消除了业内油茶果晒干受天气影响的弊端。

公司旗下品牌——“大康时代”，获 40 多项荣誉及 16 项专利，并通过有机产品 ISO9001、2015 国际质量管理体系 ISO22000 食品安全管理体系及出口食品许可证等多项认证。所有产品质量由中国人民财产保险股份有限公司承保。

（吴 斌）

煤炭产业管理服务

【概况】

攸县是湖南省重点资源县之一，也是全国百个重点产煤县和商品煤基地县之一。境内煤炭资源丰富，含煤面积约 173.6 平方千米，探明可采储量 4.7 亿吨，主要集中分布在黄丰桥、鸾山 2 个产煤乡镇。2022 年，煤炭销售 7.5 万吨，统征税费 599 万元。攸县煤炭产业事务中心为攸县应急管理局下属正科级事业单位，内设综合管理股、生产技术股、计财股、培训股、产业经营和发展股 5 个股室。

按照省政府统一部署，至 2022 年 4 月，共关闭煤矿 7 处，其中 6 处通过省级验收（煤炭冲煤矿关闭案上诉至湖南省高级人民法院，终审判决维持县人民政府对煤炭冲煤矿的关闭决定）。按时按质完成上级煤矿关闭任务。

【服务产业发展】

一是加强技术服务。积极配合省市专家开展煤矿隐蔽致灾因素普查，做好各项协调工作。深入生产一线，督促指导煤矿进行技改施工并提供技术服务。二是扎实组织开展安全培训。年内共组织开展防治水副矿长培训班 1 期、煤矿普工义务培训 2 期、煤矿特殊工种培训 2 期，共计参加培训 800 人。在煤矿企业狠抓安全的基础上，强化从业人员的理论基础和实践操作能力，为企业安全办矿提供保障。三是积极化解“两矿”改制遗留问题。针对“两矿”硅肺工伤人员住院疗养、工伤待遇等遗留问题，及时向县人民政府反映问题，多次召开会审会议，商讨解决方案。2022年，未出现“两矿”硅肺工伤人员非法上访和越级上访。

【煤矿水害隐患防治】

2022年，重新调整水害联防联治片区，逐矿落实监管责任人，定期召开片区防治水会议，建立水害联防联治信息联络体系。投入300万元，聘请3家专业资质单位对全县煤矿及5个联防联治片区开展新一轮的水害普查，并完成对已恢复施工的技改煤矿的物探工作，修订物探报告，为全面掌握攸县煤矿水害隐患提供科学依据，为煤矿安全生产打下坚实基础。

（李　砚）

国网攸县供电公司

【概况】

国网攸县供电公司内设党委党建部、综合管理部、配电部、财务资产部、安全监察质量部、客户服务中心、供电服务指挥中心（调控中心）、配网项目管理中心、株洲市湘能农电服务有限公司攸县分公司、株洲高新电业集团有限公司攸县分公司10个内设机构，下辖10个供电所；全系统在职干部职工132人、供电服务人员312人。2022年，完成售电总量12.05亿千瓦时，同比增长10.37%。保障全县新冠疫情防控交通卡口供电，顺利完成攸县广寒坪抽水蓄能站开工仪式等15次重点保电任务，圆满完成党的二十大保供电工作任务。严重高温干旱期间，主动上门指导73户次参与需求侧响应，最大错避峰负荷8.2万千瓦。获评省公司迎峰度夏突出贡献二等奖、攸县文明单位。

【优化供电服务】

滚动更新重要及敏感用户清单，全年走访敏感用户2200余人次，专业协同指导帮扶3个班组解决问题29个，开展供电服务提升“百日攻坚”专项行动，闭环销号整改问题2878个，重点用户和敏感用户供电服务质量不断提升。深化“三零”（零上门、零审批、零投资）“三省”（省时、省力、省钱）服务，受理“三零”业务8429户、160千瓦及以下小微企业扩配套项目34个，共为用户减免办电成本761.98万元。

成立工业园区供电服务中心，选优配强工作队伍，定期开展园区企业走访，推行电力智能管理代维服务，促成园区新兴产业合作，完成52户专变智能代维服务合同的签订。协助园区管委会开展园区电网规划修编，形成《一区两园电力规划》。

【电网建设和改造】

一是加强项目建设。将项目储备纳入供电所周、月重点工作，落实公司、部门、供电所三级会审机制，完成两轮次“一所一报告”修编，梳理线路项目69个、台区项目510个，储备投资金额2.77亿元。二是加快推进输变电工程。110千伏新市输变电工程、110千伏格子塘主变增容改造项目、35千伏高和变电站综合改造、35千伏双田变电站扩建工程竣工投产，220千伏朝大Ⅱ回输电线路工程建设开工，完成110千伏明月输变电工程立项。联合攸县人民政府共同解决资金问题，推进220千伏攸县南、110千伏莲塘坳输变电工程前期配套工程。三是完成农网改造工程。新建、改造10千伏线路171.6千米、低压线路66.5千米、变压器239台。组织开展砍青扫障百日攻坚专项行动，出动3200余人次，砍伐树竹3.5万棵。严格落实“能带不停”要求，开展带电作业490次，减少停电2万余时户。10千伏线路故障率同比下降69%，配变停运率下降29%，配变平均停电时长下降42%，配网低电压率下降61%。四是加强高损台区治理，年内台区线损率3.37%，减少电量损耗73万千瓦时。加强异常数据跟踪，查处窃电用户151户、违约用电17户。完成“喜盈门·范城”政府接管小区332户转供用户“一户一表”改造，有效化解电费回收风险。完成110千伏老屋变电站危急缺陷整改，完成网岭监狱自供区改造，完成543户居民用户和8户专变用户接入。

【“村电共治”】

2022年，全县进一步推进“村电共治”，有效解决群众用电问题。在乡镇（街道）成立工作专班，制订并实施“村电共治”联动工作方案，在全县推行乡镇（街道）、村组（社区）、电力联络员的三级联动网络服务，建立“村电共治”联动台账，将“村电共治”工作纳入各村组（社区）网格服务微信群，由群管理员统一发送电力服务、抢修、停电、建设等相关信息，让农村用户享受更加精准高效的供电服务，实现联动网络服务全覆盖。至年末，国网攸县供电公司完成297个村（社区）合作协议签订和便民服务点建设，推出“村电共治”微信公众号，关注人数达21.9万余人，受理办结业务需求594件，客户服务满意度同比上升5.66个百分点。12月5日，中共湖南省委组织部主办的“红星网”以“‘五电’模式助推村电共治为民利民”主题，推介报道攸县“村电共治”经验。

【安全生产】

压实安全管理责任，编制公司关键岗位人员安全履职重点工作清单和全员安全责任清单，各级管理人员下班组224次、下现场682次。落实湖南省电力有限公司全面强化安全责任落实45项措施和市公司106项具体举措。精心组织春、秋季安全大检查，聚焦人身、电网和设备安全管理薄弱环节，排查并消除隐患362项。统筹开展线上+线下“双稽查”，全面从严管控现场安全，结合现场稽查开展班组安全基础检查。带电作业班、菜花坪供电所获省公司2022年度安全生产先进班组，调控运行班、新市供电所获市公司2022年度安全生产先进班组。

（刘利辉）

农 业

农业农村工作

【概况】

攸县农业农村局由局机关和下辖农业技术推广中心、农业综合服务中心、农机事务中心、农村经济管理服务站、农业综合行政执法大队、农广校等6个副科级事业二级机构及蔬菜事务中心、农机技术推广站等2个股级事业单位组成。局机关内设办公室、纪检监察室、政工股、党建办等12个股站室。全局年末共有在职工作人员145人。2022年，全局贯彻落实中央、省委、市委和县委农村工作会议精神，紧紧围绕县委、县政府打造“三个高地”、推进“三大会战”暨“两个年”的决策部署，扎实推进“三农”工作。

全年实现农林牧渔总产值126.68亿元，比上年（下同）增长6.23%，其中农业总产值66.54亿元，增长3.5%；林业总产值9.07亿元，增长3.4%；牧业总产值39.73亿元，增长3.2%；渔业总产值4.87亿元，增长3.2%；农林牧渔服务业总产值6.47亿元，增长9.6%。全年实现农产品加工业总产值216亿元，增长6.9%，实现利润11.82亿元。全年实现第一产业增加值77.03亿元，增长3.0%。全县农村居民人均可支配收入35434元，增长6.2%。年末全县农业机械总动力118.98万千瓦，增长2.7%，农业综合机械化水平75.74%。

2022年度，攸县获评全国乡村振兴百强县、国家级杂交水稻制种大县、湖南十大湘菜名县、2022年全市农业产业发展先进县、2022年全市粮食安全生产先进县、全市农村基础设施和人居环境建设先进县，高标准农田建设、落实粮食安全责任制工作获省政府真抓实干督查激励表扬。攸县农业农村局成功创建2022年株洲市文明单位，开办动物饲养场未取得动物防疫条件合格证案获评湖南省农业行政处罚优秀案卷，“村社分账”改革试点经验在全市推广，举办全县果树病虫害综合防控培训会。

【农业产业发展】

一是实施“市场主体培育年”行动，培育农业产业化龙头企业。至年末，全县共发展规模以上农业产业化龙头企业54家，其中省级龙头企业13家、市级龙头企业41家。湖南长得快饲料有限公司成功认定为省“百企培育”龙头企业，湖南创润农业科技有限责任公司成功认定为小升规企业，湖南天华油茶科技股份有限公司、攸县健坤农业科技有限公司、湖南省大豪药业有限责任公司3家企业成功认定为省级农业产业化龙头企业，湖南一田农业机械有限公司、攸县德兴园生态农业有限公司、攸县农泰农业机械有限公司、攸县惠联生态农业有限公司、湖南省佳成农牧股份有限公司等5家企业成功认定为市级农业产业化龙头企业。

二是发展特色农业产业。年末全县共有农业特色产业园16

个，其中省级农业特色产业园 8 个，市级农业特色产业园 8 个。攸县尚鲜食品有限公司成功认定为省级农业特色产业园，攸县盛玉坊食品有限公司成功认定为市级现代农业产业园。启动皇图岭香干产业园一二期建设，出台《攸县皇图岭香干产业园入驻奖励办法（试行）》。

三是发展旅游休闲农业产业。全年实现休闲农业企业经营总收入 1.56 亿元，增长 3.6%，接待游客 102 万人次。全县共有省三星级以上休闲农庄 11 家，株洲贾岭药博园有限公司（贾岭药博园）成功申报为国家级四星级休闲农庄，株洲众森生态农业股份有限公司、攸县健坤农业科技有限公司成功申报 2022 年株洲市休闲农业与乡村旅游示范农庄。农业产业不断升级。实施攸县豆腐（香干）品牌提升行动，全县大豆原料供应基地达到 6.8 万亩，全年新（扩）建豆腐（香干）加工企业达到 1 家，豆腐（香干）3 吨以上的企业达到 14 家，豆腐（香干）全产业链总产值达到 20.13 亿元。积极开展农业产业招商引资，引进湖南创润农业科技有限责任公司、湖南萧果中药材有限公司、东莞市科聚塑胶制品有限公司、广州鼎杰建设工程有限公司。落实科技兴农战略，成功争取中国工程院单杨院士创新团队工作室落户。

四是持续加大农业品牌扶持力度。2022 年，全县培育“湘赣红”区域公用品牌授权企业 12 家，授权产品达 17 个。年内新增攸县尚鲜食品有限责任公司的“豆尚鲜”攸县香干、株洲市振源生态农业发展有限公司的“橙满三湘”脐橙和湖南皓特强生态农业股份有限公司的“攸爱山”茶油为“湘赣红”品牌系列授权产品。加大“湘赣红”区域品牌宣传推介力度，组织“湘赣红”授权产品参加 2022 年湘赣边区域合作示范区建设推进大会的产品展示，授权建设攸县“湘赣红”区域品牌产品专营店。推荐农业企业参加各类展示展销会，湘天华茶油获中部（湖南）农博会金奖并入选央视“强农品牌”，“湘东情”攸县香干获最受欢迎农产品奖，鸿华麻鸭获郑州农博会金奖。

巩固产业扶贫成果。会同县乡村振兴局组织符合项目实施条件的龙头企业（规模经营主体）、合作社和农机社会化服务组织进行申报，制定《攸县 2022 年实施省巩固拓展产业扶贫成果重点项目遴选公告》，公开遴选湖南亚美茶油股份有限公司、攸县盛玉坊食品有限责任公司、攸县南国宏豆食品有限公司等 3 家龙头企业，攸县家田农业机械专业合作社、攸县嘎嘎叫养殖专业合作、攸县海蓉水稻种植专业合作社等 3 家合作社为攸县 2022 年省巩固拓展产业扶贫成果重点项目实施主体，共争取上级财政资金 380 万元，通过项目实施，直接带动脱贫人口和监测人口 387 人，人均年增收 1700 元左右。

【新型经营主体培育】

全县共有注册登记的农民专业合作社共 1583 家，年内新增 67 家。攸县定华油茶种植专业合作社等 4 家合作社被评为省级示范社，攸县容发柑橘种植专业合作社等 16 家合作社被评为市级示范社；攸县念祖农业机械专业合作社被评为省现代农机合作社，攸县粮龙农业机械专业合作社被评为省示范农机合作社；攸县百分生态农业发展有限公司被评为省级示范区域性农业社会化综合服务中心。全县已录入全国家庭农场名录系统的家庭农场 3828 家，年内新增 106 家。湖南米来家庭农场等 5 家家庭农场获评省级示范家庭农场，攸县卡姆家庭农场等 14 家家庭农场获评市级示范家庭农场。

【高标准农田建设】

2022 年，紧扣“争创省政府真抓实干激励考评先进县”“落实人大代表票决民生实事项目”“再创乡村振兴大会战佳绩”等三大目标，推进高标准农田项目实施。在全省 123 个项目县中率先开标、开工，工程进度领先，《坚持六聚焦六把关，高效推进田块整治》在国家级刊物上发表，先进经验在全国推广。2022 年度全县高标准农田建设任务为 7 万亩，项目总投资 1.16 亿元，项目区涉及丫江桥、渌田、桃水等 8 个乡镇 43 个行政村。通过项目实施，土地平整面积1010.62亩，土壤改良总面积6.4万亩，整修加固山平塘132座，节水灌溉305.68亩；修筑小型拦河坝17座；新建电灌站3座；衬砌灌渠165.99千米，衬砌排渠25.8千米；配套量水堰共480处，修筑机耕路12.477千米。2022年高标准农田建设工作获省政府真抓实干督查激励表扬。

【农产品质量安全】

不断完善全县农产品质量安全监管体系建设，基本完成农产品质量追溯体系建设，全县省、市龙头企业和绿色食品、有机农产品、地理标志农产品生产企业全部纳入国家农产品质量安全追溯管理信息平台、湖南省农产品“身份证”管理平台和食用农产品合格证管理，赋码标识农产品增至34个，为59家企业共出具食用农产品合格证34600张，确保农产品去向和质量可追溯。开展农产品质量安全专项整治行动，加强农产品质量检测，全年完成农产品质量抽检17971批次，定量检测308批次，合格率99%。2022年末，全县“两品一标”产品达35个，年内认证“两品一标”产品5个。

【美丽乡村建设】

2022年末，全县省、市、县三级美丽乡村示范村120个，其中省级美丽乡村示范村13个，市级美丽乡村示范村16个，县级美丽乡村示范村91个。年内，酒埠江镇酒仙湖村成功创建为省级美丽乡村示范村。

【农业综合行政执法】

2022年，攸县农业综合行政执法局（攸县农业综合行政执法大队）主要围绕农资市场、“十年禁渔”、农产品质量安全、农村乱占耕地等重点领域开展专项执法行动。全年共出动执法人员2000余人次，开展联合执法42次，行政立案22件，结案20件，罚没金额79413元。开展农资打假专项行动，针对种子、农药、肥料、饲料等重要农业投入品，出动执法1300余人次，检查农资经营门店258个次、种植大户286户、制种大户206户及杂交种子生产散户45户，责令限期改正16起，执法抽样检测种子产品1个，查处农药案件3起。认真落实洣水“十年禁渔”，联合公安、检察部门开展多部门联合执法集中行动37次，出动执法人员600余人次，出动执法车辆87辆次，出动执法船26艘次，查办违法违规案件15件，司法移送案件13件，移送公安机关立案处理16人。开展“农村乱占耕地建房”整治，出动执法人员62人次，对5起违法占用基本农田建房的违法行为下达责令改正通知书，其余12起违法行为由所在乡镇（街道）人民政府（办事处）按照相关政策予以处置。

（何刘波）

种植业

【概况】

2022年，攸县落实粮食安全责任制工作获省政府真抓实干督查激励表扬。全县农作物总播种面积175.27万亩，其中粮食种植面积92.08万亩，增长0.26%；粮食总产量42.5万吨，因旱情影响，同比减产1.15万吨，下降2.6%；早稻面积28万亩，与上年基本持平，总产量11.9万吨，比上年增加0.38万吨；中稻和一季晚稻面积30.77万亩，较上年增加0.54万亩，总产量16.20万吨，比上年减少0.08万吨；晚稻面积29.49万亩，较上年减少0.6万亩，总产量13.37万吨，比上年减少0.85万吨。全县水稻优质化率进一步提高，种植高档优质稻38.91万亩，较上年增加3万亩，同比增长8.3%。

大豆、玉米、高粱等旱粮播种面积3.51万亩，较上年增加0.28万亩，产量0.94万吨，较上年减少0.04万吨。杂交水稻制种面积5.237万亩。油料作物总面积29.23万亩，同比增长7.07%，产量3.29万吨，较上年增加0.43万吨，增产15.03%；其中夏收油菜面积25.65万亩，秋播油菜面积27.23万亩。

经济作物总面积（含蔬菜）54.06万亩，较上年增加2.85万亩，增长5.57%，总产量149.28

万余吨，比上年增加近11.45万吨，增产8.3%；其中蔬菜播种面积38.45万亩，产量128.81万吨，水果及西（甜）瓜播种面积共10.43万亩，产量16.52万吨，茶叶1.02万亩，产量0.055万吨，中药材（含湘莲）、桑蚕、花卉等其他作物面积4.16万亩。

【落实强农惠农政策】

精准发放2022年实际种粮农民一次性成本补贴2844.41万元，发放耕地地力保护补贴资金6538.96万元，发放早稻集中育秧补贴资金298.34万元，发放稻谷补贴资金1892.31万余元。全年共办理补贴机具1022台，受益户数434户，补贴资金1572.58万元，报废更新机具112台，报废补贴88.61万元。兑现农业保险2604.36万元，其中水稻完全成本保险1795.29万元，水稻制种保险661.2万元，油菜保险127.87万元，玉米保险20万元。

【绿色农业发展】

强化农业面源污染治理，深入实施化肥、农药减量增效行动，全年化肥、农药实际施用量分别为2.63万吨、554.06吨，较上年减少0.9%、1.5%。

全县推广测土配方施肥技术面积157.72万亩次，覆盖率102.42%；推广主要农作物统防统治面积78万亩，水稻统防统治面积53.94万亩、覆盖率61.18%；推广绿色防控技术面积85万亩、覆盖率51.05%，其中水稻55.7万亩、蔬菜13.3万亩、其他农作物16万亩。推进受污染耕地安全利用，落实13.02万亩受污染耕地安全利用措施，528.4亩严格管控类耕地按照退出水稻生产要求，实行种植结构调整。推广秸秆还田面积35万亩次，秸秆还田量11.71万吨，综合利用率90%，农膜综合回收率83.4%。开展绿色种养循环试点工作，推广粪肥还田面积超过10万亩次，创建粪肥还田示范区（片）11个，畜禽粪污综合利用率95.56%以上。启动第三次土壤普查工作。

【农业技术培训】

提升农业技术人员服务水平，组织县、乡镇（街道）两级农技人员24人分别参加省级或省外脱产业务培训，4名农技人员学历提升。提升农业从业人员的科学素质，全年培育高素质农民210名（其中新农商带头人70人，种养加技术能手70人，农技作业操作手70人），举办早稻集中育秧技术、高标准农田后期养护、科学施肥、绿色防控等各类培训班35期3000余人次，发放各种技术资料6.5万余份；开展田间学校培训2期，培训40余人。

【农作物病虫害防治】

为加强病虫监测和提高测报的准确性，在全县不同方位建立病虫害全天候智能监测点和人工监测点，其中全天候智能监测设备7台，人工监测点8个，监测点覆盖全县水稻、玉米、蔬菜等作物，监测类别主要是二化螟、稻纵卷叶螟、草地贪夜蛾、斜纹夜蛾等。印发《病虫情报》10期1万份，利用县广播电台进行病虫害专题报道2期，“村村响”广播播报15期。推动“2022年攸县蔬菜病虫害绿色防控示范推广项目”“2022年攸县水稻病虫害绿色防控与统防统治融合整县推进示范县创建项目”实施，创建蔬菜绿色防控核心示范区1个，示范面积500亩，主产乡镇示范区2个，示范面积共450亩。在全县17个乡镇均创建1个水稻病虫害绿色防控与统防统治融合项目示范区，17个示范区总面积6300亩；其中核心示范区1个，地点为新市镇大同村（双季稻），示范面积1500亩，其他乡镇创建的示范区面积300亩，每个乡镇引入一家标杆专业化服务组织。继续自建果树绿色防控技术示范点4个，示范面积1600亩；瓜蒌绿色防控技术示范点1个，示范面积200亩。

（何刘波）

农机事务管理

【概况】

2022年，全县拥有农业机械总动力118.98万千瓦，农业机械拥有量10.62万台（套）。全县完成水稻机耕面积56.48千公顷，机插（抛）面积34.01千公顷，机收面积55.86千公顷，水稻生产各个环节机械化率进一步提升，耕种收综合机械化水平87.65%。农机安全生产形势持续稳定，农机安全生产事故率控制在3‰以下。

【农机推广应用】

2022年，着力补齐水稻机插、植保、烘干等机械化短板，加大高速插秧机、烘干机和植保飞机推广应用力度。全年新推广高速插秧机32台，谷物烘干机9台，植保飞机100台，收割机170台，大、中型拖拉机230台，推广油菜播种机10台，油菜籽收获割台103台，油菜生产机械化率81.2%，全年机播油菜1.12万公顷、机收油菜1.3万公顷。

【农机安全监理】

全年注册登记农业机械399台，报废拆解机具181台，年检拖拉机377台，驾驶员换证128人次。与安监、公安交警等部门开展联合执法行动，严厉打击拖拉机超载、超速、疲劳和酒后驾驶、无牌无证、准驾不符、不参加年检等行为，检查农业合作社100余家、机械400台，纠正违章违法行为180起。

【农村机耕道路建设】

按照“建前申报、建成验收、先建后补”的原则，推进农村机耕道新建维修改造项目实施，县级财政投入资金100万元，全年修建农村机耕道路100公里。

（刘石平）

农村经济管理服务

【农村集体产权制度改革】

至2022年末，交易平台累计完成交易项目376宗，交易金额合计1.85亿元，流转总面积11.42万亩，其中耕地8.98万亩、林地2.44万亩。共规范村集体经济组织与农户、村集体经济组织与经营主体、农户与经营主体之间的土地承包流转合同370余份，其中颁发交易鉴证书的210余份。

2022年，攸县列入全省“村社分账”管理改革的试点县、株洲市先行试点县。6月7日，县委、县政府召开全省“村社分账”管理改革试点工作会议，全县启动改革工作。至9月底，全县17个乡镇285个村如期完成三资分账、数据公示和结果审核等各项工作任务。

【农村集体经济发展】

2022年，经统计汇总，全县村级集体资产总额22亿元、负债总额2.2亿元；村级集体经营收入10万元以上的村113个，43个集体经济“薄弱村”全面清零。全县树立发展壮大集体经济和农村“三变”改革的市级先进典型14个村、示范项目1个村，省级样板村9个，成功争取中央、省市扶持财政扶持和奖励资金605万元。

【农村新型经营主体培育】

2022年，全县新增农民专业合作社67个，总量1583个；新增家庭农场106个，总量3828个。完成3846个家庭农场的数据调查及全国家庭农场名录系统的录入；4个合作社为省级示范合作社创建单位，1个重点支持的省级示范合作社和5个家庭农场为省级示范家庭农场创建单位。

【农村土地承包管理】

2022年，指导合作社、流转大户、公司等经营主体流转面积1.1万余亩，发布信息50余条。全县共流转耕地46.8万亩，占耕地总面积的70%，涉及农户10.4万户，占总农户的66%。完成农村土地承包合同档案整理及进馆3.2万份，乡级成果汇总资料档案1231份，档案进馆总数15.1万份。

【农村财务管理】

进一步规范全县农村集体财务与资产管理，联合县财政局、县乡村振兴局对全县17个乡镇和223个涉农项目村开展财政专项资金检查，对检查发现的在财务预决算、招投标、经济合同管理、建立“三资”台账、村务财务公开、收益分配、财务处理等方面存在的普遍问题，进行整改部署和安排。召开全县农经统计工作会议，完成对全县基本情况、土地承包管理、新型经营主体、农民负担、村级财务管理、集体经济组织收益分配、农村宅基地、农村财务审计及农经队伍建设等情况的年报统计工作。

【农村宅基地管理】

2022年，全县共有已办理农村宅基地批准书、乡村规划建设许可证的在建民房和已批准未办理农村宅基地批准书、乡村建设规划许可证的在建民房共598宗。按照市农业农村局《关于对2020年7月3日后农民乱占耕地建住宅问题进行整改的通知》要求，对全县11宗乱占基本农田建房事件进行实地核查，有9宗落实整改到位，2宗未整改到位（分别是莲塘坳镇1宗、渌田镇1宗）。同时进行整改督促。

【农民维权和农民负担监管】

落实国家减负惠农政策，农民权益维护政策执行到位，督促各乡镇（街道）和涉农部门在惠农补贴发放过程中认真落实惠农补贴信息备案制和惠农补贴发放“一卡通”制度，要求相关涉农部门坚持先备案再发放。至年底，民政、教育、农业、林业、住房保障等部门共落实惠农补贴项目92个，涉及补贴资金39831.39万元。

（温　有）

养殖业

【概况】

2022年，全县有年出栏生猪50头以上的养殖户684户，生猪生产规模化率85%以上。全年出栏生猪86.59万头，猪肉产量6.34万吨，分别比上年同期增长1.99%和1.15%；出栏牛1.62万头，出栏羊8.2万只，分别比上年同期增长9.46%和3.67%；出笼家禽536.31万羽，水产品27500吨。天心种业原种猪场获评全省唯一的“国家级猪伪狂犬病净化场”，同时成为第一批省级生猪核心育种场；紫旭生态农业发展有限公司、良文农业发展有限公司成功创建省级标准化示范场，占全市总数的50%；亚材生猪养殖场、佳建生态农业发展有限公司、广新生态农业有限公司等3家省级标准化示范场复验成功，占全市的60%。攸县获评“2022年全省动物疫病防控绩效考核先进县”“湖南省优秀生猪规模场监测县”“湖南省生猪良补项目执行优秀县”“湖南省水产养殖种质资源普查工作优秀县”“全市养殖污染治理攻坚年活动先进单位”等荣誉。

【产业发展】

落实《湖南省生猪产能调控实施方案》，设立产能调控基地，加强监测预警和产能调控。已授牌第一批国家级生猪产能调控基地17个，第一批省级生猪产能调控基地21个。引导一批规模养殖场改造基础设施条件，提升设施化、自动化生产、规范化管理水平和生物安全防护水平。湖南天心种业股份有限公司原种猪场获评“国家级猪伪狂犬病净化场”（为全省唯一），并启动创建非洲猪瘟无疫小区；紫旭生态农业发展有限公司、良文农业发展有限公司完成省级畜禽养殖标准示范场申报。依托攸县东部山区山溪水资源，推广微流水精养等现代养殖技术，推荐攸县五行泉生态农业科技有限公司创建骨干基地。加大稻渔综合养殖推广力度，累计发展稻田养虾、稻田养蛙等稻渔综合养殖业70多家。

【动物疫病防控】

调拨使用生猪口蹄疫疫苗80万毫升，牛羊口蹄疫疫苗25万毫升，高致病性禽流感疫苗300万毫升，应免畜禽免疫率达到100%。在全县生猪养殖场、屠宰场、无害化处理场采集环境和病死猪样品806份，开展荧光PCR检测，检测结果全为阴性。印发《2022年攸县非洲猪瘟等重大动物疫病“大清洗、大消毒”专项行动实施方案》，使用消毒药品4.2吨，对养殖业各个场所全面消杀。严格落实生猪调运落地报告制度，消灭传染源，切断传播链，保护易感动物。投入资金70万元，改造面积500平方米的实验室，并购置试验设备仪器 20 多套，进一步配齐硬件、软件设备，顺利通过省级实验室验收。

【畜禽水产品质量安全】

2022 年，全县畜禽粪污资源化利用率达到 95.56%。开展“养殖污染治理攻坚年”活动，对所有畜禽养殖场进行全面摸底，将养殖粪水需要对外消纳的 206 家养殖户登记造册，指导签订异地消纳合同。重点对沙河流域存在问题的 95 家养殖场，按“一户一策”要求逐一制定整改方案并落实整改。配合省、市开展畜禽水产品质量安全例行检测和监督抽查 7 次，抽样检测猪尿样、猪肉、猪肝、牛肉、羊肉、禽肉、禽蛋、水产品 237 批次。开展瘦肉精快速检测 10540 份次，检测结果全部阴性，检测合格率 100%。

【水生生物增殖放流】

2022 年，攸县天然水域内投放经检疫合格的“四大家鱼”春片鱼种 300 万尾，细鳞斜颌鲴鱼、黄尾鲴鱼春片鱼种 100 万尾，中华倒刺鲃鱼春片鱼种 2 万尾。6 月 24 日，在酒埠江水库开展水生生物增殖放流活动，共投放经检疫合格的鱼苗 412 万尾。至此，攸县已连续 11 年举办增殖放流活动，在洣水与攸水流域共投放各类鱼苗近 4000 万尾。

（文玺华）

林 业

【概况】

2022 年，全县林地面积 253.78 万亩，森林蓄积量逾 519 万立方米，森林覆盖率 58.19%，林业总产值 64 亿元。科学推进国土绿化，完成造林 1.17 万亩，义务植树 171 万株，农村道路绿化 57 公里，省级生态廊道建设 4800 亩；完成封山育林 2 万亩、退化林修复 20895 亩、森林抚育 35000 亩；完成造林绿化空间适宜性评估，退耕还林调查小班 5508 个，工作面积 68663 亩，古树名木数据库纠偏和挂牌保护 1176 株。

大力发展油茶产业，年末全县有油茶林面积 52 万亩，已发展省级油茶企业 5 家，100 亩以上油茶大户 121 个，油茶专业合作社 14 个，大小茶油加工作坊 177 家，有“湘天华”“大康时代”“乡轩山”“酒仙湖”“方方旺”等油茶品牌和“攸县油茶”LOGO，有省级定点育苗单位 7 个，定点采穗圃 3 个。全县茶油年产量 1.3 万吨以上，产值逾 19 亿元。

【森林生态保护】

狠抓森林防灭火。10 月 1 日至 11 月 13 日，开展森林防火特护行动，由县级领导带队，县直单位联点，县直机关干部全员下沉驻村防火值守，严格管控野外火源。先后在进山入口设立防火临时检查站（卡）355 处，组织上山巡查值勤 2.2 万余人次，签订森林防火承诺书 13 万多份，发放《林长令》《禁火令》《封山令》32 万余份，规劝制止野外用火 97 人次。

开展森林病虫害除治。认真落实林业有害生物防治措施，设立防治松材线虫病疫情小班 143 个，清理枯死木 5470 株，除治面积 0.52 万亩，完成率为 105.7%；组织完成油茶、绿化苗木等植物检疫 9500 余万株。加强监测预报，采取“飞防+人防”除治形式，科学防治松毛虫 1.2 万亩、竹蝗 7 万余亩，有效遏制了森林病虫害的大面积暴发。

加强林业安全生产。通过领导包片、股室包站、站包乡镇等方式，切实加强林业安全生产督导执法，深入排查重点行业领域潜在风险隐患坚决防范遏制较大及以上事故，增强林业企业遵纪守法的自觉性。全年累计组织执法活动 61 次，出动执法人员 137 人次，检查森工企业 45 家，维护了林业领域安全生产形势稳定。

避免森林过度采伐。集中攻坚完成天然林管护协议签订 22.52 万亩，解决了 4 年来悬而无果的遗留问题。下达森林限额采伐指标 95588 立方米，实际使用 71749.14 立方米。开展生物多样性资源（外来入侵物种）调查，在渌田镇发现国家二级濒危珍稀蕨类植物物种中日水蕨。通过“虎威行动”等专项行动严厉打击各类毁林行为，大力开展木材加工场所清理整治、森林督查违法案件查处等工作，有效遏制了乱砍滥伐、非法收购林木等高发态势。

【森林资源管理】

一是全面建成林长制三大体系。健全完善“一长四员”管护体系，用好用活林长制巡护系统，设立县级林长20名、乡级林长250名、村级林长620名，监督员235名，执法员36名，科技员47名，护林员473名，划分管护网格473个，林长制工作组织体系、责任体系和巡护体系全面建成。全年县级林长巡林178次，乡级林长巡林2427次，村级林长巡林6895次，形成负面问题清单并落实整改56条，倒逼管护责任落实。二是率先建立“林长+检察长+警长”协作机制。县人民检察院、林业局、森林公安局在全市率先联合出台《关于建立“林长+检察长+警长”协作机制的意见》，努力构建部门联动、打防结合、处置高效、共同推动林草资源保护发展新格局。全年受理办结非法狩猎、生态环境损害赔偿等检察建议7件。三是积极组织宣传培训活动。组织林长制业务培训班4期，印发培训资料500余份，培训400余人次。投入资金41万余元，设立林长制公示牌473块。在各主要公路干线、公交站台制作固定宣传标语150余幅，悬挂张贴横幅标语680余幅，利用“村村响”播放宣传近1000分钟，智慧平台推送信息1100余条，在《中国绿色时报》等省级以上媒体刊登宣传稿件7篇，营造了全民参与支持的良好氛围。四是推广运用林长制巡护系统。网格护林员采取林长制巡护系统常态化巡林，每月巡护天数不少于20天，森林防火特护期出满勤，确保巡林频次、时间和路程达到规定要求，做到发现问题及时交办、督促整改，按时间节点全部交办完成。全县护林员日巡护率在95%以上。五是加强林业安全生产。通过领导包片、股室包站、站包乡镇等方式，切实加强林业安全生产督导执法，深入排查重点行业领域潜在风险隐患坚决防范遏制较大及以上事故，增强林业企业遵纪守法的自觉性。全年累计组织执法活动61次，出动执法人员137人次，检查森工企业45家，维护林业领域安全生产形势稳定。

【油茶产业发展】

一是做大基地。持续推进油茶基地扩面增量，争取茶油大县等中央项目资金2225万元，通过“公司+基地+农户”、专业合作社、种植大户等模式，引导完成油茶新造0.825万亩。开展油茶种植细化调查与分析评价，核查小班3.5万余个，面积近50万亩。二是做响品牌。注重实施品牌带动战略，扩大攸县油茶知名度，先后扶持天华公司、亚美油茶、攸爱、地杰、乡轩山等省级龙头企业8家，拥有“湘天华”“大康时代”“攸爱”“乡轩山”等油茶品牌，完成“攸县油茶”LOGO著作权登记领证，初步形成油茶育苗、种植、加工、品牌、科技、仓储、服务等全产业链格局。先后在中央、省市媒体以及县级广告平台全方位开展攸县油茶品牌宣传报道，社会反响热烈。三是做严监管。严格执行种苗“三证一签”“四定三清”制度，扎实开展打击生产经营假冒伪劣林木种苗和保护植物新品种权“双打”行动，加大宣传执法，进一步规范油茶种苗市场，保证出圃苗木质量。加强对7个定点育苗单位日常监管，从省定点油茶采穗圃采购穗条并嫁接1130.75万株134.5亩，出圃油茶苗木1376.56万株。四是做精产业。抓好现有油茶林资源提质改造，指导完成油茶低改1.5万亩、抚育10万亩，油茶鲜果处理仓储中心1家，小作坊升级改造3家。根据2022年连续干旱少雨天气，科学调整油茶收摘时间，加强林政管理，维护收摘秩序，确保全县2.52万吨油茶籽颗粒归仓，预计茶油产量6306吨，综合产值10亿元以上。

【林业政务服务】

一是始终坚持党建引领。紧扣“干部能力提升年”，组织党组书记讲党课、政治业务等各类学习培训27期次、志愿服务活动19次；定期召开支部党员大会，发动党员进社区“双评议双报到”；开展班子成员日常廉政谈话858人次，谈心谈话12人次；认真学习宣传党的二十大精神，深入推进党史学习教育常态化制度化，党员干部政治能力不断提升。二是认真受理审批事项。简化办事流程，优化营商环境，提高行政审批服务效能，全年接待林权纠纷信访事项12件，办理林地流转6宗0.7万亩，为76万亩公益林和5万亩商品林购买了森林保险；林业政务服务窗口办理行政权力事项2893件，申报建设项目使用林地审核审批事项31宗29.3158公顷，为“三大会战”的顺利推进提供了坚实的要素保障。三是加快市场主体培育。紧扣“市场主体培育年”目标，大力开展干部联企“送政策、解难题、优服务”行动，联络服务企业9个，收集问题和困难19个，逐一予以协调解决。指导5家林业企业成功创建省级林业产业龙头企业，1家油茶种植专业合作社成功创建省级农民林业专业合作社示范社；获评“株洲市十大油茶企业、十大油茶基地”各3家。四是抓实驻村帮扶和疫情防控。乡村振兴驻村帮扶鸾山镇江冲村脱贫户发展黄桃、楠竹等产业致富，增加家庭经济收入，确保脱贫不返贫。

（赵乐园）

攸县黄丰桥国有林场

【概况】

2022年，攸县黄丰桥国有林场共有在职干部职工189人，场部机关内设11个职能股室，下辖广黄、柏市、长冲、漕泊、上陇、幽居、严湖7个营林分场，1个林业调查设计队，天子山、高湖2个示范基地等10个基层单位。经营林地总面积15.2万亩，森林蓄积83.02万立方米，森林覆盖率为91.74%。全年共完成造林2428亩，新造林成活率均在80%以上；完成中幼林抚育及间伐25035亩，其中抚育20603亩，间伐4432亩。全年销售木材2.7万立方米，实现销售收入2119万元。全年未发生一起火警、火灾事件。先后2次派出该队伍中11人参与“9.18”茶陵云阳山重大火灾的6天5晚扑救，派出15人参与醴陵明月山火灾扑救，并多次参加村、组火情处置。年末获评省级“十佳林场”、省“国有林场管理先进单位”、县“森林防灭火先进单位”，参加株洲市森林消防队伍业务技能大赛总成绩排名第一。

【森林提质】

坚持项目提质，争资引项推动森林质量提升。在店背、柳叶冲建立森林质量精准提升示范点5600亩，在牛岭、分水坳、大洧建立国家储备林建设示范点3000亩，在榨背、老棚子建立珍稀树种建设示范点3500亩。

【林业资源保护】

一是健全林业资源保护机制。新设林长制办公室，推行“林长制”，以各分场为网格建立“一长四员”（林长+护林员+监管员+执法人员+科技员）管理体系，各分场结合本场实际明确本分场村级林长、副林长、护林员职责和区域，层层压实责任。二是加强林地保护。严厉查处毁林和非法占用林地违，全年查处林政案件5起，挽回木材损失2万余元；依法查处违法占用林地开采石料矿案件1件，挽回林地损失10万元；联合县林业局对林区石料场、煤矿、居民建房等重点区域全面排查，专项清理整治非法占有国有林地行为。实地核查明晰产权，对照卫星图片和实地核查资料对林场经营面积范围边界进行核定，完善林场经营范围矢量化数据，明确林场矢量边界的山林权属，稳定林场的生态红线。三是加强森林病虫害巡查。联合县林业局森保股分别在广黄分场、天子山分场、高湖工区建立3个病虫害预测预报仪，对森林资源病虫害进行监测，做到病虫害早预报、早防治。

【森林防火】

一是坚持预防为主，防消结合。严格执行24小时领导带班值勤制度和林区巡查工作制度，在高危火险期深入林区排查隐患。二是加强森林消防能力建设。组建半专业化森林消防应急队，不断提高应急队伍业务技能并增强扑火物资储备。以分场为单位建立8个应急分队和1个森林消防中队，共96人，同时配备40台风力灭火机、4台水泵、6台油锯、50把镰刀、2台细水雾灭火器、3台割灌机、200套2号工具。三是加强生物防护林带建设。实施防火线除草剂除草1800亩，修复防火线2400亩，推进防火线木荷培蔸和刀抚700亩；修复防火隔离带320千米，新修防火阻隔带3条。

（周建雄）

水　利

【概况】

全县拥有大型水库1座，中型水库2座，小（1）型水库19座，小（2）型水库271座，骨干山塘2720口，陂坝978处，小型电力排灌站1104处，干支渠道总长1939千米（其中渡槽225千米，隧洞18千米，倒虹吸管17千米），大小河流102条。全县形成了以酒埠江、苏洲坝、皮佳如、三星坝、老虎岩、凉江、张家冲7个大中型灌区为主，其他小型水利设施为辅的农田灌溉体系，全县水利工程总蓄引提水能力达到6.45亿立方米，有效灌溉面积为74.6万亩。

2022年全县累计平均降雨1526.9毫米，与历史同期基本持平，全县各类水库和山塘应蓄水量5.43亿立方米，实际蓄水量4.89亿立方米。由于时空分布不均匀，降雨集中在1—7月，占全年降雨的89%，8—11月无有效降雨，连续晴热高温天气达110天。

截至8月17日，酒埠江水库蓄水1.67亿立方米（正常蓄水量2.05亿立方米），黄沙桥水库蓄水570万立方米（正常蓄水量1010万立方米），皮佳如水库蓄水520万立方米（正常蓄水量1039万立方米），其他小型水库蓄水仅为兴利库容的45%左右。

全年各类蓄水工程累计供水3.74亿立方米，有效灌溉农田68万亩，解决问题159个，缓解旱情8900余亩，累计解决饮水困难4659余人，抗旱保供率达到95%以上，确保大旱之年无大灾。

水利局机关内设股室7个，二级机构13个；全水利系统共有干部职工143人，有高级职称9人，中级职称29人，初级职称11人。2022年，继续推进水利基础设施升级改造，完成水利基础建设总投资1.3亿元。进一步完善农村供水保障，争取中央、省、市资金730万元，县级投资400万元，兴建农村供水工程9处，新增农村供水保障人口1.2万人。2022年度全县核定移民后扶人口11882人，完成直补资金发放717.87万元。

【水利基础建设】

投资2470万元，对13座小型水库进行了除险加固；投资178万元，对攸县小型水库进行维修养护；上级奖补400万元，对200处小水源工程（山塘）进行清淤整治。投资1800万元，实施酒埠江灌区“十四五”续建配套与现代化改造项目。

投资780万元，实施攸县城市防洪城南保护圈项目建设；投资2027万元，实施铁水攸县河道综合治理项目；投资500万元，完成国家水土保持重点治理工程攸县2022年泽江生态清洁小流域治理项目；投资350万元，实施鸾山大塘冲重点山洪沟治理项目。

投资687万元，实施株洲市2022年度小型水库雨水情测报和大坝安全监测设施项目（第二标段）；投资120万元，改造酒埠江灌区攸县中心所信息化中心。

投资500万元，实施攸县抽水蓄能项目皇图岭镇自来水厂扩建工程（一期）；投资2000万元，实施酒埠江镇自来水厂搬迁工程；投资120万元，实施9处农村供水工程维修养护项目；投资300万元，实施攸县丁家垅村“水美湘村”建设工程。

落实政府民生实事，完善农村供水保障设施。争取中央、省市资金730万元，县级资金400万元，兴建农村供水工程9处，新增农村供水保障人口1.2万人。皇图岭水厂自主投入500万元，铺设配水管网10千米；新市水厂自主投入450万元，兴建

1000 吨清水池 1 座，安装不锈钢一体化净化设备 1 套，水厂日供水能力提升到 8000 吨，持续守住农村饮水安全底线，维护民生福祉和社会稳定。

【行政执法】

一是严格规范项目审批管理。进一步规范审批方法、途径、程序，职责权限，完成生产建设项目水土保持方案行政审批 17 个，办理、延续取水许可证审批 17 家；换发洣水河攸县段河道采砂许可证。严格实行取水总量控制、分级管理，完善中小型灌区计量监控维护 6 家，农村饮水工程计量监控维护 10 家，依法依规对取水用户办理取水许可手续，全年征收水资源费 223.8 万元，征收水土保持规费及水资源费 470 万元，代表湖南省接受水利部最严格水资源管理督查。二是严厉打击行政违法行为。全年进行水土保持监督执法检查 49 次，完成 3 个批次 83 个疑似生产建设项目扰动图斑核查工作；制止涉河水事违法行为 54 次，其中下达《责令停止水事违法行为通知书》45 份，立案查处 8 起，罚没收入 5.76 万元。全年督查、交办、处理河道“四乱”（乱占、乱采、乱堆、乱建）问题 20 处，督促谭桥街道完成水利部交办的 1 处碍洪突出问题，处理环保督察交办问题 2 件，处理生态环境损害赔偿案件 1 起。三是积极调解各类水事矛盾纠纷。对每件涉河纠纷、举报或信访件，第一时间赶赴现场勘察，会同属地政府、村组做好政策、法律法规宣传讲解工作。及时化解涉河矛盾纠纷 3 次，处理涉河上访 4 次，答复涉河信访件 6 次。

【河湖管理】

继续推行河湖管理河长制。设置县级河长 14 人、乡级河长 169 人、村级河长 440 人，在攸县政府网上进行公告，设立河道警长、检察长 31 名，各乡镇（街道）明确 2—3 名具体工作人员，形成“县有中心统筹、乡有站办协调、村有人员落实、社会有人监督”的组织网络。制定《攸县 2022 年河长制工作计划》《攸县 2022 年度河长制要点工作》等文件，更新河长制公示牌 600 余块，借助“3·22”世界水日、“4·22”世界地球日、“6·5”世界环保日等节日开展相关河长制宣传活动，县、乡、村三级河长履职巡河 17403 次，解决河道实际问题 5523 个。对河长制工作实行季度考核加年终考核，考核结果纳入季度县人居环境整治考核和相关部门单位年终的政绩考核，每季度考核排前两名分别给予 5 万元、3 万元的奖励。2022 年度，攸县代表湖南省接受水利部河长制工作督查考核，得到水利部的充分肯定。

认真落实问题整改，完成水利部 306 处妨碍行洪突出问题疑似图斑的核查核实；完成省级 1 个、市级 23 个、县级 99 个交办问题整改销号；清除河湖“四乱”问题 45 处，涉及建筑、生活垃圾 120 吨，拆除违法建筑 270 平方米。办理非法捕捞案件 10 起，非法采砂采矿案件 6 起，其中攸河丁家垅非法采砂案进行生态补偿修复。

【防汛抗旱】

一是提前防范，措施到位。在确保度汛安全的前提下，自 6 月下旬就着手抓蓄水保水工作，为抗旱作准备。水利部门深入村组田间一线摸排，了解辖区种植结构及需水情况，科学制定供水方案。对大中型防汛抗旱设备进行维修养护，共检修发电机 4 台、挖掘机 1 台、送水车 1 台。组织鸾山、黄丰桥等矿区乡镇积极寻找备用水源，督促桃水、江桥、石羊塘、渌田等尾水及非大型灌区乡镇（街道）开展渠道清淤扫障，对备汛检查出的 93 处度汛隐患问题进行交办整改。

二是预警预报，安全度汛。2022 年上半年的“4·25”“5·9”“6·5”等几轮强降雨过程中，发布预警信息 6 万余条，启动“村村响”广播滚动播出，电话调度乡镇（街道）2000 余次，仅有少量水利设施受损，无堤坝溃口和人员伤亡。

三是科学调度，保障供水。7 月下旬至 11 月上旬，全县出现 60 年一遇的旱情，开展“水利干部到田间”百日行动，联合应急部门派出 38 个工作组 750 余人次深入 17 个乡镇（街道）

293个行政村的1465家农户，了解旱情和需水情况，按照“一镇一策、一库一策”要求，制定抗旱应急预案和措施，帮助农户解决蓄水保水供水困难。县水管单位采取分片续灌、交叉轮灌、持续泵灌等模式，农田灌溉确保应灌尽灌；其他小型灌区、非灌区水权统一管理，最大程度节约用水。酒埠江灌区攸县中心所采取续灌或轮灌的模式，西干渠、南干渠及河坝东西干渠日供水100万立方米；黄沙桥水库采取供3天停3天的轮灌模式，日供水15万立方米；皮佳如水库采取供3天停3天的轮灌模式，日供水18万立方米；苏洲坝泵站6台水轮泵泵水灌溉，日供水达18万立方米。通过出动送水车专程送水，有效解决渌田镇楼塘村、陂垅村及江桥街道阴山港村等季节性缺水地区3个村17个村民小组的饮水困难。

【移民扶持】

贯彻落实移民后期扶持政策，有序推进移民工作。一是移民村争项引资。争取项目资金420万元，实施黄丰桥镇严塘村、酒埠江镇酒埠江村2个重点移民村建设。投资移民资金200万元，实施酒埠江村移民乡村振兴示范村建设，兴建农家乐、移民广场、鲈鱼养殖基地、移民安置区示范基地等；同时成功争取把酒埠江村列入湖南省“移民乡村振兴示范村”建设项目，努力改善移民安置区人居环境。二是扶持产业建设。引导和支持移民创建各类产业基地7处，重点扶持网岭生态土鸡养殖、鸾山镇新和竹木加工、琴陂旅游购物中心和新虎塘村油茶等产业，带动200多户移民致富。建成新市镇桐梓村、新虎塘村、石羊塘镇八合冲村3座光伏发电站，确保移民人均收入持续稳定增长。三是开展移民就业服务，提升移民就业能力，全年组织移民参加就业培训211人次。

【乡村振兴扶持】

帮助脱贫户、监测户打新井或老井加深165口，解决脱贫户、监测户饮水困难人口487人。派出驻村帮扶工作队到谭桥街道大和村开展乡村振兴结对共建，投入帮扶资金30万元，为结对村解决3个组260余人饮水安全问题，拓宽道路800米，安装节能路灯30盏，并协助创建“幸福屋场”。

【气象干旱】

较历史同期，8—11月全县累计平均降雨量少80%，上游来水量少七成，导致河道水位持续降低，各支流水位接近历史最低。11月底，全县水利工程蓄水量仅1.16亿立方米，实际可供水量0.61亿立方米，其中大中型水库可供水量2693万立方米，全县共有3座小（1）型水库、30座小（2）型水库、2183口山平塘干涸，15条溪流断流，1条流域面积50平方千米的小河流接近断流。2022年发生近60年一遇的特大气象干旱，全县17个乡镇（街道）出现不同程度的旱情，受旱较为严重的为菜花坪镇、江桥街道，其次为皇图岭镇、宁家坪镇、谭桥街道等乡镇（街道），部分行政村出现季节性缺水，农作物受灾。因水源和供水能力不足，全县12个乡镇50个行政村近3万人饮水受影响，6.76万亩农作物受灾，绝收面积0.57万亩，总经济损失达2800余万元。

（王祖林　刘　凌）

气候和气象服务

【气候概况】

2022年，攸县县域气候主要特点是气温偏高，降水量略偏少，日照偏多。降水时空分布不均，上半年降水偏多，强降水天气频繁，7月18日雨季结束后，持续晴热高温天气，出现严重的夏、秋两季连续干旱，对人们的生产生活造成一定影响。2022年平均气温18.9℃，较历年同期偏高1.1℃。极端最高气温39.6℃，出现在8月17日，极端最低气温-4.1℃，出现在12月18日。各月气温除2月、5月、12月较历年同期偏低外，其余各月均偏高。2022年总降水量为1539.1毫米，比历年平均值偏多20.7毫米，1月、2月、5月、7月、11月偏多，其余各月均偏少，特别是8月、9

月、10月三个月异常偏少。全年总日照时数为1722.7小时，比历年同期偏多252.9小时，全年除1月、2月、5月、6月、11月偏少，其余各月均偏多，特别是7月、8月、9月、10月日照连续异常偏多，全年光照条件充足。

【主要气候事件】

持续性强降水：受高空低槽和中低层切变影响，5月9—10日，全县出现强降水天气过程，从9日20时到10日20时，全县有13个雨量站雨量100毫米以上，有17个雨量站雨量50毫米以上，最大降水量新市(193.0毫米)，县城降水量125.1毫米。

暴雨：6月5日0时至20时，全县普降大到暴雨，平均降雨68.14毫米，其中最大降雨站点皇图岭镇163.5毫米，其次网岭镇樌山站131.4毫米，皇图岭镇市坪站130.3毫米、皇图岭镇高枧站106.7毫米；全县34个站点，20个站点降雨超过50毫米，其中4个站点降雨超过100毫米。受强降雨影响，攸河上游、市坪河、清江等河流水位出现不同程度上涨。全县有14个乡镇（街道）不同程度受灾，农作物受损面积20864亩，鱼塘受损72口，废弃空心房倒塌13间，房屋受损2栋，道路被冲毁606米，渠道崩塌10076米，直接经济损失1300余万元。无堤坝垮塌，无人员伤亡。

干旱：7月19日至10月底，攸县出现持续晴热高温天气，全县旱情严重，农作物受灾面积8000公顷，其中成灾面积5120公顷，绝收面积1520公顷。7月8—17日和7月22—31日两次出现高温热害天气过程。8月1—29日持续晴热高温天气，最高气温维持在35℃以上，达到重度高温热害天气过程。8月17日、24日实施人工增雨，增雨效果明显，对干旱灾情起到一定的缓解作用。

【预报预警与观测】

提前部署、靠前服务，重点做好极端天气预报预警及政府重大活动气象保障服务。第一时间向县委、县政府主要领导汇报历次重大天气过程，发布乡镇预警59次（强降水红色预警13次），开展叫应服务31次。确保2022年全县及时成功应对低温雨雪、历史罕见干旱及6次强降水天气过程，最大限度减轻了灾害天气造成的损失。制作《专题气象服务》《气象专题报告》《重大气象信息专报》等共68期；召开新闻通报会1次，接受媒体采访5次。联合自然资源局、水利局、林业局发布山洪、地质灾害、森林火险风险等预警信息90余次，气象短信近30万条，确保重大灾害性天气过程不漏报、重大气象服务无失误。

加强国家站及区域自动站装备日常巡检，确保设备运行正常，数据传输准确。针对观测质量管理体系内审发现的问题，制定问题清单，逐项整改落实。完成2021年、2022年补短板项目建设，如期完成11套区域自动站升级改造任务。同时，以“质量提升年”为抓手，制定《业务人员奖惩办法》，建立健全质量考核及奖罚机制，不断提升观测质量。

【气象科研与气象宣传】

利用“3·23”世界气象日、“5·12”全国防灾减灾日、“安全生产月”等活动，开展防灾减灾宣传进学校、进社区活动，通过悬挂横幅、制作宣传展板、发放气象科普资料、设咨询台现场解答等多种形式，向广大群众宣传气象法律法规、普及气象防灾减灾知识，累计发放《气象安全知识手册》《农业与气象知识读本》《暑期防溺水宣传册》及森林防灭火宣传单等资料1000余份，有力地。举办攸县气象信息员培训一期，主要进行气象法律法规、基层气象防灾减灾宣传和教育培训。

【气象执法和雷电灾害防御】

依法开展雷电防御、施放气球管理、气象探测环境保护等执法工作，坚持依法履行行政许可职责，做好危化企业防雷图纸审批，清理规范防雷装置设计审核和竣工验收行政许可服务，梳理4项行政审批事项。按照省、市、县部门要求，认真开展“安全生产月”等活动，不定期到监管企业与场所进行防雷安全检查。全年出动行政执法人员100余人次，对112家危化企业实现防雷安全检查全覆盖，共检查出重大安全隐患39处，及时下发整改通知书，责令限期整改，整改率达100%。全年施放气球管理有序，未出现安全责任事故。

【人工影响天气】

2022年夏秋冬连旱天气过程中，成功开展9次人工影响天气作业，影响区域内效果明显，对缓解旱情、降低森林火险等级和改善空气质量起了一定的作用。湖南电视台公共频道、株洲日报社等多家媒体进行专题报道。

【气象为农服务】

与县农业农村局签署《联合发布农业气象灾害风险预警合作框架协议》，进一步完善信息互通共享、业务合作和联合会商等机制。重组为农服务专家联盟，持续开展“直通式”气象农业服务，制作发布《春耕春播专题服务》10期，《攸县杂交水稻制种气象服务专报》8期，新增“天帮忙”用户200余户，“天气盒”（气象智能终端）推广应用完成乡镇及县直重点单位全覆盖。联合省气象局科研所在新市镇建成攸县首个杂交稻制种农田小气候实景站。

（皮钦源）

乡村振兴

【概况】

2022年，全县共有脱贫人口10471户31071人，有监测户1286户3039人，其中未消除风险监测户共667户1557人，已消除风险监测户共619户1482人。攸县2022年荣获国家乡村振兴百强县、全省农村人居环境整治提升先进县和全市农村人居环境整治提升先进县称号。攸县乡村振兴局荣获湖南省文明单位、县“乡村振兴大会战”工作先进单位、平安建设先进单位称号。攸县的防返贫监测、乡村产业发展、农村人居环境整治、驻村帮扶等多项工作得到省委专项督查考核组的充分肯定，省乡村振兴局官网以《以“小”见“大”持续推动农村人居环境全面提升》为题刊发攸县农村人居环境整治提升行动工作经验。

【乡村振兴大会战】

2022年，按照“县负总责、镇村抓落实”责任体系，坚持“三级书记”一起抓，县委、县政府提出推进“乡村振兴大会战”，着力开展脱贫攻坚成果巩固拓展、乡村产业振兴、乡村建设、农村人居环境整治提升、乡村文明新风创树、组织人才建设等六大行动。县委常委会、县政府常务会专题研究乡村振兴工作12次，县委、县政府分管领导召开专题会议21次。出台《攸县乡村振兴大会战实施方案》《攸县乡村振兴大会战工作推进调度机制》，组建工作机构，成立乡村振兴大会战工作组，构建工作组牵头抓总，组长统筹调度，副组长落实推动，部门乡镇协调配合的乡村振兴工作机制。制定出台有效衔接实施意见，明确六个方面32项重点任务，逐项分解落实到18个行业部门和17个镇（街道），形成县镇（街道）一体推动落实的责任体系。严格贯彻“四个不摘”要求，即“摘帽不摘责任、摘帽不摘政策、摘帽不摘帮扶和摘帽不摘监管”，把选准调优配强驻村工作队作为巩固拓展脱贫攻坚成果同乡村振兴有效衔接的一项重要举措。全县所有已脱贫村、乡村振兴重点帮扶村、乡村振兴示范创建村、市县扶持集体经济“消薄”村驻村帮扶全覆盖。建立完善“领导联系、单位联村、干部结对、工作队驻村”四项帮扶机制，安排41名县级领导联系帮扶46个乡村振兴示范村、重点帮扶村，安排124个联点单位、选派110支252名驻村干部开展结对帮扶。健全完善《攸县驻村第一书记和工作队管理办法》，出台《进一步加强驻村第一书记和工作队员管理的措施》，大力整顿工作纪律，全面检查驻村干部到岗情况，确保突出问题真改实改、立行立改、见行见效。开展“我为群众办好事、解烦事”活动，在防返贫监测，改善村容村貌，发展壮大村集体经济、实现群众持续收入方面成效明显。

【防返贫监测与帮扶】

坚守不发生规模性返贫底线。一方面强化集中排查，先后三次在全县范围开展巩固拓展脱贫攻坚成果集中排查，发动乡村干部、驻村干部和网格员进村入户开展集中排查，全面核查返贫致贫风险，对符合条件的“五类人员”及时纳入监测对象进行帮扶。建立行业部门筛查预警机制，加强部门数据共享和对接，定期或实时筛查具有致贫返贫风险的农户信息，作为预警线索反馈到镇（街道）实地核查和分类处置，实现动态清零。另一方面强化动态管理。严格监测范围和监测程序，逐级建立防止返贫动态监测和帮扶工作台账，逐户监测收入支出状况和“两不愁三保障”及饮水安全状况，督促镇村依托网格员每月开展入户调查，定期采集基础信息，实时跟踪帮扶、动态监测管理。稳步提高保障标准，通过农村低保提标将农村低保边缘家庭人均收入基准线和防止返贫监测对象人均纯收入基准线两线合一。加强低收入人口帮扶，全县最低生活保障标准每人每年4620元，比2021年增长6.94%；强化政策倾斜支持，对脱贫户和监测帮扶对象构建多层次、全方位、广覆盖的防止返贫致贫综合保障体系；建立应急救助机制，一事一议解决群众特殊困难，安排64.9万元救助因灾、因意外等有返贫风险的对象。

【基本保障】

教育保障。落实“三帮一”辍学劝返措施，加大新学期返校复学排查力度，确保义务教育“一个都不能少”；全面落实覆盖学前到大学的家庭经济困难学生资助政策，做到“全覆盖、最高档、无遗漏”，有效解决家庭经济困难学生后顾之忧，全面落实精准资助，五类对象贫困学生应助尽助，全年资助困难学生15778人次1239.63万元。全面改善农村中小学办学条件，建设改造校舍面积1.7万平方米，新增学位2000个。

医疗保障。完善参保人员慢特病管理，增补20种慢特病病种，调整18种原慢特病病种名称。2022年所有脱贫户监测户参保率100%，全年参保资助3229人次753.3万元，大病保险补助2239人次511.51万元，住院及门诊救助13464人次1067.97万元，慢性签约7539人次。全县240个行政村卫生室完成标准化创建，达标率98.36%，共有执业人员423人。

住房安全保障。健全完善农村低收入群体等重点对象住房安全动态监测机制，强化部门协作，实现农村房屋排查全覆盖，及时开展危房改造，实现动态清零。完成“六类对象”房屋安全性鉴定挂牌2900户，实施危房改造100户。

饮水安全保障。积极应对极端干旱天气，解决脱贫户监测户季节性饮水困难115户，新打井、加深井130座。投入430万元完成9处农村供水工程管网维护，每季度对农村供水厂的水源水、出厂水和末梢水检测1次，全年农村供水厂水质合格率为89%。

易地搬迁后续帮扶。2022年，易地搬迁户共有558户1855人，坚持完善后续帮扶体系，突出抓好就业帮扶，搬迁户中918人实现稳定就业，有劳动能力且有劳动意愿的搬迁群众就业率为100%。培育富民产业，带动群众增收，76户搬迁户自主发展产业，占总户数的13.6%，558户搬迁户通过基地务工、土地流转、同业带动、委托帮扶等方式与产业基地产生利益联结，实现了产业帮扶全覆盖，户均年增收1000元以上。后续帮扶措施覆盖率为100%。

项目资金管理。瞄准资金使用新方向、探索资金使用新模式、拓展资产管理新方法，确保资金安全规范高效使用。全年投入财政衔接资金7312万元，比2021年增加737万元，共批复建设各类项目277个7081.9万元。坚持“自下而上”和“自上而下”相结合的原则，推动镇村完成了2022—2023年巩固拓展脱贫攻坚成果和乡村振兴项目动态调整和入库工作。强化扶贫资产管理，组织镇村清查2013年以来纳入管理的扶贫项目1073

个资产 1.02 亿元。

【发展产业】

做好产业帮扶，以促进脱贫群众稳增收为抓手，通过“三个注重”发展农业特色产业。注重资金支持，将产业发展作为财政衔接资金支持的重点，明确规定衔接资金可用于培育和壮大农业特色优势产业，衔接资金安排用于产业发展的比例达到 55% 以上，75.19% 的中央衔接资金用于产业发展。注重政策扶持，出台《攸县乡村振兴产业发展奖励办法》，发放产业帮扶资金奖励 1797.2 万元，带动“三类人员”1783 户 5945 人，产业覆盖率达 98.67%，发放小额信贷贷款金额 4064.2 万元，占市任务的 101.6%。注重扶持壮大村集体经济，坚持因地制宜，鼓励村级集体经济组织和企业帮扶车间发展特色产业，着重扶持村级集体产业基地建设，打造一批具有特色的“一村一品”示范村。全面完成 285 个村级集体资产清查工作，15 个脱贫村均建成 60 千瓦以上的光伏电站，实现每年增收 5 万元。43 个村集体经济薄弱村全面完成“消薄”任务，按照帮扶单位、部门联动等方式，实现每个村都有产业项目。乡村振兴示范村、湘赣边界村实现集体经济产业发展全覆盖，仙石村蓝莓产业、柏市村的瓜蒌种植业等村的产业顺利跻身“一村一品”特色产业行列。

【促进就业】

做好就业帮扶。以“稳就业保就业”为主线，稳岗位，提技能，精准落实就业帮扶措施。通过外出务工输出一批、就地就近吸纳一批、开发公益性岗位安置一批，积极拓宽就业渠道。用好就业财政政策，扶持自主创业，支持灵活就业。全年新增发放创业担保贷款 810 万元，累计贴息 180 万元，共扶持 44 人实现自主创业，创业带动就业 165 人。按规定对灵活就业的就业困难人员、高校毕业生等给予灵活就业社会保险补贴，审核发放 739 人 327.4 万元。开展技能培训，提升广大群众就业质量，组织不同工种职业技能培训，全年组织 77 期培训 3662 人，完成年度目标 3600 人的 101.72%。组织对所有脱贫户、监测户进行摸底排查，建立劳动力外出务工人员、有就业意愿人员、返乡回流人员台账，实现动态管理。2022 年脱贫人口、监测对象实现外出务工就业 12873 人，占年度任务 112.1%，26 个就业帮扶车间和 3 个产业基地稳定就业 4460 人，累计开发公益性岗位 268 人次，拨付岗位补贴 281.74 万元。

【乡村建设和乡村治理】

推进乡村建设。建美幸福屋场，结合株洲市幸福屋场创建，统筹推进攸县“门前三小”工程和“攸美·幸福屋场”建设，创新幸福屋场攸县实践，打造“攸美·幸福屋场”新品牌。明确屋场建设“七有”“七无”创建标准，即“有文明实践场所、有乡风文明标识、有主题宣传展板、有文化墙、有文体广场、有垃圾箱、有卫生公厕，无垃圾乱倒、无粪便乱堆、无禽畜乱跑、无柴草农机乱放、无乱搭乱建、无黑臭水体、无乱砍滥伐”。坚持群众自愿，引导广大群众、乡贤、农户自发筹集资金共建共商屋场建设，动员群众自主筹资 570 余万，筹劳 8000 余人次，带动 1200 余人就业，发放工资报酬 187 万余元。“屋场”项目充分挖掘本地产业、文化等特色，充分展现一村一品、一村一景、一村一韵的独特风貌，已建成“门前三小”“攸美·幸福屋场”示范点 100 个，其中市级示范点 22 个。农村厕所革命和人居环境有力推动，全面推行“首厕过关带动每厕过关制”，开展首厕过关制现场培训，坚持“统一标准、统一奖补、统一产品、统一监理、统一考评”，严把质量关，建设户厕 15400 座，建成公厕 11 座。全年投入 1000 余万元开展“五乱”（乱堆放、乱张贴、乱倾倒、乱排放、乱搭建）治理，拆除村庄乱搭乱建、危旧房屋和残垣断壁等共 300 余处，清理农村各类乱张贴近 3000 处。选择条件较好的村建成“示范点”，全力抓好美丽乡村、同心美丽乡村、幸福屋场等示范创建，以点带面逐步形成“村村皆景区、全域大花园”的“大气候”。将农村人居环境整治提升与幸福屋场建设、美丽乡村建设、农文旅发展深度融合。紧扣村庄实际，在风貌塑造上留住“形”，在传统肌理上塑造“韵”，在文化内涵上注入“魂”，建设一批江南风貌的特色村庄。2022年被评为“湖南省农村人居环境整治提升先进县”。

推进乡村治理全覆盖。健全党组织领导的自治、法治、德治相结合的乡村治理体系，充分运用“门前三小”和“攸美·幸福屋场”自治载体等方式，以基层党组织建设为核心，创新推广积分制、清单式、数字化等乡村治理方式，强化村民自治、村民自主投入。发动乡贤、群众参与乡村建设，履行管理、调解、组织、宣传、治安等服务职能，通过制定村规民约，推进移风易俗，倡导婚事新办、丧事简办，消除高价彩礼、人情攀比、厚葬薄养、铺张浪费、封建迷信等陈规陋习。组建移风易俗志愿服务队，开展志愿者授课及宣传活动60余次，大力开展殡葬改革，全县火化率从2020年的7.3%上升至23.44%，节地生态安葬较过去十年增加近36倍，建设农村公益性公墓（骨灰堂）34处。持续推进新时代文明实践活动，建立健全新时代文明实践主阵地，建成17个乡镇（街道）新时代文明实践所、297个村（社区）新时代文明实践志愿服务站，深化群众精神文明创建活动，评选文明单位、文明村镇90个，文明校园3个，文明先进个人206人，文明家庭10户，全县获得（保持）国家、省、市文明建设先进集体共计48个。

（欧阳辉）

商　贸

商　务

【概况】

2022年，全县社会消费品零售总额175.79亿元，同比增长2.7%。全年实现外贸进出口总额3.17亿元，同比增长81.14%，增幅和完成进度均排名全市第二。新增对外贸易经营备案企业18家，其中湖南聚弘铭进出口贸易有限公司、湖南优多新材料科技有限公司、株洲昂伟贸易有限公司3家企业实现出口零的突破。引进内资122.85亿元，同比增长14.25%。共签约引进亿元以上项目24个、总投资35.5亿元，其中10亿元以上项目1个、“三类”500强企业项目2个、上市公司项目1个、湘商回归项目9个、外向型项目2个。湘商（湖南籍商人、实业家）到攸县新注册企业19家，湘商投资到位资金42.958亿元。新设外商投资企业2家，引进外资7.7万美元。2022年，继续扎实开展新冠疫情防控，畅通商超物资采购运输渠道，制定《攸县疫情防控期间生活物资保障工作应急预案》，进一步做好生活物资保供。群防群控期间，县商务和粮食局全员下沉一线，全面抓好攸县大型商超、加油站、农贸市场、粮食企业、快递业务站点、驻点村及社区等的疫情防控工作。

攸县落实粮食安全责任制工作，纳入湖南省2022年度落实粮食安全责任制真抓实干督查激励单位，县商务和粮食局获“湖南省内贸工作先进单位”“株洲市文明建设先进单位”“株洲市全面促消费工作先进单位”“株洲市对外贸易工作先进单位”“攸县文明建设红旗单位”“攸县打造‘三个高地’工作先进单位”“攸县招商引资先进单位”“攸县三八红旗集体”“攸县办公室工作先进单位”等称号。

根据省、市、县相关机构改革要求及《关于县粮食和物资储备机构编制事项调整的通知》精神，9月30日，攸县商务和粮食局负责的粮食和物资储备管理职责划入攸县发展和改革局，攸县商务和粮食局更名为攸县商务局，攸县商务局所属事业单位攸县粮食质量监测站调整为攸县发展和改革局所属事业单位。

【招商引资】

制定《攸县“招大引强”三年行动方案（2023—2025年）》《攸县促进工业高质量发展实施办法》《攸县皇图岭香干产业园入驻奖励办法》《攸县2022年招商引资工作方案》《攸县2022年招商引资工作考核办法》及《攸县重大招商项目“一事一议”实施办法》等，完善招商引资政策体系、考核激励机制。汇集功能型环保建筑涂料生产项目、高分子UV固体树脂产业园项目、年产2万吨有机硅单体生产项目等20个开发项目进行宣传推介。攸县主要领导带队到长沙、深圳、东莞、上海、厦门等地开展外出招商，考察对接意向投资企业，宣传攸县政策、介绍投资环境，积极走访异地商协会，开展

“迎老乡、回故乡、建家乡”活动。举办集中签约活动1次，积极参加湘商大会等活动，被列入湖南省签约成绩的项目有3个。瞄准产业链精准招商，开展“送政策、解难题、优服务”活动，制作政策宣讲微视频，印发《投资指南》《政策宣传》等小册子。对株洲市振源生态农业发展有限公司外汇资本金账户的开设事宜实行全程代办服务，外资引进实现零的突破。

【对外经贸】

2022年，攸县有实际业绩的外贸企业有15家，其中新材料类（含化工）6家、装备制造类2家、信息技术类2家、服饰类1家、文旅类1家、烟花类1家、陶瓷类1家、绿色农产品类1家。出口产品涉及欧美国家及多个共建“一带一路”国家。12月29日，挂牌成立株洲海关攸县人民政府开放型经济发展服务中心，为推动攸县外向型经济向更高水平、更高层次、更高质量发展提供平台支撑。湖南攸州优品创业服务有限公司入驻北美跨境电商平台，与专业孵化机构长沙麦趣跨境电子商务有限公司签订孵化协议。8月24日，总价值6万元的攸县米粉、丫江桥镇黑木耳、菜花坪镇羊肚菌等攸县农特产品，依托跨境电商平台成功试发运，攸县地理标志产品开始出口，为开展自营出口攸县农产品开辟通道。

【内贸流通】

推动县域商业体系建设，成功申报湖南省商务厅2021年县域商业体系建设项目4个、2022年县域商业体系建设项目5个、冷链物流发展项目1个。“好又多”超市成功申报2022年株洲市促消费资金。全年电商销售农产品零售额3.88亿元。参与举办湘赣边第二届直播电商人才创新创业大赛活动，线上线下农产品销售额达2000万元。安排专项经费开展“月满中秋，乐享消费”主题餐饮消费节活动，共有369家中小餐饮企业参加，活动期间日均交易额36.83万元，日均增长26.07%，总交易额220余万元。湖南省大豪农业发展有限公司“大豪”品牌被湖南省商务厅评为第六批“湖南老字号”。在株洲市首推加油站税控设备安装，全面实施加油站智能税控设备管理升级，全县有46家民营加油站完成安装，加油站智能税控设备管理工作经验在全市推广。

【打非治违】

联合打击非法柴油点2处、汽油点1处，收缴油品1000余升，联合查处非法流动加油车1台，油气回收改造和双层油罐改造完成1家。有效规范成品油市场登记管理，取得建站批文1家、延期批文8家，验收5家，发证3家，换证10家，变更2家。开展全县二手车交易市场专项清查行动，加强二手车交易、报废机动车拆卸等行业管理，全年未出现任何安全事故。

（李水云）

石油销售

【概况】

2022年，中国石化销售股份有限公司湖南株洲攸县石油分公司（简称中石化攸县分公司），销售站点达35座（含2座联营站）。2022年，新建康鹏东城（联营）、潭州2个销售站点。全年完成成品油销售6.07万吨，非油品销售额2757万元；全年销售总收入6.36亿元，缴纳税金416万余元。实现全年数质量零纠纷，全年无安全等级事故。荣获湖南省公司服务竞赛比武“先进县公司”荣誉。

【成品油零售】

成品油零售致力开发新客户，维护老客源。实行“网格化经营”，客户实行台账管理，建立客户回访机制，以客户为中心，围绕客户需求开展销售服务，提高轻油销售量。柴油销售业务以服务机出配送户与积分大客户为重点，采取“一户一策”，“一站一策”等措施，有效拓展了客源，促进了销售。汽油销售业务主要通过“会员日”“虎年卡”“一键加油”“第三方资源”等活动，做好积分客户在加油现场“积分客户唤醒”服务，同时，推广使用“易捷加油”APP服务，扩大APP使用群体，成功实现客户回流。城北、城关、攸州等加油站实行择日优惠及洗车增值服务等营销举措，有效稳定了客户量和销售量。2022年成品油零售完成情况同比增幅全区排名第一。

【非油品促销】

2022年，自有品牌非油品完成销售额950万元，完成毛利润399万元，完成率全区排名第一。组织开展“易享节”“水饮料竞赛”“酒水节”“养车节”“第十届年货节”等专项活动。开展“微信+送货上门”新型服务。城区建立社区微信群，郊区、乡镇加油站建立区域客户微信群，通过微信联系，收集客户订单需求，并根据客户需求提供了满意的服务；注重客户维系与开发，维系老客户，走访开发团购客户，开发新业务，提高门市部销售额。配合省公司的第三方盘点工作，对全区所有在营门店进行现场督查考核以及盘点工作，攸县分公司顺利通过考核。

【安全生产】

一是强化全员安全意识，加强安全管理。县公司每月定期召开HSSE（健康、安全、安保、环保等方面管理）工作会议，强化员工安全责任，指导加油站开展安全工作。建立安全管理台账。各加油站建立《生产异常统计表》《工艺报警登记表》《泄漏点台账》等安全管理台账；定期开展风险识别，建立《加油站隐患排查治理台账》。二是加强安全检查和隐患排查治理。加油站每周开展安全自查，按照隐患治理“五定”（定治理标准、定治理方案、定责任人、定期限、定安全防范措施）原则，进行隐患治理。三是开展应急演练，提高员工对突发事件的应急处置能力。加油站每月按计划开展应急预案演练，县公司每季度分片开展应急演练。5月，联合消防队在城北加油站开展灭火预案演练。

（黄煜哲）

盐业经营

【概况】

雪天盐业集团股份有限公司攸县分公司（以下简称“攸县盐业公司”）隶属雪天盐业集团股份有限公司株洲分公司，在职人员5人，配送车2辆。主要经营攸县地区井矿盐、工业盐、畜牧盐、其他用盐的批发、零售、配送等业务。公司经营盐类产品包括“雪天”牌精制盐、无碘盐、低钠盐、深井岩盐等主要品种；高端食用盐产品分零添加、未加碘、不含抗结剂、营养功效、减钠调味五大类；日用盐产品包括食品盐洗、餐具盐洗、家庭盐净、身体盐护4个系列。

2022年，受新冠疫情影响，不少餐饮企业营收都出现不同程度下滑，电商占据攸县盐业的部分市场。国务院《盐业体制改革方案》明确：“取消食盐生产批发区域限制，允许生产企业进入流通和销售领域，自主确定生产销售量并建立销售渠道，以自有品牌开展跨区域经营，实现产销一体”，多家销售食盐的生产厂家进入攸县市场。在线下和线上的双重冲击之下，攸县盐业公司销售量比2021年下降。全年销售各类盐1637.01吨，比上年销量下降30.97%，小包盐销售873.21吨，比上年下降32.85%；中高端盐销售211.579吨，比上年下降34.04%。

【宣传促销】

为提高品牌知名度和市场竞争力，加大食盐市场的管理和营销力度，积极摸底市场，制订科学合理的供销计划，根据市场动态及时调整销售策略，提高服务质量，实现雪天盐在当地市场占有率88.2%。为摸清攸县市场、拓宽销售渠道，攸县盐业公司拓开销售思维，转变营销方式，走访社区向群众宣传碘知识，多次在超市、便利店以及农贸市场开展促销活动。全年商超导购工作共103场、巡店走访餐饮店200多家，建立长期合作直配终端餐饮网点100余家。

【储备管理】

攸县盐业公司作为省级储备盐仓库，落实《湖南省省级食盐储备管理办法》要求，建立“食盐储备保管账”“储备食盐仓储检查记录卡”“储备食盐质检化验报告单”等管理专账；规范储盐管理，各类盐堆码整洁、排列有序、标示清楚、安全堆放；经常检查仓储设施安全，排查处置漏水漏电事故隐患；同时配备温度湿度计、防鼠板，实时监控仓库温度和湿度。通过一系列措施，有效保障攸县辖区内食盐存放和储备的安全，保障食盐供应，稳定盐业市场。

（周　莉）

烟草专卖

【概况】

攸县烟草专卖局（分公司）有在职员工57人，公司总部分设综合室、办公室、专卖监督管理股（稽查大队）、客户服务分部、安保室5个部门。2022年，共销售卷烟2.52万箱，上缴税费5334万元、同比增长4.79%。全年为攸县乡村振兴提供帮扶资金25万元。

【卷烟营销服务】

一是优化终端消费环境。以星级销售终端为主体、“湘汇636”“湘村636”2个终端加盟店为两翼，打造“一体两翼”终端生态圈，建成“湘汇636”3家、“湘村636”10家；同时拓展经营范围，丰富品牌内涵，携手零售户开展直播带货销售农特产品，并以零售终端信息系统赋能终端，推动传统门店向数字化门店转型。二是优化零售户营销服务。转变培训方式，依托“U”服务平台开展“新系统订烟操作”等主题直播9场，确保零售户足不出户尽享“知识大餐”；下沉服务触角，升级“1+3”站所服务模式，进一步提升偏远客户服务质效；紧扣“我与客户共成长”，聚焦零售户经营过程中的难点疑点问题，开发4个微视频课程，其中2个获全市系统微课程竞赛优质教学奖、1个获创新课程奖，2名零售户在全市系统“开口营销”大赛中获二等奖。三是加强法规宣传。充分运用新媒体和线下宣讲等形式，开展政策解读、规范提醒、案件通报等，教育引导零售户自觉主动讲规范，累计开展规范经营专题会议21场。

【专卖监管】

一是打假治异，净化市场。建立健全联合打假打私机制，扎实开展“天网2022”专项行动，查处涉烟违法案件169起，查获违法卷烟716.24万支；查处2起向未成年人销售卷烟案、2起无证批发烟草制品案。二是推进电子烟监管。通过日常走访、信息推送、集中宣讲等方式，多形式宣传《电子烟管理办法》，提升社会知晓度；联合相关职能部门开展“守护成长·免受电子烟侵害”专项行动，发放宣传资料300余份，走访中小学周边商店30余家、娱乐场所40余户，进校园开展主题宣讲2场。三是提高政务服务质量。贯彻落实“放管服”改革要求，为残疾、困难等特殊群体送证上门，制作网申动画讲解视频，印发宣传手册，上门一对一指导，加大“互联网+政务服务”推广力度。

【安全管理和团队建设】

压实员工安全生产责任，全员签订《安全生产工作目标责任书》，全年开展安全检查48次。紧扣“创新型”企业建设，搭建“U”创工坊平台，组织创新相关培训10次、创意工厂活动3次，4项创新成果分获省公司QC成果三等奖、市公司QC成果三等奖、科技进步三等奖、知识产权三等奖。持续为员工充电蓄能，以建设“学习型攸烟”为抓手，制定读书学习活动方案，启动“主任讲制度”活动，把学习贯穿工作始终。全年开展真假烟识别、烟草标准化等知识培训30余场，1篇论文获省烟草学会三等奖。

（谢　宜）

供销合作社联合社

【概况】

攸县供销合作社联合社（以下简称县供销合作社）有在职干部、职工19人；社机关内设办公室、政工股（法制股）、财务股、业务股4个股室；下辖4家社有企业，即攸县供销惠农商贸有限公司（全资公司）、株洲供销云商贸易有限公司、攸县新三湘农业服务有限公司和攸县惠民农业服务有限公司。社有资产共46处，总发证宗地面积4.8万平方米，98%的社有资产已完成确权办证工作。

2022年，在14个试点村，完成“三社合一”综合改革试点工作，完成《攸县农特产品地图》编制，建立攸县优质农特产品数据库。成功申报湖南省供销合作总社2023年商业流通发展专项资金，争取县、乡、村三级物流配送服务基础建设项目资金280万元。攸县获评“全市深化供销合作社综合改革先进县”称号，成功列入“两个到户”（联结到户、服务到户）省级示范创建县，3个“两个到户”示范点列入省级示范创建点，县供销合作社获株洲市供销合作社系统综合业绩考核二等奖；攸县鸾山镇南岸村“两个到户”入选湖南省“两个到户”典型案例，是株洲地区唯一一家入选案例。

【为农服务】

“两个到户”示范创建工作中，突出农资保供稳价、农业社会化服务、农副产品销售、城乡社区综合服务等工作重点，扎实做好为农服务工作。

一是保障农资供应，稳定县域农资市场。充分发挥供销系统农资供应主渠道作用，储备、销售各类化肥2.4万吨、种子7.5万公斤，各种农药销售额达2000万元。春耕期间，农资销售让利额度达100余万元。

二是拓宽农特产品销售渠道，解决产品滞销难题。建成300多平方米的攸县农产品供销平价超市，打造攸县农特产品销售“实体”；在社机关开设专业电商直播间，让更多名特优农产品搭乘互联网快车，助力农业增效、农民增收。联合县融媒体中心，利用电视、互联网等载体，宣传推介农产品。与攸县农产品供销平价超市和县西瓜经销大户对接，有效解决罗家坪村西瓜种植大户5万公斤西瓜滞销难题。

三是建立攸县优质农特产品数据库。深入基层调研，将145家有规模、特色、销量的农产品相关信息汇总，编制攸县农特产品地图，建立攸县优质农特产品数据库。

【“三社合一”综合改革试点工作】

贯彻落实省、市供销社综合改革有关文件精神，推进全县“三社合一”［原有供销社、信用联社（农商行）和农民专业合作社高度融合、重新组建的新型农村合作经济联合社］综合改革工作。制定《关于印发〈攸县开展生产、供销、信用“三位一体”综合改革试点工作方案〉的通知》，并于8月24日组织召开“攸县‘三社合一’工作推进暨业务培训会”，全县13个乡镇分管供销工作领导和14个试点村及相关部门共计60余人参加会议。与湖南省供销鑫瑞惠民供销公司联合，聘请专家、教授在石羊塘镇田星村开展“双高油菜生产”“巨型水稻种植”等农业科技现场培训。推荐乡村致富“带头人”，并争取县人力资源和社会保障部门为“带头人”每人提供30万元免息贷款的资金扶持；与攸县农商银行达成合作，成功签订《深化社银合作推进乡村振兴框架协议》，为丫江桥镇仙石村、网岭镇罗家坪村等“三社合一”试点村均争取农商银行100万元信贷支持。2022年，指导帮助全县各农民专业合作社（家庭农场）成功争取信贷支持共计2.22亿元。

【市场主体培育】

根据《攸县“市场主体培育年”活动实施方案》对标对表落实各项目标任务，推进培育现代专业化服务组织工作。完成攸县云辰农产品中心（菌类）、攸县清鲜农产品服务中心（茶叶）、攸县悦欣油茶开发中心（油茶）、攸县金农禾农业综合服务中心（大豆）等4家“区域性农业全产业链综合服务中心”，攸县旺科供销惠农服务有限公司、攸县新三湘农业服务公司、攸县悦荣种养专业合作社联合社、攸县名创供销惠农服务有限公司、攸县新一田供销惠农服务有限公司等5家社会化服务化组织的创建工作。完成年度任务的100%。

【资产经营和屠宰场业务托管】

坚持“以招商带招租，以招租促提质”的管理思路，多措并举优化社有资产结构，盘活社有资产，不断提高资产整体运作效益。2022年，有25处资产签订租赁合同，实现资产租赁收入165万元，其中湘东大市场14栋、15栋租金由49.6万元/年提升至74.36万元/年。

坚持“依法依规、积极稳妥、有序推进、确保安全”的原则，认真落实鼎新公司业务托管工作。建立健全各项管理制度，加强生猪屠宰生产流程监管。2022年完成生猪代宰量28739头（日屠宰量为80头），代宰营业收入316万元。

【乡村振兴帮扶】

2022年，根据全县乡村振兴工作的统一部署安排，县供销合作社结对帮扶皇图岭镇界联村，开展乡村振兴建设。指导帮助该村成立村级经济联合社，发展香芋种植230亩，为全村脱贫户和老年村民提供就业岗位，实现增收35万元。依托该村地处湘赣边界的区位优势，争取到中共攸县纪委（监委）和江西省萍乡市湘东区的专项帮扶资金275万元，建成廉政广场——赣湘友谊驿站，成功争取“株洲市幸福屋场示范点”建设项目落户该村，项目资金40万元，并督促指导完成“幸福屋场”示范点创建任务。

（李伟玲）

市场服务中心

【概况】

攸县市场服务中心是县人民政府授权主管全县国有市场营运和管理工作的正科级事业单位，主要负责集贸市场的开发建设、经营管理，确保国有市场资产保值增值。2022年共有在职工作人员72人；中心机关内设办公室（监察室）、政工股（工会、考核办）、财务股、创建管理股、营运资产股、企划招商股等6个股室；下设湘东大市场管理处、湘东家居城管理处、湘东汽贸城管理处、宝悦机动车检测有限公司、城关市管所、城南市管所、网岭市管所、皇图岭市管所、黄丰桥市管所、鸾山市管所、桃水市管所等11个二级机构；下辖各类市场20个，其中专业市场3个，即湘东大市场、湘东家居城、湘东汽贸城，车辆检测站1个，农贸市场16个。

2022年，完成经营收入5125万元，缴纳各项税费697万元。对接建设银行、农业银行、华融湘江银行、北京银行、长沙银行和农商行等8家银行，通过流动资金贷款、短期借款和固定资产贷款措施，完成融资贷款8674万元，还本付息共计1.38亿元。积极储备抵押物和项目，办理农机市场产权过户到市建公司的相关手续，有效化解2022年债务风险。市场服务中心获评“全县组织工作先进单位”“全县文明建设先进单位”和“全县食品安全先进单位”等称号，攸州农贸市场被评为“湖南省文明集市”。

【优化营商环境】

落实《湖南省促进服务业领域部分困难行业恢复发展的若干政策》文件精神，对所辖市场分步实施租金减免，2022年为543名商户减免租金650余万元，稳定了市场经营主体。进一步加大招租奖励，鼓励扩大经营、引进品牌和新行业，修订《市场物业租赁管理办法》。聘请第三方团队进行全面专业的调研，推动湘东大市场二、三楼业态调优。积极对接联系市场监督管理部门，简化市场主体办理流程，完成新增市场主体652户，成功申报四上企业1家。通过组织专业电商知识培训、对接金融机构授信、出台优惠政策等方式，推动湘东家居城从业人员二次创业。

6—10月，通过线上线下相结合的形式，在湘东家居城举行“6·18”和“10·1”促销活动，活动期间实现销售额3580万元；在攸县文化广场举办“攸县湘东汽车博览会”，销售额达3570万元。

【市场安全生产】

持续加强市场安全生产监管，守住安全底线。推进各市场“安全生产专项整治三年行动”，把安全生产工作任务细化量化到各个领导、股室、基层所处，把安全生产责任具体落实到人，班子成员带队定期到基层市场开展安全生产督查，各基层所处定期开展自查自纠和隐患排查；建立隐患台账，逐步消除隐患。开展市场安全整治行动，对市场水电设施、广告牌、屋面墙面瓷砖、钢结构厂棚和特种设备等设施安全隐患的全覆盖排查和整治，发现安全隐患问题48起，整改46起，投入整改资金230多万元。及时修缮湘东家居城“女儿墙”，更换湘东大市场观光电梯玻璃和攸州农贸市场顶棚瓦片。

（欧阳慧）

交通·通信

交通运输

【概况】

全县公路总里程7990千米，公路桥梁511座。按技术等级划分，有一级公路18.767千米、二级公路248.04千米、三级公路22.65千米、四级公路2890.5千米；按在路网中的地位划分，有国道63.34千米、省道333.73千米、县道613.4千米、乡道592.57千米、村道1595.98千米。泉南（G72）高速公路境内长13.2千米，武深（G0422）高速公路境内长54.3千米。吉衡铁路攸县段长12.25千米，醴茶铁路攸县段57.5千米，日均共有10列客车停靠。有道路客运企业3家（湘运、华盛、顺发），开通道路客运班线111条（省际14条、市际7条、县际7条、农村客运83条）、公交线路8条，有1家危货运输企业（东风），有1家公交企业（华昌），有驾校13所、已经备案的一类和二类机动车维修企业8家、网约车公司3家（斑马快跑、玖玖华安、光彩神洲），通航河道3条（洣水、永乐河、酒埠江水库）47千米，有义渡渡口11道。2022年，道路货运量1149.23万吨，水路货运量0.97万吨，道路货运周转量10.93亿吨千米，水路货运周转量373万吨，道路客运量1040.71万人，水路客运量71.21万人，道路客运周转量103.43亿人千米，水路客运周转量1.82万人千米，铁路客运量92.96万人，铁路货运吞吐量205万吨。

【公路建设】

G106公路上云桥至流和段完成土地预审、可研评审、行业意见批复和设计招标。“S204”杉仙殿至网株槚山路口公路完成可研评审、土地预审、设计招标，并进入设计阶段。“S204”线（网株线平交路口至新市镇与G106线平交口段）路面改善10.91千米，已完成设计图纸批复，并启动办理立项手续。7个交通建设项目依法依规完成政府采购程序。

茶常（茶陵到常宁）高速攸县段基本完成征地、迁坟、清表等工作，拆除房屋7栋。莲塘坳至路岭坳、老漕至莲花2个路面改善工程基本完工。“S333”线大修2.247千米、中修项目21.851千米已经全部完工。投入资金1.76亿元，对石羊塘镇、莲塘坳镇总长度为67千米的2条乡镇通三级公路，4条旅游路，5条资源路、产业路进行提质改造。10座危桥改造任务已完成8座、建设中2座，基本完成县农村公路提质改造6万立方米。洣水四桥水下作业全部完成。

着力推进县人大代表票决的民生实事项目工程建设，进一步完善公路网络。至11月底，“旅游路、资源路、产业路”目标任务30千米，实际完成11个项目67千米。农村公路安防工程目标任务39千米，实际完成17条村道44.01千米。工程合格率和优良率均达100%。

【公路养护】

最大限度降低大风大雨、低温冰冻等恶劣天气对道路的影响，提高好路率。全年共修复路基 78600 立方米、护坡 2900 立方米、驳岸 3160 立方米、挡土墙 13450 立方米，共修补砼路面 49110 立方米、沥青砼路面 4100 立方米，疏通公路边沟 170 千米。

【行政执法】

全年完成 60 余家交通运输企业行政执法检查，查扣非法营运车辆 76 辆，暂扣证件 30 本，卸载超载的货物 400 多吨，下达责令整改通知书 30 份。实施行政处罚 193 起，主体合法，程序合法，实体合法，未发生行政诉讼、行政复议和国家赔偿案件。

【政务服务】

梳理行政许可和政务服务事项 116 项，办理新增行政许可 277 件（包括在听证的基础上实施的网约车经营行政许可）、办理道路运输车辆过户 78 件，实施道路运输经营年审 1077 件，换发证 387 件，线上办理电子证照 616 件；在疫情防控期间，共办理货车通行证 170 张。根据上级交通运输部门统一规定，9 月 1 日起，从 2022 年 9 月 1 日起，“道路运输驾驶员每 2 年参加不少于 24 学时的周期性继续教育”的规定不再执行。

【安全生产】

加强交通运输安全隐患排查整治，确保全县交通运输行业安全生产形势平稳可控，无较大以上安全事故。更新农村客运班车 17 辆，更换客车轮胎 237 条，添置灭火器 30 多台。责令安全性能极差的 5 辆农村客运班车停运。开展“党的二十大安全包保”行动、机动车维修行业专项整治行动。

【新冠疫情防控】

协同配合县交警、市监、城管等交通运输管控组成员单位及各乡镇（街道），在县境内 13 个交通卡口和火车站、汽车站值守。

【创建农村客货邮融合发展示范县】

2022 年，建成建筑面积 6000 平方米分拣中心厂房、4000 立方米的冷链仓库，中通、圆通、申通、极兔、百世和丰鸟 6 个物流企业快递信息系统实现互联互通、共享共用。设立 283 个村级物流服务点。分拣中心每日分拣 10.4 万个快递包裹。农村快递物流每单成本平均下降 35%。打通农产品进城“最初一千米”和工业品下乡“最后一千米”。农村客货邮融合发展示范县创建通过省级验收。

（张文武）

公路建设和管理

【概况】

攸县交通事务中心有在职干部职工 68 人；机关内设办公室（财务室）、政工股、计划统计股、建设养护股、路产路权安全股等 5 个股室；下辖一个副科级二级机构攸县公路养护中心。主要负责实施辖区内 379.38 千米国、省干线及部分主要支线公路建设、养护和管理。2022 年度，县交通事务中心获“株洲市度公路工作综合评估先进单位”“公路安全生产先进单位”“公路抗冰保通先进单位”称号。

【公路养护】

着力打造“畅、安、舒、美”的公路路域环境，提升国省干线公路服务水平。以日常养护工作为重点，全面开展路容路貌治理；有效防范各类公路病害的进一步扩大蔓延，干线公路路况水平不断提升。全年完成路面坑槽修复 1460 平方米；完成清缝灌缝 50000 余米，挖路肩 33000 余平方米；安装修复钢护栏 600 余米，路肩打草 320 余千米，行道树修枝 4 千米；完成了 X105 线（皇图岭镇港口村—芳田村段）换板工程；完成 S534 线（规划省道）广志至黄丰桥路段路面修复、增设交通安全设施建设工作。

【公路建设】

积极争资引项，全年争取项目资金5000余万元，完成普通国、省道大修工程2.25千米、中修工程21.86千米，并启动10.91千米S204规划省道路面改善项目，国省道危旧桥梁改造9座，进一步提升干线公路通行品质。同时，服务县内重点项目建设，根据县委、县政府安排部署，交通事务中心作为业主单位完成皇图岭镇港口至山关道路工程项目（攸县广寒坪抽水蓄能电站进场道路）初步设计、可研及招投标等工作，为攸县广寒坪抽水蓄能电站项目建设提供交通保障。

【应急保“畅”】

抓好防汛工作，确保管养道路安全度汛。进一步修订完善防汛抗旱应急预案，并做好应急物资日常储备工作，按照“预防为主，防治结合”原则，对易发水毁的重点路线、重点路段进行全面排查，对沿线涵洞水沟的开展清淤疏通工作，做到路面排水干净彻底，雨后路面无大面积积水，边沟排水沟畅通。全年累计完成清挖水沟4000余米，处理水毁5处，清挖塌方660余立方米，清理倒塌行道树20余处，设立警示标牌60余块，保障所辖公路汛期的安全、畅通。

【安全生产】

以集中整治交通问题“顽瘴痼疾”为契机，以实现干线公路安全畅通为目标，健全安全管理责任制度、深化隐患排查治理、构建安全长效机制，实现全年安全生产零事故目标。全年排查穿村过镇路段安全隐患2处，整改2处；排查一般安全隐患33处，整改33处；完成省级交办安全隐患整改2处，新安装各类警示标志88处，修复增设钢护栏600余米。带队检查安全生产22次，召开安全生产例会8次，安全生产工作平稳有序。

（刘文星）

中国邮政集团公司湖南省攸县分公司

【概况】

中国邮政集团有限公司湖南省攸县分公司（简称攸县邮政公司），是国有独资企业，为中国邮政集团有限公司湖南省分公司下属分公司，是国家重要的社会公用事业单位。攸县邮政公司有从业人员203人，其中正式职工132人，劳务用工71人；公司设综合办公室、市场营销部、金融业务部、集邮与文传部、渠道平台部、寄递业务部等部门。主要经营邮政普遍服务包括：寄递业务、金融业务、农村电商等。

全县下设25个中国邮政储蓄代理金融网点、3个纯邮政营业网点、1个空白乡镇纯邮政营业网点。开设自办汽车运输邮路3条，全长515公里。开设报刊信函、快包投递段道90条，其中县城投递段道28条，投递人员40人；农村乡邮投递段道62条，投递人员41人。

2022年，实现业务收入1.06亿元，增长18.75%。年末邮政储蓄规模57.89亿元；投递报纸杂志49.8万份；投递信函、快递包裹超296万件，出口本地包裹超64万件。全县邮政营业服务达标率、建制村直接通邮率、普服邮件全程时限达标率、邮件报刊妥投率、县城及以上单位党报党刊当日见效率均达100%，且普服满意度达到95分以上，邮政服务申诉处理满意率98%。全年未发生一起机要安全事故，机要通信服务满意率100%。

【邮政服务体系建设】

利用邮政具有的实物流、资金流、信息流“三流合一”的独特优势，通过建设城市社区服务站、农村便民服务站、空白乡镇便民邮局等实体渠道，搭建功能日趋完备的综合性便民服务平台，为广大城乡居民提供“普遍服务、政务服务、金融服务、电商服务、便民服务”等服务。在农村地区建成自提站点245个、空白乡镇便民邮局1个。

【服务县域经济发展】

发挥邮政“三流合一”和“直达源头”优势，扎根农村、服务农村、惠于农村，着力帮助农业经营主体解决“融资难、销售难、寄递难”等“三难”问题。构建满足客户需求的“金融便民服务圈”，实现“信送到哪里，邮政金融就服务到哪里”目标，成为城乡居民家门口的金融服务“好帮手”。组织开展“客户大走访活动”，联系社区、村组开展金融防诈骗知识宣传，增强老百姓的风险防范意识。全年寄递攸县特色农产品——黄桃23000余件，寄递助销10万余公斤，黄桃特快专递寄递包裹业务量较2021年增长50%，进一步帮助本地农户解决寄递难的问题。

（何小丽）

中国电信股份有限公司攸县分公司

【概况】

2022年，中国电信股份有限公司攸县分公司共有在职员工97人，其中在岗合同制员工95人、业务外包员工73人。公司下辖综合部（安全保卫部）、渠道销售部、财务部和网络部4个部门；渠道销售部下设销售中心，即政企分部、商客分部、渠道分部、客经分部、客服分部等5个分部，2个城市营业部和16个农村支局；网络部下设综维支撑分部、智家支撑分部、政企支撑分部、无线支撑分部等5个分部，2个城区装维分部和5个农村综维分部。全县城乡设营业服务网点85个，主营固定电话、移动电话、精品宽带、高清数字网络电视及其他高品质增值类通信业务。

2022年，公司有宽带网络用户9.8万户，移动电话用户23.1万户，IPTV（网络电视）用户9.6万户。公司业务收入环比2021年提升11.8%，移动电话用户市场份额为40.1%，比2021年12月提升1.6%。

【通信基础建设】

全县新增5G基站27个，其中5G补盲建设12个，总人口1万人以上乡镇基站建设7个，5G电信普遍服务建设8个。完成3000兆小区站点5个，4G复建点7个，覆盖主要城区和农村集镇的盲点。全年通过无资源待装工单发起建设346处。对光网弱覆盖区补盲397处，OBD（网络中对光进行分波和合波的器件）扩容318处，共建OBD715个，共建POS（多功能网络终端接口）口6176个。

【客户服务】

全年完成宽带用户装机10195户，查修“10000”电话报修故障21079户，完成政企专线35条、云专网270条、互联网专线35条，云桌面150条、视频专网监控25条、安全网关38条、云主机2条的业务交付，及时处理各类政企业务故障300多次。

（易春媚）

中国移动通信集团湖南有限公司株洲市攸县分公司

【概况】

中国移动通信集团湖南有限公司株洲市攸县分公司有在职员工79人，其中上市员工70人，劳务员工9人；公司下设综合部、营销中心、网络支撑中心、政企客户中心及环城、中心、菜花坪、新市、网岭、皇图岭、黄丰桥7个营业部，县域内共有移动服务网点共计98个，覆盖县城及绝大部分乡镇。主要业务经营范围包括：移动电话、有线宽带、集团专线、高清数字电视以及其他基于移动通信业务的各类增值业务。2022年，全县移动用户26万户（5G用户数15.5万户），有宽带用户数7.8万户，业务经营总收入1.66亿元。

【网络建设】

至2022年底，公司共有基站1984个，其中2G基站421个（宏站415个、室分6个），4G基站1185个（宏站1029个、室分79个、微站77个），5G基站378个（宏站369个、室分9个）。在攸县及周边乡、村、镇地区基本实现通信信号无缝覆盖，县城及乡镇人口密集区实现全面覆盖4G网络；县城主干道、重要商圈，农村乡镇镇区、重要工业园区实现5G网络覆盖。紧扣县城全覆盖、农村补盲目标，推进家庭宽带网建设，县城宽带覆盖率达到 100%,乡镇、村宽带覆盖率达到 98%。

【疫情防控通信服务】

积极助力攸县新冠疫情防控，做好防疫期间通信保障工作。在春节返乡高峰期及 11 月湖南疫情高发期，第一时间向政府部门和集团单位推广使用中国移动云视讯、云 MAS、健康码疫情大数据平台等抗疫专用通信产品。免费提供通信保障及防疫信息化产品服务及信息化技术支撑，为近 200 家单位的一线防疫工作人员赠送 100G 流量服务。

（刘　伊）

中国联合网络通信有限公司攸县分公司

【概况】

中国联合网络通信有限公司攸县分公司成立于 1999 年 7 月，为中国联合网络通信有限公司在攸县的分支机构，是一家本地网综合性信息服务提供商，负责中国联合网络通信有限公司在攸县区域的通信建设及综合电信业务经营。有正式合同制员工 24 人，省劳务派遣工 3 人，外包人员 52 人；分公司下设有综合部、运维部 2 个部门，市场业务系统设城区综合、核心、乡镇中、乡镇北、乡镇南、政要、行业，教育及商企 8 个小网格；公司共有移动网络渠道 46 家，固定网络渠道 17 家，覆盖攸县县城乡。主要业务经营范围包括移动电话、有线宽带、高清数字电视、集团专线及其他移动通信业务的各类增值业务。2022 年，共有移动电话用户 9 万户，宽带用户数 2.8 万户。

【网络建设】

至 2022 年，公司共有 4G 基站发展至 556 个，与电信共建 5G 基站 488 个，实现基站覆盖全县所有行政村；互联网宽带、电视接入 100% 覆盖全县 13 个乡镇、4 个街道。年内完成攸县城区千兆网络全覆盖及主要乡镇及行政村的千兆网络覆盖。

（欧阳玲）

财政·税务

财　政

【概况】

2022年，全县完成一般公共财政预算收入20.27亿元（含特殊项目一次性缴税10686万元），比上年同期增长0.92%。其中税收收入完成16.16亿元，同比增长6.60%。地方收入完成13.58亿元，同比增长9.4%，其中地方税收收入完成9.47亿元，同比增长26.4%。全口径税收占一般公共预算收入比重为79.71%，地方税收占比为69.71%。全年完成一般公共预算支出52.83亿元,增长3.84%。

全县财政部门共有人员编制245名（机关行政编28名、后勤服务事业编2名、事业单位参公编46名、事业编64名，乡镇财政行政编105名），实有入编人数199人，空编46名；现有人员190人，其中在职171人（机关122人、乡镇街道财政所和高新区财务派驻49人，其中乡镇财政所有5人是乡镇编，另有5人未入编）、离退19人。县财政局内设14个股室、8个事业单位（包括国库集中支付核算中心、财政事务中心、乡镇财政服务中心等3个副科级单位），下辖17个乡镇（街道）财政所，另有1个高新区财务派驻机构。狠抓业务水平提升，荣获2022年度全省财政外经系统业务工作先进单位称号。

【财政支出】

全年完成一般公共预算支出52.83亿元，比上年同期增长3.84%。完成民生支出34.45亿元，占一般公共预算支出的比重为65.19%，其中教育、文化旅游体育与传媒、社会保障和就业、卫生健康、节能环保、城乡社区、农林水、交通运输、住房保障和粮油物资储备支出分别完成7.9亿元、0.45亿元、7.81亿元、6.47亿元、0.96亿元、1.12亿元、7.64亿元、1.54亿元、0.43亿元、0.13亿元，比上年同期分别增长5.7%、-18.68%、-10.03%、10.75%、-15.44%、-73%、5.6%、14.25%、-32.88%、-3.27%。通过“一卡通”发放补贴项目89项，金额3.86亿元。助力打赢疫情防控阻击战，调拨疫情防控经费4553万元。统筹资金保障民生实事项目建设资金需求，办理县人大代表票决民生实事项目9件。全年共安排涉农资金1.86亿元，用于扶持产业发展和改善农业基础设施，支持乡村振兴。

【监督管理】

主动接受人大监督，认真执行向县人大常委会报告国有资产管理情况制度，推进国有资产管理公开透明。建立直达资金监控机制，盯牢盯紧直达资金分配、拨付和使用环节，确保直达资金直达基层、惠企利民。进一步强化预算约束，严格控制新增支出政策和项目。加强财政支出统筹管理，完善能增能减、有保有压的分配机制。完成“一卡通”项目资金及涉农财政补贴资金专项检查、财经秩序专项检查等上级财政监督检查，进一步强化财政财务管理、工程招标评审、政府采购等领域财经纪律约束。开展全县代理记账机构违法违规行为专项整治，净化代理记账行业执业环境。

进一步提高财政预算管理规范化、标准化和自动化水平，预算管理一体化系统平稳运行。实行预结算评审管理和负面清单制度，项目预结算平均审减率7.4%，节约资金4926万元。调整政府采购限额标准，优化集中采购管理方式，政府采购节约3.92%，节约资金943万元。推进国库集中支付“放管服”改革，主动拓展网上审核业务，全县17个乡镇（街道）、41所中小学财务报账全部实行网上办理。

【财源建设】

实施重点税源培育，烟草、电力、通信等服务型企业完成税收1.45亿元，税收过千万企业达到31家，总部经济完成税收6.58亿元。盘活处置闲置资产资源53宗，成交金额15.92亿元，荣获2022年度湖南省清查处置盘活国有资产工作先进单位。加大争资引项力度，共引进各类项目33个，争取中央、省、市预算内投资项目23个，争取上级资金2.06亿元；争取5个项目发行专项债5.87亿元。

【债务风险管控】

多措并举防范债务风险，牢牢守住不发生系统性风险的底线。实行融资决策报备制度，有效控制新增融资成本，降低利息支出；定期开展债务工作调度会，及时统筹调度资金，确保资金不断链，隐性债务不新增。全面落实“六个一批”化债举措，截至12月末，隐性债务较上年同期减少3.23亿元。通过偿还、谈判降息、系统内调整等措施清理高息债务13.05笔，高息债务较上年同期减少23.2%。

2022年攸县财政收支明细表

表5

收支项目	调整计划（元）	累计完成（元）	占计划比例（%）	上年同比完成（元）	比上年	
					增加额（元）	增加（%）
一般公共预算收入	202000	202755	100.37	200899	1856	0.92
其中：税收收入	161000	161614	100.38	151625	9989	6.59
非税收入	41000	41141	100.34	49274	-8133	-16.51
税收收入比例（%）	79.70	79.71	—	75.47	4.24	—
一、地方收入	134200	135815	101.20	124199	11616	9.35
地方税收收入比例（%）	61.42	69.71	—	60.33	9.38	—
（一）税收收入	82420	94674	114.87	74925	19749	26.36
1.增值税（37.5%部分）	32475	38701	119.17	31942	6759	21.16
2.企业所得税（28%部分）	7280	5999	82.40	6593	-594	-9.01
3.个人所得税（28%部分）	3976	2186	54.98	3677	-1491	-40.55
4.资源税（75%部分）	900	523	58.11	777	-254	-32.69
5.城市维护建设税	4500	3365	74.78	3851	-486	-12.62
6.房产税	3000	2281	76.03	2190	91	4.16
7.印花税	979	1864	190.40	905	959	105.97
8.城镇土地使用税（70%部分）	3500	2176	62.17	2738	-562	-20.53
9.土地增值税	12500	18539	148.31	10038	8501	84.69
10.车船税	3500	3311	94.60	3159	152	4.81

续表 5

收 支 项 目	调整计划（元）	累计完成（元）	占计划比例（%）	上年同比完成（元）	比上年	
					增加额（元）	增加（%）
11.耕地占用税	1250	5660	452.80	1180	4480	379.66
12.契税	8000	9675	120.94	7320	2355	32.17
13.环保税（70%部分）	560	392	70.00	559	−167	−29.87
14.其他税收	—	2	—	−4	6	—
（二）非税收入	51780	41141	79.45	49274	−8133	−16.51
1.专项收入	6000	5408	90.13	5800	−392	−6.76
其中：教育费附加和地方教育附加收入	3000	3318	110.60	3822	−504	−13.19
残疾人就业保障金收入	0	341	—	332	9	2.71
水利建设专项收入	0	799	—	793	6	0.76
2.行政事业性收费收入	12000	4951	41.26	11206	−6255	−55.82
3.罚没收入	10000	6695	66.95	8565	−1870	−21.83
4.国有资源（资产）有偿使用收入	20000	22896	114.48	19936	2960	14.85
5.政府住房基金收入	500	500	100.00	453	47	10.38
6.其他收入	3280	691	21.07	3314	−2623	−79.15
二、上划中央收入	68111	59494	87.35	60948	−1454	−2.39
1.增值税（50%部分）	43300	41363	95.53	38326	3037	7.92
2.消费税（100%部分）	691	589	85.24	620	−31	−5.00
3.企业所得税（60%部分）	15600	12855	82.40	14128	−1273	−9.01
4.个人所得税（60%部分）	8520	4684	54.98	7879	−3195	−40.55
5.营业税（50%部分）	0	0	—	−5	5	—
6.其他税收（50%部分）	0	3	—	−5	8	—
三、上划省级收入	17689	7446	42.09	15752	−8306	−52.73
1.增值税（12.5%部分）	10825	2662	24.59	9679	−7017	−72.50
2.企业所得税（12%部分）	3120	2571	82.40	2826	−255	−9.02
3.个人所得税（12%部分）	1704	937	54.99	1576	−639	−40.55
4.资源税（25%部分）	300	174	58.00	259	−85	−32.82
5.城镇土地使用税（30%部分）	1500	933	62.20	1173	−240	−20.46
6.环保税（30%部分）	240	168	70.00	240	−72	−30.00
7.其他税收	0	1	—	−1	2	
附：税务部门征收	164000	164932	100.57	155447	9485	6.10
财政部门征收	38000	37823	99.53	45452	−7629	−16.78
一般公共预算支出	480000	528317	110.07	508757	19560	3.84
1.一般公共服务支出	24345	47930	196.88	50678	−2748	−5.42
2.国防支出	300	321	107.00	628	−307	−48.89
3.公共安全支出	11493	16547	143.97	16132	415	2.57
4.教育支出	76132	79004	103.77	74743	4261	5.70

续表 5

收　支　项　目	调整计划（元）	累计完成（元）	占计划比例（%）	上年同比完成（元）	比上年	
					增加额（元）	增加（%）
5.科学技术支出	3816	63889	1674.24	5604	58285	1040.06
6.文化旅游体育与传媒支出	3184	4498	141.27	5531	-1033	-18.68
7.社会保障和就业支出	101814	78071	76.68	86776	-8705	-10.03
8.卫生健康支出	63706	64693	101.55	58412	6281	10.75
9.节能环保支出	698	9625	1378.94	11383	-1758	-15.44
10.城乡社区支出	17127	11231	65.57	41596	-30365	-73.00
11.农林水支出	13735	76352	555.89	72300	4052	5.60
12.交通运输支出	3784	15380	406.45	13462	1918	14.25
13.资源勘探工业信息等支出	283	20609	7282.33	22023	-1414	-6.42
14.商业服务业等支出	419	2627	626.97	2915	-288	-9.88
15.金融支出	0	171	—	1040	-869	-83.56
16.自然资源海洋气象等支出	2063	4629	224.38	6191	-1562	-25.23
17.住房保障支出	8300	4283	51.60	6381	-2098	-32.88
18.粮油物资储备支出	0	1302		1346	-44	-3.27
19.灾害防治及应急管理支出	2702	5395	199.67	7213	-1818	-25.20
20.其他支出	80357	1824	2.27	5069	-3245	-64.02
21.转移性支出	35742	0	0.00	0	0	—
22.债务付息支出	30000	19936	66.45	19334	602	3.11

（陈亚珍）

税　务

【概况】

国家税务总局攸县税务局有在职干部职工 228 人；内设 13 个机构，下设 1 个事业单位和 6 个派出机构。全系统有党员 147 人，共设 20 个党支部（含离退休党支部）。2022 年，组织收入 18.42 亿元，同比增收 23937 万元，增长 14.94%；其中县本级税收 95455 万元，同比增收 19266 万元，增长 25.29%。组织社保收入 95292 万元、非税收入 12.63 亿元，其他收入 5449 万元，超额完成收入目标任务。2022 年度获湖南省“文明标兵单位”，攸县“市场主体培育先进单位”“园区创业大会战先进单位”“平安建设先进单位”“财源建设大会战先进单位”“重点提案办理先进单位”等称号，全省纳税人缴费人满意度调查排名第五，全省税收营商环境测评排名第三。

【税负监管】

组织召开 7 次土地增值税清算审核委员会会议，共审核入库土地增值税项目 13 户次，入库税款 17058.77 万元，清算平均税负 8.30%；配合县政府推广上线“加油站数据管理云平台系统”，强化成品油零售环节税控管理，实现攸县县域民营加油站全覆盖，全年共计入库 1133.34 万元，同比增长 433.64 万元，增长 61.97%；完成 47 户非金属矿采选业企业的核查评估，共计入库 589.35 万元，滞纳金 11.61 万元。

【征管改革】

稳步推进优化税源管理方式，实现由“分户到人、各事统管”向“分类管事、团队负责”转变，构建以“信用+风险”为基础的新型监管机制；全面落实“三项制度”，配合税收执法专项督察，收集核实数据疑点275条，对实际存在的问题迅速整改到位；配合上级开展各项税费优惠及留抵退税政策落实情况专项督察11次，持续开展重大政策和决策部署落实情况自查整改。加大税收风险分析力度，提高纳税评估风险应对能力。全年查补应缴各项税费5724.52万元，入库各项税费4146.33万元，追回留抵退税1102万元，加收滞纳金476.19万元，弥补之前年度亏损955.67万元。联合社区网格化管理开展门店出租清查180余户次，入库税款209万元，形成执法合力，进一步堵塞征管漏洞。

【落实税收优惠政策】

落实税收优惠政策，持续优化税收营商环境。精准释放政策红利，全年组合式税费支持政策影响税收4.36亿元。增值税留抵退税共计162户次，释放红利达2.29亿元，制造业中小微企业共缓缴税收5895.2万元，“六税两费”减免政策减免税款4665.91万元。

【办税服务提质】

成立“园区精细服务工作室”和“春姐工作室”，为高新区143家企业建立税务档案，共辅导园区企业321户次，推送风险提醒信息29条，解决各类涉税疑难问题147条，精准匹配、发放政策礼包186份。在园区内成立全省首家“智慧微厅”，实现发票代开、发票领用、缴费查询等9类318项高频涉税费业务“园区事、园区办”，进一步推广“非接触式”办税。拓展“春姐工作室”职能，构建“办问协同”工作机制，开通“税企直通车”直面一线，主动上门解决纳税人缴费人急难问题90余条，获取意见建议12条，纳税人咨询回复率达100%。

（卢　娉）

金融·保险

银行业概况

【机构队伍】

2022年，攸县有银行业金融机构11家，包括中国人民银行攸县支行、中国农业发展银行攸县支行、中国工商银行股份有限公司攸县支行、中国农业银行股份有限公司攸县支行、中国银行股份有限公司攸县支行、中国建设银行股份有限公司攸县支行、中国邮政储蓄银行股份有限公司攸县支行、攸县农村商业银行股份有限公司（法人机构）、长沙银行股份有限公司攸县支行、华融湘江银行股份有限公司攸县支行、攸县潭农商村镇银行股份有限公司（法人机构）。共有对外营业物理网点99个（含邮政储蓄代办所25个），离行式自助网点9个，从业人员813人（邮政储蓄代办人员113人）。

【存贷业务】

截至12月末，全县金融机构本外币各项存款余额400.74亿元，较年初增加48.86亿元，同比增长13.9%；各项贷款余额234.96亿元，较年初增加36.11亿元，同比增长18.2%，存贷比58.63%，较年初增加2.12个百分点。

（张玮琳）

中国人民银行攸县支行

【概况】

中国人民银行攸县支行内设人秘股、货币信贷与统计股、国库会计股、货币金银股和保卫股5个股室，年末在职员工23人。2022年，攸县支行积极贯彻中央经济工作会议和上级行工作会议精神，灵活运用货币政策工具，强化窗口指导，引导金融资源服务实体经济发展，有效提升金融服务水平，全县金融保持平稳有序运行。

【贯彻执行货币政策】

贯彻落实宏观调控要求。围绕全县经济社会发展大局，落实“三稳”（信贷总量稳步增长、信贷结构稳步优化、贷款成本稳中有降）目标要求，出台《关于贯彻稳企纾困落实金融举措的通知》，及时传达最新货币政策。督导辖内金融机构运用科技手段创新金融服务，积极开展利率核查工作，以查代促推动银行贷款成本继续下行，有效降低企业融资成本。

【优化信贷投放结构】

综合运用再贷款、降准降息等货币政策工具，引导全县金融机构重点在乡村振兴、小微企业、低碳绿色产业、工业制造、基础民生等领域加大信贷投放力度。发放支农再贷款4.98万元，支小再贷款3.4亿元。运用两项直达实体政策工具为全县普惠小微企业办理信用贷款支持计划1.84亿元；为普惠小微企业办理贷款延期支持工具利率互换本金7.4亿元，办理普惠小微贷款支持工具利率互换本金3.3亿元。指导和部署全县两家法人银行业金融机构开展环境信息披露，全县绿色信贷投放6.0亿元。

【风险防控】

强化重点领域风险防控。坚守不发生系统性金融风险底线，针对重点领域的风险和不同行业的风险分类施策，及时关注地方政府债务、涉煤行业、房地产等重点领域风险，建立台账，加强沟通，定期上报，及时提示风险，制定风险应对预案，有效应对因疫情和经济下行等诸多不确定因素带来的潜在风险。在落实中央“六稳”“六保”决策部署的同时，重点防范好资产运用过程中的风险隐患。通过对全县发债城投（债券发行和城市建设投资）企业的深入调研，摸底县域平台公司债务和偿付能力情况。

【金融服务提质】

高效经理国库，制定《中国人民银行攸县支行中央银行会计核算数据集中系统应急方案》和《攸县支行国库业务疫情应急处置预案》，确保新冠肺炎防控期间中央银行会计核算数据集中系统运转正常和及时、准确、快捷办理疫情防控资金拨付，全年国库业务核算“零差错”。

积极推动“电子支付示范县”创建，申请确定攸县鸭塘铺乡牛头湖村为手机号码业务示范村。做好征信服务和管理，金融消费权益保护及统计数据的收集、整理、分析工作，确保各类统计报表报送“准、快、全”。

【金融宣传教育】

广泛开展存款保险宣传活动。积极谋划开展存款保险宣传效果提升年活动，安排攸县农商银行、潭农商村镇银行利用网点深入乡村的优势，落实片区管理，压实金融机构存款保险宣传主体责任，推动存款保险宣传常态化、机制化、制度化。

不断加大金融知识普及力度。以“3·5”学雷锋服务月、“3·15”国际消费者权益保护日、“9月金融知识宣传月”、“普及金融知识，守住‘钱袋子’”等活动为契机，深入组织督导金融机构开展防范电信诈骗、反洗钱、防范非法集资、反假货币及征信知识、“金融知识进校园”、“金融知识普及体验周”、“国债进乡村，共圆振兴梦”等主题宣传20余次，联合金融机构开展“金融知识进校园”“金融知识普及体验周”等活动，深入经济薄弱村级集体开展“送金融服务、助乡村振兴”活动，引导金融机构成功打造“一村一机构”金融教育示范村6个。

【优化金融环境】

持续优化县域金融环境。联合相关部门开展打击非法金融活动，持续深化金融领域“断卡”行动，向公安机关移送可疑交易报告。联合县公安局、市场监督管理局、县金融办共同打击假币犯罪，出台《2022年攸县反假专项工作方案》，协助公安机关破获持有、使用假币案件，鼓励反假线索举报和打击假币犯罪行为。

【金融支持乡村振兴】

印发《中国人民银行攸县支行关于加大金融支持乡村振兴的实施意见》，推动以金融科技创新赋能乡村振兴工作，加大线上信用贷款对高标准农田建设、春耕备耕、农机装备、新型农业经营主体等粮食全产业链的支持。

（张玮琳）

中国农业发展银行攸县支行

【概况】

中国农业发展银行攸县支行有在职员工22人，下设综合部、客户部2个部室，共有信贷客户10家。2022年，年末各项贷款余额20.87亿元，全年累放贷款6.94亿元，累计收贷款3.33亿元；存款余额3.35亿元，日均存款余额4.16亿元；实现账面利润1517.62万元。

【粮食收储贷款投放】

按照“保收储、增供给、当主导、防风险”的总体要求，支持政策性收储和市场化收购。全年向辖内4家粮油储备企业发放储备及轮换贷款11348.71万元，收储原粮40960吨、大米3941吨。主动适应粮食市场化收购要求，全年向2家民营企业发放粮油购销流动资金贷款4710万元，支持收购市场粮 7.3 万吨。7—8 月，积极配合支持县人民政府制定并实施《2022 年攸县地方临储超标粮收购处置工作方案》，投放临储“超标粮”收购贷款，确保攸县“超标粮（镉含量超标）”问题及时得到妥善处置，没有因“超标粮”收购问题出现负面舆情。

【支持重点建设和民营经济发展】

充分发挥农村金融骨干作用，支持攸县香干产业园、洣水河河道清淤、安置房等 3 个重点项目，共投放 5.04 亿元。向 2021 年已批的老旧小区改造项目再放款 2968 万元，确保攸县城区 5199 户居民居住环境及时得到改善。助力民营小微企业发展。破解小微企业融资难、融资贵问题，创新开展“融资、融智、融情”一体化服务，为企业定制融资方案，简化贷款流程，开通“绿色通道”，年末小微企业贷款余额达 1173.23 万元。严格落实减费让利政策，全年为企业减费让利 15 万元。

【风险防控】

一是强化信贷全流程管理。做实评级授信、贷前调查、贷后管理，严控实质风险，前置性优化准入标准，全流程管控信贷风险。定期召开风险例会，依托 CM2006 等系统，综合运用常规、重点和专项监测，加强对客户、信贷业务等监测分析，提升信用风险管理水平。二是完善财务管理体制。严格落实财会内控监督管理制度，坚持内控优先，强化岗位制约，按照制度要求严格履行会计监督责任，从严落实强制休假、会计对接交流检查等制度；不违规发放补贴福利，财务费用开支做到合法合规。三是纵深推进“合规农发行”建设。通过“线上+线下”方式进行合规文化宣贯，组织全员签订“合规履职承诺书”，开展“一把手讲案防”活动，开展“合规护航发展”文化月活动等，多措并举将合规理念融入支行日常经营管理中、融入员工思维方式和行为习惯中。

（刘　赛）

中国工商银行股份有限公司攸县支行

【概况】

中国工商银行股份有限公司攸县支行在职员工 31 人，下辖两个部室、2 个物理网点、1 个自助银行网点。2022 年，年末各项存款余额 1212.21 亿元；各项贷款余额 6.9 亿元。全年累计发放各项贷款 3.93 亿元，较上年净增 1.48 亿元。

【信贷服务和产品营销】

加强与政府、相关职能部门、企业的联系沟通，主动对接金融服务需求。落实优惠政策，做活金融产品营销。运用“场景科技贷”“银创 E 贷”等创新模式对接客户，制定个性化服务方案，为企业量身定做“1+1”服务模式，通过各种便利的融资渠道，为县域实体经济发展提供有效的金融支持，主要包括“税务贷+银担 E 贷”“科技贷+银担 E 贷”等模式。完成普惠贷款 11004 万元，较上年净增 4351 万元，在全县金融系统排名前列。依托金融科技优势，多举措营销转型产品，积极拓展业务，满足重点客群的不同产品需求，加强与各企业单位协作，做好个人住房贷、个人消费贷、银行卡、批量代发、网络金融等产品的组合营销，为县域经济社会发展提供优质金融服务。

【内控案防】

严格内控管理，有效防控各类风险。按照上级行部署认真开展合规内控工作，加强员工依法合规教育，党风廉政教育，提升员工遵纪守法意识，牢筑安全防线。持续开展重要风险点防控和治理，排查发现隐患及时处置报告，严守“制度红线”。密切关注员工思想动态，深化员工异常行为排查，实现各类风险事件和案件零发生。

（周　晖）

中国农业银行股份有限公司攸县支行

【概况】

中国农业银行攸县支行现有员工 102 人，辖有 10 个营业网点，在皇图岭、网岭、丫江桥、新市、酒埠江、渌田、黄丰桥等7个重点乡镇均有网点，在165个乡村布放惠农通服务点。至2022年末，个人客户总量60.05万户，公司客户1574户；个人核心存款时点余额601449万元，年增量86603万元，对公核心存款时点较年初净增52214万元，缴纳地方财政税收1069万元。2022年被评为总行“领军示范行”和“省行重点发展行”。

【信贷服务】

服务实体经济发展，支持重大项目建设，发放实体贷款8.7亿元。强化普惠小微、社会民生等领域支持力度，把金融资源更多配置到经济社会发展的重点领域和薄弱环节，普惠小微企业贷款累计投放9000万元，为小微企业发展增添金融“引擎”。推进数字化转型，打造一批“为民、便民、惠民、利民”智慧金融场景和数字化金融产品，助力人民群众生活品质不断提升。

打造现代化“三农”金融服务体系，创新推出纯信用、额度高、利率优惠的“惠农e贷”产品，用金融力量为粮食安全保驾护航。2022年投放全县农户“惠农e贷”15995万元，余额达43556万元，惠及农户2061户。

（丁俊宾）

中国银行股份有限公司攸县支行

【概况】

中国银行股份有限公司攸县支行共有在职员工27人，下设2个营业网点和1个离行式自助网点。至2022年12月31日，支行各项存款余额18.71亿元，其中个人存款14.24亿元，较年初新增27283万元；单位存款4.47亿元，较年初增长3084万元。各项贷款余额7.87亿元，其中个人贷款余额66606万元，较年初新增4929万元；单位贷款余额12052万元，较年初新增2151万元。2022年投放贷款29284万元，其中普惠类贷款投放净增3322万元。全年实现净收入3993万元，不良贷款余额202万元。

【企业进出口结算服务】

2022年，支行进一步支持攸县本地企业实施“走出去”战略，推进企业进出口业务的拓展，共为攸县境内8家企业办理进出口结算服务，国际结算业务量824.55万美元。

【风险防范和法规宣传】

落实上级行内控案防工作要求，围绕案防工作加强员工思想意识形态工作和合规经营教育，健全各项规章制度，加强员工经营行为监督管理，全年没有发生案件和风险，内控运营未发生中风险及以上的业务差错。积极开展各类便民利民宣传活动，通过网点宣传、广场摆点、进企业、入园区、下乡镇等多种途径，开展存款保险、防范非法集资、反假货币、冠字号查询、消费者权益保护、断卡行动、反电信诈骗、反洗钱、征信等专题宣传活动。

（陈海亮）

中国建设银行股份有限公司攸县支行

【概况】

中国建设银行股份有限公司攸县支行（简称建行攸县支行）有在职员工33人（2022年新增员工3人），下设2个综合性营业网点、2个离行自助区。

2022年，建行攸县支行在上级行和中共攸县县委、县政府领导下，围绕“推进三大会战，重振攸县雄风”目标，助力全县乡村振兴、疫情防控，服务全县经济社会发展。社会年末全口径存款余额28.24亿元，较上年新增3.33亿元，其中对公存款余额4.53亿元，个人存款余额23.71亿元；贷款余额为23.24亿元，较上年新增8.09亿元。支持攸县重点项目建设新投放贷款5.5亿元，支持园区企业发展新投放1.2亿元，为攸县285个农村集体经济组织授信近14亿元，投放乡村振兴“共享贷”0.54亿元。中间业务净收入0.14亿元。

【资产质量】

深化资产管控力度，加大逾期不良贷款的催收力度，加快不良贷款的处置进程，多种渠道化解不良资产，资产质量持续向好发展。至12月31日，全支行不良贷款519万元，较年初压缩44万元，逾期贷款844万元，较年初压缩134万元，个人贷款压缩取得初步成效。

【金融服务体系建设】

2022年，进一步提升硬件水平，完成建行攸县支行办公大楼整体装修、交通路网点和新设的震林支行网点的装修改造。推广应用新型科技产品，增加多渠道线上预约取号功能，客户能随时掌握网点客流量，自主安排业务办理时间，在“建设银行手机银行”“建行生活”2个APP中解决除现金以外的各种金融需求。

（张　琳）

中国邮政储蓄银行股份有限公司攸县支行

【概况】

中国邮政储蓄银行股份有限公司攸县支行有在职员工48人，内设综合管理部、零售金融部、风险合规部、公司金融部等4个分部，下设4个自营网点，即营业部、新城支行、黄丰桥支行、丫江桥支行。

2022年，年末个人存款余额9.32亿元，年净增5149万元；公司存款年日均4.25亿元，年净增-1174万元。各项贷款合计结余15.73亿元，年净增1.39亿元，其中经营性贷款结余4.59亿元，年净8386万元；消费贷款结余9.76亿元，年净增2547万元；小企业贷款结余1.36亿元，年净增2988万元。全年实现经营收入7108.15万元，完成市行年预算进度95.84%，与上年同期相比，收入723.28万元，增长11.33%；实现利润4700.49万元，完成市行年预算94.51%，与上年同期相比，利润增加610.81万元，增长14.94%。

【风险防范】

加强员工风险防控教育、强化员工合规意识，积极开展“合规文化建设年”活动，持续筑牢合规防线，有效提升合规经营水平。开展“雷霆行动”“排雷行动”和中间业务等专项排查行动，实施邮银全覆盖的合规“大体检”，全年未发生重大资金案件、重大违规行为和重大安全事故。

（王韵律）

湖南攸县农村商业银行股份有限公司

【概况】

攸县农商银行是由攸县农村信用联社改制而成的股份制商业银行，2014年12月挂牌开业，注册资本3.96亿元，从业人员394人（含业务岗劳务派遣用工8人），是攸县从业人员及营业网点最多、规模最大、服务范围最广的银行。总行机关内设12个职能部门和3个直属中心，下设1个营业部、20家支行、23家分理处等44个营业网点，其中农村网点33个，城区网点11个。全行始终坚持服务“三农”、服务小微、服务地方发展的市场定位，巩固完善乡村振兴金融服务中心、普惠金融服务中心、园区企业金融服务中心、新媒体营销中心“四位一体”的服务体系，形成“线上+线下”的全方位营销格局。

2022年，年末各项存款余额161.35亿元，各项贷款余额98.8亿元，县域市场份额分别为40.54%、42.05%，2022年向地方缴纳税费1.21亿元。拓宽绿色企业抵质押范围，对“绿色金融”白名单企业实行专项利率优惠，服务农业农村绿色发展。成立绿色金融政策研究室，出台绿色信贷管理办法，创新推出“光伏贷”“民宿贷”等绿色信贷产品，全年累计发放绿色贷款9600万元。2022年度，全行绩效等级为A级，全省排名第二；经营等级为“一类一级行”，全省排名第四，不良贷款风险防控工作被评为全省农信社“前十行”。全行资产规模、存贷款规模、市场份额、税收贡献等指标持续稳居县域同业首位。

【企业融资服务】

进一步深化政银企村战略合

作，与乡村振兴局、农业农村局等9家单位签署战略合作协议，与全县17个乡镇297个行政村签订《党建共创协议》。深入对接产业发展“万千百”工程，开展“党建+市场主体培育”专项走访行动，共计走访企业4815家，建档2158家，授信34.75亿元，帮助212家小微企业和921家新型农业经营主体解决融资难题。下发《关于加强信贷投放落实稳定经济大盘政策的通知》，落实金融助企纾困金融政策，增加信贷投放八项硬核指标，主动减费让利，为全县农户和个体工商户、小微企业等市场经营主体降低融资成本约9600万元。用好用活央行政策，获批民营和小微企业贷款风险补偿资金321万元、普惠小微贷款支持工具资金566.66万元。成立人大代表金融专业小组联系人民群众工作站，行内6位代表进行8轮走访调研，深入项目现场16次，收集企业意见建议10件，为企业解决问题诉求8件。

【乡村振兴金融扶持】

协同推进“村社分账”改革，配合支持皇图岭、网岭、新市等9个乡镇172个行政村“三资平台”上线应用。支持新型农业经济组织768家、金额1.2亿元；为仙石村集体经济组织发放贷款100万元，实现集体经济组织贷款零的突破。着力培育挖掘“一行一品一特色”，新增“金易贷”“瓷砖贷”等5个符合区域发展的个性化贷款产品。持续推进“三信”的评定与创建，全年新增信用村58个，配套乡村振兴基金85万元。

【金融信息化和管理创新】

开启数字化转型，自主创建客户回访、收单业务巡检、“码上贷”、移动办公等六大业务管理系统全部上线运行。推广平板电脑“移动办贷”营销系统，结合线上预约平台，实现申贷、授信、发放等贷款全流程线上办理。至2022年末，全行移动营销签约客户16374户、占新增签约客户的83%，用信金额14.1亿元。

持续推动组织机构改革，对经济效益低和存在市场重叠的基层网点进行整合，进一步提高行政干事效能。推进创新驱动发展战略与乡村振兴战略深度融合，积极打造员工履职评价、岗位等级、延期支付等以经济利润考核为核心的2.0绩效体系。深入开展“用数据说话”赋能高质量发展成果展示比赛（初赛）活动，行内员工数据引用、分析和运用能力得到不断提升。

【精神文明建设】

大力开展扶弱济困、驻点帮扶、奖学基金，支持乡村振兴建设、慈善事业，全年累计向社会各界捐款捐物680多万元。出台并实施《员工孝廉基金管理办法》和《爱心互助基金管理办法》，累计向员工家属发放孝廉基金200余万元、爱心互助基金60余万元。

完成《攸县农商银行志》编纂、出版工作，创作攸县特色“小码哥”和“攸小妹”微信表情包并成功上线，赞助并冠名攸县“喜迎二十大、攸州向未来——幸福合唱团”“党声‘攸’扬”等县域各项社会公益活动。加强业内新闻宣传工作，先后在学习强国、金融时报、人民网等国家级媒体发表文章30余篇，省级媒体刊登文章89篇，内部资讯207篇，年末被“中国农村金融杂志社”评为全国县域农商银行微信公众号100强，《金融助力乡村振兴》被市人大评为年度优秀调研报告。在全市率先开通“清风助农公益直播”专号，举办各类直播50余场，带动本地农副产品销售额100多万元。

（武　昭）

长沙银行股份有限公司攸县支行

【概况】

长沙银行股份有限公司攸县支行（简称长沙银行攸县支行），在岗人员32人，内设综合保卫部、市场营销部、营业部3个部门，下设攸县网岭二级支行、攸县商城社区支行、攸县胜利社区支行三个网点。2022年，支行储蓄时期数16.9亿元，年末各项存款余额22.91亿元，表内外贷款余额19.34亿元，全年无结算和安全责任事故。继续营销工业园区内重点招商引资优质企业，持续加大新入园企业对接力度，进一步拓展支行在攸县工业园区内企业营销业务。重点服务县域内优质企业，结合纳税情况进行精准营销；同时，通过深入专业市场和专精特新企业，加大中小企业的精准信贷支持。

【内控管理】

加强员工金融安全学习教育，增强安全防范意识，提高风险防范和应对能力。定期组织全行员工学习总、分行下发合规等文件。定期进行员工风险排查，重点关注重要岗位员工的思想动态，打造一支懂合规、知廉洁、能打硬仗的员工队伍，确保全行安全运营无事故。从严从实抓好安全管理，加强反洗钱和反诈宣传，获总行“反电诈知识竞赛”团体第一名和员工个人第一名。

（刘慧敏）

湖南银行股份有限公司攸县支行

【概况】

湖南银行股份有限公司攸县支行（原“华融湘江银行股份有限公司攸县支行”）成立于2012年3月。2022年11月18日，“华融湘江银行股份有限公司攸县支行”挂牌更名为“湖南银行股份有限公司攸县支行”，办公地址为湖南省株洲市攸县梅城国际广场1栋107—114号。2022年，支行内共员工（含外包和劳务派遣人员）19名，内设业务部、零售部、营业部和综合部，下设1个全能网点，1个离行式自助网点。2022年年末存款余额为5.85亿元，一般性贷款余额8.5亿元，纳税总额为431.9万元。

【服务县域经济发展】

湖南银行股份有限公司攸县支行立足于服务地方经济建设，发挥本土银行优势，不断加大对地区重点项目支持力度，至2022年末，表内外授信余额总计（包括政务平台和一般性贷款）14.55亿元。同时积极响应惠农政策，与攸县网岭镇沙峰村结对帮扶乡村振兴工作，开展惠农贷款等业务。

【业务开拓与创新】

持续加快转型发展，加大对电子银行、网上银行、信用卡、工资代发、闪贷等业务的推广与改进，让客户享受到方便快捷的操作与舒心放心的服务。坚持突破“两增两控”任务，成功获取省县两级风控体系补助基金合作银行资格，熟练运用多种小微贷款产品，支持县域小微企业和涉农企业发展，年末普惠小微企业贷款余额2406.52万元。

（龚欣珺）

湖南攸县潭农商村镇银行股份有限公司

【概况】

湖南攸县潭农商村镇银行股份有限公司（简称攸县潭农商村镇银行），内设综合管理部、业务部、运营管理部、合规风险部、营业部5个部门，下设皇图岭支行，在岗人员25人。2022年，全行坚持以中央经济工作会议和农村工作会议精神为指导，继续紧扣“壮规模、调结构、提效益、保质量、严内控”总目标，服务地方经济发展，推进高质量发展。年末各项存款余额52153万元（储蓄存款35697万元，占比68.45%）；各项贷款余额41911万元；缴纳各项税款442万元。审慎大额贷款投放，坚持小额分散不动摇，不断压降贷款户均，调优信贷结构，围绕“两增两控”目标把握信贷投向。到期贷款收回率99.48%；不良贷款率0.72%，主要监管指标均达到国家监管标准，实现全年安全无事故；年内拦截、制止电信诈骗作案1起，为客户挽回经济损失2.7万元。实施“阳光信贷”工程，减少审批环节，推行客户经理限时办结制度；提升服务质量，实现全年零投诉。

【服务地方经济社会发展】

坚定“支农支小”市场定位，以支持“三农”、小微企业为重点，服务县域经济发展。全年涉农贷款余额4.04亿元，占比96.42%。开通农户小额贷款绿色通道，简化贷款手续，缩短信贷流程，让广大客户“想贷、敢贷、能贷”。多渠道公示服务价格信息，严格执行减费让利政策，做到“应降尽降”，让利于客户，切实保障客户知情权、选择权。

2022年新冠疫情防控期间，在保障员工健康安全、风险可控的前提下，实现全年、全部网点不歇业，确保业务正常运营，持续、稳定地为客户提供优质的金融服务。

【存贷结构调整和业务拓展】

存款业务着力发展基础性存款，年末个人储蓄存款35697万元，净增8133万元，占比68.45%，较年初增长6个百分点。贷款业务坚持“做小、做散”“立足县域，服务‘三农’”的市场定位，贷款余额41911万元，较年初压减1419万元；户均贷款46.41万元，较年初压减8.93万元；存贷比80.36%。积极拓展业务，通过上门开办移动银行，办理工资卡600余户。存款客户全年净增2116户，贷款客户净增120户，手机银行客户净增815户，ETC客户净增291户。

（周婷玉）

中国人民财产保险股份有限公司攸县支公司

【概况】

中国人民财产保险股份有限公司攸县支公司（简称人保财险攸县支公司）总部设综合部、理赔部、续保部、商团、车商、直营销、农险部等7个分部，下辖网岭、皇图岭、黄丰桥3家“三农”营销服务部，合同制员工54人、营销人员120余人、“三农”专兼干协保员275人。2022年，人保财险攸县支公司在中共攸县县委、县政府和上级公司的正确领导下，贯彻落实党的集团和总、省分公司工作会议精神，立足服务攸县地方经济和社会发展，推动财产保险事业持续健康发展。全年实现总保费收入8934万元，处理各类赔案4847件，支付各类赔款5700万元，市场份额29.93%，区域市场同行业排名第一。

按照县委、县政府统一部署安排，参与结对共建、服务乡村振兴，结对帮扶桃水镇夏泉村开展乡村振兴工作，投入资金2万元，扶持村民发展种植业，改善农业基础条件。

【农业保险和车辆保险】

发挥保险公司的“保障与补偿”职能作用，立足服务全县经济和社会发展大局。更好地服务于广大农户，2022年，公司分别在攸县网岭镇、皇图岭镇、黄丰桥镇设立“三农”营销服务部。为全县种植业1247户种植户承保水稻完全成本保险、杂交水稻制（繁）种保险、油菜保险，共计承担风险保障金额3.5亿元；全年农业保险共计理赔金额2058万元。全年共承保本地车辆1.44万台，承担风险保障金额320.42亿元，上缴地方税收867.4万元。

【风险防控】

坚持依法合规经营，严格按照银保监会和上级公司监管要求，不断强化公司内控制度建设，严把“三道关”（承保入口关、财务管理关、理赔出口关）。积极开展非法集资风险宣导教育和反洗钱培训宣传教育，普及风险知识，强化合规教育，从源头上防范风险，确保公司稳健经营。

（谭振容）

中国人寿保险股份有限公司攸县支公司

【概况】

中国人寿保险股份有限公司攸县支公司（简称中国人寿攸县支公司）有在职员工38人（含劳务派遣），支公司销售队伍持证人员497人。内设综合部、营销发展部、收展发展部、个险培训部、团体业务部、健康保险部、银行保险部、客户服务中心；下设鸭塘铺、莲塘坳、菜花坪、网岭、丫江桥、酒埠江、皇图岭、鸾山和黄丰桥9个营销服务部。2022年，实现保费总收入2.39亿元，其中新承保3986万元，续期保费1.99亿元。2022年期交保费达成2580.31万元，其中十年期达成1046.42元，短期保费达成1416万元。公司全年共受理理赔案件17978件，赔付金额7833.72万元，其中受理寿险理赔案件5766件理赔金额 2393.8 万元、城乡居民意外伤害医疗保险补偿案件共处理 2421 起，补偿医疗金 937.9 万元、大病医疗理赔 9128 件理赔金额 4145.77 万元、职工基本医疗理赔 663 件理赔金额 356.25 万元。缴纳各种税金 112 万元。

【电子化服务】

2022 年，电子化服务系统效率明显提升，电子智能化审核通过率达 95%，比上年提升 15 个百分点；电子化回访替代率达 99%，比上年提升 2 个百分点。全年开通电子化服务客户 2 万多户，参加客户服务活动 3 万多人次，全面提供星级客户附加值服务。

【风险防控】

坚持安全第一，严防经营风险。广泛开展非法集资风险和反洗钱培训宣传教育；加强员工警示教育，组织参加合规培训和及保密知识学习培训。开展“治乱打非”防范化解重大风险攻坚战、防范化解非法集资风险、打击非法商业保险活动、保险业市场乱象等系列风险排查。积极参与“平安攸县”的创建活动，公司没有发生违纪违法犯罪案件。

（陈英歌）

城建·环保

住房和城乡建设

【概况】

2022年，全县有在建房屋建筑和市政基础设施项目29个，建筑总规模51.78万平方米，施工总面积25.82万平方米。建筑业联网直报总产值47.49亿元，同比增长13%。新增上市商品房3190平方米，同比下降97.68%；销售商品房1411套，销售面积18.55万平方米，同比下降54.7%；完成房地产完成投资14.51亿元，同比下降7.03%；商品房销售均价为4186元/平方米，同比下降7.03%。新增“四上”房地产企业1家、建筑业企业3家。建筑工程质量安全标准化率90%，城区生活污水集中收集率40%、集中处理率98%。

继续实施农村危房改造100户，拨付补助资金193.12万元。推进“空心房”清零行动，动员基层拆除危房、闲置房等“空心房”153栋，拆除面积3.81万平方米。在全面完成全县38万栋房屋调查的基础上，按照省、市普查工作的要求，委托第三方公司开展县级实地抽样核查工作，并顺利通过房屋普查质检。

2022年，攸县老旧小区改造工作获省政府真抓实干督查激励奖，老旧小区片区化改造经验被《湖南日报》推介；城建绿色发展、村镇建设管理、老旧小区改造、自建房整治4项工作获市住建局通报表扬。县住房和城乡建设局获“株洲市文明单位”“攸县文明建设红旗单位”等称号；8个工程项目获评市建设工程“神龙奖”。

【城镇基础设施建设】

兴工路以东生活污水管网截流改造项目竣工并运行，完成西阁提升泵站扩容提质、谭桥污水处理厂启动设备调试；完成交通路供水主管全线更新改造，完成江桥乌坳、联星泰青塘等城乡接合部自来水通水工程；衡炎长输燃气攸县分输站、接收站；建成并运行。争取到株洲市小城镇建设资金60万元，共计实施村容村貌提质工程项目14个。编制县城智慧排水建设方案，争获省级智慧排水示范县资金200万元。完成城区地下管网普查（二期）项目立项。启动《攸县县城污水处理厂“一厂一策”实施方案（2022—2035年）》编制。

【房地产和建筑市场管理】

商品房预售资金管理规范有序，所有在建项目均纳入预售资金监管范围，预售资金监管账户余额1.2亿元。

共办理建筑企业信息变更8个，发放房屋建筑和市政基础工程许可证33个，总造价4.87亿元。开展“未报先建”专项督查14次，日常巡查项目30余个，下发催报通知单30份，移送城管执法部门查处12个。监管房建市政招投标项目17个，节约财政资金6880万元。

【建筑节能监管】

完成建筑节能面积12.48万

平方米，新建民用建筑设计和施工阶段，严格要求执行节能强制性标准，执行绿色建筑设计面积10.22万平方米，新建项目图审全面开展绿色设计星级评定；新增装配式建筑面积1.5万平方米，开展节能专项检查3次，下达整改通知书11份，移送城管执法部门查处项目5个，建筑节能和绿色建筑验收项目17个。

【质量安全监管】

开展建筑施工安全生产集中整治行动，累计出动执法人员1366人次，组织开展安全生产执法活动452次，下达停工整改通知24份，立案调查违规违法行为5起，排查处置“一单四制”重大事故隐患8个。开展扬尘防治专项检查，共计下达整改通知书25份，铺盖防尘布、防尘网3.6万平方米。

全县开展自建房安全专项整治，各乡镇、街道排查房屋20余万栋，抽调22名县内工程技术专家，共计排查自建房22027栋(经营性3786户，非经营性18233户)，指导完成房屋安全鉴定1203栋，隐患管控到位率100%。

全面检查使用燃气餐饮场所1182家、燃气泄漏报警器安装率达98%以上，取缔非法经营液化气窝点5处、扣押气瓶197个，查处违规开挖危害燃气泄漏安全事件2起。

【住房保障】

2022年计划的老旧小区改造项目完成60%，完成电梯加装3台。完成永佳、枫岭公租房小区道路、排水、停车场、充电桩等基础和配套设施提质改造。

全年发放城镇困难家庭住房租赁补贴1905户（次）、85.9万元。收回长期闲置公租房60套，筹集园区保障性租赁住房268套。归集物业维修资金1300余万元，解控资金180多万元，17个小区及时实施修缮。

【政务服务】

全年线上办理工程建设项目审批事项497个，办理工程建设项目337个，实行并联审批事项185个，办理市政公用服务项目9个，联合验收项目38个，联合审图项目13个，实施告知承诺办理审批事项106个，征询数33个，享受区域评估项目15个。受理办结商品房预售许可证核发1份，受理办结人防工程易地建设申请6个项目。共受理政府性投资项目初步设计审查43个，施工图在线审查项目44个。开展工程材料询价12次，发布工程造价信息6期，支付图审服务费28.8万元。

完成近1万卷重要馆藏档案数字化工作，完成馆藏声像档案挂接工作，全年建设工程竣工验收档案备案47项，其中联合验收（线上）39项，线下验收8项，全年共接待档案查阅258人次，提供案卷400余卷，复印资料1000余张，出具验收承诺告知书39份，出具《建设工程档案预验收意见书》47份，全年共接收整理进馆竣工工程档案1349卷；消防竣工工程档案601卷；文书档案180卷。收集整理竣工工程声像档案照片6233张，光盘28张。

承办人大代表建议3件、政协委员提案9件，总体评价均为“满意”。推进阳光政务和信息公开，公开政务信息155条，办理依申请公开8项，无行政复议事项。

（刘诗梦）

湖南攸州水务有限公司

【概况】

湖南攸州水务有限公司（原攸县自来水公司）是集自来水生产供应、水表检定、水质检测、管道安装及市政公用工程施工等业务于一体的供水和施工综合型企业，子公司——工程建设公司，2022年12月，公司升格为正科级企业。公司总部内设7个基层单位，在职职工168人；公司固定资产2亿余元，占地面积75737平方米，建有3个自来水厂，DN（外径）100毫米以上供水主干管网500余千米，日供水能力8.5万立方米，供水覆盖区域30平方千米，用户7.2万户。

2022年，完成总产水量1945万吨,实现总产值5710万元，(其中水费收入3692万元，安装产值2018万元)，新增改造供水管网30千米，新增用户6500余户，水费回收率达到98%以上，水质合格率保持在99%以上。

【安全供水和服务提质】

定期完成公司下辖三个水厂设备更新改造，保障供水安全，全年累计排除污水泵站故障58次，处理70余处小区的加压设备故障，完成神龙巷、勤家下园等10处老旧小区的管网改造，改造户数464户，彻底解决用户用水难、水压低的状况。配合全县相关城市建设项目工程，更换大街小巷主管6处。

及时发布供水信息，加强客户沟通；建立用户监督机制，落实供水服务差错“零容忍”制度。加强企业客户对接服务，企业办理事务减流程、控时限，开展“帮代办”“零跑腿”等便捷服务；落实企业用水优惠政策，全年为攸县高新产业开发区企业节省水费92万余元。

【重点项目工程建设】

2022年，全年累计安装城区DN（外径）100及以上供水管网18千米。投资40余万元，完成攸县党校及攸县职校水表后供水管网改造。加快推进“七〇七”矿退役治理饮水工程建设。“七〇七”矿退役项目工程是公司首个公开招标的中标项目，总造价833万元。至2022年底，抢工期、赶进度，完成合同工程量的80%，完成投资600余万元。9—12月，公司投入300万元，完成“交通南路”供水管网改造工程，安装管道2.5千米，彻底消除交通路供水主管安全隐患，有效降低漏损率，保障供水安全。完成公园豪庭等3项房地产小区供水工程，大和村、乌坳村、泰青塘村、公立幼儿园等10余项供水项目和湘子冲安置区二期道路及排水工程签约工作，合同总金额202万余元。

（王新征）

城市管理和综合执法

【概况】

攸县城市管理和综合执法局机关内设办公室、政工股、财务股、政策法规与行政审批股、综合管理股、考核考评股、公用设施管理股、宣传股、纪检监察室、数字城管监督指挥中心、生活垃圾无害化处理场、城市垃圾分类办公室12个股室，下辖城市管理综合行政执法大队、市政园林服务中心、环境卫生服务中心三个副科级单位，灯饰管理事务中心一个股级单位。2022年，有在职在岗工作人员185人；主要承担城区环境卫生监督管理、市容秩序监督管理、市政设施运行监督管理、园林绿化建设维护管理、静态交通秩序监督管理、违法建设管控、城市管理领域综合执法等职能。2022年度获评“株洲市文明标兵单位”“株洲市城市管理先进单位”“株洲市城管系统亮点工作先进集体”“攸县文明建设红旗单位”“攸县安全生产工作先进单位”“攸县疫情防控工作先进单位”等称号。

【城市秩序监督管理】

一是城市市容秩序维护，城市容貌得到整体提升。常态开展城区商圈、学校、市场等重点路段、区域“城市乱象”治理。规劝出店经营3360家，清理占道摊位1630余处，拆除违规搭建帐篷16处，整治大型广告牌18处，店铺招牌40处，城区户外广告牌安全隐患实现“清零”。持续开展违停整治，全年共依法处罚乱停乱放摩托车2630辆次，处罚小车违规停放10500辆次，确保街道畅通有序。

二是维护城市环境卫生。清运处理生活垃圾50070吨、餐厨垃圾2929.4吨，城区生活垃圾、餐厨垃圾日产日清，无害化处理率达100%。年内完成新一轮清扫保洁服务采购工作，新一轮清扫保洁服务面积增加19.48万平方米，核定服务采购价格为2488.3万元/年，比上轮核减约104.94万元/年。新一轮3年采购预算为7464.9万元，实际中标价为7230.4万元，减少234.5万元，本轮清扫保洁节约财政资金约549.32万元。

三是维护城市交通秩序。持续开展交通顽瘴痼疾整治，年内取缔马路市场3处；增设小车停车位400个、摩托车停车位2000个。

四是违法建设管理控制。结合居民自建房安全排查整治工作，纵深推进拆违控违行动，全年管控违法建设362处，面积约14万平方米，拆除违建235处，面积约2.3万平方米。

【市政设施建设】

一是实施城区防洪排涝项目。全面优化完善攸州大道、枫岭大道、内环路等路段两厢排水设施，打通城区排水系统入河通道6100米，打通排水堵点4处，整治内涝点8个，消除城区内涝。

二是实施乡镇垃圾中转站建设项目。建成桃水镇、莲塘坳镇、丫江桥镇、江桥街道4座垃圾中转站，基本形成城乡生活垃圾一体化处置系统。

三是实施路灯节能改造项目。将城市照明设施的传统光源改为LED节能灯具，共改造城区、百里长廊立杆路灯5874盏，小街小巷抱臂路灯3000盏，改造后的节能效果稳定，年节约电费120余万元。

四是实施老旧小区市政环卫设施配套项目。完成联星社区万新小区、富康社区B片区2个市政设施配套建设，共改造新建公厕6座，铺设沥青路面67000平方米，修复街道5000平方米，修建人行道3000平方米，新建下水道3200米，围栏改造1万米。

五是完善城市生活垃圾分类处理设施。建成109个生活垃圾收集亭，放置“四分类”（可回收物、其他垃圾、厨余垃圾、有害垃圾）垃圾桶662个；向居民发放家庭用二分类垃圾桶25099个，更换果皮箱96个。

【市政设施维护运营模式创新】

2022年，经县人民政府批准，组建市政园林中心二级子公司——攸州市政设施管理有限公司，负责城区市政设施的养护。由攸发集团出资，市政园林服务中心负责运营，年维护费用纳入财政年度预算，相比原市场化模式更加灵活、高效，每年节约财政资金45万元。

【城市绿化】

2022年，城镇建成区绿化覆盖面积918.34公顷，城镇建成区绿化覆盖率为44.55%。巩固“国家园林城市”创建成果，在罕见的大旱之年保障树木的成活率，顺利通过国家园林城市复查验收。补植乔灌木900余株，种植地被6000平方米，治理黄土裸露2万余平方米。

【政务服务】

全面落实政务服务“走流程、解难题、优服务”要求，全年办理各类审批52件，承诺时限提速80%以上，“即办件”事项占总事项比率达到93.33%。全面压实民生问题办理责任，办结人大建议8件，政协提案17件，政协微建议69件，“12345”热线388件，市民投诉举报76件，办结率100%，满意率98%。

【居民生活垃圾费“随水代征”】

2022年，在县委、县政府支持下，经过考察调研、广泛征求意见，形成《居民生活垃圾费随水代征实施方案》，经成本监审、举行价格听证等程序后，由县政府常务会审议通过，定于2023年1月1日正式实施。

（夏　昆）

攸县环境卫生服务中心

【概况】

攸县环境卫生服务中心是攸县城市管理和综合执法局下属副科级事业单位，有在职干部职工57人。内设办公室、财务股、政工股、考核办、设备管理股、收费队、清洗队、后勤服务中心和水上清洁队9个股室。主要承担县城区清扫保洁、垃圾清运、洒水降尘、街道清洗、河道保洁和环卫设施运行维护管理等工作。临聘人员109名，承包服务的4个公司共有一线清扫人员800余名。2022年6月，全县城区街道清扫保洁政府购买服务上一轮合同即将到期。6月13日，继续采取政府购买服务的方式，通过公开招标，重新确定4个中标服务单位，清扫保洁总面积为454.35万平方米，清扫保洁人员892人，合同服务期3年（2022年7月1日至2025年6月30日）。

【街道清扫保洁】

通过政府购买服务方式，并对承包服务商进行严格的监管，确保城区街道环境洁净。承包服务的4个公司800余名一线清扫人员，按照合同要求，在承包服务区域内，提供“每日一普扫，全天候保洁”清扫保洁服务，基本达到质量标准。2022年，中心按照清扫保洁质量要求和考核标准，对4家清扫保洁公司共做出考核扣分2675.3分，罚款总计26.75万元。

【垃圾清运】

丽美清运公司垃圾清运作业采取“固定+随机”清运模式，确保城区生活垃圾侧挂桶无满溢，全年共清运城区生活垃圾50070吨，更换破损的侧挂桶1877只。全年共清运餐厨垃圾2929.4吨，收集率达到96%，为防止餐厨垃圾传染疫病，在保证餐厨垃圾日产日清的同时，加强对餐厨垃圾车辆和收集桶的日常清洗。及时清理城区范围内不能进行压缩处理的废弃物垃圾，程晴物业公司全年共处置废弃物2370余吨。

【河道保洁】

加强河道垃圾清理，修缮桐坝电站垃圾中转平台、武家场垃圾中转平台，在县城高排渠和低排渠分别设置钢质垃圾拦污栅，并及时打捞拦污栅处的垃圾，全年共打捞河道垃圾3100吨，拾捡河堤白色垃圾，确保9000米河堤无垃圾。

【空气污染治理和整治卫生死角】

落实日常街道洒水、清洗，增加雾炮车作业，有效降低城市扬尘污染。及时清洗城区车辆带泥污染的路面，全年出动作业人员加班清洗1298人次、作业车辆480车次。

加强城区背街小巷、城乡接合部、城中村等薄弱环节的环境卫生整治，消灭卫生死角。全年共清运丽水山庄小区、湘东家居城、攸州公园、烈士公园、各社区小街小巷等区域垃圾死角1000余处，包括建筑垃圾在内的各类垃圾3150余吨。

【环卫设施建设和维护】

投入3万余元完成对老汽车站公厕和石山书院对面工人休息室翻新改造。完成文化广场2座公厕、灵龟峰广场公厕的升级改造和15座环保公厕基座木质框架翻新。投入29.85万元采购3座新型智能移动式环保公厕，分别配置在攸县迎宾大道高速出入口、老火车站广场和长鸿路狮型广场并投入使用。

（谢　颖）

攸县城市管理综合行政执法大队

【概况】

攸县城市管理综合行政执法大队是城市管理和综合执法局下属的副科级事业单位，共有干部职工80人；机关内设办公室、财务室、法制办、考核办、执法室5个股室，下设拆违控违、城建、户外广告、渣余土、特勤、城东、城南、城西、城北、城中、高新区11个中队。主要承担攸县建成区园林绿化管理、城市道路（桥涵）设施管理、城市照明管理、户外广告设置管理、静态交通管理、城市用水和供水管理、城市排水和污水处理管理、建筑市场监督管理、建筑工程质量安全监督管理、房地产市场监督管理等城市管理领域综合执法工作。2022年，获评株洲市“强转树”工作表现突出单位、县城市管理服务工作先进单位。

【商铺、摊位营业秩序管理】

对攸州公园、滨江大道、学校周边、新城西路夜宵城等重点路段进行整治，严格管理标准，实现规范管理。对夜间流动摊点、露天烧烤和占道经营等违规行为进行集中整治。全年共规劝出店占道经营行为3360户次，清理占道摊位1630余处，规范夜宵摊位50余个，证据保存流动摊位26起、占道物品185件，规劝夜宵占道经营120户，清理石墩路障15处。

按照“坐商归店、游商入市”的原则开展农贸市场周边市容环境整治。共出动执法人员600余人次，执法车辆50余辆次，清理占道经营摊位1000余起，清理乱堆物料38处，依法暂扣三轮车68辆，规劝出店经营店面商铺1860家，保持市场及其周边道路通畅，街道、店面、铺面整齐清洁。

【城市交通秩序管理】

一是改善城市静态交通条件。在确保行人安全、道路畅通的前提下，本着“能划则划”“应划尽划”的原则，在街道辅车道及人行道增设小车位400个、摩托车停车位2000个，增设摩托车停车位指示牌50块。二是规范管理车辆停放。按照处罚与教育相结合的原则，规劝、教育乱停乱放机动车辆的车主，对拒不改正者依法进行行政处罚，全年共依法处罚乱停乱放摩托车车主2630辆次，处罚违规停放汽车车主1.05万辆次。三是治理城市交通顽瘴痼疾。开展“清障”行动，清除占用城市道路的路墩、路障、三角锥、地锁、地桩等障碍物300余处。联合县交警大队、交通运输局、联星街道办等部门单位对城区车辆开展“一盔一带”整治行动。

【违法建设管控】

一是加大监督管理力度。采取分区划片、落实巡查责任到人，实现管控区域全覆盖，不给违建户留有任何时间空档；利用无人机空中巡查，确保管控区域巡查不缺位。全年共巡查发现并呈报新增建设560处，面积19万平方米。二是严厉打击违建行为。推行“即查即拆”，以“零容忍”的态度，持续保持打击违法建设的高压态势。共“即查即拆”顶风抢建的违法建设235处，面积2.3万平方米。协助酒埠江和黄丰桥政府对酒埠江水库的违法建设进行拆除，共拆除水泥捕捞平台30处，面积1800平方米。三是扎实开展自建房整治。核查举报违建42处，排查存在安全隐患违建99处，面积6000平方米。采取边排查、边处理、边拆除的工作方式，拆除存在安全隐患的违法建设87处，面积7753平方米。

【渣土余土管理】

全年共立案处罚运输车超载、道路遗撒渣土行为15起，处罚金额8万余元；查处随意倾倒建筑垃圾6起，查处建筑施工场地未建立清洗池9起，查处水泥搅拌车、石灰浆车辆污染路面6起；查处未经核准擅自处置建筑垃圾8起，查处露天焚烧废弃物5起。向工地下达整改通知书32起，收到市民投诉、举报电话30余起，执法到位率100%。

【户外广告设施管理】

开展集中整治行动，整治城区内设置布局不合理、不符合技术规范要求、过期破损并存在安全隐患以及未经批准违规建设的户外广告设施（主要包括大型落地钢架广告、楼顶钢架广告、灯箱、指示牌、店招店牌、单字体、显示屏等），及时消除安全隐患。共拆除存在安全隐患的破旧广告牌，店招店牌18块，清除破损大型户外广告牌6处，清除破旧广告条幅1300余条。

【污染防治】

推进餐饮油烟治理和露天焚烧管控等大气污染防治。查处新城9号夜宵城、海康夜宵市场等经营户油烟排放不达标造成空气污染行为，督促其落实安装油烟净化器等整改措施。“中元节”期间，广泛宣传，倡导市民文明、清洁、安全祭祖，在大街小巷设立《温馨提示》公告栏。在各个进城路口设立秸秆收购点，集中收购稻草，免费提供给市民焚烧祭祀品，同时在城区设立焚烧点18处，安排专人在指定地点值勤，机动巡查人员负责街道巡查，杜绝中元节民俗活动期间市民污染环境的行为。

（刘笑颜）

攸县市政园林服务中心

【概况】

攸县市政园林服务中心是攸县城市管理和综合执法局下属的副科级事业单位，有在职干部职工32人，内设办公室、政工财务股、工会、考核管理股、市政项目管理股、园林绿化管理股、机械设备管理股等7个股室。主要承担城区绿地系统规划的编制，城区绿线、绿章的管理与执行，城区市政公用设施维修计划编制，城区市政公用基础设施的建设、管理和维护，城区园林绿化的建设、管理和养护，城区公园管理等工作。2022年，经县政府同意市政园林服务中心成立攸州市政设施管理有限公司，负责城区市政设施的养护，实现市政设施养护从第三方公司经营到政府组建公司特许经营的方式转变。年末获评“株洲市城市管理先进单位”“株洲市园林绿化行业（花境微景观营造）职工技能竞赛工作先进集体”。

【市政设施维护】

全年修复城区破损人行道6132.9平方米、完成城区车行道沥青路面维护7644.5平方米、更换城区主次干道雨水口262套、检查井盖476座、疏通雨水口堵塞934座、侧边石修复1654米、过水沟板修复109块，下水道疏通329米、清除积水287处，新建115座、修复树围93座，清理建筑垃圾136车，清理路面渣土29处。

【园林绿化和公园安全管理】

2022年，全县城镇建成区绿化覆盖面积887.42公顷，覆盖率41.55%。在内环路、中心大道、枫林大道、长鸿西路、环湖路、紫云路等道路及各公园广场、街边小游园补植樟树、栾树、梧桐等乔灌木475株。在黄土裸露地块增植杜鹃、三角梅、红花葱兰、藤本月季、茶花苗、栾树等特色品种，集中归类种植小苗38万余株，撒播各种宿根花卉种粒及草籽100余公斤。

定期对园区设施设备进行安全隐患排查，全年共排查安全隐患30余处并及时落实整改，进一步完善园内警示标志。扎实开展公园防火工作，加强巡查力度，增加防火督导员4名并且实行24小时值班制，白天不低于8小时园内巡察，及时规劝、提醒游客严防园林火灾。在公园周边开辟2米宽的防火隔离带6处，完成公园林区和绿化带内枯枝落叶等易燃物清理23650平方米；在园内设置禁火提示牌6块，张贴禁火令10处；联合电力部门砍青扫障120株；更换年限过期灭火器6瓶。制定防火安全预案，按标准配备防火器材，全年未出现任何安全事故。

【市政建设项目实施】

实施民生实事项目——城区高、低排渠改造项目；改造、完善整个城区的污水管网系统，有效提升城区的排涝功能，改善居民的生活环境。投资300余万元，完成富康社区老旧小区B片区改造项目，完成沥青路面铺筑2万平方米，安装围栏1000余米，建设下水管道300米。

（易海碧）

征地工作协调服务

【概况】

攸县征地工作协调服务中心为县政府直属正科级公益一类事业单位，有在职工作人员13人，内设办公室、财务政工股、督查考核股、征拆征收事务股4个股室。全年共完成征拆征收重点项目32个，其中完成集体土地项目25个，征地3791.79亩、拆迁房屋50栋；完成国有房屋征收项目5个，面积33051平方米；完成历史遗留清零扫尾项目2个。2022年度被评为“株洲市征地拆迁和房屋征收工作先进单位”“全县平安建设先进单位”“全县乡村振兴驻村帮扶先进单位”。

【依法规范征拆】

2022年，根据法律、法规和上级有关文件，县委、县政府及出台一系列的政策制度，依法规范征拆行为。9月6日，《攸县集体土地征收及房屋拆迁补偿安置办法》（攸政发〔2022〕3号）公布实施。9月28日，《中共攸县县委办公室攸县人民政府办公室关于进一步加强征拆征收工作的通知》（攸办字〔2022〕45号）公布实施。10月31日，《攸县征地拆迁和房屋征收资金管理办法》（攸政办函〔2022〕78号）公布实施。11月16日，《攸县集体土地征收迁坟实施细则》《攸县集体土地征收房屋合法性认定实施细则》《攸县集体土地征收重建宅基地安置实施细则》（攸征拆发〔2022〕1号）公布实施。同时，县委、县政府发文明确部门职责，推动部门联动，建立协调配合机制。县征地工作协调服务中心为全县土地征收实施机构，负责征地拆迁补偿安置具体工作；县直各有关部门和镇（街道）在土地征收工作中要做到各司其职、各负其责、相互配合。

2022 年重点项目征地情况一览表

表 6

交地时间	征地项目	项目所在地	用地面积(亩)	拆迁户数	拆迁面积(平方米)
1月12日	攸储33号A、B地块	江桥街道西阁社区	84.6	13	4719
1月24日	县城建设北路建设	联星街道永佳社区	91.77	41	12301.97
2月21日	攸县医疗废弃收集转运用地	网岭镇洞井社区	3.08	—	—
3月30日	攸县永佳小学建设	联星街道永佳社区	16.63	—	—
3月31日	攸县皇图岭香干产业园建设	皇图岭镇港口村	151.15	2	476.44
5月18日	大唐华银明月风电建设	丫江桥镇华富村	265.1	—	—
6月29日	鸾山采煤沉陷区居民避险搬迁	鸾山镇新和村	57.47	—	—
8月27日	茶常高速攸县段	渌田镇	363.65	11	2838.07
9月20日	攸县中燃输入站（管线、进场道路）	春联街道双丰社区	9.02	—	—
10月27日	莲塘坳110千伏输变电工程站场及塔基	春联街道、莲塘坳镇	52.6	—	—
11月17日	攸县广寒坪抽水蓄能电站建设	皇图岭镇、黄丰桥镇	—	—	—
11月21日	G106绕城线项目（谭桥段）	谭桥街道	315.5	45	19580.8
合　计			1410.57	112	39916.28

（易慧敏）

住房公积金管理

【概况】

2022 年，株洲市住房公积金管理中心攸县住房公积金管理部共归集资金 3.91 亿元，同比增长 11.7%，全县部分单位缴存住房公积金欠缴金额占全市欠缴金额的 42%。全年新增开户单位 9 家，新增缴存客户 862 户，完成年度任务的 138.4%；清理“睡眠”账户 333 户，完成年度任务的 123%。全年发放住房贷款 138 户，放贷金额 5301 万元。客户提取住房公积金 1082 笔，提取金额 1.04 亿元，同比增长 31.6%。年末攸县管理部获“攸县城市服务先进单位”称号。

【归集扩面和账户清理】

加强日常催缴和扩面宣传工作。全年电话催缴及沟通 300 余次，上门送达《催缴函》21 份，入户调研 30 余次；深入走访企业和缴存单位，重点走访拟上市公司 3 家。全年新开户单位 18 家，新开户职工 862 人，完成任务目标的 123.14%；归集扩面人数 700 人，完成 2022 年目标任务的 100%。

大力清理个人“睡眠”账户，进一步规范完善账户基础数据。按照省市关于清理个人账户的要求，针对长期封存的“睡眠”账户、封存两年以上的个人账户、信息不全的个人账户以及信息有误的个人账户，采取发通知、公告、电话联系、通过单位、同事联系等措施，完善账户资料，帮助“遗失的钱包找主人”，全年完成“睡眠”账户清理 333 户。

【住房公积金政策调整】

一是调整缴存基数和上限和转移办理政策规定。2022 年，株洲市住房公积金中心为落实长株潭（长沙市、株洲市、湘潭市）都市圈住房公积金一体化发展要求，执行统一的长株潭住房公积金缴存基数上限标准，三市统一根据长沙市“上一年度职工月平均工资的3倍”缴存标准确定，调整月缴存基数上限为28700元，单位和职工单边月缴存额上限均为3444元，合计月缴存额上限为6888元。长株潭职工住房公积金账户转移按照同城转移政策办理，不需要封存满半年或新开户缴存满半年以上。此外，为实现三地四中心住房公积金缴存、提取、贷款等数据的互联共享，提升三市缴存职工跨市办理公积金业务的便利度，三地四中心联合搭建了长株潭住房公积金一体化服务平台。

二是调整住房公积金提取政策。新政调整内容归纳为“提标+两取消+两延长”。“提标”是指租房提取限额由单身7200元、已婚1万元均提高至1.5万元，不再区分单身与已婚职工。“两取消”是指取消购买、建造、翻建、大修套内面积大于180平方米的商品房及偿还上述房屋贷款本息不得提取住房公积金的规定；取消湖南省外购买自住住房不得申请办理购房提取或偿还商业银行住房贷款提取的规定。“两延长”是指增加自建住房提取时段。除在建设规划许可相关证明出具之日起2年内申请外，还可在新建住房竣工3年内且不动产权证出证1年以内申请提取；延长结清住房贷款提取时限。职工结清商业银行住房贷款或异地住房公积金贷款的，限自结清之日起3个月内调整为1年内申请办理。

三是调整住房公积金贷款政策。1. 支持国家生育政策。按国家政策生育三孩的缴存职工家庭申请住房公积金贷款购房的，最高可贷额度为80万元。2. 提高贷款额度。但缴存职工最高可贷额度由40万元调整至60万元。株洲市高层次人才最高可贷额度由60万元调整至80万元。3. 降低贷款首付比例。第2次办理住房公积金贷款，且购买家庭名下第2套有效住房的，最低首付款比例由50%降低至30%。4. 推进异地贷款业务。取消异地贷款借款人或借款人配偶本市户籍限制；在异地正常缴存住房公积金的，最高可贷额度由40万元调整至60万元。5. 取消部分使用限制。取消按月对冲生效后个人公积金账户余额须保留12倍月缴存额的规定。

（彭雨记）

湖南省攸州投资发展集团有限公司

【概况】

2022年6月，按照攸办发〔2022〕6号《攸县县属国有企业改革转型方案》要求，攸福实业集团有限公司和城市建设开发有限公司等两公司整体并入攸州投资发展集团有限公司，两公司各自名下资产、负债及合同制员工由攸发集团整合，均作为一级子司接受攸发集团实质性管理。整合重组后的湖南攸州投资发展集团有限公司（简称攸发集团公司）下辖14家子公司（其中11个全资子公司、3个合资子公司）；公司内设综合管理部、人力资源部、融资部、财务部、工程建设部、法务部、资产经营部、纪检监察室共8个部室；共有从业人员80人；资产总额178.59亿元，负债总额105.48亿，负债率59.06%。

2022年，攸发集团公司进一步拓展经营范围，扩大收入规模，增强实体经营能力。子公司湖南高原建设工程有限公司完成签订合同总金额1315.5万元，收到工程款1466.59万元，支付工程款1343.69万元；攸县建设工程监理有限责任公司全年签订监理合同金额170万元，回收监理费188万元；攸县同鑫劳务派遣有限公司新增劳务派遣5个机关事企业单位，新增121人；康泰健康养老有限公司共入住客户有145人（年内新增75人），入住率87%以上，完成总营业额372.09万元。康鹏石化加油站于12月26日正式开业；永乐江砂石资源出让项目于11月13日进行公开挂网。总投资875万元，建设充电桩49台，并全部投入运营，服务费总收入147万元。

【融资化债】

全年完成融资项目29个，实现融资33.45亿元，还本付息共计28.8亿元。全面清理政府隐性债务，化解存量隐性债务4.84亿元。落地的29个融资项目(其中银行项目22个、信托项目2个、债券项目1个、其他类融资项目4个），平均年化利率约6.2%；落户期限3年以上的项目18个，有效改善公司的整体债务结构，缓解债务压力。公司贯彻落实各项规章制度，严格执行相关决策程序，成功通过省审计厅专项审计组、市审计局审计组、市纪委检查组的专项审计检查。

【资产经营】

2022年，共归集资产19.86亿元（含2宗特许经营权，价值约4.61亿元），办理不动产权证48本。共有权属资产191宗，其中出让性质174宗、划拨性质15宗、经营性项目用地2宗，共涉土地面积约343.73万平方米（约5156亩），资产估值75.8亿元。通过公开竞拍程序，获得2宗特许经营权，即11月竞拍到永乐江攸县段河道砂石开采权，价值约1.45亿元；12月竞拍到攸县户外广告资源特许经营权，价值为3.16亿元。通过拍卖程序处置望岳东路三套房屋和合背巷资产，金额约计170万元；出租原皮鞋厂房屋、西阁过渡房和原农机局门面等资产，共收租金近10万元。

（吴　魁）

湖南省攸州国有资产投资集团有限公司

【概况】

湖南省攸州国有资产投资集团有限公司（简称攸州国投集团）成立于2013年5月，是由攸县县委、县政府直接管理的县属国有独资企业，县财政局履行出资人职责，注册资本20亿元人民币，总资产超100亿元，公司主体信用等级AA。拥有全资子公司14家，控股公司1家，投资参股子公司4家。公司设党支部、董事会、监事会、经理层，有办公点3处，干部职工70人。县委、县政府定位为“产业投资运营商”的国有企业，负责全县商贸市场、乡村振兴、产业投资、产融结合等业务。

2022年，稳步推进一企一管项目、污水管网等重点环保整治项目工程建设，完成排水箱涵主管道铺设并接通，管网“骨架”成型，园区排污排水防涝功能明显增强。智能制造产业园标准化厂房建设项目，完成了工程总量的50%以上，部分落户企业已入住“定制化”厂房。致力打造省级现代化特色农业产业园，完成皇图岭香干产业园一期项目立项、水资源论证、林地手续报批、征地拆迁、土地挂网摘牌、招标等前期工作。进一步完善安置区配套建设工程，园区承载能力持续提升。大力推进采煤沉陷区居民避险安置小区项目建设，启动黄丰桥镇、宁家坪镇、鸾山镇居民避险安置工程项目。

【工业园区建设配套服务】

2022年，完成湖南艾硅特新材料有限公司、湖南地博光电材料有限公司、湖南明珠选矿药剂有限公司、湖南亚美茶油股份有限公司等落户企业土方平整80万立方米。推进处置“僵尸企业”工作，针对园区低能低效、停产闲置、拖欠租金等问题企业，联合相关部门进行强制清退，完成腾退厂房3356平方米、公租房40套、门面10空。完成土地报批4宗8.6公顷，项目供地7宗25.67公顷，动态储备7宗48公顷；完成闲置低效土地处置6宗约13.33公顷。配合江桥街道完成园区征腾地6.67万平方米，拆迁房屋3926.11平方米，迁坟60冢，宅基地安置20空。协助园区街道处理矛盾近30起，帮助园区征拆户解决实际问题21件。努力实现园区资源集约化，保障产业发展要素，不断优化营商环境。

【债务风险防控】

以“完成全年化债任务、保障项目资金需求、维护县域大局稳定”为目标，以财源建设大会战为抓手，严格落实“一债一策”“六个一批”等要求，集中力量，重点突出高标准农田、采煤沉陷区等项目融资，通过对接省、市相关部门及银信部门，融资到位12.9亿元，完成还本付息12.08亿元，占全年还本付息89%。已批复项目2个2.34亿元，储备项目8个8.72亿元，入库政府性专项债6个12.01亿元，确保隐债不新增，风险不“暴雷”，资金不断链。

【资产经营】

以建设现代化企业为目标，通过科学分析产业前景、评估投资风险、核算成本、预估效益等全方位研究讨论，完成对湖南昊华化工股份有限公司、好灵工科技有限责任公司等产业股权投资。盘活东风酒店资产，启动对外招租并不断探索新经营模式；成立网循园增量配电合资公司；全年标场、公租房、门面租金收入 560 多万元。

（李　凤）

生态环境保护

【概况】

2022 年，攸县境内 2 个国控、4 个省控断面水环境质量稳定达到或优于地表水Ⅱ类水质标准，集中式饮用水水源水质 100% 达标（单因子评价），国控、省控地表水考核断面水环境质量全市排名第二，全县水质改善率全市排名第二。全年空气优良达 329 天，优良率为 90.1%；空气综合指数为 2.81，综合指数居全省第二十七，较去年排名第三十三位，上升 6 位。污染耕地安全利用率达到 91% 以上，污染地块安全利用率保持在 93% 左右。

株洲市生态环境局攸县分局有在职干部职工 58 人；机关内设办公室、政工股（加挂纪检监察室）、综合协调股、行政审批股、水和大气生态环境股、土壤和固废环境股、生环委办、乡村振兴工作队、园区服务中心等 10 个股室；下设攸县生态环境监测站和攸县生态环境保护综合行政执法大队等 2 个二级事业单位。主要工作职能是贯彻执行环境保护法律法规和方针政策，对全县的环境保护工作实施统一监督管理。

2022 年，攸县分局认真履行攸县县域环境监督管理职责，如期如质完成全县水质、空气和城市噪声等多项环境监测和数据上报工作，持续开展污染治理，严厉打击环境违法行为，开展蓝天、碧水和净土三大“保卫战”，取得显著成效，获市政府污染防治攻坚战真抓实干奖；全市考核综合排名第三。攸县获评 2022 年度湖南省农村千人以上饮用水水源地生态环境整治“表现突出县级单位”，获省 2022 年环境质量报告书评比二等奖，市对县“蓝天保卫战”年终考评攸县排名第二，攸县人民政府获评湖南省生态环境损害赔偿制度改革工作先进单位、省级“利剑行动”先进单位。

【环保监管】

一是贯彻落实“双随机、一公开”监管制度。为规范环境执法行为，将全县 150 家排污企业录入污染源随机抽查管理系统，定期随机抽查企业，并公示检查结果。二是大力开展“利剑”专项执法行动。出动执法人员 2000 余人次，检查企业 190 多家，全县共摸排环境风险隐患 63 项，并全面落实整改。三是严厉打击环境违法行为。全年共立案处罚 25 起，下达处罚决定金额 237.98 万元，移送公安行政拘留 4 起，查封扣押 1 起。落实省市下达攸县的生态赔偿任务 25 件。四是妥善处置各类信访件。2022 年，共收到各类投诉渠道环境投诉件 464 件，投诉处理率 100%，回复率 100%，做到件件有着落，件件有回复。

【环境监测】

2022 年，完成攸县 2 个国控断面、4 个省控断面、2 个集中式饮用水水源地、22 个乡镇“千吨万人”农村饮用水水源地水质监测，1 个“十四五”监控村庄生态环境质量监测，2 个农田灌溉水质断面和 9 个农村生活污水处理设施出水水质监测任务，并如期上报监测数据。同时认真做好攸县城市声环境质量监测。省第十五届生态环境监测专业技术人员大比武活动中，攸县生态环境监测站获团体三等奖，在 2022 年生态环境监测专业技术人员大比武株洲市选拔赛中攸县监测站刘芳获个人一等奖，2022 年环境质量报告书评比活动中攸县获省二等奖。

【污染防治】

一是开展“蓝天保卫战”。扎实做好清单核实调查工作，完成 334 家清单企业核查及资料上报，完成9家清单企业和加油站核查，核实填报39台锅炉和41台窑炉具体情况，补充完善2家相关企业的国家生环部地区减排审核意见资料，核实23家页岩砖厂基本情况。实行联防联控。联合县住建局、县城管局等部门开展大气污染防治巡查，检查城区10余家在建工地及高新区工地扬尘管控措施。加强大气污染防治工作。完成湖南远大水泥有限责任公司工业炉窑脱硝技术装备升级改造及低氮燃烧器更新综合整治，湖南省酒江电线电缆有限公司注塑废气收集处理VOCs（挥发性有机化合物）综合治理，年末市对县“蓝天保卫战”年终考评攸县排名第二。

二是开展“碧水保卫战”。全力保障饮用水源安全。根据《湖南省2022年农村千人以上饮用水水源地生态环境问题专项整治工作方案》以及《2022年株洲市农村千人以上饮用水水源地生态环境问题专项整治工作方案》有关要求，制定《攸县农村千人以上饮用水水源地生态环境问题专项整治工作方案》，完成13个村级“千人以上”集中式饮用水水源保护区内环境问题排查及专项整治。共规范设立保护区标志112处，在保护区的边界、人群活动密集区和易见处，合理设置界标、警示牌或宣传牌21处。在跨越保护区水体或与水体并行的县级及以上道路、桥梁应设立明显的警示标志4处。攸县获评2022年湖南省“农村千人以上饮用水水源地生态环境整治”表现突出县级单位。加强入河排污口的监督管理。严格入河排污口的审批与验收工作，审批入河排污口2家，协助市局验收入河排污口企业10家，完成洣水入河排污口排查和建档工作。加强水污染防治工作。会同县卫健局组织、督促、指导完成攸县“夏季攻势”和“春雷行动”任务中9家二级医疗机构环境问题整治工作；会同沙河流域4个乡镇，对沙河流域重点涉水企业检查60余次，发现并交办问题50个，已全部完成整改；进一步加强对园区涉水企业的监管排查，督促园区5家重点涉水企业安装在线监测系统并与省厅平台联网。

三是开展“净土保卫战”。治理农村生活污水，完成皇图岭镇3个重点村、石羊塘镇3个重点村共3625户农村生活污水治理。开展农村黑臭水体整治，完成网岭镇槚山社区一条长120多米的农村黑臭水体沟整治，沿线居民居住环境得到明显改善。加强土壤污染防治，完成全县农用地涉镉企业的排查工作，对攸县晟煌环保科技有限公司家土壤污染隐患进行排查，形成排查报告。

【工业危废物处理】

加强工业企业危废物处理的监督管理。对化工园区、33家涉危废企业和2家尾矿库等进行专项检查，发现问题6个，其中立行立改问题4个，短期整改问题2个，立案2起。开展危险废物专项问题“回头看”工作，对9家危废暂存间建设不规范企业下达整改通知书，并督促整改到位，完成104家危险废物环境监管有关单位申报登记备案管理。

【政务服务】

全年累计帮扶企业25家，解决各类问题达52个。督促60家排污单位完成排污许可证质量问题整改，办理变更审核排污许可证32家，完成首次申请审核7家、延续审核2家、重新申请审核1家；督促重点排污单位变更排污许可证38家，延续审核5家。开展“多评合一”试点工作，将环评、排污口设置、辐射许可等事项合一受理、合一审查、合一批复，真正实现生态环境审批领域减环节、减材料、减时限。全面完成攸县广寒坪抽水蓄能、艾硅特新材料、九派科技公司、小河新能源等项目环评审批，有力助推重大项目的实施。

（刘志双）

人民生活·社会保障

民　政

【概况】

攸县民政局有在职工作人员共50人，机关内设办公室（政工股）、规划财务股、社会组织和慈善老区事业促进股、社会救助股、基层政权社区治理和区划地名股、社会事务、养老服务和儿童福利股等7个股室，下设2个副科级事业单位（县慈善事务服务中心、民政事务中心）。

【城乡居民最低生活保障】

2022年，全县农村低保的保障线为385元/月，城镇低保保障线为600元/月。救助城镇低保对象1409户、2481人，共发放城镇低保资金1416.7万元；救助农村低保对象7348户、16480人，共发放农村低保资金5054.8万元；全县实施特困供养3370人，累计发放基本生活费2281.2万余元，其中集中供养对象561人，发放基本生活费392.4万元；分散供养对象2809人，发放基本生活费1889万元；共发放城乡低保、特困人员临时物价补贴136万元。全年发放残疾人两项补贴1374.47万元，发放重度残疾人护理补贴1015.43万元。出台《关于开展城乡低保、特困对象年审工作的通知》，进一步规范动态管理，提高救助的精准度。

【儿童福利】

对“四类儿童”（事实无人抚养儿童、孤儿、留守儿童、困境儿童）实行包保帮扶工作措施。2022年发放孤儿津贴45.39万元，事实无人抚养津贴144.47万元，困境儿童津贴150.65万元。开通未成年人保护热线，联合公安、城管等部门，对符合救助条件的流浪未成年人按照就地、就近、就便的原则予以救助。组织全县儿童督导员及各村（社区）儿童主任业务培训，提升关爱农村留守儿童和困境儿童服务水平,开展各种上门关爱活动。

【养老服务体系建设】

攸县将养老事业发展纳入全县经济社会发展规划和城镇建设等专项规划，合理区分功能定位，科学布设服务点位，建立完善的养老服务体系。完成渌田镇2个养老机构的整合，建立联星街道综合养老服务中心。在养老机构全面推行组织建设规范化、日常管理精细化、服务模式多样化、人才培育制度化、量化考评精准化“五化”建设，逐步形成开放、精细、优质、多元的养老服务体系。

通过推进“五心五助”（暖心助餐、耐心助洁、爱心助浴、知心助医、热心助行）志愿服务，有效满足了街道的10个城市社区老人在“康、养、医、护、娱、食、居、学”等8个方面的服务需求。形成具有攸县特色的养老新模式，让老年人老有所养、老有所医、老有所为、老有所学、老有所乐，使敬老院成为老人“愿意来、留得住、吃开心、玩尽兴”的幸福家园。

开展养老服务诈骗专项整治行动。制定《攸县开展养老领域突出问题专项监督检查工作方案》《全县打击整治养老诈骗专项行动实施方案》。对全县民政系统内部是否存在领导干部参与养老机构经营、集资、站台宣传等问题进行自查；联合县纪委、公安、属地政府等部门对全县23个养老机构是否存在信用监管不力等突出问题进行全方位、摸底式排查。通过悬挂宣传横幅、发放宣传资料等方式，增强民众对养老服务诈骗的防范意识。

【慈善福利事业】

积极开展形式多样的扶贫济困活动，主动参与到乡村振兴重点工作。开展2022年“迎新春送温暖”活动，慈善救助1618人，走访慰问困难户100户，集中临时救助221人。联合志愿者在永佳慈善超市、连心慈善超市（乐尔乐超市）和颐宁园慈善超市开展“端午送温暖·关爱特困群体”和“中秋送爱心”活动，为300户困难户发放节日慰问物资；联合市慈善总会、市三三一医院开展“特困家庭光明行动”眼科义诊活动，免费救治符合条件的特困对象90余名。福彩总销量为1518.7万元，比2021年同期增长6.3%。

【殡葬改革】

深化殡葬改革，成立殡葬改革领导小组，落实各相关部门责任，出台一系列奖励措施，将殡葬改革列入全县绩效考核范畴。加大宣传教育力度，倡导生态、节俭、绿色、环保的殡葬。至2022年底，全县火化率从2020年的7.3%提升到23.44%。全县建成农村公益性公墓4处，累计撒骨灰64例。

【婚姻登记】

逐步落实便民服务措施，优化工作流程，全年办理婚姻登记4491例，录入婚姻登记档案2.5万余条。全年办结率100%，登记合格率100%。为广大群众提供安全、放心的政务服务，实现疫情防控和政务服务两不误。

【社会治理“三治”融合】

加快推进“三治”（自治、法治、德治）融合实施进程。出台《攸县“三治”融合区域样板化指导意见》，让部分乡镇（街道）的部分村（社区）先行先试，打造“三治”融合样板模式，成功创建景秀家园小区“党建引领+”，石羊塘镇整镇村规民约示范创建，上云桥村敬老孝亲文明示范等一批乡村治理典型案例。完成株洲市创建市域社会治理现代化试点合格城市攸县任务——自治强基专项组任务。297个村（社区）平均划分520个网格，建立网格化队伍，开展法治服务。

【区划、地名工作】

完成国家地名信息数据库专项质量建设。组织各镇、街道民政办工作人员按照民政部编制的操作手册对各自辖区内的地名信息进行逐条审核，共计审核信息8969条，新增地名243条，确保如期如质完成第一阶段工作任务。开展株洲市渌口区—攸县段边界联检工作，推进平安边界建设工作。

【社会组织管理】

2022年，全县共有社会组织329个，其中社会团体175个，民办非公有制企业单位154个。2022年新成立社会组织5个；办理注销的社会组织6个；办理变更的社会组织9个。依法管理社会组织，专项整治社会组织、行业协会商会违规收费行为。引导社会组织、社工人员积极服务乡村振兴，出台《关于动员引导社会组织参与乡村振兴的实施方案》，动员全县社会组织开展各类助力乡村振兴活动240余场次，募集、投入资金257万余元，受益人数近3.5万人。

（郑唯薇）

人力资源和社会保障

【概况】

2022年，全县城镇新增就业4811人，失业再就业3555人，新增农村劳动力转移就业5473人，分别完成年度任务的111.88%和104.55%，退捕渔民就业援助和脱贫劳动力就业帮扶覆盖率100%。城镇登记失业率控制在2%以内。企业职工基本养老保险、机关事业养老保险、城乡居民养老保险、失业保险、工伤保险等五大保险参保总人数62.32万人；社会基金总收入16.32亿元，总支出16.67亿元。

攸县人力资源和社会保障局2022年有在编干部96人。机关内设11个行政股室：办公室、政工股、计划财务股、法规和行政审批股、劳动关系股、人力资源和就业促进股、社会保险股、工资福利股、专业技术人员管理股、事业单位人员管理股以及社会保险基金监督股。机关下设6个副科级二级事业机构：就业服务中心、工伤保险服务中心、社会保险服务中心、人力资源服务中心、人事考试培训中心和劳动保障监察大队。局机关党委下设3个党支部，共有中共党员115名。2022年，攸县人力资源和社会保障局荣获全县“乡村振兴大会战工作先进单位”“平安建设先进单位”“组织工作先进单位”等称号。

【就业创业扶持和服务】

一是企业减负稳岗保就业。落实落细《稳岗位提技能保就业十六条措施》（湘人社规〔2022〕19号）文件精神，帮助企业降成本、稳岗位。阶段性降低工伤保险费率政策为371家企业减负305万元；为127家参保单位发放失业保险稳岗返还198.78万元，惠及职工5515人。

二是开展自主创业扶持。组织开展各类技能培训96期，培训学员4212人；邀请创业导师开展创业培训12期，培训学员353人。新增创业担保贷款1120万元，扶持49人实现自主创业，带动就业268人。在第五届“中国创翼”创业创新大赛株洲市选拔赛中，攸县豆腐和食用菌种养项目分别获得劳务品牌组和乡村振兴组优秀奖。黄丰桥镇塔前村党委书记谢一平获评湖南省“湘融湘爱·最美农民工”。

三是提升就业服务质量。深入推进“充分就业社区”建设，15个社区（村）成功创建“充分就业社区”。举办“春风行动”“就业援助月”“迎老乡回故乡创三湘”等线上招聘会和网络直播带岗招聘会51场，累计提供岗位1.65万个，帮助2500余人实现就业。受理灵活就业人员养老保险补贴申请1730人，审核通过1415人次，发放621.9万元。受理4家企业社会保险补贴申请，审核发放3家企业社会保险补贴70.2万元。为8家就业见习基地吸纳70余人参加就业见习。

【人事人才管理】

完成全县350个事业单位岗位设置；向省、市申报5个2022年高校毕业生“三支一扶”招募计划。出台《攸县事业单位管理岗位职员等级晋升制度工作实施方案》。完成卫健系统公开引进高层次人才和高校优秀应届毕业生3名；教育系统公开招聘教师119名；县直事业单位和乡镇（街道）工作人员公开招聘132人；为企业引进本科以上学历科技创新人才15人。

健全人才评价机制。2022年，省、市人社部门批复攸县事业单位高级职称评审职数124个；全年共推荐申报参加高级职称评审274人，申报参加中级职称评审161人，完成4822名专业技术人员聘用资格确认工作。认真开展专业技术职称评定工作，371人获评初级职称，事业单位专业技术人员晋级579人次。推荐选拔5人为株洲市第五批学术技术带头人。及时落实福利待遇。完成2021年度基本工资调标9464人次，办理正常工资异动10388人次，完成乡镇补贴和乡镇工作人员临时补贴的审核，办理工龄认定手续167人，完善干部工资表220余人次，认定232人“视同缴费年限”。

【社会保障监管和服务】

推进社会保障扩面。开展参保扩面宣传活动，邀请电视台专门录制5期视频进行宣传，同时针对一些边远山区采取“政策下乡”、入户宣传、拉横幅等方式进行宣传。企业职工基本养老保险、机关事业养老保险、城乡居民养老保险、失业保险、工伤保险参保人数分别达到8.34万人、1.85万人、46.95万人、2.51万人、2.67万人，社会保障体系覆盖范围进一步扩大。

加强社保基金监管。成立基金管理中心，修订完善《基金监督工作制度》《加班守护制度》等内控管理制度，重点在人防、制防、技防、群防“四防”协同上下功夫，提升基金监管能力。加强监督检查，开展被征地农民养老保险和退役军人断档补缴专项检查工作。

持续推进数据核查。对企业养老保险系统中省级下发的3700余条存在问题的信息数据进行全面清理，做好企保上新前的系统测试。完成省厅下发的528条企业职保个人参保信息修改数据核查工作。完成5447条2017年之后一次性补缴企业职工养老保险费人员排查工作，排查出符合条件的984条，不符合条件的4463条，充分发挥大数据作用。

【劳动者维权和劳动关系协调】

充分发挥庭前调解功能，最大限度将劳动人事争议纠纷通过快捷调解方式化解，把矛盾化解在基层。全年收到仲裁申请案件233件，立案受理179件；已结案166件，其中调解结案105件，裁决结案61件。

进一步加大治理拖欠农民工工资力度，将40个在建工程项目纳入实名制登记管理，实名制登记4100人，全年通过农民工工资专用账户发放农民工工资1.5亿元。处置国家欠薪平台交办信访投诉144件，办结市长县长热线交办件255件，立案查处欠薪案件19起，协调处理111起，为600余名农民工追讨工资700余万元。对117家规模企业进行劳动保障用工诚信等级评价，评价结果纳入全国公共信息平台。

积极开展“送政策、解难题、优服务”联企行动；落实企业薪酬调查工作，对全县企业劳资和财务人员进行线上培训1次；对25家本地规模企业开展薪酬调查；全年新增劳动用工备案企业120家，劳动用工备案人数达2460余人；为全县机关事业单位办理劳务派遣943人；全年认定工伤154起，向市局报送劳动能力鉴定111起；化解尘肺病赔偿纠纷积案1起。

（罗贺齐）

医疗保障

【概况】

2022年，全县城镇职工医疗保险和城乡居民医疗保险参保总人数为62.47万人，其中城镇职工医疗保险参保53745人，城乡居民医疗保险参保57.1万人；全年医疗保险基金总收入6.94亿元，其中城镇职工医疗保险收入1.63亿元，城乡居民医疗保险收入5.31亿元。全年医保基金支出7.53亿元，其中城乡居民医保基金支出5.86亿元；职工医保基金支出1.67亿元。

县医疗保障局在编人员35人，内设办公室、基金财务股、医药管理股等3个行政股室，下设县医疗保障事务中心，为副科级全额拨款事业单位。

【医疗救助】

进一步扩大医疗救助群体范围，规范救助流程，全年资助困难群体参保32850人，资助金额763.26万元。参保各类困难对象大病保险补偿2239人次，补偿511.51万元，住院及门诊医疗救助13525人次，金额1075.9万元。

【门诊共济】

10月，启动全县职工门诊共济改革，普通门诊统筹制度覆盖职工医保全体参保人员，待遇保障向退休人员适当倾斜，推进分级诊疗制度实施；改进个人账户计入办法，在职职工个人账户由个人缴纳的基本医疗保险费计入，计入标准为职工本人参保缴费基数的2%，退休人员个人账户由统筹基金按定额75元/月划入；参保人员在医保定点的一级医疗机构及基层医疗卫生机构就诊，政策范围内门诊医疗费用，不设起付标准，按70%比例支付；在医保定点的二级医疗机构就诊，政策范围内门诊医疗费用，起付标准200元，按60%比例支付；在医保定点的三级医疗机构就诊，政策范围内门诊医疗费用，起付标准300元，按60%比例支付。一个自然年度内，起付标准金额累计不超过300元，在职职工普通门诊统筹基金最高支付限额1500元，退休人员普通门诊统筹基金最高支付限额2000元。积极做好政策宣传引导和舆情监测等相关工作，全年职工门诊共济补偿13159人次，基金支出103.74万元。

【带量采购】

开展医药集中“带量采购”工作，指导组织医疗机构开展第一批次至第七批次321个品种及二、三代胰岛素的国家“带量采购”和29个品种的联盟“带量采购”工作，完成在线结算282万元。

【医保DRG支付方式改革试点工作】

以保证质量、控制成本、规范诊疗、提高医务人员积极性为核心，进一步发挥医保支付的激励约束作用，进一步建立定点医疗机构自我约束机制，强化分级诊疗制度落实，有效控制医疗费用不合理增长，确保医保基金可持续、健康发展。积极开展DRG(疾病诊断相关分组)支付方式改革试点工作，组建DRG支付方式改革专家库，开展业务培训，督导第一批上线医院（县人民医院、县中医院、县妇幼保健计划生育服务中心、康民医院）做好接口改造、贯标、清单上传、场景改造、引入第三方等工作，并做好测算调试和试运营准备；第一批试点工作有序推进。

【基金监管】

开展医保基金集中整治“回头看”行动，组织医药机构开展自查自纠；开展医保刷卡、医养结合及血液透析专项整治、经责审计等工作；完成市医保局交办问题核查；共追回医保基金1116.08万元，其中自查自纠227.45万元；现场核查、审核及日常监督208.67万元；行政执法案件257.23万元；医保刷卡整治2.99万元；专项巡察221万元；医养结合与血液透析整治91.76万元；交叉检查106.98万元；并对13家协议医药机构开展行政处罚并罚款150.51万元，责令限期整改，约谈医药机构负责16人次，终止1家医院医保服务协议，暂停1家零售药店服务协议6个月，中止1家医疗机构服务协议1个月，县纪委监委立案查处5人，组织处理6人。

【服务提质】

进一步改善服务环境，优化经办流程，提高工作效率；实行窗口岗位AB角、财务岗位经办人员定期轮换；认真开展“医疗保障经办管理服务规范年”建设；积极构建县、镇、村三级经办体系，接通统一信息平台，发挥帮代办作用，提供家门口医保服务，镇、村级对照《全国经办政务服务事项清单》可完成11项服务清单，打造“10分钟”路程医保便民服务圈。

【医保基金专项整治】

开展医疗保障基金专项整治“回头看”工作，围绕六大领域（医养结合、民营医院、特门药店、乡镇卫生院、基因检测和血透）和“345”重点问题（“三假”假病人、假病情、假票据；“四串换”药品串换、诊疗项目串换、医用耗材串换、医疗服务设施串换；“五不合理”不合理住院、不合理检查、不合理治疗、不合理用药、不合理收费）等方面重点突破。全年共追回医保基金1116.08万元，其中自查自纠227.45万元；现场核查、审核及日常监督208.67万元；行政执法案件257.23万元；医保刷卡整治2.99万元；专项巡察221万元；医养结合与血液透析整治91.76万元；交叉检查106.98万元；并对13家协议医药机构开展行政处罚并罚款150.51万元，责令限期整改，约谈医药机构负责16人次，终止1家医院医保服务协议，暂停1家零售药店服务协议6个月，中止1家医疗机构服务协议1个月，县纪委监委立案查处5人，组织处理6人。

【落实省市重点民生实事】

城乡居民“两病”(高血压、糖尿病）门诊用药保障和普通门诊医疗费用跨省直接结算纳入2022年省、市重点民生实事范围，全年完成“两病”用药保障89834人次，支付金额197.71万元，完成目标任务的199.63%；有14家定点医院实现普通门诊医疗费用跨省直接结算，2家县级医院同时开通慢特病医疗费用跨省直接结算。（李志勇）

教 育

综 述

【概况】

2022年，全县共有各类公办教育机构180所，其中公办中小学校（含教学点）119所（小学90所、初中25所、高中4所），职业中等专业学校1所，特殊教育学校1所，幼儿园59所。共有民办教育机构172所，其中中小学校6所，中等职业学校1所，幼儿园67所，各类培训机构98家（学科类培训机构13家，非学科类其他培训机构85家）。公办学校（幼儿园）在编在岗教职工4887人；民办学校（幼儿园）教职工874人。

全县在校中小学生共86618人，其中公办学校74091人（高中生8735人，初中生21657人，小学生43699人）；民办学校12527人（高中生5185人，初中生4246人，小学生3096人）。职业中专在校学生3733人（生物工程中等专业学校3099人，求实学校634人）。幼儿园在园幼儿13174人。

【基础教育】

进一步推进义务教育优质均衡发展。实施《攸县2022年中小学教育集团化办学实施方案》，在原有5个教育集团的基础上，新增“江桥中学教育集团”和“江桥小学教育集团”，确保所有中小学校教育集团全覆盖。招生管理日益规范，全面实施划片招生、就近入学、公民同招等政策，保障3261名随迁子女就学。全县普通高中4849人参加2022年高考，600分以上132人，北京大学、清华大学录取3人，一本上线人数和上线率均为历年最高。1人被录取为空军飞行员。

落实义务教育“双减”政策。规范学生作业管理，实现课后服务全覆盖，惠及中小学生70000余名。县教育局的《攸县打出“组合拳”，用科技为“双减”赋能》在全市作典型推介。江桥小学和上云桥中学分别获全市“双减”典型案例二、三等奖。

2022年，攸县荣获“2022年株洲市普通高中教育质量综合评价优秀县市”称号，县人民政府履行教育职责评价考核获“优秀”等次，攸县被认定为株洲市首批中小学劳动教育实验县，家校社共育工作入选株洲市2022年度“十大改革创新案例”，获湖南省第十五届中小学体育与健康课教学竞赛活动“优秀组织奖”。

【学前教育和职业教育】

学前教育普及普惠发展，积极挖潜扩大增量，优化供给结构，切实提高公办园位比重，全县公办幼儿园在园幼儿占比51%，达到每个乡镇至少办好1所公办中心幼儿园的目标要求，实现乡镇农村公办中心幼儿园全覆盖。

职业教育创新发展。2022年，株洲市生物工程中等专业学校，积极探索与攸县高新产业开发区实现园校融通、产教融合发展，与湖南汽车工程职业学院实行联合办学，并成功入选省“双优”中职建设单位。

【特殊教育】

全县有特殊教育学校1所，在校学生84人；有“送教上门”校点33所，接受送教上门服务学生165人，送教上门学生全部在县特殊教育学校注册学籍；有随班就读学校32所，随班就读学生185人；在乡村学校建设了2个标准化的资源教室、3所随班就读示范校，正在筹建1所融合教育实验幼儿园。全县残疾儿童少年的入学率达到98.53%。

（胡　乐）

教育行政管理

【党建工作】

加强基层党组织建设，深化“五化”党支部创建，完善中小学校党组织领导的校长负责制。举办全县基层学校党组织书记、校长“提高政治能力培训班”6次，实现学校书记、校长轮训全覆盖。组织全系统党务工作人员业务培训4次，发展新党员29名。实现公、民办学校党建引领全覆盖。把思想政治建设摆在首位，认真学习贯彻中共十九届六中全会和二十大会议精神和习近平新时代中国特色社会主义思想。在全县中、小学校，组织召开护航党的二十大工作座谈会48场次，教育局组织全体领导班子成员和股室负责人举办学习党的二十大报告专题学习班，全县教育系统开展宣传党的二十大专项行动。深入推进教育系统党风廉政建设。召开基层学校党风廉政建设工作会议3次，积极开展“清廉学校”建设；分层级、经常性开展廉政谈话提醒162人次。严肃执纪问责，处置问题线索32件，问责28人，党纪政纪立案查处14人。

【教师队伍建设】

2022年，全县教育系统新招聘教师184人，从县外调入 13人，安置公费师范生49名，送培公费师范生 97名。加大城乡学校负责人、教师交流力度，交流中小学校长、书记、副校长37人次，交流教师 352人次，选派14名支教人员赴“三区”支教。

持续推进师德师风建设，全体教职员工签订师德师风承诺书，定期开展师德师风专项整治。选树教师模范，表彰优秀教师，发挥榜样的示范带头作用，教育鼓励全体教师敬业爱岗，发扬奉献精神，为教育事业作贡献。推选攸县柏市中学教师张高雄参评2022年第二季度“中国好人榜获”人物，张高雄获“敬业奉献类中国好人”荣誉。教师节期间，中共攸县县委、县人民政府举行教师节庆祝大会，对69位先进教育工作者予以表彰。

充分发挥名特优教师、学科带头人、骨干教师的传帮带作用，整体提升教师队伍专业素养。全年培训教师6927人次，教师培训实现参训率、合格率、优秀率“三个百分之百”。“国培”项目共培训学员600人，导师成员48人；开展2次国培成果全县范围内巡展暨送教下乡行动。

【改善办学条件】

2022年，投入专项经费6500万元，提质改造中小学校32所、乡村小规模学校15所，完成2所乡镇标准化寄宿制学校建设，增加学位1500个。推进城区永佳小学、第二公立幼儿园（四亩湖分园）新建项目，4所乡村学校获评“株洲市最美村小”。在56所学校投入300余万元，建立专门的心理辅导室。

【学校安全工作】

联合城管、工商、文化等部门，取缔学校周边200米以内的零售摊点、网吧、电游室。全县中小学幼儿园按标准配备专职保安人员562名，各校园按标准配备“安保八件套”，全部安装一键可视化报警系统并与县公安局“110”报警系统联网。在48所学校增设防冲撞设施，消除校园重点部位、重点时段的安全隐患。召开全县中小学校法治副校长聘任大会，聘任60名法治副校长，进一步加强学校法治工作。加强未成年人保护工作，组织宣讲未成年人保护法律法规400余场。

【推进素质教育】

在株洲市率先开展全县中小学学生心理健康教育，有56所学校建立专门的心理辅导室。大力倡导实践育人理念，开展美育熏陶、体育传承、研学旅行、劳动体验活动，实现课堂教学与实践教学有机结合。全县8所小学被评为“全国青少年校园足球特色学校”，1所学校被评为“全国中小学中华优秀传统文化传承学校”，12名学生数字创作作品获省一等奖。全面推进“家校社”共育工作，探索建立“家校社”共育的“五三”模式，实现297个村（社区）全覆盖。全县共有共育干部300余名、讲师团成员100余人、班主任2100余人，开展家庭教育公益讲座390余场，党员结对帮扶特殊学生2万余人次。2022年，攸县家校社共育工作在全国“家校社共育”实践区与高质量教育生态建设工作会上推介。

【民办教育监管】

依法监管民办教育，依规控制民办学校实施义务教育办学规模。2022年，县政府购买民办学校学位4197个，将民办义务教育在校生规模占比控制在4.2%以内，超额完成市委下达的工作任务。县教育局成立校外培训监管股，全县校外培训机构压减至92家，并已全部纳入“线上资金监管平台”进行监管。始终保持校外培训执法检查高压态势，每月例行对15%的培训机构进行常态化检查，督促培训机构规范办学。

【扶贫助学】

2022年，超额完成“民生100”资助任务，惠及学生1.6万人次，资助总金额1315万元，实现全县所有公办、民办学校的家庭经济困难学生扶贫助学全覆盖。

（胡　乐）

株洲市生物工程中等专业学校

【概况】

株洲市生物工程中等专业学校是一所集中专学历教育、专本科成人教育、教师培训和短期职业技能培训于一体的综合性中等职业学校，创建于1985年，前身为湖南农学院湘潭分院；1995年更名为攸县职业中等专业学校，1998年更名为株洲市生物工程中等专业学校；攸县成人中专、攸县教师进修学校、中央广播电视大学攸县工作站先后并入本校；是首批国家级重点职业中专、湖南省示范性中职学校、株洲市卓越中职学校，成功入选湖南省“十四五”规划“双优”中职建设单位。学校总占地面积98667平方米，建筑面积12万平方米，固定资产3亿余元。学校实验楼和实训楼总建筑面积达20017平方米，建有机械实训中心、智能制造加工中心、汽车维修中心、电子产品加工中心、电子商务实训中心、现代传媒中心、虚拟实训中心和6间理实一体化教室。实验场所56间，教学仪器设备总值5000多万元。校内实习实训工位数2745个，生均工位比约1∶1。纸质图书10万余册，电子阅览室工位50个，阅览室1间48座，电子图书10万册。

2022年，中职学历教育在校生规模3000余人，国家开放大学专本科教育2000人，技能人才培训近1万人次。教职工总数217人，在编专任教师191人，兼职教师26人。其中从行业引进专业教师5名，生师比13∶1。有省、市级专业带头人5人，“双师型”教师占专业课教师的91%。

2022年，成功承办株洲市职业院校教师教学能力比赛和株洲市学生技能竞赛两个重大赛事；在“楚怡杯”湖南省职业院校技能竞赛中，数控综合项目获三等奖；全市文明风采竞赛中，获市二等奖2个；专业对口高考本科上线24人。

【学生就业和升学】

2022年，全校毕业生总人数为743人，其中直接就业的学生278人，参加对口升学人数465人。就业学生中，学校推荐安排252人，自主就业26人，对口就业率98.28%，本地就业116人，占比41.72%；异地就业162人，占比58.27%。参加对口升学 465 人，大专及以上上线 452 人，高等学校升学率 97.2%。

【综合素质教育】

牢固树立立德树人根本宗旨，把思想政治教育贯穿教育教学全过程，构建以班主任为核心的全员、全程、全方位育人的德育工作体系；以传统节日、重大纪念日为契机，通过集会、讲座、班会课等形式开展爱国主义和社会主义思想教育。在校园开辟劳动实践基地，每个班级承包一块“责任地”，根据时令种植适宜的蔬菜，聘请农学专业的老师给学生们讲授蔬菜种植知识，让学生在劳动实践中培养吃苦耐劳精神和热爱劳动的品德。以技能竞赛、文明风采等活动为抓手，开设篮球、排球、啦啦操、舞蹈、合唱、古琴、朗诵、魔方等 18 个社团；利用早、晚自习，科学设置书写、古诗词朗诵和音乐欣赏等课程；开展桌面舞比赛，培养综合素养。

【产教融合】

学校有校外实习实训基地 40 多处，先后与华为技术有限公司、阿里巴巴集团控股有限公司、华中数控股份有限公司、比亚迪股份有限公司、昊华化工有限责任公司、湖南省益力盛电子科技有限公司等 30 多家企业开展产教融合合作。

2022 年，学校紧紧围绕“双创双练、内提外联”的工作思路，与湖南汽车工程职业学院联合办学，开设 3 个专业大专班；联合区域主导产业，新增高分子材料加工工艺专业，成功入选湖南省“十四五”规划双优中职建设单位，成功申报“楚怡”产教融合实训基地。

【教师队伍建设】

2022 年，调整学校管理体制，新增 10 个副科级岗位，提拔、调整 24 名中层干部，加强管理团队建设；年内新进教师 14 人，通过开展“青蓝结对”活动，让新进教师尽快适应职业教育课堂教学。不断完善班主任评价体系，每 2 周召开 1 次班主任例会，邀请校外专家、教授讲座。教师参加班主任能力竞赛活动，获全国三等奖 1 个；参加株洲市公共基础课教学设计和说课比赛活动中，获省一等奖 2 个、二等奖 2 个，市一等奖 4 个、二等奖 3 个，三等奖 2 个；参加株洲市职业院校教学能力竞赛，获省三等奖 1 个、市一等奖 1 个、市二等奖 2 个。

（邓滢睿）

攸县第一中学

【概况】

攸县第一中学是攸县唯一一所省示范性高级中学，位于县城文化路。学校历史悠久，其前身为震阳书院，1813 年更名为东山书院。1939 年改为县立初级中学并正式建校，1958 年开办高中并定名为攸县第一中学，1999 年晋升为省级重点中学，2004 年评为省示范性普通高中。学校占地面积 20 万平方米，建筑面积 11 万多平方米。2022 年，全校有 65 个教学班，在校学生 3200 余人，教职员工 345 人（专任教师 329 人，职员 16 人）。学校有高级教师 87 人，特级教师 1 人、正高级教师 3 人，历届市学科带头人 20 余人，具有研究生学历 24 人；全国优秀教师 1 人，省级优秀教师 3 人，市级优秀教师 20 余人。

2022 年，全国高等学校统一招生考试，攸县一中 1052 人参考，特殊控制线（一本）上线 954 人，一本上线率 90.68%，600 分以上 128 人；物理类考生总分第一名谭新余 688 分（名列全省前 10 名），第二名吴柯 668 分、第三名李奇潮 667 分、第四名李谭卓艺 665 分，641 分以上考生 14 人（排名全省前 1000 名）；历史类考生最高分为李鑫玥 619 分。10 月，新华社就“攸县一中如何守正创新，突破‘县中（县办中学）困境’”进行专题调研，并把攸县一中作为全国“县中突围”的优秀典型进行推介。2022 年度，继续保持“普通高中学业水平考试优秀学校”“高中教育质量综合评价优秀学校”等荣誉。至 2022 年末，共有武汉大学、中南大学、湖南大学等 20 余所高校与攸县一中签订优质生源基地协议。

【学校党建和教师队伍建设】

加强党对学校工作的领导，坚持和完善党委领导下的校长负责制，制定《攸县一中 2022 年党风廉政建设和反腐败工作方案》，细化领导班子党风廉政建设主体责任分工工作职责及要求（20 条），八项责任项目工作任务（26 条），将党风廉政建设与分管工作同部署同考核。党员教师签订《党员承诺书》，行政干部签订《党风廉政建设责任状》，全体教师签订《师德师风承诺书》。深入实施党组织“对标争先”建设计划，坚持党建引领教育教学工作。党委中心组举行“党声‘攸’扬”二十大精神宣讲活动；定期开展理论学习、主题党日等活动，开展“七一”党内关怀走访慰问活动、“百校联百区、万名党员进万家”家庭教育宣讲活动。以党建带团建，举行“建团百年”书画作品展。

常态化加强师德师风建设，开展“学身边楷模、树时代新风”师德师风主题教育，建立教师师德档案，定期开展师德师风建设自查自纠活动。注重专业教师分类培训、梯队培养，启动“青蓝计划”，为 12 位青年教师搭建成长平台，组织 35 岁以下的青年教师开展以“弘扬五四精神，贡献青春力量”为主题的“党建带团建”青年教师拓展活动。采取教师“末位不升”淘汰机制，对各年级进行每期 2 次评教问卷调查，对“很满意率”未达到 80% 的教师进行约谈。

【教研教改】

承办 2022 年攸县高中教育质量提升工程“请进来”专题活动、攸县高中教育集团“双语”高考阅卷及真题研做分享会活动。开展高一新进教师见面课、高二年级教研课、高三行政干部示范课等系列课堂教学研究活动，以各年级课堂教学为“主阵地”，立足学科核心素养、研究课堂教学新模式，巩固提高课堂教学质量。主办“班主任论坛”、第 31 届“东山杯”课堂教学竞赛、新教材研讨、学科暑期教研等多项活动。以督导促教学，株洲市教科院开展高中教学专题视导、高中信息技术专题视导，攸县一中视导课综合评比均为“优秀”等次。

进一步加强课程体系建设与课外拓展，开设包括 3D 打印实践、生命科学探索、国学经典诵读、心理健康教育、物理与生活、化学与生活等 12 门选修课程，组建学校篮球队、足球队、合唱团，有木叶环保社等 9 个社团，满足学生个性发展的需求。

坚持科研兴校。教育部结题 1 个，立项县级课题 4 个；国家级刊物文章发表 1 篇，省级刊物 3 篇；教师论文获奖 48 篇，省级 4 篇，市级 4 篇。株洲市教学设计评比获奖 4 人，“基础教育精品课”省级 1 个，市级 3 个。学生学科竞赛获奖 58 人。

【学生综合素质教育】

牢固树立立德树人教育意识，创造学生思想品德教育“立体课堂”。创设“国旗下课堂”“学生青春期教育”“清廉文化作品展”等特色德育课堂。参与攸县教育局、攸县鹰翔教育基金会联合倡导的“9·9”公益活动，师生捐款总计金额达 5 万多元。创造“每日练字”“英语趣配音”等学科拓展类课堂；编写校本教材《南云泉》（心理健康教育读本）。创设职业体验课堂，开展“不负‘食’光，‘烹’然心动”学生烹饪知识和技能体验活动课暨高一年级厨艺大赛。创造劳动教育课堂，开展“播种绿植、美丽攸州”主题活动。创造阳光体育课堂，每天三个时段总计 100 分钟大课间跑操、散步活动，举行 2022 届“毕业杯”篮球赛；获 2022 年株洲市“三好杯”中小学生运动会足球比赛、第八届“市长杯”足球联赛高中男子组第八名及体育道德风尚奖。开设学生图书馆、阅览室，图书角藏书 1200 余册，打造“书香校园”，助力学生课外阅读。成立家校社共育机构，积极组织班主任参加培训，培养多名优秀家校社“讲师”，开展家校社授课、家庭教育宣讲、“写家书，读家书”活动，让家长成为学校教育有效“助攻”。

【文明校园建设】

巩固“湖南省文明标兵校

园”创建成果，积极争创“全国文明校园”。弘扬“务本务实，尚勤尚新”的一中精神，设立开放式阅览区、文化墙、读书角等场所，营造“轻声教室、无声走廊”的校园文明氛围。阅读课写进课表，保证每个班至少一周一节，整理有学校特色的书单；定期举行“读书分享报告会”，组织举行高中一年级“品味书香—传诵经典”活动。组织开展新时代文明实践主题活动40余次，学生参与6000多人次。“三考”和艺术节、家长会等活动期间，组织学生开展志愿者服务活动；举行“五四”青年节合唱歌咏汇报表演；举行“文明寝室”“文明班级”评选等活动。

【学校基础建设】

进一步改善办学条件，完成田径场灯光安装调试，分批完成学生宿舍空调安装；完成弘道楼改造和高一、高三教学楼及办公楼屋面防水改造；完成同心楼、知心楼寝室热水供水系统建设。

【学校安全和新冠疫情防控】

与公安、消防、交警等部门合作，2次开展交通疏导、应急疏散演练等活动。举办校园食品安全宣传周、爱心营养餐、卫生安全培训会等活动；制定“攸县一中新冠疫情防控工作”方案，先后在攸县一中公众号发布“疫情期间致全体教职员工的一封信”“攸县一中告家长书”等9篇信息。（王鸿武　龙　攀）

附：

前有名校掐尖　后有民校竞争
湖南一所老牌县中如何“触底回升”

——新华每日电讯“新华关注·调查观察”

新华每日电讯报记者
袁汝婷　刘芳洲

在中国教育的版图中，县域高中被视为城乡之间的关键枢纽。作为县域内人才培养的主阵地，县中兴，则乡村教育兴。

曾几何时，在城镇化浪潮下，面对跨区域生源流动、民办教育迅速发展等因素冲击，一批历经辉煌的县中陷入困境。位于湘赣边区的湖南株洲攸县一中，也未能幸免。

这是一所有80余年办学历史、农村生源占比超75%的老牌中学。它一度塌陷，又从泥沼中奋起，实现了本科上线率从36.3%到99.1%、特优生“从零到一”的蝶变。

求索与坚守，书写了一份县中“突围”的典型样本。

（一）困境

英语教师刘铁汉的记忆中，有一条曲折昏暗的路。

那是春末夏初，天已黑了，他和同事饿着肚子从招生对象家中返回，车子在路上颠簸摇晃，就像他悬在半空的一颗心。

彼时，攸县一中招生主要靠校领导带着全体教师分头到初三学生家中走访，一户户上门去“磨”。有时，早上8点就出门、晚上11点才返回，沿山路转一整天，到底能招来几个学生，心里全然没底。

刘铁汉还记得，为了劝一所乡镇中学的优生填报一中，他甚至去“堵门”，但学生们还是躲着走。这位株洲市首届“百优教师”称号获得者，1988年就进入县一中教书，数十年来一直担任班主任。教师，是他最引以为荣的身份。

那一刻，刘铁汉和许多同事一样，深感憋屈。

“求学求学，倒成了求着学生来上学。”追着生源跑的老师们自嘲，“人家问起在哪教书，都不太好意思说自己是一中的。”

不久后，2008年高考成绩放榜。被视为当地公办中学“龙头”的县一中，1051名考生中仅381人超过二本分数线。

这所1999年即被授牌湖南省重点高中的学校，是县城唯一公办高中，办学已近70年。此刻，36.3%的二本上线率，让它的招生困境雪上加霜。

另一边，在亮眼的成绩、灵活的政策、丰厚的奖学金等因素加持下，县城里三所民办中学招生却是风生水起。一些原本答应填报一中的学生，转过头就投入了民办中学的怀抱。

位于湘东南的湖南攸县有两千余年建县史，历来崇文重教。它地处罗霄山脉中麓，地下矿产资源丰富，跻身湖南第一批小康县。当地有十余万人常年在外经商务工。口袋富、眼界开的攸县人对子女教育有了更高的追求，而便利的交通又加剧了长沙、株洲等城市“名校”对生源和师资的虹吸效应。

前有名校掐尖，后有民校竞争，在县域教育版图中，一所历史悠久、曾负盛名的老牌县中塌陷了。

找问题，要从内部开始。管理者们深知积弊所在：近七成老师超过 45 岁，绩效分配长期秉持平均主义，干好干坏一个样。其影响恰如温水煮青蛙，变化起初不易察觉，教学质量的严重滑坡却一发而不可收。最甚者，竟出现老师旷课、校长开车接老师到学校“点卯”的情况。

学生和家长“用脚投票”，生源的流失又恶性循环般地投射在办学业绩中。在这个湘赣边区县，高考成绩几乎就是一所公办中学唯一的竞争底牌。攸县一中，恰恰没了底牌。

“2008 年，我们已经到了存亡之际”，学校一位管理者回忆，许多人开始意识到，需要一剂猛药，方能根治沉疴。

攸县一中，亟待绝境求生。

（二）突围

正是这一年，46 岁的王池元接任校长。

挣脱恶性循环，从何处破题？这位中学高级教师出身的校长，上任第一个月开了 22 次行政会，主题只有一个——改革。头一件事，他要打破“大锅饭”。

一场教师评价体系改革如风暴降临。这套体系有清晰的量化指标：学生评价占 30%，常规教学完成度占 30%，考试分数占 40%。

以学生评价为例，设有“公平对待”“帮助指导”“课堂教学”“考练批改”“作业量”等多个类目，分为很满意、基本满意、不满意和很不满意四个选项。对分数和常规教学完成度，也各有精细标准。

而教学质量改革的发力点主要有两个：课堂和管理。课堂要高效，管理要扁平。

从一条不成文的规矩，可管窥课堂改革思路：一套试卷讲评必须一节课完成。“讲不完，说明分析错题不到位。”王池元提出，正确率低于 60% 的题必须讲，高于 80% 则不应耗费课堂时间。由此，老师们开始以精准到题、精准到人的维度分析教学效果。

“副校长管年级”是另一项持续深化的管理创新，延续至今并全县推广。攸县教育局副局长、时任一中副校长的贺国惠回忆，当时，学校每个年级都采取主管校长负责制，既有利于资源调度，也更有利于推进教学研究。

为激发教师积极性，分配制度也配套改革。学校管理班子决定，提取 30% 的绩效总额作为“奖金池”，重奖优秀教师，“要奖得人心动”。与此同时，县财政也专门拨出一笔资金，奖励教学业绩突出的教师。

有奖必有罚。每个学年，语数外等“大学科”综合评价排名末尾的两位老师，生物、地理等“小学科”排名最末的一位老师，不能随教学进度升入上一年级。同时，学生满意度低于 70%，一票否决。

这条规定意味着，每个学年都将有老师“留级”。

攸县一中党委书记吴双平回忆，“末位不升”改革落地之初，老师们在观望。直到一些老师真的不能升年级，大家才发现动了真格，质疑声此起彼伏。

曾有老师愤怒地冲进校长办公室讨说法。王池元态度坚定：“找我也没用，谁说了都不算，制度说了算。”

还有老师抱着厚厚一沓多年前的获奖证书，追着教育局领导跑了一个暑假。局领导也顶住压力：“不是校长不让你升，是学生们不让。”

改革效果逐步显现。“端着铁饭碗不温不火教了大半辈子，但现在不‘发狠’不行了。”一位老教师向吴双平吐露心声。越来越多老师开始积极研究教学质量提升，满心满眼扑在学生身上。

24 岁的过佳妮是攸县一中 2016 届毕业生。她的家在攸县渌田镇大联村，高中时家境贫苦，父亲体弱多病。她记忆中最难忘的美食，是班主任从家里带给她加餐的猪蹄。2020 年大学毕业后，她回到攸县一中任教。“我要像老师爱我那样，去爱我的学生。”

希望的光亮，在攸县一中簇簇点燃——

2009年高考，1144名考生上线440人；2010年高考，975名考生上线554人；2011年高考，872名考生上线611人。改革落地前三年，本科上线率以年均约15个百分点的速度提升，直至2014年突破85%……

老师们渐渐发现，招生一年比一年顺利。

2017年，攸县一中取消了招生办公室。这一年年初，老校长王池元退休了。

（三）攀登

接力棒交到48岁的王廷手中。这位沉静务实的地理老师，曾在攸县一中当过13年班主任和12年副校长。

彼时，尽管本科率上了台阶，坊间又有了新说法：“县一中把三本磨成二本，把一本也磨成二本”“平均分还行，但尖子生别去”……2016年中考，攸县前100名学生中仍有超过60人前往长沙、株洲等地读高中。

一位县领导比喻：“一中这件大衣做好了，却缺个毛领子。”

为什么一定要有特优生？

在攸县政协副主席、县教育局局长胡建雄看来，特优生并非高素质人才的唯一标准，但对一所县中而言，它是提振教师信心、重获群众信任的风向标，是“我们也能做到”的有力宣示。

从围剿中突围的改革者，开始攀登高地——

学校大量启用“年轻教师+资深班主任”的班级师资组合。一方面，让年轻教师创新引入与时俱进的教育教学理念；另一方面，让资深班主任以管理强化学科间配合与平衡。

在54岁的攸县一中“创新班”班主任刘小林看来，优生培育中，“多讲一道题、少上一堂课都不是关键，关键在于激发学生的内驱力”。比如，学校每年办读书报告会，鼓励每个年级的学生以情景剧、演讲等形式分享一本好书，以此激发对语文学习的热情。

分层教学，要义在精准。吴双平介绍，每月联考后，每个班都会召开班情分析会，校领导分头到班里参与研讨，结合多维度的数据来分析学科贡献率、学生特点和教学短板。

“团队合作”的教学理念也深入人心。2022年上半年，联考诊断性分析显示，高三某班的数学科目出现短板。班情分析会上，所有任课老师共同决定“为数学‘让路’”，通过合理调配课时，留出数学辅导时间。

2019年高考，攸县一中包揽全株洲市理科前四名，2020年又包揽全株洲市理科前三名，近四年有10名学生考入清华北大，至此实现了本科上线率和特优生培育“双突破”。

自2019年起，攸县中考前1000名学生中，很少有人再去外地读高中。

（四）众志

新高考改革下，教育竞争日益多元和复杂；攻下高地的人们，如何守住战果？

在攸县一中，管理者们时刻保持着忧患意识。同时，却也心有底气。因为，这并不是一所学校的孤军奋战，而是一方水土上的众志成城。

底气，源于实在的投入。曾因煤炭产业而兴的湖南攸县，2017年推行“壮士断腕”式改革，一大批煤矿关停并转，财政收入面临巨大压力。王廷介绍，尽管财力紧张，县委县政府仍不遗余力、不打折扣地支持教育发展。仅在攸县一中，近五年即投入近6000万元用以改善办学条件。

底气，源于均衡的布局。当地四所公办高中各有特点：地处农村的综合性高中攸县二中本科上线率已达89.3%，攸县三中、四中各有鲜明的体育和艺术教育特色。副县长陈章蓉说：“均衡的布局形成了错位竞争的良性生态。如果把攸县一中比喻成一棵大树，它有丰厚的土壤、水和养分。”

底气，源于长远的谋划。胡建雄介绍，由于提前测算出2023年至2024年将有一大批教师退休，2017年起，攸县每年积极争取公费定向师范生送培指标，近三年主要着眼于储备高中教师。近五年，当地共选送619名公费定向师范生。而“县管校聘”的制度，则让攸县一中等学校有了从校情出发选聘教师的自主权。

底气，源于专业的坚守。在攸县县委书记李鹏程看来，发展县域教育的关键之一是选对两“长”——校长和教育局局长。回望攸县一中的每一步，熟校情、敢改革、勇担当、能坚守的校长至关重要。而在教育强县湖南攸县，近40年来，历任教育局局长皆是教师出身，每一任局长至少在任6年。“内行”的承续，成为谋长远、谋持续的有力保障。

教育家叶圣陶曾说，教育是农业，而不是工业。在人才标准越来越多元的今天，教育比过去更需要因地制宜、精耕细作。

在罗霄中麓、洣水之畔，一场春种秋收的耕耘正在攸县一中的校园里持续。它是一任传承一任地求索、一棒接力一棒地奔跑。

攸县第二中学

【概况】

攸县第二中学位于攸县皇图岭镇，始建于1946年，其前身为私立丹陵初级中学。是株洲市规范化完全中学、株洲市现代教育技术实验学校、“省级园林式单位”。校园占地面积13.2万平方米，建筑面积5.2万多平方米。全校有55个教学班，在校学生2874人；在编在岗教职工245人，专任教师228人。有正高级教师1人，高级教师67人，中级教师88人；14名教师具有研究生学历；有国家优秀教师1人，国培专家1人，市级学科带头人9人。设立株洲市“双名工作室”1个，县级名师工作室4个。

2022年，全校598名高中毕业生参加高考，本科上线人数532人，上线率89%，一本上线人数271人，纯文化科目考生一本上线率53%。高中一、二年级学生学业水平考试一次性合格率均100%，教学质量实现“低进高出，中进优出”目标。初中毕业会考综合成绩名列全县公办学校前十名。学校获“株洲市2022年普通高中教育质量综合评价优秀学校”“株洲市2022年普通高中学业水平考试优秀学校”“攸县2021—2022学年度高中教育质量先进单位”“攸县2021—2022学年度教育高质量发展突出贡献单位”“攸县2022年度学校安全管理工作先进单位”称号，获“攸县2022年‘9·9’公益日托起寒门学子的希望”募捐活动最佳贡献奖。

【教学科研和教师培训】

继续实施以课堂教学为中心的教育教学改革，除高中三年级外，其他各年级教学全部实行“学案制”，发挥备课组的集体智慧，整合教育资源，提高课堂教学实效。继续组织一年一度的“新教师专业成长”暨“金盆杯”教学竞赛活动，推选一批教学能手代表学校参加各类线上线下教学比赛。网络赛课活动中，3人获省一等奖，2人分别获市二、三等奖；线下赛课活动中，1人获市一等奖；2人分别获市二、三等奖，2人获县一等奖，2人获县二等奖。积极组织教师撰写教育教学论文，9人获省一、二等奖；4人获市、县一等奖。加大骨干教师和年轻教师的专业培训力度，年内选派教师参加国家级培训13人，参加省级培训4人，参加市县级线上线下培训近400人次。

【素质教育】

注重德育工作领导，成立以主管德育工作校长为组长，政教处、各年级组组长及班主任为成员的德育工作领导小组。建立“家校共育”机制，定期召开学生家长会，坚持“家长接待日制度”，加强家校联系、协作，共同做好学生的思想道德教育工作，聘请法制副校长进校园对师生进行法制教育活动。

通过“开学第一课”、主题班会、升旗仪式、研学旅行等活动对学生进行理想信念、爱国主义、热爱大自然等教育；开设“研学大课堂”，设立“校园卫生监督岗”“校园安全监督岗”和“学生文明行为监督岗”等学生德育实践的平台，让学生上岗执勤，增强学生自律意识，养成文明行为习惯。开展丰富多彩的校园文化活动，引导青年学生加强文化修养，提高综合素质，促进学生全面发展，年内举办“第五届校园文化艺术节”活动，包括

“秋季田径运动会”“学生书画展”等一系列文体活动。

（彭　洁）

攸县第三中学

【概况】

攸县第三中学创办于1956年，是株洲市规范化中学。校园占地总面积平方米，建筑面积平方米，4栋学生宿舍、公寓，可容纳2600人住宿；体育运动场地总面积平方米，2020—2022年，投入资金近4000万元进一步改善学校办学设施，兴建师生食堂、灯光球场、校园停车场、学校广场、热水供应系统、新教学楼、新教师宿舍、塑胶跑道和操场等。教学楼、科学馆、电脑室、语音室等教学设施俱全；电视监控系统、校园智能广播系统和多媒体系统装备齐全；建有校园区域网，教师电子备课室，配有180多台高档电脑，每个班级都已经配备“班班通”多媒体教学设施；有设施完善的阅览室和图书室；学生食堂可供2600人同时用餐，并使用IC卡管理。

2022年，学校初中部和高中部6个年级，共52个班，在校学生2551名；在岗教职工210人，其中专任教师176人，具备研究生学历的教师6人，高级教师44人。2022年，全国高等教育招生统一考试参考学生本科上线人数301人，创本校历史新高；学业考试文化考生参考644人，合格率100%；中考考生普高上线率47.5%，比乡镇中学高5.3个百分点。在十四届省运会中，学校水上赛艇项目总分和金牌数均居全省第一名。2022年，湖南省“两项”（核查县级政府履行教育职责的情况和核实县级党政主要领导干部履行教育职责情况）评价中，检查组对学校“平民教育”的办学理念和“体教融合”特色给予充分肯定。注重学生的实践操作能力培养，在株洲市物、化、生实验抽查中，获评“优秀”等次。

【学校安全管理】

推行“1530”（每天放学前1分钟、周末放学前5分钟、节假日前30分钟）安全教育、主题班会、校园广播、微信公众号、校讯通平台、发放告知书等多渠道加强安全教育；按月进行安全隐患排查并及时整改。

【教师队伍建设】

加强师德师风建设。学期之初组织全体教职工签订《师德师风建设责任书》，学习贯彻《攸县中小学教师师德师风行为三个“十不准”》，教育全体教职工讲政治、守底线、树师德、正师风。以教师责任考核管理为抓手，加强师德师风建设，开展了“三亮、三比、三帮”活动，即亮身份、亮职责、亮业绩，比能力、比作风、比业绩，帮家庭困难学生、帮学习困难学生、帮青年教师。

进一步提高青年教师的专业素养，夯实青年教师课堂教学基本功，3月，组织开展新教师汇报课活动。各科老师积极参与听课、评课，备课组内老师热心帮助、组织集体备课、组内磨课，对每一个知识点，教学环节反复探讨、修改，促进汇报课的讲课教师和听课教师课堂教学水平共同提高。

【学校基础建设】

6—9月，投资近1000万元，完成危房拆除，教学楼、科技楼、体艺楼、水校楼配套设施的维修，改造女生公寓、体育器材室，拆除及新建学校围墙。

【扶贫助学】

免除“宏志班”所有“宏志生”在校三年的学费、住宿费、杂费等（每生每年约10000元）。2022年在“9·9”公益日“托起寒门学子的希望”募捐活动中捐款4万多元，被攸县教育局和攸县鹰翔教育基金会评为“先进单位”。2022年，优秀校友陈争誉捐资3.5万元、刘新喜捐资3万元、周志勇捐资6000。贺国华、文嘉豪等“宏志班”的学生接受捐助。

（董　政）

攸县第四中学

【概况】

攸县第四中学始建于1958

年，校址在攸县鸭塘铺乡，2001年，县人民政府调整教育布局，以原攸县第六中学为基础，与攸县成人中专、原攸县第四中学合并，重组攸县第四中学；2010年，原菜花坪镇中学并入四中，2018年攸县东山学校并入四中。2022年，学校有52个教学班，在校学生（含东山学校）2616人，在岗教职工242人，其中教师编227人，工勤岗15人。有正高级教师2人，高级教师60人。

2022年，全校教师以提高教学质量为核心，科学分析三考形势，注重学生励志教育和学法指导，针对小科类学生，通过一对一、手把手地文化课强化训练，突破文化知识基础差的瓶颈，教学质量明显提升。高考一次性二本以上上线人数达138人，获2022年县中小学生田径运动会高中组团体总分第一名。

【教师队伍建设】

一是加强师德师风建设。组织全体教师学习了《中小教师职业道德规范》《教育法》《教师法》《公民道德建设实施纲要》、县教育局的“三个十不准”等，与全体教职工签订师德建设责任书。认真落实教师自评、领导点评、同事互评、学生测评的工作机制，并将测评结果作为教师评先评优、职称评定和岗位晋级的重要依据。落实奖惩措施，利用教师节大会对评选出的先进模范进行隆重表彰，对违纪教职工进行党纪和政纪处理，年内给予政纪处分1人。二是加强教师专业培训。年内全校所有教师均参加各类县、市、省、国家级线上线下培训，并顺利通过培训考核。派出部分教师参加省、市、县的各项教研活动，如在长沙理工组织的高考学考研讨会，在株洲市组织的新教材培训与研讨会，县教育局组织的国培计划等。加强青年教师和青年班主任的培养，学校特请素质好、水平高、能力强、经验丰富、教育教学效果突出的教师与青年教师结对，继续深入开展“青蓝工程”。三是加强教师考核管理。上期，针对教师们切身利益的如《职称评定方案》《年度考核方案》《岗位晋级方案》等有关制度，进行充分调研，掌握第一手资料，为教职工代表大会修改有关方案提供数据。下期，以县委巡察组到学校进行第二轮巡察为契机，按照巡察办的关于制度建设的整改交办意见要求，对学校内部管理制度进行查漏补缺，修改完善，形成《攸县第四中学制度汇编》。加大督查力度，确保各项管理制度落实。行政干部值日，每天6：00至22：30全程跟踪督查教职工坐班、教师上课、学生日常；下期推行轮值校长制度，班子成员每周轮值，做到每周有小结，有问题清单和整改建议，进一步强化工作职责。

【学校基础建设】

2022年，筹资6万元，完成主教学楼大厅顶棚维修、学生寝室粉刷，主教学楼东侧墙体瓷砖脱落维修等工程，硬化改造操场跑道1600平方米，完成100米预制型塑胶跑道铺设，硬化新建篮球场。投入资金21万元，完成学生公寓电力扩容改造。完成运动场周边桂花树、茶花树移栽和草皮铺设。

【教学研究】

组织教师参加校级、片级、县级教学竞赛活动和“80”教师实践课活动，包括全县初、高中部教学大赛预赛；负责南乡片道德与法治等9个学科的预赛；高中部三个学科各派出一名教师参加县教育局组织的2022年中小学教师课堂教学大赛。学校教科室组织校内教学竞赛活动。包括：各年级的组内赛课，高三专题复习研讨课，初三年级的中考调研课；全校性新教师的汇报课。鼓励教育参加教学论文评选和课题研究活动，年内共有65位教师参评，其中有8位老师荣获省一、二、三等奖；文丽芝的省级课题结题，蔡小兵的市级课题结题，徐青、周锐武、蔡小兵参加省级课题在研究，胡华伟、吴向泽、文爱武参加县级课题在研究。

【德育工作】

加强学生思想政治教育、法纪教育、安全教育、心理健康教育。把德育教育贯穿和渗透到课堂教学课余活动中。挖掘学科教材的思想性，利用好班会课、读报课，升旗仪式和国旗下讲话活动，对学生进行爱国主义教育和革命传统教育；举行“未成年人心理健康”教育讲座，有针对性地培养学生坚韧不拔的意志和健康积极的心理，教育学生正确处理与他人的关系，增强学生的社会适应能力。加强家校联系，形成家校共育合力。班主任通过电话联系、上门家访、邀请家长到校等方式，加强与家长的沟通；关爱特殊学生，建立“留守”生、贫困生、身体残疾学生、心理异常学生的档案，班主任、政教处和总务处提供生产关爱服务。

（徐　青）

攸县震林中学

【概况】

攸县震林中学共有75个教学班（2022年下学期新增8个班），学生总人数4064人，在职教职员工272人。全校教师中有高级教师46人，一级教师97人，省优秀教师3人，省骨干教师6人，市学科带头人6人，县级名师工作室主持人2人，基地主持人1人，县级名师工作室成员22人。2022年，全校持续深入贯彻落实新时代党的教育方针，坚持务实创新，落实教育“双减”政策，立德树人，取得显著成绩。获2021—2022学年度初中教育质量“先进单位”称号、2021—2022学年度教育高质量发展“贡献单位”称号；获攸县2022年青少年科技节创新与实践技能大赛初中组一等奖，获全省在线集体备课大赛6个省二等奖、4个省三等奖。攸县震林中学教育管理案例“构建‘一引领六融合’协同育人新格局”获2022年株洲市教育案例二等奖。

【德育工作】

开展清明节祭扫革命烈士墓、到红色教育基地学习参观等主题德育教育活动，对学生进行革命传统教育、爱国主义教育、集体主义教育。

注重学校教育与家庭教育、社会教育的有机结合。8月27日特邀请攸县家校社共育讲师团讲师进行“家校社”共育专题讲座；9月，举行家长学校开学周活动。10月21日开展主题为“我运动！我健康！我成长！”的亲子共运动活动。通过开设“家教社共育线上课堂”，开展“家庭教育大讲堂”、家访、家长进校园、家长座谈会等一系列活动，引导学生家长学习“三宽（宽厚、宽容、宽松）教育”课程，提高家庭教育的能力。

【课堂教学提质】

一是注重在学科教学实践中开展教学研究，推行“个人首备—集中商议—最终定稿”三步式集体备课模式，各科备课资料经精心打磨后上传教研组，经教研组核定再上传教科室，使教研成果能在全校推广应用并取得实际效果。二是创新课堂教学方式。推行“以学生的发展为中心，实现自主学习、合作学习、探究学习，切实抓好自学检测、质疑反馈、交流展示、巩固检测四个环节”的课堂模式，提高学生综合素质，提升课堂教学质量。三是利用现代信息技术提高课堂教学质量。学校分别与北京爱云校教育科技研究院、北京理琪教育科技有限公司合作，通过“好分数”平台，数据分析，以学情为导向，实现学生个性化学习，提高教学效率。

【师德师风建设】

加强师德师风建设，定期组织全体教师学习《中华人民共和国教师法》《中华人民共和国教育法》《中小学教师十项行为准则》等一系列教育法规和《攸县中小学教师师德师风行为三个“十不准”》（政治纪律“十不准”、工作纪律“十不准”与作风纪律“十不准”）。教育、引导全校教师进一步增强教师的责任感、使命感、荣誉感，规范职业行为，明确师德底线，廉洁从教、依法执教，努力成为有理想信念、有道德情操、有扎实学识、有仁爱之心的好教师。

【教学研究和专业培训】

进一步优化教师结构，2022年，引进一批校园足球、篮球、科技创新教学等专业方面的对口教师。倡导鼓励骨干教师发挥传帮带作用，帮助青年教师成长。

10月，举行“传递教学经验，托起育人新星”青蓝工程师徒结对仪式，11月，举办“长江后浪推前浪，青出于蓝而胜于蓝”新教师汇报课活动。加强教师的专业培训，遴选15位骨干教师参与9个学科的国培培训；11月，举办国培项目校研赛培一体化教学比赛。

定期举行青年教师课堂教学大比武、“三字一话基本功大比武”、“阳光杯”课堂大赛等教研活动。通过 课堂教学比赛实践活动，促进青年教师“教学目标与教学重点难点的确定”“教学情境的创设”“课堂气氛的营造”“教学过程的控制”“现代信息技术的应用”等教学基本教学技能的全面提升。

【学生交通安全教育】

9月28日，邀请攸县公安局交警大队干警开展主题为“守规则除隐患 安全文明出行”学生交通安全教育专题讲座，进行驾乘摩托车、电动车、自行车等有关的道路交通安全常识及其法律法规宣传教育。教育学生自觉遵守《攸县教育局就“戴帽工程”致全县学生家长的一封信》《致全县摩托车、电动车车主及驾驶员的一封信》等文件的相关规定，自觉配合全县“戴帽工程”集中整治工作，加强摩托车、电动车交通安全管理，不断强化交通安全意识，自觉养成良好交通安全习惯，做到安全文明出行，保障家庭平安幸福。

（刘青华）

文化·旅游

综 述

【公共文化服务体系】

全县有公共文化场、馆 10 个（包括文化馆、图书馆、博物馆、青少年活动中心、影剧院、石山书院、文昌阁和 24 小时城市书房、谭震林纪念馆、体育场）；社会足球场 2 片（石山书院和健坤生态园）；乡镇文化站 17 个，村级综合文化服务中心 297 个，农家书屋 304 个；建成“门前三小”800 个，其中示范点 104 个，样板点 4 个；公共文化设施面积 138.4 万平方米，公共体育设施面积 106.8 万平方米，合计 245.2 万平方米。

【群众文体活动】

全年组织各种类型的群众文艺体育活动 30 余场。3 月，举行“庆三八”羽毛球赛；5 月，举行“喜迎二十大·建功新时代”——全县职工羽毛球赛。5 月 20 日，举行攸县 2022 年“健康攸州行”健走活动启动仪式，至 7 月 20 日，全县 97 个单位 278 个分队 3000 多人参加时长达 60 天的“日行万步线上健走活动”。6 月 6 日，在老体协健身排练场举行健身气功比赛活动，来自全县各健身站点的 55 个代表队、710 多名队员参赛。7—8 月，开展“第八届‘攸州杯’三人制篮球赛”“第十届青少年三人制篮球赛”“‘篮协杯’篮球赛”“职工男子篮球赛”等篮球赛事活动，全县共有 18—60 岁的 100 余支队伍 1300 多名篮球爱好者参与比赛。9 月，在湖南省运动会上，攸县三中水上学校运动员参赛青少年皮划艇、赛艇、激流回旋水上等项目，共获得金牌 15 枚、银牌 14 枚、铜牌 16 枚，总分 860 分；总分、金牌数均排名第一。

开展“攸女·训蒙”“攸女·有礼”“攸女·美食”和攸女手工技艺展示等系列传统文化活动，参与人员 1 万余人。赴扶贫村、公共文化服务点、文化馆分馆培训辅导 10 余场，线上直播培训活动 10 场，赴社区教唱红歌 5 次，培训广场舞人数 5000 余人次。

【旅游业】

全县 AAAA 级旅游景区 1 个，AAA 级旅游景区 2 个，国家级森林公园 1 处，国家地质公园 1 处，国家湿地公园 1 处，有星级宾馆 1 家，旅行社 3 家。2022 年，接待游客 452.8 万人，增长 226.4%，实现旅游综合收入 68.6 亿元。

2022 年，进一步挖掘“攸县油茶”“攸县香干”“攸县麻鸭”“攸县米粉”地方特色农产品；推出攸县地方文化特色的旅游纪念品，酒仙湖生态旅游开发有限公司新开发的产品——油纸伞，获湖南省文旅商品大赛铜奖，民间技艺打铁水、香囊、攸县四件宝、茶具等 4 件文创商品荣获株洲市文旅商品大赛优秀奖。攸县被评为 2022 年湖南十大湘菜名县；宿新市徐公店项目列入省级文旅重点项目；谭震林生平业绩陈列馆暨攸县博物馆新馆建设项目列入省重点支持的“十四五”红色旅游项目。

（洪志伟）

文化管理与服务

【文化服务】

“三馆一中心”免费向社会开放服务，县图书馆全年新增藏书2.3万册，馆藏图书达93.1万册，新增读者证1500人，各窗口接待读者49.6万人次，借还图书38.6万册。花鼓戏保护传承中心2022年送戏下乡152场次。博物馆、石山书院、文昌阁共接待观众达15万人次。青少年活动中组织开展了科普、美术、声乐公益课堂等活动12次。完成谭震林生平业绩陈列馆提质改造和陈列布展，完成纪念谭震林诞辰120周年座谈会筹备工作任务。

2022年，继续开展“温情暖山水·艺体乐乡边”“流动青少年宫进学校”文化志愿服务活动10次，参与人数达5000多人。推出“周末有约”的文化志愿活动，周末在县体育场开展戏曲、舞蹈、歌曲演唱等独具特色的志愿服务活动，截至年末已开展活动20余场，参与活动人数5万人以上。

【文艺创作】

2022年，县花鼓戏保护传承中心结合“廉洁文化”元素，创作编排剧目《两块钱》，“纪念谭震林同志诞辰120周年活动”之际，献演并在全县范围内录制播放。文化馆、业余体校等单位联合创排廉洁健身操《清风行》，并在全县进行推广传播。完成机关单位及部分“门前三小”社会体育指导员培训5000多人，充分利用群众文艺活动与当下主流结合的方式推广廉洁文化。11—12月，县花鼓戏保护传承中心创排“党声悠扬”歌舞情景剧，在全县巡演20余场，通过“理论宣讲+文艺宣讲”形式，广泛宣传中共二十大精神。

【文化市场监管执法】

全年共出动文化市场执法巡查3600人次，检查各类文化经营单位1600户次。当场处罚违法违规行为25起，下达责令整改通知书30份，立案查处7件，责令停业整改6家次。文化市场综合行政执法大队荣获“株洲市2022年度扫黄打非办案先进集体”称号，参加株洲市文化市场综合行政执法大比武竞赛获团体三等奖。

【文物保护和非物质文化遗产】

加大不可移动文物的保护力度。启动南岸列宁室和东冲兵工厂旧址内部陈列修缮，完成湘东南总暴动二路军驻地旧址、宝宁寺白蚁防治及普同塔的修缮。制定蔡会文、蔡兰阶故居、中共攸县地方执行委员会旧址、阳升观、湘东南总暴动二路军驻地旧址修缮项目设计方案，并完成上报工作。

2022年，通过对涉及列入省、市非物质文化遗产项目“攸县豆腐传统制作”“民间酿酒技艺”“水力木榨榨油技艺”的豆腐作坊、酿酒坊和榨油坊等生产基地进行摸底调查，向省、市部门申报“非物质文化遗产传承基地”13家、“展示展销基地”12家、“市示范性非遗工坊”2家、“非遗村镇”1个、“非遗街区”1个。

【文化旅游宣传推介】

4—12月，开展“攸县文旅推荐官”活动，邀请县委书记李鹏程、县长武挪强、全国道德模范夏昭炎、全国脱贫攻坚先进个人唐华容、著名书法家曾正国、青年歌唱家谢佳卿等10余名攸县知名人士参加“攸州文旅推荐官”活动，推介攸县地方文化、红色文化和旅游资源，网上浏览达2000余万人次，带动社会各界人士300余人积极推介攸县文化和旅游。3—11月，开展第二届“攸悠我行我游攸州”抖音短视频大赛，点击率超过2400万人次。9月，在湖南省文旅博览会上，举办攸县专场推介会，通过有奖问答、攸县旅游专场推介、歌舞表演等多种形式，对攸县文化旅游资源进行系统推介。

【旅游开发建设】

2022年，推荐宿新市徐公店创建AAA级旅游景区，罗家坪青少年社会实践基地和红军洞创建省级四星以上乡村旅游区（点）。宿新市徐公店项目被纳入省级文旅重点项目，谭震林生平业绩陈列馆暨攸县博物馆新馆建设项目被纳入省重点支持的“十四五”红色旅游项目，积极推荐酒仙湖公司的湖南酒仙湖休闲体育公园项目申报国家体育产业示范项目，创建国家级体育休闲旅游品牌。启动宿新市徐公店创建AAA级旅游景区，罗家坪青少年社会实践基地和红军洞创建省级四星以上乡村旅游区（点）创建工作，推荐酒仙湖公司的湖南酒仙湖休闲体育公园项目申报列入国家体育产业示范项目。

（洪志伟）

攸县融媒体中心（广播电视台）

【概况】

2022年，攸县融媒体中心（广播电视台）坚持以习近平新时代中国特色社会主义思想为指导，认真贯彻落实党的十九大、二十大精神，聚焦中央、省委、市委重要部署，围绕省“三高四新”、市“培育制造名城、建设幸福株洲”、攸县打造“三个高地”、推进“三大会战”战略部署，扎实推动我中心（台）“一目标、两改革、五工程”，为助力攸县高质量发展提供了坚强舆论支持，有效发挥了融媒体中心在新时代、新征程中应有的作用。

截至2022年12月底，攸县融媒体中心（广播电视台）拥有干部职工总人数160人，其中在岗事业编人员141人，企业编制1人，专技临聘人员18人。在职在岗员工硕士生1人，本科48人，专科80人，高中及以下31人。专技岗位高级职称4人，中级及初级职称60人。拥有广播、电视、网站、手机报、手机台、微信公众号等6种媒体13个平台，手机报、手机台、微信公众号注册用户超过30万人次，手机台总点击量超过4000万次，有线广播“村村响”遍布全县各个乡镇街道，全年完成总收入1776.7万元。

【新闻宣传】

以党的二十大为宣传主线，攸县融媒体中心（广播电视台）紧紧围绕打造“三个高地”、推进“三大会战”，认真打磨生产内容，在全平台开设《在习近平新时代中国特色社会主义思想的指引下》《奋进新征程建功新时代》《三大会战振雄风》《乡村振兴》《联企行动》《我为群众办实事》《党旗下的新时代文明实践》《同心战疫在攸县》等固定的节目板块，策划《票决·为了人民》《一起向未来·走进园区看发展》《巾帼风采》《纪念谭震林诞辰120周年》《文旅推荐官》《联企行动》《品牌推广行动》《喜迎二十大》《二十大时光》《村光无限好》《我的幸福时光》《党声“攸”扬》《乡村振兴——幸福合唱团》等系列报道，为三大会战、乡村振兴、市场主体培育、干部能力提升等工作的开展谋势造势。同时，推出了一批既能贯彻党中央治国理政新理念，又能针对现实、走近群众的优质外宣稿件，《在习近平新时代中国特色社会主义思想指引下夯实大国粮仓根基》更是在央视《新闻联播》中以头版头条的形式播出，深受上级领导和社会肯定。全年，攸县融媒体中心（广播电视台）原创新闻近3500条，制作各类宣传片近90条，各类短视频超过1500条，电视外宣上稿近600条（央视上稿9条，湖南新闻联播上稿41条，其他省级上稿220条，市级上稿280条），以“智慧攸州”App为核心的新媒体矩阵，综合转发、点击、点赞量超1.7亿人次。

【媒体服务】

加大对“广电+”到“融媒+”战略转型布局的探索力度，进一步加强媒体“四力”（传播力、引导力、影响力、公信力），提升媒体服务的社会效益和经济效益。组建视频工作室，精细化、个性化的短视频、直播业务的开展；攸县融媒体中心（广播电视台）主办“春节大拜年”“汽车博览会”“幸福合唱团”“株事好商量”“广寒坪抽水蓄能开工仪式”等一系列活动，服务全县经济社会发展。

【融媒改革】

面对“经济下行压力大、媒体运营艰难”等现实问题，攸县融媒体中心（广播电视台）始终保持政治定力和政治担当，不忘初心、牢记使命，在勠力同心做好新闻宣传这一本职工作的同时，以“刀刃向内”的勇气直面困境，扎实推进融媒改革。按照“分类管理、科学设岗、以岗定薪、统筹兼顾、明确职责”的总体改革方向，上半年，攸县融媒体中心（台）进行管理架构的优化调整，将内部运行机构重新设置，按照工作职能设内容生产线（新闻部、电视节目部、新媒体部、广播节目部、视频工作室）、营销服务线（政务事业部、商务事业部、活动事业部）、技术服务线（技术服务部、村村响运维部、播出部）、融媒保障线（办公室、资产财务部、人事教育部、总编室、监察室、工会）等4类工作部门，共17个部室，同时，中心（台）出台《攸县融媒体中心（广播电视台）2022年绩效考核方案》，在绩效分配上初步实现多劳多得、少劳少得、不劳不得，有效地激发内部活力；下半年，推进融媒体中心二期即采编播高清数字化改造项目建设，截至2022年12月31日已完成招标程序。

【幸福合唱团】

根据县委、县政府的工作部署，为迎接二十大的胜利召开，助力攸县打造“三个高地”、推进“三大会战”，同时以活动带动旅游产业发展，攸县融媒体中心（广播电视台）创新乡村文娱活动，以歌为媒，开展“喜迎二十大攸州向未来”《幸福合唱团》选拔活动。本次大赛得到我县各乡镇的积极响应，参赛人数达700多人，五大平台全程直播，讲好乡村振兴故事，展示乡村振兴美丽画卷，新媒体观看超35万人次，有力助推乡村振兴工作，取得良好的社会效益。

活动选拔出20人组成“幸福合唱团”，代表攸县前往长沙参加由湖南省广播电台与国家乡村振兴局、国家广电总局、中广联合会共同主办的“乡村幸福歌会”总决赛活动，向外推介攸县做法，全场景呈现攸县乡村振兴的巨变。

（刘卫任）

湖南省新华书店有限责任公司攸县分公司

【概况】

湖南省新华书店有限责任公司攸县分公司有在岗员工31人，退休员工20人。公司内设经理室、办公室、图书业务部、教材业务部、资产财务部、新业务拓展部业务部6个部室。2022年全年实现营业总收入6745.82万元，利税825万元。

【教材教辅及图书发行】

春、秋两季开展学之前，完成教材的分发，确保全县各中小学校学生“课前到书，人手一册”，全年共发行中小学教材86539套。开学后做好教材教辅的余缺调剂工作。

积极配合县委宣传部等部门，通过上门服务等方式，切实做好习近平新时代中国特色社会主义思想学习教育、中共二十大文件等时政图书征订发行工作。全县党员干部学习所需政治读物都在规定时间内配送到全县各单位。全年发行时政类书籍10.05万册（套），价值333.7万元，其中《中国共产党宣传工作简史》1400套，《百年大党面对面》1400册，《习近平谈治国理政》24608册，《让群众过上好日子》等4部书1019套，《二十大报告》30301册，《中国共产党章程》30231册，《党的二十大报告辅导读本》11625册。

【全民阅读引领活动】

开展“标准化、规范化、全方位”优质服务创建活动，助力全民阅读和“书香社会”建设。门店营销活动与省市同步，做到月月有主题，日日有活动。3月，结合“三八”国际妇女节主题活动，推出“春日悦读绽放芳华”女性阅读引领服务；4月23日世界读书日之际，开展“全民阅读逐光同行”大型阅读打卡活动，结合“护苗·绿书签”宣传活动，开展“绿色阅读，拒绝盗版”宣传；举行“奋进新征程建功新时代”二十大主题图书联展及主题活动。

开展阅读体验活动26场，9月，协助县委宣传部举办《习近平谈治国理政》第四卷发行仪式，

4月，与县文化传统促进会联合举行纪念谭震林同志诞辰120周年“为您读谭老来信”活动；5月起，与县图书馆、大成社会服务中心联合开展“攸州读书会”活动；4—8月，与出版社合作举行“剧本杀”智力游戏、历史知识抢答赛四期。暑期组织开展“小店长”社会实践活动，把剪纸、活字印刷术、自制徽章等手工活动融入实践活动中。5月，成功尝试新的阅读推广模式——微舞台剧，“红网”以“微舞台剧式阅读，让读书更快乐”为题，进行专题报道，点击浏览量3万人次，单位公众号推文155篇，抖音发布12篇，微信群陪读计划语音分享48场。

【文明建设公益活动】

3月，协助、配合全县“我在新时代文明实践中学雷锋活动”，开展图书捐赠活动，活动当场赠送图书、文化用品100余册，码洋（折扣定价）1.2万元，活动期间，为网岭农家书屋、漕泊小学图书室、县传统文化促进会捐赠码洋4万元的图书。

4月，与图书馆联合举行为期20天的“你读书，我买单”活动，销售图书2.58万元，图书漂流码洋1.1万元。

2022年第四届“书香攸县爱心无限”公益活动期间，募集公益码洋61万元的图书，协助宣传部统举行新时代文明实践活动表彰暨公益图书捐赠仪式。

（欧旖旎）

森林公园建设和管理

【概况】

湖南攸州国家森林公园管理局组建于2015年12月，为副处级事业单位，主要承担国家森林公园、国家湿地公园、国家地质公园和省级风景名胜区范围内自然资源和旅游资源的保护、管理、利用等职责。内设办公室、公园管理科、开发建设科、资源保护科，在编工作人员17人，二级机构酒埠江地质公园博物馆为正股级事业单位，在编工作人员1人。

2022年，完成集露营、音乐、度假、夜间演绎等综合性功能的酒仙湖露营基地综合体建设。改造后的桐心谷温泉别院，获湖南省第一批四星级“森林人家”称号；提质改造后酒埠江国家地质公园博物馆，获第二批“湖南省青少年教育基地”、株洲市首个实践体验类“青少年教育基地”称号；建成的多功能的酒仙湖劳动教育实践基地，获“株洲市第一批中小学校外劳动教育实践基地”称号。完成环湖游道专业环湖健步道建设，实现“体育”与“旅游”的完美结合。2022年度全省自然保护地质量评估，湖南攸州国家森林公园获评“良好”等次，酒埠江风景名胜区、湖南酒埠江国家湿地公园获评“优秀”等次。

【库区自然资源保护】

深入宣传贯彻《中华人民共和国湿地保护法》，开展多形式的宣传活动，强化群众保护生态环境的意识，普及湿地科普知识。共印制发放宣传海报45份，制作横幅标语120条、展板展屏28块，发放禁渔宣传单1500余份，张贴禁渔通告200余份。在自然保护区内所在乡镇、村（社区），开展“珍爱湿地，人与自然和谐共生”世界湿地日、“共建清洁美丽世界”世界环境日等主题宣传活动。

强化联合执法，依法保护库区自然资源。牵头组织县农业农村局、水利局、环保分局、公安局等部门单位和酒仙湖湖区所在乡镇政府开展水上安全和禁渔专项整治行动。出动巡逻执法120余人次，扣押非法作业船舶5艘，并收缴违法渔具，移送公安机关处理9人，有效遏制酒仙湖水上违法违规捕捞行为。

开展专项整治行动。5月31日，省河长会议交办“株洲市攸县酒埠江水库区内存在30余处非法网箱及捕捞抬网”问题整改任务后，成立工作领导小组、制定整治工作方案，组建联合执法队伍，开展为期3个月的酒埠江水库库区水环境集中整治行动，全部清除非法网箱等违法捕捞渔具。

【景区基础建设】

推进酒埠江旅游小镇镇区建设改造，投资800万元，启动酒埠江镇区同心湖片区提质改造，严格依照项目管理程序，已完成项目初步设计、工程概算等前期手续。科学编制酒埠江生态新镇项目建设规划。通过竞争性磋商，择优选择湖南省农林工业勘察设计研究总院负责详细规划编制单位，经多次实地踏勘，收集项目资料，初步形成《酒埠江生态新镇详细规划》并通过市、县评审。精心包装《攸县酒埠江水库片区生态环境系统整治项目》，成功列入2023年重大区域发展战略建设中央预算内投资项目省级储备库，总投资1.44亿元。

【景区内建设活动监管】

按照《湖南省风景名胜区条例》等法律规定，对符合政策标准的建设项目进行监管。年内共核准所涉4个乡镇范围的畜禽养殖、村民建房、林木砍伐等项目选址30余次。指导协助酒仙湖公司办理沙滩水岸运动中心、宝宁寺、景区连接线、环湖游道等重大项目选址核准手续，其中环湖游道和景区连接线项目选址意见获得省林业局批复。

【发展旅游民宿服务业】

规范民宿服务业发展。7月份，组织酒仙湖景区的3个乡镇主要负责人、下辖各村（社区）负责人和旅游民宿服务企业（农家乐）负责人等共计160人，举行“酒仙湖景区农家乐（民宿）规范提质培训暨安全经营工作会议”。引导景区村民利用闲置农房、村集体用房和空坪隙地等资源，有序发展旅游民宿服务企业，规范旅游民宿服务经营，提升服务水平，创建精品“农家乐”。

【旅游景区宣传推介】

2022年，成功举办第二届“攸悠我行我游攸州”全国抖音短视频大赛，通过开展“年味酒仙湖·新年新祈福”主题活动、“一路芳华、踏青觅春”春游精品行程产品、“最美油桐人”评选、“酒仙湖油桐花”等活动，向市民游客提供了生态观光、旅游休闲和文化消费的旅游大餐，助推疫后攸县文化旅游回暖。全年共计举办各类品牌节会活动60余次，吸引游客近100万人次。联合株洲市文旅广体局、株洲市广播电视台开展“株洲文旅推荐官”走进攸县直播专场活动，推介攸县本地特色美食、美景、美宿。与市、县文化旅游部门联合，邀请县委书记、县长、鸾山镇镇长、酒埠江镇镇长担任“文旅推荐官”，全面宣传推介酒仙湖旅游景区。进一步加大在湖南经视频道、湖南公共频道、株洲新闻频道、株洲“FM98.4”广播频道等主流媒体广告站投放力度，加强与“文旅株洲、株洲去哪、运动株洲”门户网站和微信微博等新媒体的合作；加大长沙、衡阳、株洲、醴陵、萍乡重点客源地城市广告投入及产品宣传力度。

7月24日，举行酒埠江镇普安桥村400亩葡萄园基地开园仪式，湖南省广播电视台公共频道报道仪式实况后，大批外地游客前来观光旅游，使普安桥葡萄园成为当季旅游热点打卡地。10月29日，在酒仙湖景区，举行微综艺《金鳞集》（攸县首部定制微综艺）在酒仙湖景区开机仪式，有效提升景区影响力。10月，策划开展“喜迎二十大·强国复兴有我暨雅韵中秋·团圆攸州”中秋主题活动，努力提升攸县文化软实力，打造攸女文化品牌。

（郑子辉）

湖南酒仙湖生态旅游开发有限公司

【概况】

湖南酒仙湖生态旅游开发有限公司成立于2015年12月，是湖南省首个旅游行业PPP（公私合营项目）公司，注册资本金4.3亿元。公司持有酒仙湖景区、宝宁景区、八福垅森林小镇等旅游景区景点的特许经营权，酒埠江旅游区旅游交通运营特许经营权及旅游线路广告特许经营权和酒仙湖湖面及湖岸线外延500米范围的特许经营权。公司定位为“旅游休闲度假集成服务商”，主营景区开发、运营、区域旅游资源整合及运营、旅游综合服务。公司位于酒埠江镇酒仙湖村，下设6个部门和酒仙湖景区、同心湖酒店、营销公司3个分公司，共有员工129人。2022年10月，原隶属于株洲市城发集团的二级公司国信建设集团管辖的子公司——湖南酒仙湖生态旅游开发有限公司，提级为株洲市城发集团直接管辖的二级公司，公司的人、财、物等各要素，均由城发集团直接统筹配置。

2022 年，公司完成旅游综合收入 7919 万元，其中经营收入 1031 万元，同比增长 47.9%，回购资金 6888 万元。被授予"湖南省研学旅游基地""株洲市第一批中小学校外劳动教育实践基地""第二批湖南省青少年教育基地"、湖南省林业局四星级"森林人家""城发集团抗疫工作先进集体"等称号。

【安全生产】

压实主体安全责任，常态化开展隐患排查处理，全年下达隐患整改通知单 6 份，出具督办函 2 份故。"五一"国际劳动节、国庆节等重大节庆到来之前，对水面游船、山体道路、交通车辆、防火设施、特种设备、建设工地等场所（设施）开展地毯式隐患排查。实现全年安全生产"零"事故。2022 年，景区出现史上罕见的旱灾，公司有效应对严峻的森林防火形势，扎实筑牢"防火网"，确保景区游客和森林资源的安全，实现了全年"零"火灾事故。人工修筑防火带 10 余千米，定期开展防火应急演练，加强景区昼夜巡视，及时添置防火设备，形成"技防+人防+物防"相结合的立体"防火网"。

【旅游宣传推介】

发挥自媒体优势，宣传推介攸县旅游。在手机互联网发布"公众号"推文 32 篇、短视频 70 余条，点击关注并分享转发数千人次；公众号多篇文章在省、市主流媒体转载。创作"达人探店"视频与"抖音"融合宣传，其单篇推广、视频播放量达 10 万余次（视频播放量单位）。举行直播带货 100 场余次，增加景区曝光量，实现销售收入 10 多万元。举办"株洲文旅推荐官"走进攸县专场直播活动，中共攸县县委书记李鹏程、县长武挪强亲临酒仙湖景区，现场推荐攸县旅游，视频号、抖音号同步直播，全网流量达 80 万人次。

举行旅游宣传推介专项活动。充分利用传统节日和重大节庆时机，举办"年味酒仙湖"、"踏春采茶季"、"粽"情端午节、"仙湖奇妙夜"、"国庆七天乐"、"年终特惠季"等活动。主办"攸游桐画•酒仙奇缘"第五届酒仙湖油桐花节、"玩水露营节"活动，承办"荟聚幸福里•携手振兴路"——攸县、茶陵、炎陵三县机关企事业单位青年人才联谊会，联合县森林公园管理局举办"喜迎二十大·强国复兴有我暨雅韵中秋团圆攸州"中秋主题活动。

【资金安全风险防范】

一是精心筹划申报专项债务。对接县发改、财政等部门和攸福集团公司，完善湖南酒仙湖国家 AAAA 级旅游景区质量提升工程和攸县酒埠江水库水资源治理工程的申报手续，列入县政府 2023 年专项债储备项目。二是推动高层互访，逐步畅通付费通道。公司与县政府、森林公园管理局、财政局等部门衔接，争取株洲市政府及有关领导支持，化解难题，畅通政府付费通道。三是扎实开展融资工作。积极与城发、国信集团沟通，通过多种方式融资，盘活存量资产，包装酒埠江灌区乡村振兴建设融资项目，成功争取贷款 1.15 亿元，有效化解公司财务风险。

【公司管理机构组织制度】

2022 年 8 月，公司召开股东会议和董事会议，会议明确公司决策和经营管理机构组织人事制度。董事会由 5 人组成，董事长 1 人，董事 4 人。4 名董事由股东国信集团提名，1 名董事由攸县人民政府委托股东酒埠江旅投公司提名，董事任期 3 年。董事长由股东国信集团提名，并经董事会选举产生。经营层设总经理 1 人、副总经理 3 人，财务总监 1 人，总经理、财务总监由国信集团提名，其中 1 名副总经理由攸县人民政府委托公司提名，常驻项目公司履职。其余高管人员由本公司总经理提名，由董事会决定聘任或解聘。公司高管人员可以由董事兼任。由旅投公司委派 1 名财务人员常驻项目公司履职。高管及以下人员委派结构的变化，为公司真正转型发展市场经济，奠定组织基础。

（颜雪华）

卫生健康

综　述

2022年，在县委、县政府领导和市卫健委的具体指导下，攸县卫生健康系统紧扣“打造湘赣边医疗事业发展样板区”战略目标，认真落实基层卫生健康事业高质量发展要求，完成各项工作任务。攸县卫生健康局获评株洲市文明标兵单位、株洲市职业卫生工作目标管理先进单位、株洲市家庭医生服务工作先进单位、攸县文明建设红旗单位、攸县疫情防控工作先进单位。

【机构队伍】

2022年，全县共有卫生健康机构497家。其中，县直医疗（防疫）机构4家、乡镇卫生院25家、街道社区卫生服务中心2家、村卫生室304家、民营（职工）医院16家、个体诊所70家、学校医务室8家、卫生所（室）68个。

全县实际开放床位4362张，其中公立医疗机构3617张，民营医院745张。有卫生技术人员4693人，其中公立医疗机构3880人、民营医院390人，村医423人。引进高校优秀应届医学毕业生4人、高层次紧缺专业人才12人;公开招聘事业编制工作人员23人,县直医疗机构公开选调专业人员8名(已完成笔试程序);招录订单农村定向医学生本科6人、本土化大专培养9人。

【医疗服务】

全县各医院门急诊130万余人次，较上年增长18%；住院14.25万人次，较上年减少8%。公立医院药占比（不含中药饮片）28%，同比下降1.04%；出院患者平均住院日6.5天，同比下降0.1天；医疗服务收入（不含药品、耗材、检查、化验收入）占业务收入比35.08%，同比下降0.6%。基层医疗机构诊疗量占比67%，同比增长1%。

【疾病防控】

2022年登记报告法定传染病5709例，发病数比上年同期（6023例）下降5.21%，其中乙类传染病1937例，发病数比上年同期（2329例）下降16.83%，丙类传染病3772例，发病数比上年同期（3694例）增长2.11%。报告死亡病例16例（艾滋病15例，肺结核1例），无甲类传染病报告。报告发病数居前三位的病种依次为流行性感冒（3387例）、乙肝（727例）、肺结核（556例）。报告发病数居前三位的乡镇（街道）依次是联星街道、新市镇、江桥街道。全县未发生重大传染病流行事件。

【人口计生和妇幼健康】

2022年度，攸县总人口数83.76万人（含非户籍在册人口），期内上报出生3531人，人口自然增长率为-4.27‰，出生人口性别比104.34，新增计生家庭特扶对象91人，奖扶对象2619人。推进三孩政策实施，办理三孩生育服务证134本。全县孕产妇死亡率、5岁以下儿童死亡率、婴儿死亡率分别为

33.2/10万、4.65‰和2.66‰。2022年全县机构内分娩活产数2561人；孕产妇系统管理率99.97%，高危妊娠管理率100%；0—6岁儿童健康管理率96.42%。新生儿出生缺陷发生率15.58/万，比上年同期下降31.4%。没有发生妇幼感染新冠肺炎病例。

（卢敬爱　杨骁雄）

卫生健康管理与服务

【医联体建设】

县人民医院与南华附一“双联双创”工作成效明显，助力开展新技术、新项目25项，三、四类手术50余例，开放“南华周二专家门诊日”18次，接诊2830人次。有序推进县内9个医联体建设，全年开展专家教授下基层坐诊、会诊、授课等活动20余场次，服务1800余人次，切实推动优质医疗资源下沉。全县二级以上医院基本建成“智慧医院”，年提供在线诊疗服务2万余人次；2家医院启动“互联网+护理服务”，累计开展服务275例，满意度100%。6家卫生院应用远程影像系统服务病例6千余人，全县医疗机构应用电子健康卡次数达313.38万次，累计用卡超15万人。

【综合监督执法】

开展各类综合监督执法整治行动15次，检查各类被监督对象800余家，查处违法案件105宗，结案105件，结案率100%。按照上级要求，把二级以上医疗机构医疗废水整治列入2022年度工作重点，成立整治工作领导小组，制定《2022年生态环境污染防治攻坚战“春雷行动”和“夏季攻势”工作方案》，全面部署开展医疗废水整治攻坚专项行动，整治工作得到市生环委和市卫健委认可。

【公共卫生服务与健康促进】

全县城乡居民健康建档65.6万余份，建档率104.11%，全面推动“两病”患者应管尽管，家庭医生签约新签续签51.51万人。老年人体检69680人，规范管理率96.3%；严重精神障碍患者在册3322人，规范管理率96.66%；监测各类恶性肿瘤1526例、心脑血管事件2463例。县疾控中心被国家疾控中心评为县级项目先进集体，肿瘤登记工作获得国家癌症中心“肿瘤登记工作进步奖”荣誉表彰。深化“周周义诊、天天健康”项目主题，开展“义诊+”主题活动300余期，讲座100余场次，服务人次10万余人。

落实政府民生实事，免费为新生儿先心病筛查2755人，筛查率105.96%；免费为孕妇产前筛查2636人，筛查率101.38%；免费“两癌”筛查17538人，目标人群覆盖率100.21%；孕前优生健康检查4840人，目标人群覆盖率100.83%。

完成38家用人单位职业体检，共3000人次，检出职业禁忌证97人次，2家企业获“株洲市健康企业”，11人获株洲市“健康达人”称号。完成老年友善医疗机构创建工作32家，创建率100%。

【基础建设和医院升级提质】

投入80万元，完成大同桥卫生院和丫江桥卫生院提质改造乡镇卫生院2家，完成乡镇卫生院中医馆能力提升建设15家，攸州中心医院项目有序推进，网岭精神病专科医院配套项目建设进入扫尾阶段。2家卫生院达到国家“优质服务基层行”推荐标准，其余卫生院均达到基本标准。建成省级重点学科17个，其中人民医院9个［心内科、骨科、儿科、重症科、泌尿外科、普通外科（胃肠方向）、内分泌科、神经内科、临床护理］，中医院7个（心内科、肿瘤科、骨伤科、肛肠科、针灸科、治未病科、护理学），骨伤医院1个（骨伤科）。攸县骨伤医院成功创建二级甲等医院。调整县院感质控小组专家成员，开展全县医疗机构疫情防控与院感管理工作培训。强化医疗行业监管，约谈2家投诉较多的民营医疗机构主要负责人，接受、回复医疗纠纷投诉77例，行政调解成功10例，全县未出现院感事故和重大不良医疗事件。

【爱国卫生工作】

持续开展城乡环境卫生整

治，巩固国家卫生县城创建成果。推进病媒生物防制工作，建城区“四害”密度严格控制在标准内，成功创建蝇类C级达标，攸县四项密度控制水平均达到C级。成功创建无烟党政机关78家，创建率100%；创建省级卫生村1个、市级卫生村3个；省级文明卫生单位1个、市级文明卫生单位1个。

【卫生应急与无偿献血】

全县突发公共卫生事件及时、有效、规范处置率达100%，未发生一般（Ⅳ级）及以上突发公共卫生事件。全县登记报告死亡病例5874例，死因顺位前五位依次为心脏病、恶性肿瘤、呼吸系统疾病、脑血管病、损伤及中毒。120急救指挥中心运转良好，全年受理呼叫3.8万余次，出车7042次，救治患者5186人。持续开展“第一目击者”现场急救技能培训，强化两家县级培训基地师资队伍建设。完成各种重大活动及会议医疗保障任务30余次，出动救护车40余趟、医疗保障人员90余人次。无偿献血3464人次，完成任务量的104.4%；献血量1.21吨，完成任务量的110.7%。

【乡村振兴健康帮扶】

健康扶贫与乡村振兴工作有效衔接，进一步夯实救治基础、严格落实救治政策，脱贫户、监测户四类慢病患者签约服务签约率达100%，局驻村帮扶队获评全县优秀。进一步简化尘肺病管理服务，取消患者县内住院到镇（街道）开具证明的烦琐程序。启动第三批基层医疗机构康复站建设，累计建成基层康复站11个，有100名以上尘肺病患者的乡镇康复站建设实现全覆盖。

（卢敬爱　杨骁雄）

攸县人民医院

【概况】

攸县人民医院是一所集医疗服务、预防保健、康复治疗、临床教学于一体的三级综合医院，系南华大学附一医疗集团医院。医院占地面积5.07万平方米，总建筑面积6.5万平方米，开放床位880张。在职职工1163人，其中高级职称156人，中级职称441人，市级核心专家及中青年名医3人，硕士研究生26人、在职博士1人。全院设置临床学科31个，医技医辅科室10个。拥有胸痛、卒中、创伤、危重孕产妇及危重新生儿等5个急诊急救中心，心血管内科、儿科、骨科等9个科室被列为省重点建设学科，神经内科等12个临床科室评为县级临床重点学科。

2022年，门急诊接诊45.8万人次，出院4.8万人次，手术1.1万台次，体检1.7万人次，透析4.8万人次。医院列入国家县级医院综合能力提升“千县工程”，中国县域卫生发展研究中心第六届县域医疗榜样力量评选活动中，攸县人民医院获评“最佳管理团队”，获“全省老年友善医疗机构”“市药械化安全监测工作先进单位”“县文明建设先进集体”“县抗击新冠疫情先进集体”等称号。

【医疗专科建设和技术进步】

深化“双联双创”（双联即向上联合南华大学附属医院并建立医联体，向下与乡镇卫生院联合。“双创”：创三级甲等医院、创南华大学附属医院）工作。邀请南华附一医院肖伟升等10名教授常驻帮扶，开展消化内镜ESD（内镜黏膜下剥离术）等新技术、新项目26项，消化内镜下治疗业务增长61%；“专家门诊日”接诊3630人次；指导建设高和卫生院胸痛、卒中救治单元。整合资源，成立介入医学中心，开展介入手术3327台次；神内脑血管介入诊治114例，急性缺血性脑梗死机械取栓、无保护左主干PCI（经皮冠状动脉介入治疗）等介入治疗实现“零”的突破。2022年，泌尿外科等6个科室纳入县级省临床重点专科；建成国家标准化代谢性疾病管理中心（MMC）；启动并开展日间手术800余例；腔镜下肿瘤切除术等技术水平和安全质量明显提升，完成新技术、新项目及三、四类手术的准入20余项；“120”急救中心迁回院本部，初步搭建院前、急诊、重症一体化架构。

【医疗服务质量管理】

2022年，进一步加强医疗服务信息化建设，完成网络安全三级等保，改造升级医保接口，市内率先上线医保DRG付费系统；实施DRG支付方式（将住院病人按照临床相似性以及资源消耗相似性分成一定数目的疾病组，并以组为单位制定医疗费用标准的预付打包的收付费方式）改革。做好药品、耗材集中带量采购任务，对22家耗材供应商进行“5+X”（纪委、监察、采购、财务、使用科室及其他相关部门）议价，降低耗材供应价格8%。实施职能部门“点对点”服务临床医技科室，完成SPD（一种医院耗材管理模式）耗材精细化管理招标，开展医疗质量及临床用药督查20余次，加强医疗质量与医疗管理，完善院、科两级管理制度，建立临床科主任月例会制度。组织抢救、会诊处理患者突发事件40余次，全年医疗纠纷持续下降。

【公共卫生服务】

开展巴林特心理减压活动，丰富职工业余生活；主动了解关心职工需求，关爱帮扶困难职工，建设有温度、有深度的医院文化；积极推进现场救护第一目击者行动，开展“第一目击者”培训8期，让更多人掌握科学、规范、有效的急救知识与技能，守护群众的生命安全。

为保障群众临床急救用血需求，弘扬新时代志愿服务精神，全院员工无偿献血101人次，杨双艳、曹志海获全县“无偿献血先进个人”称号；贯彻落实为群众办实事实践活动，方便群众在家门口看病就医，全年组织开展看病送药等义诊活动20余次。

【人才队伍建设】

加大专业技术人才引进力度，年内引进专业人才12人，引进3名优秀应届大学毕业生，招聘合同制员工9人。建立院领导联系高层次人才制度，实施中青年医务人员人才培养工程，遴选培育一批优秀业务骨干，完善聘用、考核考评、福利待遇等管理配套，遴选外出进修32人。推行职工继续教育学分制管理，将继续教育情况纳入晋级晋职考评。加大住院医师规范化培训、临床进修、学术交流等培养力度，组织开展院内学习培训40余次；完善医院电子图书室的管理，深化知网及网上检索功能；推进助培基地建设，密切联系基层实践基地，强化师生教学管理，完善教学配套建设。积极申报湖南师范大学附属教学医院；有序推进省卫生健康委员会项目课题申报，优化医学创新激励机制和以应用为导向的成果评价机制。

【新冠疫情防控】

2022年，派出罗昌和、陈旭等96名医务人员支援上海、四川、西藏及邵阳、株洲等地区疫情防控。11—12月，在全国防控措施优化调整后，科学应对疫情，调整医技楼一二楼、妇科及眼耳鼻喉科病房，建立新冠诊治区；全院医务人员混编重组，全力保障新冠病毒感染应治尽治。谭三江荣获全市“最美医生”，文义、颜琼、谢兴芳荣获“全县疫情防控先进个人”称号。

【攸州中心医院建设】

攸州中心医院建设项目是县委、县政府“十大民生”工程，项目于2019年3月启动，医院承担项目搬迁方主体责任，积极协调对接有关部门，争取项目建设资金，有序推进项目建设进度，负责项目建设质量与安全监管。至2022年6月，第一部分（攸州中心医院一期）已完成主体验收和室外装饰工程，完成工程总造价的75%；第二部分（康养护理中心）已完成整个项目主体验收和门诊楼外墙装饰工程，完成了工程总造价的55%。第三部分于2022年7月正式启动，已完成“三通一平”（水、电、路）建设、桩基等工程，完成项目施工进度8.11%。

（李玉龙）

攸县中医院

【概况】

攸县中医院系集医疗、预防、保健、康复、教学于一体的公立三级中医医院。是湖南省中医药高等专科学校教学医院，广东省中山附一院、湖南省湘雅附二院、湖南省中医附一院、湖南省直中医院等4所医院的技术协作医院。占地面积5.2万平方米，建筑面积3.9万平方米，开放床位661张。全院有在职职工653人，获专业技术正高职称人员7人、副高职称57人、中级职称209人。医院拥有1.5T超导磁共振、64排CT、单板多功能四维彩超、全自动生化分析仪、电子胃肠镜、电视输尿管肾镜、激光治疗仪、多功能进口麻醉机、前列腺电化学治疗仪、C臂X光机、6人用高压氧舱、进口血液透析机、臭氧射频、钬激光等高精尖现代化医疗设备，总资产达2亿元。全院设19个临床科室，23个病区、8个医技科室和治未病·健康管理中心。针灸理疗科、肛肠科和心血管内科均为省重点中医专科。

2022年，门诊人次16万余人次，同比增长6.65%，出院人次2.4万余人次，同比下降3.53%。业务总量1.96亿元，同比上年下降1.44%，其中中药收入2248万余元，中医治疗收入1718万余元。全院进一步加强医疗质量检查，规范手术期安全、医疗安全不良事件上报和非计划再次手术的管理，启动医院死亡病例质控，切实保障医疗质量与安全；启动门诊单病种路径的制定，加强优势病种和临床路径的管理，提高诊疗效率；持续推进医保DRG改革，优化病历填写模式；开展多部门联合处方点评、医保督查等，有效减少不合理诊疗行为。医院获“全国敬老文明号”“湖南省大众放心百佳满意医院”“法治湖南诚信守法共建单位”“湖南省医疗执业先进单位”“湖南省文明卫生单位”“株洲市文明窗口”，株洲市卫生系统“先进基层党组织”、县“双文明建设先进单位”等称号。

【学科建设和中医科研】

整合医院名老中医诊室和中医治未病、中医护理门诊等区域，组建中医药特色诊疗中心。积极申报省级中医重点专科及中医医院“中医药特色诊疗中心”项目，治未病、骨伤科、肿瘤科及护理学等4个专科获评省中医重点专科。推进“两专科一中心”建设；通过与省直中医院“五通三助”合作模式，派出多名医师进修学习消化内镜下诊疗技术，优化消化内镜下治疗技术应用相关流程，内科系列的内镜治疗取得新突破。引进专家帮助指导眼科、耳鼻咽喉科发展；完善胸腔镜技术临床应用流程和设备设施；更新“急诊—手术室—ICU中轴线”和多学科联合会诊设备，优化急诊急救流程。

完成全县“互联网+护理服务”中医特色培训基地建设前期筹备工作；成功举办株洲市中医药和中西医结合学会基层护理专业委员学术研讨活动；启动基层医院护理安全质量提升及中医特色技术培训班线上培训。完成3项省级中医科研项目课题的申报，2项科研项目课题获省中医药管理局立项；引进一批医联体内中药制剂，弥补院内制剂不足；完成湖南省中医药管理局中医药文化科普宣传教育基地建设项目和湖南省中医药管理局中药共享调剂配送中心项目申报立项并获批。

【护理服务提质】

实施《攸县中医院护理质量与安全持续改进方案》，采取清单式管理，规范护理质量管理。质量与安全管理委员会按月召开护理不良事件分析讨论会，剖析问题并督促整改；修订《护理文书质控标准》，规范全院护理文书书写，加强护理质量控制。成立7个专科护理小组，定期开展专科小组督查和培训活动，提升护理专科业务水平；启动中医特色护理小组中医项目传帮带工作，促进中医特色护理技术提升；开通5项“互联网+护理”线上护理服务项目，服务地点涉及全县，全年累计提供服务22例。

【医护队伍和医德医风建设】

举办PICC（经外周静脉置入中心静脉导管）维护技能竞赛与第二季青年护士留置针穿刺比武大赛，进一步提升护理人员水平；启动“护士长周”学习活动，提高管理人员综合素质；组织开展中层干部轮训，先后派出

44人次赴湖南省直中中医院进行跟班学习。积极打造平台，向医院骨干、中坚力量倾斜，并通过编制和待遇等配置，招聘紧缺专业人才；首次在院内组织工勤技能等级考试，调整优化专业技术岗位结构比例，增加正高27个，副高9个，中级15个；与省直中医院深度合作，引进人才20余名。完善人事管理制度，制定《人力资源管理方案》，规范人员配置，建立人员补充及人员退出机制。配合护理部出台相关管理规定，实施日常考核和末位淘汰制。修订完善预安销号考核制度，每月组织对工作推进情况进行督查考核，将考核结果纳入绩效考核，并将督查情况进行通报，督促各部门工作落实。试行新的绩效分配方案，合理调整全院人员薪酬，进一步体现多劳多得、优劳优得。

组织中层以上干部开展警示教育2次；建立中层以上干部廉政档案，切实将党风廉政建设责任制工作落实到人；全面开展“清廉医院”创建活动，制定下发实施方案并严格落实，营造清廉氛围；严格落实谈话制度，开展廉政谈话共计386人次。全年医务人员共拒收红包64人次，合计金额24760元，收到锦旗10面。

【医院文化建设】

举行“冬病夏治千人免费三伏贴”“关爱女性，健康相伴”等多形式的中医品牌推广活动；组织“现场救护第一目击者”群众性救护常识培训，并为参培人员颁发合格证书（电子版）；在微信平台发布科普视频60余个，《中医眼中的中暑》科普作品荣获湖南省第三届中医科普大赛株洲赛区二等奖。开展“健康知识进校园、进社区、进单位”活动25场次，受众7856人次；开展爱心义诊11场次；通过免费体检、专家义诊、健康咨询、健康讲座等形式，推介名医、名科、名技服务3000余人次；免费发放中医养生艾条、保健凉茶、健康手册2000余份。统一中医医护人员着装，全院统一使用定制的具有中医文化特色的办公、生活用品。

【新冠疫情防控】

完善感染管理机制与应急处置预案，修订《医院感染控制质量考核标准》，在做好院内院感防控的同时，向邵阳、株洲及上海、四川等地累计派出72人次支援新冠疫情防控工作，荣获2022年度全县疫情防控工作先进单位称号。全面完成公共卫生防控能力项目建设，优化发热门诊布局流程，规范设置“三区两通道”，单独配备通风排风及空调设施、消毒隔离设备设施，利用医院现有空地，搭建重症监护室板房，有效缓解新冠感染重症病房紧缺问题。新添置方舱实验室1个，大幅提升核酸检测能力。

（陈　琛）

疾病预防控制

【概况】

攸县疾病预防控制中心在职职工73人，获专业技术高级职称12人，专业技术中级职称30人，共设置12个科室。2022年，全力确保新冠疫情防控，其他各项业务工作“两手抓、两不误”，进一步加强基本公共卫生服务管理、公共卫生监测、免疫规划、职业健康检测和防控治理、重点传染病监测、学校卫生、艾滋病、结核病及乙肝防控管理、健康教育与促进工作。获评中国疾病预防控制中心营养与健康所表彰中国居民营养与健康状况监测项目县级先进集体，攸县疾病预防控制中心获国家癌症中心表彰国家肿瘤登记工作进步奖，获评攸县文明建设先进单位、攸县卫生健康工作先进单位等称号。

【传染病防控】

多次组织对基层疫情防控相关部门工作人员进行新冠疫情处置能力提升培训，派出专业技术人员300余人次，对乡镇（街道）、医疗机构、重点场所和特殊场所进行疫情防控技术指导，为重大活动场所提供疫情防控技术保障。开展鼠疫监测，采集鼠血清标本85份，结果均为阴性。采集44例手足口病病例的标本，经检测7例为肠道病毒阳性。开展霍乱监测，采集水产品样本60份、各种水体样本30份进行检测，结果为弧菌阴性。全县各预防接种门诊共接诊动物咬伤5196例。全年共报告处置流行性出血热病例4例。共登记肺结核管理患者634例，全县各医疗机构报告肺结核患者和疑似肺结核患者总体到位率98.8%，病原学阳性率98.6%，肺结核患者成功治疗率95.9%，新病原学阳性患者耐药筛查率97.6%，高危人群耐药筛查率92.3%，利福平耐药纳入治疗率100%，肺结核患者规范管理率100%，完成全县65岁及以上老年人群和糖尿病患者结核病症状筛查工作，筛查率100%。对既往报告的751例和新发的83例HIV感染者和艾滋病患者进行管理和抗病毒治疗，对娱乐场所、吸毒人员进行干预及HIV、梅毒抗体和丙肝检测，全县4家HIV初筛实验室共检测血样18.03万份。

【免疫规划】

各接种单位实行预防接种告知和公示，春、秋季新入托入学儿童预防接种证学校查验率和学生查验率均为100%，补种率96.32%。开展12次疫苗冷链运转，共下发一类疫苗56834支。全年全县共接种卡介苗2248剂次，乙肝疫苗8195剂次，脊灰疫苗10387剂次，百白破疫苗11785剂次，乙脑减毒活疫苗7412剂次，A群流脑苗4914剂次，甲肝减毒活疫苗4078剂次，麻腮风疫苗6943剂次，A+C流脑疫苗9394剂次，白破疫苗7636剂次。开展免疫规划监测工作，全年共报告2例AFP（甲胎蛋白）病例（已排除）、疑似麻疹风疹病例17例（排除麻疹病例16例、风疹1例）、百日咳病例7例、15岁以下乙肝病例4例。2022年，全县共报告61例AEFI（疑似预防接种异常反应）其中新冠15例，一般反应59例，严重AEFI 2例，AEFI发现后48小时内报告率100%。

【职业病防治】

全年对46家厂矿企业的2201名职工进行职业健康检查，共查出职业禁忌证156人次。开展职业性尘肺病随访调查工作，共调查1194例，随访率100%。完成企业职业病危害现状调查及工作场所职业病危害因素监测，调查及监测完成率100%，职业病危害因素申报率100%。

【血防寄地工作】

完成疟疾血检420人份，任务完成率116%，全部阴性。完成碘缺乏病监测，采集5个乡镇200名学生及100名孕妇尿样和家中食用盐样，检测尿碘含量和盐碘含量，检验结果均正常。收集全县新生儿甲低筛查TSH（促甲状腺激素）结果、甲低筛查复检的新生儿甲功和抗体检测结果，全部样本经株洲市疾控中心复核参比检测结果分析误差值在正常范围。2022年无新发麻风病患者，对现症1人及4名治愈者均进行2次随访；对其密切接触者进行调查及临床检查，受检率100%。

【公共卫生监测】

开展全县居民生活饮水水质监测工作，全年共采集农村生活饮用水170份，合格166份，合格率97.6%，不合格的项目主要为微生物超标；共采集城市市政供水单位样品56个，合格率为100%；抽样检测全县中小学校自备式井水22份，合格11份，合格率50.0%。全年完成食品化学性污染物和有害因素监测100份，完成31个现制饮料与甜品样品开展微生物有害因素检，测样品合格率为100%。全年累计报告食源性疾病2094例，发生聚集性事件10起，均得到有效处置。对全县医疗、养老及托幼机构、超市商场、酒店等10家重点场所开展消毒质量监测工作，共采集样品1060份，所有样品检测结果及数据均在规定时间整理上报国网。

【学生卫生健康监测】

对全县267所学校及托幼机构进行传染病防控技术指导，覆盖率100%。开展学生常见病和健康影响因素监测与干预工作，对2373名学生进行身高、体重、远视力、屈光度、血压、脊柱侧弯、口腔等检查，现场对常见病和健康影响因素进行干预。开展全县中小学校学生健康体检工作，共体检87120人，其中视力低下24024人（27.58%），龋患人数23236人（26.67%），营养不良120人（0.14%），肥胖4308人（4.94%）。

【慢性病防治】

2022年，全县报告死亡病例5874例，报告粗死亡率8.22‰年，报告及时性99.65%。开展重点慢病监测工作，全县报告各类恶性肿瘤2074例、心脑血管事件2985例。全县共建居民电子健康档案66.43万份，建档率105.39%；65岁及以上常住居民数10.78万人，接受健康管理人数7.51万人，老年人健康管理率69.67%。已管理高血压患者50220人，规范管理率86.74%；已管理2型糖尿病患者17925人，规范管理率87.01%；严重精神障碍患者在册人数3321人，在管人数3320人，年管理率99.97%，规范管理人数3299人，规范管理率99.34%。

【检验检测】

2022年，中心实验室完成病原微生物实验室、HIV初筛实验室、PCR实验室三个二级生物安全实验室备案，顺利通过检验检测机构资质认定复评审。实验室严格按照工作要求开展新冠病毒核酸检测、HIV初筛、梅毒检测及丙肝检测，碘盐尿碘及饮用水等检测工作，完成省市业务主管部门14项24份样品能力验证及质控。

【健康教育与健康促进】

充分利用县电视台、“政府门户网站”“新闻网”“智慧攸州”和疾控中心“微信公众号”等媒体进行健康宣传教育。开设《健康谈》《攸县疾控中心谈新冠肺炎》等专题节目，发布新冠肺炎防控科普知识信息120余篇，开展“爱国卫生运动月”“全国预防接种日”“职业病防治宣传周”等宣传咨询活动17次，发放各类宣传资料53.9万份，接受咨询6500余人，为居民提供测血压、血糖等义诊服务4900余人次。在长鸿实验学校、建坤高级中学等中小学校开展“健康巡讲进校园”学生健康知识讲座活动15场，广泛宣传健康科普知识，积极倡导健康生活理念、方式和行为。开展健康支持性环境创建，确认酒埠江中心卫生院等14家单位达到健康支持性环境建设相应标准，授予其全民健康生活方式“健康小屋”“健康餐厅”等标牌，开展“合理膳食、三减三健”等专项主题活动84人次，受益人群6.75万人。

【疫苗研究和健康监测项目工作】

2022年3月，启动ACYW135群脑膜炎球菌多糖结合疫苗在6月龄—5岁婴幼儿及儿童中安全性和免疫原性的Ⅲ期临床研究项目，共计入组480人。5月，启动评价在已接种新冠病毒（原型株）灭活疫苗18岁及以上人群中序贯免疫新型冠状病毒（O株）灭活疫苗和新冠病毒（原型株）灭活疫苗后的免疫原性及安全性的临床研究项目，共计入组1577人。进行第八期心血管病高危人群早期筛查与综合干预高危对象长期随访干预2679人，完成任务数108.2%。完成2022年中国居民营养与健康监测项目问卷调查和体检，调查对象1013人。

【卫生应急处置】

2022年，调整突发公共卫生事件应急处置工作领导小组，制定新冠肺炎防控应急预案；完善其他重点传染病和突发公共卫生事件应急预案、技术方案及管理制度，扎实做好卫生应急物资储备工作。2022年中国疾控信息系统共发出预警信息161条，依次为新型冠状病毒感染49条、肺结核40条、麻疹19条、流感18条、其他感染性腹泻17条、出血热7条、手足口病5条、钩端螺旋体病2条、流行性腮腺炎1条、AFP 1条，及时响应并处置预警信息161条，排除115条，疑似事件启动调查46起，其中肺结核27起、新冠肺炎19起，均已按要求及时规范处理。全年共完成4次日常风险评估和2次专题风险评估。

（彭丽平）

乡镇（街道）

江桥街道

【概况】

江桥街道位于县城西郊，于2012年1月成立，街道办事处成立之初与工业园合署办公，按照园政合一的模式。2016年全省统一部署乡镇撤并，攸县将原鸭塘铺乡并入江桥街道，江桥街道办事处不再与攸州工业园合署办公。江桥街道办事处驻攸县江桥街道兴业路1号。辖区总面积97.05平方千米；年末总人口50063人，城镇常住人口14021人；辖16个（村）社区、286个居（村）民小组。耕地总面积35877亩，农业以种植水稻、蔬菜等农作物为主。2022年实现地区生产总值4.5亿元；农民人均纯收入达到26980元；完成固定资产投资1000余万元。完成招商引资企业11家，总部经济税收3500万元，税收任务完成率350%。与2家银行金融机构建立长期合作战略关系，对8个村（社区）进行授信，授信金额2400万元，城乡居民养老保险覆盖率96%，新型农村合作医疗覆盖率95%；发放各类社会救助资金360万元；成功筹建江桥教育基金会，筹集资金300余万元，举办第一届助学奖优大会，助学奖优师生165人18.56万元。

【农业生产和产业发展】

投入资金200万元，完成抛荒治理1957.1亩，新增种植大豆2500亩、玉米2700亩、红薯520亩。落实粮食安全责任制，种植早稻2918.78亩、中稻25391.82亩、晚稻2164.01亩，粮食总产量22841吨。发挥泥脚巷、飞春鸽、阳记豆腐等品牌效应，实施“强村带弱村”战略，抱团发展，形成泥脚巷村水稻种植及大米加工为主体的合作社和杨木港油茶种植及油茶加工为主体的企业联盟发展模式，争取银行裕农资金700万元，保障乡村产业振兴。扶持“攸爱山茶油”省级龙头企业发展，加大招商引资力度，成功举办第一次事业合伙人峰会。

【城乡基础建设和生态环境建设】

坚持项目为王，完成了房屋拆迁6340平方米、迁坟93冢、腾地200余亩，保障园区企业用地。坚持环境优先，建立会商会审处置和部门联动工作机制，妥善解决水稻受损、空气污染扰民等矛盾纠纷50余起，完成21号和33号地块150亩腾地扫尾工作；完成长鸿西路延伸建设土方工程施工；完成350伏电塔40个、220伏电塔建设39个。加大拆违控违工作力度，查处违法违规建筑33起，拆除违规面积4079平方米。推进高湖镇（衡东县）至泥脚巷旅游路建设，完成阴山港段道路刚改柔改造2千米。推进乌坳社区、阴山港村12千米自来水管网建设，除险加固山塘水库12座，完成西干渠道翻修15千米。

继续推进农村“五治一革命”，整治农村人居环境，持续推行垃圾分类处置、转运，日常保洁常态化；引导村民垃圾分类习惯，创建垃圾分类示范村3个；加快推进垃圾中转站建设，已完成总工程的90%。

【社会治理】

深入推进平安创建工作，推行网格智能化管理；常态化开展扫黑除恶、防恐禁毒、电信诈骗等工作。全年化解信访问题150余起，排除企业安全隐患12起，开展交通顽瘴痼疾整治行动10次，持续推进“戴帽工程”。健全街道、村、组三级“河长制”“路长制”体系，完成国家河长制督查交办整改任务。

【基层党建】

组织党工委理论组中心学习11次；邀请县委党校老师和相关专业人士开展党建、经济、写作等专题培训4次；创办街、村两级党校，发挥党校理论宣教作用；积极深入村组小广场、屋场组织理论培训和政策宣讲活动。加强干部队伍纪律作风，开展干部作风专项检查6次，发出督查通报6份，批评教育10人次，诫勉谈话3人。全年共收到问题线索11条，初核11条，立案5件，结案5件，处分5人。

2022年度江桥街道各村（社区）基本情况表

表7

村(社区)	村民小组（个）	户数（户）	人口（人）	耕地面积（亩）	粮食总产量（吨）	人均纯收入（元）	党组织书记及村（社区）主任
江　桥	11	576	1785	555	276	26000	杨利成
胡公庙	15	468	1825	321	206	24600	罗一毛
乌　坳	25	1225	3675	3310	1550	22550	皮志忠
谢家垅	14	512	2241	1946	1300	26500	王国平
龙　湖	24	881	2669	2129	1856	27500	袁　义
西　阁	14	2775	6426	515	50	21813	蔡建东
洪家洲	14	887	4028	2611	2216	22010	夏永青
泥脚巷	12	526	2538	2398	1600	23100	吴建湘
茅　坪	18	756	3355	2715	2200	23500	王　毅
黄双桥	14	469	2013	2029	987	23600	王国云
邱家垅	21	870	3845	3328	750	22000	夏艳蓉
牛头湖	22	1235	3986	3271	2400	21800	谭建辉
奥　林	18	610	2468	2384	2000	21300	洪　龙
桐　坝	27	806	3339	3006	1870	21000	黄冬阳
杨木港	17	592	2678	2430	1580	21290	龙冬华
阴山港	20	698	3192	2929	2000	21880	龙海航
合　计	286	13886	50063	35877	22841	26980	—

（徐跃平）

联星街道

【概况】

联星街道位于攸县老城区，下辖23个社区（村）、356个居（村）民小组，户籍人口14.43万（常住人口16.8万人）。耕地总面积约32023亩，主要种植水稻、蔬菜等农作物，水稻17933亩、油菜7085亩、油茶7830亩，粮食总产量约22874吨。全年生猪出栏18456头，牛出栏3456头，出栏羊6342只，家禽出笼452356羽，水产品产量289吨。年内新增市场主体2800家，占年度总任务的119%。2022年，实现规模以上工业总产值26.2亿元、社会消费品零售总额65.9亿元、服务业主营业务收入29.6亿元；完成5000万元以上固定资产投资项目4个、5000万元以下固定资产投资项目5个，总投资额4.6亿元；实现财政收入4689.98万元、总部经济税收4100万元，稳居全县第一。

【城乡基础建设】

全年共完成老旧小区改造24个、背街小巷改造10条，涉及1079户9.38万平方米；完成高岭社区新和组、毛坪组及联西社区西亭组等区域商业土地储备400余亩，整治违法土地图斑73处324.71亩，整治率达100%。启动湖塘、泥鳅塘、柳叶塘水库除险加固及珠丽江河道治理等水利工程。农村公路及机耕道提质改造7千米，危房改造2户，打造“门前三小”（攸美·幸福屋场）工程9个，零散烈士陵墓迁移、上云桥村公墓一期、大塘冲22千伏高压线路等项目顺利竣工。启动永佳小学、城区第二公立幼儿园项目建设。完成农村无害化厕所改造570余户，整改省、市环保督察交办问题5个，疏浚河道10千米，创建县级垃圾分类示范村4个。

【民生保障和脱贫巩固】

新增城镇就业2600人、农村劳动力转移就业240人；积极开展“控辍保学”工作，2022年“雨露计划”共资助71人。加强防返贫监测帮扶，新增监测户16户；为1282户城乡低保户发放低保救助金约98万元，为816名临时救助对象发放临时救助金96.5万元。

【安全维稳】

全年共调解各类矛盾纠纷800余起，紧盯烟花、危化、消防、森林防火等领域，共组织安全生产集中执法行动81次，检查生产经营企业254次，排除一般隐患132处。排查自建房22027栋，完成安全等级鉴定947栋，拆除危房（钢棚）14处。

【新冠疫情防控】

8—10月，攸县出现少量外地进入攸县的阳性感染者后，严格按照市、县统一部署，围绕新冠疫情防控“外防输入、内防反弹”目标，严格落实各项防控措施，保障群众健康安全。

【基层党建和干部队伍建设】

至2022年末，全街道共有中共党员3524名，设社区（村）党组织23个（党委12个、党总支10个、党支部1个）、小区党支部55个、“两新”党支部8个；共有机关干部119人、社区（村）“两委”干部153人。年内新组建小区党支部15个，明珠花园小区成功创建五星级小区党支部。持续加强党员干部的思想政治工作，认真学习贯彻习近平新时代中国特色社会主义思想和党的二十大精神，全年共开展理论学习中心组学习12次，组织讲师团微宣讲党的二十大精神15次、党员干部深入基层开展理论宣讲活动210余次。以“干部能力提升年”活动为抓手，着力锻造新时代“五懂五会”干部，共举办青年干部夜读班12期，开展社区（村）干部岗位培训10次、乡村振兴专题培训5次。

2022年度联星街道各村（社区）基本情况表

表8

村（社区）	村民小组（个）	户数（户）	人口（人）	耕地面积（亩）	粮食总产量（吨）	人均纯收入（元）	党支部书记	村（居）委会主任
永　佳	10	2562	6741	—	—	18000	刘士嘉	刘士嘉
胜　利	13	4183	16068	—	—	18000	朱建德	朱建德

续表 8

村（社区）	村民小组（个）	户数（户）	人口（人）	耕地面积（亩）	粮食总产量（吨）	人均纯收入（元）	党支部书记	村（居）委会主任
联　西	10	1706	5308	—	—	18000	雷文华	雷文华
百　花	5	1073	3189	—	—	18000	刘金元	刘金元
雪　花	17	4102	11528	—	—	25645	王丽雄	王丽雄
联　星	9	3164	8572	—	—	21600	贺　祥	李　望
文　化	13	3329	14823	—	—	32000	赵彩安	赵彩安
富　康	7	2086	5992	—	—	18000	陈　武	陈　武
万古桥	18	452	2005	1291	900	18000	陈志荣	陈志荣
高　岭	16	8352	33528	2043	3064	22380	刘育秧	刘育秧
宋家洲	15	793	2452	1986	1190	17000	刘钢(1—6月) 贺雪林(6—12月)	李双武
田　富	29	545	2376	1918	1190	13000	尹国锋	尹国锋
沙陵陂	21	558	2003	1827	900	15000	曾新连	曾新连
圳　江	12	545	2896	1478	1270	15900	文艳媚	文艳媚
大　屋	18	698	3235	2551	1200	15000	文　勇	文　勇
侯　市	22	856	3762	1925	1100	15000	文新明	文新明
侯　联	17	510	1949	1588	1300	13000	颜　星	颜　星
高车头	25	726	2632	2587	1400	18000	阳国清	颜朝云
高　岸	22	1071	4368	3822	2866	15000	杨渠生	杨渠生
上云桥	24	946	3997	3143	2314	15000	彭润明	彭润明
七里坪	20	915	3282	2146	1930	18000	谭文伟	谭文伟
冯家坳	12	376	1410	1425	855	16000	丁阳辉	宁晓武
泰青塘	11	618	2236	2293	1395	18000	彭　钢	彭　钢
合　计	356	40166	144352	32023	22874	—	—	—

（肖　扬）

春联街道

【概况】

春联街道成立于 2014 年 1 月，辖 5 个社区、3 个行政村、126 个居（村）民小组，4693 户、1.7 万人，其中党员 559 人。土地面积 36.36 平方千米，耕地面积 13079 亩。境内有小（2）型水库 10 座、卫生室 8 个、小学 3 所。

2022 年，完成耕地复耕 130.01 亩，落实早稻种植面积达 2500 余亩，中稻种植面积 5000 余亩，旱杂粮种植面积 400 余亩；流转土地 0.55 万亩，种植各类蔬菜 2000 亩，种植湘莲 3000 亩，种植大棚西瓜、葡萄、火龙果、沃柑等水果 800 亩；改善农业基础设施，修复和改造受损的水渠、山塘、水库 20 口，水坝水渠清淤、疏通 1200 米，道路硬化、拓宽 3.2 千米。

全年实现财政收入 1514 万元，比上年增长 3%；完成固定资产投资 1.94 亿元；人均纯收入达到 3.5 万元，增长 6.2%。荣获全县平安建设先进单位、征拆征收工作先进单位、食品安全工作先进单位、县疫情防控先进单位、老龄工作先进单位等多项称号。

【经济建设】

开展“迎老乡、回故乡、建家乡”活动，新增市场主体280家、个体工商户237户、新增企业93户、“四上”企业申报3家。开展“温暖企业”行动，累计走访企业30余次，解决问题26个，持续打造良好营商发展环境，总部经济累计实现税收2.23亿元。扎实推进重点项目建设，先后为燃气分输站、110千伏变电站等项目征地近200亩，拆除建筑1.7万平方米，协调矛盾纠纷36起，有效打击非法阻工、阻碍项目建设的不良风气，确保重点项目的有序推进。

【民生保障】

加大就业帮扶。累计提供免费职业介绍563人次，发布用工信息800余条，开发贫困户公益性岗位14个，发放工资217800元；发放小额信贷120万，发放奖励资金20100元，帮助32户稳定脱贫户和监测户创业。办好医疗保障。新农保参保率达95%；办理农村奖扶81人、生育服务证68本，组织适龄妇女实施“两癌”筛查352人、免费孕前优生健康检查130人；核查认定低保户319人，残疾人护理补贴374人，生活补贴107人，老年人高龄补贴376人；临时救助困难人员240人，共计22.6万元。推进教育帮扶。开展送教上门30人次，落实教育帮扶243人次，“雨露计划”帮扶51人次，发放奖励资金76500元。

【综治维稳和安全生产】

开展交通顽瘴痼疾整治志愿活动30余次，成功劝导265人，整改安全隐患17处；全力推进居民自建房安全隐患排查整治工作，全面排查自建房4299栋，排除隐患的房屋26栋；开展食品、安全生产常态化检查124次，整改隐患8处。

【新冠疫情防控】

严格落实“五包一”工作要求，抓好重点场所的常态化疫情防控工作，保障人民生命安全和身体健康，维护正常生产生活秩序。

【乡村文明建设】

严守环保工作底线，开展环保巡查60余次，建立垃圾分类厅12处，春联、春风、春塘龙被评为垃圾分类示范村。推进“厕所革命”，完成改厕377户；拆除违法建筑26处，拆除面积765平方米，人居环境持续改善，乡村面貌焕然一新。2022年人居环境第三季度考核评估全县排名第二。

推进移风易俗、乡风文明建设。建立健全红白理事会、道德评议会等社会组织，评选道德模范、十佳乡贤等先进典型8人；依托“门前三小”阵地，开展“春晓·春晖·春风”志愿活动260余次；推进“门前三小”和新时代文明点建设，投入300余万元完成春联、春风“门前三小”建设，高标准建成盘龙攸美·幸福屋场省级示范屋场，山背社区“门前三小”建设得到省委书记张庆伟充分肯定。

【森林防火灭火】

张贴各类防灭火宣传标语2000多条，发动20余台宣传车全天候巡回广播宣传，利用微信群转发各类防灭火知识等方式形成全覆盖、高密度的宣传矩阵；按照“街道干部包村、村干部包片、小组长和农村党员包组”的要求，组建街道、社区（村）护林扑火应急小分队9组，设立森林检查站16个，常态化开展森林防火巡逻，严厉打击人为纵火、野外用火行为。投入2万元更新救火设备，积极开展防灭火队伍的专业化培训和实战演练10余次，确保真正发生火情时万无一失。

【基层党建】

坚持“第一议题”制度，围绕习近平总书记重要讲话、传达学习党的二十大精神、县委政府的重要决策中心工作等专题，开展中心组学习12次、主题党日12次、各层次党课140堂、党务工作者专题培训2次、“为民办实事”活动22次，惠及 1.3 万余人次。推进队伍建设，培养入党积极分子 11 名，发展对象 8 名；抓实农村党员“冬春训”，开设党建理论培训、乡村振兴研讨等课程 11 余项，实现全街道 510 名农村党员集中轮训全覆盖；制定《春联街道“干部能力提升年”活动实施方案》，充分运用机关例会、主题党日、冬春训、中青年干部夜读班、群众夜校等主要载体，提升干部的能力和素质。深入推进党风廉政建设和反腐败斗争，全年共开展各类专项督查 20 余次，提醒谈话、廉政谈话 240 余人次，处置率达 100%。

2022 年度春联街道各村（社区）基本情况表

表 9

村(社区)	村民小组（个）	户数（户）	人口（人）	耕地面积（亩）	粮食总产量（吨）	人均纯收入（元）	党支部书记	村(居)委会主 任
柘 合	13	387	1518	798	729.21	32000	游社明	游社明
春 联	16	453	1392	1030	244	38600	刘新文	刘新文
山 背	15	529	1748	1350	1100	28500	刘南湘	刘南湘
双 丰	16	468	2160	1800	1495	26500	贺正初	何乐平
春 风	14	556	2096	1244	237	21800	李玉开	李玉开
盘 龙	13	527	1913	1793	结构调整	25000	朱忠民	朱忠民
春塘龙	31	1315	5016	3678	2150	24300	刘国华	刘国华
巨 洲	8	458	1721	1386	790	18000	罗雪平	罗雪平
合 计	126	4693	17564	13079	6745.21	26837.5	—	—

（申　萌）

谭桥街道

【概况】

谭桥街道位于县城南郊，洣水河南岸，总面积 59.21 平方千米。共辖 11 个社区（村），215 个居民（村）小组，总人口 30312 人。有小（2）型水库 4 座，村级卫生室 11 家，小学 4 所，在校学生 964 人，在职教职工 64 人。2022 年，完成规模以上工业总产值 4999 万元，社会消费品零售额 10.4 亿元，固定资产投资 12016 万元；总部经济税收 4400 万元。

2022 年，谭桥街道荣获攸县文明建设先进单位、“市场主体培育”工作先进单位、安全生产工作先进单位、征拆征收工作先进单位、老龄工作先进单位称号，人居环境整治工作获全县第一的好成绩，纪检监察工作经验获省级书刊推荐、大和村抗旱工作赢得中央电视台点赞，河长制工作获省级优秀河长荣誉称号。

【农业发展和产业建设】

加强耕地保护，完成恢复耕地面积 327.11 亩。粮食种植面积 1.95 万亩，粮食总产量 9055 吨，巩固无公害蔬菜基地建设，全年种植无公害蔬菜 0.85 万亩，蔬菜产量 5100 吨。新造油茶林 258 亩，植树造林 6 万余株。苏洲村苏洲经济合作社建成食用油加工厂，马址陂村建成黑木耳种植基地。11 个社区（村）均完成 5 万元以上的集体经济营收任务，马址陂村、万美村集体经济收入达 15 万元。开展“市场主体培育年”活动，“四上”企业入库 2 家，完成率 100%；市场主体净增量 358 家，新增个转企 51 户、涉税主体 458 家、涉税企业 169 家，完成任务的 110%。

【民生保障和脱贫巩固】

识别监测脱贫对象34户121人，将174户492人纳入低保家庭，临时救助139人、救助金额21.71万元，资助困难学生280余人。组织引导54名未就业人员参加各类招聘会6场，推送就业信息48条，社区（村）脱贫人口和就业困难人员公益性岗位实现就业11人。

【安全维稳】

构建“网格化+综治中心+大数据”的基层社会治理体系，以各社区、村小组划分，设置23个网格，每个网格覆盖300—500户。由各社区村党支部书记兼任网格长，每个网格配备一名专职网格员。

加强水库山塘和企业、烟花鞭炮点等重点场所安全隐患排查整治，检查生产经营单位228家，排查整改安全隐患43处。统筹推进自建房安全隐患排查和整治工作，摸排录入房屋数8419户，对存在安全隐患的10栋经营性房屋进行鉴定和整改，完成5户危房改造。全年共出动宣传车14辆、组建巡逻摩托车队34支，召开次屋场会300余场，广泛开展防火宣传，督促落实森林防火措施，确保全镇大旱之年无大灾。

【城乡基础建设】

配合县重点工程G106绕城线建设，完成谭桥区域内81334平方米的征地任务，落实东联社区尹家组安置区建设土方平整和47户拆迁户建房用地规划。完成城南防洪堤东联段建设700米，启动东塔铁路桥至桐坝电站段2000米防洪堤加固建设；谭桥污水处理厂及7000米长的管网铺设、谭桥大道建设进入扫尾阶段。开展“一村两实事”，完成全长2.1千米的宝塔路修缮改造并安装路灯53盏，完成道路提质改造7.1千米，修复水渠6千米，修复电排、电机300余处。完成农村改厕600户，建成4个“门前三小”普通点和1个“攸美·幸福屋场”示范点。拆除新增违建33处、历史违建14处，拆除面积5475平方米，控制违法建筑105处。

【乡村环境治理】

推进“五治理一革命”，清除生活垃圾259吨，建筑垃圾40余吨，消除卫生死角12处。清理建筑垃圾500余立方米，拆除乱搭乱建厂棚2处。开展污染防治攻坚战，全年巡河760余次，发现问题20余处，全部整改到位。完成市河长交办的东塔砂厂拆除等遗留问题处理，完成省河长交办的苏洲段河道碍洪堆积物清除，确保洣水河畅水清。

【新冠疫情防控】

11月，全街道向株洲地区捐赠新鲜蔬菜1.15万公斤。12月优化调整防控措施后，继续扎实做好重点场所、重点人群疫情防控工作。

【基层党建和文明建设】

加强党风廉政建设，开展党员干部清廉主题教育，召开300余人的党员干部廉政建设警示教育大会。紧盯关键节点和重点人员，提醒谈话51人次，党纪政纪处分和组织处理15人次，配合市委巡察组对东塔社区的巡察工作和县委巡察组对街道党工委及三个社区党组织的巡察工作。推进社区基层党建工作，完成同乐湖小区党支部阵地建设，为小区居民解决矛盾纠纷100余起，通过市委组织部的星级创建验收。开展党小组会议进屋场180余次。创新开展“结亲戚活动·鱼水情行动”，党员干部与467户困难群众结对，为结对群众解决问题130余件。

组织开展“反诈防骗”“疫苗接种”“森林防火”等新时代文明实践志愿服务活动119场。推动村（居）民代表联系服务群众工作，村（居）民代表780人，联系群众5800户。

2022 年度谭桥街道各村（社区）基本情况表

表 10

村(社区)	村民小组（个）	户数（户）	人口（人）	耕地面积（亩）	粮食总产量（吨）	人均纯收入（元）	党支部书记	村(居)委会主任
谭桥社区	20	1231	3720	1300.27	164.43	25913	张建华	张建华
谭洲社区	32	1107	3785	2767.07	349.93	26689	武志华	武志华
东塔社区	32	1157	3848	3050.96	385.83	26766	肖向阳	肖向阳
流和社区	22	797	2470	2333.04	295.04	24822	王秋林	王秋林
竹丰社区	11	424	1683	1649.61	208.61	26575	陈风飞	陈风飞
东联社区	18	847	2980	2755.41	348.45	25696	周明华	周明华
万美村	20	841	3155	3644.1	460.84	25123	胡义	胡义
苏江村	18	572	2145	2201.25	278.37	25502	苏曼乃	苏曼乃
马址陂村	13	564	2070	1577.64	199.51	24637	李建国	李建国
苏洲村	13	598	2571	2247.92	284.27	24623	陈湘林	王四龙
大和村	16	754	1885	2275.22	287.73	24726	李黄德	李黄德
合　计	215	8892	30312	25802.49	3263.01	25585	—	—

（李　炜）

鸾山镇

【概况】

鸾山镇地处攸县东部山区，东与江西省萍乡市莲花县交界，南与茶陵县八团乡接壤，S535贯穿全境；全镇辖 14 个村、2 个社区，215 个村（居）民小组，总人口 27250 人。土地面积 259.78 平方千米，耕地面积 21195.6 亩，其中水田 19265.8 亩，旱地及其他耕地面积 1929.8 亩；林地面积 27.88 万亩，森林覆盖率 84%。2022 年实现规模工业总产值 2.6 亿元，固定资产投资 3.25 亿元，财政总收入 3423.29 万元，居民人均纯收入 17031 元。

全镇有中学 1 所，小学 4 所，公立幼儿园 1 所，民办幼儿园 2 所，在校中、小学生 1680 人，教职工 123 人。有卫生院 1 所，全院在职员工 65 人，村卫生室 15 个，个体诊所 6 个。有敬老院 1 所，集中供养人员 18 人。

【农业和产业发展】

恢复耕地 258 亩，治理农田抛荒 3869 亩。水稻种植面积 19965 亩，粮食总产量 9734.3 吨，打造 8 个村油菜轮作示范点，示范面积 7700 亩，提高农业生产效益。继续推进黄桃种植业发展，黄桃总产量 25 万公斤，通过“微信线上推介+线下推广”模式广泛宣传促销，销售总额 300 万元。

投资 550 万元新建新和细冲竹木加工厂和江边竹厂，年产值 1000 万元，带动 100 余名村民就业。鼓励引导发展旅游民宿服务业，共发展民宿服务企业 46 家，全年接待游客 5000 人次，实现经营收入 120 余万元。广泛开展境内全域旅游推介宣传，编写《旅游攻略》，推出“一日游”“两日游”等路线，全年接待游客 2 万人次，经营收入 400 余万元。

【民生保障和脱贫巩固】

落实各项惠民政策，对低保户、特困供养户、残疾人员等弱势群体实行动态管理，坚持“两个不摘”要求，对存在致贫风险的 25 户 62 人全部纳入低保；为 16 个集体经济合作社和41户自主发展产业对象发放奖补87.95万元，为弱势群体发放28.83万元临时救助金。全面落实养老保险、医疗保险、社保补贴等各类惠民政策，社会养老保险、医疗保险补助共61人次。压紧压实改厕任务，累计完成改厕956户。

【综治维稳和安全生产】

协调解决合里矿业有限责任公司企地矛盾纠纷，妥善处理矿山工伤工亡事故。党的二十大会议期间，全镇上下齐心协力严格落实24小时值班值守制度，坚持源头治理化解矛盾，把矛盾纠纷化解在基层。

落实煤矿安全生产整治“四关闭一到位”措施，对煤矿严格实施24小时驻矿盯守，开展“打非治违”巡查90余次，联合执法23次。开展自建房安全专项整治行动，排查房屋7252栋，拆除6处有重大安全隐患的房屋。森林防火特护期内，统筹整合全镇镇村（社区）干部和驻村工作队力量，落实“封住山、看住人、防住火”各项措施，确保全镇高火险特护期内没有发生森林火情，获评县森林防火先进单位。

【基础建设】

投入761万元，完成水利移民安居工程，投资350万元完成咸弦、龙会和南岸山洪沟治理项目。完成新和村地质灾害集中安置区装修和基础设施建设并成功交房，总建筑面积10500平方米。投入资金170万元，完成龙子潭危桥拆除重建工程。投入资金2000万元，完成长8.33千米的老漕至莲花公路建设，进一步打通湘赣两省省际道路。完成农村道路提质改造工程2200立方米，解决村民出行难题。投入资金300万元，完成新漕东冲烈士陵园建设。完成皮佳河南岸段和皮佳河龙会江边段河道清淤19500立方米。投资740万元，对建新—江冲10千伏电网进行改造，更新改造农村变压器12台。

【基层党建】

持续加强思想政治建设，组织党委理论学习中心组集中学习10余次，深入学习党的十九届历次全会精神、二十大精神和习近平新时代中国特色社会主义思想。利用“门前三小”和幸福屋场开展“干群夜话”，深入宣传二十大精神。成立“两新”党组织1个、“两新联合”党组织1个，全年累计召开党小组会议190余场，进一步密切党群、干群关系。结合“干部能力提升年”活动，组织开展专题学习培训15场。

2022年度鸾山镇各村（社区）基本情况表

表11

村(社区)	村民小组（个）	户数（户）	人口（人）	耕地面积（亩）	粮食总产量（吨）	人均纯收入（元）	村党支部书记村(居)委会主任
建新社区	4	595	1120	167.4	74.5	20955	刘新荣
琴陂村	8	336	1295	323.8	151	17372	林思南
咸弦村	10	433	1592	1228.1	560	16533	吴胜春
咸周村	9	276	1010	633.7	303	16297	尹志硕
新和村	9	353	1329	795.3	375	16174	尹祥志
东院村	29	828	3020	1697.7	751	15073	刘宏伟
上垅村	22	647	2363	1720.3	765.1	16035	刘喜平
江冲村	15	341	1130	454.9	217.2	16147	刘勇义
江边村	15	522	1918	1927.9	908.5	17493	谭飞跃
龙会村	18	536	2050	1387.9	637	16299	刘志坚

续表 11

村(社区)	村民小组(个)	户数(户)	人口(人)	耕地面积(亩)	粮食总产量(吨)	人均纯收入(元)	村党支部书记村(居)委会主任
南岸村	20	691	2745	2538	1148	17377	陈艳午
皮佳村	9	361	1404	1562.4	684	17438	皮平广
三联村	9	317	1109	1043.1	494	15273	洪文辉
桃源村	18	377	1456	1347	589	19426	洪奉鹏
新漕社区	15	568	1935	2481.7	1191	17441	张卫平
老漕村	5	468	1774	1886.4	886	17178	李新建
合　计	215	7649	27250	21195.6	9734.3	272511	—

（文　静）

黄丰桥镇

【概况】

黄丰桥镇位于攸县东部，地处攸县与江西省萍乡交界处，由原黄丰桥镇、兰村乡、柏市镇合并，境内有7个村（社区）分别与江西莲花六市、萍乡白竺、广寒坪三乡接壤；是全县最大的乡镇，下辖20个行政村，2个社区（阁前、柏市），298个村（居）民小组，辖区总面积350.1平方千米，年末总人口34437人。

镇内储有煤炭约3亿吨，有煤矿17家（含2家省属煤矿）、石料矿6家；林地面积39.8万余亩，国有林场3家，受保护古树名木260株。境内三面环山，是攸水的源头，自然风光优美，旅游资源丰富。2022年，治理耕地抛荒2000余亩，完成粮食播种2万余亩，粮食总产量11594吨，黑木耳种植业生产规模扩大至5个村；完成规模以上工业产值1.4亿元。实现总部经济税收1000万元，完成固定资产投资3.3亿元。居民人均纯收入16142元。

全镇有普通中小学校9所，在校学生1797人，在编在岗教职工132人；有卫生院2家，敬老院1所。

【产业发展】

积极争取政策支持，推进煤炭产业转型复苏。扶持优质煤矿整改、技改升级，有5家煤矿通过复工复产验收，有3家煤矿引进外资进行重组。碎炭眼煤矿获得安全生产许可证和采矿许可权证，正式恢复生产。

整合旅游资源，建设红色文化、生态体验、康养休闲、观光农业等特色的旅游区。新建阁前、万新2处烈士纪念广场和零散烈士墓地；完成泉塘幽谷“神奇湘东”景点改造升级一期工程，进一步完善宝宁寺、广寒寨、欧公山等景点的基础配套设施。

【民生保障和脱贫巩固】

2022年，全镇城乡居民养老保险参保10809人、城乡居民医疗保险参保24035人。兜住兜牢基本民生保障底线，全年发放城乡低保金36.18万元，发放临时救助、优抚、硅肺等解困资金9.9万元，推进阳光增收12人，提供公益性就业岗位10个。12岁以上人群新冠疫苗全程接种率达95.36%，60岁以上老人疫苗接种627人，接种率100%。完成“孕前优生”检查260人、“两癌”检查741人。

持续巩固拓展脱贫攻坚成果，推进乡村振兴。全年申报巩固拓展脱贫攻坚成果和乡村振兴项目库入库项目共计136个，下拨衔接项目资金共计133万元。争取小额信贷脱贫户、监测户116户，71户监测户、脱贫户实现产业分红11.64万元；4个帮扶车间获产业奖补资金，并吸纳脱贫户务工人员31人，全镇共设公益性脱贫人口就业岗位65个。

【基础建设和人居环境整治】

2022年，完成高标准农田建设1.5万亩，完成燕山小（2）型水库推进除险保安工程，完成泉塘村主干道X002路面、阁吉路、迎宾路提质改造。启动实施采煤沉陷区居民避险集中安置项目，完成7个“攸美幸福屋场”建设，其中示范点1个，6个普通点。

继续推进以治垃圾、治污水、治“空心房”、治村容村貌、治陋习、厕所革命为主要内容的“五治理一革命”，累计巡察发现并整改人居环境突出问题123条。开展市场周边环境整治活动5次，累计完成环保督察交办件15件、高效办结投诉信访件85件。启用镇垃圾中转站，镇区垃圾清运实现市场化，新增垃圾分类创建达标村5个，创建“市级美丽乡村”1个。新建黄丰桥市场公共厕所1座、农村改厕完成700户。推行镇级河长“一月一巡”，村级河长“一周一巡”，建立摸排整改台账，并及时整改到位。

【综治维稳】

推进平安创建工作，建立矛盾纠纷联调联处、快办快结机制，化解民事纠纷1000多件，矛盾纠纷调处成功率达到90%以上。全年办结各类信访件38件，市长热线交办件20件；会同交警六中队实行交通安全检查5次；接受社区矫正人员212人，解矫184人，在册27人。严防森林火灾，组织各村（社区）共出动宣传车800余台次，发放、张贴森林防火宣传资料3万余份，近500名党员干部发挥先锋模范作用，对重要林区实行“小喇叭”巡逻，进林区、进社区、进农户进行森林防火宣传。

【基层党建】

以党建工作引领乡村振兴工作，把党小组扩大会议开在屋场、工地、田间地头，全年召开会议440余次，解决实际问题900余个，为乡村振兴赋能增效。搭建湘赣边区域党组织联建同盟。与江西省萍乡市湘东区的广寒寨乡共同探讨“党建+乡村旅游”模式创新，组织镇村两级交流观摩学习。加强村级组织建设，在湖厂、兴旺、丰垅、温水等4个“薄弱村”实施“一村一策”，实现“薄弱村”清零。选派22名年轻干部到村（社区）担任书记、主任助理，同时选调15名村（社区）干部到政府机关跟班学习交流。

2022年度黄丰桥镇各村（社区）基本情况表

表12

村（社区）	村民小组（个）	户数（户）	人口（人）	耕地面积（亩）	粮食总产量（吨）	人均纯收入（元）	党支部书记	村（居）委会主任
严　塘	10	356	1203	521.25	208	14612	阳秋华	阳秋华
宝　宁	16	541	1840	1100.25	309	16670	高石荣	高石荣
东岳山	9	308	1038	539.1	180	15298	魏　余	魏　余
丰　垅	14	588	1779	785.85	512	16557	颜爱平	颜爱平
兴　旺	14	501	1458	845.85	400	15765	王志强	王志强
广　和	16	752	2313	1319.85	700	14319	李雪华	李雪华
阁　前	9	778	1658	697.65	90	18587	贺　海	贺　海
万　新	13	433	1495	1402.65	540	18979	邓建勇	邓建勇
杨　丰	23	534	1876	1310.1	550	15017	杜德华	杜德华
石　联	11	305	1147	730.35	270	18035	许洛华	许洛华

续表 12

村（社区）	村民小组（个）	户数（户）	人口（人）	耕地面积（亩）	粮食总产量（吨）	人均纯收入（元）	党支部书记	村（居）委会主任
满　江	22	574	2021	1635.3	20	15691	谢雄明	洪升红
晓　曙	13	372	1307	1001.55	500	14905	尹建韶	尹建韶
塔　前	24	725	2418	1941.6	970	14926	谢一平	谢一平
泉　塘	9	414	1291	2260.35	758	16423	肖　思	肖　思
凤　塔	11	459	1383	2110.65	750	14979	谭忠玉	谭忠玉
富　头	6	200	669	923.1	42	11289	邱湘林	邱湘林
温　水	6	257	881	886.05	120	15687	张雄伟	张雄伟
中　洲	17	621	1875	2348.1	800	17655	文志芳	文志芳
湖　厂	11	395	1330	1690.8	600	14337	何文德	何文德
樟　井	11	460	1459	1717.35	686	16539	陈望顺	陈望顺
墙　背	9	386	1224	1624.5	629	17843	刘观云	刘观云
柏　市	24	918	2772	3235.05	980	21006	赵新跃	赵新跃
合　计	298	10877	34437	30627.3	11594	16142	—	—

（张继柱）

酒埠江镇

【概况】

酒埠江镇位于攸县东部，全镇土地总面积146.2平方千米，辖11个行政村、2个社区、249个村民小组，9703户，总人口30403人，辖区内有国家AAAA级景区酒埠江旅游风景区，有国家级大(2)型水库酒埠江水库。2022年，全镇完成财政总收入3967.82万元，一般预算收入1517.02万元，预算外收入2450.8万元。全镇全年新增小规模纳税人156家，一般纳税人10家，市场主体343户，社会固定资产投资3.05亿元，规模以上工业增加值1.5亿元，社会消费品零售总额约0.46亿元，规模以上服务业企业营业收入8.1亿元，农村居民人均可支配收入30727元。酒埠江镇“乡村振兴大会战”、维护稳定、食品安全和森林防灭火等4项工作获2022年度攸县先进单位，酒仙湖村获省级美丽乡村示范村称号，江北社区获评湖南省省级充分就业星级社区称号。

【旅游开发建设】

根据县委、县政府决策部署，酒埠江镇继续瞄准创建国家休闲旅游度假区和省级全域旅游示范区目标，统筹力量，持续推进酒埠江生态新镇建设。一是高效推进重点项目建设。酒埠江镇中心卫生院医养中心一期项目有序施工，东塘新农贸市场正式搬迁运营，东田污水厂建设及管道铺设工程完成扫尾。二是深度培育旅游品牌。结合酒埠江镇资源禀赋和产业特点，抓好文化旅游、红色旅游、康养旅游、研学旅行等旅游新业态发展，酒仙湖研学旅游基地被评为省级研学旅游基地，酒埠江国家地质公园博物馆获评省青少年教育基地，酒埠江桐心谷温泉别院获评全省首批四星级“森林人家”，景区品牌培育进一步加强。三是精心做好文旅推广。以文旅产业融合发展为重点，持续推广“三打官田”“三张收据”“大坝精神”“五小工业遗址修复”等本土文化资源，做优红色景点，打造高品质旅游产品。同时，以酒仙湖特色民宿片区为突破，进一步整合酒仙湖村、酒埠江村、白石冲村存量资源，科学布局，化散为整，大力发展乡村旅游。

【农业发展和基础建设】

一是稳定粮食生产面积。全年完成双季水稻种植1.29万亩，创建1个双季稻400亩示范片，新增粮食耕作面积1000余亩，慈联村、大芹村杂交水稻制种整村推进。完成耕地抛荒治理560亩，退林还耕130亩，率先超额完成2022年耕地恢复任务，完成率与合格率均为全县首位。二是抓好林业管理工作。有效应对历史罕见的高温干旱天气，坚持防汛抗旱和森林防灭火两手抓两手硬，全镇未出现1例较大火警火灾，并多次支援其他地区山火扑救，森林防灭火工作获县通报表扬，并荣获评县森林防灭火先进单位称号。完成武深高速酒埠江段、生态廊道建设150亩，全镇迹地更新造林500亩，油茶新造300亩，中幼林抚育500亩，调处山林纠纷20余起，联合林业工作站对辖区内木材市场及滥伐林木、乱占林地等林业违法行为进行了执法整治。三是完善农业基础设施。做好水库山塘修缮工作，完成白石冲、慈联、普安桥、酒埠江等村机耕道验收，除险加固官田石冲山塘，完成7座小水源提升项目（山塘）建设，对慈联大塘冲水库泥土堆放进行了有效整治。

【乡村振兴巩固脱贫】

推动巩固拓展脱贫攻坚成果同乡村振兴有效衔接，成立酒埠江镇乡村振兴战略领导小组，强化酒仙湖、大田等5个乡村振兴重点帮扶村的帮扶力度，落实防返贫监测，稳固脱贫措施。2022年扶贫项目入库42个，基础设施、文化设施等项目帮扶8个共计75万元，本地产业帮扶5家，推动50名脱贫户自主发展产业并奖补13.64万元，公益性岗位就业11人。聚焦集体经济发展，大力扶持慈峰有机茶、普安桥葡萄、大芹村大棚蔬菜等特色农业产业，成功举办首届普安桥葡萄基地开园活动，大芹村大棚蔬菜成功申报湖南省扶持壮大村级集体经济项目。

【人居环境整治】

全面开展自建房安全专项整治行动，严控高切坡建房和重大安全风险隐患建房，做好地质灾害防治，确保风险隐患排查全面、整治到位、消除及时，全年危房改造5户，图斑核实整改26个，拆除违建房屋2栋。开展酒埠江水库安全专项整治工作，强制拆除水库水面违法建构筑物24处、网箱10只。扎实推进“河湖林田长制”等工作，对全镇13座小（2）型水库进行杂草、杂物清理整治，并纳入县用水协会考核管理，扎实推进农村户厕改革，完成户厕改造391户。强化镇容村貌治理，拆除东塘旧市场，并对镇区店外经营、车辆乱停乱放问题进行专项治理，强力整改白石冲、沙里坪检查站煤矸石乱堆乱放问题。

【民生改善和社会保障】

优化社会事务服务，落实“民政互联网+”，织牢兜底保障网，全镇低保户491户844人实现保障金整体提标，全镇五保特困人员111人、农村五保104人的救助资金及时发放到位。完善民生保障，完成敬老院和慈峰小学的升级改造，完成人大“票决制”民生实事项目3个，目前全镇共建有公办养老机构1所、“长者之家”2处，基本实现“集中分散各有所养”的目标。抓好党管武装工作，完成征兵7人，春秋季征兵、星级达标、民兵整组等获评县先进单位。

推进乡风文明建设，完成湖南省“最美潇湘文化阵地”建设申报与验收工作，建成“门前三小”普通点7个、示范点1个、“幸福屋场”5个，开展送戏、送电影、送图书、送广播电视户户通等一系列文化惠民行动，开展新时代文明实践活动40余次，群众文化生活进一步丰富。

【综治维稳】

深入开展安全生产专项整治，定期对全镇烟花企业、加油站、宾馆（酒店）、仓储基地和大型商业综合体等开展安全生产巡查、打非治违，全镇未出现 1 例较大及以上安全生产事故。深化乡村治理，建立网格化服务管理和县域社会治理风险防控“N 合一”机制，常态化开展扫黑除恶斗争和禁毒人民战争，社会大局持续稳定。

【基层党建】

加强思想建设。始终把习近平新时代中国特色社会主义思想作为党政联席会“第一议题”来学习，全面深入学习贯彻党的二十大精神，全年开展党委理论学习中心组学习研讨 13 次，推动领导干部下村主题宣讲 13 次。开展组织建设。积极开展基层组织整建提质和集体经济“消薄攻坚”专项行动，统筹推进党员和村（居）民代表联系服务群众工作，全年创新开展党小组会、屋场会 96 次，发展党员 13 人。聚焦干部能力提升，开展讲座、调研、研讨、实践相结合的“四个一”活动，开办培训讲座 5 次，学习研讨 7 次，年轻干部夜读班 10 期。推进作风建设。深入推进廉洁文化建设，组织警示教育 2 次、专题学习培训 3 次，处理违规党员 4 人，建成联塘村清廉文化建设点。组织开展违规收受红包礼金、乡村振兴专项资金监管、违规参与煤矿经营活动等专项督查整治 7 次，村级微信群及制造名城企业微信群受理问题线索 13 条，办结率 100% 群众满意率进一步提高。

2022 年度酒埠江镇各村（社区）基本情况表

表 13

村（社区）	村民小组（个）	户数（户）	人口（人）	耕地面积（亩）	粮食总产量（吨）	人均纯收入（元）	党支部书记	村(居)委会主　任
酒埠江	24	877	2991	1820	1061	32797	谢德荣	谢德荣
白石冲	16	451	1585	1198	697	31675	易　忠	易　忠
大　田	22	828	3104	2851	1742	30880	艾国华	艾国华
慈　联	24	683	2469	2409	1379	32624	王立雄	王立雄
黄　竹	23	542	1788	2317	1286	30835	欧小兵	欧小兵
木　联	23	677	2397	2361	1358	31901	刘卫兵	刘卫兵
大　芹	22	699	2396	2331	1339	32627	袁金荣	袁金荣
普安桥	25	786	2660	2408	1403	32638	汤　林	汤　林
联　塘	20	573	1961	1874	1091	32648	文志刚	文志刚
柘　桑	10	410	1178	902	500	32188	贺吉辉	贺吉辉
酒仙湖	19	627	1997	1215	674	32657	曾爱武	曾爱武
东　田	13	948	2523	836	475	30555	谢罗辉	谢罗辉
江　北	8	1602	3354	0	0	31057	陈　平	陈　平
合　计	249	9703	30403	22522	13005	31929	—	—

（戴蓓蕾）

网岭镇

【概况】

网岭镇是攸县的工业重镇，被列为全国重点镇。辖 23 个村（社区），564 个村民小组，总人口 70889 人，辖区总面积 236 平方千米，耕地面积 76896.01 亩，镇区面积 10 平方千米，镇区人口 1.68 万人。

2022 年，全镇粮食播种面积 10 万亩，发展高档优质稻 1.9 万亩，创建双季稻示范区 7 个，粮食总产量 10 万吨。全镇实现地区生产总值115.68亿元，新增规上企业4个，完成固定资产投资9.2亿元，完成社会消费品零售总额13.3亿元，完成规模以上工业总产值101.3亿元。被评为“湖南省文明镇”“株洲市文明镇”、株洲市“十强乡镇”“株洲市美丽乡村示范建设先进集体”，并列入湖南省“十四五”乡村振兴示范镇创建名单。

【产业发展】

2022年，全镇新增“四上”企业4家，新增市场主体847户；湖南木样年华家居有限公司、攸县恒盼陶瓷科技有限公司等公司落户网岭镇。绿色建材产业逐步壮大，2022年产值达8亿元，较2021年提升10%。成功引进6名外出人士返乡创业，返乡创业工作跻身全市乡镇十强；积极招商引资，吸引攸县昊蓝生物质能源有限公司落户网岭镇江塘村，项目整体投资5000万元，获评全县招商引资工作先进单位、“市场主体培育”工作先进单位，网岭商会获评湖南省“四好”商会。

全年完成征地15亩，腾地92亩，协调落实湖南固辉新材料有限公司项目供地并完成“三通”（通水、通电、通路）建设，完成株洲市国腾环保科技有限公司清退、湖南恒盛新材料有限公司岩棉厂房调整，湖南小荷新能源科技有限公司扩产扩能、湖南旭日陶瓷有限公司二期竣工投产、罗家坪安置区一期20亩完成交付。解决旭日陶瓷二期建设90亩迁坟清表腾地等网岭循环经济园遗留问题81个。

【民生保障和乡村振兴会战】

2022年，全镇新增城镇就业310人，农村劳动力转移就业524人，实现“零就业家庭”动态清零，脱贫人口及监测户医保实现全覆盖。落实兜底保障措施，实施“低保”567户1320人，共发放保障资金32万元；特困供养292人、临时救助526人，共计发放资金65万元。全镇社保缴费人员20609人，缴费总额达744万元，按月领取待遇1.25万人，领取总额166万元。年内成立攸县慈善会网岭分会，筹措社会资金82万元。

持续推进脱贫攻坚同乡村振兴有效衔接，扶持脱贫户、监测户1135人稳定就业，发放产业分红14万元，实现脱贫户人均增收6500元，获评全县“乡村振兴大会战”工作先进单位。

扶持村集体经济发展，在大瑞村、灯笼桥村、涟滩村、巷口山村、笙塘村、兴和村、槚山社区、北联村和株形村等村实施光伏发电项目，总投入200万元，200余户村民安装屋面光伏设备，带动村民增收。发展特色经济作物种植业，全镇实现村集体经济收入共计416万元，其经验做法在株洲市作典型推介。罗家坪村种植辣椒20亩、兴和村种植黑木耳30亩，村集体经济增收5万元；宝山湖黄桃种植面积300亩，年产值100万元；罗家坪村典型经验入选“湖南省集体经济百村案例”。

【基础建设】

全年争取各级专项基础建设项目资金5600万元；全镇5家村集体经济组织、21家企业帮扶车间获得产业奖励，奖补金额140万元。

治理耕地抛荒3185亩，完成耕地恢复380亩；建成高标准农田1.78万亩，修缮水渠8千米，山塘防渗50余口，维修陂坝5处，新造油茶林780亩，义务造林13万株。

全力推进“村电共治、服务惠民”工程，完成8个村（社区）电网改造；提质改造农村道路9000立方米，刚改柔16千米，拉通绕镇支路，有效缓解镇区交通压力。

至年末，全镇完成7项民生实事基础建设项。1.完成罗家坪村、江塘村、宏大村、灯笼桥村、笙塘村、宝山湖村等10个村的山塘水体清淤防渗工程，整体整治加固山塘、水坝56座，修缮水渠8000米；2.完成北坪村、株形村、伏陂村、灯笼桥村等7个村高标准农田建设，投资达千万，建成高标准农田1.2万亩，治理耕地抛荒3185亩；3. 2022年对沙河北坪段至笙塘段进行治理，对沿河河岸进行护坡修葺，疏浚清淤，完成11公里整治工程，工程投入1900万元；4. 完成罗家坪村、里旺村、笙塘村、北坪村、北联村、江塘村、株形村7个村“门前三小·幸福屋场”建设及验收工程，打造了罗家坪村、北坪村2个市级示范点；5. 完成株形村、江塘村、沙峰村、伏陂村等14个村（社区）“农村四好”公共道路提质改造工程，提质改造路面5000立方米，“三路”建设刚改柔16公里，总体投入1000万元；6. 完成对罗家坪村、北坪村、北联村、里旺村、宏大村、洞井社区、笙塘村、兴和村电网改造，整体投入600万；7. 2022年网岭镇农村饮水安全巩固提升工程总投资70余万元，解决农村安全饮水300人。

【人居环境整治】

广泛开展人居环境整治专项行动，完善垃圾收集运转体系，清理陈年垃圾300多处，处理生活垃圾1500多吨。推进全镇污染治理攻坚战，处理上级环保类交办案件53起，全年工作考核始终位列全县前茅，先后获评株洲市河长制先进单位、株洲市林长制工作先进单位、全县“污染防治攻坚”先进单位，乡村旧貌换新颜。

【综治维稳和安全生产】

着力化解矛盾纠纷，维护社会稳定。全年共排查受理各类矛盾纠纷191件，调处191件，调处率100%。开展“控增量、减存量、消变量”综治专项工作，年度民调工作全县排名第一，群众满意度持续向好，获评全县平安建设先进单位。

推进安全生产专项整治“三年行动”，实现全镇重点企业全走访、全排查，83条隐患线索全部完成整改，获评株洲市安全生产工作先进单位；全镇1.8万户自建房、908户经营性自建房全部摸排、整改到位。

严抓森林防火，保障生态安全。先后投入60余万元，新聘护林员50余名，配备46辆宣传车、4辆洒水车，购置喷雾器、抽水泵等一系列防灭火设备，探索建立应急救援片区协作机制，进一步筑牢森林防火屏障。

【基层党建】

加强党员干部的政治思想教育，把学习贯彻习近平新时代中国特色社会主义思想和党的二十大精神作为学习讨论的“第一议题”，广泛开展“党声‘攸’扬”宣讲活动；增强党员践行“两个维护”的行动自觉性。以“干部能力提升年”活动为契机，成立攸县党校网岭分校，组织村干部、党员集中培训12次，开展理论宣讲40次，开设青年干部夜校学习15期，开展“喜迎党的二十大奋进建功有我”主题演讲比赛，“干部能力提升年”工作获评全县先进单位。加强党风廉政建设，开展作风监督检查69次，检查单位、村（社区）累计366次，发现纠正整改类问题29个，办结上级和本级问题案件16件。协助配合县委第四巡察组对10个村（社区）完成巡察工作。2022年度获评全县党建工作先进单位。

【精神文明建设】

完成六十分烈士陵园墓葬区建设，结合省非遗项目“槚山皮影”，打造完成具有鲜明地域特色的北坪清廉文化单元，获省市县领导高度评价，先进做法在省纪委监委官方网站“三湘风纪”作推介报道。

建成“门前三小·幸福屋场”7处，开展最美乡贤、道德模范评选，涟滩村王柏球获评县级十佳乡贤，广泛推介、宣传先进典型事迹，深化“移风易俗”，切实培育、践行好社会主义核心价值观，文明乡风进一步淳化，大瑞村成功创建湖南省“同心美丽乡村”示范点。

2022年度网岭镇各村（社区）基本情况表

表14

村(社区)	村民小组(个)	户数(户)	人口(人)	耕地面积(亩)	粮食总产量(吨)	人均纯收入(元)	党支部书记村(居)委会主任
罗家坪	32	1286	4564	5239.35	3573.2	29990	欧国胜
里　旺	36	1116	4100	5824.2	3972.1	23650	邓经豪
涟　滩	23	1099	3573	3985.5	2718.1	22680	王正中
宏　大	43	1692	4732	4968.75	3388.7	24320	罗新恒
江　塘	29	1084	3552	4857.6	3312.9	17350	吴齐文
北　联	34	1109	3490	4649.85	3171.2	18630	文育新
兴　和	23	879	2856	4213.2	2873.4	19870	彭跃飞
北　坪	17	806	2999	4248.3	2897.3	25120	刘福元
笙　塘	22	687	2388	3663.9	2498.8	19542	吴旭日
洞井社区	42	1787	5012	5091	3472.1	36890	唐三军
甘　溪	8	2659	3908	—	—	39070	谭衡武
大　瑞	23	615	2490	3043.95	2076	22610	邱泉水
宝山湖	21	411	1658	1543.11	924.6	19730	林　青
灯笼桥	19	486	1986	1783.05	1216	19570	欧湘林
沙　峰	17	559	2062	2018.55	1376.7	23650	易国全
龙蟠洲	28	683	2686	2615	1467.9	17480	王湘云
湖沙垅	22	635	2535	2633.85	1796.3	18940	刘正明
槚山社区	29	1456	3960	3104	1801.4	19120	龙平华
株　形	23	914	3329	3549.45	2420.7	18320	刘红兵
网　金	16	539	2036	2468.4	1683.4	18460	欧阳根云
武　仓	15	447	1608	1750.8	1194	20310	江春华
伏　陂	23	671	2585	2777.85	1894.5	19430	张武华
巷口山	19	759	2780	2866.35	1954.9	23760	朱余良
合　计	564	22379	70889	76896.01	51684.2	—	—

（刘　滢　赵德旺）

皇图岭镇

【概况】

皇图岭镇位于攸县北部，是全国重点镇、全国第二批特色小镇(共享农业特色小镇)，保持“国家农业产业强镇”“全省百强镇”“文明镇”荣誉。全镇辖24个村、2个社区，18536户，总人口71830人。辖区总面积243平方千米，耕地面积62335.37亩，镇区面积2.1平方千米，镇区人口2.5万人。境内共有中小学校7所，其中皇图岭片区中心完小4所，市坪片区中学1所，完小1所，高枧片区九年一贯制学校1所；在职教职工296人，在校学生4543人。有县级医院1所，卫生院2所，医务人员296人。有敬老院1所，供养人员65人。

2022年，全镇完成规上工业增加值14.8亿元，社会消费品零售总额9.59亿元，完成固定资产投资2.05亿元；完成地方一般公共预算收入3500万元，完成总部经济税收1200万元。获评湖南省乡村振兴示范乡镇和株洲市粮食安全生产先进单位。

【特色农业和产业发展】

全镇耕地抛荒治理复耕面积0.34万亩；完成粮食播种面积10万亩，其中双季稻面积4.5万亩，水稻制种0.4万亩，低镉品种试验示范200亩，粮食总产量50188吨。发展特色农业，全镇共种植黄豆、甜玉米、“西瓜红”红薯、湘莲、香芋、杂交水稻制种、西瓜等果蔬等特色农作物1.7万亩，新造油茶林200亩。

完成乡村振兴项目建设72个，引进资金3052.3万元。3月30日，总用地面积158亩、总4.67亿元的攸县皇图岭香干产业园在皇图岭镇港口村开工，主要包括香干豆腐加工区、生产生活配套区、商务配套功能区等项目建设。

【民生保障和社会救助】

落实民生保障措施，定期召开低保联审会，动态调整享受低保人员，做到应保尽保，全镇享受农村低保共858户1806人，临时救助60余万元。落实农村妇女“两癌”筛查1445人，优生遗传检测459人。新增计生奖扶600人，发放资金200余万元。

【基础建设和生态环境建设】

提质改造乡村公路4800方，实施“刚改柔”项目8公里。完成荫泉村和芳田村4000亩高标准农田建设项目。完成界联等7个“门前三小”和“攸美·幸福屋场”示范点建设。完成30座山塘的清淤防渗。启动双江口、市民、石子塘等3座水库除险加固工程。

推行生活垃圾分类处理，建成5个垃圾分类示范村。开展污染防治攻坚战“春雷行动”，完成龙和等3个生活污水重点治理村1394户村民的排污设施——净化池安装。落实“林长制”日常巡查，开展植树绿化活动，共植树造林13万株；完成“省级生态廊道”建设682亩。

【综治维稳】

全年共调解矛盾纠纷163起，调处成功161起，调解成功率98.8%。认真开展安全生产“打非治违”专项行动和安全生产三年行动，全年共排查治理安全生产风险隐患17处，获评“全省应急能力建设示范乡镇”。

【基层党建和精神文明建设】

加强党员干部思想政治教育，认真学习贯彻中共十九大历次全会和二十大会议精神，利，各级党组织书记讲党课86次，用“屋场会”等形式宣讲党的二十大精神和习近平新时代中国特色社会主义思想。落实“一岗双责”和廉洁自律制度，加强党风廉政建设。全年共处置问题线索12件，党纪立案8件，警告处分3人、严重警告处分2人、开除党籍2人。举办基层党建引领乡村自治暨农村党员冬春训、乡村振兴业务、村电共治等培训班16次，共计培训党员干部2200余人次。

深入推进“我为群众办实事”文明实践服务活动1万余人次，为群众解决实际问题100多个。全年开展文艺演出6场，开展志愿服务活动63场次，举办电商赋能培训100余人次。

2022年度皇图岭镇各村（社区）基本情况表

表15

村(社区)	村民小组(个)	户数(户)	人口(人)	耕地面积(亩)	粮食总产量(吨)	人均纯收入(元)	党支部书记村(居)委会主任
荫　泉	26	1061	3789	2554.75	2100	20000	王新华
龙　和	23	508	2248	1905	1400	27000	张建立

续表 15

村(社区)	村民小组（个）	户数（户）	人口（人）	耕地面积（亩）	粮食总产量（吨）	人均纯收入（元）	党支部书记村(居)委会主任
高　新	25	596	2206	2309.61	1968	27200	张铁成
共　和	16	425	2008	1915	1500	20000	谢展望
富　厚	23	756	3102	2516.16	2050	23000	陈德明
港　口	26	806	3039	3142.54	2700	28000	杨国东
新　联	28	665	2645	2657	2300	18800	王建成
丹　塘	19	677	2815	2720	2300	30000	李昌德
笔　和	34	1207	4660	4860	4260	21000	彭胜辉
皇　图	19	668	2674	1637.96	1200	28000	王庆华
皇　新	31	729	2966	2698.1	2160	20000	何　锋
西　街	11	1038	3029	100	—	45000	瞿艳民
金　塔	7	598	3160	—	—	45000	刘铁尧
山　关	12	445	1786	1322.42	1020	18600	刘树平
芳　田	41	952	3648	4520.79	3900	18500	谭正国
李家铺	22	456	1685	1773	1260	18800	左卫阳
界　联	31	528	2398	2435.5	2010	19000	谭三促
高　枧	32	667	3078	2878	2200	25000	刘铁汉
新　乐	34	823	3320	2733	2300	22000	汤光卫
白日坳	27	556	2136	2418.8	1950	26000	谭小燕
长　华	19	410	1710	1250.05	900	18800	杨桂祥
长　桥	31	650	2765	2525	1900	16000	丁子阳
河　田	42	1019	1039	3118	2120	20500	陈世云
麻　城	37	836	3218	3227	2800	20000	丁亚仁
市上坪	35	756	3688	2579.29	1930	21200	刘建珍
鹏　江	28	704	3018	2538.4	1960	20800	丁建新
合　计	679	18536	71830	62335.37	50188	618200	—

（陈理灵）

宁家坪镇

【概况】

宁家坪镇位于攸县北部，沙河河畔，政府驻地宁家坪社区双联组。2015年12月，根据全省乡镇区划调整部署要求，攸县坪阳庙乡与湖南坳乡（析出大瑞1个建制村）成建制合并设立宁家坪镇。2022年，宁家坪镇辖21个村（社区），473个村民小组，总面积204.94平方千米，总人口52247人。全镇耕地面积46723亩，林地面积19万亩，共有小型水库15座、骨干山塘70座。

2022年，全镇社会消费品零售总额为34771万元，同比增长4%，规下投资增长26.1%；全年完成财政收入2182万元，总部经济引税1360万元。农村居民人均收入21619元，增长2%。发展壮大村级集体经济，开展村级集体经济“削薄”攻坚，全镇21个村（社区）集体经济收入均达5万元以上。获2022年度“县文明建设先进单位”称号。

【现代农业发展】

发展特色农业，打造农业强镇。建设并验收1.3万亩高标准农田项目，完成耕地抛荒整治769亩。全年种植水稻2.7万亩，创建早稻生产示范片1处，粮食总产量31831吨。种植青贮玉米4200亩、杂交水稻制种2700亩、香芋1200亩、中药材800亩、收割油菜3.8万亩，打造油菜县级示范区5个。

【产业发展和招商引资】

2022年，新储备镇区学校、镇区商业超市、镇区银行、集市改造等项目5个，预计总投资额超6000万元。拍卖土地2块，盘活闲置资源1处，完成攸县重点采煤沉陷区宁家坪镇排山村避险搬迁安置工程附属工程建设。株洲市鸿瑞路桥公司成功落户金水村，“明月”49兆瓦风电项目。推进助企纾困“暖企”行动，开展“送政策、优服务、解难题”服务24次，干部联企20家，解决“企业办事不求人”问题10余起。开展“市场主体培育年”活动，全镇在库规上企业26家，新增市场主体382户，实现市场主体倍增目标。

实施乡村振兴项目，全年发展产业基地20个，

【社会救助和脱贫巩固】

全年救助低保769户1791人，分散、集中供养五保老人226人；发放临时救助金84万余元（硅肺24万余元），救助845人次（硅肺308人次）。落实“四个不摘”要求，扎实做好监测户防返贫监测，镇村干部按“一人一户、一户一策”要求，结对帮扶监测户68户109人。申报乡村振兴项目25个，财政专项扶贫资金拨款176万元，“雨露计划”投入25万余元，帮扶169人次。

【基础建设和生态环境建设】

投入900余万元，拓宽、新修农村道路40千米，清淤疏浚5千米，山塘、水库除险加固10座，危桥改造1处。“707矿”（铀矿）退役治理取土工程、污水处理厂2600米管网延伸覆盖等项目按期竣工。新建“门前三小·幸福屋场”示范点1处，普通点6处。推进农村人居环境治理，全面推行农村垃圾清运和分类处理，至年末共创建龙旺村、双田村等“垃圾分类示范村”11个。落实“河长制”“林长制”工作，严厉打击非法采砂和乱砍滥伐行为；“镇村组”三级累计组织防火宣传1000多人次，全镇未发生一起森林火情。荣获2022年度“湖南省林长制工作先进单位”。

【综治维稳和安全生产】

创新社会秩序治理，村级微信群推送各类信息3421条，处理问题392个，调处各类民事纠纷52起，调解率达100%，开展安全生产大排查、大走访、大整顿行动，发现并整治安全生产隐患332处。组建32名机关党员干部为成员的应急响应大队，“值班+响应”的工作机制，备战森林防火、疫情防控、防汛抗旱等应急处置。应急大队组织演习8场，实战6场。配合全县自建房安全隐患排查整治，排查全镇自建房屋13232户，初判安全隐患12户，并落实整改除险措施。

【基层党建和干部队伍建设】

加强党员思想政治教育，组建21支镇级宣讲队和1支青年讲师团，通过“一月一课一片一实践”活动，深入学习贯彻习近平新时代中国特色社会主义思想和党的二十大精神；组织开展新时代文明实践志愿服务活动22次，参与3000人次。整顿软弱涣散党组织，灵活运用“四个一”措施，田心村实现摘帽。加强党风廉政建设，处置有关线索问题7件，立案4件，开展谈话提醒1170人次，给予党纪处分4人。加强村级组织和干部队伍建设，完成支村“两委”补选9人，调整不合格党组织书记1名。下派镇级驻村第一书记3名，调整村干部7人，组织村干部集中培训2次。

2022 年度宁家坪镇各村（社区）基本情况表

表 16

村(社区)	村民小组(个)	户数(户)	人口(人)	耕地面积(亩)	粮食总产量(吨)	人均纯收入(元)	党支部书记村(居)委会主任
联和村	21	890	2527	2386	1088	20678	罗新成
宁家坪	31	908	3241	3444	2740	24500	王喜余
龙旺村	27	764	2568	2789	2007	17000	刘治国
坪双村	13	350	1182	1220	860	20000	谭三查
坪塘村	14	617	2009	1652	1165	28000	聂　健
坪台村	16	865	2726	2117	1445	21383	陈　健
黄公村	46	1308	4465	3850	3100	20000	吴松岩
双凡村	10	508	1741	1205	840	19500	王　敏
双松村	15	612	2029	1335	800	17000	曾桂珍
龙泉村	11	434	1422	1054	890	16900	吴云峰
笔武村	34	1019	3750	2963	1800	20530	刘　辉
排山村	25	656	2276	1013	748	25069	廖相民
杜口村	13	458	1721	1245	860	18520	陈文军
龙田村	12	522	1852	2014	1220	18000	陈小军
下湾村	34	789	2814	2910	2086	21186	谭又星
双田村	24	535	1906	2022	1256	18586	丁宗豪
田心村	30	1158	3459	3200	1980	21500	唐　勇
大兴村	17	536	1774	1560	1405	18228	贺继美
大祥村	26	727	2470	2417	1600	17500	郭辉民
金水村	27	988	3144	3110	1999	22517	刘龙云
自力村	27	883	3171	3217	1942	37600	邓自伟
合　计	473	15527	52247	46723	31831	21619	—

（任尧坤）

丫江桥镇

【概况】

丫江桥镇位于攸县西北部，与醴陵市、渌口区、衡东县交界，总人口 45633 人，辖 15 个村和 1 个社区，370 个村（居）民小组，11185 户。辖区总面积 160.1 平方千米，耕地面积 4.19 万亩，其中水田 3.06 万亩、旱土 1.13 万亩；林地面积 18.5 万亩。境内铀、钼、钨矿等贵重金属储量较丰富。全镇公路总长 195 千米；有中型水库（皮佳如水库）1 座，小（1）型水库 1 座，小（2）型水库 13 座。

全镇有中小学校和幼儿园 14 所（中学 2 所、小学 4 所、幼儿园 8 所），在职教职工 133 人，在校中、小学生 2267 人（中学生 704 人、小学生 1563 人），在园幼儿 613 人。全镇有文化站 1 个、“门前三小”点 14 个、农家书屋 16 个、乡村大舞台 3 个。共有卫生院 1 所，村卫生室 16 所，医护工作人员 51 人，病床 80 张。

2022 年，全镇新增企业 73 家，其中涉税企业 16 家，占比 21.92%，新增小规模纳税人 106 户；有科技型小企业 1 家、个转企 8 家。新增个体工商户 298 户，完成“个转企”29 户，净增市场主体 518 户。有“四上”（一定规模以上企业、资质等级建筑业企业、限额以上批零住餐企业、国家重点服务业企业）企业 3 家，完成总产值 4400 万元。全镇完成固定资产投资 1.5 亿元，完成一般公共预算收入 2353 万元、总部经济税收 1280 万元。

实施推进乡村振兴举措，共申报水利、交通、产业等乡村振兴基础设施项目 232 个，解决 200 多户的农田灌溉、交通出行等问题。辣椒、蓝莓、油茶、蕲艾、药材、耳环加工厂等“一村一品”产业项目逐渐规模化、品牌化。深入推进农村生活垃圾分类处理、河长制等工作，完成改厕 818 户。共打造“攸美·幸福屋场”4 个，其中示范点 1 个，开展新时代文明实践活动，成功举行“幸福新攸州”健身广场舞微视频拍摄活动。进一步加强乡村文化建设，仙石村获评省文明村、新杉岭村获评市文明村。

【农业发展】

全镇水稻种植面积 30000 亩，其中早稻种植 12000 余亩，粮食总产量 24840 吨。完成抛荒治理 2464 亩，还耕复种 233 亩；种植结构调整 750 余亩。新造油茶、果树等经济林 500 余亩，油茶低改 1500 余亩，林地抚育 400 亩。严厉打击非法占用林地行为，处理林地林权纠纷 3 起、乱伐林木处罚 2 起。

【基础建设】

垃圾中转站建设顺利开工，污水处理厂一期工程投入正常运营，完成风力发电项目和镇区改造刚改柔工程扫尾。稳步推进“S204”提质改造工程，七〇七矿退役治理工程、盆上白竹湖花岗岩开发项目和高标准农田建设项目。恢复耕地 233 亩，总计 92 个图斑。三峰村、增佳新村、联江村等 8 个村启动实施 14000 余亩高标准农田建设项目。

【民生和社会保障】

统筹推进稳岗就业、社会救助、社会保障等工作。全年发放临时生活救助金 25.4 万元，为困境儿童、孤儿、留守儿童、高龄老人发放基本生活保障费 105 万元。通过“湖南监督与服务”微信群平台督办、解决民生类问题 38 件，及时回复解决“12345”县长热线派件 172 件。

【综治维稳】

开展大排查、大管控、大整治专项行动，组织安全生产执法行动 60 余次，确保安全生产“零事故”。查处非法采砂 40 余起，开展马路市场集中整治 20 余次。开展“平安创建”、民调宣传和扫黑除恶、黄赌毒专项打击活动。及时办结市长热线、县长热线 183 条；镇村处理矛盾纠纷 58 起，镇调委会成功调解疑难纠纷 12 起，调处成功率 95% 以上。实现“小事不出组，大事不出村，疑难问题不出镇”目标。

2022 年度丫江桥镇各村（社区）基本情况表

表 17

村(社区)	村民小组(个)	户数(户)	人口(人)	耕地面积(亩)	粮食总产量(吨)	人均纯收入(元)	党支部书记 村(居)委会主任
联　江	15	574	2041	2184.75	965	18605	阳丙建
仙　石	17	920	3806	2896	1700	35000	罗正华
新杉岭	20	613	2275	2079.9	1122	25512	刘飞鹏
万　兴	19	505	2136	2272.48	1030	12000	刘亦华
华　裕	11	557	1998	2171.23	1620	9100	易　朝
增佳新	27	740	2463	2661.61	1100	16000	王春明

续表 17

村(社区)	村民小组（个）	户数（户）	人口（人）	耕地面积（亩）	粮食总产量（吨）	人均纯收入（元）	党支部书记村(居)委会主任
源　佳	29	526	2268	1656.16	860	10500	王跃进
严　良	17	604	2086	2877.95	2809	35890	彭礼华
岔　上	25	614	2822	2492.72	1225	16600	彭亦良
联　胜	32	836	3549	3431.9	3200	21850	刘建伟
双　江	36	1108	5658	2337.67	909	23020	易爱国
三　峰	29	628	2585	2451.69	1939	15880	胡晓良
明　月	15	628	2273	2153.95	996	10800	王新安
松　江	15	506	2217	2571.54	1200	19960	刘开耀
华　富	36	1096	4438	4264.65	2880	20540	龙向阳
樟　树	27	730	3018	3350.59	1285	21020	易辉建
合　计	370	11185	45633	41854.79	24840	—	—

（宋宁瑜）

新市镇

【概况】

新市镇由原新市镇、原钟佳桥镇、原大同桥镇三镇合并而成，位于攸县中部，南邻县城，北接网岭；辖 25 个村、2 个社区，共 703 个村民小组，总人口 80321 人。全镇土地总面积 185.26 平方千米，耕地面积 71782.98 亩，林地面积 15.8 万亩。境内有卫生院 3 所；中学 3 所、小学 13 所、私立幼儿园 11 所。2022 年实现规模工业总产值 28.6 亿元，同比增长 7%，完成税收 2751 万元，其中总部经济税收 1222 万元；固定资产投资 4.12 亿元；居民人均纯收入 20418 元。

【现代农业和产业发展】

完成粮食播种面积 6.68 万亩，土地流转 1.13 万亩；完成种植结构调整 8955 亩。瓜果种植面积 6.9 万亩，水产养殖面积 4.5 万亩。有天心公司国家生猪核心育种场和尧泰生态良种扩繁推广基地等养殖业龙头企业 2 家，全镇生猪存栏 6.61 万头，出栏 13.8 万头。株洲众森生态农业园总投资达 6000 余万元，占地面积 380 余亩，徐公店、民宿、房车露营烧烤基地等休闲旅游点，年接待游客约 2 万人次。

全年新增市场主体 576 家，个转企 71 个；小规模纳税人 431 个，一般纳税人 10 个，新增“四上”企业 5 家。返乡人员“创业库”入库 80 个，获评县市场主体培育工作先进单位，返乡创业专项工作进入株洲市 20 强。推进文旅产业融合升级，徐公店景区成功创建 AAA 级旅游景区并入选省级文旅重点项目。进一步优化营商环境，加大招商引资力度，引进投资建厂企业 4 家，成功引进中车株机储能项目签约落户，获评县招商引资工作先进单位。

【巩固拓展脱贫攻坚成果同乡村振兴有效衔接】

申报带贫企业 33 家，吸纳脱贫户就业 203 人；脱贫户、监测户（雨露计划）补助 142 人次；四类慢病患者 821 人均已签约家庭医生；临时救助 362 人次，拨付救助资金 59.88 万元。争取 2022 年县级乡村振兴基础建设项目资金 230 万元，用于农村道路、供水保障、老年活动场所、水利建设等方面，受益人数达 1 万人。

【综治维稳】

持续开展信访“三无”创建、信访积案“百日攻坚”和矛盾纠纷大排查活动，全年无群体越级上访，无影响社会稳定的突发事件，各类特护期平稳度过，获评“市护航‘二十大’特护期安保信访维稳工作先进单位”。推行“党建+网格”的乡村治理模式，建立以党小组为主体的网格54个，在民主决策、矛盾调解、移风易俗等基层治理事务中发挥重要作用。共计召开500余次屋场会，深入一线推进整建提质、“四基三资三风”排查整治工作。开展安全隐患排查、整改，对查出的安全隐患实行“零容忍”。集中检查山塘水库安全26次，排查消除隐患30处；排查自建房21033栋，拆除危房25栋；检查烟花爆竹等重点企业107家，排查整治安全隐患31处。

【基础建设】

投资1000万元，完成农村道路提质改造约20千米，完成X122公路的沥青硬化5千米，完成X118路基铺设3.88千米，完成“S204”道路提质改造前期准备工作；有序推进棚户区改造、长江流域治理等重点项目；完成耕地恢复189个地块，1259.3亩，超额完成年度任务。

【乡村人居环境治理】

按照“户投、村收、镇运”的运作模式，完成界江、罗潭、观背、新中、山门、桐梓、平田等7个村的垃圾分类示范村创建工作以及善化、观背、回龙等3个村的美丽乡村示范村创建工作；已在何岭村建成1个垃圾分类中转站，增添垃圾分类桶1.2万只，不断提高垃圾收、转、运能力；开展22次垃圾分类处理的宣传活动，发放6200余张宣传单。完成农村改厕1589户，推进封山育林和“三边”绿化，庭院绿化率60%，最美庭院创建率达71%。

【基层党建和乡村文化建设】

严格落实“第一议题”制度，开展党委理论学习中心组学习研讨12次；党政班子成员带头深入联点村（社区）、企业，开展“干部夜校”“屋场夜话”等理论宣讲活动24次，举行研讨会、主题宣讲等活动40余次。召开党风廉政专题会议4次，严格落实违规收送红包礼金和违规参与煤矿经营活动专项整治要求，积极配合完成10个村党组织的巡察工作。持续强化纪律监督，全年共计提醒谈话131人次。

投资462万元创建罗潭、土楼、大同、协塘、庚子5个“门前三小”和丁家垅、界江2个“攸美·幸福屋场”，大同村大春新时代文明实践“门前三小”点获评“县十佳新时代文明实践点”。成立新市镇电商协会和新市镇商会，成功组织第一期120名培训班学员参加电商培训，加快布局电商村直播基地建设，全力打造湘赣边乡村振兴直播电商示范基地。

2022年度新市镇各村（社区）基本情况表

表18

村(社区)	村民小组(个)	户数(户)	人口(人)	耕地面积(亩)	粮食总产量(吨)	人均纯收入(元)	党支部书记村(居)委会主任
界　江	21	1062	3319	2740	2040	20000	刘四新
丁家垅	15	610	2430	1765	982	23000	丁雪龙
罗　潭	37	941	3470	2977.59	2000	14000	巫新云
观　背	41	1175	3737	3406.5	3850	25000	王开林
大　同	32	1157	3094	3095	1700	35000	胡　蓉
何　岭	49	1494	4657	4083	2042	22000	周科慧

续表 18

村(社区)	村民小组（个）	户数（户）	人口（人）	耕地面积（亩）	粮食总产量（吨）	人均纯收入（元）	党支部书记村(居)委会主任
善　桥	11	666	1778	980	610	25000	欧清辉
善　化	23	538	2354	2100	1500	18000	王志敏
土　楼	28	774	3132	2140	1070	13800	谭建荣
新虎塘	23	655	2493	1857.3	1200	11000	易双能
平　田	34	786	2651	3853.2	1200	21600	王继辉
方　溪	23	521	2251	2590	388	21000	邓国辉
钟佳桥	30	798	3798	4174	300	22000	占花兰
协　塘	32	826	3658	3668	2751	26000	欧阳喜连
排　楼	28	786	3160	3003	2252	24000	刘亦江
福寿湾	25	575	2217	2359	1082	10800	刘　敏
大桥头	18	799	2464	2625	1312	20000	吕湘武
光　明	34	816	2968	2181.56	1200	26000	周伟民
回　龙	31	796	3239	2645.46	1255	26500	刘爱平
文　和	19	387	1680	1537	2100	20000	王大力
新　联	15	508	2060	3437.37	1078	20000	文升平
庚　子	33	704	2989	3328	1800	12000	易炳才
新　中	17	2280	6280	1804.4	1083	10000	易卫东
新　市	14	721	1998	1518.6	1025	21000	刘湘骥
桐　梓	32	752	3049	3200	1280	20400	付天雄
桐　树	21	720	2496	2020	1080	21200	谭海龙
山　门	17	831	2899	2694	1900	22000	易喜云
合　计	703	22678	80321	71782.98	40080	20418	—

（谭梦平）

莲塘坳镇

【概况】

莲塘坳镇位于攸县东南近郊，与东城新区相距 1.7 千米，东与鸾山镇接壤，西与春联街道相邻，南与茶陵县腰潞镇、虎踞镇交界，北与新市镇、酒埠江镇毗邻。万酒公路连接东西，醴茶高速纵穿南北。由原银坑、凉江、莲塘坳三乡合并而成，总面积 269.83 平方千米，辖 16 个村、4 个社区，319 个村（居）民小组，10862 户，总人口 47201 人。镇党委下辖 2 个社区党委、22 个党（总）支部，党员 1560 人。

2022 年，开展“市场主体培育年”活动，重点培育龙头企业、专业合作社、家庭农场、个体工商户等经营主体，持续推进“个转企”“小升规”，全年净增市场主体 288 户，新增“四上”企业 4 家。全年完成工业总产值 10.8 亿元，固定资产投资 2.8 亿元，完成总部经济税收 1840 万元，完成全年任务的 184%。荣获县“打造三个高地工作先进单位”“县招商引资先进单位”称号。

【农业和产业发展】

扎实开展耕地保护工作，治理耕地抛荒3000余亩，耕地恢复350亩。粮食播种面积2.7万余亩，粮食总产量13942吨。

推进乡村振兴产业发展，77户农户获自主发展产业奖励资金17万余元，21家企业和7个村集体经济合作社获得产业奖补资金125万元，3个村完成集体经济收入“消薄”任务。落实结构调整面积1100余亩，其中点位2100亩，非点位8000亩。其中大豆150亩，苎麻60亩，瓜蒌100亩，湘莲6600亩，水果玉米300亩，丝瓜近千亩，水稻制种3000亩。早稻机插秧田60亩，折合大田4200亩。

【民生保障和脱贫巩固】

加大对弱势群体的临时救助，完成全镇516户低保户入户核查工作；落实农村低保504户发放补助金330余万元；临时救助困难家庭430批次，发放救助金49.2万元，落实城市低保12户，发放补助金近10万元。严格按照“四摘四不摘”要求，完成174个风险点销号，坚决守住不发生规模性返贫的底线。常态化推动疫情防控工作，严格落实“外防输入”各项防控措施，持续做好疫苗接种，顺利完成农村居民疫苗接种2万余人次，实现“零感染、零病例”目标。

【基础建设】

启动S204路面加宽工程，路线全长14.8公里，投资约3000万元，年内完成道路拓宽土方工程，完成S204山田段道路8.5千米“刚改柔”工程，下洞、枧头等村农村道路提质改造7.5千米；投资1000余万元，完成3座小（1）型水库除险加固和30座山塘小水源建设项目；巩固提升新华制种基地1000亩，推进8200亩高标准农田建设；太和仙风电二期工程项目获省发展和改革委员会批复。推进农村居民安全饮水工程，完成沿龙村自来水工程安装入户，投入80万元，完成星和村、阳升观村、中江村、山田村、幽居等单村饮水项目，确保罕见旱情下未出现人畜饮水困难。莲塘坳垃圾中转站顺利建成，2023年上半年可以正式运营，日垃圾转运量20吨。

【综治维稳】

深化网格化服务管理和社会治理风险防控“N合一”机制，防范和打击跨境电信诈骗等违法犯罪活动，常态化开展扫黑除恶斗争和禁毒人民战争。全年接待群众来访20余批次，收到问题线索和信访举报件8件，信访量同比减少30%；全年积案化解2起。2022年获评县维护稳定工作先进单位。

聚焦防汛抗旱、烟花爆竹、交通运输、食品药品、校园周边等重点领域，持续开展安全生产隐患排查和检查督查30余次，完成问题整改13处，全年未发生安全生产事故，2022年获评株洲市安全发展工作先进单位。配合全县农村自建房安全专项整治工作，完成辖区居民自建房安全隐患排查11984栋，其中经营性自建房179栋，拆除存在安全隐患房屋2栋。

【精神文明建设】

结合六五环境日、国家安全教育日等主题活动，以及安全生产、防汛抗旱等中心工作，组织机关党员志愿者开展新时代文明实践活动20余次。推进文明村、美丽乡村、乡村振兴和民主法治示范村创建，重点打造阳升观廉政文化广场建设，创建“门前三小”和“攸美·幸福屋场”示范点2个、普通点4个，下田、南水被评为“县级美丽乡村”“同心美丽乡村”，阳升观村获评“株洲市文明村”荣誉称号，莲塘坳镇获评“县文明镇”称号。

【基层党建】

推进基层党组织整建提质，以“干部能力提升年”活动为抓手，组织党员干部深入学习贯彻习近平新时代中国特色社会主义思想和党的二十大精神，开展中心组集中学习12次。结合社会管理、信访维稳、矛盾调解等基层工作，聘请专业教师团队，开展莲塘坳镇大讲堂活动17期。加强纪律作风建设，全年开展提醒谈话5人次，批评教育8人次，党纪立案6人次，开除党籍1人。配合支持县委巡察组完成村10个村、社区党组织巡察工作，落实反馈意见问题整改17件。

2022年度莲塘坳镇各村（社区）基本情况表

表19

村(社区)	村民小组（个）	户数（户）	人口（人）	耕地面积（亩）	粮食总产量（吨）	人均纯收入（万元）	党支部书记村(居)委会主任
幽　居	8	313	1403	1120.76	148	2.33	周龙华
下　洞	13	477	2058	1475.72	72	3.5	李梅春
下　田	7	268	1107	880	260	3.8	张雪成
高　楼	7	387	1626	1193	600	2.9	吴刘国庆
银　坑	26	812	3856	2212.72	1399	2.8	周冬林
枧　头	14	395	1719	1500.57	785	1.5	王正德
南　水	9	433	2086	1525	667	2.68	陈贤华
阳升观	12	675	3062	1238	1028	3.2	汪正安
廖　公	13	393	1546	644.05	243	3	廖慧敏
星　和	10	394	1856	971	332	2.5	范卫平
中　江	9	415	1702	812.9	88	1.5	吴肖洹
凉　江	9	482	2187	956	64	3.2	刘会宜
山　田	19	871	3581	1922.98	962	3.8	刘飞跃
先　锋	21	386	1512	1224	575	3.3	谭二林
新　华	28	579	2768	2980	1045	1.1	谭文章
新　朝	22	718	2574	2920	1288	0.9	朱小毛
沿　龙	17	612	2686	2500	680	2.6	游湘文
同　联	43	825	3850	2717	1639	1.5	单新华
盘　联	10	549	2136	1605	732	1.0	张新伟
巨　田	22	878	3886	2897.49	1332	2.28	张　敏
合　计	319	10862	47201	33296.19	13942	2.48	—

（佘志民）

菜花坪镇

【概况】

菜花坪镇辖11个行政村，2个社区，253个村民小组，10321户，总人口3.5万人。辖区总面积105平方千米，林地面积8.5万亩，耕地面积4.79万亩，其中水田3.90万亩，旱土0.89万亩；共有小（2）型水库22座。有中学2所，小学5所，在校学生4750人，在职教职工400人；有卫生院2所，医疗卫生工作人员62人。2022年，全镇粮食总产量24000吨；工业产值12.85亿元，社会消费品销售总额2.82亿元，完成总部经济税收3200万元，实现财政收入350余万元，居民人均纯收入16793元。

【产业发展】

2022年，全镇共有规模以上企业18家；工业总产值12.85亿元，11家规上工业企业总产值增长 15.8%。社会消费零售总额 2.82 亿元，比上年增长 19%。全镇农业企业 30 家，农业合作社 100 余家；新增市场主体 350 家，个体户 248 家，其中企业 102 家（个转企完成 20 家）。新增小规模纳税人 326 家，一般纳税人 17 家，实现高新技术企业申报 4 家，新增申报科技型中小企业 4 家。

发展集体经济，实施稻油轮作项目 4000 亩，探索“村社民（村、合作社、农户）联动”模式，实现村级创收 30 万元。鹰嘴桃、黄金贡柚等果木种植业，创收成为新的经济增长点。其中，鹰嘴桃种植面积 620 亩，年产量 9 万公斤，产值 120 万元，利润预计达到 20 万元。黄金柰李种植面积 400 亩，年产量 5 万公斤，产值 50 万元，年利润 10 万元。

【招商引资】

充分发挥菜花坪商会平台优势，开展“引老乡、回故乡、建家乡”活动，大力支持“在外乡贤”返乡创业，推动湘才回归。镇党委主要负责人与辖区企业负责人召开政企早餐会 2 次，倾听辖区企业的意见和建议，不断优化营商环境；集中优势力量招商引资，成功引进沐鑫再生资源综合利用项目，积极对接株洲中车时代电气股份有限公司，创新实施全省首个分布式光伏发电项目，拟建设总容量约为 100MWp（指光伏发电功率——兆瓦），拟租赁土地面积约 133.33 公顷（含水面、园地等），总投资额 5 亿元人民币。有效孵化培育高新技术企业、科技型中小企业，共培育科技型中小企业 4 家，科技创新型企业 4 家，“小巨人”企业 1 家。对接汉塘水上乐园、桃花岛、国防教育基地、劳动教育综合实践基地等项目落地并实施，推进创润食用菌、联龙生态有机肥等项目建设，持续加快株洲井星（攸县南）220 千伏输变电工程配套建设，项目总投资为 20593 万元。

【基础建设和人居环境整治】

遏制耕地“非粮化”、耕地抛荒乱象，治理抛荒面积 675.24 亩，如期完成高标准农田建设和占补平衡后续耕地恢复 1400 余亩，完成苏洲坝灌区渡槽改造项目设计和申报，并获批入库。完成农村道路改造 4.7 千米、电网改造 32 千米，投入资金 190 万元，完成 13 口山塘清淤和小（2）型水库除险保安工程。

整治清理畜禽养殖污染，创建垃圾分类示范村 5 个，完成农村改厕 1042 户，投入资金 8 万元，治理庙里河河道 2 千米。流塘村、菜垅村获评 2022 年度县级美丽乡村建设示范村。

【乡村文明建设】

大力开展“治陋习、树新风”文明行动，推动移风易俗，培育文明新风，流塘村易祖贻被评为县级“十佳乡贤”，菜塘村弄塘文化广场获评县级“乡村复兴少年宫”，新增大旺院士文化广场、流塘清廉文化广场等文化阵地 5 处。

【综治维稳】

完善社会治理风险防控“N 合一”机制（即在县委政法委的指导下，整合全镇信访维稳、退役军人管理、防范处置非法集资、矛盾纠纷调处化解以及反恐怖等各类社会综合治理资源，创新建立一个集各类风险管控工作于一体的镇域社会治理“N 合一”新机制），统筹实施基层治理网格化服务，持续加大对信访积案重案的摸排与化解，全年共排查纠纷 73 次，调处成功 73 起，调整成功率 100%。

组建防火安全站，开展烟花爆竹、危化行业、食品药品、校园周边等重点领域安全隐患整治，加强森林防火、实行全民签订禁火令承诺书，严格落实森林防火责任。配合全县居民自建房安全隐患排查整治工作，完成全镇 9119 栋居民自建房隐患排查信息录入，2022 年度获评“全省安全发展工作示范乡镇”。

【民生保障】

实施特困人员临时救助 396 人，救助残疾人 1288 人，关爱留守儿童 95 人、高龄老人 758 人，发放各类民生保障资金 380 余万元。推进基层就业服务与创业指导，开展“新就业形态建会入会专项行动”。推进菜花坪卫生院提质改造工程，促进创建高和“教育基金会”募集教育助教助学资金200余万元。落实各项新冠疫情防控政策措施，完成疫苗接种率95.3%，60岁及以上居民疫苗接种率95.1%。

【基层党建和干部队伍建设】

坚持把学习习近平新时代中国特色社会主义思想作为镇党委会“第一议题”，深入学习宣传贯彻党的二十大精神，开展“屋场夜话二十大”“田间地头热议二十大”“党小组会议进农家”等系列活动126次。严格落实党风廉政建设“一岗双责”制度，累计办理问题线索11件，办结3件，立案查处2人，开除党籍2人；设立第七协作组，推行纪检监察工作片区联动协作机制，不断解决基层监督难题。配合支持县委巡察组对镇村两级的党组织巡察工作，完成立行立改交办件11项、整改反馈问题92个，追缴违规资金1万元。开展“干部能力提升年”活动，加快基层干部人才梯队培养，组织镇村干部业务知识培训，开办年轻干部夜读班，参加培训563人次。

2022年度菜花坪镇各村（社区）基本情况表

表20

村(社区)	村民小组（个）	户数（户）	人口（人）	耕地面积（亩）	粮食总产量（吨）	人均纯收入（元）	党支部书记 村（居）委会主任
菜　花	22	989	2698	3395	1976	16799	陈秋林
菜　垅	14	575	1977	2016	1020	16780	王倩姑
菜　坪	20	589	1904	2448	1346	16786	龙晓明
菜　塘	14	415	1400	2072	1257	16788	刘德华
大　旺	22	1066	3927	5050	2176	16795	单志谋
高　和	19	1014	3217	4118	2056	16791	单龙文
高　联	15	719	2661	3476	1981	16796	陈新文
高　塘	19	831	2990	3594	2057	16790	易　平
联　龙	23	1040	3470	4699	2439	16797	周运国
流　塘	25	821	2865	3194	1713	16793	易同连
潘　塘	14	692	2289	3086	1728	16796	刘明月
苏塘西	32	860	3044	5340	2153	16800	王志刚
芷　陂	14	710	2558	5455	2098	16791	周水珍
合　计	253	10321	34370	47943	24000	16793	—

（易　群）

渌田镇

【概况】

渌田镇地处攸县最南端，与安仁、衡东、茶陵三县交界，辖14个村（社区），287个村民小组，有14601户，47959人。辖区总面积108平方千米，耕地总面积33630.9亩。有小（1）型水库4座，小（2）型水库16座，山塘1002口，陂坝49处，电排36处。全镇有中学1所，小学7所，在职教职员工166人，在校学生2846人。有中心卫生院1所，在职医护人员51人，病床60张，村卫生室15

个。有敬老院1所，供养老人32人。

2022年，巩固发展粮食生产，完成早稻集中育秧面积12065亩，双季稻种植面积16840.12亩，发展高档优质稻玉针香100余亩。不断调整种植结构，落实高粱、湘莲种植结构调整5000余亩。依托资源特色和区域优势，精心培育玉针香水稻、猕猴桃、有机玫瑰花、湘莲等一批特色产业，带动村集体收入增长。新江村获评全省高标准农田连片示范区，大联村争取上级项目资金50万元打造高标准制种示范区。潞甫村张家冲绿色生态产业园多次获省市县级媒体推介。实现总部经济创收1000万元，本地税收2200万元，比上年增长10%。

全年完成工业总产值4.2亿元，固定资产投资1.39亿元，同比增长90.4%，市场主体净增307家，新增伟豪加油站1家规上企业。居民人均纯收入15829元。2022年，渌田镇政府获评“县粮食生产工作先进单位”“耕地抛荒治理工作先进单位”“农村集体产权制度改革先进单位”，大洲村获评“县粮食生产工作先进村”。

【基础建设】

完成农村道路提质改造6.5千米，疏浚水渠35条，恢复13口山塘的小水源供水能力，新增变压器2座，投资60余万元，完成自来水管网延伸工程，解决1000余人的农村饮水安全问题。推进县重点工程建设，率先完成茶常高速攸县段前期工作，完成征地363.6亩，迁坟363处，拆迁房屋11栋。

投入近1000万元，完成北伐纪念馆主体楼建设和无名烈士墓改造升级。占地面积5689.75平方米，规划建设18家商业门面、14栋别墅的商业中心项目开始招租，1.13万亩高标准农田建设项目进入扫尾阶段。有序推进凤凰山农村公益性公墓建设、产业大道、攸安连接线、绕镇公路一期等项目前期工作。

【民生保障和乡村振兴】

完成瑶前敬老院提质改造，添置一批生活娱乐设备，提升区域化养老服务能力。加大社会救助和民生保障力度，发放保障资金250万余元，实施临时救助665户，发放资金61.8万元，统筹实施五保老人分散、集中供养165人，关怀特殊儿童62人，低保救助356户870人。教育基金会奖扶助学264人共计40万余元。

加强产业帮扶，巩固脱贫攻坚成果，发放奖补资金66万元，带动脱贫户、监测户85人务工。积极探索村级集体经济发展途径，大力发动返乡创业，引进企业6家，资金1000余万元，全面完成村级集体经济“消薄”任务。全镇实现所有行政村集体经济收入超过5万元，其中10个村超过10万元，江联村获评村级集体经济建设先进单位。

【综治维稳】

开展自建房安全专项整治暨拆违保安“百日攻坚”行动，拆除7处有重大安全隐患的房屋。建立完善社会矛盾纠纷分级调处工作机制，全年共化解纠纷70余起，排查处理各类重点信访事项20余件。联合开展烟花爆竹专项检查10次，取缔非法经营户8家，收缴烟花爆竹179箱。开展反电诈、防溺水、交通安全、禁毒等专项行动。潞甫村、存养村获评“县平安建设示范村”。

【生态环境建设】

以“蓝天、碧水、净土保卫战”为抓手，深化河长制、林长制、田长制改革，镇村两级累计巡河1000余次、巡林1700余次，切实保护镇域生态环境。扎实开展长江流域禁捕退捕工作，联合开展渔政执法30余次。推进农村人居环境整治，全年改厕完成1254户，村庄保洁覆盖面和垃圾处理率达100%，287个自然村组全部实现垃圾收运处理。五丰村、陂垅村获评“县美丽乡村示范村”。

【基层党建】

加强基层党组织建设，吸收预备党员14人，党员转正34

人，圆满完成支委补选3村4人，村委补选3村3人。严格落实“三会一课”、民主生活会等党内政治生活制度，全年召开党委专题会议12次，主题党日活动200余次，党员大会60余次，上党课40余次，分享党建调研成果3次。推进“北伐首战首胜”红色教育基地、“门前三小”工程和攸美·幸福屋场、廉政长廊等宣传教育培训主阵地建设，打造潞甫村和渌田社区两个村级廉洁文化示范村。开展党的二十大精神宣讲等活动400余场，受众2万余人次。加强党风廉政建设，开展党委专题研究党风廉政建设4次，组织党员干部观看警示教育片4次，处理信访举报线索9件，问题线索6件，党纪立案4人，开除党籍处分3人，严重警告处分1人，组织处理16人。

【精神文明建设】

加强文化阵地建设，完成“门前三小”工程和攸美·幸福屋场4个普通点和1个示范点建设，拓展群众休闲娱乐空间。积极开展新闻宣传工作，利用手机台等媒介发布报道126篇，市级媒体发表4篇，舆情信息稿被中宣部采用4篇，省宣部采用3篇，推动渌田镇意识形态和舆论宣传工作。基本完成《全景渌田》编辑，有效挖掘乡土文化资源，传承和弘扬优秀传统文化，提炼“渌田精神”，凝聚发展合力。利用“道德模范”“乡贤好人”“优秀党员”等评选活动和“公德银行”培育良好村风民风，潞甫村获评“市文明村和县红旗村”，新江村、楼塘村获评“县文明村”。

【疫情防控和森林防火】

严格落实新冠疫情常态化防控措施，充分发挥基层党组织战斗堡垒和共产党员先锋模范作用，发动600余名党员和志愿者助力疫情防控。

科学应对60年一遇的高温干旱天气，广大干部下沉村组加强摸排，发放多级禁火令和宣传册5万余份，标语、横幅1400余条，签订承诺书8000余份，各村（社区）组建森林防灭火应急队伍15支，切实保障群众生命财产安全和生态环境安全，全镇获评“县森林防灭火工作先进单位”，五丰村获评“县森林防灭火工作先进村”。

2022年度渌田镇各村（社区）基本情况表

表21

村(社区)	村民小组（个）	户数（户）	人口（人）	耕地面积（亩）	粮食总产量（吨）	人均纯收入（元）	党支部书记	村(居)委会主任
存养	18	750	2761	2241.46	1767.7	15685	周珍香	周珍香
福田	22	1125	3590	2783.46	1668.8	15346	宁金文	宁金文
五丰	31	868	3002	2062.56	2913.5	15623	蔡柏武	蔡柏武
潞甫	42	1558	5067	3454.83	3513.2	17321	尹国良	尹国良
陂垅	17	952	3276	2590.43	2316.2	15031	蔡道平	蔡道平
楼塘	17	949	3098	2640.19	2602.3	15236	蔡道庆	蔡道庆
渌田	18	1643	4626	2515.01	2613.8	16932	蔡仁波	蔡仁波
江口	12	762	2609	1782.7	1836.5	15132	单新平	单新平
新江	21	1186	3828	2913.83	3951	16531	龙柏沅	龙柏沅
江联	11	750	2409	1610.5	1638.4	15621	单晓华	单晓华
大联	20	949	3254	2129.99	2413.3	15461	陈祝华	陈祝华
大洲	21	1213	4065	2421.96	2902.8	16703	过小明	过小明
群力	15	790	2740	1958.71	2013.6	15266	过芒生	过芒生

续表 21

村(社区)	村民小组(个)	户数(户)	人口(人)	耕地面积(亩)	粮食总产量(吨)	人均纯收入(元)	党支部书记	村(居)委会主任
群新	22	1106	3634	2525.27	2131.6	15731	刘甲仔	刘玉萍
合计	287	14601	47959	33630.9	34282.7	15829	—	—

（杨　芹）

石羊塘镇

【概况】

石羊塘镇地处攸县西部，距县城12千米，有盘大路和泥金路两条县级公路贯穿全镇。辖14个村（社区），202个村民小组，10768户，总人口38688人，党员1122人，辖区总面积82.7平方千米，耕地面积43152.45亩。党委、政府机关在职干部54人，村干部70人；有中学1所、小学4所、公办幼儿园1所、民办幼儿园5所，在校中小学生1774人，幼儿327人，在职教师职工121人（含21个代课教师）；有乡镇卫生院1所，设床位50张，在职医护工作人员34人，村级卫生室16所，乡村医生21名。2022年，全镇工业生产总值3.52亿元，固定资产投资1.93亿元，财政收入2506万元，完成税收1026万元，农民人均纯收入28671元。继续保持2020届湖南省“文明村镇”荣誉称号，平安建设、安全生产、食品安全、污染防治攻坚战、耕地抛荒治理、自建房安全专项整治、耕地保护、粮食生产、松材线虫病防治、文化旅游广电体育等10多项工作获得县级先进表彰，谭家垅社区获“全国最美志愿服务社区”称号。

【粮食生产和产业发展】

落实耕地保护硬措施，全年恢复耕地392亩，完成占补平衡554亩，完成高标准农田建设2200亩，水田播种面积3.2万亩，总产量2.8万吨。耕地抛荒治理经验在中央电视台“新闻综合”频道2022年8月20日《新闻联播》栏目头条新闻（标题为“在习近平新时代中国特色社会主义思想指引下夯实大国粮仓根基”）中推介报道。

2022年，总投资5000万元的株洲市晓曙水泥有限公司在黄家垅村建成投产，株洲中车地面分布式光伏项目成功落户。开展市场主体培育年活动，新增科技型中小企业1家——攸县天凯农业科技有限公司，“四上”企业入库1个——攸县鸿澜餐饮餐厅。推动“攸县香干”等特色产业发展，对全镇25家豆腐香干产业进行摸底，促进企业抱团发展，力争把石羊塘镇打造成为全县香干豆腐重要生产基地。深入开展干部联企业“送政策、解难题、优服务”行动，成功化解老虎岩村扬文烟花、市大村莲盛烟花、八合冲村蓬飞豆腐等涉企经营纠纷。

【民生保障和乡村振兴】

开发公益性岗位4个，农村劳动力转移就业279个。新增农村低保23户36人，发放临时救助33.33万元，雨露计划补助资金16.5万元，义务兵优待金25.5万元、优抚资金15万元。落实教育、医疗、住房等普惠性政策，加强629户脱贫户和51户监测户的后续帮扶，发放自主发展产业奖补资金5.77万元，落实产业分红3.6万元，解决14户脱贫户、监测户安全饮水问题。开展巩固拓展脱贫攻坚成果同乡村振兴有效衔接问题集中排查，排查解决问题43个，有效防范返贫。争取乡村振兴衔接资金32万元，巩固完善产业基础设施。全年为21家解决脱贫劳动力就业的村集体经济合作社、企业申报产业奖补资金95万元。开展集体经济“消薄增强”行动，达水桥村、洲上田村、老虎岩村等3个村年收入达到10万元。

【综治维稳和安全生产】

通过全面摸底排查，加强社区矫正、社区戒毒、精神病患者等特殊人群的管控。全镇公众安全感测评成绩在全市排名第四。以党员、乡贤为核心，组建了37支、780余人的社会治理志愿服务队，成功化解信访积案4起；结合干部联企行动，深入基层企业走访，主动发现并介入化解涉企矛盾纠纷4起。全年调处各类矛盾纠纷76件。

推进安全生产专项整治三年行动，加大对烟花企业、加油站等重点场所的安全巡查力度，累计检查102次，排查整改安全隐患276处。组建23人的石羊塘镇应急消防支队，并进行专业消防知识培训5场。严格落实三级防火责任，组织县派干部、镇村干部共同筑牢森林防火“安全网”，购置风力灭火器等专业器材400多台（件），组建森林防火应急处突队伍。开展自建房安全隐患排查整治，完成居民自建房安全排查9388户，完成危房改造4户。

【基础建设和人居环境整治】

推进镇区产业路、旅游路、资源路建设，盘大公路升级改造为三级公路，结束石羊塘镇“全县唯一没有三级公路乡镇”历史。投资2790万元，完成盘大路至乡贤馆、达水桥村部至江桥街道连接线共15.2千米刚改柔工程，完成8.6千米泥金路刚改柔项目路基建设；投资150余万元完成5.7千米覆盖8个村的农村道路提质改造。投入350万元完成镇中学运动场、篮球场升级改造和镇完小校门口交通秩序安全设施改造。

继续推进农村“五治理一革命”，5个村（社区）成功创建县级垃圾分类示范村，完成改厕728户，无害化卫生厕所普及率达到89%。谭家垅社区、洲上田村成功创建市级美丽乡村。落实“河长制”工作要求，全年开展巡河610人次。

【乡村文明建设】

擦亮“乡贤文化”品牌，充分发挥乡贤引领基层社会治理作用，组织开展各类志愿服务活动80余次，累计1500余人次参加。夏昭炎获评全国关心下一代“最美五老”，新乡贤贺春雷老师上榜“湖南好人”。推行“门前三小”提质与“清廉乡村”创建相结合，建成洲上田清廉文化示范点以及老虎岩村、金坑村、罗家桥村、八合冲村等“幸福屋场”4个，谭家垅社区成功创建株洲市首个乡村“复兴少年宫”。倡导殡葬改革树新风，选址洲上田村修建占地面积29亩的镇级公益性墓地一处。

【基层党建】

严格落实“第一议题”制度，开展理论学习中心组学习12次，深入学习贯彻习近平新时代中国特色社会主义思想学习教育，全覆盖式开展宣讲党的二十大精神工作；通过“主题党日”、中心组学习、干部夜校、业务培训等线上线下培训形式，对领导班子、镇村干部等开展学习教育71场次。以“干部能力提升年”为抓手，在全镇创新推行“党建三变”，严把党员发展关、培养关、管理关，即推行农村党员“哨口”前移积分制管理，对入党申请人、入党积极分子、发展对象、预备党员等“四类对象”实行积分管理，通过现实表现进行量化评估，从严从优，变“主观断”为“客观评”；实行入党培养对象委员联系制，镇党委委员、村党总支（党委）委员担任培养对象“引导员”“质检员”，变“被动等”为“主动引”。发挥党员示范引领作用，组建党员应急处突分队30支，473名队员在疫情防控、安全生产、森林防火、防汛抗旱等重点工作中坚守一线。全面开展基层党组织整建提质专项行动、党务清查行动，镇村两级分级动员部署，层层推进。

2022年度石羊塘镇各村（社区）基本情况表

表22

村(社区)	村民小组（个）	户数（户）	人口（人）	耕地面积（亩）	粮食总产量（吨）	人均纯收入（元）	党支部书记 村(居)委会主任
谭家垅	15	975	3499	3597.75	2581.70	30171	夏耀宗
南　田	16	876	2990	3739.05	3142.80	28766	吴俊强
达水桥	9	589	1976	2935.65	2191.06	29293	张　峰
贺家坪	21	889	3216	4302.75	3021.05	27988	谢文革
田　星	27	628	2666	3574.35	2453.77	27254	蔡建平
洲上田	20	586	2166	2657.10	2011.90	27620	贺金春
黄家垅	15	865	3716	3534.30	2373.25	29975	汤德风
佳　台	18	907	3512	4552.20	1361.80	27711	阳　勇
八合冲	14	711	2588	2093.70	1564.20	27779	符勇前（8月任） 罗冬英
金　坑	13	649	2381	1357.35	401.50	30986	周金华
罗家桥	9	625	2425	1838.70	1345.30	28593	符爱斌
老虎岩	8	681	1901	2249.10	1346.62	29126	廖三明
市　大	9	928	2360	2770.65	1866.70	27981	汤透湘
界　市	11	859	3292	3949.80	2420.00	27992	丁志良
合　计	202	10768	38688	43152.45	28081.65	28671	—

（杨谭琼）

桃水镇

【概况】

桃水镇位于攸县西部，距离县城18千米，西、北与衡东县接壤，东邻石羊塘，南接江桥街道，S336贯穿全境，交通便利。辖13个行政村、1个社区，247个村（居）民小组，总人口37706人。辖区总面积97.7平方千米，耕地面积2.93万亩，林地面积8.47万亩。油茶林面积6.54万亩，占林地面积的77.2%，油茶年产值3000万元。

全镇有中学1所，中心完小2所，现代化公立幼儿园1所，卫生院1所，敬老院1所。

全年累计完成固定资产投资额3.18亿元（其中规上投资额1.6亿元），工业总产值2.62亿元，社会消费品零售额2512万元。完成一般公共财政预算收入2722万元，全年税收完成1700万元，其中总部经济税收完成1030万元。村民人均纯收入16248元。2022年度，获“株洲市信访工作示范乡镇”称号，平安建设、乡村振兴、森林防灭火、市场主体培育、食品安全、拆违控违、社会保险等多项工作获评全县先进单位。

【现代农业发展】

至2022年，全镇累计完成土地流转2万余亩，年内新增水稻种植专业合作社4家，培育扶持百亩以上的种植大户15户，创建千亩双季稻高产示范样板村3个。全年粮食（水稻）种植面积19732亩，粮食总产量1.5万吨。投入资金500余万元，完成老油茶林低改4000亩，抚育油茶林1万余亩，新造油茶林2000余亩；集中连片开发千亩以上油茶示范基地2个。发展果木种植业，种植蜜梨、柑橘和葡萄等经济作物1000亩。种植艾叶、湘莲400

余亩。完成人工造林4150亩，封山育林89700亩。

【产业建设和招商引资】

全年新增市场主体383户，小规模纳税人265户，一般纳税人4户，新增“个转企”25户。经济合作社申报产业3家，企业申报8家，自主发展产业31户，共发放奖扶资金82.62万元。新增湖南湘东开关厂、乡轩山茶油有限公司、金丰米业3家科技型中小企业，新增农民专业合作社、示范性家庭农场2家，返乡创业落户11家。完成广源煤矿安全设施设计、施工项目审核，启动二级标准化矿井建设。引进八月黄食品有限责任公司、姬珍诗澜鞋业有限公司等企业落户。采煤沉陷区综合治理项目已完成省级申报并入库公示，策划、包装矿区生态环境综合治理项目，争取中央财政预算内资金支持。

【民生保障和社会救助】

2022年，全镇共有低保户（含城镇低保）313户703人，城乡低保户年内新增23户48人。“五保”供养（含城镇“三无”人员）174人，其中集中供养25人，分散供养149人。全年发放救助款11.51万元，救助80人次。共有持证残疾人1680人，年内新办证77人。为行动不便、长期卧病在床人员上门办证60余人。核定“两补”残疾人891人，其中护理补贴758人，生活补贴133人；开展残疾人致贫返贫风险排查，上门走访排查1658人。全镇有事实无人抚养儿童20人，困境儿童28人。全年摸底走访留守儿童33人，并签订监护责任确认书，成立“儿童之家”14个。全年共募集捐款24440元，其中政府机关工作人员一日一捐捐款20440元，小集村捐款4000元。

【基础建设】

推进清江桥村等5个村8300亩高标准农田建设项目；新修农业机耕道8千米；投入资金140万余元完成谢家坪栗斗陂小（2）型水库除险加固和维修山塘12座。完善农业农机技术推广站房建设。完成农村公路提质改造3.5千米，辽褚公路提质改造7千米。

【综治维稳】

全年调处各类民事纠纷56起，接待处置各类信访件40起。组织开展普法宣传活动，发放各类宣传册3万余份，悬挂各类横幅80余条，宣传标语400余张，为民众提供法律服务30余次，引导群众利用《中华人民共和国民法典》解决民生实事40余起。

开展扫黑除恶专项斗争宣传活动，发放宣传资料3万余份，张贴标语1000余幅，悬挂横幅200余条；组织开展反诈骗宣传活动20余次，发放宣传单2万余份，张贴反诈宣传标语350余张。参与配合全县交通顽瘴痼疾整治行动，在镇、村主干道路口设立交通安全宣传牌18块，协同公安派出所、城管部门联合执法，拆除和劝导自动拆除摩托车遮阳伞120余只，组织人员在镇区或村主干道路口开展摩托车车主戴安全帽劝导2000余次，发放摩托车安全帽200余只。

全镇开展居民自建房安全专项整治行动，完成居民自建房隐患排查8777栋，其中经营性自建房203栋；初判隐患自建房235栋，其中经营性自建房9栋，地质灾害有隐患2栋，房屋结构性隐患2栋。拆除历史违章建筑22栋共10234平方米。

【巩固拓展脱贫攻坚成果同乡村振兴有效衔接】

全镇有省级乡村振兴重点帮扶村1个（小集村），省级乡村振兴示范村1个（盘塘村），县级乡村振兴示范村2个（竹如山村、夏泉村）。全镇共有脱贫户（含监测户）477户1599人，其中监测户21户45人，易地搬迁29户105人。市派驻村帮扶工作队1个，县派驻村帮扶工作队4个，市、县派驻第一书记5名，镇派联村单位12个。

着力扩大农民就业，巩固拓展脱贫成果，发展就业扶贫车间2家，吸纳贫困劳动力就业40人。引进油茶、艾叶、莲子、无患子等农产品深加工项目，新增加工生产线1条，新增就业岗位80个。

【生态环境建设】

处理环保交办件8起，为群众百姓解决日常投诉件8起。创建竹泉、小集、谢家坪、竹如山4个垃圾分类示范村，各村配备公共区域分类垃圾桶黑色100余个，分类亭红色垃圾桶与可回收垃圾桶各4个，各村入户发放垃圾分类宣传手册1000余份。完成改厕320户，有序推进污水处理厂、特色一条街建设项目。

【基层党建和干部队伍建设】

2022年，全镇有中共党员1244人（其中预备党员14人）；下设村党委4个，村党总支9个。严格落实党员学习教育“第一议题”制度，组织党员认真学习习近平新时代中国特色社会主义思想、党的十九大历次全会、党的二十大精神，全年开展集中学习16次，专题研讨5次，专题培训班3场，屋场党小组会236场。加强村级党组织建设，培养入党积极分子17人，发展预备党员14人，预备党员转正12人，发放“光荣在党50年”纪念章28枚。开展党员帮扶活动，通过结成对子、联系走访、问题收集处理，483名有帮扶能力的党员结对群众5857户，收集处理民情问题387个；结合日常基础工作和党建重点工作任务，下发党建工作清单9个，细化各项党建工作任务56个。加强党风廉政建设，全年镇党委专题研究部署党风廉政建设工作5次，党政班子成员开展谈话提醒190人次，开展会风会纪督查5次，党纪立案3件，批评教育4人，诫勉谈话2人。依托盘塘村家风家训馆，创建高塘廉洁文化教育基地。补选村“两委”班子成员10名，储备村级后备干部32人。开展干部能力提升培训，举办中青年干部培训班12期，镇村干部专题培训16次。

2022年度桃水镇各村（社区）基本情况表

表23

村(社区)	村民小组（个）	户数（户）	人口（人）	耕地面积（亩）	粮食总产量（吨）	人均纯收入（元）	党支部书记	村(居)委会主任
小集	16	620	2800	1800	1000	9600	葛炼钢	葛炼钢
竹泉	20	538	2368	1692.82	677	14000	尹天度	尹天度
夏泉	17	727	2696	5785.00	2886	13500	彭进粮	彭进粮
湾田	15	627	2296	1804.34	900	1.4650	李介兵	李介兵
褚家桥	20	668	2820	1950	680	15000	褚金文	褚金文
谢家坪	13	813	2833	1732.67	737	21100	谭祖仁	谭祖仁
竹如山	25	636	2787	2143.00	857	15800	杨凤慧	贺武
桃水	19	797	2816	1963.00	961	12360	欧阳志德	欧阳志德
盘塘	18	586	2236	1885	1600	25680	吴志阳	吴志阳
睦塘	20	550	2368	1550.43	697.5	10000	李志丹	李志丹
老君潭	11	622	2028	1380	680	14650	李叶丹	李叶丹
睦田	26	815	3025	1893.52	1041.4	25350	黄属彩	黄属彩
清江桥	22	1013	3725	3800.00	2500	10500	肖水庭	肖水庭
泉塘冲	5	1518	2908	—	—	25800	李立雄	李立雄
合计	247	10530	37706	29379.78	15216.9	16248	—	—

（黄瑾微）

人 物

株洲市五一劳动奖章获得者

【刘 湘】

刘湘，女，1981年出生，攸县永基保安服务有限公司人防部副部长兼保安培训学校教官。她业务精通，2021年参加湖南省首届“保安员职业技能竞赛”，获得株洲赛区女子组第二名、个人突出表现奖；2022年参加第二届“保安员职业技能竞赛”，获得株洲市“保安员职业技能竞赛”第一名，湖南省“保安员职业技能竞赛”第二名。曾获株洲市“最美保安员”，株洲市“巾帼建功标兵”等称号。2022年获“株洲市五一劳动奖章”。

【龙正再】

龙正再，男，1972年出生，湖南昊华化工股份有限公司一车间副主任，专职安全员。他在昊华工作33年，时刻保持良好的精神状态，以强烈的事业心和责任感，努力做好各项安全生产工作。2019年，公司从株洲市清水塘工业区整体搬迁至攸县高新技术产业开发区，新招员工大都没有在化工企业做过，安全意识淡薄，他定期组织员工加强安全培训，确保企业的生产安全和职工的生命安全。曾获“湖南昊华化工股份有限公司优秀员工”“湖南昊华股份有限公司劳动模范”等称号。2022年获“株洲市五一劳动奖章”。

【尹国良】

尹国良，男，1978年出生，中共党员，渌田镇潞甫村党委书记、村主任。他坚持党建引领，以培育乡风文明特色为着力点，结合乡村实际情况，聚智聚力创设“公德银行”。全村“公德银行”储户1536户，举办道德模范表彰会1次，表扬好媳妇、村民代表2人次，表彰公德之星13人次。举办“公德银行”优秀学子成才奖座谈会1次，从“公德银行”里筹集资金1.4万元，资助家庭困难学生、奖励优秀学生。“公德积分”兑换范围扩大到了法治宣传、打击电信诈骗、整治“两违”、严禁赌博、保护生态环境、人居环境整治等方方面面，形成了有公者有位，有德者有得的崇德尚善文明乡风。曾获“株洲市十佳乡村治理能手”“攸县五一劳动奖章”“攸县凝心聚力担当实干村优秀村书记”等称号。2022年获“株洲市五一劳动奖章”。

2018—2022年度攸县劳动模范

【熊升林】

熊升林，男，1977年出生，硕士研究生，株洲市心血管专业委员会委员及医疗事故鉴定委员会专家，攸县人民医院医务科副主任、介入医学中心主任、心血管内科二病区主任。他始终坚守“尊重生命、守护健康”的使命初心，凭借着对医疗工作的满腔热血，秉承着精益求精的工作态度，竭尽全力去治疗每一个患者，为人民群众提供优质高效的医疗卫生健康服务。曾获“湖南省基层好医生”、“株洲市五一劳动奖章”、攸县“科技进步奖一等奖”、攸县人民医院“德艺双馨十大名医”等荣誉。2023年5月被评为“2018—2022年度攸县劳动模范”。

【朱倩英】

朱倩英，女，1980年出生，主治医师，攸县第十届政协委员，县特殊教育医学类专家委员，攸县妇幼保健院儿童保健科主任。先后从事检验、助产、儿童保健等多个工作岗位。从事儿童保健工作15年，严格执行各项规章制度和操作规程，临床实践技术过硬，熟练儿童保健管理的专业知识，以诚待人，服务热情。在新冠疫情期间，主动带领科室成员冲在第一线，参加发热门诊、预检分诊、隔离点、新冠疫苗接种点等工作。2023年5月被评为“2018—2022年度攸县劳动模范”。

【朱建新】

朱建新，男，1966年出生，株洲市攸县丫江桥镇联胜村村民，株洲市益鑫种植专业合作社理事长。截至2022年，依托“公司+合作社+基地+农户”模式，朱建新在全县建立制种基地1.56万亩，成为全县首个制种规模过万亩经纪人，辐射带动制种农户170余户，年产值达到4800余万元，农户年利润达到1600万以上。朱建新通过亲身示范带动周边乡亲从事杂交水稻制种产业，带动周边的乡亲走上了新的致富路。2023年5月被评为“2018—2022年度攸县劳动模范”。

【张卫平】

张卫平，男，1975年出生，中共党员，中学高级教师，株洲市语文学科带头人，攸县一中副校长。30多年的教育生涯里，有从小学一年级到高中三年级的教学经历，有从初中到高中的管理经验。2018年在攸县三中主管高三年级，高考取得了该校近十年以来的最佳成绩。2022年在攸县一中主管高三年级，高考一本上线率、600分以上人数、清北上线人数、最终录取结果等都在株洲市名列前茅，创造了攸县高中教育的又一次辉煌。他用他三十多年的教育实践践行了他的教育梦想。2023年5月被评为“2018—2022年度攸县劳动模范”。

【吴志良】

吴志良，男，1969年出生，株洲市生物工程中专（攸县职业中专）教师。他从教31年，做了23年的班主任。从1992—1999年连续七年担任农类专业班班主任，其中连续六届对口升学成绩，位于株洲市第一，湖南省前列。他积极组织指导学生参加各级各类竞赛，为学生、学校赢得荣誉，助力学校办学质量提升。无论哪一项工作，他都能用心、用情、用爱灌注始终，帮助数千名学生成长成才。学校发展的每个重要阶段，他都参与和见证。他求实创新，乐于奉献，凭着强烈的事业心和严谨的治学态度，获得领导和同事的认可。曾获“市级三等功”，县级嘉奖。2023年5月被评为“2018—2022年度攸县劳动模范”。

【李　涛】

李涛，男，1978年出生，中共党员，株洲市第十六届人大代表，湖南攸县农村商业银行股份有限公司党委书记、董事长。在他的带领下，攸县农商银行各项业务实现了又好又快发展，8年来，攸县农商银行年均向地方贡献税收1亿元以上。他大力推广无还本续贷金融服务，开辟小微企业办贷绿色通道，针对受疫情影响导致还款困难的客户，坚持不抽贷、不断贷、不压贷、保障资金供应不“断档”，2021年以来累计免收抵押登记费、保险费、评估费等费用1596万元，惠及小微企业和个体工商户共2.1万余户。他多次被湖南省联社、株洲市政府、市办事处和攸县委、县政府评为“先进工作者”和“先进个人”。2023年5月被评为“2018—2022年度攸县劳动模范”。

【欧阳伟明】

欧阳伟明，男，1968年生，

中共党员，湖南省龙昊重工科技有限公司总工程师兼公司党支部书记。他组织公司技术开发中心人员进行相关的技术开发和专利申请，先后获得16项实用新型专利证书和2项发明专利证书，申报国家高新技术企业、省级高新技术企业、省级企业技术中心，并顺利授牌，为公司取得了ISO14001环境管理体系认证和ISO45001职业健康管理体系认证。在他的带领下，龙昊重工党支部于2019—2022年连续四年被攸县县委、高新技术产业区评为“先进党支部”“先进基层党组织”，2022年评为“株洲市标杆党组织”，个人连续四年被攸县县委及高新技术产业区评选为“先进党支部书记”。2023年5月被评为“2018—2022年度攸县劳动模范”。

【李建川】

李建川，男，1970年出生，湖南省第十三届人大代表，株洲市振源生态农业发展有限公司总经理、攸县川之源水果种植专业合作社负责人。公司种植生产的“纽荷尔”脐橙，是目前株洲地区品种单一，集中连片最大的水果基地。公司先后获评“湖南省农业标准化示范园区”“湖南省十大果品基地”等荣誉。一直以来，他在自身发展产业的同时，主动承担社会责任，在乡村振兴和脱贫攻坚中，积极推广“三送一包”（送果苗、送农资、送技术，包收购销售）的发展模式。通过土地分红，劳动用工，就业帮扶，覆盖贫困户153户，直接帮扶贫困群众1096人，每年发放老百姓工资300多万元，带动周边老百姓直接参与种植生产。2000年，新冠疫情发生后，他出资20多万元费尽千辛万苦在国外购买200件医用防护服和3000只口罩及1000多只防护面罩捐赠给县疾控中心。曾获攸县“返乡创业十佳能人”称号。2023年5月被评为“2018—2022年度攸县劳动模范”。

【陈永健】

陈永健，男，1963年出生，中共党员，湖南攸县省储粮食购销有限责任公司（原攸县城关国家粮食储备库）大米加工厂副厂长、市级储备粮保管员。1984年从粮食技工学校毕业，先后担任过保管员、保管组长、粮管员，从事一线工作近40年，工作任劳任怨、细致认真、竭诚奉献。在公司客户中，一直流传着这样一句话：“粮库眼镜（陈永健）、做事认真、待客真诚、不服不行”。曾获攸县粮库“优秀党员”、攸县发改局“先进工作者”称号。2023年5月被评为“2018—2022年度攸县劳动模范”。

【余玉良】

余玉良，男，1976年生，株洲地博光电材料有限公司技工A8级，公司生产线组长。2014年入职地博以来，他秉持匠心勇于探索创新，攻坚克难降本增效，凭借扎实的职业技能和优秀的管理能力，出色地解决了诸多生产技术难题。在技术创新、安全生产、班组管理等方面做出积极贡献，获得了公司同仁以及领导的高度认可。株洲地博公司短短几年时间发展成为国家级高新技术企业、中国聚碳酸酯薄膜材料行业领军企业，株洲市高分子新材料链上龙头企业，产品质量达到国内领先水平，有他的一份功劳和汗水。曾获公司“年度创新能手”“年度先进个人”“优秀班组长”和“年度突出贡献奖”等荣誉称号。2023年5月被评为“2018—2022年度攸县劳动模范”。

【王　延】

王延，女，1987年出生，中共党员，硕士研究生，攸县人民检察院检委会委员、第六检察部主任、一级检察官。她勤于学习练就过硬业务本领，2018年，作为湖南省检察机关的代表之一，参加全国的刑事执行业务竞赛，获“全国检察机关刑事执行检察业务能手”称号，成为最高检认可的“行家里手”。她始终坚守“立检为公、执法为民”的使命初心，用心用情办理好每一个案件，让群众感受到司法的威严与温度。曾获“湖南省巾帼建功标兵”“湖南省优秀女检察官”“株洲市青年五四奖章”等荣誉。2023年5月被评为“2018—2022年度攸县劳动模范”。

【易兴宇】

易兴宇，男，1977年出生，中共党员，一级警督，攸县公安局经侦大队教导员。他政治信仰坚定，业务素养过硬，打击经济犯罪有成效。从警26年以来，累计参与办理各类重大案件500余起，抓获各类违法犯罪嫌疑人700余人，为国家、集体和个人挽回经济损失2亿余元。先后荣获株洲市公安局个人三等功1次，县级嘉奖2次，优秀公务员1次。与此同时，他所在攸县公安局经侦大队获评株洲市“十佳基层政法单位”、全县“扫黑除恶专项斗争工作先进单位”、“新中国成立七十周年大庆安保维稳工作先进单位”、“四个大抓警务战略大会战优胜单位”、“绩效评估优胜单位”。2023年5月，他被评为“2018—2022年度攸县劳动模范”。

【刘　波】

刘波，男，1980年出生，中共党员，国家税务总局攸县税务局菜花坪税务所所长。他在20多年的基层岗位历练中，无论是身处征稽一线还是内务行政，不管角色怎么转换，他始终有着一份埋头做事的心性，有着一种乐得辛苦的精神，在平凡岗位上干出了亮点的业绩。他在原攸县地税局基层征收分局、稽查局等部门从事一线税收征管、稽查工作，主查涉案金额上百万元的案件5起，上报市局大要案4起，查补收入800多万元。曾获“株洲地税十佳稽查能手”，入选原省地税“督察内审人才库”、市地税“稽查人才库”，国家税务总局株洲市税务局嘉奖5次，三等功1次。2023年5月被评为“2018—2022年度攸县劳动模范”。

【王良仔】

王良仔，男，1975年出生，中共党员，酒埠江灌区攸县中心所西干渠管理所工作人员。1994年入伍，1996年不幸因公负伤，1998年评为三级甲等伤残军人退伍回乡，1999年安排工作分配到攸县中心所西干渠管理所。他坚守军人本色，甘当渠边护栏，28年如一日，在平凡中干出不平凡，无怨无悔做水利系统最坚实的一块基石。他身残志更坚，工作从来争一流，十几年来先后与同事们创造了农田灌溉“三先三后放水法”、无害药剂除草法、段间水位实时监控等先进的渠道管理手段，为“智慧灌区、生态灌区、人文灌区”建设献计献策。2023年5月被评为“2018—2022年度攸县劳动模范”。

【陈国良】

陈国良，男，1969年出生，中共党员，攸县市场监督管理局四级主任科员、特种设备安全监察股股长。1990年9月大学毕业分配到攸县质量技术监督局工作，2016年市场监管部门整合以来，一直负责全县特种设备安全，并综合协调市场监管领域安全生产工作，在他负责全县特种设备12年来，全县未发生一起特种设备相关责任事故，是安全生产的护航使者。他注重实效，以消除隐患、整改优先为先导，帮助企业及时整改，不死搬法律法规，动辄处罚或停用设备等手段，是服务企业的行家里手。他创新突破，将事后监管变为更多的事前预防，是安全监管的先锋模范。他业绩突出，率领本单位连续7年获得攸县安全生产先进单位。2023年5月被评为“2018—2022年度攸县劳动模范”。

【刘志广】

刘志广，男，1964年出生，中共党员，攸县交通事务中心网岭养护站站长。1979年参加工作，几十年如一日，工作在养护一线，时刻秉承着“爱路敬业、敢于担当、科学务实、文明和谐、创新图变、全面发展”的湘路精神，将“公路安全重于泰山”作为一种信念深植于灵魂最深处，他过硬的养护技术、吃苦耐劳的精神和优秀的管理能力，赢得了大家的一致肯定和拥护。在新冠疫情期间，他多次带队配合属地政府及派出所、交警部门设置干线公路值守点，开展疫情防控工作。他所带领的网岭养护站先后荣获“全省公路系统十佳养护站”、株洲市“文明窗口”、全县“文明建设先进单位”等多项荣誉。曾被株洲市公路管理局、攸县公路局评为“文明建设先进个人”、攸县县委“优秀共产党员”，获株洲市人民政府三等功。2023 年 5 月被评为“2018—2022 年度攸县劳动模范”。

【吴建民】

吴建民，男，1971 年出生，攸县环卫服务中心清洗队驾驶员。十余年来，他工作积极肯干、不怕脏、苦、累，时刻践行“宁愿一人脏，换来万人洁”的行业精神，现在已成为环卫服务中心清洗队操作最熟练、技术最过硬的清洗车驾驶员，2021 年代表攸县环卫服务中心参加了湖南省住房和城乡建设行业（机动清扫王）职业技能比赛，取得优异成绩。他在平凡的环卫战线上，兢兢业业、无私奉献，用真情实意、言传身教影响了一批批环卫人，以艰苦的劳作和辛勤的汗水给市民群众创造了一个整洁舒适环境。曾获攸县城管局“先进工作个人”、攸县环卫服务中心“十佳美容师”称号。2023 年 5 月被评为“2018—2022 年度攸县劳动模范”。

【龙政军】

龙政军，男，1975 年出生，湖南攸爱生态农业股份有限公司董事长，攸爱公司和攸爱品牌的主要创始人。他积极投身发展地方油茶产业，毅然放弃广东蒸蒸日上的电子加工厂生意，将全部身家扎在家乡的土地上。目前公司在经营林地 2 万余亩，每年给当地农户带来的直接经济收益约 150 万元。其公司先后获得了省级林业产业化龙头企业、省级扶贫龙头企业、市级农业产业化龙头企业、市级十大油茶基地、市级三级扶贫车间、省级巩固拓展扶贫成果重点项目等诸多荣誉。其本人曾获“湖南省农村实用人才带头人”“攸县人大常委会专家库专家”“攸县最美乡贤”称号。2023 年 5 月被评为“2018—2022 年度攸县劳动模范”。

【刘福元】

刘福元，男，1970 年出生，中共党员，网岭镇北坪村党委书记、村主任。他坚持“立足平凡岗位、争创一流业绩”工作准则，不断丰富政治理论和业务知识水平，充分发挥岗位职能，以“保一方平安、兴一方经济”为己任。特别是近五年来，他带领村干部群众求真务实、开拓创新，在党建引领、产业发展、基础设施建设、民生保障、社会稳定等各方面均取得了较好的成绩。北坪村共流转土地 6000 余亩，引进攸县健坤农业发展有限公司，成功创建省研学旅行基地和国家级五星休闲农庄，为村民创造就业岗位 300 余个，兑付土地流转费用、劳务用工费用等达 635 万元。他曾获攸县“文明建设先进个人”“凝心聚力担当实干村党组织书记”“优秀共产党员”等称号。2023 年 5 月被评为“2018—2022 年度攸县劳动模范”。

【阳　泉】

阳泉，男，1982 年出生，中共党员，攸县扬全家庭农场法定代表人。他是一名退伍军人，2017 年承租本村 500 余亩的荒山和山塘，创办攸县扬全家庭农场。搞家庭农场周期长见效慢，创业过程颇为不易。扬全家庭农场每年为家乡脱贫户和村民发放工资 30 余万元，解决了当地群众在家门口就能就业的难题。多年来，在发展产业的同时，他还关心支持公益事业，始终坚持以一名优秀党员标准严格要求自己，秉承勤劳致富的理念，扎根农村，为建设农村、振兴农村奉献自己的全部力量。2023 年 5 月被评为“2018—2022 年度攸县劳动模范”。

（资料来源：攸县总工会）

荣 誉

2022年度攸县获得国家、省级荣誉

一、国家级

全国乡村振兴百强县

全国县域农村居民人均可支配收入百强县

国家级水稻制种大县

2021—2025年度第二批全国科普示范县

攸县人民法院被最高人民法院命名“为群众办实事示范法院”

二、省级

攸县2022年森林防灭火工作经验获省政府通报表扬

攸县2022年优化营商环境工作获得省政府真抓实干奖励

攸县2022年落实粮食安全责任制工作获得省政府真抓实干奖励

攸县2022年高标准农田建设工作获得省政府真抓实干奖励

攸县2022年老旧小区改造工作获得省政府真抓实干奖励

攸县2022年食品安全工作获得省政府真抓实干奖励

2022年度全省平安建设先进县

攸县在履行教育职责“两项评价”考核中获全省“优秀”

攸县人民政府获评2022年湖南省林长制工作先进单位

湖南省首批农村客货邮融合发展示范县

2022年十大湘菜名县

2022年中央财政支持农作物秸秆综合利用重点县

湖南省“村社分账”管理改革工作试点县

2022年度湖南省县域节水型社会达标建设县

全省防范化解重大生态环境风险隐患“利剑”行动表现优秀县

2022年湖南省动物疫病防控绩效考核先进县

湖南省供销综合改革推进“两个到户”示范创建试点县

2022年度攸县获得(保持)国家、省、市文明建设先进集体名单

一、全国文明村（1个）

2020届：网岭镇罗家坪村

二、湖南省文明标兵单位（2个）

2018届：检察院

2022届：税务局

三、湖南省文明单位（9个）

2018届：财政局、林业局

2020届：市场监管局、江桥街道、农商行

2022届：民政局、审计局、乡村振兴局、联

星街道

四、湖南省文明村镇（7个）

2018届：皇图岭镇、鸾山镇新和村

2020届：石羊塘镇、新市镇丁家垅村、菜花坪镇菜塘村

2022届：联星街道上云桥村、丫江桥镇仙石村

五、湖南省文明（标兵）校园（3个）

2018届省文明标兵校园：攸县一中

2020届省文明校园：江桥小学

2022届省文明校园：黄丰桥镇中学

六、市文明标兵单位（2个）

卫健局、城管局

七、市文明单位（12个）

发改局、住建局、水利局、农业农村局、商务局、信访局、行政审批局、攸发集团、调查队、气象局、生物中专、湖南澳维膜科技有限公司

八、市文明镇（2个）

酒埠江镇、网岭镇

九、市文明村（14个）

江桥街道桐坝村、春联街道盘龙村、鸾山镇桃源村、黄丰桥镇墙背村、网岭镇北坪村、皇图岭镇丹塘村、宁家坪镇自力村、丫江桥镇新杉岭村、新市镇界江村、莲塘坳镇阳升观村、菜花坪镇流塘村、渌田镇潞甫村、石羊塘镇洲上田村、桃水镇竹泉村

十、市文明（标兵）校园（7个）

市文明标兵校园：上云桥中学

市文明校园：文化路小学、东北街小学、工业路小学、机关幼儿园、鸾山镇中学、网岭镇中学

2022年度攸县文明建设红旗集体、先进集体、先进个人名单

一、文明建设红旗集体（30个）

（一）红旗单位（14个）

发改局（国动办）、住建局、水利局、农业农村局、商务局、卫健局、城管局、信访局、行政审批局、调查队、气象局、攸发集团、生物中专、湖南澳维膜科技有限公司

（二）红旗镇（2个）

酒埠江镇、网岭镇

（三）红旗村（14个）

江桥街道桐坝村、春联街道盘龙村、鸾山镇桃源村、黄丰桥镇墙背村、网岭镇北坪村、皇图岭镇丹塘村、宁家坪镇自力村、丫江桥镇新杉岭村、新市镇界江村、莲塘坳镇阳升观村、菜花坪镇流塘村、渌田镇潞甫村、石羊塘镇洲上田村、桃水镇竹泉村

二、文明建设先进集体（77个）

（一）文明单位（30个）

1.单位（17个）

法院、高新区、森管局、科工信局、人社局、自然资源局、文旅广体局、统计局、市场服务中心、团县委、市生态环境局攸县分局、供电公司、新华书店、国投集团、人民医院、疾控中心、谭桥街道

2.社区（8个）

联星街道百花社区、联星街道雪花社区、江桥街道胡公庙社区、春联街道春联社区、谭桥街道流和社区、网岭镇甘溪社区、丫江桥镇双江社区、莲塘坳镇高楼社区

3.企业（5个）

湖南昊华化工股份有限公司、湖南旭日陶瓷有限公司、株洲地博光电材料有限公司、株洲宏信科技发展有限公司、湖南湘东开关厂

（二）文明村镇（37个）

1.文明镇（4个）

宁家坪镇、新市镇、莲塘坳镇、菜花坪镇

2.文明村（33个）

联星街道：高岸村

江桥街道：泥脚巷村、阴山港村

谭桥街道：大和村

鸾 山 镇：三联村、新和村

黄丰桥镇：樟井村、广和村、杨丰村

酒埠江镇：木联村、柘桑村
网 岭 镇：株形村、大瑞村
皇图岭镇：龙和村、界联村、长华村
宁家坪镇：双凡村、田心村、黄公村
丫江桥镇：樟树村
新 市 镇：大桥头村、大同村、平田村
莲塘坳镇：下田村、廖公村
菜花坪镇：芷陂村、莱塘村
渌 田 镇：新江村、楼塘村
石羊塘镇：市大村、贺家坪村
桃 水 镇：竹如山村、睦塘村

（三）文明校园（10个）

黄丰桥镇柏市中学、网岭镇樌山中学、皇图岭镇高枧中学、宁家坪镇坪阳庙中学、丫江桥镇中学、新市镇中心小学、新市镇 钟佳桥中学、莲塘坳镇育才小学、菜花坪镇中心小学、菜花坪镇高和中心完小

三、文明建设先进个人（200人）

刘 茜 易栋梁 李玉龙 丁双城 田 俊
胡京荣 陈俊羽 赖贤亮 张 露 吴青云
邓香媚 陈 慧 刘芳军 易俊甫 刘亚云
苏湘慧 王 宾 陈亦梅 孙志科 雷 婷
刘 倩 周维龙 余永贵 李志明 刘维娜
彭俊宇 陈新华 单小艳 肖国亮 郭祥翔
刘亚斌 刘永康 左 葵 肖秋文 李 乾
何润雨 蔡罗生 贺 勇 胡建斌 张文武
陈新乐 罗永阳 胡 斌 洪志伟 刘旭鹏
易建飞 周凤舞 易才华 叶 锋 颜湘建
彭舜忠 朱运兰 徐三华 谢 峰 刘 蓉
阳志德 胡胜任 侯建刚 尹晓海 蔡湘第
陈 思 龙晴晴 胡小平 张立平 贺 琴
刘奇勇 蔡凌湘 文 凯 唐 庭 谢观鹏
邱 野 杨志龙 陈卫华 吴 帅 王娟娟
杨 斌 周利媛 肖司宇 李丽萍 邹 宾
罗 艳 唐洪波 颜高飞 赵彩安 朱建德
刘育秧 谭文伟 朱兵芬 刘 钢 唐建银
李 琴 刘建雄 洪 龙 杨利成 王国平
刘新良 刘 庆 付博文 贺正初 刘伟娟
刘永鹏 温玉珍 贺颜胜 洪湘军 谭国艳
武志华 周明华 尹志硕 洪建波 皮平广
吴胜春 洪奉鹏 胡博钦 占爱玲 贺 海
张继柱 周理应 贺战凯 谭金亮 李建飞
谢罗辉 汤 林 袁金荣 贺立荣 谭首春
刘 杰 徐涛铸 罗铁宾 罗晓华 林 青
吕 魁 杨建平 颜芳琼 周美余 周双喜
谢展望 刘树平 丁亚仁 汤 璇 陈桂华
李放鸣 任尧坤 刘 炎 文 霞 彭 祎
黄谭钢 张 华 贺振军 彭亦良 罗正华
肖爱星 王新安 辜云情 刘舞燕 田爱武
易卫东 巫新云 王开林 付天雄 欧清辉
易志中 佘志民 夏益定 平措扎西 周冬林
陈贤华 肖祖华 王耿彪 陈曼仔 熊 玮
王志刚 易 平 谭正仙 方 志 单智翔
周珍香 武艳斌 陈志军 尹 水 夏华南
卿媛霞 陈望雁 李 丹 黄瑾微 谭祖仁
欧阳志德 黄属彩 曾 丽 皮钦源 欧旖旎
刘吉明 贺玉荣 易兴无 谭冠雄 戴东方
陈中华 王勇华 虞智慧 陈 鹏 王 洪

2022年度全县争取省政府真抓实干表彰工作先进个人名单

一、省政府真抓实干激励表彰事项（7人）

刘友良 赵爱云 刘分粮 聂双利 刘文勇
何湘成 欧阳中胜

二、省政府重点工作典型经验推介（2人）

何纲华 王正良

2022年度全县打造“三个高地”推进“三大会战”工作先进单位、记三等功和先进个人名单

一、先进单位（53个）

（一）打造“三个高地”工作先进单位（10个）

纪委监委、县委办、政府办、科工信局、商务局、市场监管局、行政审批局、网岭镇、皇图岭镇、莲塘坳镇

（二）开展“两个年”活动、“三大会战”工作先进单位（43个）

1.“市场主体培育”工作先进单位（11个）

发改局（国动办）、市场监管局、统计局、税务局、联星街道、谭桥街道、网岭镇、皇图岭镇、新市镇、菜花坪镇、桃水镇

2.“干部能力提升”工作先进单位（11个）

县委办、组织部、人大办、政府办、政协办、教育局、卫健局、联星街道、江桥街道、网岭镇、皇图岭镇

3.“园区创业大会战”工作先进单位（5个）

行政审批局、市生态环境局攸县分局、税务局、国投集团、江桥街道

4.“乡村振兴大会战”工作先进单位（10个）

人社局、交运局、水利局、乡村振兴局、江桥街道、鸾山镇、黄丰桥镇、酒埠江镇、网岭镇、桃水镇

5.“财源建设大会战”工作先进单位（6个）

财政局、自然资源局、市场监管局、税务局、国投集团、网岭镇

二、记三等功（3人）

刘友良 朱晶娟 邓小荣

三、先进个人（130人）

（一）打造“三个高地”工作先进个人（40人）

周 婷 王 飞 陈晓斌 刘晓聪 洪建臣
宾 奇 谭 帅 刘 勤 唐开卷 谭 云
刘 晖 过石基 贺 芳 张新厦 夏春德
王占友 谢松柏 余 辉 颜 娇 唐 桓
张建堂 罗 丽 龙 攀 刘 峰 蔡忠良
彭佑生 戴陈亮 谭伏宁 曾卫华 钱 娟
刘永丽 朱洪亮 陈 虹 欧艳飞 章添柱
杨舟双 朱鹏飞 阳志成 周志勇 邓文娥

（二）开展“两个年”活动、“三大会战”工作先进个人（90人）

1.“市场主体培育”工作先进个人（20人）

罗 宵 罗倩倩 单志明 蔡湘第 刘 鹏
王水林 胡平利 卢 平 周瑶琼 彭 哲
易正辉 刘永丽 尹丽辉 周理应 欧艳飞
虞庭槐 朱鹏飞 廖丽平 李立平 谢珍龙

2.“干部能力提升”工作先进个人（20人）

欧阳璀宇 贺国胜 邓 武 聂 蓓 阳谷城
谭建良 刘 喜 曹 敏 王 隽 刘 洪
夏志鹏 胡陈宜 巫 宏 邓敏捷 颜玉艳
余敦敏 万 柳 夏 汶 符 焱 肖 璐

3.“园区创业大会战”工作先进个人（10人）

邓顺祥 刘光大 旷海燕 姚文志 高 方
胡任重 单志明 刘 兴 张泽鹏 陈三普

4.“乡村振兴大会战”工作先进个人（30人）

罗 宵 王爱武 单小艳 谭新华 肖振军
张哲武 黄尚风 董春梅 邹少华 汤中伟
陈浩鸿 陈坚强 李秋兰 杨志辉 刘远芳
张伟民 陈志信 洪吉霞 陈汝艳 谭益华
刘 滢 王 剑 聂建福 宁 波 丁迷迷
王诗晴 李子东 陈 桂 陈 志 刘正亚

5.“财源建设大会战”工作先进个人（10人）

丁昶辉 肖文斌 贺 飞 旷灵勇 麻晓武
周立柱 欧阳奇志 李泽兵 谢贺清 罗 艳

2022 年度全县产业发展奖励企业名单

一、税收贡献奖（14个）

湖南攸县农村商业银行股份有限公司、湖南省烟草公司株洲 市公司攸县分公司、湖南旭日陶瓷有限公司、国网湖南省电力有限公司攸县供电分公司、湖南明珠选矿药剂有限责任公司、攸县正泰房地产开发有限公司、湖南逸鸿集团有限公司、中国农业银行股份有限公司攸县支行、株洲宏信科技发展有限公司、株洲地博光电材料有限公司、湖南地博光学材料有限公司、中国平安财产保险股份有限公司攸县支公司、中国人民财产保险股份有限公司攸县支公司、攸县碧盛房地产开发有限公司

二、银行新增贷款奖（7个）

湖南攸县农村商业银行股份有限公司、中国建设银行股份有　限公司攸县支行、中国农业银行股份有限公司攸县支行、湖南银行股　份有限公司攸县支行、长沙银行股份有限公司攸县支行、中国农业发展银行攸县支行、湖南攸县潭农商村镇银行股份有限公司

三、对外开放奖（6个）

湖南昊华化工股份有限公司、湖南地博光学材料有限公司、湖南明珠选矿药剂有限责任公司、株洲昂伟贸易有限公司、湖南聚弘铭进出口贸易有限公司、湖南优多新材料科技有限公司

四、品牌建设奖（6个）

株洲湘东情食品有限公司、湖南优爱生态农业股份有限公司、湖南省大豪药业有限责任公司、攸县健坤农业科技有限公司、湖南天华油茶科技股份有限公司、株洲市贾岭药博有限公司

五、科技创新奖（22个）

株洲宏信科技发展有限公司、湖南亚美茶油股份有限公司、湖南省凯峰亚明电线电缆有限公司、湖南昊华化工股份有限公司、株洲市海达新特材料有限公司、湖南一田农业机械有限公司、株洲市振源生态农业发展有限公司、湖南湘东开关厂、湖南绿佳丰生物科技股份有限公司、湖南省康净日化有限公司、攸县百分生态农业发展有限公司、攸县晟煌环保科技有限公司、湖南臻诚高分子新材料有限公司、株洲市飞宇电器设备有限公司、株洲市神农动物药业有限公司、株洲乡轩山茶油有限公司、攸县祥达快递有限公司、湖南省尖锐交通科技有限公司、株洲市攸州在线传媒有限责任公司、株洲安特新材料科技有限公司、湖南省龙昊重工科技有限公司、株洲地博光电材料有限公司

2022年度全县“高质量发展贡献”先进单位名单

发改局（国动办）、统计局、调查队、广寒坪抽水蓄能电站项目协调办、湖南旭日陶瓷有限公司、湖南艾硅特新材料有限公司、湖南亚美茶油股份有限公司、攸县尚优新能源有限公司、湖南昊华化工股份有限公司、湖南华纯材料科技有限公司、好灵工科技有限责任公司

2022年度全县党建工作先进单位名单

财政局、联星街道、网岭镇、皇图岭镇、攸县一中、湖南省龙昊重工科技有限公司

2022年度全县“凝心聚力　担当实干”村(社区)党组织书记名单

赵彩安　联星街道文化社区党委书记
袁　义　江桥街道龙湖社区党支部书记
贺正初　春联街道双丰社区党总支部书记
王秋林　谭桥街道流和社区党总支部书记
李新建　鸾山镇老漕村党总支部书记
许洛华　黄丰桥镇石联村党总支部书记
曾爱武　酒埠江镇酒仙湖村党总支部书记
欧国胜　网岭镇罗家坪村党委书记
瞿艳民　皇图岭镇西街社区党总支部书记
邓自伟　宁家坪镇自力村党委书记
胡晓良　丫江桥镇三峰村党总支部书记
占花兰　新市镇钟佳桥村党委书记
陈贤华　莲塘坳镇南水村党总支部书记
陈秋林　菜花坪镇菜花社区党总支部书记
尹国良　渌田镇潞甫村党委书记
贺金春　石羊塘镇洲上田村党总支部书记
李介兵　桃水镇湾田村党总支部书记

2022年度全县平安建设、维护稳定工作先进单位和先进个人名单

一、先进单位（70个）

（一）平安建设先进乡镇（街道）（9个）

联星街道、春联街道、鸾山镇、网岭镇、宁家坪镇、新市镇、菜花坪镇、石羊塘镇、桃水镇

（二）平安建设先进单位（22个）

编办、法院、检察院、森管局、教育局、公安局、民政局、财政局、人社局、住建局、卫健局、应急管理局、林业局、市场监管局、信访局、乡村振兴局、征地协调服务中心、网格化管理服务中心、行业办、妇联、税务局、农商银行

（三）平安建设示范村（社区）、先进村（社区）（34个）

1.平安建设示范村（社区）（17个）

联星街道联星社区、江桥街道江桥社区、春联街道春联社、谭桥街道苏洲村、鸾山镇老漕村、黄丰桥镇严塘村、酒埠江镇酒仙湖村、网岭镇宏大村、皇图岭镇高新村、宁家坪镇田心村、丫江桥镇增佳新村、新市镇新中社区、莲塘坳镇南水村、菜花坪镇高塘村、渌田镇潞甫村、石羊塘镇达水桥村、桃水镇夏泉村

2.平安建设先进村（社区）（17个）

联星街道永佳社区、江桥街道牛头湖村、春联街道春塘龙村、谭桥街道万美村、鸾山镇江边村、黄丰桥镇石联村、酒埠江镇慈联村、网岭镇网金村、皇图岭镇荫泉村、宁家坪镇笔武村、丫江桥镇源佳村、新市镇土楼村、莲塘坳镇高楼社区、菜花坪镇菜垅村、渌田镇存养村、石羊塘镇罗家桥村、桃水镇清江桥村

（四）维护稳定工作先进单位（5个）

退役军人事务局、机关事务服务中心、江桥街道、酒埠江镇、莲塘坳镇

二、先进个人（60人）

（一）平安建设工作先进个人（50人）

江　振　陈虹安　苏　龙　张　昕　周　浩
陈　健　占玲玲　尹艳琴　皮家谋　彭智力
邓通洱　陈利兵　皮跃军　李玉桥　易阁峰
刘友良　邓毕竟　郭　卫　王维维　黄　敏
周卫国　刘分粮　戴朝明　黄朱君　孙唐义
彭尧明　刘新良　刘　凯　朱洪亮　皮华云
文　虎　苏爱军　廖志雄　贺正亮　张　凯
陈建勇　张小云　张　雨　刘龙亮　龙威宇
李正浩　陈祝媚　张新龙　单新文　刘小刚
周天球　朱亚伟　陈新辉　江　琼　周晓明

（二）维护稳定工作先进个人（10人）

尹国才　颜振恒　陈　勇(公安局)　高　方
胡任重　田宜春　陈　进　王桂良　田　华
贺振军

2022年度全县安全生产(食品安全)工作先进单位和先进个人名单

一、安全生产工作先进单位（25个）

（一）部门单位和乡镇（街道）（15个）

教育局、科工信局、公安局、水利局、文旅广体局、应急管理局、城管局、市场监管局、市生态环境局攸县分局、消防救援大队、谭桥街道、黄丰桥镇、新市镇、菜花坪镇、石羊塘镇

（二）企业（10个）

攸县老虎冲矿业有限责任公司老虎冲煤矿、攸县合里矿业有　限责任公司何家里铁矿、攸县华新烟花制造有限公司、攸县新财烟花鞭炮销售有限公司、湖南昊华化工股份有限公司、湖南省益力盛电子科技有限公司、攸县第三建筑有限责任公司、攸县安庭燃气有限公司、湘运集团攸县汽车运输有限责任公司、中国电信攸县分公司

二、安全生产工作先进个人（40人）

（一）部门单位（23人）

李　华　何清艳　欧阳璀宇　谭慧琴　谭　易
罗爱武　易川皓　朱天雄　曾云艺　田岳松
陈拥军　单晓英　王东洋　梁中赵　邓　容
刘新伟　杨　青　宁腾龙　刘喜华　李　凯

尹新良　单永彬　唐春辉

（二）乡镇（街道）（17人）

汤前望　陈三清　易俊龙　何仕勇　丁彦羊
颜　成　廖运高　罗梦良　邓庆云　汤光华
朱鹏飞　张华桥　尹建军　丁远大　易秋兵
尹　水　刘爱华

三、食品安全工作先进单位（10个）

农业农村局、城管局、市场服务中心、春联街道、鸾山镇、酒埠江镇、新市镇、莲塘坳镇、石羊塘镇、桃水镇

四、食品安全工作先进个人（20人）

洪　驰　谭步禹　李铁建　谭政文　易国胜
单桂恒　周　阳　黄　敏　蔡晓勇　龙百余
陈香娣　贺志荣　黄　剑　罗　斌　董　湘
罗鹏飞　李小宁　汤前望　李若鑫　林　鑫

2022年度全县疫情防控工作先进单位和先进个人名单

一、先进单位（22个）

（一）部门单位（10个）

高新区、科工信局、公安局、住建局、交运局、文旅广体局、卫健局、城管局、市场监管局、交通事务中心

（二）乡镇（街道）（5个）

江桥街道、春联街道、网岭镇、皇图岭镇、新市镇

（三）医疗机构（7个）

人民医院、中医院、疾控中心、联星街道社区卫生服务中心、网岭中心卫生院、皇图岭中心卫生院、莲塘坳卫生院

二、先进个人（101人）

（一）部门单位（38人）

王海艳　李　吉　易新颜　黄　星　曾晏钰
文日明　蔡　娜　段郴钢　聂　洲　易　勇
刘佑开　刘　旭　王伟杰　谢志刚　艾　美
易咏畅　苏　浩　陈　勇（交运局）　左智剑
李水云　易峰翔　洪虎龙　张桥仔　谭　明
陈华娇　杨　重　刘晓庆　景　钊　粟清兰
张来喜　苏定华　吕岳霖　朱联军　文庭雨
易成辉　皮志毅　王梦玲　文　媚

（二）乡镇（街道）（17人）

刘海钢　罗娇兰　尹朝辉　文雄建　陈送云
刘鹏翔　刘素雅　刘宗荣　刘　鑫　夏卫华
张　华　刘彦波　平措扎西　钟　媛　沈习洁
陈志军　谭润娇

（三）卫健系统（46人）

陈福耀　吴暑明　樊　荣　张斌敏　杨　宇
宁腾龙　文　义　谢兴芳　颜　琼　段　斌
荣　丽　刘佑林　晏远程　王呈章　周晓辉
张　欣　张　红　阳爱兰　文　慧　文春兰
彭罡馗　刘思敏　刘芳兰　张玉莲　贺承祖
周二妮　蔡　旭　刘盈盈　欧阳娟　彭　艳
旷　憧　武　杨　罗江艳　周跃雁　彭　钱
陈　欢　张鹏志　阳双凤　贺倩华　贺　斌
李飞艳　胡智民　周建平　刘俊波　易　鹏
黄新春

2022年度全县森林防灭火工作先进单位和先进个人名单

一、先进单位（15个）

人武部、应急管理局、林业局、消防救援大队、森管局、黄丰桥林场、鸾山镇、黄丰桥镇、酒埠江镇、皇图岭镇、莲塘坳镇、丫江桥镇、宁家坪镇、渌田镇、桃水镇

二、先进村（社区）（17个）

联星街道沙陵陂村、江桥街道杨木港村、春联街道盘龙村、谭桥街道马址陂村、鸾山镇建新社区、黄丰桥镇满江村、酒埠江镇　大田村、网岭镇龙蟠洲村、皇图岭镇荫泉村、宁家坪镇双松村、丫江桥镇华富村、新市镇文和村、莲塘坳镇枧头村、菜花坪镇联龙村、渌田镇五丰村、石羊塘镇金坑村、桃水镇小集村

三、先进个人（32人）

王 勇(人武部) 刘林瑞 黄云贞 王建武
江晋程 贺 翔 肖寿峰 陈宏磊 刘保良
谢勇建 贺文明 彭挺立 宁 傲 阳成龙
郑 启 王 佳 王继志 汤前望 刘新良
刘桂香 余姝钰 谭金亮 宁利威 郑 云
彭 斌 阳洪亮 荣秋桂 占茂清 刘 奕
龙珠生 陈湘东 汤运德

2022年度全县招商引资先进单位和先进个人名单

一、先进单位（10个）

高新区、科工信局、商务局、鸾山镇、网岭镇、皇图岭镇、宁家坪镇、新市镇、莲塘坳镇、菜花坪镇

二、先进个人（15人）

周新良 陈 欢 彭 祺 阳冬良 贾立新
吕 魁 陈亦武 周美余 李伟建 刘舞燕
邓文娥 王志华 朱君军 易天荣 彭向荣

2022年度全县污染防治攻坚战先进单位和先进个人名单

一、先进单位（10个）

高新区、财政局、自然资源局、卫健局、应急管理局、市生态环境局攸县分局、江桥街道、网岭镇、皇图岭镇、石羊塘镇

二、先进个人（20人）

杨 千 王劲松 鲁沛然 王 勇（法院）
汪添吉 文 昊 刘江波 彭龙海 王新桂
陈万华 欧阳年春 赵春贤 胡建设 谭左彪
张成德 曾建田 贺战凯 何鑫玮 易凌云
胡智雄

2022年度全县防范重大风险攻坚战先进单位和先进个人名单

一、先进单位（2个）

金融办、攸发集团

二、先进个人（5人）

谢成凤 彭湘华 肖文斌 毛海波 王震勇

2022年度全县征拆征收工作先进单位和先进个人名单

一、先进单位（13个）

发改局（国动办）、财政局、自然资源局、征地协调服务中心、联星街道、江桥街道、春联街道、谭桥街道、黄丰桥镇、皇图岭镇、丫江桥镇、菜花坪镇、渌田镇

二、先进个人（20人）

何重明 阳红卫 彭志敏 张孟东 刘 锋
尹 慧 王坚强 谭 华 尹海元 罗梦林
张 凯 贺立荣 陈三普 罗 龙 王建刚
宋文连 刘朝晖 杨晓锋 曾能勇 王志华

攸县第六届道德模范名单

助人为乐类

邓道英(女) 酒埠江镇大芹村村民
陈小青(女) 桃水镇竹如山村晓青幼儿园园长

见义勇为类

陈 钢 湖南卡池网络传媒有限公司经理
刘 亮 渌田镇中学教师

敬业奉献类

石 玉(女) 皇图岭中心小学教师
武福南 攸县人民医院神经外科主任

孝老爱亲类

陈雪琳(女) 黄丰桥镇墙背村村民

张柏章(女) 渌田镇敬老院工作人员

诚实守信类

旷梅华 黄丰桥镇柏市社区医疗室乡村医生

李少海 春联街道春风社区居民

攸县第四届十佳乡贤名单

林喜元 莲塘坳镇下洞村村民

王柏球 网岭镇涟滩村村民

易祖贻 菜花坪镇流塘村樟树下组组长

张建雄 新市镇桐树村村民

张艳仔(女) 联星街道文化社区水秀庄组网格长

陈禾林 皇图岭镇丹塘村村民

黄新桥 鸾山镇桃源村淀江边组组长

谭年生 谭桥街道流和社区居民

龙政军 湖南皓特强生态农业股份有限公司董事长

周爱平 石羊塘镇洲上田小学代课教师

2022年度全县十佳新时代文明实践“门前三小”点

春联街道盘龙村朱家新时代文明实践“门前三小”点

黄丰桥镇墙背村茶园新时代文明实践“门前三小”点

网岭镇北坪村樟水坪新时代文明实践“门前三小”点

皇图岭镇丹塘村瑶前新时代文明实践“门前三小”点

丫江桥镇仙石村岳田新时代文明实践“门前三小”点

新市镇大同村大春新时代文明实践“门前三小”点

莲塘坳镇阳升观村阳升观新时代文明实践“门前三小”点

渌田镇潞甫村张家冲新时代文明实践“门前三小”点

石羊塘镇洲上田村麻铺新时代文明实践“门前三小”点

桃水镇竹泉村梨咀坪新时代文明实践“门前三小”点

2022年度全县十佳新时代文明实践志愿服务品牌项目

教育局“家校社共育”志愿服务项目

团县委“团团爱心小屋”志愿服务项目

谭桥街道“呵护青苗·筑梦谭桥”志愿服务项目

妇幼保健院“爱在妇幼·护佑健康”志愿服务项目

文化馆“攸女·训蒙”传统文化亲子传习志愿服务项目

联星街道文化社区“志愿护学·平安‘攸’你”志愿服务项目

黄丰桥镇文联“黄丰艺苑”志愿服务项目

攸县传统文化促进会“传承攸女文化促进齐家教育”志愿服务项目

攸县义工联“义爱攸州公益行”志愿服务项目

攸县心理协会“沐灵心理　守护健康”志愿服务项目

2022年度全县新时代文明实践优秀志愿者

谭建华　杨小兵　张　志　李佩玲　谭笑笑

陈丽萍　左之梁　尹劲松　刘　慧　王沐坤

谌　倩　颜芳琼　易慧敏　刘俊鸿　欧阳灵青

李选平　董金花　唐春美　谭　哲　王　丽

陈倩雯　刘红梅　胡后启　周双苹　许陈丹

刘志军　丁敏灵　张立平　符小芳　陈素平
王　斌　朱　佳　刘李玉蝉　谭继珠　曾丽丽
刘卓媚　廖运高　易　群　徐艳明　熊侠艳
刘　丹　陈洁栎　蔡佳燕　颜学喜　谭开平
贺佳乐　贺年辉　彭　娟　李　江　谢玉娟

附 录

2022年度攸县领导、乡镇（街道）和部门单位负责人名录

中共攸县县委

县委书记 李鹏程
县委副书记 武挪强 林 涛（12月止）
县委常委 李鹏程 武挪强 夏春良 彭爱斌 唐军全 刘行国（4月任） 易晓红 阙 昶 王志伟 王天来（8月任） 林 涛（12月止） 何文龙（2月止） 陈银河（4月止）
县委委员 王天来 王志伟 王宜斌 毛春良 文 斌 文 毅 文晓华 邓小荣 冯 杰 刘 敏 刘 源 刘丰华 刘分粮 刘北斗 刘行国（4月任） 刘艳辉 苏爱军 李鹏程 杨正武 吴爱清 张叶喜 陈亦武 陈章蓉 武挪强 易晓红 周卫国 赵爱云 洪虎龙 贺 彪 夏春良 唐军全 黄华畅 彭永跃 彭爱斌 曾小林 阙 昶 刘 亮（8月止） 何文龙（2月止） 陈银河（4月止） 陈新妮（12月止） 林 涛（12月止） 赵聚忠（4月止）
县委候补委员 文泽宇 朱忠民 何 勇 陈 鹏 易介兵 贾立星 王 斯（6月止） 刘 彦（4月止）

攸县人大常委会

主 任 冯 杰
副主任 陈百忠（5月止） 刘艳舞 李奇跃 谭智敏 谭心飞
党组书记 冯 杰
副书记 陈百忠（5月止） 谭智敏（12月任）
委 员 王爱武 文日明 文红梅 文建民 邓民慧 刘俊鸿 李伟玲 周志琴（2月任） 肖回龙 余 鑫 张建华 张素珍 易吕辉 罗 刚 洪建臣 谭 建（2月任） 谭勇华 彭永跃 彭智力 杨向红（1月止） 胡正罡（1月止） 唐青锋（1月止） 杨玉文（2月止） 罗 静（2月止） 何重明（7月止） 罗学锋（7月止） 向宋祥（7月止） 刘朝阳（7月止） 陈新妮（11月止）

攸县人民政府

县 长 武挪强
副县长 何文龙（4月止） 夏春良（4月任） 彭爱斌 陈代陆（4月止）

赵聚忠（6月止） 曾利民（9月任）
邱铁勇（9月任） 杨正武
程 超（12月止） 王天来（9月止）
王 霞（9月任） 刘丰华
陈章蓉 杨 波（6月任）
李 敏（12月任）

政协攸县委员会

主 席 文 毅
党组书记 文 毅
副书记 龙晓辉 陈银河（4月止）
副主席 龙晓辉 文小凤 胡建雄（兼）
黎亚敏（兼） 李林华
秘书长 杨建龙（2月任）
常务委员 陈银河 欧阳愚 陈文平（2月止）
谢泽胜 朱石恩 肖 纯 苏丽琼
黄志坤 张耀湘 陈 健 贺香清
洪玉琴 谢祁凤 卢敬爱 廖 平
路宏伟 李 鹏 张卫平 蔡静妮
易 康 郭君耀 卢伟彬 王 锫
黄湘娟 贺国惠 肖喜华 符冬媛
彭利川 释慧禅 欧阳达龙

攸县人民武装部

党委第一书记 李鹏程
党委书记、政治委员 王志伟
党委副书记、部长 沈松鹏
纪委书记、副部长 唐 波
纪委副书记、军事科科长 张 琪

中共攸县纪委、监委

纪委书记、监委主任 阙 昶
纪委常务副书记、监委副主任 易介兵
纪委副书记、监委副主任 黄志坤
纪委副书记 易川皓（7月止）
蔡水文（7月任）
监委副主任 易川皓（6月止）
蔡水文（7月提名，9月任）
纪委常委 蔡水文（7月止）
王海云 王飞君 侯正姿
杨 千（12月任）
监委委员 王海云 王飞君 杨 千
何湘鹏

1. 机关内设部室

办公室主任 尹伟华（6月止）
王江泽（12月任）
组织部部长 周仁芳
党风政风监督室主任 王海艳（6月任）
案件审理室主任 胡增光
案件监督管理室主任 侯正姿
信访室主任 侯琴莲
第一纪检监察室主任 刘志国（12月止）
第二纪检监察室主任 徐伟原
第三纪检监察室主任 文靖翔
第四纪检监察室主任 周志成
第五纪检监察室主任 阳高文
第六纪检监察室主任 廖 青
干部监督室主任 刘 珂

2. 派驻纪检监察组长

派驻县委办公室纪检监察组组长 易长春
派驻县委政法委纪检监察组组长 江 振
派驻县政府办公室纪检监察组组长
李 敏（12月止） 刘金亮（12月任）
派驻县财政局纪检监察组组长 邓华艳
派驻县民政局纪检监察组组长
王江泽（12月止） 李若鑫（12月任）
派驻县教育局纪检监察组组长 黄建新
派驻县卫生健康局纪检监察组组长
兰 华（12月止） 杨 柳（12月任）
派驻县市场监督管理局纪检监察组组长
洪 驰（12月止） 刘 鹏（12月任）
派驻县住房和城乡建设局纪检监察组组长
彭 辉

派驻县农业农村局纪检监察组组长 张　辉

攸县人民法院

党组书记、院长 刘艳辉
党组副书记、副院长 徐红军
副院长 郭团平
党组成员、副院长 董　武
审委会专职委员 苏　凯　王三力
党组成员、政治部主任 蔡　武

攸县人民检察院

党组书记、检察长 刘北斗
党组成员、副检察长 钟文灿（12月止）
袁武军（12月止）
副检察长 尹奇平（12月止）
党组成员、政治部主任 刘德胜（12月止）
检察委员会专职委员 刘　婴
胡志明（12月止）

攸县高新技术产业开发区

党工委书记 曾小林
管委会主任 杨　力
党工委副书记 李志雄（7月止）
胡正罡（7月任）
党工委委员、管委会副主任 张　凯（7月止）
刘　勤（7月任）
管委会副主任 谭　帅（7月任）
党工委委员 陈　欢（挂职，5月任）
唐开卷（挂职，5月任）
经济合作局局长 吕建良（7月任）
开发建设局局长 易阁峰

湖南攸州国家森林公园管理局

局　　长 王宜斌
党组成员、副局长 刘伟华
陈　吉（7月止）
洪　江（7月任）
办公室主任 邹发喜（7月止）
公园管理科科长 谢力峰
开发建设科科长 邓志华
资源保护科科长 陈拥军

县委工作机构

1. 县委办公室

主　任 唐军全
常务副主任 刘　亮（8月止）
尹建冬（12月任）
副主任 李金彪
贺　勋（6月止）
王　飞（7月任）
督查室
督查专员兼督查室主任 刘卫华（12月止）
刘志国（12月任）

2. 组织部

部　长 夏春良（4月止）
刘行国（4月任）
常务副部长 彭永跃
副部长 张耀湘
周冬剑（7月任）
周世伟（兼）
刘陈辉（兼）
（1）老干部局
局　长 张耀湘（兼）
（2）党员教育中心
主　任 刘金花
副主任 颜　景（6月任）
（3）县非公有制经济组织和社会组织党工委
书　记 （暂缺）
副书记 易新颜
（4）专家人才服务中心
主　任 周冬剑（6月止）
（5）老干部服务中心

主　任　周　定

3. 宣传部

部　长　易晓红

常务副部长　方华容（6月任）

副部长　方华容（6月止）

吴辉兵（7月止）

谭　彦（12月任）

（1）网络舆情监控中心

主　任　刘晓聪

4. 统战部

部　长　王天来（12月任）

陈银河（4月止）

常务副部长　向宋祥（7月止）

宁宇新（7月任）

副部长　吴彩霞

陈　健（12月止）

（1）攸县民族宗教事务局

局　长　陈　健（12月止）

副局长　尹国才

5. 政法委员会

书　记　林　涛（12月止）

常务副书记　吴爱中

副书记　王国荣（7月止）

谭　琪（7月止）

何重明（7月任）

6. 县机构编制委员会办公室（事业单位登记管理局）

主　任　刘陈辉

副主任　朱燕舞　王甲炜

机构编制事务中心主任　王志荣

7. 县委巡察办

巡察办

主　任　杨玉文

副主任　王　俊

第一巡察组

组　长　刘剑伟

副组长　王　彬

第二巡察组

组　长　苏桂喜

副组长　尹　峰

第三巡察组

组　长　周益康

副组长　傅　钟

县人大各专门委员会及常委会机关

1. 监察和司法委员会（法制委员会）

主任委员　彭智力

副主任委员　刘朝阳（7月止）

委　员　文志敏　赵彩安

王慧艳

2. 财政经济委员会（预算工作委员会）

主任委员　王爱武

副主任委员　周志琴（2月任）

委　员　湛林奇　刘志锋　龙小知

3. 教育科学文化卫生委员会（民族华侨外事委员会）

主任委员　文日明

副主任委员　齐卫东

委　员　刘　平　杨林华　彭稻花

4. 环境与资源保护委员会

主任委员　谭　建（2月任）

副主任委员　易大友

委　员　聂　强　廖三明　朱建德

5. 农业与农村委员会

主任委员　洪建臣

副主任委员　罗向东

委　员　缪年华　刘园平　文升平

6. 社会建设委员会

主任委员　何再权（11月止）

副主任委员　戴东方

委　员　刘德英　尹唐生　廖慧敏

7. 办公室

主　任　谭勇华

副主任　张　勇

8. 选举任免联络工作委员会

主　任　文建民

副主任　徐夫文（7月止）

县政协机关

1. 办公室

主　任　杨建龙

副主任　宾　奇（7月止）

2. 提案和委员学习联络委员会

主　任　欧阳愚

3. 文教卫体和文史委员会

主　任　朱石恩

4. 经济科技和外事委员会

主　任　陈文平（2月止）

宾　奇（7月任）

5. 社会法制和民族宗教委员会

主　任　苏丽琼（2月止）

肖　纯（2月任）

副主任　吴巧红

6. 农业农村和人口资源环境委员会

主　任　谢泽胜

副主任　刘美兰（2月止）

孙　琪（2月任）

县政府工作部门

1. 县政府办公室

党组书记、主任　贺　彪

党组成员、副主任　陈运新（3月任）

陈红飞　贺　亮

刘芳军　江　涛

刘　勤（6月止）

李　叶（12月止）

罗延福

邓新奇（1月止）

党组成员　欧阳娟（12月任）

邓　凯（12月任）

党组成员、纪检组长（派驻）

李　敏（12月止）　刘金亮（12月任）

2. 发展和改革局

党组书记、局长　刘友良

党组成员、副局长　欧阳娟（12月止）

谭　云

程　伟（12月任）

党组成员、县国动办专职副主任

文智深（12月任）

3. 教育局

局　长　胡建雄（12月止）

党委副书记、局长　何纲华（12月任）

党委书记　易志勇

副局长　贺国惠

党委委员、副局长　龙小兵

刘三如（7月任）

党委委员、纪检监察组组长（派驻）

黄建新

党委委员、总督学　肖志勇（12月止）

4. 攸县科技和工业信息化局

党组书记、局长　过石基

副局长　姚文志　张巧容

（1）中小企业服务中心

主　任　夏春德

5. 公安局

党委（组）书记、局长　赵聚忠（4月止）

杨　波（6月任）

党委（组）副书记、政委

杨　波（6月止）

张志祥（9月任）

党委（组）副书记、常务副局长　欧国华

党委（组）成员、副局长　刘塘良

陈方华　谢瑜麟

党委（组）成员　刘中海　易志平

副政委　张建华

（1）指挥中心（办公室）

主　任　谭　毅（6月止）唐　健（6月任）

（2）督察大队

大队长　谭昭阳

（3）警务保障室

主　任　钟江华

教导员　侯建南

(4) 法制办

主　任　刘桂飞

(5) 国保大队

大队长　杨　志

教导员　欧艾新

(6) 治安大队

大队长　单桂恒

教导员　唐　健

(7) 危爆大队

大队长　王万乐

教导员　易岳雄

(8) 人境大队

大队长　刘谭剑

教导员　彭丽娟

(9) 巡特警大队

大队长　朱劲松

(10) 刑侦大队

大队长　江　强

教导员　周国庆

副大队长　杨柳春　蔡长征　洪　宇　易伟刚

(11) 经侦大队

大队长　龙永新

(12) 禁毒大队

大队长　贺马龙

教导员　彭朝晖

(13) 网安大队

教导员　张晓峰

副大队长　贺　鑫

(14) 看守所

所　长　曾玉龙

教导员　杨文良

(15) 拘留所

所　长　刘俊君

(16) 联星派出所

所　长　刘万生（9月止）

刘福明（9月任）

教导员　丁武平（9月止）

副所长　旷慧娟　罗　衡

城管中队中队长　夏伟华

教导员　陈　勇

(17) 春联派出所

所　长　蔡德文

(18) 江桥派出所

所　长　陈浩林

(19) 谭桥派出所

所　长　谭　斌

(20) 黄丰桥派出所

所　长　杨卓泉

(21) 酒埠江派出所

所　长　蔡伍文

(22) 皇图岭派出所

所　长　陈清明

(23) 网岭派出所

所　长　刘福明（9月止）

丁武平（9月任）

(24) 菜花坪派出所

所　长　陈水卫

(25) 新市派出所

所　长　杨　军

(26) 桃水派出所

所　长　陈志忠

(27) 峦山派出所

所　长　冯　嵩

(28) 丫江桥派出所

所　长　韩　超

(29) 莲塘坳派出所

所　长　刘　凯

(30) 渌田派出所

所　长　侯建伟

(31) 森林公安局

局　长　杨伟成

教导员　王志宏

副局长　尹立武

6. 民政局

党组书记、局长　尹建冬

党组成员、副局长 皮远康

丁建钦

党组成员、纪检监察组组长（派驻）

王江泽（10月止）

（1）慈善事务服务中心

主 任 刘亚珍

（2）县民政事务中心

主 任 邓喜婷（8月任）

7. 司法局

局 长 胡建雄（12月任）

党组书记、局长 刘 彦（4月止）

党组成员、副局长 易 珂 周 阳

8. 财政局

党委书记、局长 张叶喜

副书记、副局长 陈爱民（6月止）

余科建（9月任）

党委委员、副局长 余科建 谢成凤

陈大平（8月任）

党委委员、纪检监察组组长（派驻） 邓华艳

党委委员、总会计师 陈大平（8月止）

（1）国库集中支付核算中心

主 任 刘凌虹

（2）乡镇财政服务中心

主 任 王船桥

（3）财政事务中心

主 任 文 毅

9. 人力资源和社会保障局

党组书记、局长 周世伟

党组成员、副局长 罗飞斌 谢海鸿

党组成员、总会计师 张湛武（8月任）

（1）劳动保障监察大队

队 长 李 刚

（2）工伤保险服务中心

主 任 张湛武（8月止）

（3）劳动就业服务中心

主 任 谢升兰

（4）人力资源服务中心

主 任 邓 萍

（5）人事考试培训中心

主 任 周文阳（6月止）

（6）社会劳动保险事业管理局

局 长 陈 勇

10. 自然资源局

党委书记、局长 周卫国

党委委员、副局长 刘建华（9月任）

刘桂平（10月任）

党委委员 文金伟（8月止）

（1）执法监察大队（自然资源行政执法大队）

大队长 文金伟（8月止）

谢志远（8月任）

（2）土地储备中心主任

主 任 肖文斌

（3）不动产登记中心

主 任 高 方

（4）联星中心所（自然资源所）

所 长 谢志远（8月止）

彭建宇（10月任）

（5）江桥中心所（自然资源所）

所 长 彭建宇（10月止）

杨 华（10月任）

（6）鸾山中心所（自然资源所）

所 长 杨 华（10月止）

颜治国（10月任）

（7）新市中心所

所 长 付旭东

（8）皇图岭中心所

所 长 刘 智

（9）桃水中心所

所 长 杨忠东（1月止）

（10）菜花坪中心所

所 长 陈建湘（8月止）

（11）莲塘坳中心所

所 长 蔡罗生

（12）黄丰桥中心所

所 长 刘桂平（10月止）

（13）丫江桥中心所

所 长 王 勇
(14) 酒埠江中心所
所 长 贺 勇

11. 住房和城乡建设局（人防办）

党组副书记、局长（主任） 赵爱云
党组书记 刘湘波
党组成员、副局长 谭卫民（6月止）
李 炜
党组成员、副主任（人防办）
文智深（12月止）
党组成员、纪检监察组组长（派驻） 彭 辉
总工程师 刘忠良（6月任）
(1) 攸县住房保障服务中心
主 任 唐新桥
(2) 湖南攸州水务有限责任公司
经 理 胡振宇（12月止）
党总支书记 罗 鹏（12月止）
(3) 攸县建设工程质量安全监督站
站 长 谭 晖

12. 交通运输局

党组书记、局长 陈晓晖（1月止）
谭伟荣（1月任）
党组成员、副局长 文爱泽 蔡金良
戴雅来（7月任）
党组成员、总工程师 单志雄
(1) 交通运输综合行政执法大队
大队长 文爱泽（兼）
(2) 交通运输综合服务中心
主 任 张文武

13. 水利局

党组书记、局长 陈水根
党组成员、副局长 文阳荣
徐东日（10月任）
党组成员 刘 丹
(1) 攸县库区移民事务中心
主 任 丁志刚
(2) 攸县水旱灾害防御中心
主 任 陈芳华
(3) 攸县水土保持站
站 长 欧阳伟平
(4) 酒埠江灌区攸县中心所
所 长 刘一夫

14. 农业农村局（县委农村工作办公室）

党组书记、县委农办主任、局长 刘分粮
党组成员、县委农办副主任、副局长 李惊雷
党组成员、副局长 周冬桂
李 跃
党组成员、派驻纪检组长 张 辉
党组成员、经管站站长 刘 晟
党组成员、农业综合行政执法局专职副局长
吴利辉
(1) 农机事务中心
主 任 陈朝辉
(2) 农广校
校 长 彭 德
(3) 农业综合服务中心
主 任 谭 婷

15. 商务和粮食局

党组书记、局长 聂双利
副局长 余 辉 郑 莉
单志明 杨 青

16. 文化旅游广电体育局

党组书记、局长 文泽宇
副书记、副局长 朱蔡立
副局长 吴 奕（7月止）
文 枫
谭 琪（7月任）
总工程师 刘旭鹏

17. 卫生健康局

党委书记、局长 洪虎龙
党委委员、副局长 李喜红 张加亮
兰 华（12月任）
陈福耀（1月止）
党委委员、纪检监察组组长（派驻）
兰 华（12月止）
杨 柳（12月任）

（1）计生协会

常务副会长　旷进南（12月止）

李　敏（12月任）

18. 审计局

党组书记、局长　何　勇

党组成员、副局长　苏红艳　王晶霜

党组成员、总审计师　闵冬建（12月止）

董婷婷（12月任）

（1）县投资审计中心主任　刘运武

19. 退役军人事务局

党组书记、局长　刘正刚（12月止）

副书记、副局长　夏华光（12月任）

副局长　刘长力（12月止）

江　亮（7月任）

20、应急管理局

党委书记、局长　何纲华（12月止）

刘正刚（12月任）

副局长　刘宜战　王鸣春

尹建国（12月止）

（1）综合行政执法大队

大队长　刘喜华

21. 城市管理和综合执法局

党组书记、局长　陈义勇

副书记、副局长　皮远康（12月任）

副局长　夏华光（12月止）

周宪国　胡勇勇

邓　武（10月任）

（1）市政园林服务中心

主　任　刘忠良（6月止）

（2）城管执法大队

大队长　周宪国

（3）环境卫生服务中心

主　任　邓　武（兼）

22. 林业局

党组书记、局长　王正良

副书记、副局长　罗立平

党组成员、副局长　朱向阳（12月止）

（1）县林业事务中心

主　任　彭早珍

（2）黄丰桥林场

党委书记、场长　洪　涛

副场长　易文成（12月止）

阳　欣

23. 市场监督管理局

党组书记、局长　刘文勇

党组成员、副局长　刘建军　彭　滢

彭　炜　易　霖

李汝前　罗志武

党组成员、纪检监察组组长（派驻）

洪　驰（12月止）

刘　鹏（12月任）

（1）食品药品和质量技术检验检测中心

主　任　吴　冰

（2）攸县市场监督事务中心

主　任　汤　华

24. 统计局

党组书记、局长　贺香清

副局长　邓其华（援藏）

颜　娇（8月任）

（1）县经济社会调查中心

主　任　陈　维

（2）县普查中心

主　任　颜　娇（8月止）

25. 县政府金融办公室

党支部书记　彭　刚

主　任　苏丽琼

副书记、副主任　唐　桓

26. 信访局

党组书记、局长　陈红飞

副局长　胡小平

王国福（2月止）

27. 乡村振兴局

党组书记、局长　向宋祥（7月任）

副局长　张建堂

（1）乡村振兴服务中心

主　任　欧阳年春

28. 医疗保障局

局　长　文龙彪

党组书记　龙雪刚

副局长　段　玉

（1）县医疗保障事务中心

主　任　唐庆仕

29. 行政审批服务局

党组书记、局长　何湘成

副局长　熊　伟

（1）政务服务中心

主　任　文堂义

县委、县政府直属事业单位

1. 县委党校

常务副校长　吴奇兵

副校长　刘　庆（7月止）

周新平（12月止）

颜国慧（7月任）

刘卫华（12月任）

2. 攸县融媒体中心（广播电视台）

机关党委书记、总编辑　吴辉兵（6月任）

党委委员、副总编辑　文　凯　刘　峰

杨思敏

3. 接待服务中心（县委、县政府接待办公室）

党组书记、主任　吴　奕（7月任）

副主任　杨　峰（11月止）

4. 供销合作社联合社

理事会党组书记、主任　邹志斌

党组成员、副主任　颜建飞　卢　平

周江和（8月任）

党组成员、监事会主任　杨志龙

5. 机关事务服务中心

党组书记、主任　侯曼文

副主任　谢观鹏　郭建龙

6. 市场服务中心

党组书记、主任　宁宇新（7月止）

李志雄（7月任）

副主任　彭益风

（1）攸县市场建设有限公司

总经理　黄建辉

副总经理　刘正宇　尹新良

7. 征地工作协调服务中心

党组书记、主任　蔡忠良

副主任　贺凌峰

部门管理机构

1. 档案馆（党史和县志研究室）

党支部书记、馆长　欧阳斌

副馆长　曾建荣（12月止）

刘吉明

周新平（12月任）

2. 交警大队

党委书记、大队长　段新华

副书记、政委　易前进

党委委员、副大队长　贺文其　陈区平

副大队长　李巧林

3. 行业办公室

党总支副书记、副主任　蔡　昉

党总支委员、副主任　周小峰

副主任　刘兵韶

4. 煤炭产业事务（服务）中心

党组书记、主任　刘海涛

副主任　戴东方　肖志刚

5. 交通事务中心

党总支书记、主任　谭朝云

副主任　贺　亮

翟谭明

贺建湘（6月止）

陈　吉（7月任）

（1）公路养护中心

主　任　李泽兰

6. 畜牧水产事务中心

党总支书记、主任　刘建兵

副主任　谢二威　刘　伟

7.湖南攸州水务有限责任公司

党总支书记、董事长　胡振宇（12月任）
党总支副书记、总经理　罗　鹏（12月任）
党总支委员、监事会主席、纪委书记　贺志亚（12月任）
党总支委员、副总经理　吴晓明（7月任）
党总支委员、副总经理　谢　旭（7月任）

国有企业

1. 湖南省攸州投资发展集团有限公司

党组（支部）书记　余科建（6月止）
　欧阳中胜（6月任）
董事长　余科建（1月止）
　欧阳中胜（1月任）
副书记、总经理　卜爱良
纪委书记　贺志亚（6月止）
　丁卫国（6月任）
监事会主席　贺志亚（8月止）
　丁卫国（8月任）
副总经理　丁卫国（8月止）
　谢　旭（8月止）
　王　凯（8月任）
　王勇华（8月任）
　戴陈亮　李传真
总工程师　夏国其（8月止）
财务总监　王　贻（8月任）

2. 湖南省攸州国有资产投资集团有限公司

党支部书记、董事长　王震勇
副书记、副总经理　李湘华（8月任）
监事会主席　贺早明
副总经理　龙小江　虞智慧
　文　琼
　陈国昌（8月任）
　谢欢华　邓伟华
　易小箪（8月任）

3. 湖南酒仙湖生态旅游开发有限公司

党支部书记、董事长　易大友
董　事　易　溪（11月止）
　王　虎
　徐东日（7月止）
　陈中华（8月止）
　蔡德武（8月任）
总经理　易　溪（11月止）
　罗泽丹（11月任）
党支部委员、监事会主席　刘伟华
党支部委员、常务副总经理　徐东日（7月止）
党支部委员、财务总监、工会主席　王　虎
党支部委员、副总经理　周怀军
　李传真（8月任）
　廖望达（12月任）

4. 城市建设开发有限公司

党组（支部）书记　王小锋（1月止）
　夏国其（6月任）
董事长　王小锋（1月止）
副书记　洪　刚（6月止）
总经理　洪　刚（8月止）
　夏国其（8月任）
副总经理　彭正义（8月止）
　陈　鹏　陈　琦

5. 湖南省攸福实业集团有限公司

党组（支部）书记　管志刚（1月止）
　蔡德武（6月任）
董事长　管志刚（1月止）
副书记　刘三如（6月止）
总经理　刘三如（8月止）
　蔡德武（8月任）
监事会主席　徐东日（8月止）
副总经理　吴晓明（8月止）
　刘喜华（8月止）
　陈中华　罗飞志

群团机关

1. 县总工会

主　席　李奇跃

党组书记 刘 源
副主席 蔡晓华 董伟兰
周利媛（挂职）
洪玉琴（兼）

2. 团县委

党支部书记、团县委书记 刘希柯
团县委副书记 尹晓敏（兼）
刘 凯（兼）
旷岳文（兼）

3. 县妇联

党支部书记、主席 陈新妮（10月止）
党支部委员、副主席 陈 丽
副主席 宁思旖
谭妩媚（兼）
彭 晶（兼）
黄湘娟（兼）

4. 县科协

党支部书记、主席 谭张陈
副主席 罗 艳

5. 县工商联

主 席 黎亚敏
党组书记 刘建华
副主席 文 媚

6. 县残联

党支部书记、理事长 王 志
副理事长 董政荣（6月止）
余 军

7. 县文联

党支部书记、主席 文 江
副主席 唐洪波
殷运良（兼）

8. 攸县红十字会

会 长 陈章蓉（兼）
党支部书记 曾亚飞
常务副会长 罗建伟

9. 攸县归国华侨联合会

主 席 刘夏非

垂直管理单位

1. 税务局

党委书记、局长 毛海波
党委委员、副局长 高 惠（9月止）
皮宁湘 陈鹏飞
尹红文（9月任）
徐志军
党委委员、纪检组长 黄 华

2. 株洲市生态环境局攸县分局

党组书记、局长 景 钊
党组成员、副局长 付荣华
党组成员 苏建成 易建纲

（1）执法大队

大队长 吴 祥

（2）监察大队

大队长 杨 斌

3. 中国邮政攸县分公司

党总支书记、总经理 杨 帆
副总经理 阳吉翔 周风华
文国震
纪检委员 文国震
工会主席 周风华

4. 中国电信攸县分公司

党总支书记、总经理 戴欣鑫
副总经理 朱军华
易 阳（6月止）
肖建军（7月任）

5. 中国移动通信攸县分公司

党支部书记、经理 彭琪洛
副经理 李志波
熊 恺（6月止） 颜 格（7月任）

6. 中国联通攸县分公司

党支部书记、总经理 罗健豪
副总经理 苏 娟（2月止）
王 芳（2月任）

7. 国网攸县供电分公司

总经理、党委副书记 张 尧（4月止）

	邓小果（4月任）
党委书记、副总经理	陈　雄
纪委书记、工会主席	程　钺
副总经理	田宇剑　曾思平

8. 攸县石油公司

党支部委员、经理	周致立
党支部书记	刘中坚
党支部委员、副经理	陈小宇
党支部委员	颜　晴　彭艺梅

9. 湖南盐业股份有限公司攸县分公司

总经理	王志勇
副总经理	王慧龙

10. 烟草专卖局（分公司）

党组书记、局长（经理）	苏志锋（2月止）
	李晋勇（9月任）
党组成员、副局长	谢众喜（3月止）
	彭小军（4月任）
	唐　亮（2—9月）
党组成员、纪检监察组组长	姜　锴（3月止）
	肖　峰（3月任）
党组成员、副经理	颜　晗（3月止）
	刘永平（3月任）

11. 新华书店

党支部书记、经理	陈　军
副经理	王小华　李　旭
行政总监	易萠波

12. 气象局

党组书记、局长	蔡秀峰
副局长	张海燕　尹劲松

13. 国家统计局攸县调查队

党支部书记、队长	练子玉
纪检员	徐小彦
副队长	张　宁

14. 住房公积金攸县管理部

党支部书记、主任	吴　剑
副主任	陈国良　尹志强

15. 县人民银行

党组书记、行长	李国庆
党组成员、副行长	陈宏明（4月任）
党组成员、纪检监察组长	陈文明
工会主席	陈年章

16. 县农业发展银行

党党支部书记、行长	何敬阳
副行长	刘会红
	徐鸿翔（8月止）

17. 县工商银行

党委书记、行长	曹夫朗
副行长	文思敏
	何飞飞（7月任）
	黄　烨（12月任）

18. 县农业银行

党委书记、行长	陈　龙
	刘路晗（8月任）
副行长	刘荣华（7月止）
	唐　芳
	罗　丰（7月任）
	王精平
纪委书记	陈　刚

19. 县中国银行

党支部书记、行长	丁传海
副行长	陈海亮　陈国亮
中级经理	赵政洪

20、县建设银行

党支部书记、行长	邹　凯
副行长	张　琳　刘思婷
	白　欣

21. 县邮政储蓄银行

党支部书记、行长	苏　彪
副行长	刘洪谦（12月止）
	皮慧敏（7月止）
	梁　瑞（7月任）
	龙传明（12月任）

22. 县农村商业银行

党委书记、董事长	李　涛
党委副书记、行长	谢越华
纪委书记、监事长	陈见明

党委委员、副行长　钟纯洁　陈　凯

23. **县长沙银行**

党支部书记、行长　邓先仁

副行长　丁志刚　文　庆

宋　禹

24. **县湖南银行（华融湘江银行）**

党支部书记、行长　吴　鹏

副行长　葛　斌　李小霞

25. **县潭农商村镇银行**

党支部书记、行长　赵孟良

副行长　刘志峰

26. **县人民财产保险公司**

党支部书记、经理　罗　浩

副经理　易成毅　陈　鹏

工会主席　陈　鹏

27. **县人寿保险公司**

经　理　袁　华

副经理　罗　丹　陈　志

28. **县消防救援大队**

大队长、党委副书记　蒋　涛

党委书记、政治教导员　易　彦

副大队长　彭锦明

（1）迎宾路消防救援站

政治指导员　宁　傲

站　长　阳成龙

副站长　郑　启　郭　灿

学校、医院

1. **株洲市生物工程中专**

校　长　黄华畅

党委书记　蔡德和

副书记、副校长　尹　飞

副校长　刘志勇　李　敏

余永贵

2. **攸县一中**

校长、党委副书记　王　廷

党委书记　吴双平

副校长　刘远见　张卫平

贺玲丽　黄小灵

3. **攸县二中**

校　长　易吕辉

党委书记　夏振宇

副校长　李雄飞　李光华

吴定坤（9月止）

王　新

贺林新（9月任）

4. **攸县三中**

校　长　李建春

党委书记　王小林（9月止）

文里果（9月任）

副校长　文里果（9月止）

陈建新　吴志龙

何绍财

5. **攸县四中**

校　长　刘卓成

党委书记　陈智跃

副校长　吴向泽　易伟才

王庆国　刘克波

6. **攸县震林中学**

校　长　龙跃平

党委书记　刘　杰

副校长　李飞虎　占正刚

尹立忠（9月止）

刘克波（9月止）

陈　勇（9月任）

宁益盛（9月任）

7. **攸县人民医院**

党委书记　刘锋良

院长、副书记　徐俊余

党委委员、副院长　陈　振（6月止）

蔡建平（6月任）

易继红（6月任）

符志刚（6月任）

刘　永（6月任）

纪委书记　唐华容（6月任）

副院长　文红梅（8月任）

8. 攸县中医院

党委书记　文志南

副书记、院长　陈运兵

副院长　单倚绅　吴韶刚　刘志镇　徐承可

纪委书记　周文阳

9. 攸县疾病预防控制中心

党支部书记、主任　杨体吾

乡镇(街道)

1. 江桥街道办

党工委书记　贺　江

主　任　李春华

副书记　李春华　丁喜艳（12月止）

人大工委主任　王　亮（4月止）　文志敏（7月任）

纪工委书记　彭朝敏

党工委委员　贺　江　李春华　丁喜艳（12月止）　王　亮（4月止）　文志敏（7月任）　彭朝敏　夏飞菲　丁爱民　刘新良　彭振锋

副主任　丁爱民　易正辉　杨　柳（12月止）

2. 联星街道办

党工委书记　刘　敏

主　任　王　亮（4月任）

副书记　王　亮（4月任）　王伟华

人大工委主任　肖回龙

纪工委书记　刘　华

党工委委员　刘　敏　王　亮（4月任）　王伟华　肖回龙　刘　华　漆建喜　刘海江　刘华茂　颜高飞

副主任　汤前望　杨再林

3. 春联街道办

党工委书记　刘灵宾

主　任　钱　娟

副书记　钱　娟　戴雅来（6月止）　陈继平（7月任）

人大工委主任　文志敏（6月止）　李　衔（7月任）

纪工委书记　蔡　军

党工委委员　刘灵宾　钱　娟　戴雅来（6月止）　陈继平（7月任）　文志敏（6月止）　李　衔（7月任）　蔡　军　李文龙　刘伟娟

副主任　王和平　尹朝辉

4. 谭桥街道办

党工委书记　陈　鹏

主　任　朱洪亮

副书记　朱洪亮　郭　希

人大工委主任　李　珍

纪工委书记　陈三普（7月止）　欧　亮（12月任）

党工委委员　陈　鹏　朱洪亮　郭　希　李　珍　何仕勇　夏志鹏　夏峰波（7月止）　刘慧青(12月任)

副主任　陈望新　贺亚妮　王水龙（12月止）

5. 鸾山镇

党委书记　蔡爱国

镇　长　周新良（4月止）
虞益鹏（5月任）
副书记　周新良（4月止）
虞益鹏（5月任）
蔡建华（7月止）
人大主席团主席　罗学锋（3月止）
池彭余（7月任）
纪委书记　龙　杰
党委委员　蔡爱国
周新良（4月止）
虞益鹏（5月任）
蔡建华（7月止）
龙　杰
罗学锋（3月止）
池彭余（7月任）
陈运兰　许良胜
陈红梅
易　城（3月止）
副镇长　陈红梅
易　城（3月止）
罗琼辉
人大主席团副主席　刘招龙

6. 黄丰桥镇

党委书记　苏爱军
镇　长　谭志军
副书记　谭志军　汤建喜
人大主席团主席　贺诗煌
纪委书记　刘熠莅
党委委员　苏爱军　谭志军
汤建喜　贺诗煌
刘熠莅　贺战凯
刘　成（6月止）
谭　凯　阳冬良
副镇长　刘　成（6月止）
阳冬良　赵　超
人大主席团副主席　刘金亮

7. 酒埠江镇

党委书记　欧阳中胜（7月止）
贺　勋（7月任）
镇　长　贾立星
副书记　谭先德
人大主席团主席　周江和（7月止）
徐夫文（7月任）
纪委书记　罗中爱
党委委员　欧阳中胜（7月止）
贺　勋（7月任）
贾立星　谭先德
周江和（7月止）
徐夫文（7月任）
罗中爱　文　款
贺　力（7月止）
刘志敏　黄祖翔
邹发喜（7月任）
副镇长　贺　力（7月止）
黄祖翔
邹发喜（7月任）
周思静
人大主席团副主席　谷安玉

8. 网岭镇

党委书记　朱晶娟
镇　长　张　凯（7月任）
副书记　张　凯（7月任）
刘深根
阎春婧(挂职,5月任)
人大主席团主席　何重明（7月止）
陈三普（7月任）
纪委书记　贺智鑫
党委委员　朱晶娟
张　凯（7月任）
刘深根
阎春婧(挂职,5月任)
何重明（7月止）
陈三普（7月任）
贺智鑫　王陈伟
单　琼　郑　云
副镇长　郑　云　王陈伟

	李若鑫
人大主席团副主席	单　琼

9. 皇图岭镇

党委书记	陈亦武
镇　长	陈建勇
副书记	陈建勇
	夏　秦（7月任）
人大主席团主席	程　伟（12月止）
	汤建喜（12月提名）
纪委书记	张新发
党委委员	陈亦武　陈建勇
	夏　秦（7月任）
	程　伟（12月止）
	张新发　吴　建
	罗　龙　刘伟峰
	代永生
副镇长	刘伟峰
	徐小艳（5月止）
	代永生（5月任）
	周　游（5月任）
	王韵棋（12月提名）
人大主席团副主席	林　鑫

10. 宁家坪镇

党委书记	管志刚
镇　长	杨舟双
副书记	杨舟双
	颜国慧（6月止）
	蔡建华（6月任）
人大主席团主席	朱泊宇
纪委书记	谭平华
党委委员	管志刚　杨舟双
	颜国慧（6月止）
	蔡建华（6月任）
	朱泊宇　谭平华
	邓敏捷　谭义敏
	王军建　谭潇雨
副镇长	谭义敏　王军建
	张　浩
	陈　伟（5月任）
人大主席团副主席	刘　靖

11. 丫江桥镇

党委书记	刘龙亮
镇　长	刘　成（7月任）
副书记	刘　成（7月任）
	颜建华（9月止）
人大主席团主席	王　治
纪委书记	邓卢水
党委委员	刘龙亮　王　治
	刘　成（7月任）
	颜建华（9月止）
	邓卢水　宋文连
	李颖群　贺振军
	朱鹏飞
副镇长	旷小龙　宋文连
	朱鹏飞
人大主席团副主席	姚　曜

12. 新市镇

党委书记	李伟建
镇　长	杨勇鹏
副书记	杨勇鹏
	贺　力（7月任）
人大主席团主席	刘朝晖
纪委书记	许　峰
党委委员	李伟建　杨勇鹏
	贺　力（7月任）
	刘朝晖　许　峰
	刘小刚（12月止）
	王水龙（12月任）
	余敦敏　陈云娟
	张华桥
副镇长	陈云娟　张华桥
	黄　智
	崔馨玥（5月任）
人大主席团副主席	刘　霞

13. 莲塘坳镇

党委书记	唐江南

镇　长　周志勇
副书记　周志勇　汤　胜
人大主席团主席　周华容
纪委书记　易志中
党委委员　唐江南　周志勇
汤　胜　王　莉
刘　鹏　张新龙
宁书文
裴　怡(挂职,5月任)
副镇长　骆芝婷
叶旗慧（5月任）
刘　鹏（兼）
宁书文（兼）
人大主席团副主席　杨晓锋

14. 菜花坪镇

党委书记　余　霆
镇　长　曾能勇
副书记　曾能勇　刘　毅
人大主席团主席　苏　鹏
纪委书记　皮吉凤
党委委员　余　霆　曾能勇
刘　毅　苏　鹏
皮吉凤
蔡德武（7月止）
郭力颖
欧　亮（12月止）
邓文娥
刘小刚（12月任）
副镇长　郭力颖　邓文娥
欧阳区
人大主席团副主席　刘　洋

15. 渌田镇

党委书记　刘分粮（1月止）
周天球（1月任）
镇　长　王志华（7月任）
副书记　陈继平（7月止）
王志华（4月任）
人大主席团主席　王志华（4月止）
刘美兰（7月任）
纪委书记　武艳斌
党委委员　刘分粮（1月止）
周天球（1月任）
王志华
陈继平（7月止）
池彭余（7月止）
刘美兰（7月任）
武艳斌　陈新辉
彭　亮　夏　汶
副镇长　彭　亮　夏　汶
邓运湘（7月任）
邹旖旎（7月任）
人大主席团副主席　贺一萍

16. 石羊塘镇

党委书记　尹朝规（1月任）
刘　敏（1月止）
镇　长　杨　溢
副书记　杨　溢
江　亮（6月止）
尹伟华（7月任）
人大主席团主席　罗　悦
纪委书记　卿媛霞
党委委员　尹朝规（1月任）
刘　敏（1月止）
杨　溢
江　亮（6月止）
尹伟华（7月任）
罗　悦　卿媛霞
符　焱　江　琼
刘　健　王　唤
副镇长　刘　健
谭　建（1月止）
谢剑飞（7月提名）
人大主席团副主席　钟静瑶

17. 桃水镇

党委书记　王小锋
镇　长　李赛虎

副书记	李赛虎	刘谭平
人大主席团主席	刘 钢	
纪委书记	陈 华	
党委委员	王小锋	李赛虎
	刘谭平	刘 钢
	陈 华	谭湘华
	许良波	刘 军
	过基雄	
副镇长	过基雄	李 丹

注：部门单位领导班子成员中行政副职和党组（委、总支、支部）成员兼任的，记录其任职情况时，省略“党组（委、总支、支部）成员”任职记录。少数单位有专任党组（委、总支、支部）成员，副科级以上非党组（委、总支、支部）成员的行政副职（总工、工会主席等）和副科级以上非党领导干部，记录党组（委、总支、支部）成员与行政职务兼任的领导干部任职情况时，不省略其“党组（委、总支、支部）成员”职务记录

文件选载

中共攸县县委 攸县人民政府
关于打造“三个高地”推进“三大会战”
促进高质量发展重振攸县雄风的实施意见

（2022 年月 7 日）

为深入贯彻落实习近平总书记对湖南重要讲话重要指示批示精神和中央、省委、市委、县委经济工作会议以及省市县党代会和全会精神，全面建设社会主义现代化新攸县，县委、县政府决定，集中一切优势资源，打造“三个高地”、推进“三大会战”，促进经济社会高质量发展，奋力重振攸县雄风，并制定如下实施意见。

一、总体要求

以习近平新时代中国特色社会主义思想为指导，全面贯彻党的十九大和十九届历次全会精神，深入贯彻习近平总书记对湖南重要讲话重要指示批示精神，认真落实中央、省委、市委和县委经济工作会议以及省市县党代会和全会精神，弘扬伟大建党精神，坚持稳中求进工作总基调，完整、准确、全面贯彻新发展理念，服务和融入新发展格局，全面深化改革开放，坚持创新驱动发展，推动高质量发展，大力实施“三高四新”战略，紧紧围绕“培育制造名城、建设幸福株洲”目标，扎实做好“聚焦、裂变、创新、升级、品牌”文章，坚持“一二三四”发展思路，以供给侧结构性改革为主线，以“市场主体培育年”“干部能力提升年”活动为抓手，统筹疫情防控和经济社会发展，统筹发展和安全，继续做好“六稳”“六保”工作，持续改善民生，保持经济运行在合理

区间，保持社会大局稳定，加快建设现代化新攸县，奋力重振攸县雄风，以优异成绩迎接党的二十大胜利召开。

二、主要目标

围绕一年见成效、三年大变样、五年达目标，力争到 2025 年，全县 GDP 达到 700 亿元以上，其中制造业增加值占 GDP 比重达到 30% 左右；规模工业增加值年均增长 8% 以上；固定资产投资总额年均增长 8% 以上；研发经费投入占 GDP 比重达到 2.1% 以上，高新技术产业增加值占 GDP 比重达到 20% 以上；进出口总额突破 4 亿元；城乡居民收入达到 5.6 万元以上；全面完成十件标志性大事，成为湘赣边南部中心城市和湘赣边资源型城市转型发展样板区、新型城镇化样板区、乡村振兴样板区、教育医疗事业发展样板区，在打造先进制造业高地、科技创新高地、改革开放高地中走在前列、作出示范。

（一）全力打好园区创业大会战，重振产业强县雄风。围绕“五好”园区创建，力争到 2025 年，园区企业总数达到 300 家以上，高新技术企业达到 100 家以上，园区技工贸总收入达到 500 亿元以上，化工园区亩均效益达到 20 万元以上，其他园区亩均效益达到 15 万元以上，园区税收达到 12 亿元以上，形成百亿产业集群，朝着千亿园区迈进，园区综合实力迈进全省 20 强。

（二）全力打好乡村振兴大会战，重振富美强县雄风。以实现“五大振兴”为目标，以创建“五好”乡村为抓手，力争到 2025 年，打造乡村振兴示范村 100 个以上，培育集体经济收入过 10 万元的村（社区）100 个以上，省市美丽乡村达到 50 个以上，实施高标准农田建设 25 万亩以上，改建农村道路 800 公里以上，完成山塘水库除险加固 3000 座以上，解决农村供水保障人口 35 万人以上。

（三）全力打好财源建设大会战，重振财税强县雄风。紧扣“三高四新”财源建设工程部署，全力抓好争资引项、总部经济建设、矿产资源开发、土地资源经营等工作，力争到 2025 年，全县税收过亿元企业达到 5 家以上，财政收入突破 30 亿元，地方收入达到 17 亿元，地方税收达到 12.5 亿元，地方税收占地方收入比重达到 70% 以上；政府债务总量持续下降、风险持续降低。

三、重点任务

（一）狠抓产业发展。重点抓好高分子新材料产业，确保引进链上企业 80 家以上，产业主营业务收入达到 200 亿元以上，税收达到 10 亿元；抓好绿色建材产业，确保打造一个规模企业达到 50 家以上的产业集群，产业主营业务收入达到 200 亿元以上；抓好全域旅游产业，力争总购票游客人数达到 200 万以上，实现门票收入 1 亿元以上，创建成为国家级旅游度假区、省级全域旅游示范区；抓好特色农业产业，确保打造 1 个国家级现代农业产业园，培育 1 家国家级农业龙头企业，农产品精深加工产业主营业务收入达到 100 亿元以上；统筹抓好传统产业发展升级。

（二）狠抓主体培育。大力开展“市场主体培育年”活动，构建企业梯度培育体系，加快行业扩散裂变一批、科技成果转化一批、产业链招商一批，持续推进个转企、小升规、规改股、股上市，深入开展“纾困增效”专项行动，落实减税降费政策，确保规模工业企业达到 500 家以上，新增“四上”企业 350 家以上，昊华、地博、澳维等企业成功上市。

（三）狠抓项目攻坚。始终坚持项目至上，紧跟国家产业政策和投资动向，做好预算内资金争取，确保应争尽争、应得尽得；精心谋划项目，确保 5 年内新储备项目 300 个以上；综合运用以商招商、以情招商、驻点招商等多种形式，确保 5 年内招引项目 200 个以上；完善项目一体推进体系，落实项目落地、项目联系、项目奖惩制度，谋划推进好十大重点产业项目、十大重点配套项目、十件重点民生实事项目；强化资金、土地和人才保障，全力确保项目建设需求。

（四）狠抓城乡建设。重点开发东城新区，保护开发城南片区，提质改造老城区，统筹抓好城市“断头路”、老旧小区改造、污水管网截流改造、雨污分流改造、停车位建设、拆违控违等工作，不断提升城市发展水平；推进扩权强镇，落实乡镇改革，鼓励乡镇积极策划包装项目，着力打造一批经济强镇、特色小镇；抢抓长株潭一体化、湘赣边区域合作机遇，积极推进醴茶铁路电气化改造、培育壮大“湘赣红”区域品牌等工作；开展乡村建设行动，推进高标准农田、农村道路、山塘水库、供水保障等建设。

（五）狠抓改革创新。切实抓好行政体制、投融资体制、教育综合、医药卫生体制、综合行政执法、农村领域等各项改革，不断激发发展活力；深化“放管服”“一件事一次办”改革，抓好企业帮扶，开展行政执法乱象专项整治，全力营造亲商扶商、安商富商良好环境；优化创新创业生态，确保5年内省级以上研发机构达到10个以上，高新技术企业数量达到120家以上，省级专精特新“小巨人”企业达到20家以上、国家级专精特新“小巨人”企业达到5家以上。

（六）狠抓共同富裕。突出解决困扰群众的“急难愁盼”问题，强化就业优先导向，优化教育资源配置，实施健康攸县行动，提升住房保障水平，实施养老服务“五大体系”建设，完善全民社保体系，健全社会救助制度，开展公共文化服务体系高质量发展五年行动，持续擦亮“门前三小”招牌，积极推进春联小学、永佳小学和妇幼保健院、乡镇卫生院提质改造以及衡吉高铁、吉邵高速、通用机场、酒埠江灌区改造等项目建设，统筹抓好全国文明城市创建、新时代文明实践中心建设、乡镇污水处理厂提质增效、“气化乡村”建设、“智慧城市”建设、长输管道燃气开通等工作。

（七）狠抓社会治理。配合创建全国市域社会治理现代化试点合格城市，坚持和完善新时代“枫桥经验”，常态化开展扫黑除恶斗争和禁毒人民战争，深化网格化服务管理和县域社会治理风险防控“N合一”机制，抓好县域警务工作，开展信访“三无”创建，建设法治攸县，确保和谐稳定；落实常态化疫情防控举措，健全完善债务风险化解机制，开展安全生产专项整治三年行动，确保安全有序；持续打好“蓝天、碧水、净土”攻坚战，抓好环保督察反馈问题整改，严格落实“双碳”战略要求，确保绿色生态；开展清廉创建活动，全面建立清廉单元，打造清廉攸县。

（八）狠抓能力提升。大力开展“干部能力提升年”活动，着力建好培训阵地、抓好专题培训、开展比学赶超、强化实践锻炼、深入改进作风、培育模范典型、激励担当作为，全面提升干部的政治能力、学习能力、经济能力、专业能力和落实能力，培养更多懂政策、懂业务、懂产业、懂园区、懂管理，会招商引资、会项目建设、会政务服务、会应急处突、会群众工作的新时代“五懂五会”干部，为打造“三个高地”、推进“三大会战”，促进经济社会高质量发展、奋力重振攸县雄风提供坚强的组织保障。

四、保障措施

（一）加强组织领导。围绕打造“三个高地”、推进“三大会战”，成立高规格的指挥部，指挥部下设办公室和10个专项工作组，实行一项工作、一套班子、一抓到底，全面负责具体工作的统筹和推进。（指挥部成员名单见附件）

（二）加强规划实施。围绕打造“三个高地”、推进“三大会战”目标要求，出台总体规划、制定专门计划、配套具体方案，明确时间表、路线图、任务书，确保每项工作每年每步都有的放矢、有条不紊、有力推进、有效完成。

（三）加强联系帮扶。建立县级领导精准联系帮扶机制，推动县级领导联系重点项目、联系重点企业、联系镇村帮扶，包指标任务、包积案化解、包风险防控，明确具体职责，严格实行奖惩，确保点对点地推动各项工作，实打实地解决有关困难问题。

（四）加强宣传动员。将打造“三个高地”、推进“三大会战”作为基层宣讲、干部培训、调查研究的重点内容，着力铺开高规格的动员和全方位的宣传，引导全县上下深入开展大讨论、全身投入大会战，确保凝聚强大共识、形成应有氛围、营造良好环境。

（五）加强要素保障。加强投入保障，制定投入计划，明确投入来源；加强政策保障，出台鼓励政策，激发干事激情；加强土地保障，做好闲置土地清理和用地指标保障，提高土地供应能力；加强人才队伍建设，加大人才培养招引，全面满足人才需求。

（六）加强督促考核。围绕打造“三个高地”、推进“三大会战”任务落地落实，建立定期调度、问题交办、挂图作战、督查考核、信息报送制度，实行每周一调度、每月一通报、每季一讲评、每年一盘点，并将督查考核结果运用与干部任用、评先评优等挂钩。

2022年2月7日

中共攸县县委　攸县人民政府
关于印发《攸县推进县域经济高质量发展工作方案（2022—2025年）》的通知

攸发〔2022〕16号

各乡镇党委、人民政府，各街道党工委、办事处，县直相关单位：

《攸县推进县域经济高质量发展工作方案（2022—2025年）》已经县委、县政府同意，现印发给你们，请结合实际，认真抓好落实。

中共攸县县委

攸县人民政府

2022年10月31日

攸县推进县域经济高质量发展工作方案

（2022—2025年）

为贯彻落实《湖南省委农村工作领导小组关于印发〈推进县域经济高质量发展实施方案（2022—2025年）〉的通知》《湖南省县域经济考核评价实施办法（试行）》（湘农组发〔2022〕8号）和《中共株洲市委农村工作领导小组关于印发〈株洲市县域经济高质量发展实施方案（2022—2025年）〉的通知》（株农组〔2022〕8号）等文件要求，结合攸县实际，制定本方案。

一、总体要求

坚持以习近平新时代中国特色社会主义思想为指导，认真贯彻习近平总书记对湖南重要讲话重要指示批示精神，立足新发展阶段、贯彻新发展理念、构建新发展格局，紧扣省市推进县域经济高质量发展的政策措施，围绕“一二三四”发展思路和建设现代化新攸县目标，以推动高质量发展为主题，聚焦“产业做强、主体培强、园区做优、城乡融合、活力提升”，着力实施“五大行动”，全面提升县域综合实力和竞争力。

二、主要目标

力争到2025年，县域经济发展质量和效益全面提高，综合实力和整体竞争力明显增强，财政保障能力进一步加强，公共服务质量进一步提升。

（一）综合实力稳步提升。县域经济实力稳步增强，地区生产总值稳步增长，达700亿元以上。

（二）产业结构不断优化。持续夯实一产业基石，提升工业对经济增长贡献率，二三产业增加值占地区生产总值比重89%以上。

（三）财政收入稳健增长。逐步提高财政自给率，政府债务风险化解能力逐步提升，地方一般公共预算收入达17亿元，地方税收占地方一般公共预算收入比重达75%左右。

（四）市场主体增量提质。持续优化营商环境，市场主体多元发展，县域规模工业企业达500家以上，新增“四上”企业350家以上。

（五）城乡一体融合发展。城乡基础设施和公共服务设施基本实现一体化，实现城乡居民收入达5.6万元以上。

（六）分类考核争先进位。县域经济排名赶超进位明显，积极争创全省县域经济发展先进县，冲刺全国百强县。

三、重点工作

（一）实施主导产业发展壮大行动

重点围绕高分子新材料、绿色建材、全域旅游、特色农业四大主导产业，加大政策支持扶持力度，加强上、中、下游产业链建设，打造百亿产业集群。

1. 高分子新材料产业。结合攸县高新技术产业开发区发展规划，重点培育壮大高分子新材料产业。依托高分子新材料产业链，以澳维膜、地博光电、长荣胶粘为主，持续扩大胶粘新材料、特殊BOPP胶膜、特种助剂等产品生产规模，加强上下游产业链协同，打造全省乃至中部地区最大的高分子新材料产业基地。到2025年，引进高分子新材料链上企业80家以上，实现产业主营业务收入200亿元以上，税收10亿元。

2. 绿色建材产业。依托网岭循环经济园，扶持壮大旭日陶瓷、宏信特种建材、恒盛岩棉等重点企业，大力开发推广陶瓷、水泥添加剂、隔热材料、再生砖等建筑材料。到2025年，确保打造一个规模企业50家以上的产业集群，产业主营业务收入200亿元。

3. 全域旅游产业。以酒仙湖景区为重点，启动5A景区创建行动，做好红色、绿色、古色三篇文章，抓好核心景区提质、旅游产品开发、配套设施完善、市场营销推广等工作，打造全国著名的休闲康养研学旅游目的地。到2025年，力争总购票游客人数200万以上，实现门票收入1亿元以上，创建成为国家级旅游度假区、省级全域旅游示范区。

4. 特色农业产业。围绕茶油、豆腐（香干）、麻鸭、米粉等“攸”字号特色农产品，大力发展农产品精深加工，全力推进香干产业园等特色园区建设，形成特色农产品精深加工产业集群。加强优质农产品基地建设，稳定优质稻、大豆、玉米、杂交水稻制种等特色农业生产基地规模，做强做优绿色农产品产业链，推动农业与二三产业深度融合。实施品牌提升行动，做大做强特色农业品牌。到2025年，打造1个国家级现代农业产业园，培育1家国家级农业龙头企业，农产品精深加工产业主营业务收入100亿元以上。

（二）实施市场主体培育攻坚行动

持续推进《湖南省关于优化营商环境促进市场主体高质量发展的意见》（湘政发〔2022〕2号）、《湖南省人民政府办公厅关于印发〈湖南省企业上市“金芙蓉”跃升行动计划（2022—2025年）〉的通知》（湘政办发〔2022〕2号）、《湖南省人民政府办公厅关于印发〈深入开展新增规模以上工业企业行动实施方案〉的通知》（湘政办发〔2022〕3号）文件精神在县域落实落地，促进市场主体高质量发展。

5. 大力招引优强企业。扩大开放招商，创新招商模式，扎实推进线上招商、以商招商，加大以情招商、“一把手”带头招商和吸引返乡创业力度，围绕强链、补链突出招商重点，以高分子新材料、绿色建材、农产品精深加工、文旅康养等主导产业链条为延伸，广泛引进市场主体来攸投资。到2025年，确保招引项目200个以上。

6. 梯次培育市场主体。结合“市场主体培育年”活动，深入实施优质民营企业梯度成长培育计划和小微企业成长工程，加快行业扩散裂变一批、科技成果转化一批、产业链招商一批，持续推进个转企、小升规、规改股、股上市，深入开展“纾困增效”专项行动，落实减税降费政策。到2025年，确保规模工业企业达500家以上，新增“四上”企业350家以上，力争昊华、地博、澳维膜等企业成功上市。

（三）实施产业园区提档升级行动

深入实施园区创业大会战，以“五好”园区建设为抓手，完备基础设施，完善政策体系和措施保障，推动园区转型提质、争先进位。力争到2025年，园区企业总数300家以上，高新技术企业120家以上，攸县高新区跻身全省20强。

7. 完善“一区两园”布局。“一区”即攸县高新区。“两园”即攸县工业园、网岭循环经济园。攸县工业园主要发展精细化工、高分子新材料、电子信息、食品医药等产业；网岭循环经济园主要发展建筑新材料、煤电能源等绿色循环经济产业。优化“一区两园”空间结构，持续做强高分子新材料、绿色建材等产业集群，切实发挥对县域经济发展的带动作用。

8. 增强园区承载能力。按照“集约高效、布局紧凑、功能合理”的原则，加强园区发展与新一轮国土空间规划的衔接，做好新一轮园区调区扩区工作，统筹推进多规合一。完善“按图索骥”工作机制，推行弹性年限出让、先租后让、租让结合三种供地方式并存的工业用地供应制度，开展“标准地+承诺制”试点。提升园区基础设施和公共服务设施，加快完善水电气热、道路、生活配套设施，做好调区扩区安置区和标准厂房建设等工作。到2025年，建成标准化厂房40万平方米。

9. 优化园区服务模式。创新产业园区管理、运营模式，探索建立园区亩均效益评价体系，进一步强化约束和倒逼机制，实行优胜劣汰、动态管理。支持园区按市场化原则开展招商、企业入驻服务等。按照政企分开、政资分开的原则，深入推进园区平台公司转型，建立现代企业管理制度。鼓励社会资本开发运行特色产业园区，并在准入、投融资、服务便利化方面给予支持。

（四）实施城乡建设扩容提质行动

对标湘赣边南部中心城市定位和撤县设市目标，加快推进城乡建设，全力打造城乡融合发展的品质新攸县。

10. 构建城乡融合发展格局。按照“县城中心、网岭次中心、106国道产业集聚带、西部特色农业区、东部生态旅游区、多个中心特色镇”的布局，形成“一主一副一带两区多点”的城乡融合发展格局。统筹推进城乡经济、要素、服务、设施融合，促进城乡生产要素双向自由流动和公共资源合理配置，加快形成以城带乡、城乡互补、协调发展的城乡融合发展新格局。做大做强中心县城，重点开发东城新区，保护开发城南片区，提质改造老城区，不断优化“一城四区、两江四岸”城市格局，持续提升城市辐射带动力。全面推进乡村振兴，以实现“五大振兴”为目标，以创建“五好乡村”为抓手，发展乡村产业，持续开展乡村建设、农村人居环境整治提升行动，积极创建乡村振兴示范镇村、美丽乡村示范村，以乡村振兴改善县域经济发展的基础条件和发展环境，全面激发县域经济发展动力。到2025年，创建乡村振兴示范村100个以上，省市美丽乡村50个以上。

11. 推动基础设施互联互通。统筹推动城乡交通、水利、能源、通信等基础设施建设，提升基础设施现代化水平。建设高效交通网，加快对外通道建设，推进国省干线提等升级，打通县际断头路，加快县乡公路改造和“四好农村路”建设，健全县镇村三级客运网络，重点实施“一场两铁两高速”（一场即通航机场，两铁即醴茶铁路电气化改造、吉衡高铁，两高速即吉邵高速、长株攸高速）等项目。筑牢水安全网，建设防洪安全、饮水安全、用水安全“三张网”，重点实施县城防洪能力建设、中心河流治理及水系联通、农村安全饮水巩固提升、城乡供水一体化、重点大中小型灌区续建配套和现代化改造等项目，到2025年城乡公共供水普及率100%。夯实能源保障网，加快变电站建设和乡镇老旧电网改造，城市燃气管网改造提升、乡镇管道燃气建设等工程，到2025年县城燃气普及率100%，乡镇燃气普及率35%。完善通信网络，布局完善5G网络，到2025年建成5G基站2000个。

12. 促进公共服务均等化。深入实施县城城镇化补短板强弱项行动，推进城乡基本公共服务共享。实施教育高质量发展工程，推动学前教育普惠提质，有序扩大城区教育资源和学位供给，改善乡村办学条件，稳定发展职业教育。到2025年，学前教育入园率92%以上，义务教育巩固率100%。实施健康攸县建设工程，改扩建一批县级医疗机构和乡镇卫生院，持续推进行政村卫生室标准化建设，重点推动县人民医院（攸州中心医院）创建三级甲等综合医院、县妇幼保健院创建二级甲等医院；完善全民健身服务体系，加快全民健身中心建设，力争将攸州公园、酒仙湖升级打造成省级乃至国家级综合性体育公园，加快沿江风光带、紫云峰等地体育设施建设和社会足球场建设。实施公共文化繁荣工程，推进图书馆文化馆分馆、乡镇文化广场（公园）建设，继续加大“门前三小”建设力度，全面提升城乡文化服务水平。实施社会保障强健工程，提升住房保障水平，推进养老服务“五大体系”建设，完善全面社保体系，健全社会救助制度，大力发展社会福利和慈善事业。

13. 打造特色强镇品牌。按照“以产兴镇”发展思路，聚焦特色农业、文化旅游等领域，错位发展特色农业、商贸、文化旅游、康养、民俗等特色小镇，打造一批产业特色鲜明、辐射带动能力强的特色镇。建设网岭镇县域副中心，推动网岭—酒埠江—皇图岭特色镇联盟发展，引导现代工业、特色农业、休闲旅游等产业融合，打造县域第二大经济体。

（五）实施县域发展活力增强行动

集聚科技、资金、人才、土地要素支撑，深挖县域经济发展潜力，释放县域经济发展活力，增强县域经济发展动力。

14. 提升科技创新能力。始终坚持把科技创新摆在全县经济高质量发展的突出位置，强化科技创新，培育发展动能。深化产学研协同创新，加强与省内外高校、科研院所联系，深化产学研合作模式，共同开展新品种、新技术、新工艺引进、试验以及新品种研发等。优化创新创业生态，围绕主导产业，与省内外科研院所合作，5年内培育省级以上研发机构10个以上，高新技术企业数量120家以上，省级专精特新“小巨人”企业20家以上、国家级专精特新“小巨人”企业5家以上。

15. 加强财政金融支持。全力打好财源建设大会战，抢抓中央、省市对县域经济发展的财政金融政策支持机遇，积极向上争取政策和项目资金。规范和加强政府投资管理，按照市场化引导社会资本、金融机构等投资县内优质企业、主导产业链、重大招商引资项目等，激发民间投资活力，推动形成市场主导的投资内生增长机制。加强与金融机构对接，争取更多商业银行在县内设立分支机构，积极争取金融创新项目，提升中小企业金融服务水平。

16. 强化人才要素支撑。聚焦全县产业发展，加大急需紧缺专业技术人才引培力度，大力引进科技领军人才、企业家人才、高技能人才、青年人才和高素质创新团队。贯彻落实科技特派员制度。加强职业教育和职业技能培训，结合区域产业发展需要，优化专业设置，培育数量充足的专业技能人才队伍。进一步优化环境，引导能人回乡、市民下乡、乡贤助乡、企业兴乡。大力实施高素质农民、农村实用人才培训计划、乡村振兴青春建功行动和巾帼行动等，壮大“土专家”“田秀才”队伍。

17. 做好土地要素保障。优化新增建设用地计划指标和城乡建设用地增减挂钩指标分配，切实保障重大产业项目和县域城镇化补短板强弱项项目等合理用地需求。盘活存量土地，依法处置闲置土地。积极争取国家、省重点工程用地指标的倾斜，努力增加建设用地空间。

四、工作路径

（一）成立一套班子。成立由县委书记任第一组长，县委副书、县长任组长、县委副书记任常务副组长，县人大常委会主任、县政协主席、县委常委和县人民政府副县长任副组长，分管副县长任执行副组长的县域经济高质量发展工作领导小组，统筹负责县域经济高质量发展工作。成员单位由县直有关部门组成。领导小组下设办公室，办公室设在县农业农村局，由县委副书记任办公室主任，常务副县长和分管副县长任副主任，办公室工作人员从相关单位抽调，具体承担统筹协调、督促检查和考核评价等工作职责。

（二）出台一县一策。按照省市县域经济高质量发展部署要求，准确把握政策导向，深入思考谋划，认真调查研究，坚持实事求是，科学制定攸县推动县域经济高质量发展实施方案，明确县域经济发展主要目标和主攻方向，压实各级各部门工作责任。

（三）制定一张清单。根据县域经济高质量发展实施方案，提炼形成任务清单，明确工作职责，压实工作责任，加强督导问效，确保县域经济工作有序开展。

（四）建立一项机制。建立县域经济工作联席会议机制，由分管副县长定期召集县域经济主要指标所涉单位召开联席会议，强化对各项指标数据的监测、分析、研判、调度，及早发现问题、查漏补缺、精准施策、攻坚突破，确保在县域经济考评中增比进位。

（五）建设一批项目。突出项目的支撑作用，做实做细项目工作。完善项目一体推进体系，落实项目落地、项目联系、项目奖惩制度，谋划推进好十大重点产业项目、十大重点配套项目、十件重点民生实事项目等。

（六）打造一些亮点。树立争先进位意识，围绕县域经济高质量发展重点工作，创新思路、打造亮点、争创先进。

五、保障措施

（一）加强组织领导。按照“县级统筹、乡镇主体、多方联动”原则，各级各有关部门要思想到位、措施到位、行动到位，充分认识县域经济高质量发展的重要性和紧迫性，建立统筹推进工作机制，明确负责机构和专职人员，进一步压实工作责任，加强督促落实，保质保量完成各项任务。

（二）优化营商环境。完善行政审批服务的运行机制，提升政府服务效能。持续深化“放管服”改革，赋予县域经济高质量发展更多的自主权，不断推动扩权强县改革。以优化制度供给持续推进县域营商环境改革，打造一流政务环境、市场环境、法治环境、开放环境。

（三）营造发展氛围。强化工作宣传，通过报纸、电视、广播、网络、微信等方式，盯重点、聚焦点、出亮点，营造浓厚的发展氛围。及时总结推广典型做法和先进经验，加大宣传推介力度，力争中央、省级、市级主流媒体报道。

（四）严格监督考核。将全省县域经济考核结果与各单位年度综合目标考核挂钩，建立健全激励、奖惩机制。对表现突出、实绩明显的单位或个人，予以奖励和优先提拔使用。

2022 年 10 月 31 日

中共攸县县委
关于认真学习宣传贯彻党的二十大精神的通知

攸发〔2022〕17号

各乡镇（街道）党（工）委、县直各单位党组织：

中国共产党第二十次全国代表大会于10月16日至22日在北京胜利召开。学习好、宣传好、贯彻好党的二十大精神，是当前和今后一个时期全党全国的首要政治任务。二十届中央政治局召开会议并组织开展第一次集体学习，对学习宣传贯彻党的二十大精神作出部署。党中央作出了关于认真学习宣传贯彻党的二十大精神的决定。省委下发了《关于认真学习宣传贯彻党的二十大精神的通知》（湘发〔2022〕22号），市委下发了《关于认真学习宣传贯彻党的二十大精神的通知》（株发〔2022〕18号）等文件。为深入学习宣传贯彻党的二十大精神，把全县广大干部群众的思想统一到党的二十大精神上来，把力量凝聚到党的二十大确定的各项任务上来，根据中央和省委、市委部署安排，现就我县学习宣传贯彻党的二十大精神有关事项通知如下：

一、充分认识学习宣传贯彻党的二十大精神的重大意义，切实把思想和行动统一到党的二十大精神上来

党的二十大是在全党全国各族人民迈上全面建设社会主义现代化国家新征程、向第二个百年奋斗目标进军的关键时刻召开的一次十分重要的大会，是一次高举旗帜、凝聚力量、团结奋进的大会。大会高举中国特色社会主义伟大旗帜，坚持马克思列宁主义、毛泽东思想、邓小平理论、“三个代表”重要思想、科学发展观，全面贯彻习近平新时代中国特色社会主义思想，分析了国际国内形势，提出了党的二十大主题，回顾总结了过去5年的工作和新时代10年的伟大变革，阐述了开辟马克思主义中国化时代化新境界、中国式现代化的中国特色和本质要求等重大问题，对全面建设社会主义现代化国家、全面推进中华民族伟大复兴进行了战略谋划，对统筹推进“五位一体”总体布局、协调推进“四个全面”战略布局作出了全面部署。大会批准了习近平同志代表十九届中央委员会所作的《高举中国特色社会主义伟大旗帜，为全面建设社会主义现代化国家而团结奋斗》的报告，批准了十九届中央纪律检查委员会的工作报告，审议通过了《中国共产党章程（修正案）》，选举产生了新一届中央委员会和中央纪律检查委员会。

习近平同志的报告，深刻阐释了新时代坚持和发展中国特色社会主义的一系列重大理论和实践问题，描绘了全面建设社会主义现代化国家、全面推进中华民族伟大复兴的宏伟蓝图，为新时代新征程党和国家事业发展、实现第二个百年奋斗目标指明了前进方向、确立了行动指南，是党和人民智慧的结晶，是党团结带领全国各族人民夺取中国特色社会主义新胜利的政治宣言和行动纲领，是马克思主义的纲领性文献。《中国共产党章程（修正案）》体现了党的十九大以来党的理论创新、实践创新、制度创新成果，体现了党的二十大报告确定的重要思想、重要观点、重大战略、重大举措，对坚持和加强党的全面领导、坚定不移推进全面从严治党、坚持和完善党的建设、推进党的自我革命提出了明确要求，必将对推进党的事业和党的建设发挥更好的规范和指导作用。

党的二十届一中全会选举产生了以习近平同志为核心的新一届中央领导集体，一批经验丰富、德才兼备、奋发有为的同志进入中央领导机构，充分显示出中国特色社会主义事业蓬勃兴旺、充满活力。习近平同志继续当选中共中央总书记、担任中央军委主席，充分反映了全党同志和全国各族人民对习近平总书记的衷心拥护、信赖和爱戴，反映了习近平总书记在全党全军全国各族人民心中的崇高威望，反映了亿万人民紧跟党的核心、人民领袖开创更加美好未来的共同心声和坚定决心。

学习宣传贯彻党的二十大精神是当前和今后一个时期全党全国的首要政治任务，事关党和国家事业继往开来，事关中国特色社会主义前途命运，事关中华民族伟大复兴，对于动员全党全国各族人民更加紧密地团结在以习近平同志为核心的党中央周围，高举中国特色社会主义伟大旗帜，坚定道路自信、理论自信、制度自信、文化自信，为全面建设社会主义现代化国家、全面推进中华民族伟大复兴而团结奋斗，具有重大现实意义和深远历史意义。全县各级党组织一定要切实增强学习宣传贯彻党的二十大精神的主动性、自觉性和坚定性，把全县广大党员干部群众的思想和行动统一到党的二十大精神上来，把各方面力量凝聚到实现党的二十大确定的目标任务上来，使党的二十大精神成为推动全县各项事业发展的强大思想武器。

二、全面准确学习领会党的二十大精神，自觉用党的二十大精神统一思想、统一意志、统一行动

党的二十大精神内容丰富、思想深刻，既有政治上的高瞻远瞩和理论上的深邃思考，也有目标上的科学设定和工作上的战略部署。学习领会党的二十大精神，必须坚持全面准确，坚持读原文、悟原理，重点围绕党的二十大报告和《中国共产党章程（修正案）》，围绕习近平总书记在党的二十大期间和党的二十届一中全会、二十届中央政治局常委同中外记者见面会上的重要讲话，围绕习近平总书记在陕西延安和河南安阳考察时的重要讲话，原原本本地学习、深入系统地把握，切实领会精神实质和精髓要义，着重把握以下几个方面。

1. 深刻领会党的二十大的主题。高举中国特色社会主义伟大旗帜，全面贯彻习近平新时代中国特色社会主义思想，弘扬伟大建党精神，自信自强、守正创新，踔厉奋发、勇毅前行，为全面建设社会主义现代化国家、全面推进中华民族伟大复兴而团结奋斗。这是党的二十大的主题，明确宣示了我们党在新征程上举什么旗、走什么路、以什么样的精神状态、朝着什么样的目标继续前进的重大问题。高举中国特色社会主义伟大旗帜、全面贯彻习近平新时代中国特色社会主义思想，是要郑重宣示，全党必须坚持以马克思主义中国化时代化最新成果为指导，坚定中国特色社会主义道路自信、理论自信、制度自信、文化自信，坚持道不变、志不改，确保党和国家事业始终沿着正确方向胜利前进。弘扬伟大建党精神，是要郑重宣示，全党必须恪守伟大建党精神，保持党同人民群众的血肉联系，保持谦虚谨慎、艰苦奋斗的政治本色和敢于斗争、敢于胜利的意志品质，确保党始终成为中国特色社会主义事业的坚强领导核心。自信自强、守正创新，踔厉奋发、勇毅前行，是要郑重宣示，全党必须保持自信果敢、自强不息的精神风貌，保持定力、勇于变革的工作态度，永不懈怠、锐意进取的奋斗姿态，使各项工作更好体现时代性、把握规律性、富于创造性。全面建设社会主义现代化国家、全面推进中华民族伟大复兴，是要郑重宣示，全党必须紧紧扭住新时代新征程党的中心任务，集中一切力量，排除一切干扰，坚持以中国式现代化全面推进中华民族伟大复兴。团结奋斗，是要郑重宣示，我们必须不断巩固全党全国各族人民大团结，加强海内外中华儿女大团结，形成同心共圆中国梦的强大合力。

2. 深刻领会过去5年的工作和新时代10年的伟大变革。党的十九大以来的5年，是极不寻常、极不平凡的5年。5年来，以习近平同志为核心的党中央，高举中国特色社会主义伟大旗帜，全面贯彻党的十九大和十九届历次全会精神，团结带领全党全军全国各族人民，统揽伟大斗争、伟大工程、伟大事业、伟大梦想，有效应对严峻复杂的国际形势和接踵而至的巨大风险挑战，以奋发有为的精神把新时代中国特色社会主义不断推向前进，攻克了许多长期没有解决的难题，办成了许多事关长远的大事要事，推动党和国家事业取得举世瞩目的重大成就。党的十八大召开10年来，我们经历了对党和人民事业具有重大现实意义和深远历史意义的三件大事：一是迎来中国共产党成立一百周年，二是中国特色社会主义进入新时代，三是完成脱贫攻坚、全面建成小康社会的历史任务，实现第一个百年奋斗目标。这是中国共产党和中国人民团结奋斗赢得的历史性胜利，是彪炳中华民族发展史册的历史性胜利，也是对世界具有深远影响的历史性胜利。10年来，我们全面贯彻党的基本理论、基本路线、基本方略，采取一系列战略性举措，推进一系列变革性实践，实现一系列突破性进展，取得一系列标志性成果，经受住了来自政治、经济、意识形态、自然界等方面的风险挑战考验，党和国家事业取得历史性成就、发生历史性变革，推动我国迈上全面建设社会主义现代化国家新征程。新时代10年的伟大变革，在党史、新中国史、改革开放史、社会主义发展史、中华民族发展史上具有里程碑意义。

新时代10年的伟大变革，是在以习近平同志为核心的党中央坚强领导下、在习近平新时代中国特色社会主义思想指引下全党全国各族人民团结奋斗取得的。党确立习近平同志党中央的核心、全党的核心地位，确立习近平新时代中国特色社会主义思想的指导地位，反映了全党全军全国各族人民共同心愿，对新时代党和国家事业发展、对推进中华民族伟大复兴历史进程具有决定性意义。“两个确立”是党在新时代取得的重大政治成果，是推动党和国家事业取得历史性成就、发生历史性变革的决定性因素。全党必须深刻领悟“两个确立”的决定性意义，更加自觉地维护习近平总书记党中央的核心、全党的核心地位，更加自觉地维护以习近平同志为核心的党中央权威和集中统一领导，全面贯彻习近平新时代中国特色社会主义思想，坚定不移在思想上政治上行动上同以习近平同志为核心的党中央保持高度一致。

3. 深刻领会开辟马克思主义中国化时代化新境界。马克思主义是我们立党立国、兴党兴国的根本指导思想。实践告诉我们，中国共产党为什么能，中国特色社会主义为什么好，归根到底是马克思主义行，是中国化时代化的马克思主义行。党的十八大以来，国内外形势新变化和实践新要求，迫切需要我们从理论和实践的结合上深入回答关系党和国家事业发展、党治国理政的一系列重大时代课题。我们党勇于进行理论探索和创新，以全新的视野深化对共产党执政规律、社会主义建设规律、人类社会发展规律的认识，取得重大理论创新成果，集中体现为习近平新时代中国特色社会主义思想。党的十九大、十九届六中全会提出的“十个明确”、“十四个坚持”、“十三个方面成就”概括了这一思想的主要内容，必须长期坚持并不断丰富发展。只有把马克思主义基本原理同中国具体实际相结合、同中华优秀传统文化相结合，坚持运用辩证唯物主义和历史唯物主义，才能正确回答时代和实践提出的重大问题，才能始终保持马克思主义的蓬勃生机和旺盛活力。不断谱写马克思主义中国化时代化新篇章，是当代中国共产党人的庄严历史责任。继续推进实践基础上的理论创新，首先要把握好习近平新时代中国特色社会主义思想的世界观和方法论，坚持好、运用好贯穿其中的立场观点方法，切实做到坚持人民至上、坚持自信自立、坚持守正创新、坚持问题导向、坚持系统观念、坚持胸怀天下，在新时代伟大实践中不断开辟马克思主义中国化时代化新境界。

4. 深刻领会新时代新征程中国共产党的使命任务。从现在起，中国共产党的中心任务就是团结带领全国各族人民全面建成社会主义现代化强国、实现第二个百年奋斗目标，以中国式现代化全面推进中华民族伟大复兴。党的二十大对全面建成社会主义现代化强国两步走战略安排进行了宏观展望，重点部署了未来5年的战略任务和重大举措。这是一项伟大而艰巨的事业，前途光明，任重道远。当前，我国发展进入战略机遇和风险挑战并存、不确定难预料因素增多的时期，各种"黑天鹅"、"灰犀牛"事件随时可能发生。我们必须增强忧患意识，坚持底线思维，做到居安思危、未雨绸缪，准备经受风高浪急甚至惊涛骇浪的重大考验。前进道路上，必须坚持和加强党的全面领导，坚持中国特色社会主义道路，坚持以人民为中心的发展思想，坚持深化改革开放，坚持发扬斗争精神，既不走封闭僵化的老路，也不走改旗易帜的邪路，坚持把国家和民族发展放在自己力量的基点上，坚持把中国发展进步的命运牢牢掌握在自己手中，不断夺取全面建设社会主义现代化国家新胜利。全党必须牢记，坚持党的全面领导是坚持和发展中国特色社会主义的必由之路，中国特色社会主义是实现中华民族伟大复兴的必由之路，团结奋斗是中国人民创造历史伟业的必由之路，贯彻新发展理念是新时代我国发展壮大的必由之路，全面从严治党是党永葆生机活力、走好新的赶考之路的必由之路。这是我们在长期实践中得出的至关紧要的规律性认识，必须倍加珍惜、始终坚持，咬定青山不放松，引领和保障中国特色社会主义巍巍巨轮乘风破浪、行稳致远。

5. 深刻领会中国式现代化的中国特色和本质要求。在新中国成立特别是改革开放以来长期探索和实践基础上，经过党的十八大以来在理论和实践上的创新突破，我们党成功推进和拓展了中国式现代化。中国式现代化，是中国共产党领导的社会主义现代化，既有各国现代化的共同特征，更有基于自己国情的中国特色。党的二十大概括了中国式现代化的中国特色，即中国式现代化是人口规模巨大的现代化，是全体人民共同富裕的现代化，是物质文明和精神文明相协调的现代化，是人与自然和谐共生的现代化，是走和平发展道路的现代化。党的二十大对中国式现代化的本质要求作出科学概括：坚持中国共产党领导，坚持中国特色社会主义，实现高质量发展，发展全过程人民民主，丰富人民精神世界，实现全体人民共同富裕，促进人与自然和谐共生，推动构建人类命运共同体，创造人类文明新形态。这个概括是党深刻总结我国和世界其他国家现代化建设的历史经验，对我国这样一个东方大国如何加快实现现代化在认识上不断深入、战略上不断成熟、实践上不断丰富而形成的思想理论结晶，我们要深刻领会、系统把握，特别是要把这个本质要求落实到各项工作之中。

6. 深刻领会社会主义经济建设、政治建设、文化建设、社会建设、生态文明建设等方面的重大部署。在经济建设上，要完整、准确、全面贯彻新发展理念，加快构建新发展格局，着力推动高质量发展，构建高水平社会主义市场经济体制，建设现代化产业体系，全面推进乡村振兴，促进区域协调发展，推进高水平对外开放，推动经济实现质的有效提升和量的合理增长。在政治建设上，要发展全过程人民民主，加强人民当家作主制度保障，全面发展协商民主，积极发展基层民主，巩固和发展最广泛的爱国统一战线。在文化建设上，要推进文化自信自强，建设社会主义文化强国，建设具有强大凝聚力和引领力的社会主义意识形态，广泛践行社会主义核心价值观，提高全社会文明程度，繁荣发展文化事业和文化产业，增强中华文明传播力影响力，铸就社会主义文化新辉煌。在社会建设上，要坚持在发展中保障和改善民生，扎实推进共同富裕，完善分配制度，实施就业优先战略，健全社会保障体系，推进健康中国建设，不断实现人民对美好生活的向往。在生态文明建设上，要推进美丽中国建设，加快发展方式绿色转型，深入推进环境污染防治，提升生态系统多样性、稳定性、持续性，积极稳妥推进碳达峰碳中和，促进人与自然和谐共生。

7.深刻领会教育科技人才、法治建设、国家安全等方面的重大部署。党的二十大把握国内外发展大势，在党和国家事业发展布局中突出教育科技人才支撑、法治保障、国家安全工作。在教育科技人才上，要坚持教育优先发展、科技自立自强、人才引领驱动，加快建设教育强国、科技强国、人才强国，办好人民满意的教育，完善科技创新体系，加快实施创新驱动发展战略，深入实施人才强国战略，不断塑造发展新动能新优势。在法治建设上，要坚持全面依法治国，坚持走中国特色社会主义法治道路，建设中国特色社会主义法治体系、建设社会主义法治国家，完善以宪法为核心的中国特色社会主义法律体系，扎实推进依法行政，严格公正司法，加快建设法治社会，推进法治中国建设。在国家安全上，要坚定不移贯彻总体国家安全观，健全国家安全体系，增强维护国家安全能力，提高公共安全治理水平，完善社会治理体系，坚决维护国家安全和社会稳定。

8.深刻领会国防和军队建设、港澳台工作、外交工作等方面的重大部署。在国防和军队建设上，要贯彻习近平强军思想，贯彻新时代军事战略方针，坚持党对人民军队的绝对领导，全面加强人民军队党的建设，全面加强练兵备战，全面加强军事治理，巩固提高一体化国家战略体系和能力，如期实现建军一百年奋斗目标，加快把人民军队建成世界一流军队。在港澳台工作上，要坚持和完善“一国两制”制度体系，落实中央全面管治权，落实“爱国者治港”“爱国者治澳”原则，落实特别行政区维护国家安全的法律制度和执行机制，支持香港、澳门发展经济、改善民生、破解经济社会发展中的深层次矛盾和问题，发展壮大爱国爱港爱澳力量；坚持贯彻新时代党解决台湾问题的总体方略，牢牢把握两岸关系主导权和主动权，坚持一个中国原则和“九二共识”，团结广大台湾同胞共同推动两岸关系和平发展、推进祖国和平统一进程，坚定反“独”促统。在外交工作上，要始终坚持维护世界和平、促进共同发展的外交政策宗旨，致力于推动构建人类命运共同体，坚定奉行独立自主的和平外交政策，坚持在和平共处五项原则基础上同各国发展友好合作，坚持对外开放的基本国策，积极参与全球治理体系改革和建设，弘扬全人类共同价值。

9.深刻领会坚持党的全面领导和全面从严治党的重大部署。全面建设社会主义现代化国家、全面推进中华民族伟大复兴，关键在党。我们党作为世界上最大的马克思主义执政党，要始终赢得人民拥护、巩固长期执政地位，必须时刻保持解决大党独有难题的清醒和坚定。经过党的十八大以来全面从严治党，我们解决了党内许多突出问题，但党面临的执政考验、改革开放考验、市场经济考验、外部环境考验将长期存在，精神懈怠危险、能力不足危险、脱离群众危险、消极腐败危险将长期存在。全党必须牢记，全面从严治党永远在路上，党的自我革命永远在路上，决不能有松劲歇脚、疲劳厌战的情绪，必须持之以恒推进全面从严治党，深入推进新时代党的建设新的伟大工程，以党的自我革命引领社会革命。要落实新时代党的建设总要求，健全全面从严治党体系，坚持和加强党中央集中统一领导，坚持不懈用习近平新时代中国特色社会主义思想凝心铸魂，完善党的自我革命制度规范体系，建设堪当民族复兴重任的高素质干部队伍，增强党组织政治功能和组织功能，坚持以严的基调强化正风肃纪，坚决打赢反腐败斗争攻坚战持久战，全面推进党的自我净化、自我完善、自我革新、自我提高，使我们党坚守初心使命，始终成为中国特色社会主义事业的坚强领导核心。

10.深刻领会以顽强斗争应对风险挑战和团结奋斗的时代要求。党的十八大以来，我们党紧紧依靠人民，稳经济、促发展，战贫困、建小康，控疫情、抗大灾，应变局、化危机，攻克了一个个看似不可攻克的难关险阻，创造了一个个令人刮目相看的人间奇迹。当前，世界百年未有之大变局加速演进，世界之变、时代之变、历史之变的特征更加明显。我国发展面临新的战略机遇、新的战略任务、新的战略阶段、新的战略要求、新的战略环境，需要应对的风险和挑战、需要解决的矛盾和问题比以往更加错综复杂。报告强调“三个务必”，其中之一就是“务必敢于斗争、善于斗争”；强调“五个必由之路”，其中之一就是“团结奋斗是中国人民创造历史伟业的必由之路”。报告还鲜明提出“团结就是力量，团结才能胜利”，强调“党用伟大奋斗创造了百年伟业，也一定能用新的伟大奋斗创造新的伟业”。这些重要论述，是从新时代伟大斗争实践中总结出来的重要经验，也是胜利实现第二个百年奋斗目标的重要保证。我们要深刻领会发扬斗争精神、增强斗争本领、坚持团结奋斗的重大意义，始终保持昂扬奋进的精神状态，保持“闯”“创”“干”的奋进姿态，凝聚起学习宣传贯彻党的二十大精神、全面建设社会主义现代化国家的强大合力。

三、迅速兴起学习宣传贯彻热潮，推动党的二十大精神传遍攸州大地、温润千家万户

学习宣传党的二十大精神，既要整体把握、全面系统，又要突出重点、抓住关键。要把着力点聚焦到习近平总书记是党中央的核心、全党的核心，习近平新时代中国特色社会主义思想是党必须长期坚持的指导思想上；聚焦到党的十九大以来的重大成就和新时代10年的伟大变革上；聚焦到把握好马克思主义中国化时代化最新成果的世界观和方法论，坚持好、运用好贯穿其中的立场观点方法上；聚焦到中国式现代化在理论和实践的创新突破上；聚焦到贯彻落实党的二十大作出的重大决策部署上；聚焦到以习近平同志为核心的新一届中央领导集体是深受全党全国各族人民拥护和信赖的领导集体上；聚焦到习近平总书记是全党拥护、人民爱戴、当之无愧的党的领袖上。

1. **突出抓好学习培训**。紧密结合党中央即将在全党开展的主题教育，面向全体党员开展多形式、分层次、全覆盖的全员培训，组织广大党员干部认真学习党的二十大精神。各级党委（党组）理论学习中心组要把学习党的二十大精神作为重点内容，制定系统学习计划，列出专题进行研讨。县委组织部要根据要求制定方案，抓好县管干部的分批集中轮训。各级各部门也要开展专题学习研讨，有计划的进行培训和轮训。基层党组织要采取多种形式，组织广大党员干部认真学习党的二十大精神。县委党校要把学习党的二十大精神作为教育培训的必修课，作为学校思想政治教育和课堂教学的重要内容，推动党的二十大精神进教材、进课堂、进头脑。在学习培训中，要运用好《党的二十大报告辅导读本》《党的二十大报告学习辅导百问》等辅导材料。

2. **集中开展宣讲活动**。从现在起到明年年初，围绕打造“党声‘攸’扬”基层理论宣讲品牌，在全县范围内集中开展党的二十大精神宣讲活动。县委将组织学习贯彻党的二十大精神县委宣讲团，赴各乡镇（街道）和部门单位开展宣讲。各乡镇（街道）和部门单位要制定具体方案，抽调骨干力量组成宣讲团，深入企业、农村、机关、校园、社区进行宣讲。各级领导干部要带头宣讲，以实际行动带动广大党员干部群众的学习。要开展面向党外人士的宣讲工作，增进党外人士对党的二十大精神的认知认同。要着力增强宣讲的说服力、亲和力和针对性、有效性，紧密联系广大党员干部群众思想和工作实际，把党的二十大精神讲清楚、讲明白，让老百姓听得懂、能领会、可落实。

3. **精心组织新闻宣传**。各新闻媒体要精心策划、集中报道，大力宣传党的二十大精神，宣传全党全社会对党的二十大的热烈反响和积极评价，宣传各乡镇（街道）和部门单位学习贯彻党的二十大精神的具体举措和实际行动。要充分利用各种宣传形式和手段，采取人民群众喜闻乐见的形式，使宣传报道更接地气、更动人心，引导广大党员干部群众坚定信心、同心同德，埋头苦干、奋勇前进。要积极开展网络宣传，把网络传播平台作为党的二十大精神宣传的重要阵地，坚持分众化、差异化、精准化，开设网上专题专栏，制作推出新媒体产品，开展网上访谈互动，在网络宣传上展现新面貌、新作为，推动形成网上正面舆论强势。要精心组织对外宣传，多渠道宣介党的二十大精神，宣介我县推动经济社会发展的重大举措，充分反映社会各界的积极评价，生动展示我们党和国家的良好形象。

4. 认真组织研究阐释。围绕党的二十大精神，紧密结合打造“三个高地”、推进“三大会战”，重振攸县雄风，确定一批重大研究选题，组织党员干部深入研究，撰写刊发一批有分量的理论文章。县融媒体中心要开设《“党声‘攸’扬”每日一讲》专栏，进一步延伸阐释深度和广度。针对广大党员干部群众关注的热点问题，各新闻媒体要主动邀请有关部门负责同志，进行深入解读，加强正面引导，回应关切。针对思想理论领域可能出现的模糊认识和错误观点，要积极转发专家学者撰写重点理论文章和短文短评，及时进行辨析澄清。

四、坚持用党的二十大精神指导推动工作，为奋力谱写全面建设社会主义现代化国家新篇章作出攸县贡献

学习宣传贯彻党的二十大精神，要紧密联系攸县实际，联系广大干部群众思想实际和工作实际，坚持学思用贯通、知信行统一，把党的二十大精神落实到攸县经济社会发展各方面，体现到做好今年各项工作和安排好今后工作之中。

1. 在忠诚拥护“两个确立”、坚决做到“两个维护”上见行见效。“两个确立”是党在新时代取得的重大政治成果，是党应对一切不确定性的最大确定性、最大底气、最大保证。要从新时代伟大变革中、从“中国之治”和“西方之乱”的对比中，深刻认识“两个确立”具有充分的历史依据、理论依据、现实依据，不断深化对“两个确立”决定性意义的认识，切实增强紧跟习近平总书记奋进新征程的政治自觉、思想自觉、行动自觉。要提高政治判断力、政治领悟力、政治执行力，从忠诚拥护“两个确立”、坚决做到“两个维护”的政治高度办一切事情，不折不扣贯彻落实党的二十大精神和党中央的决策部署，做到党中央提倡的坚决响应、党中央决定的坚决执行、党中央禁止的坚决不做。要加强斗争精神和斗争本领养成，着力增强防风险、迎挑战、抗打压能力，主动识变应变求变，主动防范化解风险，依靠顽强斗争打开事业发展新天地。

2. 在推动高质量发展上敢闯敢干。高质量发展是全面建设社会主义现代化国家的首要任务。要完整准确全面贯彻新发展理念，积极服务和融入新发展格局，着力打造“三个高地”、推进“三大会战”，全力办好发展经济这个最大实事。要坚持把发展经济的着力点放在实体经济上，紧盯壮大“四大产业”，扶持壮大现有企业，全力招引龙头企业，统筹抓好产业发展。要抓住改革开放这个关键一招，持续深化国资国企、“放管服”、要素市场化等重点领域政革。要抓住教育科技人才这个基础性战略性支撑，办好人民满意的教育，加强关键核心技术创新和成果本地转化，扶持打造一批高水平科创孵化平台和创新基地。要抓住不平衡不充分发展这个最大实际，统筹推进县域经济发展和乡村振兴，着力推进城乡融合和区域协调发展。要抓住生态优先、绿色发展这个鲜明导向，坚持降碳、减污、扩绿、增长协同推进，持续深入打好污染防治攻坚战，以生态环境“含绿量”提升经济发展“含金量”。

3. 在践行以人民为中心的发展思想上用心用情。把实现人民对美好生活的向往作为现代化建设的出发点和落脚点，发展全过程人民民主，保障人民当家作主，坚持在发展中保障和改善民生，不断提高人民生活品质，着力推进共同富裕。要扎实推动巩固拓展脱贫攻坚成果同乡村振兴有效衔接，健全完善防止返贫监测帮扶机制，加快推进乡村振兴，促进脱贫群众持续增收，牢牢守住不发生规模性返贫的底线；坚持农业农村优先发展，推进乡村产业、人才、文化、生态、组织“五个振兴”，加快农业特色优势产业发展。要扎实推动保障和改善民生上台阶，认真做好普惠性、基础性、兜底性民生工作，解决好就业、教育、医疗、养老等群众急难愁盼问题，加快推进健康攸县建设，切实增进民生福祉。要扎实推动人的全面发展，以社会主义核心价值观为引领，深化拓展新时代文明实践建设，大力推进“门前三小”和幸福屋场建设，完善公共文化服务体系，加快文化与旅游融合发展，提高社会文明程度和人民群众精神富有程度。

4.在推进安全体系和能力现代化建设上善作善成。坚持办好发展和安全两件大事，全面贯彻总体国家安全观，统筹做好应对各领域风险挑战，着力实现高质量发展和高水平安全良性互动。要守住粮食安全底线，严格落实粮食安全党政同责，严守耕地红线，全力做好抗旱保收工作，努力实现全年粮食丰收。要科学精准抓好常态化疫情防控，坚持“外防输入、内防反弹”总策略、“动态清零”总方针不动摇，落实“四早”要求、压实“四方”责任，完善常态化防控和突发疫情应急处置机制，守住不发生疫情规模性反弹的底线。要全面加强各领域安全生产，深刻吸取长沙“4·29”特别重大居民自建房倒塌事故教训，狠抓消防燃气、道路交通、烟花爆竹、建筑施工等重点领域风险隐患排查整治，坚决遏制重特大事故发生。要深入贯彻习近平总书记关于加强森林草原防灭火工作的重要指示精神，用尽一切手段、调动一切力量，加强一线指挥，坚持打早打小，坚决、迅速、有力扑灭山火，坚决避免次生灾害，确保不发生重大人员伤亡。要加快建设更高水平的法治攸县平安攸县，一体推进科学立法、严格执法、公正司法、全民守法。常态化开展扫黑除恶，严厉打击电信网络诈骗、侵害妇女儿童权益、黄赌毒等违法犯罪，坚持和发展新时代“枫桥经验”，确保国家安全、社会安定、人民安宁、网络安靖。

5.在推进新时代党的建设新的伟大工程上抓紧抓严。全面从严治党永远在路上，党的自我革命永远在路上。要牵住责任落实这个牛鼻子，压紧压实各级党委（党组）全面从严治党主体责任、书记第一责任人责任，以上率下全面推进党的自我净化、自我完善、自我革新、自我提高。要全面加强党的思想建设，坚持用习近平新时代中国特色社会主义思想凝心铸魂，组织实施党的创新理论学习教育计划，建设马克思主义学习型政党。要把握制度治党、依规治党新要求，进一步完善党的自我革命制度规范体系，认真对照《中国共产党章程（修正案）》找差距、抓落实，更加自觉地学习党章、遵守党章、维护党章。要突出增强党组织政治功能和组织功能，坚持正确选人用人导向，坚持大抓基层的鲜明导向，推进以党建引领基层治理，把基层党组织建设成为有效实现党的领导的坚强战斗堡垒。要坚持以严的基调强化正风肃纪，深入开展干部队伍纪律作风整顿，持续深化纠治“四风”特别是形式主义、官僚主义，推动作风建设常态化长效化。要打好反腐败斗争攻坚战持久战，运用“全周期管理”方式，一体化推进不敢腐、不能腐、不想腐，深入整治民生领域的“微腐败”、放纵包容黑恶势力的“保护伞”、妨碍惠民政策落实的“绊脚石”，推动清廉攸县建设取得更大成效。

五、切实加强组织领导

学习宣传贯彻党的二十大精神，是当前和今后一个时期全县的首要政治任务。各级党委（党组）要把学习宣传贯彻党的二十大精神摆上重要议事日程，切实加强组织领导。

1.切实负起领导责任。各级党委（党组）要提高政治站位，按照县委部署，结合本地区本部门实际，作出专题部署，提出具体要求，着力抓好落实，迅速兴起学习宣传贯彻党的二十大精神的热潮。有关部门要细化工作方案，推动党的二十大精神进机关、进企事业单位、进城乡社区、进校园、进军营、进各类新经济组织和新社会组织、进网站。组织部要把学习宣传贯彻党的二十大精神与干部教育培训工作、加强领导班子建设和基层党组织建设结合起来。宣传部要扎实做好党的二十大精神宣传工作，营造学习贯彻党的二十大精神的浓厚氛围。总工会、团县委、妇联等群团组织要充分发挥自身优势，开展各具特色的学习教育活动。要加强工作指导，加强督促检查，及时发现解决存在的问题。

2. **牢牢把握正确导向**。要坚持团结稳定鼓劲、正面宣传为主，弘扬主旋律、传播正能量，巩固壮大主流思想舆论，着力用党的二十大精神统一思想、凝聚力量。要严格按照党中央精神全面准确开展宣传，把准方向、把牢导向，牢牢把握宣传引导的主导权、话语权。要加强对热点敏感问题的阐释引导，全面客观、严谨稳妥，解疑释惑、疏导情绪，最大限度凝聚社会共识。要落实意识形态工作责任制，按照谁主管谁负责和属地管理原则，切实加强对各类宣传文化阵地的管理，防止错误思想言论和有害信息传播。

3. **着力提升实际效果**。要坚持贴近实际、尊重规律，紧密联系广大党员干部群众的新期待，努力增强学习宣传贯彻党的二十大精神的吸引力感染力和针对性实效性。要创新形式载体，丰富方法手段，善于运用群众乐于参与、便于参与的方式，采取富有时代特色、体现实践要求的方法，在拓展广度深度上下功夫，使学习宣传既有章法、见力度，更重质量、强效果。要充分运用新技术新应用，强化互动化传播、沉浸式体验，努力扩大工作的覆盖面和影响力，让正能量产生大流量。

今年只剩下不到2个月时间，全县改革发展稳定各项任务十分繁重。各乡镇（街道）和部门单位要坚持稳字当头、稳中求进，持续深入贯彻“疫情要防住、经济要稳住、发展要安全”要求，扎实做好“六稳”工作，全面落实“六保”任务，加大抓项目、扩投资、促消费力度，全力稳住经济大盘，确保完成全年各项目标任务，持续巩固经济平稳健康向好发展势头。要以党的二十大精神为指引，提前谋划部署明年工作，确保开好局、起好步，以蓬勃奋发的新姿态阔步奋进新征程。

县委号召，全县各级党组织和广大党员干部要紧密团结在以习近平同志为核心的党中央周围，全面贯彻习近平新时代中国特色社会主义思想，弘扬伟大建党精神，牢记空谈误国、实干兴邦，坚定信心、同心同德，埋头苦干、奋勇前进，为奋力谱写实现第二个百年奋斗目标的攸县新篇章而团结奋斗。

各乡镇（街道）和部门单位要根据本通知精神，制定学习宣传贯彻党的二十大精神实施方案，并及时将学习宣传贯彻党的二十大精神情况报告县委。

2022年11月15日

攸县人民政府
关于印发《攸县集体土地征收及房屋拆迁补偿安置办法》的通知

攸政发〔2022〕3号

各乡镇人民政府、街道办事处，县直相关部门单位：

现将《攸县集体土地征收 及房屋拆迁补偿安置办法》印发给你们，请认真贯彻执行。

攸县人民政府

2022年9月6日

攸县集体土地征收及房屋拆迁补偿安置办法

第一章 总则

第一条 为规范集体土地征收及房屋拆迁补偿安置行为，切实维护被征地农村集体经济组织及其成员、其他权利人（简称“被征拆人”）的合法权益，根据《中华人民共和国土地管理法》《中华人民共和国土地管理法实施条例》（中华人民共和国国务院令第743号）、《湖南省实施〈中华人民共和国土地管理法〉办法》《株洲市人民政府关于印发〈株洲市集体土地征收及房屋拆迁补偿安置办法〉的通知》（株政发〔2022〕6号）等法律法规规定，结合我县实际，制定本办法。

第二条 因公共利益的需要，在本县行政区域内实施集体土地征收及房屋拆迁以及其他地上附着物的补偿安置，适用本办法。

国务院、省人民政府对国防、公路、铁路、水利、水电等重点基础设施建设涉及集体土地征收及房屋拆迁补偿安置另有规定的，从其规定。

第三条 征收集体土地应当坚持程序正当、合理补偿、公平公开原则，妥善安置被征地农民，保障其合法的财产权益和居住的权利。

第四条 县人民政府负责组织全县集体土地征收及房屋拆迁补偿安置工作（以下简称“征地拆迁工作”）。

县征地工作协调服务中心（以下简称“县征地中心”）为全县土地征收实施机构，负责征地拆迁补偿安置具体工作。

第五条 县自然资源局负责指导、监督、管理全县征地拆迁工作，履行以下职责：

（一）贯彻执行国家和省、市、县征地拆迁补偿安置法律、法规、政策，完善征地拆迁工作规章制度。根据经济发展情况，适时提出征地拆迁补偿安置标准调整建议，报县人民政府批准；

（二）负责审核本县范围内建设项目的预征地申请；

（三）负责核定拟征收土地的位置、权属、地类、面积等现场调查情况；

（四）参与征收土地的社会稳定风险评估、征地补偿安置方案拟定、征地拆迁资金概算方案审核、被征拆房屋的合法性认定；

（五）监督检查全县征地拆迁政策落实、安置补偿到位情况。

第六条 县征地中心履行以下职责：

（一）根据县人民政府的批复意见，负责编制征地拆迁年度计划和下达具体项目征地拆迁任务；

（二）负责征地拆迁资金的归集与拨付；

（三）负责对参与征地拆迁工作各部门的目标考核及对征地拆迁相关经费的管理分配；

（四）负责拟定征收土地预公告，组织开展征收土地现状调查，参与征收土地社会稳定风险评估；

（五）负责拟定征地拆迁补偿安置方案，组织召开征地拆迁补偿安置方案听证会；

（六）组织有关部门、单位和个人办理补偿登记，编制资金概算，签订土地征收补偿安置协议、房屋拆迁补偿安置协议、地上附着物及青苗补偿等相关协议；

（七）收到征地批准文件后，负责拟定征收土地公告，组织支付征地补偿费用；负责拟定征地补偿安置决定，并组织实施；对拒不交出土地的，负责拟定强制执行申请书，按程序依法申请人民法院强制执行；

（八）对全县征地拆迁工作进行业务指导，定期组织征地拆迁工作人员业务培训及考核。

第七条 乡镇人民政府（街道办事处）在征地拆迁工作中履行以下职责：

（一）作为征拆工作的责任主体单位，严格按照已批准的征地拆迁红线范围、时间要求开展征地拆迁工作，确保按规定的时间要求完成征地拆迁协议签订工作，并负责交地清表、房屋拆除等征地拆迁相关工作；

（二）宣传国家和省、市、县征地拆迁补偿安置法律、法规、政策；

（三）按照先拆违、后拆迁的原则，组织拆除行政区域内的违法建筑；

（四）负责被征地村、组群众的宣传动员及征地拆迁过程中的群众思想和维稳工作，排查、调解、处理征地拆迁过程中的纠纷及突发事件，做好征地拆迁信访工作。

第八条　发展改革、财政、农业农村、公安、人力资源和社会保障、统计、城管、住房城乡建设、司法、民政、市场监管、税务、林业等有关部门和乡镇（街道），按照各自职责共同做好征地拆迁工作。审计部门依法依规加强审计监督。

第九条　县人民政府积极推进集体土地征地拆迁信息化建设工作。利用基础地理信息数据库和“一张图”，建立征地拆迁安置数据平台，对征地拆迁全过程实行数字化管理和服务。

第二章　实施程序

第十条　本县范围内建设项目需要开展预征地的，由业主单位向县征地中心提出申请，并提交以下资料：

（一）建设项目立项批准文件；

（二）建设项目用地选址、用地预审意见；

（三）土地勘测定界技术报告书；

（四）违法建筑拆除情况；

（五）需要提交的其他资料。

第十一条　县人民政府负责发布征收土地预公告。预公告内容应当包括征收范围、征收目的、开展土地现状调查的安排、被征地集体经济组织和个人配合土地现状调查等事项。

征收土地预公告在拟征收土地所在的乡镇（街道）政务公开栏、村务（社区）公开栏以及村（居）民小组显著位置公开，时间不少于十个工作日。

第十二条　征收土地预公告发布时，县征地中心应当书面通知当地公安、自然资源、农业农村、税务、林业、民政等部门，自征收土地预公告发布之日起，在办理拟征收范围内涉及被征拆人的相关手续时，应告知当事人其办理的下列手续不作为补偿安置的依据：

（一）新批宅基地或者其他集体建设用地；

（二）审批改变土地、房屋性质和用途；

（三）办理土地、房屋等不动产权属登记；

（四）办理苗木生产、畜禽水产养殖等手续；

（五）办理户口迁入和分户（立户）、子女收养等涉及户籍、人口变动的相关手续，但因出生、婚嫁和军人转业退伍等确需办理户口迁入且符合户籍管理规定的除外；

（六）其他增加补偿安置费用的不当行为。

任何单位和个人实施上述行为和在拟征收范围内抢栽、抢建等行为，依法不予补偿。

第十三条　县征地中心应当组织自然资源部门、所在乡镇（街道）、被征地的农村集体经济组织或者村（居）民委员会、土地承包人和地上附着物所有权人开展拟征收土地现状调查。土地现状调查应当查明土地的位置、权属、地类、面积，以及农村住宅、青苗和其他地上附着物的权属、种类、数量等情况。

土地现状调查结果由拟征收土地所有权人盖章确认及三名以上被征地农民签字见证；拟征收土地上农村住宅、青苗和其他地上附着物调查结果由附着物所有权人、使用权人签字确认。不同意签字或者因客观原因无法签字的，可以对调查结果予以公证或者采用摄影、摄像等方式固定相关证据。拟征收土地现状调查结果公示应当不少于五个工作日。

第十四条　县人民政府组织开展拟征收土地社会稳定风险评估，形成社会稳定风险评估报告，并载明拟征收土地概况、用途、所在村（居）组和其他利害关系人的意见，明确社会稳定风险点和风险等级，提出风险防范措施和处置预案。

社会稳定风险评估应当有被征地农村集体经济组织及其成员、村民委员会和其他利害关系人参加，评估结果是申请征收土地的重要依据。

第十五条　县征地中心应当依据社会稳定风

险评估结果，结合土地现状调查情况，组织自然资源、财政、农业农村、人力资源和社会保障等有关部门，拟定征地补偿安置方案。

征地补偿安置方案应当包括征收范围、土地现状、征收目的、补偿方式和标准、安置对象、安置方式、社会保障、补偿登记的部门和时限、禁止事项、异议反馈渠道、申请听证的事项等内容。

征地补偿安置方案应当在拟征收土地所在的乡镇（街道）政务公开栏和村务（社区）公开栏以及村（居）民小组显著位置予以公告，时间不少于三十日。

第十六条 在征地补偿安置方案公告期内，有下列情形之一的，县人民政府应当在公告期满后十五日内组织听证，认为确需修改的，应当组织修改，并重新公布，公布时间不少于五个工作日：

（一）二分之一以上被征地农村集体经济组织成员认为征地补偿安置方案不符合法律、法规规定的；

（二）被征地农村集体经济组织或者被征地农村集体经济组织成员或者利害关系人申请听证且符合听证相关规定的。

在规定期限内未提出听证的，视为无意见或者放弃听证。

第十七条 被征拆人应当在公告规定期限内，持身份证、户口本、土地权属证明、不动产登记证、他项权利证或者其他证明材料到指定地点办理补偿登记手续，未在规定期限内登记的，以公示的土地现状调查结果作为征地补偿安置依据。

第十八条 本县范围内的预征地项目，县征地中心应当根据土地现状调查情况、房屋产权及安置人员认定结果，按照补偿安置标准，组织相关部门、拟用地单位编制征拆资金概算，并由县人民政府组织财政、审计、自然资源等相关部门召开专题会议进行概算评审审定。

第十九条 资金概算经评审后，县征地中心应当组织有关部门与拟征收土地的所有权人、使用权人签订征地补偿安置协议。协议应当依法约定征地补偿费用的支付期限、方式，交付土地的期限、条件。

对拒绝签订征地补偿安置协议的，由县征地中心拟定征地补偿安置告知书并依法送达被征拆人。征地补偿安置告知书应当告知被征拆人其被征收土地（或被拆迁房屋）的面积、权属、地类（房屋结构）、补偿标准及金额、补偿方式等内容，保障被征拆人的知情权。

第二十条 县人民政府应当自收到征地批准文件之日起十五个工作日内，在拟征收土地所在的乡镇（街道）政务公开栏、村务（社区）公开栏以及村（居）民小组显著位置发布征收土地公告。公告应当载明批准征地机关、批准文号、征收土地的批准用途、权属、范围、面积以及征地补偿标准、征收时间等。

发布征收土地公告前，不得动工建设。

第二十一条 县人民政府应当自发布征收土地公告后三个月内，对已经签订征地补偿安置协议的，将征地补偿安置费用足额支付到位；对未签订征地补偿安置协议的，应当作出征地补偿安置决定并依法送达，同时将所涉及的征地补偿费用存入指定银行账户。

第二十二条 有下列情形之一的，被征拆人在规定或者约定的期限内拒不交出土地、腾地的，由县人民政府责令限期交出土地、腾地：

（一）征地补偿安置决定生效且补偿到位后，被征拆人拒不履行的；

（二）已签订征地补偿安置协议，足额支付征地补偿费用的；

逾期不交出土地、腾地的，依法申请人民法院强制执行。

第二十三条 被拆迁房屋补偿安置后，县征地中心应当收回不动产权属相关证书，由县自然资源局办理注销登记；被征拆人证照遗失或者拒不交回的，由县自然资源局公告注销。

第二十四条 县人民政府、县自然资源局、县征地中心、乡镇（街道）等应当主动及时公开涉及土地征收的相关政府信息，将土地征收报批材料、征地批准文件、征地补偿费用情况等信息在政府网站、征地信息公开平台、乡镇（街道）政务公开栏、村务（社区）公开栏以及村（居）民小组显著位置主动公开，接受群众监督。同时，采取摄影、摄像等方式，将上述公示情况留存。

被征地农村集体经济组织、村民委员会或者村民小组应当将征收土地的补偿费用收支状况向全体成员公布，接受监督。

第三章　征地补偿

第二十五条　征地补偿按照省、市人民政府公布的征地补偿标准及县人民政府相关规定执行。

征地补偿费的 10% 用于被征地农民社会保障。

土地征收依据土地勘测定界技术报告书的土地分类面积实施补偿。经国家批准纳入重金属污染区域的土地补偿类别由县自然资源局确认。

第二十六条　征收土地的征地补偿费统一支付给被征地农村集体经济组织。征地补偿费的分配和使用由被征地农村集体经济组织负责。

第二十七条　征收土地的青苗补偿费按照土地面积计算补偿（具体标准见附表 1）。

征收成片的经济林、用材林、花卉、药材按照土地面积计算补偿（具体标准见附表 2）。

零星树木、花草按照调查数据计算补偿（具体标准见附表 3）。

征收土地的青苗补偿费直接支付给所有权人。山林地的青苗补偿费，支付给集体经济组织或者所有权人。

获得国家级农产品地理标志认证区域内的果木补偿标准，由县人民政府制定，报市人民政府批准后实施。

第二十八条　经县林业、农业农村部门批准的苗木种植地的花卉苗木移栽，按照苗木的品种规格给予移栽搬迁费，并按照移栽季节给予搬迁损耗补助（具体标准见附表 4）。混种的其他杂木，不再另行计算补偿。

未经县林业、农业农村部门批准，在除林地以外其他地类种植苗木的，按照原地类青苗补偿费补偿标准计算补偿。

经国家认定挂牌的“花卉苗木之乡”花卉苗木移栽，由县人民政府制定移栽费标准，报市人民政府批准后实施。

第二十九条　被征收土地上的生产设施按照调查数据计算补偿（具体标准见附表 5）。

第三十条　征收坑塘水面的，另给予造塘建设费补偿（具体标准见附表 6）。造塘建设费统一支付给被征地集体经济组织。

勘测定界图上无坑塘水面图斑显示，以及改变地类新开挖水塘的，按照原地类予以补偿。

第三十一条　征收土地范围内的坟墓需要迁移的，由县人民政府发布迁坟公告，并予以迁坟补偿（具体标准见附表 6）。超过迁坟公告规定期限未迁的坟墓，按照无主坟处理。

第三十二条　农村集体经济组织使用征地补偿费用的情况应当依法依规接受乡镇（街道）和农业农村、财政部门的监督指导，接受审计部门监督。禁止侵占、挪用被征地农村集体经济组织的征地补偿费和其他有关费用。

第四章　拆迁补偿

第三十三条　被征拆房屋权属证书齐全或者具有用地批准、规划相关批准手续的，由县征地中心组织自然资源、住建、农业农村等相关部门和所在乡镇人民政府（街道办事处），按照下列规定进行合法性认定：

（一）已依法取得不动产权属证书的房屋，以权属登记证书为认定依据。权证中注明的超占土地面积和建筑面积不予认定；

（二）未取得不动产权属证书的房屋，以用地批准文件、规划相关批准文件为认定依据。

第三十四条　被征拆房屋未取得不动产权属证书、未取得用地批准文件或者规划相关批准的，按照尊重历史、尊重现实的原则，依据下列标准进行合法性认定：

（一）使用集体土地兴办村镇公益事业和公共

设施的房屋（村民委员会办公用房、医疗教育卫生用房等），由县人民政府组织相关部门审核认定；

（二）1987 年 1 月 1 日《中华人民共和国土地管理法》实施前集体经济组织成员建成的无证房屋，至征收土地预公告发布之日止，为被征拆人唯一住宅且未进行扩建、改建的，由县人民政府组织相关部门调查审核；

（三）1987 年 1 月 1 日《中华人民共和国土地管理法》实施后新建的无相关权利证书的房屋，由县人民政府组织相关部门根据农村宅基地相关管理规定进行合法性审查。审查内容主要包括：

1. 被征拆人是否具有农村村民建房资格；

2. 被征拆人及家庭成员基本情况（含姓名、与被征拆人关系）；

3. 被征拆人及家庭成员是否符合一户一宅的规定；

4. 按规定需要审查的其他相关情况。

审查不符合建房条件的，不予认定。

第三十五条　县征地中心应当将房屋合法性审查结果在拟征收土地所在的乡镇（街道）政务公开栏和村务（社区）公开栏以及村（居）民小组显著位置予以公示，时间不少于三个工作日，其房屋合法性认定结果以房屋产权认定第三榜结果为准。

被征拆人对房屋合法性认定结果有异议的，应当自公示之日起五个工作日内向县人民政府申请核查。县人民政府应当组织有关部门在五个工作日内调查核实。

第三十六条　被拆迁房屋根据合法性认定结果，按照不同结构、用途进行补偿（具体标准见附表 7）。被拆迁房屋补偿到位后，由乡镇人民政府（街道办事处）组织拆除。

第三十七条　在征收土地预公告发布前依法办理了集体建设用地手续、市场主体登记手续的企业，其征地补偿费支付给被征地农村集体经济组织，生产用房和非生产用房按照住宅房屋同等结构补偿标准增加 50% 予以补偿。补偿后不再另行安排重建或者给予其它安置，属于生产用房的据实计算房屋装修补偿。

第三十八条　企业设施设备搬迁后不丧失使用价值的，按企业设施设备实际搬迁量评估给予搬迁补偿；搬迁后丧失使用价值的，按照评估净值给予补偿。

企业搬迁涉及的成品、半成品、原材料等物资转运费，按照 50 公里以内的转运距离评估确定。

为生产经营安装的水、电、气、管网等附属设施，按照评估重置价格给予补偿。

企业的停产停业损失按照企业上年度实缴税额（入库时间为上年度 1 月 1 日至 12 月 31 日）的三分之一给予补助。

第三十九条　2020 年 10 月 19 日《株洲市放宽市场主体住所（经营场所）登记条件的实施办法》（株政办发〔2020〕15 号）文件实施前，被征拆人已办理市场主体登记手续，将合法农村住宅房屋部分用于经营的，按照下列规定执行：

（一）在征收土地预公告发布前正常经营并依法纳税，需要行业经营许可的，必须提供行业许可批文；

（二）将合法住宅房屋部分用于经营的，应当确保 45 平方米/人居住面积；超出 45 平方米/人的，可以根据实际经营情况认定经营面积；小于或者等于 45 平方米/人的，不予认定经营面积。县征地中心应当组织相关部门按照上述原则，结合实际情况认定经营面积，并予以张榜公示，时间不少于三个工作日，其认定面积以公示结果为准；

（三）经营面积按照同等结构住宅房屋补偿标准增加 30% 予以补偿，经营场所内设施转运及停产停业损失等费用不再另行计算补偿。

2020 年 10 月 19 日《株洲市放宽市场主体住所（经营场所）登记条件的实施办法》（株政办发〔2020〕15 号）文件实施后，被征拆人办理市场主体登记手续将合法农村住宅房屋部分用于经营的，按照住宅房屋同等结构补偿标准计算补偿。

第四十条　依法批准的畜禽养殖用房，按照

同等结构住宅房屋补偿标准增加20%予以补偿（包括畜禽养殖相关设施、活体处置等费用），不再安排重建或者给予其它安置。

第四十一条　拆迁村（社区）办公用房和学校、医院、寺庙、教堂等公益事业用房，参照本办法第三十七条予以补偿。不再安排重建或者给予其它安置。

第四十二条　有下列情形之一的，不予补偿：

（一）依据本办法第三十三条、第三十四条规定未通过合法性认定的建（构）筑物；

（二）在征收土地预公告发布前未办理集体建设用地手续，仅办理市场主体登记手续企业的生产用房和非生产用房；

（三）拆旧建新房屋的批准文书中要求应当拆除而未拆除的旧房、危房及相关附属设施；

（四）经有关行政机关查处，责令自行拆除而未拆除的，或者行政处罚决定要求补办相关审批手续而未依法补办的违法建（构）筑物；

（五）临时建（构）筑物；

（六）法律、法规规定的其他情形。

第四十三条　被征拆人在规定期限内搬家腾地的，按照被拆迁房屋合法建筑面积给予400元/平方米的奖励。逾期未搬家腾地的，不予奖励。

第四十四条　被征拆人的搬家费和过渡费按照常住人口计算（具体标准见附表8）。

宅基地重建安置的被征拆人，按两次搬家计算搬家费。签订征地补偿安置协议时，按照24个月的过渡期计算过渡费；未按约定时间提供重建宅基地的，过渡期可以顺延。

自购商品房安置的被征拆人，按两次搬家计算搬家费。签订征地补偿安置协议时，按照12个月的过渡期计算过渡费。

第四十五条　房屋装修及生活设施实行据实补偿（具体标准见附表9）。

第五章　征拆安置

第四十六条　县人民政府应当按照依法保障、逐步提高的原则，筹集使用社会保障资金，将被征地农民根据攸县被征地农民社会保障相关规定纳入现行社会保障制度。

被征地农民参加社会保险按照攸县被征地农民社会保障相关规定办理。

第四十七条　县人民政府可以采取重建宅基地、提供安置房或者自购商品房等方式给予被征拆人公平、合理的安置。

征收国土空间规划确定的城区开发边界范围内的农村住宅，原则上采用自购商品房安置；征收上述范围外的农村住宅，原则上采用集中重建宅基地安置。

第四十八条　自购商品房安置是指对被征拆人的合法房屋进行补偿后，政府给予自购商品房补助，由被征拆人自行购买商品房的一种安置方式。其中：

（一）国土空间规划确定的城区开发边界范围内，按照被拆迁房屋主体合法面积给予2000元/㎡的自购商品房补助，被拆迁房屋主体合法面积超过450㎡的部分，不给予自购商品房补助；

（二）国土空间规划确定的城区开发边界范围外，按照被拆迁房屋主体合法面积给予500元/㎡的自购商品房补助，被拆迁房屋主体合法面积超过450㎡的部分，不给予自购商品房补助。

如果市场普通商品房价格出现较大波动，县人民政府依据县住房城乡建设部门公布的普通商品房均价信息对自购商品房补助标准适时进行相应调整。

第四十九条　重建宅基地安置是指对被征拆人的合法房屋进行补偿后，由符合条件的被征拆人在依法批准的宅基地上进行重建。重建宅基地按照下列规定实施：

（一）重建宅基地由相关部门按照有关规定审批，相关手续由县人民政府组织办理；

（二）选择集中重建宅基地安置的，土地平整、水、电、路三通及重建房屋的基础（不含地圈梁）由县人民政府组织实施。经批准采用分散宅基地安置的，选址、“三通一平”、房屋基础（不含地圈梁）、土方填挖、建房审批等费用，可以按照批准宅基地面积给予重建宅基地平整补助（具体标准见附表10）。重建宅基地所涉及的费用经相关部门审核后列入征地成本；

（三）重建宅基地面积，按照攸县农村宅基地管理有关规定执行。同一拆迁房屋有多户需要安置的，重建用地超出被拆迁房屋占地面积部分的有关费用由被征拆人自行承担；

（四）同一拆迁户有多处合法房屋被拆迁的，只安排一处重建宅基地。拆迁房屋占地超出重建用地面积的部分另行给予300元/平方米的补助。

第五十条　县征地中心组织公安、农业农村、自然资源等有关部门及乡镇（街道）、村（社区）对安置人员资格按照本办法第五十一、五十二、五十三、五十四、五十五条进行认定，并予以张榜公示，时间不少于三个工作日，其资格认定以安置人员信息第三榜结果为准。

安置人员资格以征地补偿安置方案发布日期为认定截止日，新出生人口以征收土地公告发布日期为认定截止日。

对安置人员资格认定结果有异议的，被征拆人应当自公示之日起五个工作日内向县人民政府申请核查，县人民政府应当组织有关部门于五个工作日内调查核实。

第五十一条　安置人员范围包括下列情形：

（一）属于本集体经济组织成员、享有承包土地资格和集体财产分配权益，并履行相应义务的被拆迁合法房屋的产权人及其共同居住生活的家庭成员；

（二）原属本集体经济组织、因国家征地或者村改居已农转非、未参与过房屋拆迁安置的人员及其共同居住生活的家庭成员；

（三）原属于本集体经济组织，现正在部队服役的士兵（不包括军官、文职人员和12年以上的士官）、大中专院校在读学生及服刑人员；

（四）拆迁重建宅基地房屋的被征拆人员（包括家庭自然新增人员）；

（五）非本集体经济组织成员的被征拆人（含原属本集体经济组织的农转非户）被拆迁房屋经合法性认定，房屋权证齐全，按照合法产权人及在本县无其它房屋的家庭成员人数计算安置人员。

第五十二条　符合下列情形之一的，可以增加一个安置人员指标：

（一）已婚夫妇未生育的；

（二）达到法定婚龄未婚的；

（三）持有效独生子女父母光荣证的。

第五十三条　下列情形不计入安置人员范围：

（一）在以往房屋拆迁中已享受安置的人员及其家庭新增人员；

（二）没有承包地、不享受被征地农村集体经济组织成员权利和承担相关义务的空挂户；

（三）按照法律法规和政策规定不应当计入的其他人员。

第五十四条　农村村民一户只能拥有一处宅基地。因历史原因，被征拆人有多处合法产权房屋且不在同一宗征地范围内，其家庭成员只能随被征拆人在同一处房屋内享受一次安置。

第五十五条　属于本集体经济组织成员，同时符合下列（一）、（二）、（三）安置条件的被征拆人，给予相应的建房资格补助：1. 国土空间规划确定的城区开发边界范围内，符合安置条件的被征拆人，经审核给予10万元/人的建房资格补助。2. 国土空间规划确定的城区开发边界范围外，符合安置条件的被征拆人，经审核给予5万元/人的建房资格补助：

（一）未使用集体土地单独建房；

（二）长期居住在家庭成员产权房屋内；

（三）选择采用自购商品房安置。

房屋产权人和配偶以及依据本办法第五十二条增加的安置指标，不享受该项补助。

第五十六条　安置人员中符合《湖南省特困人员认定办法》第四条规定，无力购（建）住房的五保户、残疾人、孤儿等特殊困难人员，经县人民政府组织相关部门审核确定并予以公示，时间不少于三个工作日。公示无异议后，给予每人不超过5万元的购（建）房补助。

第六章 法律责任

第五十七条 被征拆人弄虚作假，伪造或者变造房屋、土地权属、人口等证明材料的，其证明材料无效。采取违法手段骗取补偿或者补助的，应当依法追回违法所得，给他人造成损害的，依法承担赔偿责任；违反治安管理的，依法给予治安管理处罚；构成犯罪的，依法追究刑事责任。

第五十八条 相关职能部门未按照本办法规定履行职责的，由其主管部门责令改正。逾期不改正的，依法追究主管责任人员和其他直接责任人员的行政责任；造成经济损失的，依法予以赔偿。

相关工作人员在征拆工作中玩忽职守、滥用职权、徇私舞弊的，依法给予行政处分；构成犯罪的，依法追究其刑事责任。

第五十九条 侵占、挪用征地补偿费用和其他有关费用，依法追究行政责任，构成犯罪的，依法追究刑事责任。

第七章 附则

第六十条 对积极参与、协助征地拆迁补偿安置工作，并在规定期限内完成工作任务的村（居）民委员会、组干部，给予适当误工补助（具体标准详见附表6）。

设立奖励金和拆违控违专项资金，计入征拆成本。奖励金用于奖励在规定时间内完成征拆任务、对征地拆迁补偿安置工作有突出贡献的单位；拆违控违专项资金用于开展拆违控违的工作经费、违法建筑自拆奖励以及对拆违控违工作有突出贡献的单位。

第六十一条 本办法未制定补偿标准的征拆个案补偿，由县人民政府牵头组织相关部门召开个案问题会审会议研究决定。

第六十二条 采用评估方式确定补偿标准的，县征地中心应当在收到评估报告之日起十五日内完成审定，报县财政局备案。县财政局可以对评估结果进行抽查监督，抽查结论与审定结果不一致的，以抽查结论为准。

第六十三条 县征地中心应当组织相关部门，在完成征地拆迁并办理交地手续后三个月内进行资金结算，结算金额按照经审批后的资金概算包干。

第六十四条 依法收回国有农用地的土地补偿标准，参照本办法执行。

征收社会转城居委会辖区土地和房屋、拆迁持有集体土地使用证的征地转城居民的房屋，参照本办法执行。

乡（镇）、村公共设施、公益（用）事业建设经批准需使用集体土地的，参照本办法执行。

因环境保护、生产安全的需要，需拆迁集体土地上房屋的，参照本办法执行。

第六十五条 本办法自公布之日起施行，《攸县实施〈株洲市集体土地征收及房屋拆迁补偿安置办法〉细则》（攸政发〔2017〕11号）同时废止。

本办法施行前，已发布征地补偿安置公告的，补偿安置按照公告确定的方案执行；未发布征地补偿安置公告的，按照本办法执行。

附表

青苗（生产）补偿标准

表1　　单位：元/亩

类别	补偿金额	备　注
水田	4000	指用于种植水稻、莲藕等水生农作物的耕地，包括实行水生、旱生农作物轮种的耕地
水浇地	5000	指有水源保证和灌溉设施，在一般年景能正常灌溉，种植旱生农作物（含蔬菜）的耕地，包括种植蔬菜的非工厂化的大棚用地
旱地	2500	指无灌溉设施，主要靠天然降水种植旱生农作物的耕地，包括没有灌溉设施，仅靠引洪淤灌的耕地
坑塘水面	4000	指人工开挖或者天然形成的蓄水量〈10万平方米的坑塘常水位岸线所围成的水面

说明：地类解释按照《中华人民共和国国家标准土地利用现状分类》GB/T201010—2017

山林地经济林、用材林、花卉、药材补偿标准

表 2　　单位：元/亩

类别	规　格	标准	备　注
果树	苗期	2000	始产期、盛产期种植密度80株/亩
	始产期	3000	
	盛产期	5000	
油茶	苗期	2000	始产期、盛产期种植密度90株/亩
	始产期	4000	
	盛产期	6000	
茶叶	苗期	2000	始产期、盛产期种植密度100株/亩
	始产期	3000	
	盛产期	4000	
杉树楠竹	苗高3m以下	1000	种植密度110株/亩
	胸径6—12cm	1300	
	胸径12cm以上	2200	
其他树木	苗高3m以下	900	
	胸径6—12cm	1100	
	胸径12cm以上	1600	
花卉药材	普通	2000	
	名贵	3000	
茅柴	/	500	

说明：1. 按照面积计算补偿。2. 各类树木混栽的，以栽种最多的一种计算补偿。3. 间种的其他树木、苗木、花木不予补偿。

零星果树、树木、花木、花草补偿标准

表 3

类别	规　格	补偿标准	备　注
果树	苗期	3元/株	桃、梅、桔、李、梨、柚、板栗、鸡爪、酸枣、枇杷、油茶等
	挂果前	30元/株	
	挂果后	70元/株	
树木	胸径5—10cm	10元/株	泡桐、梧桐、苦楝、杉树、臭椿、松柏、棕树、马尾松、国外松、樟树、杜英、楠竹等
	胸径10—20cm	20元/株	
花木	冠幅50cm以内	50元/株	铁树、山茶花等
	冠幅50cm以上	80元/株	
花草	小丛（冠幅30cm）	5元/丛	美人蕉、杜鹃、月季、七里香、黄杨、夹竹桃等
	中丛（冠幅30—60cm）	10元/丛	
	大丛（冠幅60cm以上）	15元/丛	

说明：1. 水竹、斑竹、丛竹补偿标准40元/百公斤。2. 各种绿篱补偿标准5元/米。3. 各种树木从根部分支生长的按照一株补偿。4. 抢栽、抢种的不予补偿。

苗圃移栽搬迁费

表 4

品种	规格		种植密度（株/亩）	补偿标准（元/亩）	搬迁耗损补助	备　注
	胸径	高度				
各种苗圃		1m以下	2000—3000	3000—3500	春、秋、冬季增加5%，夏季增加20%	异地移植的地点由被征拆人自行解决，不另补偿
		1m以上	700—1000	3500—4500		
	4—9cm		500—600	7000—8000		
	10—19cm		200—300	9000—13000		
	20cm以上		100—150	15000—19800		

说明：1. 房前屋后、山林地内生长多年的树木，不按照此标准补偿。2. 搬迁费包括人工挖树、装车、运输、辅材等费用。3. 以补偿安置协议中约定的交付期限确定搬迁季节。

生产设施补偿标准

表5

序号	项目名称	单位	补偿金额(元)	说明
1	砖砌粉（粪）水池	立方米	180	1.容积一立方米以上，13cm以上砖粉水泥； 2.占地面积超过20平方米的按水塘补偿； 3.深度超过3米一律按3米计。
2	三砂生产 水（粪）池	立方米	120	1.水泥抹面池按此标准的50%计算补偿，四周及底部结构须一样； 2.占地面积超过20平方米的按水塘补偿； 3.深度超过3米一律按3米计。
3	土粪池	立方米	15	
4	砖砌氨水池	立方米	120	砖砌有沥青防水层，砖拱顶粉水池。
5	砖砌温床 （花围）	立方米	100	按面积计算。
6	砖砌井	米	300	1.按井深计算； 2.包括井台及周围水泥地面； 3.废弃的不予补偿。
7	石砌井	米	320	同上。
8	土井	米	300	1.同上； 2.废弃水井不予补偿。
9	机钻井 （摇泵井）	座	2800	1.同上； 2.每户限补一座。
10	泥结卵石路面	平方米	30	表面平整（含碎石路面）。
11	三合土路面	平方米	30	表面平整。
12	水泥坪	平方米	45	
13	三合土坪	平方米	30	
14	砖砌明沟	米	40	1.按长度计算； 2.属房屋配套设施的不予补偿。
15	砖砌暗沟	米	60	1.按长度计算； 2.属房屋配套设施的不予补偿。
16	片石护坡	立方米	320	按砌体体积计算。
17	砖砌护坡	立方米	350	按砌体体积计算。
18	无筋混凝土	立方米	450	按体积计算。
19	钢筋混凝土	立方米	500	1.按体积计算；2.钢混梁.柱1000元/m^3。
20	暗砼涵管	米	40	φ200mm以下。
21	暗砼涵管	米	50	φ200mm以上。
22	水泥电杆	根	200	含杆上部件及电线。
23	砼板	平方米	40	水塘设施。
24	简易棚	平方米	70—90	有墙体、门窗、水泥地面；无墙体的按20元/㎡补偿。
25	钢架棚	平方米	150	有墙体、门窗、水泥地面；无墙的按120元/㎡补偿。
26	24砖眼墙	平方米	100	围墙，已包括基础，贴瓷片每平方米增加10元，双面贴瓷片、种籽另增加20元/㎡。

续表5

序号	项目名称	单位	补偿金额(元)	说 明
27	18砖墙（含24空斗墙）	平方米	90	围墙，已包括基础，贴瓷片每平方米增加10元。
28	13砖附柱墙	平方米	80	围墙，已包括基础，贴瓷片每平方米增加10元。
29	花格	米	80	含立柱，按长度计算。
30	刀片	米	60	含立柱，按长度计算。
31	罗马柱	根	1100	
32	塑料室外给水管	米	15	含配件。
33	铁质室外给水管	米	20	含配件。
34	室外砖砌下水道	米	200	
35	三砂生产水（粪）池	立方米	120	1.水泥抹面池按此标准的50%计算补偿，四周及底部结构斗一样；2.占地面积超过20㎡的按水塘补偿；3.深度超过3米一律按3米计。
36	水泥管（涵洞）	米	60	直径为20cm,每增大10cm加10元。
37	塑料排污管	米	18	地下排污管。
38	沼气池	座	3000	
39	瓜子石水泥游道	平方米	80	砖砌台阶110元/㎡。
40	蓄水池	立方米	400	
41	薯窖	立方米	100	低于3立方米的不予补偿，每座最高补偿不超过800元。

迁坟等其他补偿（助）标准

表6

迁坟	并棺迁坟（元/座）	仅迁骸骨（元/座）	说明
	5000	1500	
造塘建设费	16000元/亩		此项费用只计算到集体经济组织，不计算到个人。
误工补助	半天	一天	1.非商定通知人员不予补助；2.根据实际天数计算。
	50元	100元	

表7 单位：元/平方米

（一）砖混结构房屋补偿标准

等级	房屋结构	征收补偿标准	增减因素
一	砖石基础，内外24cm以上眠墙，墙梁柱共同承重，现浇或者预制钢筋混凝土楼面、屋面、天沟、踏步，油漆门窗或者铝合金门窗，混凝土地面，屋面有不少于0.5m高隔热层，房屋四周砖砌排水明、暗沟。	960	1.无隔热层减3%； 2.无水、电进户各减4%； 3.层高每增减10cm增减1%； 4.有架空层增加2%。 5.外墙粉刷每面增1%。
二	砖石基础，内外24cm眠墙及部分18cm墙，墙梁柱共同承重，现浇或者预制钢筋混凝土楼面、屋面，天沟、踏步，油漆门窗或者铝合金门窗，混凝土地面，屋面有不少于0.5m高隔热层，房屋四周砖砌排水明、暗沟。	930	

续表 7

等级	房屋结构	征收补偿标准	增减因素
三	砖石基础，内外18cm砖墙，部分24　cm砖墙，油漆门窗或者铝合金门窗，预制空心板楼面，现浇天沟、木架人字栋瓦屋面，混凝土地面，房屋四周砖砌排水明、暗沟。	900	1.无水、电进户各减3%； 2.前后无天沟各减4%； 3.层高每增减10cm增减1%； 4.有架空层增加2%。 5.外墙粉刷每面增1%。
说明	1.框架结构要求：现浇钢筋混凝土梁、柱承重，无承重墙，框架结构部分增加20%。 2.企业（生产）房屋单层层高加价标准： （1）企业房屋单层层高在〉3.2—≤4.5米的，层高加价补偿标准为200元/㎡； （2）企业房屋单层层高在〉4.5—≤5.5米的，层高加价补偿标准为300元/㎡； （3）企业房屋单层层高在〉5.5—≤6.5米的，层高加价补偿标准为400元/㎡； （4）企业房屋单层层高〉6.5米以上的，层高加价补偿标准为500元/㎡。 3.楼面达不到承重结构要求，不能在其内进行正常生产生活的楼层，超过2.2米（含2.2米）的计算建筑面积，2.2米以下的按照超高处理。		

（二）砖木结构房屋补偿标准

等级	房屋结构	征收补偿标准	增减因素
一	砖石基础，内外18cm砖墙，部分24cm砖墙，油漆玻璃门窗或者铝合金门窗，现浇或者预制钢筋混凝土楼面，木架人字栋瓦屋面，混凝土地面，四周砖砌排水明、暗沟。	880	1.无水、电进户各减4%；2.层高每增减10cm增减1%；3.有架空层增加2%。4.外墙粉刷每面增1%。
二	砖石基础，内外18cm砖墙，部分24cm砖墙，油漆玻璃门窗或者铝合金门窗，木板楼面，木架瓦屋面，混凝土地面，四周砖砌排水明、暗沟。	840	
说明	楼面达不到承重结构要求，不能在其内进行正常生产生活的楼层，超过2.2米（含2.2米）的计算建筑面积，2.2米以下的按照超高处理。		

（三）土木结构房屋补偿标准

等级	房屋结构	征收补偿标准	增减因素
一	砖石基础，外墙窗以下砖石基台；土砖、土筑（含三砂）墙，内外粉灰，油漆门窗，木板楼面，木架瓦屋面，有平顶，水泥地面，四周有排水明、暗沟。	660	1.无水、电进户各减4%； 2.内外墙未粉各减2%； 3.层高每增减10cm增减1%。
二	砖石基础，内外土砖、土筑（含三砂）墙，内外粉灰，油漆门窗，木架瓦屋面，水泥或者砖地面，四周有排水明、暗沟。	620	
说明	1.土木结构上加层的，一律按照土木结构计算。 2.楼面达不到承重结构要求，不能在其内进行正常生产生活的楼层，超过2.2米（含2.2米）的计算建筑面积，2.2米以下的按照超高处理。		

（四）简易结构房屋补偿标准

等级	房屋结构	征收补偿标准	增减因素
一	砖石基础，内外13cm砖墙或者土砖、土筑（含三砂）墙，木门窗，木架瓦屋面，水泥或者三砂地面。	360	1.无水、电各减4%；2.无门窗各减2%； 3.层高每增减10cm增减1%。
说明	1.简易结构房屋系指高度在2.2—2.6米畜舍、厕所等房屋。 2.有柱无墙的棚子不算简易结构，一律按照生产、生活设施作工料补偿。		

拆迁各类房屋计算说明

1. 各类房屋层高规定：砖混及砖木结构房屋标准高度为平房 3.2 米，楼房 3 米；土木结构平房 3.2 米，楼房为 2.8 米；简易结构房屋 2.2—2.6 米。房屋层高增加的，按照增加因素处理。

2. 各类房屋的等级，主要以墙体、梁柱承重、屋面、楼面、天沟、地面等主要结构来确定，凡与结构内容不同者，按照增减因素处理。

3. 房屋以建筑面积计算补偿。建筑面积以房屋外墙外围水平面积计算，不包括出檐出梢。有柱檐廊，按照柱中心连线计算；无柱的挑廊、挑阳台(未封闭)，按照投影面积的 50% 计算；层高在 2.2 米(不含 2.2 米)以下，不计算建筑面积。地下室结构层高在 2.2 米及以上计算全面积，1.2—2.2 米以内(不含 2.2 米)计算一半面积。框架现浇结构形成建筑空间的坡屋顶，结构净高大于 2.1 米以上的计算全面积，1.2—2.1 米以内(不含 2.1 米)的计算一半面积，1.2 米以下的不计算面积。

4. 房屋层高的测定方法：平房以室内地面至落水檐口高度为准；前后檐有高低者，取平均高度计算。楼房以室内地面至屋顶落水檐口高度除以层数计算。

5. 征收补偿标准已包括房屋基础、主体、排水明暗沟、散水、天沟、雨外墙、踏步、水、电及材料运输等全部补偿。

6. 砖混结构的房屋隔热层按照平均高度计算，0.5 米以下（含 0.5 米）的不计算补偿。隔热层高度超过 0.5 米的，按隔热层的面积每平方米补助 120 元。

附表

拆迁住宅搬家补助费、过渡费标准

表 8

常住人口	搬家补助费（元/户）	过渡费（元/月）
3人以内（含3人）	2000	1200
3人以上	每增加1人增加100	每增加1人增加100

房屋装修及生活设施补偿标准

表 9

序号	项　目	单位	补偿金额(元)	说　明
1	普通油漆地面	㎡	32	
	彩色水磨石地面	㎡	70	嵌铜条每平方米加10元
	普通水磨石地面	㎡	60	同上
2	花岗石板(英国棕)	㎡	360	
	花岗石板(大百花)	㎡	120	
	花岗石板(亚洲红)	㎡	130	
	花岗石板(中国红)	㎡	190	
	花岗石板(蒙古黑)	㎡	110	纯黑(染色板)
	花岗石板(中山青)	㎡	170	天然板
	黑金沙(大点)	㎡	380	
	黑金沙(小点)	㎡	340	
3	30地面砖	㎡	80	
	40地面砖	㎡	85	
	50地面砖	㎡	90	
	60地面砖(抛光)	㎡	95	
	80地面砖	㎡	130	
	1m地面砖	㎡	140	
	大理石地面砖	㎡	95	
4	抛光砖	㎡	160	规格为1米至1.2米
5	30×45、30×60墙面砖	㎡	100	
6	瓷板压条(腰线)	m	25	
7	地脚线	m	25	
8	挂墙瓷板	㎡	160	80cm以上
9	厨卫墙面装饰画	块	60	
10	瓷板山水画	㎡	200	
11	板梯瓷板、大理石	㎡	130	
12	门坎石	m	100	
13	广场砖	㎡	80	
14	屋面瓷瓦	㎡	40	

续表 9

序号	项目	单位	补偿金额(元)	说明
15	波纹瓦	㎡	65	含水泥垫层补偿
16	琉璃瓦	㎡	150	同上
17	波纹栋瓦	m	45	同上
18	琉璃栋瓦	m	55	同上
19	外墙长白瓷条、马赛克	㎡	80	含6cm小方瓷片、混合砂等
20	外墙贴60×60墙面砖	㎡	110	
21	水刷石外墙	㎡	45	
22	干粘石外墙	㎡	35	
23	外墙漆	㎡	40	
24	墙面仿瓷	㎡	15	
25	墙面乳胶漆	㎡	13	
26	墙面喷塑	㎡	65	
27	水泥粉墙	㎡	25	房屋内墙体粉刷不予补偿
28	水曲柳板墙面	㎡	180	含油漆
29	榉木板墙面	㎡	190	含油漆
30	宝丽板墙面	㎡	95	含油漆
31	三胶板墙面	㎡	70	含油漆
32	塑料扣板墙面	㎡	65	含油漆
33	铝塑板墙面(或倒板)	㎡	140	含油漆(或水性漆等)
34	木制隔断	㎡	140	
35	杉木倒板	㎡	85	
36	梓木倒板	㎡	95	
37	石膏板吊顶(一)	㎡	120	带灯槽
38	石膏板吊顶(二)	㎡	100	无灯槽
39	水曲柳板吊顶	㎡	280	含油漆
40	三合板吊顶	㎡	180	含油漆
41	榉木板吊顶	㎡	280	含油漆
42	塑料扣板吊顶	㎡	65	彩条布吊顶按5元/㎡计
43	铝塑扣板吊顶	㎡	120	主要见于厨卫吊顶

续表 9

序号	项目	单位	补偿金额(元)	说明
44	胶压泡沫板	㎡	55	
45	枫木板	㎡	75	
46	铝扣板吊顶	㎡	150	
47	石膏走线条	m	18	
48	榉木走线条	m	40	含油漆
49	水曲柳、榉木双面包门	套	680	含油漆,单面扣减30%
50	三合板双面包门	套	580	含油漆,单面扣减30%
51	实木门	套	900	含油漆,无油漆的,计700元
52	钢木门	套	780	建材市场定制购买
53	原木门	套	1600	建材市场定制购买
54	普通防盗门	㎡	600	
55	不锈钢防盗门	㎡	650	双层按850元/㎡计
56	普通拉闸门	㎡	150	
57	不锈钢拉闸门	㎡	200	
58	卷闸门	㎡	170	为单管,双管按220元/㎡计
59	玻璃推拉门	㎡	200	主要见于店面
60	普通塑钢门	㎡	260	主要见于厨房、卫生间
61	铝合金套门	㎡	430	主要见于厨房、卫生间
62	双开大铁门	㎡	515	
63	铸铁工艺门	㎡	120	主要是围墙铁艺大门
64	双开不锈钢门	㎡	680	
65	简易铁门	张	450	
66	防盗卷闸门	㎡	170	单管
67	电动防盗卷闸门	㎡	370	
68	镀铜不锈钢大门	㎡	1500	
69	双层不锈钢防盗大门	㎡	1000	
70	红象木大门	㎡	3000	

续表 9

序号	项　目	单位	补偿金额(元)	说　明
71	铝合金门、窗	㎡	150—180	红木纹铝合金门、窗190—200
72	普通防盗窗	㎡	140	铁质
73	不锈钢防盗窗(网)	㎡	160	内加镀锌管增加20元/㎡
74	真空钢化玻璃铝合金窗	㎡	320	
75	木制纱门、窗	㎡	80	
76	铝合金纱门、窗	㎡	90	
77	推拉式铝合金纱门、窗	㎡	140	
78	铁质扶手	m	150	高0.9米以上,含油漆
79	铁艺扶手(或围栏)	m	260	高0.9米以上,含油漆
80	木制扶手(普通)	m	180	高0.9米以上,含油漆
81	不锈钢扶手	m	160	高0.9米以上
82	砖砌扶手	m	100	高0.9米以上,含粉刷
83	热水灶(陶瓷)	座	500	
	热水灶(炭钢)	座	700	
	热水灶(不锈钢)	座	1200	
84	无烟灶台	台	1200	
85	地灶简易灶	座	220	
86	砖砌一锅灶	座	300	
87	砖砌二锅灶	座	500	
88	砖砌三锅灶	座	700	
89	不锈钢厂蓬	㎡	230	
90	铁架厂蓬	㎡	150	
91	阳光板雨蓬	㎡	270	
92	塑钢雨篷	m	65	
93	不锈钢雨篷	m	120	
94	简易棚	㎡	70—90	
95	有线闭路电视移装	户	300	
96	电信光纤(电话)移装	户	300	

续表 9

序号	项　目	单位	补偿金额(元)	说　明
97	热水器(油烟机)移装	台	300	
98	不锈钢水塔移装	座	300	
99	移水泵	只	50	
100	窗式空调移装	台	200	
101	挂式空调移装	台	300	
102	柜式空调移装	台	350	
103	燃气移装		300	仅指室内管道设施安装
104	太阳能热水器移装	台	200	
105	自来水立户	户	3300	
106	家庭天然气立户	户	2650	
107	宽带(数字电视)移装	户	300	
108	实木地板	㎡	280—300	看品牌和材质
	仿实木地板	㎡	180	
	强化木地板	㎡	130	
109	羊皮吸顶灯、壁灯	盏	100—150	
110	射灯、筒灯	盏	40	
111	简易洗面盆	个	150—200	不能拆卸移动
112	大理石洗脸盆	套	380	不能拆卸移动
113	玻璃洗脸盆	套	600	不能拆卸移动
114	柜式大理石洗脸盆	套	800—1000	不能拆卸移动
115	固定衣柜、酒柜、鞋柜、电视柜、木质神堂等	㎡	650	含油漆、衣柜门200元/㎡
116	壁嵌水泥碗柜、壁柜	个	150	有门、隔板的计200
117	木壁柜	个	300	
118	厨柜(高压板大理石台)	m	380	自制木吊柜300元/米
	厨柜(大理石)	m	500—550	
	橱柜(水泥,瓷板)	m	450	
	品牌整体厨柜	m	1200—1400	地柜1200元/m,吊柜350—400元/m不含消毒柜等电器

续表 9

序号	项　目	单位	补偿金额(元)	说　明
119	普通浴缸	个	800—1200	不能拆卸移动
120	坐便器	个	500	不能拆卸移动,含水箱
121	蹲式大便器	套	180	
122	合金包柱	㎡	200	
123	大理石包柱	㎡	420	
124	罗马柱	根	1100	
125	石漆屋檐	m	140—180	指屋顶翻边造型
126	欧式窗套	m	120	含石漆
127	钛金窗套	m	80	
128	砼刀片栏杆	m	80	按栏杆长度计算
129	砼花格栏杆	m	90	按栏杆长度计算
130	瓷葫芦	m	90	按栏杆长度计算
131	双龙戏珠	对	300	
132	凤尾、鱼嘴、角鼓	对	50	
133	蓝、茶色玻璃,山水画	㎡	150	
134	女儿墙	m	80	高0.9m以上,水泥粉一面增加25%
135	装饰墙纸	㎡	50—80	
136	铺砖抹水泥	㎡	35	猪舍水泥地面
137	水泥路	m3	450	
138	空心水泥板	m	25	
139	水池、垃圾池	m3	180	不足1m3按照1m3计算
140	三砂猪栏台	㎡	20	
141	竹木猪栏栅	m	20	①竹制带门栏栅;②带食槽增加15%
142	砖铺猪栏栅	m	25	①混凝土捣制;②栏壁粉贴增35%
143	砖砌鸡埘	个	100	
144	水泥案板(洗衣台)	座	300	

续表 9

序号	项　目	单位	补偿金额(元)	说　明
145	防盗窗金属装饰边	m	20	
146	室外楼梯(台阶)	㎡	200	砖砌台阶110元/㎡
147	隐形防护网	㎡	110	
148	广告字	㎡	260—280	280发光,260不发光
149	门面招牌	㎡	135	
150	活动板房	㎡	280	单层,含地面
151	无烟灶台	台	1200	
152	硅藻泥电视背景墙硅藻泥	㎡	350	
153	油漆实木、UV板电视背景墙	㎡	450—460	
154	大理石电视背景墙	㎡	1000—1500	
155	砖砌花池	㎡	35	
156	铁皮围栏	㎡	40	

有关说明：

1. 以上补偿只限合法房屋的装饰装修，简易结构房屋不计装饰装修补偿。装饰装修不考虑年限折旧；2. 突击装修、违法违规建筑室内装饰装修及生产生活附属设施不予补偿，对未超过批准期限的临时建筑室内装饰装修及生产生活附属设施补偿残值；3. 有超出表内补偿项目外的，通过市场调查询价据实补偿。4. 凡属非固定性生产生活附属设施（包括炉灶、装配式水池、非固定猪槽、活动水泥板谷仓等）均不予补偿；5. 房屋的屋檐滴水明沟，进屋的踏步、上楼的楼梯均为房屋的必要配套设施，已包括在房屋的补偿单价中，不再按此表另行补偿。

拆迁户重建宅基地建筑用地标准及差额面积补助标准

表 10　　　　单位：元/平方米

名称	标准	备注
重建宅基地平整补助	900	包括选址、“三通一平”、房屋基础（不含地圈梁）、土方填挖、建房审批等全部费用。

攸县人民政府办公室

2022 年 9 月 6 日印发

中共攸县县委办公室　攸县人民政府办公室印发《关于深化应急管理综合行政执法改革的实施方案》的通知

攸办发〔2022〕5号

各乡镇党委、人民政府，街道党工委、办事处，县直相关单位：

《关于深化应急管理综合行政执法改革的实施方案》已经县委、县人民政府同意，现印发给你们，请结合实际认真贯彻落实。

中共攸县县委办公室
攸县人民政府办公室
2022年6月24日

关于深化应急管理综合行政执法改革的实施方案

为认真贯彻落实《中共湖南省委办公厅湖南省人民政府办公厅印发〈关于深化应急管理综合行政执法改革的实施方案〉的通知》（湘办发〔2021〕25号）和《中共株洲市委办公室株洲市人民政府办公室印发〈关于深化应急管理综合行政执法改革的实施方案〉的通知》（株办发〔2022〕9号）文件要求，结合我县实际，制定如下实施方案。

一、总体要求

坚持以习近平新时代中国特色社会主义思想为指导，深入学习贯彻党的十九大和十九届历次全会及习近平总书记关于应急管理重要论述精神，坚持以人民为中心的发展思想，树牢安全发展理念，坚持党的全面领导、坚持优化协同高效、坚持全面依法行政、坚持准军事化管理、坚持统筹规划推进的基本原则，深化应急管理综合行政执法改革，整合优化全县应急管理系统执法职能，统筹执法资源，强化执法力量，完善执法体系，大力推进应急管理体系和能力现代化建设，着力防范化解重大安全风险，坚决杜绝较大及以上事故，坚决遏制一般事故，坚决防范自然灾害导致较大人员伤亡，确保事故起数和死亡人数持续下降，确保全县安全生产形势持续稳定向好，为全面落实“一二三四”发展思路和使命任务提供安全保障。

二、主要任务

（一）整合监管执法职责。按照中央、省委、市委深化改革精神，将法律法规赋予应急管理部门的有关危险化学品、烟花爆竹、矿山、工贸等行业领域安全生产监管，以及地质灾害、水旱灾害、森林火灾等有关应急抢险和灾害救助、防震减灾等方面的行政处罚、行政强制职能进行整合，组建县级应急管理综合行政执法队伍，以县应急管理部门名义统一执法。

（二）构建层次分明的执法体系。按照属地管理、执法重心下移原则，健全县、乡两级应急管理综合行政执法体系，厘清不同层级执法管辖权限，明确执法职责、执法范围和执法重点。

应急管理综合行政执法职责主要由县级承担。日常执法检查、一般违法案件查处以县级为主。县级应急管理部门实行“局队合一”体制，加挂“应急管理综合行政执法局”牌子，局长兼任综合行政执法机构主要负责人，实行一套工作机构、一套领导班子。县应急管理部门内设机构按照“三定”规定承担相应监督管理和行政检查职能，与综合行政执法队伍建立协调联动机制，实行编制分类管理，人员统筹使用，形成监管合力，切实提高监管执法效能。

县应急管理综合行政执法部门主要承担法律法规直接赋予的执法职责，主要负责辖区内日常执法检查、一般违法案件的查处，按照分类分级执法规定执法，发现并移送跨区域和具有重大影响的复杂案件，加强与乡镇（街道）综合行政执法队伍的业务指导、组织协调和岗位培训，并监督指导乡镇（街道）行政执法工作。

乡镇政府和街道办事处，以及工业园区、风景区等应当明确负责安全生产监督管理的有关工作机构及其职责，加强安全生产监管力量建设，按照职责对本行政区域或者管理区域内生产经营单位安全生产状况进行监督检查，协助政府有关部门或者按照授权依法履行安全生产监督管理职责。根据工作实际和任务轻重，在乡镇（街道）综合行政执法队伍中相对固定一定数额的应急管理行政执法人员，并保持应急管理执法队伍稳定，确保责有人负、事有人干。建立乡镇安全生产、防灾减灾救灾、应急救援等应急管理工作检查与县市区级专业执法协调配合机制。对安全生产重点乡镇（街道）迫切需要行政处罚权的，依法交由能够有效承接的乡镇（街道）行使。乡镇（街道）要建立乡镇（街道）综合行政执法队伍、公安派出所和乡镇专（兼）职消防队伍的协调联动机制，联合实施行政检查，形成乡镇（街道）安全生产以及防灾减灾救灾工作合力。

应急管理执法体制调整后，安全生产执法工作只能加强不能削弱。

（三）优化配置编制资源。各级党委要结合全县经济发展规模、产业分布、企业数量、自然灾害和安全风险等级等特点，在现有机构编制规模内，整合优化职能和编制配备，统筹配置执法资源和执法力量，确保新组建的综合行政执法队伍既有足够的行政执法力量完成执法任务，又实现队伍精干高效。严格执行机构编制管理规定，盘活存量、优化结构，推动执法力量向基层、向一线倾斜，着力解决基层执法力量分散薄弱等问题。

（四）加强执法队伍建设。严格准入门槛，严禁将不符合行政执法类公务员管理规范要求的人员划入综合行政执法队伍，严禁挤占、挪用本应用于公益服务的事业编制。对现有执法人员，全部实行执法考试合格并取得执法资格证后方可上岗。对新招录人员，坚持凡进必考，严格实施执法人员持证上岗和资格管理制度，没有取得执法资格证的不得从事执法活动。突出安全生产、防灾减灾救灾、应急救援等应急管理专业性要求，建立执法人员入职培训、定期轮训和考核制度，入职培训不少于3个月，每年参加不少于2周时间的复训。加强与相关高校和教育培训机构合作，通过定向培养、在职教育、脱产学习、资格考试等方式方法，提高应急管理综合行政执法队伍专业化素质。到2022年底，具有应急管理和法律相关学历、职业资格和实践经验的执法人员数量，不低于在职执法人员的75%。建立完善执法人员交流培养和考核奖惩机制。组织、人社、应急等部门，对在查办重大案件、防范化解重大安全风险工作中履职尽责、担当作为、成绩突出的单位和个人，按规定予以表扬奖励。坚持依纪依法、客观公正追究执法失职渎职责任，建立健全容错纠错机制，对执法人员在履职尽责、改革创新过程中出现偏差失误，依规依纪依法从轻、减轻处理或者免予责任追究，充分调动广大执法人员动真碰硬、担当作为的积极性。

（五）坚持政治建队和准军事化管理。应急管理综合行政执法队伍要始终坚持党建引领，立足政治建队，全面加强党的政治建设。加强军事作风和纪律建设，组织、人社、应急、司法、财政等部门要根据中央关于应急管理综合行政执法队伍准军事化管理的规定，制定具体措施，保障相关待遇，抓好贯彻落实。定期组织执法队伍接受准军事化训练，规范执法着装和执法礼仪，建立一支听党指挥、较真碰硬、雷厉风行、清正务实的准军事化应急管理综合行政执法队伍。

（六）完善执法机制。负有安全监管职责的各部门要加强协作配合，互相通报行政许可、监督管理、行政处罚等信息，充分发挥各自优势。加强应急管理执法检查跨部门协同配合，建立完善联合执法机制，增强执法合力。依托应急管理监管执法信息平台，完善行政执法程序，推行执法办案评议考核制度，建立健全执法评价体系。严格落实“谁执法谁普法”责任制，将普法融入执法办案全过程。完善执法监督机制，建立行政案件的立案和处罚决定法制审核制度，配足执法监督和法制审核人员。建立领导干部违法干预执法活动和插手具体案件查处责任追究制度，防止地方和部门保护主义。规范实施安全生产行政执法与刑事司法衔接制度，严格执行移送标准和程序，防止有案难移、有案不移和不查不办、以罚代刑现象产生。

（七）规范执法行为和方式。加强对行政处罚、行政强制事项管理，编制统一执法目录，实行执法事项清单制度。建立完善行政处罚、行政强制权责清单，并依法及时动态调整。全面推行行政执法公示、执法全过程记录、重大执法决定法制审核三项制度，及时主动公开执法职责、执法依据、执法标准、执法程序、监督途径、执法结果。完善行政处罚自由裁量标准，细化行政处罚等级，合理确定自由裁量幅度。科学制定年度执法计划，突出重点行业领域和重点地区，确定辖区内重点企业名单，按明确的时间周期固定开展“全覆盖”执法检查；在此基础上，对其他企业实行“双随机、一公开”执法抽查。开展“执法+专家”式执法，寓服务于执法之中，推动企业负责人、安全管理人员和岗位操作员工全过程参加执法检查，进行“说理式执法”。全面推行“互联网+执法”系统，提升监管执法数字化、精细化、智慧化水平，加强统计分析，提高执法效能。依法依规严格执行安全生产严重违法失信行为惩戒制度，对存在严重违法违规行为的惩戒对象及时纳入安全生产不良记录。对实施惩戒的企业，增加执法检查频次，提高震慑力。依法依规定期主动公布典型执法案例，自觉接受社会公众监督。

（八）突出加强安全生产监管执法。按照“安全生产领域执法力量只能加强、不能削弱”总体要求，各级党委和政府要严格按照《地方党政领导干部安全生产责任制规定》，加强对安全生产执法工作的领导，将安全生产监管执法作为巡查考核的重点内容。应急管理综合行政执法体系建设、队伍建设、工作部署要突出加强安全生产监管执法这个关键，防止只加职能不增人员，削弱原有安全生产执法力量。依法依规对企业开展安全生产执法检查，严厉打击违法违规行为，推动企业建立安全生产管理和技术团队。坚持以案说法，加强企业负责人安全生产法治教育，压实企业主要负责人第一责任人责任，督促企业严格落实安全生产主体责任。充分发挥安全生产综合监督管理职能作用，对发现不属于应急管理部门监管执法权限的安全生产问题隐患，及时移交有关部门依法查处，推动“管行业必须管安全、管业务必须管安全、管生产经营必须管安全”的安全生产监管职责落实到位。针对突出问题隐患，深入分析深层次矛盾，及时依法依规进行处理。县乡两级应急管理部门要落实《应急管理部司法部关于印发应急管理综合行政执法技术检查员和社会监督员工作规定（试行）的通知》（应急〔2021〕93号），面向社会招聘技术检查员和社会监督员，加强规范化管理。

（九）强化综合执法保障。按照中央统一规定和事权与支出责任相适应原则，将执法装备、服装、执法执勤用车等应急管理执法工作经费纳入同级财政预算予以保障，落实情况纳入安全生产年度考核。执法装备配备按照《应急管理部关于印发应急管理综合行政执法装备配备标准（试行）的通知》（应急〔2021〕9号），做到应配尽配，并结合实际，选配部分执法装备。同时，按照《综合行政执法制式服装和标志管理办法》（财行〔2020〕299号）要求配发制式服装和标志。严格执行罚缴分离和收支两条线管理制度，严禁罚没收入与所谓部门利益直接或者变相挂钩。强化执法人员职业保障，完善执法人员工资待遇保障政策，依法为执法人员购买工伤保险，鼓励各地为执法人员购买人身意外伤害保险。

三、保障措施

（一）加强组织领导。各级党委、政府和有关部门要切实担负起“促一方发展、保一方平安”的政治责任，充分认识深化应急管理综合行政执法改革的重要性和紧迫性，正确处理改革发展与安全生产、防灾减灾救灾、应急救援等工作的关系，强化底线思维、红线意识，按照深化应急管理综合行政执法改革任务要求，加强组织领导，把握改革方向，研究重大问题，科学制定方案，统筹部署实施，及时解决改革中的共性问题。确保在2022年6月30日前，全面完成改革任务，执法队伍组建到位、人员配备到位、装备保障到位，基本建立权责一致、权威高效的应急管理综合行政执法体制。

（二）强化工作统筹。要注重统筹兼顾，把握机构设置、职责划分、人员划转、经费保障、资产划拨、工作交接等关键环节，及时发现并解决在机构设置和人员划转中的苗头性、潜在性问题。要切实加强思想政治工作，正确引导社会舆论，处理好改革与稳定的关系，确保思想不乱、工作不断、队伍不散、干劲不减。

（三）严肃工作纪律。各级党委和政府要切实抓好应急管理综合行政执法改革任务落实，确保机构、职责、队伍等按要求及时调整到位，不得以任何理由阻挠改革、拖延改革。严格执行有关规定，严禁突击进人、提拔和调整交流干部等。严格财经纪律，坚决防止国有资产流失。

2022年6月24日

中共攸县县委办公室　攸县人民政府办公室
关于印发《攸县县属国有企业改革转型方案》的通知

攸办发〔2022〕6号

各乡镇党委、人民政府，各街道党工委、办事处，县直各单位：

《攸县县属国有企业改革转型方案》已经县委、县政府同意，现印发给你们，请认真遵照执行。

中共攸县县委办公室

攸县人民政府办公室

2022年6月27日

攸县县属国有企业改革转型方案

为深化投融资体制改革，加快推进县属国有企业市场化转型，根据中发〔2018〕27号文件、《财政部发展改革委司法部人民银行银监会证监会〈关于进一步规范地方政府举债融资行为的通知〉》（财预〔2017〕50号）和省市有关文件要求，结合我县实际，制定本方案。

一、工作原则

（一）党委领导，政府主导。要把加强党的领导和完善公司治理统一起来，充分发挥企业党组织领导核心和政治核心作用。要按照现代企业制度要求，由政府主导，统筹国有资源资产，实行所有权与经营权相分离，切实理顺政企关系。

（二）聚焦主业，加快转型。以市场为导向，以经营为核心，加快推进县属国有企业由城市建设向城市运营转变，从产业配套向产业投资转变，突出主业定位，聚力实体经济，提高投资效益。

（三）科学谋划，防范风险。要科学处理好改革、发展、稳定的关系，积极稳妥推进各项改革措施，完善债务风险化解机制，确保隐性债务不新增、全口径债务额度下降、利息支出负担降低、“三保”资金不断链。

二、工作目标

从2022年起，通过兼并重组、归集资产资源、规范经营管理等措施将现有5家县属国有企业整合为攸发、国投两大集团公司。力争3年内创造条件将两大集团公司整合成一家总资产300亿元以上，负债率50%以内，信用评级AA+，“主业清晰、风险可控、运营规范”的市场化运作国有实体企业。

三、工作思路

（一）推动整合重组

为防范债务风险，确保平稳过渡，5家县属国有企业整合重组工作分阶段实施，先行整合攸发集团、攸福集团、城建公司的股权、资产及人员，再推动国投集团、市建公司整合重组。

1. 整合攸发集团

（1）将攸福集团名下所有资产、负债及合同制员工由攸发集团整合，作为一级子公司接受攸发集团实质管理；

（2）将城建公司名下所有资产、负债及合同制员工由攸发集团整合，作为一级子公司接受攸发集团实质管理。

2. 整合国投集团

（1）将市建公司名下湘东大市场、湘东家居城、湘东汽贸城、机动车安全环保监测站等资产以及所有融资类负债、经营性负债和合同制员工由国投集团公司整合，作为一级子公司接受国投集团实质管理。

（2）市场服务中心纳入财政预算管理，负责管理农贸市场，收入纳入县财政非税收入管理。

3. 精简机构人员

（1）全面摸底清理攸发集团、国投集团的银行账户、存量资金及子公司情况。对无债务、长期无交易、无存量资金的银行账户进行注销；对无债务、无项目、无资金的“三无”空壳子公司进行注销；对业务同质化、项目关联化的子公司进行合并。

（2）开展集团公司总部机关化治理和去行政化改革，大幅度精简内设机构、中层管理人员及员工数量。对现有员工实施全员竞聘上岗、优胜劣汰，新聘员工必须制定年度招聘计划并签订劳务派遣合同，做到按需配备、人岗相适、人事相宜。攸发集团（含攸福集团、城建公司）、国投集团（含市建公司）总部员工总人数均控制80人以内，内设机构不得超过8个，中层管理人员不得超过15人。

（二）配置资产资源

建立资源配置长效机制，由财政局牵头，自然资源局、林业局、水利局等部门配合在2022年内为攸发集团、国投集团配置估值50亿元以上的资产资源，并在3年内持续注入估值100亿以上的资产资源。

1. 攸发集团：（1）将砂石开采销售、加油

（气）站及公共充电桩经营、旅游景点开发经营、公共场所娱乐设施经营、城乡客运、特种垃圾清运处置、户外广告位经营、城区供水供气、地下管网运营收费等特许经营权注入攸发集团；（2）对全县行政事业单位经营性资产全面进行梳理、清查，实现全县统筹，通过资产划拨、出让出售、注资等方式归集至攸发集团负责经营管理。

2. 国投集团：将机动车安全环保监测、危货运输、民营爆破物品销售、乡镇供水、高新区供电、供气、供热、耕地占补平衡等特许经营权注入国投集团。

（三）优化组织架构

1. 公司性质：攸发集团、国投集团作为县属国有投融资企业，参照正科级单位管理，由财政局出资控股并代表县人民政府履行出资人职责。攸福集团、城建公司、市建公司作为一级子公司，在改革转型过渡期参照正科级单位管理。

2. 治理结构：攸发集团、国投集团总部均设党组织、董事会、监事会、经理层。一级子公司设执行董事。

（1）党组织

攸发集团、国投集团党组织班子成员均为 9 名，其中党组织书记兼董事长 1 名，副书记兼总经理 1 名，监事会主席 1 名，财务总监 1 名，副总经理 4 名，总工程师 1 名。改革转型过渡期攸福集团、城建公司、市建公司执行董事进集团公司班子。

（2）董事会

攸发集团、国投集团总部董事会均设董事 7 名，其中董事长 1 名，经理层选举产生 4 名，职工代表中选举产生 1 名，由财政局外派董事 1 名。

（3）监事会

攸发集团、国投集团总部监事会均设监事 3 名，其中监事会主席 1 名，其余监事分别在中层管理人员及基层员工中选举产生。

（4）经理层

攸发集团、国投集团总部经理层设总经理 1 名，财务总监 1 名、副总经理 4 名、总工程师 1 名。改革转型过渡期攸福集团、城建公司、市建公司经理层均设总经理 1 名兼执行董事，副总经理 2 名。

3. 决策程序：攸发集团、国投集团应当健全议事规则，明确“三重一大”事项的决策规则和程序，重大经营管理事项必须经党组织研究讨论后，再由董事会、经理层作出决定。确保党组织把方向、管大局，董事会定战略、作决策，经理层谋经营、抓落实，各治理主体不缺位、不越位。

4. 纪检监察：攸发集团、国投集团归属县纪委监委派驻县财政局纪检监察组监督，由监事会主席兼任支部纪检委员，分管纪检监察工作。攸发集团、国投集团均设立纪检监察室，纪检监察室设主任 1 名，纪检监察专干 1 名，业务工作接受县纪委监委、派驻纪检监察组的指导。

（四）推动转型发展

1. 攸发集团：转型定位为“城市综合运营商”，即通过建立市场化政企合作机制，合理运营城区资源资产开展以下业务：

（1）市政运营板块：开展垃圾清运处置、智慧停车、加油（气）站、公共充电桩等经营性市政公用事业收费业务。

（2）文化旅游板块：开展旅游景点开发、文体设施综合开发、广告位租赁、民宿、研学旅行等业务，适时可与社会资本合资开展酒店投资管理业务。

（3）物业服务板块：按需承接发展中心、公立学校、公立医院等公用物业管理租赁、餐饮配送服务等业务。

（4）资源开发板块：通过市场化的方式进行片区开发、土地一级开发、土地出让及砂石开采销售等业务，适时可自主开展或与社会资本合资开展房地产开发业务。

2. 国投集团：转型定位为“产业投资运营商”，即通过建立市场化政企、园企合作机制，在乡村振兴产业项目、高新区重点产业投资方面开展以下业务：

（1）商贸市场板块：依托湘东大市场、湘东家居城、湘东汽贸城等专业市场资源开展商铺租赁、市场开发业务及机动车安全环保监测业务。

（2）乡村振兴板块：围绕乡村建设项目、乡村产业振兴，开展耕地占补平衡、耕地提质改造、高标准农田建设等经营性项目，适时可借助互联网平台开展特色农产品销售业务。

（3）产业投资板块：通过市场化的方式为高新区入驻企业提供标厂租售、土地供给、供电、供热、供气、污水处理等有偿配套服务。

（4）产融结合板块：通过设立产业引导基金、商业保理公司、融资租赁公司、小额贷款公司为高新区企业提供类金融服务。

四、工作保障

（一）加强组织领导。成立攸县县属国有企业改革转型工作领导小组，由县委书记任第一组长，县委副书记、县长任组长，县委常委、常务副县长任常务副组长，县委常委、组织部长任副组长，纪委监委、县委办、组织部、政府办、发改局、财政局、人社局、金融办等相关单位主要负责人为成员。

（二）明晰政企权责。攸发集团、国投集团作为县属国有投融资企业，在发展规划上要与县委、县政府的总体部署保持一致，服务全县大局。同时，作为自主经营的独立法人机构，在项目投资上要以盈利增收为目标，以市场化为核心，以收支平衡为底线，遵循市场规律，完全自主决策。

（三）强化考核监督。由组织部、财政局、金融办按年度对攸发集团、国投集团进行考核，重点考核产业投资效益、债务风险防控等方面，考核结果与高管薪酬直接挂钩。由财政局牵头负责进一步完善监管制度及重大项目投融资会商会审制度，定期开展风险排查，加大对重大投资、大额资金使用、非标融资等事项的监督。

2022 年 6 月 27 日

攸县人民政府办公室
关于印发《攸县县城规划区私人住宅建设管理办法》的通知

攸政办发〔2022〕6 号

各乡镇人民政府、街道办事处，县直各单位：

《攸县县城规划区私人住宅建设管理办法》已经县政府同意，现印发给你们，请遵照执行。

攸县人民政府办公室

2022 年 7 月 2 日

攸县县城规划区私人住宅建设管理办法

第一章　总则

第一条　为规范县城规划区内私人住宅建设秩序，加强私人住宅建设管理，根据《中华人民共和国城乡规划法》《中华人民共和国土地管理法》《中华人民共和国土地管理法实施条例》《湖南省实施〈中华人民共和国城乡规划法〉办法》等法律法规以及《攸县城市总体规划（2018—2030）》，结合我县实际，制定本办法。

第二条　本办法所称县城规划区，是指《攸县城市总体规划(2018—2030)》确定的县城规划区范围,包括联星街道办事处、江桥街道办事处、春联街道办事处、谭桥街道办事处部分行政辖区。

凡在本县城规划区(以下简称规划区)范围内进行私人住宅建设,适用本办法。

第三条　本办法所称私人住宅建设,是指规划区内村(居)民以家庭为单位新建、改(扩)建满足其居住功能需求的建筑物和构筑物。新建指从房屋基础开始建造的建设项目;扩建指在原有基础上加以扩充的建设项目;改建指不增加建筑物体量的建设项目。

第四条　规划区内私人住宅建设应当服从县人民政府的统筹安排,未经自然资源局、街道办事处等相关部门批准,不得擅自新建和改(扩)建。

第二章　分片区控制

第五条　规划区私人建房实行分片区控制,分为东城新区、工业园片区、老城区、城南片区。各片区规划的范围以《攸县城市总体规划(2018—2030)》规划为准。

东城新区,指划入东城新区范围进行规划控制的区域,包括春联街道的春联社区、柘合社区、双丰社区、春风社区、山背社区和盘龙村、春塘垅村部分行政区域。

工业园片区,指划入园区规划控制范围及江桥街道的部分区域。包括江桥街道的江桥社区、西阁社区、乌坳社区、龙湖社区、胡公庙社区、谢家垅社区、黄双桥村部分行政区域。

老城区,指沿外环路与洣水堤岸所包围区域。包括联星街道的胜利社区、联星社区、文化社区、永佳社区、雪花社区、联西社区、百花社区、富康社区、万古桥社区和宋家洲社区、高岭社区、七里坪社区部分行政区域,江桥街道的江桥社区和西阁社区部分行政区域。城南片区,指沿洣水河以南的区域,包括谭桥街道的谭桥社区、谭洲社区和东塔社区、东联社区、流和社区、竹丰社区部分行政区域。

今后,随着经济社会的发展,各片区将相应调整,具体以省人民政府批准的《攸县空间规划》为准。

第三章　审批管理

第六条　严格控制县城规划控制区内村(居)民建房用地面积和建筑规模。村(居)民新建和改(扩)建必须符合攸县城市总体规划和安全要求,建筑层数和高度须符合规划要求,村民申请占用耕地建房的,须先经自然资源局办理农用地转用手续。

第七条　县人民政府组织街道办事处、自然资源局等相关部门统一对县城规划区范围内村民建房集聚点进行选址和规划编制,加快推进村民建房集聚点基础配套设施建设,鼓励和引导村民建房向村民建房集聚点集聚。

老城区城市建成区主、次干道两厢范围原则上不予办理新建手续,可以申请办理房屋改(扩)建手续,在近期无建设计划的主、次道路上的房屋,且属于危房,按照原高度、原用地面积办理改建手续;县城规划区范围内滨江大道道路红线(道路边线)外100米范围内禁止办理新、扩建手续,如需改建,在符合相关规划,并办理相关手续的前提下,按照原址、原高度、原占地面积进行改建;已纳入棚户区改造范围的不得办理新建、改(扩)建手续。

城南片区县城规划区范围内城南滨江大道道路红线(道路边线)外100米区域、梅花主题公园规划控制区、三、四桥连接线道路红线(道路边线)外两厢100米范围内禁止办理新建和改(扩)建手续,该区域私宅建设由县人民政府统一搬迁安置。其它区域的村(居)民可以申请办理新建、改(扩)建手续,新建住宅原则上须在已规划的村(居)民建房集聚点内建设,禁止村(居)民在村庄建成区及规划建房集聚点以外的土地上新建住宅。

工业园片区内的工业园区禁止办理新建和改(扩)建手续,私宅建设须在已规划的建房集聚点内建设。工业园区规划控制范围以外区域可以办理新建和改(扩)建手续,村(居)民新建必须统一到集聚建房点或村庄建成区进行建设。

东城新区禁止办理新建和改（扩）建手续，私宅建设须在已规划的建房集聚点或安置区内建设。

县城规划区规划范围内同排同建筑组群改（扩）建的房屋可考虑与同排同建筑群层数风格一致，临城市主、次干道两厢房屋改（扩）建必须按规划道路红线（道路边线）统一退让，统一立面风格，且房屋层数可与周边房屋保持一致，但不得超过六层；非临街房屋层数可与周边房屋保持一致，但不得超过四层。

老城区、城南片区、工业园片区部分区域村（居）民，原有房屋存在严重缺陷不能满足生产、生活需要的可以申请新建、改（扩）建房屋；房屋改（扩）建用地必须土地权属清楚，符合相关规划及消防、日照等要求，扩建用地面积原则上不超过30平方米。

县城规划区范围内出现本条未规定的特殊情况，由县人民政府牵头组织相关部门、街道办事处联合会审。

第八条　老城区、城南片区、东城新区和工业园片区部分区域的村民提出建房申请并经村民小组三分之二以上成员同意后，有下列情形之一的，可以申请使用土地新建房屋：

（一）多子女家庭，住房条件急需改善的且符合分户条件，确需单独立户的；

（二）因实施县城建设规划需要拆迁安置的；

（三）因发生或防御自然灾害，需要搬迁的；

（四）法律法规规定的其它情形的。

第九条　老城区、城南片区内、工业园片区部分区域村民有下列情形之一的，申请新建房屋不予批准：

（一）不符合土地利用总体规划、城市总体规划和所处区域控制性详细规划的；

（二）将原有宅基地及地上建筑物出卖、出租、赠与或者改造为经营场所等非生活居住用途，再次申请住房用地的；

（三）户口已迁出，不是本集体组织成员的；

（四）原有住房已经达到法律规定标准或者能够解决分户需求的；

（五）已拥有一处集体土地性质的住宅或已拥有安置房的；

（六）土地权属有争议的；

（七）非本村村民回迁到村的；

（八）法律法规规定的其它情形的。

第十条　老城区、城南片区内、工业园片区部分区域村民有下列情形之一的，申请改（扩）建不予批准：

（一）不符合土地利用总体规划、城市总体规划和所处区域控制性详细规划的；

（二）位于文物保护单位所划定的不得建设范围的；

（三）城市绿化用地、河流保护用地、车站以及有关市政公用设施规划控制范围内的；

（四）改变房屋、土地使用性质，影响周边环境和生产、生活秩序的；

（五）法律法规规定的其它情况。

第十一条　变相从事房地产开发的，一律不予批准。

第十二条　县城规划区内符合建房条件的村民，依据有关规定，逐级向组、社区（村）、街道办事处申请建房，经资格审查确认合格，并公示无异议后，报县自然资源部门，符合规划要求的办理相关规划手续；街道办事处根据用地规划许可证办理用地审批手续。建房申请人须在所有手续办理齐全后一年内动工建设，特殊情况可以申请延期一次，延长期限不得超过一年，否则须重新办理规划手续。

第十三条　建房申请人房屋建成完工后，向自然资源部门和街道办事处申请验收，经验收合格的，凭验收合格证办理不动产权证。

第四章　监督管理

第十四条　街道办事处负责对管辖范围内的违法违章建筑组织各职能部门进行依法拆除。

第十五条　自然资源局负责城区规划区内的

违法用地、违法建筑行为进行查处和合法认定。

第十六条　攸县拆违控违工作领导小组办公室负责对县城规划区内的私宅建设行为进行监督管理，街道办事处组织自然资源局、村（社区）、组等相关人员进行联合放线、验线、验收。

第五章　责任追究

第十七条　村（居）民有下列行为之一的，相关部门依照法律法规进行行政处罚，构成犯罪的，移送司法机关处理。

（一）未经批准非法占用土地建房；

（二）村级集体经济组织或个人非法出卖、出租、转让集体土地；

（三）以“以租代征”形式向单位和个人以租赁、承包农民集体所有土地进行非农业建设；

（四）法律规定的其它情况。

第十八条　在县城规划区内私人住宅建设管理过程中公职人员失职渎职、徇私偏袒、弄虚作假、索贿受贿、滥用职权的，移送纪委监委处理；构成犯罪的，依法移送司法机关处理。

第六章　附　则

第十九条　本办法自颁布之日起执行，原《攸县人民政府办公室关于印发〈攸县县城规划区私人住宅建设管理办法〉的通知》（攸政办发〔2021〕10号）即行废止。县人民政府及县内相关部门原出台的相关文件与本办法不一致的，一律以本办法为准。

攸县人民政府办公室

2022年7月2日印发

发文清单

中共攸县县委2022年度重要文件制发清单

表24

发文日期	发文字号	文件标题
2022年2月7日	攸发〔2022〕1号	关于打造“三个高地”推进“三大会战”促进高质量发展重振攸县雄风的实施意见
2022年2月7日	攸发〔2022〕2号	关于深入开展县级领导“三联三包”工作的通知
2022年2月21日	攸发〔2022〕5号	关于印发《全面落实容错纠错机制进一步激励干部担当作为的十条措施（试行）》的通知
2022年3月23日	攸发〔2022〕6号	关于实现巩固拓展脱贫攻坚成果同乡村振兴有效衔接的实施意见
2022年3月28日	攸发〔2022〕7号	关于印发《攸县促进工业高质量发展实施方案》的通知
2022年5月9日	攸发〔2022〕8号	印发《关于深化整治领导干部违规收送红包礼金问题的工作方案》的通知
2022年5月11日	攸发〔2022〕9号	印发《攸县开展违规参与煤矿经营性活动专项整治的工作方案》的通知
2022年5月27日	攸发〔2022〕10号	印发《关于建立纪检监察工作片区协作机制（试行）的实施方案》的通知
2022年7月14日	攸发〔2022〕12号	关于印发《攸县创建“五好”园区实施方案》的通知
2022年7月27日	攸发〔2022〕13号	关于印发《攸县规范性公务员工资津贴补贴实施方案》《攸县公务员年度考核奖分配办法》的通知

续表 24

发文日期	发文字号	文件标题
2022年8月26日	攸发〔2022〕14号	关于加强和改进新时代人大工作的实施意见
2022年9月6日	攸发〔2022〕15号	关于全面推行《攸县耕地保护“田长制”实施方案》的通知
2022年10月31日	攸发〔2022〕16号	关于印发《攸县推进县域经济向高质量发展工作方案》的通知
2022年11月22日	攸发〔2022〕17号	关于认真学习宣传贯彻党的二十大精神的通知
2022年11月29日	攸发〔2022〕18号	关于高质量发展推进清廉攸县建设的实施意见
2022年3月28日	攸办发〔2022〕2号	关于印发《攸县巡察工作规划（2022-2026年）》的通知
2022年5月18日	攸办发〔2022〕3号	关于开展全面消除集体经济“薄弱村”集中攻坚工作的通知
2022年6月24日	攸办发〔2022〕5号	印发《关于深化应急管理综合行政执法改革的实施方案》的通知
2022年6月27日	攸办发〔2022〕6号	关于印发《攸县县属国有企业改革转型方案》的通知
2022年9月22日	攸办发〔2022〕8号	关于印发《攸县粮食安全责任清单》的通知
2022年11月29日	攸办发〔2022〕9号	关于印发《攸县深入排查重点行业领域潜在风险隐患坚决防范遏制较大及以上事故行动方案》的通知
2022年11月18日	攸办发〔2022〕10号	关于印发《攸县深化改革国防动员体制改革实施方案》的通知
2022年9月13日	攸办发〔2022〕11号	关于印发《贯彻国务院安委会〈关于进一步强化安全生产责任落实坚决防范遏制重特大事故的若干措施〉任务分工和任务清单》《县委、县政府领导班子成员安全生产责任清单》的通知

攸县人民政府2022年度重要文件制发清单

表 25

发文日期	发文字号	文件标题
2022年2月7日	攸政发〔2022〕1号	关于印发《攸县人民政府工作规则》的通知
2022年6月24日	攸政发〔2022〕2号	关于印发2022年《政府工作报告》工作目标和任务分解的通知
2022年9月6日	攸政发〔2022〕3号	关于印发《攸县集体土地征收及房屋拆迁补偿安置办法》的通知
2022年1月17日	攸政办发〔2022〕2号	关于切实加强水库除险加固和运行管护工作的意见
2022年3月11日	攸政办发〔2022〕3号	关于落实省政府督查激励措施任务分解的通知
2022年3月29日	攸政办发〔2022〕4号	关于暂停审批广寒坪抽水蓄能电站项目区建设用地有关事项的通知
2022年5月11日	攸政办发〔2022〕5号	关于印发《攸县城乡建设管理领域安全风险集中排查整治工作方案》的通知
2022年7月2日	攸政办发〔2022〕6号	关于印发《攸县县城规划区私人住宅建设管理办法》的通知
2022年7月6日	攸政办发〔2022〕7号	关于印发《攸县皇图岭香干产业园入驻奖励办法（试行）》的通知
2022年9月29日	攸政办发〔2022〕8号	关于印发《攸县行政许可事项清单（2022年版）》的通知

续表 25

发文日期	发文字号	文件标题
2022年11月14日	攸政办发〔2022〕9号	关于印发《攸县食品安全事故应急预案》的通知
2022年11月29日	攸政办发〔2022〕10号	关于印发《攸县应对极端气候影响工作方案》的通知
2022年12月30日	攸政办发〔2022〕11号	关于印发《攸县投融资平台公司负责人薪酬管理和绩效考核办法（暂行）》的通知